VOCABULAIRE

FRANÇAIS-PROVENÇAL.

VOCABULAIRE

FRANÇAIS-PROVENÇAL.

PAR

S.-J. HONNORAT, Docteur en Medecine,

AUTEUR DU DICTIONNAIRE PROVENÇAL-FRANÇAIS.

DIGNE,

REPOS, IMPRIMEUR-LIBRAIRE-ÉDITEUR, COURS DES ARÈS, 5.

1848.

VOCABULAIRE

FRANÇAIS-PROVENÇAL.

PRÉFACE.

Le principal but que j'ai eu en vue, en composant le Dictionnaire Provençal-Français, a été de mettre les personnes qui, comme moi, ont été élevées sous l'influence de la langue provençale, en état de profiter de cette langue même, pour arriver à la Française ; car celle-ci a peu de mots qui ne puissent être rendus, et souvent de plusieurs manières, par la nôtre. Mais il ne suffisait pas de faciliter aux habitants du Midi le moyen de s'exprimer en français et de se faire entendre dans tout le royaume, il fallait encore leur aider à comprendre cette langue dans laquelle les sciences sont généralement et presque uniquement écrites et enseignées, en France; car il faut, dans le commerce de la vie, non-seulement se faire comprendre, mais comprendre les autres; parce que, comme il est dit 1. Cor. 14. § 11. : *Si ergo nesciero virtutem vocis ero ei cui loquor barbarus, et qui locuitur mihi barbarus.* J'ai pensé que le moyen le plus convenable pour y parvenir, était un Vocabulaire Français-Provençal, qui ne contint que l'échange des mots, afin de ne pas grossir inutilement le volume, la définition se trouvant sous le mot provençal auquel le mot français renvoie.

Des hommes qui ne laissent rien à désirer sous le rapport de l'instruction, trop indulgents sans doute, à notre égard, nous ont témoigné le regret qu'ils éprouvaient, vu l'intérêt que notre Dictionnaire présentait, sous plusieurs rapports, qu'il ne fut pas tout français, afin que chacun put le consulter ; mais au moyen de ce Vocabulaire il devient accessible aux personnes mêmes qui sont le plus étrangères aux dialectes du Midi, toutes les explications étant données en français : elles n'auront qu'à chercher dans le Vocabulaire, le nom de la chose sur laquelle elles veulent avoir des renseignements, et ce nom les renvoie au mot provençal sous lequel ils sont contenus.

Pour rendre cela plus sensible, je raconterai ce qui m'arriva, il n'y a pas longtemps, dans une campagne près de Digne, où j'avais été voir une malade.

Après l'avoir examinée, la demoiselle de la maison m'invita à faire un tour de promenade au bas d'un coteau voisin, couvert de fleurs, et me dit, par manière de conversation : je vous ferai faire un mauvais déjeûner, parce que, comme vous voyez, notre cuisinière est malade et je suis obligée moi-même de faire la cuisine, à laquelle je n'entends rien ; j'ai bien la cuisinière bourgeoise, dit-elle, mais cet ouvrage emploie toujours dans ses assaisonnements des choses étrangères ou que nous ne connaissons pas ici. Il met, par exemple, de la sarriette partout, et nous n'avons pas cela. Le coteau en étant couvert, en ce moment, je lui dis en la lui montrant : c'est votre faute mademoiselle ; la sarriette vous sert de tapis, vous la foulez sous vos pieds ; cela ! dit-elle, tout étonnée, c'est le *pebre d'ai*, précisément, mais le *pebre d'ai* des Provençaux, est la même plante que la sarriette des Français, et la *satureia* des Latins. — Publiez donc vite votre Dictionnaire, me dit-elle alors, pour que nous puissions mettre à profit le peu de connaissances que nous avons en botanique. Il m'arrive souvent d'être consulté par des agriculteurs sur des plantes qu'ils ont vues citées comme pouvant faire un très-bon fourrage, ou comme dangereuses aux troupeaux, et qu'ils ne connaissaient pas sous le nom français ou latin sous lesquels elles étaient désignées, mais qu'ils connaissaient très-bien quand je leur en avais donné le nom provençal ; il en est de même pour les oiseaux, les poissons, etc.

Supposons que le lecteur a vu la sarriette citée quelque part, et qu'il ne connaisse pas cette plante sous ce nom : il cherchera le mot *sarriette* dans le Vocabulaire, qui le renverra à *Pebre d'ai* du Dictionnaire, et là, il lira :

PEBRE D'AI, s. m. (pébré d'aï) ; SENDREJA, SARRIETA, PEBREDAY, SABRUEGEA, SABRUICHA, SA-GRIEGE, SAGRIECHA et SAURIAGEA, (qui sont des synonymes de la même plante). On donne ce nom, dans la Basse-Provence, à la sarriette des jardins, *Satureia hortensis*, Lin. et dans la Haute, à la sarriette de montagne, *Satureia montana*, Lin. plantes de la famille des Labiées, communes sur les coteaux arides, la première dans la Basse-Provence et l'autre dans la Haute. Voyez Garidel *Satureia sativa*, p. 486.

Éty. Le nom de *pebre* a été donné à cette plante, parce que, desséchée et pulvérisée, elle peut remplacer le poivre, et de *ai*, parce que les ânes en mangent ou parce qu'on la considère comme un poivre de très-basse qualité.

Si au lieu du nom d'une plante, il a vu celui d'un oiseau, du crapeau volant, tête chèvre ou engoulevent par exemple ; il cherchera dans le Vocabulaire un de ces noms, qui le enverra à *Tardarassa*, où il trouvera ce qui suit.

TARDARASSA, s. f. (tardarasse) ; SABAT, SABA, FAUCILHOUN, MICHOULA, CABRILHAU, TARTARASSA, GRAND-GORGEA, NICHOULA, CHAUCHA-GARRIS, GLAUCHOLA. Crapeau volant, tête chèvre, ou engoulevent d'Europe, *Caprimulgus europœus*, Lin. oiseau de l'ordre des Passereaux et de la famille des Plénirostres ou Omaloramphes (à bec plat), qui arrive au printemps dans nos contrées pour les quitter à l'approche de l'hiver.

Étymologie, de *tardar*, tarder, et de l'augmentatif *assa*, qui tarde beaucoup ; parce que cet oiseau ne commence à voler qu'à l'entrée de la nuit. V. *Tard*, R.

La femelle pond au pied d'un arbre, sans y construire de nid, deux œufs oblongs, un peu plus gros que ceux du merle et marbrés de taches bleuâtres, sur un fond blanc.

S'il s'agissait d'un poisson, du crapaud de mer, scorpine ou scorpène, scorpène rascasse, ces noms, dans le Vocabulaire, renvoient à *Rascassa*, 2, où l'on trouve :

RASCASSA , s. f. (rascasse); ESCOURPENA, RASCASSOUIRA. Crapaud de mer, scorpine, scorpène rascasse: *Scorpæna porcus*, Lin. poisson de l'ordre des Holobranches et de la famille des Céphalotes (à grosse tête), dont la chair savoureuse est de bon goût, et qui pèse de cinq hectogrammes jusqu'à un kilogramme.

Étymologie, de *rascas*, rude, piquant. Voy. *Rasc.* Rad.

Enfin , s'il était question de l'hippobosque du mouton, ce mot du Vocabulaire, renverrait à *Barbin*, où se trouvent les explications suivantes :

BARBIN , s. m. (barbin); BARBEZIN, BARBESIN, LINGASTA DEIS MOUTOUNS , GOURGOUBIN PAT. Hippobosque du mouton, *Hippobosca ovina*, Lin. Fab. insecte de l'ordre des Diptères et de la famille des Haustelles ou Sclérostomes (à bouche dure), qui vit sur le mouton et la brebis.

Étymologie , de *barba*, parce qu'il paraît velu, barbu. Voy. *Barb*, R.

Quoique cet insecte n'ait point d'ailes, il n'en appartient pas moins à un genre ailé. On observe ici le même phénomène que dans la punaise de lit, qui est également privée des mêmes organes, quoique toutes les autres espèces en soient pourvues. Il semble que la nature leur ait refusé ces parties non-seulement, parce qu'elles leur étaient inutiles, mais parce qu'elles auraient pu leur nuire en leur servant à s'écarter du lieu où ils trouvent une nourriture aisée.

Ces exemples suffiront je pense, pour démontrer aux lecteurs l'utilité de ce Vocabulaire. Les naturalistes et les personnes qui n'auraient besoin que de connaître le nom provençal des choses, pourraient, jusqu'à un certain point, se passer du Dictionnaire , ce qui nous engage à céder le Vocabulaire séparément.

A la suite du vocabulaire se trouvera une table des noms scientifiques latins , donné par les naturalistes aux différents êtres cités dans le Dictionnaire, de sorte que relativement aux exemples cités, ils n'auraient qu'à chercher, dans cette table latine, *Satureia hortensis*, *montana*, *Caprimulgus europæus*, *Scorpæna porcus* et *Hippobosca ovina*, pour avoir les noms provençaux; *Pebre d'ai*, *Tardarassa*, *Rascassa* et *Barbin*.

Nota. L'orthographe des mots qui figurent dans ce Vocabulaire est celle de l'académie , ceux qu'elle n'a pas adoptés sont imprimés en italique.

VOCABULAIRE

FRANÇAIS-PROVENÇAL.

A

ABA

Abaissé, ée.	Abaissat, ada.
Abaissement.	Abaissament.
Abaisser s'.	Abaissar s'.
Abandon.	Abandoun.
Abandonné, ée.	Abandounat , ada.
Abandonnement.	Abandounament.
Abaque.	Abaco.
Abasourdi, ie.	Abasourdit, ida, ia.
Abasourdir.	Abasourdir.
Abat. V. Abbat,	
Abâtardi, ie.	Abastardit, ida.
Abâtardir.	Abastardir.
Abâtardir s'.	Abastardir s'.
Abâtardissement.	Abastardissament.
Abat-foin.	Pasturiera.
Abatis.	Abatis.
Abatis d'un bœuf.	T'oumbada.
Abat-jour.	Abat-jour.
Abattement.	Abatament.
Abatteur.	Abatur.
Abattoir.	Adoubadour.
Abattre.	Abatre.
Abattre s'.	Abatre s'.
Abattu, ue.	Abatut, uda.
Abattures.	Peada.

ABB

Abbatial, ale.	Abbatial, ala.
Abbaye.	Abbadia.
Abbé.	Abbe.
Abbé gros ou maus-sade.	Abbetas.
Abbé petit ou jeune.	Abbetoun.
Abbesse.	Abbadessa.
Abbesse, reine du bal.	Abbatessa.

ABC

A. b. c.	A. b. c.
Abcédé, ée.	Abreguit, ida.
Abcéder.	Abreguir, accampar.
Abcès.	Achamp, abcès.

ABD

Abdication.	Abdication.
Abdiquer.	Abdicar.
Abdomen.	Ventre.

ABE

Abécédaire.	Abecedero.
Abecquer.	Abecar.
Abéc.	Sablier.
Abeille.	Abelha.
Abeille grosse.	Abelhassa.
Abeille petite.	Abelhouna.
Abel.	Abel.
Aberration.	Aberration.
Abêtir.	Abetar , embestiar.

ABH

Ab-hoc et ab hâc.	Ab hoc et ab hac.
Abhorré, ée.	Abhourrat , ada.

ABI

Abime ou abyme.	Abyme.
Abîmé , ée.	Abymat , ada.
Abîmer.	Abymar.
Abîmer s'.	Abymar s'.
Ab intestat.	Ab intestat.

ABJ

Abjection.	Abjection.
Abjuration.	Abjuration.
Abjuré , ée.	Abjurat , ada.
Abjurer.	Abjurar.

ABL

Ablais.	Blesta.
Ablatif.	Ablatif.
Ableret.	Calen.
Ablette.	Sofi.
Ablution.	Ablution.

ABN

Abnégation.	Abnegation.
Abnégation, faire.	Abnegar.

ABO

Aboi.	Jap.
Aboiement.	Japadissa, japaria.
Abois.	Abois.
Aboli , ie.	Aboulit, ida, ia.
Abolir.	Aboulir.
Abolissement.	Aboulissament.
Abolition.	Aboulition.
Abominable.	Abouminable, abla.
Abominablement.	Abouminablament.
Abomination.	Aboumination.
Abominer.	Abouminar.
Abondamment.	Aboundamment.
Abondance.	Aboundanci.
Abondant, ante.	Aboundant, anta.
Abonder.	Aboundar.
Abonné, ée.	Abounat, ada.
Abonnement.	Abounament.
Abonner.	Abounar.
Abonner s'.	Abounar s'.
Abonni, ie.	Abounit , ida, ia.
Abonnir.	Abounir.
Abord.	Abord.
Abord d'.	Abord d'.
Abordable.	Abordable, abla.
Abordage.	Abordagi.
Abordé, ée.	Abordat, ada.
Aborder.	Abordar.
Abornement.	Atermenation, vt.
Aborner.	Termegear.
Abortif, ive.	Neblat , ada.
Abouché, ée.	Aboucat, ada.
Abouchement.	Aboucament.
Aboucher.	Aboucar.
About.	Bout.
Aboutir.	Aboutir.
Aboutissant.	Ajust.
Aboutissants.	Aboutissents.

1

Aboyer.	Japar.
Aboyeur.	Japaire.

ABR

Abraham.	Abraham.
Abrégé.	Abregeat.
Abrégé, ée.	Abregeat, ada.
Abreuvé, ée.	Abeourat, ada.
Abreuver.	Abeourar.
Abreuvoir.	Abeouradour.
Abréviateur.	Abregeaire.
Abréviation.	Abreviation.
Abri.	Abric.
Abri petit.	Abritet.
Abri metre à l'.	Assoustar.
Abri, qui offre un.	Abrigous, ousa.
Abricot.	Abricot.
Abricotier.	Abricotier.
Abrité, ée.	Abrigat, ada.
Abriter.	Abrigar.
Abriter s'.	Abrigar s'.
Abrogation.	Abrougation.
Abrogé, ée.	Abrougeat, ada.
Abroger.	Abrougear.
Abrouti, ie.	Abrouquit, ida.
Abroutir.	Broutar.
Abruti, ie.	Abrutit, ida.
Abrutir s'.	Abrutir s'.
Abrutissement.	Abrutissament.

ABS

Absence.	Absença.
Absent, ente.	Absent, enta.
Absenter s'.	Absentar s'.
Absinthe grande.	Encens.
Absinthe petite.	Encens pichot.
Absinthe marine.	Encens marin.
Absolu, ue.	Absolut, uda.
Absolument.	Absoulument.
Absolution.	Absoulution.
Absorbant, ante.	Absorbant, anta.
Absorbe, ée.	Absourbat, ada.
Absorber.	Absourbar.
Absorption.	Absourption.
Absoudre.	Absoudre.
Absous, oute.	Absous, outa.
Absoute.	Absouta.
Abstème.	Beou l'aigua.
Abstenir s'.	Abstenir s'.
Absterger.	Absterger, vl.
Abstertif, ive.	Abstersiu, vl.
Abstersion.	Abstercio, vl.
Abstinence.	Abstinenci.
Abstinent, ente.	Abstinens, vl.
Abstractif, ive.	Abstractif, iva, vl.
Abstraction.	Abstraction.
Abstrait, aite.	Abstret, eta.
Absurde.	Absurde, da.
Absurdité.	Absurditat.

ABU

Abus.	Abus.
Abusé, ée.	Abusat, ada.
Abuser.	Abusar.
Abuser s'.	Abusar s'.
Abuseur.	Abusaire.
Abusif, ive.	Abusif, iva.
Abusivament.	Abusivament.
Abuter.	Abutar, ameirar.

ABY

Abyme.	Abyme.
Abymer.	Abymar.

ACA

Acabit.	Acabit.
Acacia des jardins.	Casseyer.
Acacia faux.	Acacia.
Académicien.	Academicien.
Académie.	Academia.
Académique.	Academique, ica.
Acagnardé, ée.	Acagnardit, ida.
Acagnarder s'.	Acagnardir s'
Acajou.	Acajou.
Acanthe.	Acantha.
Acapte.	Acapta.
Acapte, reconnais-sance de l'.	Acaptament.
Acapte, prendre à.	Acaptar.
Acapte arrière.	Acapta, reire.
Acariâtre.	Acariastre, astra.
Acarne.	Belhueth.
Acastillage.	Acastilhagi.
Acastillé, ée.	Acastilhat, ada.

ACC

Accablant, ante.	Accablant, anta.
Accablé, ée.	Accablat, ada, Ableiyat.
Accablement.	Accablament.
Accabler.	Accablar, Ableigar.
Accaparement.	Accaparrament.
Accaparé, ée.	Acaparrat, ada.
Accaparer.	Accaparrar.
Accapareur, euse.	Accaparrur, usa.
Accarer.	Acarar.
Accarer, action d'.	Acarament.
Accéder.	Accedar.
Accélérateur, trice.	Acceleratour.
Accélération.	Acceleration.
Accéléré, ée.	Accelerat, ada.
Accélérer.	Accelerar.
Accent.	Accent.
Accentuation.	Accentuation.
Accentué, ée.	Accentuat, ada.
Accentuer.	Accentuar.
Acceptable.	Acceptable, abla.
Acceptation.	Acceptation.
Accepté, ée.	Acceptat, ada.
Accepter.	Acceptar.
Accepte, celui qui.	Acceptaire.
Accepteur.	Acceptur.
Acception.	Acception.
Accès.	Acces.
Accessible.	Accessible, ibla.
Accessoire.	Accessoiro.
Accident.	Accident.
Accidentel, elle.	Accidentel, ela.
Acclamation.	Acclamation.
Accointance.	Acoindansa, Acointament.
Accointer.	Acoindar, vl.
Accolade.	Accolada.
Accoler.	Encoular.
Accommodable.	Accoumoudable, abla.
Accommodage.	Adoubagi.
Accommodant, ante.	Accoumoudant, anta.
Accommodement.	Accoumoudament.
Accommodé, ée.	Accoumoudat, ada, Adoubat.
Accommoder.	Accoumoudar, Adoubar.
Accommoder s'.	Accoumoudar s'.
Accompagnateur.	Accoumpagnaire.
Accompagnement.	Accoumpagnament.
Accompagné, ée.	Accoumpagnat, ada.
Accompagner.	Accoumpagnar.
Accompli, ie.	Accoumplit, ida, ia.
Accomplir.	Accoumplir.
Accomplir s'.	Accoumplir s'.
Accomplissement.	Accoumplissament.
Accord.	Accord.
Accordable.	Accordable, abla.
Accordailles.	Accordalhas.
Accordant, ante.	Accordant, anta.
Accordé, ée, s. et adj.	Accordat, ada.
Accorder.	Accordar.
Accorder s'.	Accordar s'.
Accordeur.	Accordaire.
Accordoir.	Accordoir.
Accosté, ée.	Accostat, ada.
Accoster.	Accostar, Arambar.
Accoté, ée.	Apountelat, ada.
Accoter.	Apountelar.
Accoter s'.	Apountelar s'.
Accouchée.	Accouchada, Jacent.
Accouchement.	Accouchament.
Accoucher secrète-ment.	Descouffinar.
Accoucher.	Accouchar.
Accoucheur, euse.	Accouchur, usa.
Accoudé, ée.	Accoudat, ada.
Accouder s'.	Accoudar s'.
Accoudoir.	Accoudoir.
Accouplé, ée.	Accoublat, ada.
Accouplement.	Accoublament.
Accoupler.	Accoublar.
Accourci, ie.	Accourchat, Escourchat, ada.
Accourcir.	Escourchar.
Accourcissement.	Accourcissament.
Accourir.	Acorrer, vl. Venir vite.
Accoutrement.	Acoutrament.
Accoutré, ée.	Accoutrat, ada.
Accoutrer.	Acoutrar.
Accoutumance.	Accoustumança.
Accoutumé, ée.	Accoustumat, ada.
Accoutumer.	Accoustumar.
Accoutumer s'.	Accoutumer s'.
Accouvé, ée.	Agroual, ada.
Accrédité, ée.	Accreditat, ada.
Accréditer.	Accreditar.
Accréditer s'.	Accreditar s'.
Accroc.	Accroc.
Accroché, ée.	Accrochat, ada, Accrouchat.
Accrocher.	Accrochar.
Accrocher s'.	Accrochar s'.
Accroire.	Encreire.
Accroire, s'en faire.	Encreire s'.
Accroissement.	Crei, creissença.
Accroître.	Creisser.
Accroupi, ie.	Accroupit, ida.
Accroupir s'.	Accroupir s'. Agrouar s'.
Accroupissement.	Accroupissament.
Accru, ue.	Creissut, uda.
Accueil.	Acuelh.
Accueilli, ie.	Aculhit, ida, ia.
Accueillir.	Aculhir.

Acculé, ée. Acantounat, ada.
Acculer. Acantounar, Acular.
Acculer s'. Acantounar s'.
Accumulé, ée. Accumulat, ada.
Accumuler. Accumular.
Accusable. Accusable, abla.
Accusateur, trice. Accusatour, atriça.
Accusatif. Accusatif.
Accusation. Accusation.
Accusé, ée. Accusat, ada.
Accuser. Accusar.
Accuser s'. Accusar s'.

ACE

Acensement. Acensament,
Acenser. Acensar.
Acéphale. Acephalo, ala.
Acerbe. Aspre, pra.
Acéré. Aceirat, ada.
Acérer. Aceirar.
Acétate de cuivre, avec Verdet.
excès de base.
Acétate de plomb, avec Extrait de saturno.
excès de base.

ACH

Achalandé, ée. Achalandat, ada.
Achalander. Achalandar.
Achalande celui qui. Achalandaire.
Acharné, ée. Acharnat, ada. Acarnassit, ida.
Acharner. Acarnar.
Acharner s'. Acarnar s'.
Achat. Achat, Crompa, Achet.
Ache. Api.
Ache sauvage. Api fer.
Ache de montagne. Api bastard.
Achée. Tirassa.
Acheminement. Acheminament.
Acheminé, ée. Encaminat, ada, Aviat, ada.
Acheminer. Encaminar, aviar.
Acheminer s'. Encaminar s'. Aviar s'.
Acheminer un troupeau. Encarreirar.
Achereau. Achoupin.
Achéron. Acheroun.
Acheté, ée. Croumpat, ada.
Acheter. Croumpar, Achetar.
Acheteur. Croumpaire, Achetaire.
Acheul, n. pr. Arcai.
Achevé, ée. Acabat, ada.
Achèvement. Acabada.
Achever. Acabar.
Achever sa ruine. Acabar s'.
Achillée. Milla fuelha.
Achoppement. Achapatori.
Achores. Rasqueta.

ACI

Acide. Acide.
Acide arsénieux. Arsenic.
Acide muriatique oxygéné. Chloro.
Acide nitrique. Aigua fort.
Acide oxymuriatique. Chloro.

Acide fulfurique. Oli de vitriol.
Acide. Acide, ida.
Acidimètre. Acidimetro.
Acidité. Acidital.
Aciduler. Acidular.
Acier. Acier.
Acier natif. Fer cedat.
Aciérer. Acieirar.
Acirologie. Acirologia, vl.
Acirologier. Acirologiar.

ACO

Acolyte. Acolyto.
Aconit napel. Estrangla loup.
Aconit tue loup. Thouera jauna.
Acoquiné, ée. Acouquinit, ida, ia.
Acoquiner. Acouquinir.
Acoquiner s'. Acouquinir s'.
Açores, îles. Açoras.
Acoustique. Acoustique, ica.

ACQ

Acquéreur. Acquerour.
Acquérir. Acquerir.
Acquiescement. Acquiessament.
Acquiescer. Acquiessar.
Acquis, ise. Acquist, ista, isa.
Acquisition. Acquisition.
Acquit. Acquit.
Acquit à caution. Acquit à caution.
Acquit, jouer à l'. Embastar s'.
Acquittement. Acquitament.
Acquitter. Acquitar.
Acquitter s'. Acquittar s'.

ACR

Acre. Acre, Acra.
Acreté. Acretat.
Acrimonie. Acrimounia, Cremour.
Acrostiche. Acrosticho.

ACT

Acte. Acte.
Actes des Apôtres. Actes deis Apotros.
Acteur, trice. Actour, triça.
Actif, ive. Actif, iva.
Actif, s. m. Actif.
Action. Action.
Actionnaire. Actionari.
Actionné, ée. Actionat, ada.
Actionner. Actionar.
Activement. Activament.
Activer. Activar.
Activité. Activitat.
Actrice. Actriça.
Actualité. Actualitat.
Actuel, elle. Actuel, ela.
Actuellement. Actuellement, lisez : Actuelament.

ACU

Acupuncture. Acupunctura.

ADA

Adage. Adagi.
Adagio. Adagio.

Oli de vitriol.
Adam, n. pr. Adam.
Adapté, ée. Adaptat, ada.
Adapter. Adaptar.

ADD

Addition. Addition.
Additionné, ée. Additionat, ada.
Additionnel, elle. Additionel, ela.
Additionner. Additionar.

ADE

Adélaide, n. pr. Adelaida.
Adéline, n. pr. Adelina.

ADH

Adhérence. Adherença.
Adhérent, ete. Adherent, enta.
Adhérer. Adherar.

ADI

Adieu. Adiou.

ADJ

Adjacent, ente. Adjacent, enta.
Adjectif. Adjectif.
Adjoindre. Adjougner.
Adjoint. Adjoint.
Adjonction. Adjonction.
Adjudant. Ajudant.
Adjudicataire. Adjudicatari.
Adjudication. Adjudication.
Adjugé, ée. Adjugeat, ada.
Adjuger. Adjugear.
Adjuration. Escounjuration.
Adjuvatif. Adjuvatiu, vl.

ADM

Admettre. Admettre.
Administrateur. Administratour.
Administratif, ive. Administratif, iva.
Administration. Administration.
Administré, ée. Administrat, ada.
Administrer. Administrar.
Admirable. Admirable, abla.
Admirablement. Admirablament.
Admirateur, trice. Admiratour, triça.
Admiration. Admiration.
Admiré, ée. Admirat, ada.
Admirer. Admirar.
Admirer s'. Admirar s', Adorar s'.
Admis, ise. Admes, essa.
Admissible, ible. Admissible, ibla.
Admission. Admission.
Admonété, ée. Admonestat, ada.
Admonéter. Admonestar.
Admonition. Amonestassio, vl.

ADO

Adolescence. Jouinessa, Adolescencia, vl.
Adolescent, ente. Juine homme.
Adonis, plante. Roubissa.
Adonis. Adounis.
Adonisé, ée. Adounisat, ada.
Adoniser. Adounisar,

4

Français	Traduction
Adoniser s'.	Adounisar s'.
Adonné, ée.	Adounat, ada.
Adonner s'.	Adounar s'.
Adopté, ee.	Adoptat, ada.
Adopter.	Adoptar.
Adoptif, ive.	Adoptif, iva.
Adoption.	Adoption.
Adorable.	Adorable, abla.
Adorateur.	Adoratour.
Adoration.	Adoration.
Adoré, ée.	Adorat, ada.
Adorer.	Adorar.
Ados.	Ados.
Adosser.	Adossar.
Adouber.	Adoubar.
Adouci, ie.	Adoucit, ida, ia.
Adoucir.	Adoucir.
Adoucir s'.	Adoucir s'.
Adoucir s', en parlant du temps.	Abaucar s'.
Adoucissant, ante.	Adoucissent, enta.
Adoucissement.	Adoucissament.

ADP

Ad patres.	Ad patres et patres ad.

ADR

Adragant.	Gouma adragant.
Adresse.	Adressa.
Adressé, ée.	Adressat, ada.
Adresser.	Adressar.
Adresser s'.	Adressar s'.
Adrien, n. pr.	Adrien.
Adrienne, n. pr.	Adriena.
Adroit, oite.	Adret, Adrech, echa.
Adroitement.	Adretament, Adrechament.

ADU

Adulation.	Adulation.
Adulte.	Adulte, ta.
Adultère.	Adultero.
Adultère, adj.	Adultere, era.
Adultérer.	Adulterar.
Adultérin, ine.	Adulterin, ina.
Aduste.	Adust, usta.
Adustion.	Adustio, vl.

ADV

Adventif, ive.	Adventif, iva.
Adverbe.	Adverbo.
Adverbial, ale.	Adverbial, ala.
Adversaire.	Adversari, aria.
Adverse.	Adverse, ersa.
Adversité.	Adversitat.

AER

Aéré, ée.	Aerat, ada.
Aérer.	Aerar, Enairar.
Aérien, ienne.	Aerien, ena.
Aérolithe.	Acrolitho.
Aéro clavicorde.	Aero clavicorda.

AFF

Affabilité.	Affabilitat.
Affable.	Affable, abla.
Affablement.	Affablament.
Affadi, ie.	Affadit, ida, ia.
Affadir.	Affadir.
Affadissement.	Affadissament.
Affaibli, ie.	Affeblit, ida, ia.
Affaiblir.	Affeblir.
Affaiblir s'.	Affeblir s'.
Affaiblissement.	Affeblissament.
Affaire.	Affaire.
Affairé, ée.	Affairat.
Affaissé, ée.	Affessat, ada, Esfougassat.
Affaissement.	Affessament.
Affaisser.	Affessar.
Affaisser s'.	Affessar s'.
Affalé, ée.	Affalat, ada.
Affaler.	Affaler.
Affaler s'.	Affalar s'.
Affamé, ée.	Affamat, ada.
Affamer.	Affamar.
Affectation.	Affectation.
Affecté, ée.	Affectat, ada.
Affecter.	Affectar.
Affecter s'.	Affectar s'.
Affectif, ive.	Affectiu, iva, vl.
Affection.	Affection.
Affectionné, ée.	Affectiounat, ada.
Affectionner.	Affectiounar.
Affectueusement.	Affectuousament.
Affectueux, euse.	Affectuous, ousa.
Affermé, ée.	Arrentat, ada.
Affermi, ie.	Counsoulidat, ada.
Affermir.	Counsolidar.
Afféré, ée.	Affetat, ada.
Afféterie.	Affetaria.
Affiche.	Afficha.
Affiché, ée.	Affichat, ada.
Afficher.	Affichar.
Afficher s'.	Affichar s'.
Afficheur.	Affichaire.
Affidé, ée.	Affidat, ada.
Affilé, ée.	Affilat, ada.
Affiler.	Affilar.
Affiliation.	Affilhation.
Affilié, ée.	Affilhat, ada.
Affilier.	Affilhar.
Affinage.	Affinagi.
Affiné, ée.	Affinat, ada.
Affiner.	Affinar.
Affinerie.	Raffinaria.
Affineur.	Raffinur.
Affinité.	Affinitat.
Affinoir.	Affinadour.
Affiquet.	Affiquets.
Affiquet, porte aiguille.	Broquet.
Affirmatif, ive.	Affirmatif, iva.
Affirmation.	Affirmation.
Affirmativement.	Affirmativament.
Affirmé, ée.	Affirmat, ada, Affourtit, ida.
Affirmer.	Affirmar, Affourtir.
Affleuré, ée.	Afflourat, ada.
Affleurer.	Afflourar.
Afflictif, ive.	Afflictif, iva.
Affliction.	Affliction.
Affligé, ée.	Affligeat, ada.
Affligeant, ante.	Affligeant, anta.
Affliger.	Affligear.
Affliger s'.	Affligear, s'
Affluence.	Affluença, Toumbada.
Affluer.	Affluar.
Affolé, ée.	Affoulat, ada, Enfadesit, ida.
Affouagement.	Affouageament.
Affourche.	Ancourela.
Affourager.	Apasturar, Affenar.
Affourcher.	Affourchar.
Affranchi, ie.	Affranchit, ida, ia.
Affranchir.	Affranchir.
Affranchir s'.	Affranchir, s'.
Affranchissement.	Affranchissament.
Affre.	Affre.
Affrétement.	Affretament.
Affrété, ée.	Affretat, ada.
Affréter.	Affretar.
Affréteur.	Affretur.
Affreusement.	Affrousament.
Affreux, euse.	Affrous, ousa.
Affriandé, ée.	Affriandat, ada.
Affriander.	Affriandisir.
Affront.	Affront.
Affronté, ée.	Affrontat, ada.
Affronter.	Affrontar.
Affronterie.	Affrontaria.
Affronteur, euse.	Affrontur.
Affublé, ée.	Affublat, ada.
Affublement.	Affublament.
Affubler.	Affublar.
Affubler s'.	Affublar s'.
Affût.	Affut, Espera.
Affûtage.	Affustagi.
Affûté, ée.	Affustat, ada.
Affûter.	Affustar.
Affûtiau.	Affutiaus.

AFI

Afin.	Afin.

AFR

Africain, aine.	African, ana.
Afrique.	Africa.

AGA

Aga.	Aga.
Agaçant, ante.	Agaçant, anta.
Agace.	Agassa.
Agacé, ée.	Agaçat, ada.
Agacement des dents.	Enteriga.
Agacer.	Agaçar.
Agamemnon.	Gameno, vl.
Agaric.	Champignoun.
Agaric comestible.	Envinassat.
Agaric de chêne.	Cassonada.
Agaric cluseau.	Escumel.
Agaric délicieux.	Coucoumela jauna.
Agaric écailleux.	Cabarlas.
Agaric élevé.	Escumel.
Agaric de l'éryngium,	Bouligoula.
Agaric en gaîne.	Coucoumela grisa.
Agaric de mélèze.	Agaric.
Agaric du mûrier.	Boulet d'Amourier.
Agaric oronge.	Roumanel.
Agassa.	Agassa.
Agate.	Agata.
Agathe, n. pr.	Agatha.
Agathocle, n. pr.	Ayatoclo.
Agavé.	Aloes.

AGD

Agde.	Agde.
Agde habitant d'.	Agades,

AGE

Age.	Agi,
Agé, ée.	Ageat, ada.
Agence.	Agença.
Agencé, ée.	Ageançat, ada.
Agencement.	Ageançament.
Ageancer.	Ageançar.
Agenouillé, ée.	Aginoulhat, ada.
Agenouiller s'	Aginoulhar s'.
Agenouilloir.	Aginoulhoir.
Agent.	Agent.
Aggravant, ante.	Aggravant, anta.
Aggravation.	Agreviamen, vl.
Aggravé, ée.	Aggravat, ada.
Aggraver.	Aggravar
Aggraver, s'.	Aggravar s'

AGI

Agile.	Agile, ila.
Agilement.	Agilament.
Agilité.	Agilitat.
Agiotage,	Agioulagi.
Agioter.	Agioutar.
Agioteur.	Agioutur.
Agir.	Agir.
Agissant, ante.	Agissant, anta.
Agitateur.	Agitatour.
Agitation.	Agitation.
Agité, ée.	Agitat, ada.
Agiter.	Agitar.
Agiter en tournant.	Ventoular.
Agiter s'.	Agitar s'.

AGL

Aglaé, n. p.	Aglae.

AGN

Agneau.	Agnel, Agneou.
Agneau châtré.	Castroun.
Agneau du mois d'août.	Aoustenc.
Agneau de l'arrière-saison.	Regor.
Agneau trop faible pour suivre le troupeau.	Berouge.
Agneau femelle.	Aignela.
Agneau gros.	Agnelas.
Agneau petit.	Agneloun.
Agneau en général, les.	Agnelun.
Agneaux, gardien des.	Agnelier.
Agneau chaste.	Pebrier.
Agneler.	Agnelar.
Agnelet.	Agnelet.
Agneline.	Agnin, Anin.
Agnelins.	Agnelins.
Agnès.	Agnes.
Agnus.	Agnus.
Agnus castus.	Agnus castus.
Agnus dei.	Agnus dei.

AGO

Agonie.	Agounia.
Agonisant, ante.	Agounisant, anta.
Agoniser.	Agounisar.

AGR

Agrafe.	Agrafa, crochet.
Agrafé, ée.	Agrofat, crochetat, ada.
Agrafer.	Crochetar.
Agrafes, garnitures.	Affibles.
Agrandi, ie.	Agrandit, ida, ia.
Agrandir.	Agrandir.
Agrandir s'.	Agrandir s'.
Agrandissement.	Agrandissament.
Agréable.	Agreable, abla.
Agréablement.	Agreablament.
Agréé, ée.	Agradat, ada.
Agréer.	Agradar, Agrear.
Agréer un vaisseau.	Agrear.
Agrégation.	Agregation.
Agrégé, ée.	Agregeat, ada.
Agréger.	Agregear.
Agrément.	Agrament.
Agrès.	Agres.
Agresseur.	Agressour.
Agression.	Agression.
Agreste.	Agrest, vl.
Agrève, n. pr.	Agrevou.
Agricol, n. pr.	Agricol.
Agricole.	Agricolo, ola.
Agriculteur.	Agricultour.
Agriculture.	Agricultura.
Agrion.	Doumeiseleta.
Agrippa, livre d'.	Agrippa.
Agrippé, ée.	Agrippat, ada.
Agripper.	Agrippar, Grepar.
Agronome.	Agronomo.

AGU

Aguerri, ie.	Aguerrit, ida, ia.
Aguerrir.	Aguerrir.
Aguerrir s'	Aguerrir s'.
Aguets.	Aguets.
Aguillat.	Agulhat.
Aguillat de Plainville.	Mangui.

AH

Ah.	Ah.

AHI

Ahi.	Ahi.

AID

Aide.	Ajuda.
Aide de camp.	Aido de camp.
Aide major.	Aido major.
Aidé, ée.	Ajudat, ada.
Aider.	Ajudar.
Aider s.	Ajudar s'.

AIE

Aïeul.	Aiul.
Aïeule.	Aiula.

AIG

Aigle.	Aigla.
Aigle brun.	Aigla coumuna.
Aigle commun.	— idem.
Aigle criard.	Aigloun.
Aigle grand.	Aigla de mar.
Aigle de mer.	— idem.
Aigle orfraie.	— idem.
Aigle petit.	Aigloun.
Aigle royal.	Aigloun rouyala.
Aigle gros.	Aiglas.
Aigle, poisson.	Lanceta.
Aigle marin	idem.
Aigle de mer.	Agulha.
Aiglon.	Aigloun.
Aignan, n. pr.	Aignan.
Aigre.	Aigre, gra.
Aigre, tirer sur l'.	Aigregear.
Aigre, les choses.	Aigrun.
Aigrefin.	Agrifin.
Aigrelet, ette.	Aigrelet, Aigrineou.
Aigrement.	Agrament, vl.
Aigremoine.	Agrimonia.
Aigrette, oiseau.	Agreta.
Aigrette des plantes.	Lume, perdigola.
Aigreur.	Aigrour.
Aigreurs.	Aigrours.
Aigreur qui vient de l'estomac.	Cremour.
Aigri, ie.	Aigrit, ida; ia.
Aigrir.	Aigrir.
Aigrir s'.	Aigrir s'.
Aigu, uë.	Agut, uda.
Aigu finement.	Agud.
Aiguade.	Aiguada.
Aigue marine.	Aigua marina.
Aiguière.	Aiguadiera.
Aiguillat.	Agulhat.
Aiguillat de blainville.	Mangin.
Aiguille.	Agulha,
Aiguille petite.	Agulheta, Agulhouna
Aiguille grosse.	Agulhassa.
Aiguille, plante.	Agulhas.
Aiguille de mer.	Agulha.
Aiguille de bas.	Agulha de bas.
Aiguille aimantée.	Agulha emantada
Aiguille pour coudre les voiles.	Agulha de tret.
Aiguille d'emballeur.	Emballadouira.
Aiguillée.	Agulhada, courdurada.
Aiguillerie.	Agulharia.
Aiguillette.	Agulheta.
Aiguillette, nouer l'.	Nousar l'agulheta.
Aiguilletter.	Cassounar.
Aiguillier.	Agulhier.
Aiguillon.	Agulhada, Agulhoun.
Aiguillonné, ée.	Agulhounat, ada.
Aiguisement.	Amourage.
Aiguisé, ée.	Amoulat, ada.
Aiguiser.	Amoular.

AIL

Ail.	Alhet.
Ail gros.	Alhetas.
Ail petit.	Alhetoun.
Ail, pommade à l'.	Alholi.
Ail, frotte d'.	Alhetat.
Ail, manger de l'.	Alhetiar.
Ail sauvage.	Alhastre.
Ail des vignes.	Pouere fer.
Ail feuille.	Cebilhouns.
Aile.	Ala, ara.
Ailes, qui a de grandes	Alut, uda.
Ailes d'un moulin a vent.	Antenas.
Ailes, aptère privé d'.	Desalat.
Ailé, ée.	Alat, ada.
Aileron.	Aleta.

6

Aillade. — Alhetada, Bourrida.
Ailleurs. — Alhurs.

AIM

Aimable. — Aimable, abla.
Aimant. — Amant.
Aimant, ante. — Amant, anta.
Aimé, ée. — Amat, ada.
Aimer. — Amar.
Aimer s'. — Amar s'.

AIN

Ain, départ. de. — Ain.
Aine. — Lengue, Engues.
Ainé, ée. — Ainat, ada, magi.
Ainesse. — Ainessa.
Ainsi. — Ansin.

AIR

Air. — Air, er.
Air, de feu un. — Alada.
Airain. — Aram.
Aire. — Iera, Aira.
Aire, où l'on évente, lieu d'une. — Ventaire.
Aire petite. — Aireta.
Aire, le chef de l'. — Airier.
Aire de faucheur. — Encap.
Airée. — Airoou, Airouer.
Airelle. — Aiges.
Airelle rouge. — Abajera.

AIS

Ais. — Taula, plancha.
Aisance. — Aisança.
Aisances. — Aises.
Aise. — Aise.
Aisé, ée. — Aisat, ada.
Aisément. — Aisament.
Aisne, départ. — Aisna.
Aissangue. — Aissanga.
Aisseau. — Aisseta.
Aisseliers. — Aisselher.
Aisselle. — Aissela, Eichela.

AJO

Ajonc d'Europe. — Argielas.
Ajournement. — Ajournament.
Ajourné, ée. — Ajournat, ada.
Ajournar. — Ajournar.
Ajoutage. — Ajust.
Ajoutage petit. — Ajustoun.
Ajouté, ée. — Ajustat, ada.

AJU

Ajuster. — Ajustar, Refoundre.
Ajuster s'. — Ajustar s'.

ALA

Alais, n. de lieu. — Alest, vl.
Alambic. — Alambic.
Alambiqué, ée. — Alambicat, ada.
Alambiquer. — Alambicar.
Alambiquer s'. — Alambicar s'.
Alarguer. — Alargar.
Alarme. — Alarma.

Alarmé, ée. — Alarmat, ada.
Alarmer. — Alarmar.
Alarmar s'. — Alarmar s'.
Alarmiste. — Alarmisto, ta.
Alaterne. — Phylaria.

ALB

Albaletrier. — Aubaresta.
Albâtre. — Alabastra, Albatra.
Albe longue. — Albana, vl.
Alberge. — Aubergea.
Albergier. — Aubergier.
Albergue, droit de. — Alberga.
Albert, n. pr. — Albert.
Albigeois. — Albiges.
Albin, n. pr. — Albin.
Albion nouvelle. — Albion nouvela.
Alcade. — Alcado.
Albugo. — Albuge.
Alcali. — Alcali.
Alcali végétal. — Potassa.
Alcali volatil. — Alcali voulatil.
Alcalimètre. — Alcalimetro.
Alcarazas. — Alcarazas.
Alcée. — Passa rosa.
Alchimille vulgaire. — Pata de lion.
Alchimie. — Alchimia.
Alchimiste. — Alchimisto.
Alcool. — Alcool.
Alcoolimètre. — Alcoolimetro.
Alcoran. — Alcoran.
Alcôve. — Alcova.
Alcyon. — Alcyon.

ALE

Alègre, v. — Allegre.
Alène. — Alesna.
Alentour. — Alentour.
Alentours. — Alentours.
Alépocéphale à bec. — Caussinier, 2.
Alerte. — Alerta.
Alerte, adj. — Alerto, ta.
Alevin. — Alevin, ravan.
Alevinage. — Alevinagi.
Aleviner. — Alevinar.
Alexandre, n. pr. — Alissandre, Arichandre.
Alexandrin. — Alexandrin.
Alexandrina, n. pr. — Alexandrina.
Alezan. — Alazan.

ALF

Alfred, n. pr. — Alfred.

ALG

Algarade. — Algarada.
Algarve. — Algarab, vl.
Algèbre. — Algebra.
Algébriste. — Algebristo.
Alger. — Alger.
Algérien, enne. — Algerien, ena.
Algorithme. — Algorisme, vl.
Alguazil. — Alguazil.
Algue. — Auga.

ALI

Alibi. — Alibi.
Alibiforain. — Alibiforans.
Aliboron. — Alibouroun.
Aliboufier. — Aliboufier.

Alidade. — Alidada.
Aliénable. — Alienable, abla.
Aliénation. — Alienation.
Aliéné, ée. — Alienat, ada.
Aliéner. — Alienar.
Aliéner s'. — Alienar s'.
Alignement. — Alignament.
Aligné, ée. — Alignat, ada.
Aligner. — Alignar.
Aligner s'. — Alignar s'.
Alignole. — Alignola.
Alilade. — Alilada.
Aliment. — Aliment.
Alimentaire. — Alimentari.
Alimenté, ée. — Alimentat, ada.
Alimenter. — Alimentar.
Alinéa. — Alinea.
Alingé, ée. — Alingeat, ada.
Alinger. — Alingear.
Aliquote. — Aliquota.
Alité, ée. — Aliechat, ada.
Aliter. — Alichar.
Aliter s'. — Aliechar s'.
Alize. — Alisa.
Alizier. — Alisier, Arier.
Alizier anti dyssentérique. — Pudis.

ALK

Alkali. — Alcali.

ALL

Allaitement. — Alachar l'.
Allaiter. — Alachar.
Allécher. — Attirar.
Allée. — Allea, Alleia.
Allégation. — Allegation.
Allége. — Alleouge.
Allègement. — Alleviacto, vl.
Allégé, ée. — Alleougeat, ada.
Alléger. — Alleougear.
Allégorie. — Allegoria.
Allégorique. — Allegorique, ica.
Allégoriquement. — Alegorialmen, vl.
Allègre. — Alegre, egra.
Allégrement. — Alegrament.
Allégresse. — Alegressa.
Alléguer. — Allegar.
Alléluia. — Alleluia.
Allé, ée. — Anat, anada.
Allemand, ande. — Alemand, anda.
Allemagne. — Alemagna.
Allemande. — Alemanda.
Aller. — Anar.
Aller de côté. — Biscalhar.
Aller s'en. — Anar s'en.
Aller au plus près du vent. — Anar au pu pres.
Alléviatif, ive. — Alleviatiu, iva, vl.
Alliage. — Alliagi.
Alliaire. — Herba d'alh.
Alliance. — Alliança.
Allie, ée. — Alliat, ada.
Allier. — Alliar.
Allier s'. — Alliar s'.
Allobroge. — Allobrogo.
Allonge. — Along.
Allongement. — Alongament.
Allongé, ée. — Alongat, ada.
Allonger. — Alongar.
Allonger s'. — Alongar s'.

Allumé, ée.	Alumat, ada.
Allumer.	Alumar.
Allumette.	Alumeta, Broqueta.
Allumettes, marchand fabricant d'.	Broquetier.
Allumeur.	Alumaire.
Allure.	Allura, Brindou.
Allusion.	Allusion.
Alluvion.	Alluvion.

ALM

Almanach.	Almanach.
Almanachs, faiseur d'.	Almanacaire.
Almandine.	Alamandina.

ALO

Aloès.	Aloes.
Aloi.	Aloi.
Alopécie.	Alopecia, peladura.
Alose.	Alausa.
Alouette.	Aloueta, Calandra.
Alouette à doigts courts.	Calandreta.
Alouette des champs.	Alauveta.
Alouette de buisson.	Criou.
Alouette farlouse.	Bedouvida.
Alouette grosse.	Coulassada.
Alouette cornue.	Couquilhada.
Alouette grosse huppée.	Idem.
Alouette commune.	Calandra.
Alouette des bois.	Idem.
Alouette cugelier.	Bedouvida.
Alouette de mer.	Pivoutoun.
Alouette locustelle.	Criou.
Alouette pipi.	Idem.
Alouette, petit de l'.	Calandroun.
Alourdir.	Estourdir.
Aloyau.	Alouyeou.

ALP

Alpes.	Alpas.
Alpes basses, dép.	Alpas bassas.
Alpes hautes, dép.	Alpas autas.
Alpha.	Alpha.
Alpha et Oméga.	Alpha et Omega.
Alphabet.	Alphabet.
Alphabétique.	Alphabetique, ica.
Alphonse, n. pr.	Alphonso.
Alphonsin.	Alphonsin.
A'pin, ine.	Alpin, ina.

ALQ

Alquifoux.	Alquifous.

ALS

Alsonne.	Alzona.

ALT

Altérable.	Alterable, abla.
Altérant, ante.	Alterant, anta.
Altération.	Alteration.
Altercation.	Altercation.
Altéré, ée.	Alterat, ada.
Altérer.	Alterar.
Altérer s'.	Alterar s'.
Alternative.	Alternativa.
Alternativement.	Alternativament.

Alterner.	Alternar.
Altesse.	Altessa.
Althea.	Althea.
Alto.	Alto.

ALU

Alude.	Aluda.
Alumelle.	Alumella.
Alumineux, euse.	Aluminoz, oza, vl.
Alun.	Alun.
Alunage.	Alunagi.
Aluné, ée.	Alunat, ada.
Aluner.	Alunar.

AMA

Amabilité.	Amabilitat.
Amable, n. pr.	Amabla.
Amadis.	Amadis.
Amadou.	Amadou.
Amadoué, ée.	Amadouat, ada.
Amadouer.	Amadouar.
Amadoueur.	Amadouaire.
Amadryades.	Amadryadas.
Amaigri, ie.	Emmaigrit, ida, ia.
Amaigrir.	Emmaigrir.
Amaigrissement.	Amaigrissament.
Amalgame.	Amalgama.
Amalgamé, ée.	Amalgamat, ada.
Amalgamer.	Amalgamar.
Amande.	Amenda.
Amande amère.	Amenda amara.
Amande douce.	Amenda douça.
Amande à écale dure.	Amenda dura.
Amande à la reine.	Amenda fina.
Amande folle.	Amenda pessegauda.
Amande des dames.	Amenda abelana.
Amande sultane.	Amenda fina.
Amande pistache.	Amenda pistacha.
Amande sucrée.	Amenda sucrada.
Amandier.	Amendier.
Amant, ante.	Amant, anta.
Amarante.	Amarantu.
Amarante à queue.	Amaranta bled. 2.
Amarante blette.	Amaranta bled. 3.
Amariné, ée.	Amarinat, ada.
Amariner.	Amarinar.
Amariner s'.	Amarinar s'.
Amarrage.	Amarragi.
Amarre.	Amarra.
Amarre de la chaloupe.	Barbeta.
Amarré, ée.	Amarrat, ada.
Amarrer.	Amarrar.
Amaryllis.	Amarillis.
Amas.	Mouloun, Amas.
Amassé, ée.	Acampat, Amoulounat.
Amasser s'.	Amassar s'.
Amasse, celui qui,	Amassaire.
Amateur.	Amatour.
Amazones.	Amazounas.

AMB

Ambassade.	Embassada.
Ambassadeur.	Embassadour.
Ambassadrice.	Embassadriça.
Ambesas.	Bezet.
Ambidextre.	Ambidextre, extra.
Ambigu.	Ambigut.

Ambigu, uë.	Ambigu, ua.
Ambiguïté.	Ambiguitat.
Ambitieux, euse.	Ambitious, ousa.
Ambition.	Ambition.
Ambitionner.	Ambitiounar.
Amble.	Ambla.
Amble petit.	Ambladureta.
Ambler.	Amblar.
Ambotrace.	Ambotraço.
Ambre.	Ambra.
Ambrette.	Ambreta.
Ambroise, n. pr.	Ambrosi.
Ambroisie.	Ambroisia.
Ambulance.	Ambulança.
Ambulant, ante.	Ambulant, anta.
Ame.	Ama.
Ame, pauvre petite.	Armeta.
Amédée, n. pr.	Amedeo.
Amélanche.	Amelanchos.
Amelanchier.	Amelanchier.
Amélie, n. pr.	Amelia.
Amélioration.	Amelhouration.
Amélioré, ée.	Amelhourat, ada.
Améliorer.	Amelhourar.
Amelia, pierres.	Amenlat.
Amen.	Amen.
Amende.	Esmenda.
Amende honorable.	Amenda hounourabla.
Amendement.	Amendament, Engrais.
Amené, ée.	Amenat, ada.
Amener.	Adurre, Amenar, Ameinar.
Amener à bien.	Acoutir, Ensourtir.
Aménité.	Amenitat.
Amenuisé, ée.	Apprimat, ada.
Amenuiser.	Apprimar.
Amer, ère.	Amar, ara.
Amer, rendre.	Amarsir.
Amer, rendu.	Amarsit, ida.
Amèrement.	Amarament.
Américain, aine.	American, ana.
Amérique.	America.
Amertume.	Amarsour.
Amertume, avoir de l'.	Amaregear.
Améthyste.	Amethysta.
Ameublement.	Amublament.
Ameublir.	Aboudrir.
Ameuloner.	Amoulounar.
Ameuter.	Amutar.
Ami, ie.	Amic, ia.
Ami de cœur.	Cardachou.
Ami pourvu d'.	Amigat.
Ami bon ou petit.	Amiguet.
Amiable.	Amiable, abla.
Amiablement.	Amiablament.
Amiante.	Amianta.
Amical, ale.	Amical, ala.
Amicalement.	Amicalament.
Amict.	Amict.
Amidon.	Amidoun.
Amidonnier.	Amidounier.
Aminci, e.	Apprimat, Amincit, ida.
Amiral.	Amiral.
Amiral, vice.	Amiral, vice.
Amirauté.	Amirautat.

AMM

Ammi.	Api-fol.
Ammocète lamproyon.	Lamprilhoun.
Ammodyte argenté.	Lussi.

Ammoniac.	Ammouniac.
Ammoniaque.	Alcali-volatil.

AMN

Amnios.	Crespina.
Amnistie.	Amnistia.
Amnistié, ée.	Amnistiat, ada.
Amnistier.	Amnistiar.

AMO

Amodiateur.	Miegier.
Amodiation.	Gazalha, Miegeria.
Amoindri, ie.	Amendrit, ie.
Amoindrir.	Amendrir.
Amoindrir s'.	Amendrir s'.
Amoindrissement.	Amendrissament.
Amolli, ie.	Esmourit, ida, ia.
Amollir.	Esmourir.
Amollissement.	Remouliment.
Amoncelé, ée.	Amountelhat, Amou-lounat, ada.
Amonceler.	Amountelhar.
Amorce.	Esca, Amorsa, Morsa.
Amorcer.	Morsar, Amorsar.
Amorcer un hameçon.	Escar.
Amorcer le poisson.	Arescar.
Amorçoir.	Amorçoir.
Amorti, ie.	Amortit, ida, ia.
Amortir.	Amortir.
Amortissement.	Amortissament.
Amour.	Amour.
Amouraché, éc.	Amourachat, ada.
Amouracher.	Amourachar.
Amouracher s'.	Amourachar s'.
Amourette.	Amoureta.
Amourettes.	Pan de passeroun.
Amoureusement.	Amourousament.
Amoureux, euse.	Amourous, ousu.
Amovibilité.	Amouvibilitat.
Amovible.	Amouvible, ibla.

AMP

Ampan.	Ampan
Amphibie.	Amphibio, ia.
Amphibologie.	Amphibologia.
Amphibologique.	Amphibologique, ica.
Amphigouri.	Amphigouri.
Amphithéâtre.	Amphiteatre.
Ample.	Ample, ampla.
Amplement.	Amplament.
Ampleur.	Amplour.
Ampliatif, iva.	Ampliatiu, iva, vl.
Amplification.	Amplification.
Amplifier.	Amplificar.
Ampoule.	Ampoulla.
Ampoule, s'en clever.	Ampoullar.
Ampoule sainte.	Santa Ampoulla.
Ampoulé. ée.	Ampulhos, vl.
Ampoulette.	Ampoulleta.
Amputation.	Amputation.
Amputer.	Amputar.

AMU

Amulette.	Amuleta, Breou.
Amure.	Amura.
Amurer.	Amurar.
Amures.	Amuras.
Amusant, ante.	Amusant, anta.
Amusement.	Amusament.
Amuser.	Amusar.

Amuser s'.	Amusar s'.
Amusette.	Amuseta.
Amuseur.	Amusaire.
Amusoire.	Amusoira.

AMY

Amygdales.	Amygdalas.
Amygdalithe.	Galensias.

AN

An.	An.

ANA

Ana.	Ana.
Anabaptistes.	Anabaptistos.
Anachorète.	Anachoureta.
Anachronisme.	Anachronisme.
Anagramme.	Anagramma.
Anais, n. pr.	Anais.
Analogie.	Analogia.
Analogique.	Analogique, ica.
Analogue.	Analogue, oga.
Anarique loup.	Loup marin.
Analyse.	Analysa.
Analyser.	Analysar.
Ananas.	Ananas.
Anaphore.	Anaphora.
Anarchie.	Anarchia.
Anarchique.	Anarchique, ica.
Anarchiste.	Anarchisto.
Anastase, n. pr.	Anastaso.
Anastrophe.	Anastropha.
Anathematisé, ée.	Anathematisat, ada.
Anathématiser.	Anathematisar.
Anathème.	Anathema.
Anatife.	Cravan, Siblet.
Anatife lisse.	Cravan.
Anatole, n. pr.	Anatolo.
Anatomie.	Anatomia.
Anatomique.	Anatomique, ica.
Anatomiser.	Anotomisar.
Anatomiste.	Anatomisto.

ANÇ

Ancêtres.	Ancetros.
Ancettes.	Embralh.
Anche.	Ancha.
Anchois, s. m.	Anchoya, s. f.
Anchois qui vient d'é-clore.	Anchovin.
Anchois qui a acquis la moitié de sa grosseur.	Amploueta.
Anchois amer.	Amaroun.
Ancien, ienne.	Ancian, ana.
Anciennement.	Ancianament.
Ancienneté.	Ancianetat.
Ancolie vulgaire.	Galantina.
Ancrage.	Ancragi.
Ancre.	Ancra.
Ancré, ée.	Ancrat, ada.
Ancrer.	Ancrar.
Ancrer s'.	Ancrar s'.

AND

Andaillots.	Bagas de l'estrai.
Andain.	Andan, Endan.
Andalous.	Andalous.
Andeol, n. pr.	Andueou.

Andouille.	Andoulha.
André, n. pr.	Andre.
André, petit ou jeune.	Andreloun, Andrelet.
Andronic, n. pr.	Andronel, vl.

ANE

Ane.	Ase, Ai.
Anes, ou les ânes qui suivent les troupeaux, haras d'.	Pooutralha.
Ane, courre l'.	Mountar sur l'ai.
Ane, peau d'préparée.	Anina.
Anéanti, ie.	Aneantit, ida, ia.
Anéantir.	Aneantir.
Anéantir s'.	Aneantir s'.
Anéantissement.	Aneantissament.
Anecdote.	Anecdota.
Anée.	Saumada.
Anémomètre.	Anemometro.
Anémone.	Anemouna.
Anémone des alpes.	Barbua.
Anémone œil de pan.	Limouna.
Anémone sauvage.	Anemouna sauvagea.
Anémone à fleur de narcisse.	Chabouceou.
Anerie.	Bourriscada.
Anesse.	Sauma.
Anesse grosse.	Saumassa.
Anesse petite.	Saumeta.
Aneth.	Aneth.
Aneth d'.	Anetin, vl.
Anévrisme.	Anevrisme.

ANG

Ange.	Angi.
Ange petit.	Angeoun.
Ange, poisson, ou ange de mer.	Pei angi.
Angle, n. pr.	Angela.
Angélique.	Angelique, ica.
Angélique.	Angelica.
Angélique sauvage.	Cournacha.
Angélique livèche.	Api-bastard.
Angelot, monnaie.	Angelot.
Angelot, poisson.	Pei-angi.
Angelus.	Angelus.
Angevin.	Angevin.
Angevine.	Angevina.
Angine.	Esquinancia.
Anglais, aise.	Angles, esa.
Angle.	Angle.
Angleterre.	Angleterra.
Angleux, euse.	Estrechan, ana.
Angoisse.	Angoissa, Ancoues.
Angoisses, occasionner des.	Angoissar, vl.
Angoisseux, euse.	Angoissos, vl.
Angora.	Angora.
Anguille.	Anguilha, Anguiera.
Anguille grosse.	Pougau.
Anguille électrique.	Dormilhousa.
Anguille de Raie.	Anguilha de bouissoun.
Anguillade.	Anguielada.
Angulaire.	Angular, vl. Angalari.
Anguleux, euse.	Angulos, oza, vl.

ANI

Anicet, pr.	Anicet.
Anicroche.	Anicrocha.
Anier.	Ainier.

Animal.	Animal, Animau.
Animal. ale.	Animau, ala.
Animal gros.	Animalas.
Animal petit.	Animalot.
Animé, ée.	Animat, ada.
Animer.	Animar.
Animer s'.	Animar s'.
Animosité.	Animositat.
Anis.	Anis.
Anis à graine lisse.	Armoun.
Anis étoile.	Badiana.
Anisé, ée.	Anisat, ada.
Aniser.	Anisar.
Anisette.	Aniseta.

ANK

Ankylose.	Ankylosa.

ANN

Annales.	Annalas.
Annate.	Annata.
Anneau.	Anel, Angou.
Anneau de rideau.	Anela.
Anneaux, fabricant d'.	Anelier.
Anne, n. pr.	Ana.
Anne, jeune ou petite.	Aneta, Anetoun.
Année.	Annada.
Année l'autre.	Autr'an l'.
Année, cette.	Ujan, Augan.
Année de mariage première.	An bestiau.
Annelé, ée.	Anelat, ada.
Anneler.	Anelar.
Annelet.	Aneloun.
Annexe.	Annexa.
Anniversaire.	Anniversari.
Annonce.	Anounça.
Annoncé, ée.	Anounçat, ada.
Annoncer.	Anounçar.
Annoncer s'.	Anounçar s'.
Annonciade.	Anounciada.
Annotation.	Annotation.
Annuari.	Annuari.
Annuel, elle.	Annuel, ela.
Annuellement.	Annuelament.
Annuité.	Annuitat.
Annulation.	Annulation.
Annulé, ée.	Annulat, ada.
Annuler.	Annular.

ANO

Anobli, ie.	Ennoblit, ida, ia.
Anoblissement.	Ennoblissament.
Anodin, ine.	Anoundin, ina.
Anomal, ale.	Anormal, vl.
Anon.	Ainoun, Asoun.
Anon petit.	Saumal.
Anonner.	Brigadeliar.
Anonyme.	Anonyme, ma.
Anorexie.	Descor.

ANS

Anse.	Manelha, gansa.
Anse de la quenouille.	Chambriera.
Anse petite.	Manelheta.
Anse, rompre l'.	Desmanelhar.
Anse, qui a perdu son.	Desmanelhat.
Anse à panier.	Ansa à panier.
Ansé, ée.	Manelhat, ada.

Ansérine botryde.	Herba doou cor.
Ansérine glauque.	Blet.
Ansérine ligneuse.	Engana.
Ansérine maritime.	Blanqueta, 6.
Ansérine verte.	Armoun.
Anspect.	Manuela.
Anspessade.	Anspessada.

ANT

Antagoniste.	Antagonisto.
Antan.	Antin.
Antarctique.	Antartique, ica.
Antécédent, ente.	Antecedent, enta.
Antécesseurs.	Antecessours.
Antechrist.	Antechrist.
Antenne.	Antena.
Antenois.	Anouge.
Antenois gros.	Anougeas.
Antenois petit.	Anougeoun.
Antenois, tous les.	Anougeun.
Antérieurement.	Anteriourament.
Anthilosis.	Anthilozis, vl.
Anthouron, n. pr.	Anthouroun.
Anthrax.	Carboun, marritgran.
Anthus de richard.	Fitta gavoueta.
Anti.	Anti.
Antichambre.	Antichambra.
Anticipation.	Anticipation.
Anticipé, ée.	Anticipat, ada.
Anticipar.	Anticipar.
Antidale.	Antidata.
Antidater.	Antidatar.
Antidote.	Antidoto.
Antidotaire.	Antidotare.
Antienne.	Antiena.
Antilles, les.	Antilhas, leis.
Antimétabole.	Antimetabole, vl.
Antimoine.	Antimoino.
Antipape.	Antipapa.
Antipathie.	Antipathia.
Antiphonaire.	Antiphonari.
Antiphrase.	Antiphrasa.
Antipodes.	Antipodas.
Anticaille.	Anticalha.
Antiquaire.	Anticari.
Antique.	Antique, ica.
Antiquer.	Anticar, vl.
Antiquement.	Anticament.
Antiquité.	Antiquitat.
Antiquités.	Antiquitats.
Antispasmodique.	Antispasmodique, ica.
Antistrophe.	Antistropha.
Antithèse.	Antithesa.
Antonomasie.	Antonomasia.
Antre.	Bauma, Caverna.

ANU

Anuiter s'.	Anuechar s'.
Anus.	Foundament.

ANX

Anxiété.	Anxietat.

AOR

Aorte.	Aorta.

AOU

Août.	Aoust, Oust.

APA

Apaisé, ée.	Apaisat, abaucat, uda.
Apaiser.	Apaisar, Abaucar.
Apaiser s'.	Apaisar s'. Assoular.
Apanage.	Apanagi.

APE

Apercevoir.	Apercebre.
Aperçu, ue.	Apercut. uda, ua.
Apéritif, ive.	Aperitif, iva.
Apetisser.	Apetisir.

APH

Aphanéidoscope.	Aphaneidoscopo.
Aphérèse.	Apheresa.
Aphérese, employer l'.	Apheresir, vl.
Aphorisme.	Aphorisme.
Aphthes.	Aphtas, cran.
Aphrodisse, n. pr.	Afradassa.
Aphye.	Gobou.

APL

Aplaigner.	Baissar.
Aplani, ie.	Aplanit, ia.
Aplanir.	Aplanir.
Aplati, ie.	Aplatit, ia.
Aplatir.	Aplatir.
Aplatir s'.	Aplatir s'.
Aplatissement.	Aplatissament.
Aplomb.	Aploumb.

APO

Apocalypse.	Apocalypsa.
Apocope.	Apocopa.
Apocopé, ée.	Apocopat, ada, vi
Apocoper.	Apocopar, vl.
Apocoper, action d'.	Apocopament, vl.
Apocryphe.	Apocrypho.
Apocin gobe mouche.	Ouata.
Apographe.	Apographo.
Apollon.	Apoulloun.
Apologie.	Apoulougia.
Apologiste.	Apoulougisto.
Apoltronner.	Apoultrounir.
Apoltronni.	Apoultrounit, ida, ia.
Apoplectique.	Apoplectique, ica.
Apoplexie.	Apoplexia.
Apostasie.	Apostasia.
Apostasier.	Apostasiar.
Apostat.	Apostat.
Apostème.	Poustema.
Aposter.	Poustar.
Apostille.	Apoustilha.
Apostillé, ée.	Apoustilhat, ada.
Apostiller.	Apoustilhar.
Apostolat.	Apostolat.
Apostolique.	Apostolique, ica.
Apostrophe.	Apostropha.
Apostropher.	Apostrophar.
Apostumé, ée.	Apostemit, ida, ia.
Apostumer s'.	Apoustemir s'.
Apothéose.	Apotheosa.
Apothicaire.	Abouticari, bouticari.
Apothicairerie.	Bouticaria.
Apôtre.	Apotro.
Apozème.	Apozemo.

APP

Français	Traduction
Apparaître.	Appareisser, pareisser.
Apparat.	Apparat.
Apparaux.	Apparelhs.
Appareil.	Apparelh.
Appareillé, ée.	Apparelhat, ada.
Appareiller.	Apparelhar.
Appareilleur.	Appariaire.
Appareilleuse.	Macarela.
Apparemment.	Apparamment.
Apparence.	Apparença.
Apparent, ente.	Apparent, enta.
Apparenté, ée.	Apparentat, ada.
Apparenter.	Apparentar s'.
Apparié, ée.	Apparelhat, ada, Appariat, ada.
Apparier.	Appariar.
Apparition.	Apparition.
Appartement.	Appartament.
Appartenance.	Appartenença.
Appartenir.	Appartenir.
Appas.	Appas.
Appât.	Lesc, Aresc.
Appauvri, ie.	Appourit, ida, ia.
Appauvrir.	Apaurir, Empaurir.
Appauvrir s'.	Apaurir s'.
Appeau.	Appeou, Rampeou, Chilet.
Appel.	Appel.
Appelant.	Sambic.
Appelé, ée.	Appelat, Chamat, Cridat.
Appeler.	Appelar, Chamar.
Appellatif.	Appellatiu, vl.
Appellation.	Appellation.
Appentis.	Alapens.
Appesanti, ie.	Appesantit, ida, ia.
Appesantir.	Appesantir.
Appeter.	Appetar.
Appétissant, ante.	Appetissant, enta.
Appétit.	Appetit.
Applaudi, ie.	Applaudit, ia.
Applaudir.	Applaudir.
Applaudissement.	Applaudissament.
Applicable.	Applicable, abla.
Application.	Application.
Appliqué, ée.	Applicat, ada.
Appliquer.	Applicar.
Appliquer s'.	Applicar s'.
Appoint.	Apouint.
Appointé, ée.	Apouintat, ada.
Appointement.	Apouintament.
Appointer.	Apouintar.
Apporté, ée.	Aduch, ucha.
Apporter.	Adurre, Aportar.
Apposition.	Appositio, vl.
Appréciation.	Appreciation.
Apprécié, ée.	Appreciat, ada.
Apprécier.	Appreciar.
Appréhendé, ée.	Apprehandat, ada.
Appréhender.	Apprehandar.
Appréhension.	Apprehension.
Apprendre.	Apprendre.
Apprenti, ie.	Apprendis, isa.
Apprentissage.	Apprentissagi.
Apprêt.	Apprest.
Apprêté, ée.	Apprestat, dda.
Apprêter.	Apprestar.
Apprivoisé, ée.	Apprivadat, ada.

Français	Traduction
Apprivoiser.	Apprivadar.
Approbateur, trice.	Aprobatour.
Approbatif, ive.	Approbatiu, iva, vl.
Approbation.	Approbation.
Approchant, ante.	Approchant, anta.
Approche.	Approchi.
Approché, ée.	Approchat, ada.
Approcher.	Approchar.
Approcher s'.	Approchar s'.
Approfondi, ie.	Approvfoundit, ia.
Approfondir.	Approufoundir.
Appropriation.	Appropriatio.
Approprié, ée.	Apropriat, ada.
Approprier.	Appropriar.
Approuvé, ée.	Approubat, ada.
Approuver.	Approubar, Approuvar.
Approvisionnement.	Approuvisiounament.
Approvisionné, ée.	Approuvisiounat, ada.
Approvisionner.	Approuvisiounar.
Approximatif, ive.	Approximatif, iva.
Approximation.	Approximation.
Approximativement.	Approximativament.
Appui.	Appui.
Appui, droit d'.	Appielagi, Appuiagi.
Appuyé, ée.	Appuyat, Appielat, ada.
Appuyer.	Appielar, Appuyar.

APR

Français	Traduction
Apre.	Aspre, pra.
Aprement.	Asprament.
Après.	Apres.
Après-demain.	Apres-deman.
Après-dinée.	Apres dinar.
Après-midi.	Apres miejour.
Après-soupée.	Apres soupar.
Apreté.	Asprour.

APT

Français	Traduction
Apte.	Apte, ta.
Aptitude.	Aptituda.

APU

Français	Traduction
Apuré, ée.	Apurat, ada.
Apurer.	Apurar.

AQU

Français	Traduction
Aquatique.	Aquatique, ca. Aiguassous, ousa.
Aqueduc.	Aqueduc.
Aqueux, euse.	Aiguassous, ousa.
Aquilin.	Aquilin.
Aquilon.	Aquiloun, Anguieloun.

ARA

Français	Traduction
Arabe.	Arabe, ba.
Arabesques.	Arabescas.
Arabique.	Arabique, ica.
Araignée.	Aragna.
Araignée faucheur.	Aragna cambaruda.
Aranéole.	Aragnola.
Arasement.	Arrasament.
Araser.	Arrasar.

ARB

Français	Traduction
Arbalète.	Aubaresta.
Arbalete, portée de l'.	Arbalestada.
Arbalétrier.	Aubarestier.
Arbitrage.	Arbitragi.
Arbitraire.	Arbitrari, aria.
Arbitrairement.	Arbitrariament.
Arbitration.	Arbitracio, vl.
Arbitre.	Arbitre.
Arbitrer.	Arbitrar.
Arboré, ée.	Arbourat, ada.
Arborer.	Arbourar.
Arbouse.	Darboussa.
Arbousier.	Darboussier.
Arbousiers, lieu planté d'.	Arboussier.
Arbre.	Aubre.
Arbre au poivre.	Pebrier.
Arbre de judas ou de judée.	Avelatier.
Arbre gros.	Aubras.
Arbre petit.	Aubroun, Aubrot.
Arbre, produit d'un.	Aubrada.
Arbre, monter sur un.	Aubrar.
Arbre de vie.	Aubre de vida.
Arbre fourchu.	Arbre drech.
Arbre généalogique.	Aubre genealougique.
Arbre sujet à couler.	Esflouraire.
Arbres, en général les.	Aubrilha.
Arbrisseau.	Arbrisseou.
Arbrot.	Arbrot.
Arbuste.	Arbusto.

ARC

Français	Traduction
Arc.	Arc.
Arc boutant.	Arc boutant, écoula.
Arc bouter.	Arc boutar.
Arc de triomphe.	Arc de triomphe.
Arc en ciel.	Arc en ciel, Arcanciel.
Arc, portée d'un.	Arqueia.
Arcade.	Arcada.
Arcançon.	Arcançoun.
Arcane.	Arcana.
Arceau.	Arceou.
Archal, fil de.	Richard, flou de
Archange.	Archangi.
Arche.	Archa.
Arche de Noë.	Archa, 4.
Archer.	Archier.
Archet.	Archet.
Archétype.	Archetipo.
Archevêché.	Archevescat.
Archichancelier.	Archichancelier.
Archidiaconel.	Arquediaconat, vl.
Archidiacre.	Archidiacre.
Archiduc.	Archiduc.
Archiduché.	Archiduche.
Archiduchesse.	Archiduchessa.
Archiepiscopal, ale.	Archiepiscopal, ala.
Archipel.	Archipel.
Archiprêtre.	Archipretre.
Architecte.	Architecto.
Architecture.	Architectura.
Architrave.	Arehitrava.
Architriclin.	Architriclin.
Archives.	Archivas.
Archiviste.	Archivisto.
Archures de moulin.	Arescla de moulin.
Arçon.	Arçoun.

Arçonner.	Arçounar.
Arçonneur.	Arçounur.
Arctique	Arctique, ica.
Arcturus.	Arcturus.

ARD

Ardèche, départ.	Ardecha.
Ardemment.	Ardemment.
Ardent, ente.	Ardent, enta.
Ardeur.	Ardour.
Ardillon.	Ardilhoun.
Ardit, monnaie.	Ardit.
Ardoise.	Ardoisa.
Ardoise, ouvrier qui travaille l'.	Ardoisaire.
Ardoise, couvrir en.	Ardaisar.
Ardoise, couvert en.	Ardaisal.
Ardre.	Ardre.
Ardu, ue.	Ribassut, uda, ua.

ARE

Are.	Ara.
Arène.	Arena.
Aréneux, euse.	Sablounous, ousa.
Arénicole des pêcheurs.	Verme negre.
Arénoir.	Arrenadour.
Aréomètre.	Areometro.
Aréométrype.	Areometritypo.
Aréopage.	Areoupagi.
Arête.	Aresta.
Arêtier.	Çalaman, Arestier.

ARG

Argaunote papyracé.	Biou doou pourpre.
Argémone.	Argemouna.
Argent.	Argent.
Argent doré.	Vermelh.
Argent fin.	Argent fin.
Argent fulminant.	Argent fulminant.
Argent vif.	Argent viou.
Argenté, ée.	Argentat, ada.
Argenter.	Argentar.
Argenterie.	Argentaria.
Argenteux, euse.	Argentous, ousa.
Argentier.	Argentari.
Argentin, ine.	Argentin, ina.
Argentine.	Pei d'argent.
Argentine.	Cacha-malha.
Argenture.	Argentura.
Argile.	Argila.
Argile smectite.	Terre de paraire.
Argileux, euse.	Argilous, ousa.
Argileux, terrein.	Argelas.
Argol.	Argol.
Argot, qui connaît l'.	Argorat, vl.
Argoter un arbre.	Cigotar.
Argousier.	Arnaveou.
Argousier.	Agranas.
Argousin.	Argousin.
Argue.	Arga.
Arguer.	Arguir, vl.
Argument.	Argument.
Argumentation.	Argumentation.
Argumenter.	Argumentar.
Argus.	Argus.

ARI

Aridité.	Ariditat.
Ariège, départ.	Arriege.
Ariette.	Arieta.
Aristarque.	Aristarco.
Aristocrate.	Aristocrato, ata.
Aristocratie.	Aristocrotia.
Aristocratique.	Aristocratique, ica.
Aristoloche.	Aristolocha.
Aristoloche clématite.	Fouterla.
Aristotélicien.	Aristotil, vl.
Arithméticien.	Arithmeticien.
Arithmétique.	Arithemetica.
Arithmétique, adj.	Arithmetique, ica.

ARL

Arlequin.	Arlequin.
Arlequinade.	Arlequinada.
Arlequine.	Arlequina.
Arlésien, enne.	Arlatenc, enca.

ARM

Armateur.	Armatour.
Arme.	Arma.
Armé, ée.	Armat, ada.
Armée.	Armada.
Armement.	Armament.
Arménie.	Armaia, vl. Armenia.
Arménien, ienne.	Armenien, iena.
Armer.	Armar.
Armer s'.	Armar s'.
Armistice.	Armistiça.
Armoire.	Armari.
Armoire petite.	Armarioun.
Armoiries.	Armarias.
Armoise.	Artemisa, Armoisa.
Armoise amère.	Encens.
Armoise des glaciers.	Genepi.
Armoise maritime.	Encens marin.
Armoise palmée.	Encens pichot.
Armoise des rochers.	Genipi.
Armura.	Armura.
Armurier.	Armurier.

ARN

Arnaud, n. pr.	Arnaud.
Arnica.	Estournigo.
Arnica paquerette.	Margaridela.

ARO

Aromate.	Aromato.
Aromatique.	Aromatique, ica.
Aromatisé, ée.	Aramatisat, ada.
Aromatiser.	Aromatisar.
Arondel.	Roundola.
Arondelat.	Hiroundoun.

ARP

Arpent.	Arpant.
Arpentage.	Arpantagi.
Arpenter.	Arpantar.
Arpenteur.	Arpantur.

ARQ

Arqué, ée.	Arcuat, ada.
Arquebusa.	Arquebusa.
Arquebusier.	Arquebusier.
Arquebusier à cheval.	Argoulet.

ARR

Arraché, ée.	Derrabat, ada.
Arracher.	Derrabar, Traire.
Arracheur.	Derrabaire.
Arrangement.	Arrangeament.
Arrangé, ée.	Arrangeat, ada.
Arranger.	Arrangear.
Arranger s'.	Arrangear s'.
Arrenté, ée.	Arrentat, ada.
Arrentement.	Arrentament.
Arrenter.	Arrentar.
Arrérages.	Arreiragis.
Arrestation.	Arrestation.
Arrêt.	Arrest.
Arrêt.	Retenau.
Arrêt.	Arrestament.
Arrête, Arrète.	Peita, Peita.
Arrêté.	Arrestal.
Arrêté, ée.	Arrestat, ada.
Arrête-bœuf épineux.	Agalousses.
Arrêter.	Arrestar.
Arrêter s'.	Arrestar s'.
Arrher.	Arrhar.
Arrhes.	Arrhas.
Arrière.	Reire, Arreire
Arrière-ban.	Reire-ban.
Arrière-bec.	Reire-bec.
Arrière-boutique.	Reire-loutiga.
Arrière-cour.	Reire cour.
Arrière-faix.	Nourriment.
Arrière-garde.	Reire-garda.
Arrière-goût.	Reire-goust.
Arrière-neveu.	Reire-neboul
Arrière-pensée.	Reira-pensada.
Arrière-point.	Reire-pounch.
Arriéré, ée.	Endarreirat, ada, Arreirat.
Arriérer.	Arreirar.
Arrière-saison.	Reire sesoun
Arrière voussure.	Arc d'aubaresta.
Arrimage.	Arrimagi.
Arrimer.	Arrimar.
Arrimeur.	Arrimur.
Arrite.	Arrita, vl.
Arrivage.	Arrivayi, Arribada
Arrivée.	Arribada.
Arrivé, ée.	Arribat, ada.
Arriver.	Arribar.
Arroche.	Armoou.
Arroche glauque.	Herba daou masclun.
Arroche halime.	Boui-blanc,
Arroche pourpier.	Frauma.
Arroche puante.	Pombroya.
Arrogamment.	Arrogament.
Arrogance.	Arrogance.
Arrogant, ante.	Arrogant, anta.
Arroger s'.	Arrougear s'.
Arrondi, ie.	Arroundit, ida, ia.
Arrondir.	Arroundir.
Arrondir s'.	Arroundir s'.
Arrondissement.	Arroundissament.
Arrosage.	Arrosagi.
Arrosement.	Arrasament.
Arrosé, ée.	Arrosat, ada.
Arroser.	Arrosar.
Arroser s'.	Arrosar s'.
Arrosoir.	Arrosoir.

ARS

Arsenal.	Arsenal.

Arsenic.	Arsenic.
Arsenic jaune.	Ourpin.
Arsenic sulfuré rouge.	Réalgar.
Arserole.	Poumeta.

ART

Art.	Art.
Artère.	Artera.
Artériel, elle.	Arteriel.
Articulation.	Artichau.
Artichaut blanc.	Artichau mourre-de-gat.
Artichaut d'Espagne.	Artichau postissoun.
Artichaut de Jérusalem.	idem.
Artichaut violet, camus.	Artichau mourre-de-gat.
Artichaut, plant d'.	Artichalier.
Article.	Article.
Articulation.	Articulation.
Articulé, ée.	Articulat, ada.
Articuler.	Articular.
Artifice.	Artifice.
Artificiel, elle.	Artificiel, ela.
Artificiellement.	Artificielament.
Artificier.	Artificier.
Artificieux, euse.	Artificious, ousa.
Artillerie.	Artilharia.
Artilleur.	Artilhur.
Artimon.	Artimoun.
Artisan.	Artisan, mesteirau.
Artisan, petit ou mauvais.	Artisanot.
Artiste.	Artisto.
Artistement.	Artistament.
Artois.	Artes, vl.
Artus, n. pr.	Artus.

ARU

Aruspice.	Aruspici.

AS

As.	As.
Asa fœtida.	Assa fetida.
Asbeste.	Asbeston.

ASC

Ascaride lombricoïde.	Ferme gros deis enfants.
Ascaride vermiculaire.	Verme pichot deis enfants.
Ascendant, ante.	Ascendent, enta.
Ascension.	Ascension.

ASI

Asiatique.	Asiatique, ica.
Asie.	Asia.
Asile.	Asyle.

ASP

Aspect.	Aspect.
Asperge.	Aspergea.
Asperge sauvage.	Aspergea sauragea.
Aspergé, ée.	Aspergeat, ada.
Asperger.	Aspergear.
Aspergès.	Asperges.
Aspérital.	Asperitat.

Aspersion.	Aspersion.
Aspersoir.	Aspersoir.
Aspérule à l'esquinancie.	Herba de l'esquinancia.
Asphalte.	Asphalt, vl.
Asphodèle rameuse.	Pourraca.
Aspic.	Aspic.
Aspic, plante.	Aspic.
Aspic, terrain couvert d'.	Espigourier.
Aspidifore armé.	Carbot.
Aspirant, ante.	Aspirant, enta.
Aspiration.	Aspiration.
Aspiré, ée.	Aspirat, ada.
Aspirer.	Aspirar.

ASS

Assai lant.	Assalhador, vl.
Assaillir.	Assalhir.
Assainir.	Assanir.
Assaisonnement.	Assesounament.
	Assabournn.
Assaisonné, ée.	Assesounat, Assabourat.
Assaisonner.	Assesounar, Adoubar.
Assassin.	Assassin.
Assassin, ine.	Assassin.
Assassinat.	Assassinat.
Assassiné, ée.	Assassinat, ada.
Assassiner.	Assassinar.
Assaut.	Assaut.
Assemblage.	Assemblagi.
Assemblée.	Assemblada.
Assemblée constituante.	Assemblada constituante.
Assemblé, ée.	Assemblat, ada.
Assembler.	Assemblar.
Assembler s'.	Assemblar s'.
Assentiment.	Assentiment.
Assoir.	Assetar.
Asseoir s'.	Assetar s'.
Assermenter.	Assermentar.
Assertion.	Assertion.
Asservi, ie.	Asservit, ida, ia.
Asservir.	Asservir.
Assesseur.	Assessour.
Assez.	Assaz.
Assidu, ue.	Assidut, ua.
Assiduité.	Assiduitat.
Assidûment.	Assiduosament, vl.
Assiégeant, ante.	Assiegeant, anta.
Assiégé, ée.	Assiegeat, ada.
Assiéger.	Assiegear.
Assiette.	Assieta, Sieta.
Assiettée.	Assietada, Sietada.
Assignats.	Assignats.
Assignation.	Assignation, Cedula.
Assigné, ée.	Assignat, ada.
Assigner.	Assignar.
Assimilation.	Assimilation.
Assimilé, ée.	Assimilat, ada.
Assimiler.	Assimilar.
Assise.	Assisa.
Assises.	Assisas.
Assistance.	Assistança.
Assistant, ante.	Assistant, anta.
Assisté, ée.	Assistat, ada.
Assister.	Assistar.
Association.	Association.
Associé, ée.	Associat, ada.

Associer.	Associar.
Associer s'.	Associar s'.
Assolement.	Assolament.
Assoler.	Assolar.
Assommé, ée.	Assomat, ada.
Assommer.	Assomar.
Assomption.	Assoumption.
Assorti, ie.	Assourtit, ida, ia.
Assortiment.	Assourtiment.
Assortir.	Assourtir.
Assortissant, ante.	Assourtissent, enta.
Assoupi, ie.	Assoupit, ida, ia.
Assoupir.	Assoupir.
Assoupir s'.	Assoupir s'.
Assoupissement.	Assoupissament.
Assouplir.	Assouplir.
Assourdi, ie.	Assourdat, ada.
Assourdir.	Assourdar, Eissourdar.
Assouvi, ie.	Assoui.
Assouvir.	Assouire.
Assujetti, ie.	Assujetit, ida, ia.
Assujettir.	Assujetir.
Assujettir s'.	Assujetir s'.
Assujettissant, ante.	Assujetissent, enta.
Assujettissement.	Assujetissament.
Assurance.	Assurança.
Assurément.	Assurament.
Assuré, ée.	Assegurat, ada.
Assurer.	Assegurar.
Assurer s'.	Assegurar s'.
Assureur.	Assuraire.

AST

Aster tripolium.	Cabridela.
Astérisque.	Asterisca.
Asthmatique.	Asthmatique, ica.
Asthme.	Asthma.
Asthme des brebis.	Poucet.
Astic.	Astic.
Astragale.	Astragala.
Astragale épineux.	Ajounc.
Astragale de Marseille.	Barba de reinard.
Astragale de Montpellier.	Esparceou bastard.
Astragale réglisse.	Regalissi-fer.
Astre.	Astre.
Astre, mettre sous l'influence des.	Adastrar, vl.
Astreindre.	Astrenher, vl.
Astringent, ente.	Astringent, enta.
Astrolabe.	Astrolaba.
Astrologie.	Astrologia.
Astrologue.	Astrologo.
Astronome.	Astronome.
Astronomie.	Astronomia.
Astronomique.	Astronomique, ica.
Astuce.	Astucia.
Astucieux, euse.	Astucious, ousa.

ASY

Asyle.	Asyle.

ATH

Athée.	Atheo.
Athéisme.	Atheïsme.
Athérine.	Sauclet.

Athérine boyer.	Cabassuc.
Athérine marbrée.	Poutina.
Athlète.	Athleto.

ATL

Atlas.	Atlas.

ATM

Atmosphère.	Athmosphero.
Atmosphérique.	Athmospherique, sca.

ATO

Atome.	Atome.
Atonie.	Atounia.
Atours.	Atours.
Atout.	Atous.
Atout, petit	Atoussoun.

ATR

Atrabile.	Atrabila.
Atre.	Fugueiroun.
Atroce.	Atroce, oça.
Atrocité.	Atrocitat.

ATT

Attablé, ée.	Entaulat, ada.
Attabler s'.	Entaular s'.
Attache.	Estaca.
Attaché, ée.	Estacat, ada.
Attaché avec persévérance.	Achalinat, ada.
Attacher.	Estacar.
Attacher s'.	Estacar s'.
Attacher avec persévérance s'.	Achalinar s.
Attaque.	Attaca.
Attaqué, ée.	Attacat, ada.
Attaquer.	Attacar.
Atteindre.	Ajougner, Adesar.
Attelabe du petit bouleau.	Cantharida de la vigna.
Attelabe de la vigne.	Vignogou.
Attelage.	Attelagi.
Attelé, ée.	Attelat, ada.
Atteler.	Atelar.
Atteler s'.	Attelar s'.
Attelle.	Estela.
Attenant, ante.	Attenent, enta.
Attendre.	Esperar, Attendre.
Attendri, ie.	Attendrit, ida, ia.
Attendrir.	Attendrir.
Attendrir s'.	Attendrir s'.
Attendrissant, ante.	Attendrissent, enta.
Attendrissement.	Attendrissament.
Attendu, ue.	Esperat, ada, attendu, ude.
Attentat.	Attentat.
Attente.	Attenta.
Attente folle.	Badalge.
Attenter.	Attentar.
Attentif, ive.	Attentif, iva.
Attention.	Attention.
Attentivement.	Attentivament.
Atténuant, ante.	Attenuant, anta.
Atténuatif, ive.	Attenuativ, iva, vl.
Atténuation.	Attenuation.
Atténué, ée.	Attenuat, ada.
Atténuer.	Attenuar.

Atterrage.	Atterragi.
Atterré, ée.	Atterrat, ada.
Atterrer.	Atterrar.
Atterrissement.	Atterrissament.
Attestation.	Attestation.
Attesté, ée.	Attestat, ada.
Attester.	Attestar.
Attiédir.	Attiedir, Estebiar.
Attiedissement.	Attiedissament.
Attifet.	Atifets.
Attique.	Attica.
Attirant, ante.	Attirant, anta.
Attiré, ée.	Attirat, ada.
Attirar.	Attirar.
Attirar s'.	Attirar s'.
Attiré, ée.	Attisat, ada.
Attiser.	Attisar, Empurar.
Attitude.	Attituda.
Attouchement.	Attouccament.
Attractif, ive.	Attractif, iva.
Attraction.	Attraction.
Attrait.	Attret.
Attrape.	Atrapatori.
Attrapé, ée.	Atrapat, ada.
Atrapar.	Atrapar, Abrivar.
Attrapoire.	Atrapatori.
Attribué, ée.	Attribuat, ada.
Attribuer.	Attribuar.
Attribuer s'.	Attribuar s'.
Attribut.	Attribut.
Attribution.	Attribution.
Attristé, ée.	Attristat, ada.
Attrister.	Attristar.
Attrister s'.	Attristar s'.
Attrition.	Attrition.
Attroupement.	Attroupament.
Attroupé, ée.	Attroupat, ada.
Attrouper.	Attroupar.
Attrouper s'.	Attroupar s'.

AU

Au.	Au.

AUB

Aubade.	Aubada.
Aubades, chanter des.	Aubeyar.
Aubagne.	Aubagna, vl.
Aubaine.	Aubena.
Auban, n. pr.	Aubau.
Aubanel, n. pr.	Aubanel.
Aube.	Auba.
Aube d'une roue de moulin.	Alibre.
Aube du jour première.	Aubeta, prima auba.
Aubépine.	Acinier.
Aubépine, fruits de l'.	Acinas.
Auberge.	Aubergea.
Aubergine.	Maringean a.
Aubergiste.	Aubergisto.
Auberc, n. p.	Albaric.
Auberon,	Auberoun.
Auberonnière.	Auberouniera.
Aubier.	Aubecha.
Aubifoin.	Blavet, 2.
Aubin, n. pr.	Aubin.

AUC

Aucun, une.	Degun, una.
Aucunement.	Augunament, vl.

AUD

Audace.	Audaça.
Audacieusement.	Audaciousament.
Audacieux, euse.	Audacious, ousa.
Audience.	Audiença.
Auditeur.	Auditour.
Auditeur des comptes.	Auditour deis comptes.
Auditeur de role.	Auditour de rota.
Auditif, ive.	Auditiu, iva, vl.
Audition.	Audition.
Auditoire.	Auditori.

AUG

Auge.	Piela, Bachas, Gamata.
Auge petite.	Bachassoun.
Augée.	Gamatada.
Auget.	Bevadour.
Auget de moulin.	Cassola.
Augment.	Augment.
Augmentatif, ive.	Aumentatiu, iva, vl.
Augmentation.	Augmentation.
Augmenté, ée.	Augmentat, ada.
Augmentar.	Augmentar.
Augmenter s'.	Augmentar s'.
Augure.	Auguro.
Auguré, ée.	Augurat, ada.
Augurer.	Augurar.
Auguste.	Auguste, usta.
Auguste, n. pr.	Augusto.
Augustin, n. pr.	Augustin.
Augustin.	Augustin.

AUJ

Aujourd'hui.	Hui, enqu'hui.

AUL

Aulnaie.	Verneda:
Aulne.	Verna.
Aulne noir.	Trantanel.

AUM

Aumaillade.	Aumalhada.
Aumailles.	Aumalha.
Aumône.	Oumouina,
Aumôner.	Almolnar, vl.
Aumônerie.	Almornaria.
Aumônier.	Oumounier.
Aumônier.	Oumonious.
Aumônière.	Almosnera, vl.
Aumusse.	Aumussa.

AUN

Aunage.	Aunagi.
Aunai.	Verneda, Aunei.
Aune.	Auna.
Aunée.	Enula campana.
Auner.	Aunar.

AUP

Auparavant.	Auparavant.
Auprès.	Aupres.

AUR

Auréole.	Aureola.
Auriculaire.	Auricular, vl.
Aurillac.	Aorthac, vl.
Aurore.	Aurora.

AUS

Ausonie de Cuvier.	Pei barbaresc.
Aussi.	Atou, Pereou, Tanben.
Aussi bien.	Autamben.
Aussitôt.	Catacan.
Auster, vent du Midi.	Austri, vl.
Austère.	Austere, era.
Austèrement.	Austerament.
Austérité.	Austerilat.
Austral, ale.	Austral, ala.

AUT

Autan.	Autan.
Autant.	Autant.
Autant moins d'.	Autant mens d'.
Autant plus.	Autant mai.
Autant tout.	Autartant.
Autel.	Autar.
Auteur.	Autour.
Authentique.	Authentique, ica.
Authentiqué, ée.	Authenticat, ada.
Authentiquer.	Authenticar.
Autocrate.	Autocrato.
Autocratie.	Autocratia.
Auto-da-fé.	Auto-da-fe.
Automate.	Automato.
Automnal, ale.	Automnal, ala.
Automne.	Autoun, Autouna.
Automne, mûrir en.	Autounar.
Automne entière l'.	Autounada.
Automne passer l'.	Autounar.
Autorisation.	Autourisation.
Autorisé, ée.	Autorisat, ada.
Autoriser.	Autourisar.
Autorité.	Autourilat.
Autour.	Autour.
Autour oiseau.	Autour.
Autre.	Autre, tra.
Autre chose.	Aure.
Autrefois.	Antan, Autras fes.
Autrement.	Autrament.
Autriche.	Autricha.
Autrichien, enne.	Autrichien.
Autruche.	Aatrucha.

AUV

Auvent.	Envant, Balen.
Auvergnat.	Auvergnas.
Auvergne.	Alvergna, vl.

AUX

Auxilliaire.	Auxiliari.

AVA

Avachi, ie.	Avachit, ida, ia, Affegit, ida.
Avalanche.	Avalancha.
Avalé, ée.	Avalat, ada.
Avaler.	Avalar.
Avaloire.	Avaloir.
Avance,	Avança.
Avancé, ée.	Avançat, ada.
Avancement.	Avançament.
Avancer.	Avançar.
Avancer s'.	Avancar s'.
Avancer besogne.	Alantir.
Avances.	Avanças.
Avanie.	Avania.
Avant.	Avant.
Avant, en.	Avant, en.
Avantage.	Avantagi.
Avantagé, ée.	Avantageat, ada.
Avantager.	Avantagear.
Avantageusement.	Avantageousament.
Avantageux, euse.	Avantageous, ousa.
Avant-bec.	Avant-bec.
Avant-bras.	Avant-bras.
Avant-corps.	Avant-corps.
Avant-cour.	Avant-cour.
Avant-coureur.	Avant-courur.
Avant-dernier.	Avant-dernier.
Avant-garde.	Avant-yarda.
Avant-goût.	Avant-goust.
Avant-hier.	Avant-hier.
Avant-propos.	Avant-prepaus.
Avant-train.	Avant-trin.
Avant-veille.	Avant-velha.
Avare.	Avare, ara.
Avarice.	Avariça.
Avaricieux, euse.	Avaricious, ousa.
Avarié.	Avariat, ada.
Avarier.	Avariar.
Avarier s'.	Avariar s'.

AVE

Ave ou Avemaria.	Ave-maria.
Avec.	Ame, Emé.
Aveindre.	Averar.
Aveline.	Avelana.
Avelinier.	Avelanier.
Avenant, ante.	Avenent, enta.
Avénement.	Avenament.
Avenir.	Avenir.
Avent.	Avent.
Aventure.	Aventura.
Aventuré, ée.	Aventurat, ada.
Aventurer.	Avanturar.
Aventureux, euse.	Aventurous, ousa.
Aventurier.	Aventurier.
Aventurine.	Aventurina.
Avenue.	Avenguda.
Avéré, ée.	Averat, ada.
Avérer.	Averar.
Averne.	Averna.
Averse.	Aversa, Raissa.
Aversion.	Aversion.
Averti, ie.	Avertit, ida, ia.
Avertir.	Avertir.
Avertissement.	Avertissament.
Avette.	Aveta.
Aveu.	Avu.
Aveuer.	Gueirar.
Aveuglé, ée.	Avuglat, ada.
Aveuglement.	Avuglament.
Aveuglément.	Avuglament.
Aveugler.	Avuglar.
Aveugler s'.	Avuglar s'.
Aveyron, départ.	Aveyroun.

AVI

Avide.	Avide, ida.
Avidement.	Avidament.
Avidité.	Aviditat.
Avili, ie.	Avilit, ida, ia.
Avilir.	Avilir.
Avilir s'.	Avilir s'.
Avilissant, ante.	Avilissant, anta.
Avilissement.	Avilissament.
Avinage.	Moustada.
Aviné, ée.	Avinat, ada.
Aviner.	Avinar.
Aviner un tonneau.	Afranquir.
Aviron.	Aviroun, Rema.
Avis.	Avis.
Avisé, ée.	Avisat, ada.
Aviser.	Avisar.
Aviser s'.	Avisar s'.
Aviso.	Aviso.
Avitailler.	Avitalhar.
Avivé, ée.	Avivat, ada.
Aviver.	Avivar.
Avives.	Avivas.
Avivoir.	Avivoir.

AVO

Avocasser.	Avoucassar.
Avocat.	Avoucat.
Avocate.	Avoucata.
Avocette.	Alesna.
Avoine.	Civada.
Avoine donner l'.	Acivadar.
Avoine, champ d'.	Civadiera.
Avoine élevée.	Froumentaro.
Avoine folle.	Civada couguoula.
Avoine toujours verte.	Bauca.
Avoine jaunâtre.	Civadoun.
Avoir.	Aver.
Avoir, tout l'.	Pataclan.
Avoisiné, ée.	Avésinat, ada.
Avoisiner.	Avesinar.
Avortement.	Avourtament.
Avorter.	Avourtar.
Avorton.	Avourtoun.
Avoué, ée.	Avouat, ada.
Avoué.	Avouat.
Avouer.	Avouar.

AVR

Avril.	Abriou.
Arron.	Civada couguoula.

AVU

Aruer.	Gueirar.

AXE

Axe.	Axe.
Axiome.	Axiome.

AXO

Axonge.	Sain, Sen.

AYA

Ayglantine.	Galantina.

AZE

Azédarac.	*Pater noster.*
Azérole.	*Arzeirola.*
Azérolier.	*Arzeirolier.*

AZO

Azote.	*Azoto.*

AZU

Azur.	*Azur.*

Azuré, ée.	*Azurat, ada.*
Azur, de couleur d'.	*Azurin, ina.*
Azurer.	*Azurar.*

AZY

Azyme.	*Azyme.*

B

B.	*B.*

BAB

Baba.	*Baba.*
Baban.	*Baban.*
Babel.	*Babel.*
Babeurre.	*Lach de buri.*
Babil.	*Babilh, Bargea.*
Babil importun.	*Blaga.*
Babilas, n. pr.	*Babilas.*
Babillard, de.	*Babilhard, arda.*
Babilliard gros.	*Bargeacas.*
Babiller.	*Babilhar, Charrar.*
Babine.	*Babina.*
Babiole.	*Babiola.*
Bâbord.	*Babord.*
Babouche.	*Baboucha.*
Babouin.	*Babi, Bourissoun.*

BAC

Bac.	*Bac.*
Bacaliau.	*Baealhau.*
Baccalauréat.	*Baccalaureat.*
Bacchanal.	*Bacchanala.*
Bacchante.	*Bacchanta.*
Bacchus.	*Bacchus.*
Bacha.	*Bachà.*
Bâche.	*Bacha.*
Bâche, bâcher, mettre	*Bachar.*
la.	
Bachassou.	*Bachassoun.*
Bachelar.	*Bachelard.*
Bachelier.	*Bachelier.*
Bâcher.	*Bachar.*
Bachique.	*Bachique, ica.*
Bachot.	*Nega-chins.*
Bâcile.	*Bacillo.*
Bacinet.	*Bacinet.*
Baclé, ée.	*Baclat, ada.*
Bacler.	*Baclar.*
Badaud, aude.	*Badaud, auda.*
Badauder.	*Badar, Becar.*
Badiane.	*Badiana.*
Badin, ine.	*Badin, ina.*
Badinage.	*Badinagi.*
Badinant.	*Chivau d'arbaleta.*
Badine.	*Badina.*
Badiner.	*Badinar.*
Badineries.	*Badinarias.*

BAF

Bafoué, ée.	*Baffouat, ada.*
Bafouer.	*Baffouar.*
Bâfre.	*Braffa.*
Bâfrer.	*Broffar.*
Bâfreur.	*Goulavard.*

BAG

Bagage.	*Bagagi.*
Bagarre.	*Bagarra.*
Bagasse.	*Bagassa.*
Bagasses, qui fré-	*Bagassier.*
quente les.	
Bagasses, fréquen-	*Bagassar.*
ter les.	
Bagatelle.	*Bagatela.*
Bagne.	*Bagno.*
Bague.	*Baga.*
Baguenaude.	*Boganauda.*
Buguenauder.	*Boganaudar.*
Baguenaudier.	*Baganaudier.*
Bagué, ée.	*Bagat, ada.*
Baguer.	*Bagar.*
Baguette.	*Bagueta.*
Baguier.	*Baguier.*

BAH

Bah.	*Bah.*
Bahut.	*Bahut.*
Bahutier.	*Bahutier, mallier.*

BAI

Bai, ie.	*Baia.*
Baie.	*Baia.*
Baie d'aubépine.	*Ansenela, acina.*
Baigner.	*Bagnai.*
Baigneur, euse.	*Bagnur, usa.*
Baignoire.	*Bagnoira.*
Bail.	*Balh.*
Baile.	*Baile.*
Baillage.	*Baillage.*
Baille.	*Balha.*
Bâillement.	*Badalhun.*
Bâiller.	*Badalhar.*
Bailler.	*Bailar, dounar.*
Bailleul.	*Adoubaire.*
Bâilleur.	*Badaire.*

Bailli.	*Baile.*
Bailliage.	*Bailhage.*
Bâillon.	*Badalhoun.*
Bâillonner.	*Badalhounar.*
Bain.	*Ban.*
Bain-marie.	*Ban maria.*
Bains d'eaux ther-	*Bans.*
males.	
Raïonnette.	*Bayouneta.*
Baïoque.	*Baiocca.*
Bairam.	*Bairam.*
Baisé, ée.	*Baisat, ada.*
Baisement.	*Baisament.*
Baisements.	*Besamentс.*
Baiser, s. m.	*Baisar.*
Baiser petit.	*Baiseta.*
Baiser, v.	*Baisar.*
Baiser se.	*Baisar se.*
Baiseur, euse.	*Baisaire, arela, Bai-geaire.*
Baisotter.	*Baisoutiar.*
Baisse.	*Baissa.*
Baissé, ée.	*Baissat, ada.*
Baisser.	*Baissar.*
Baisser se.	*Baissar se, s'esqui-char.*
Baissière.	*Baissiera, cuou de touneou.*
Baisura.	*Baisadura, Embou-chat.*

BAL

Bal.	*Bal.*
Baladin.	*Baladin.*
Balafre.	*Balofra.*
Balafré, ée.	*Balafrat, ada.*
Balafrer.	*Balafrar.*
Balai.	*Escouba.*
Balai en chanvre efilé.	*Foouber.*
Balai des fileurs de	*Ramassoun.*
soie.	
Balai petit.	*Escoubeta.*
Balance.	*Balança.*
Balance petite.	*Balancetas.*
Balance à verge.	*Vergueta.*
Balancé, ée.	*Balançat, ada.*
Balancement.	*Balançament.*
Balancer.	*Balançar.*
Balancer se.	*Balançar se.*
Balancier.	*Balancier, Vergue-tiaire.*

Balancine.	Balancinas.
Balançoire.	Balançadour.
Balandran.	Balandran.
Balane.	Rougna de mar.
Balasse.	Balassa.
Balaustre.	Balaustra.
Balaustier.	Balaustier.
Balayé, ée.	Escoubat, ada.
Balayer.	Escoubar.
Balayeur, euse.	Escoubaire, airis.
Balayures.	Escoubilhas, Bourdilha.
Balayures, marchand qui achète les.	Bourdilhaire.
Balayures, caisse aux.	Bourdilhier.
Balbine, n. pr.	Balbina.
Balbutie, celui qui.	Balbutiaire.
Balbutiement.	Balbutiar, lou.
Balbutier.	Balbutiar.
Balbuzard.	Aigla boscatiera.
Balcon.	Balcoun.
Baldaquin.	Baldaquin.
Baleares.	Balearas.
Baleine.	Balena.
Baleineau.	Balenoun.
Baleinier.	Balenier.
Balin.	Balin.
Balise.	Gaviteou.
Baliser.	Mettre de gaviteous.
Balisier.	Cana d'Inda.
Baliste Buniva.	Fanfre d'America.
Baliste vieille.	Fanfre.
Baliveau.	Baliveou.
Baliverne.	Baliverna.
Baliverner.	Bavardegear.
Ballade.	Balada.
Ballade petite.	Baladeta.
Balle à jouer.	Pauma.
Balle des graminées.	Pousses.
Balle à tirer.	Bala.
Balle d'imprimeur.	Bala.
Balle de mays.	Goulhota.
Ballet.	Balet.
Ballon.	Baloun.
Ballon aérostat.	Baloun.
Ballot.	Balot.
Ballotin.	Pichot balot.
Ballottage.	Balotogi.
Ballotte.	Balota.
Balloté, ée.	Balotot, ada.
Ballottement.	Balotament.
Ballotter.	Balotar.
Balourd, ourde.	Balourd, ourda.
Balourd gros.	Balourdas.
Balourdise.	Balourdisa.
Balsamina.	Balsamina.
Balsamique.	Balsamique, ica.
Balthazar, n. pr.	Balthazar, Bauthezar.
Baltique.	Baltica.
Balustrade.	Balustrada.
Balustre.	Balustre.

BAM

Bambin.	Bambin.
Bamboche.	Bambocha.
Bamboches, faire des.	Bambochar.
Bambocheur.	Bambochur.
Bambou.	Bambou.

BAN

Ban.	Ban.
Ban de mariage.	Cridas.
Banal, ale.	Banal, ala, Bannau.
Banalité.	Banalitat.
Banane.	Banana.
Bananier.	Bananier.
Banc.	Banc.
Banc à dossier.	Archibanc.
Banc petit.	Banquet.
Banc de pierre.	Bancau.
Banc où l'on enchaîne les forçats.	Brancada.
Banc de lessiveuse.	Bancha.
Bancal, ale.	Bancal, ala.
Bancillon.	Bancilhoun.
Bancroche.	Bancal, Cambitor.
Bandage.	Bendagi.
Bande.	Benda, Banda.
Bande de terrain.	Vergada.
Bandé, ée.	Bendat, ada.
Bandeau.	Bendeou.
Bandeau petit.	Bendoulet.
Bander.	Bendar.
Bandereau.	Courdoun de troumpeta.
Banderole.	Bandeiroun.
Bandière.	Bandiera.
Bandit.	Bandit.
Bandoulier.	Bandoulier.
Bandoulière.	Bandouliera.
Banlieue.	Terradour, banluee.
Banne.	Tendoulet.
Banneret.	Bannareou.
Banneton.	Banastoun.
Bannière.	Bandiera.
Banni, ie.	Bannit, Bandit, ida, ia.
Bannir.	Bandir, Bannir.
Bannissement.	Bannissament.
Banque.	Banca.
Banqueroute.	Banca-routa.
Banqueroutier.	Banca-routier.
Banquet.	Banquet.
Banquetar.	Banquetar.
Banquier.	Banquier.

BAP

Baptême.	Baptemo.
Baptisé, ée.	Baptegeat, ada.
Baptiser.	Baptisar.
Baptistoire.	Baptisteri.

BAQ

Baquet.	Bachassoun.
Baquet de la cuve de vendange.	Badinoun.
Baquet où l'on foule.	Caucadouira.
Baquetures.	Escourrilhas.

BAR

Baragouin.	Baragouin.
Baragouiner.	Baragouinar.
Baraque.	Barraca.
Baraque de vigne.	Capitela.
Baraque petite.	Barraqueta.
Baraquer se.	Barraquer se.
Baraterie.	Barataria.

Baratte.	Buriera.
Barbacane.	Barbacana, Arquiera.
Barbare.	Barbare, ara.
Barbarement.	Barbarament.
Barbaresque.	Barbaresc, esca.
Barbarie.	Barbaria.
Barbarisme.	Barbarisme.
Barbe.	Barba.
Barbe, cheval.	Barbou.
Barbe, n. pr.	Barba.
Barbe d'un épi.	Barba.
Barbe grosse.	Barbassa.
Barbe, petite ou jeune.	Barbeta.
Barbes des coiffes.	Barbas deis couiffas.
Barbeau, poisson.	Barbeou.
Barbeau, plante.	Barbua.
Barbeau jaune.	Ambreta.
id.	Blavet, 2.
Barbe-bouc.	Barba-bouc.
Barbe de capucin.	Barbua.
Barbe de renard.	Barba de reinard.
Barbes.	Galhetas, sansognas.
Barbet, ette.	Barbet.
Barbette.	Canicha.
Barbezieux.	Berbezil, vl.
Barbiche.	Barbua.
Barbichon.	Barbocha.
Barbier.	Barbier.
Barbier d'Auriol.	Barbier d'Auruou.
Barbier mauvais.	Barbeiroou.
Barbifié, ée.	Barbifiat, Barbegeat.
Barbifier.	Barbifiar.
Barbifier se.	Barbifiar se.
Barbillon.	Rebarbeou.
Barbon.	Barboun.
Barbon, plante.	Brusti, 2.
Barbote.	Barbot.
Barboter.	Barbotar.
Barboter dans l'eau.	Chagoutar, Gafoulhar.
Barbouillage.	Barboulhagi.
Barbouiller.	Barboulhar.
Barbouilleur.	Barboulhur.
Barbouilleur en parlant.	Brigadeou.
Barbu, ue.	Barbut, ua, uda.
Barbue.	Babua.
Barbuc.	Barbua.
Bard.	Bayard.
Bardane.	Bardana.
Bardaque.	Bardacca.
Barde.	Bardo.
Barde, bât.	Barde.
Barde, mettre la.	Embardar.
Barde de lard.	Platina de lard.
Bardé, ée.	Bardat, ada.
Barder.	Bardar.
Bardeau.	Tauleta.
Bardis.	Bardis.
Bardot.	Bardot.
Barge.	Charlotina.
Barge à queue noire.	Bula.
Barge rousse.	Becassa d'Irlanda.
Barguignage.	Barguignagi.
Barguigner.	Barguignar.
Barguigneur, euse.	Barguignaire, arela.
Baril.	Barrau.
Barille.	Barilha.
Barillet.	Barralet.
Bariolage.	Bigarradura.
Barioler.	Bigarrar.

Barjelade.	Bargeirada.
Barkausic à feuilles de pissenlit.	Mourre.
Barlong, ongue, être.	Bierlengear.
Barnabé, n. pr.	Barnabeou.
Barnabite.	Barnabito.
Baromètre.	Barometro.
Baron.	Baroun.
Baron, trancher du.	Baronegear.
Baronnage.	Barounago.
Baronnet.	
Baronnie.	Barounia.
Baroque.	Barroc, oca.
Barque.	Barque.
Barquée.	Barcoda.
Barques, en général, les	Barcares.
Barquerolle.	Barqueta, Barquei- rola.
Barquerolle, conduc- teur de.	Barqueiroou.
Barrabas.	Barrabas.
Barrage.	Barragi.
Barre.	Barra.
Barre de porte.	Barravouira.
Barre petite.	Barreta.
Barre, coups de.	Barrada.
Barreau.	Barreou.
Barreau.	Barroun.
Barré, ée.	Barrat, ada.
Barrer,	Barrar.
Barres.	Barras.
Barrette.	Barreta.
Barricade.	Barricada.
Barricadé, ée.	Barricadat, ada.
Barricader.	Barricadar.
Barricader se.	Barricadar se.
Barrière.	Barriera.
Barrique.	Barrica.
Bartavelle.	Bartavela.
Barthelemy, n. pr.	Barthoumiou.

BAS

Bas, asse.	Bas, assa.
Bas.	Bas.
Bas a.	Bas à.
Bas en.	Bas en.
Basalte.	Basalto.
Basane.	Basana.
Basané, ée.	Basanat, ada.
Bas-bord.	Bas bord.
Bascule.	Bascula, Coua-leva.
Bascule, faire la.	Canlevar.
Base.	Basa.
Baser.	Basar.
Bas étage, gens de.	Bassa-man.
Bas-fond.	Bas-founs.
Basile, n. pr.	Basilo.
Basilic, plante.	Balicot.
Basilic petit.	Balicot pichot.
Basilic romain.	Balicot grand.
Basilic, lezard.	Basilic.
Basilicon.	Basilicon.
Basilique.	Basilica.
Basin.	Basin.
Basoche.	Basocha.
Basque.	Basta.
Basque, de Biscaye.	Basco.
Bas-relief.	Bas-relief.
Basse.	Bassa.
Basse-cour.	Bassa-cour.

Basses-fosses.	Bassas fossas.
Bassement.	Bassament.
Bassesse.	Bassessa.
Basset.	Basset.
Basse-taille.	Bassa-talha.
Bassin.	Bacin.
Bassin en bois ou en pierre.	Barquiou.
Bassine.	Bacina.
Bassine, ée.	Bacinat, ada.
Bassiner.	Bacinar.
Bassinoire.	Escaufa-liech.
Basson.	Bassoun.
Bastant, anta.	Basta.
Bastard de racage.	Bastard.
Bastide.	Bastida.
Bastille.	Bastilha.
Bastingage.	Bastingagi.
Bastingue.	Bastinga.
Bastingué, ée.	Bastingat, ada.
Bastinguer se.	Bastingar se.
Bastion.	Bastion.
Bastonnade.	Bastounada.
Bastringue.	Bastringo. —
Bastude.	Bastuda.
Bas-ventre.	Bas ventre.

BAT

Bât.	Bast.
Bât petit.	Bastet.
Bât, porter à.	Bastegear.
Bâts, lieu où l'on place les.	Desbastaire.
Bât à courbets éloi- gnés.	Barda.
Bataclan.	Pataclan.
Bataille.	Batalha.
Bataille jeu.	Batalha, Espitau.
Batailler.	Batalhar.
Bataillon.	Batalhoun.
Bâtard, arde.	Bastard, arda.
Bâtard petit.	Bastardoun.
Bâtards, en général, les.	Bastardalha.
Bâtarde.	Bastarda.
Batardeau.	Bastardeou.
Bâtardière.	Bastardiera.
Bâtardise.	Bastardisa.
Bâté, ée.	Embastat, ada.
Bâtelage.	Tour de passa-passa.
Batelée.	Batelada.
Batelet.	Batelet, Barquet.
Batelier, euse.	Breguelian.
Batelier, ière.	Barquier, Batelier, iera.
Bâter.	Embastar.
Bâté, ée.	Embastat, ada.
Bâter.	Embastar.
Bâtier.	Bastier.
Batifoler.	Foulegear.
Bâtiment.	Bastiment.
Bâti, ie.	Bâti, ie.
Batilde, n. pr.	Batilda.
Batine.	Bardella.
Bâtir.	Bastir.
Bâtisse.	Bastissa.
Bâtisseur.	Bastisseire.
Batiste.	Batista.
Bâton.	Bastoun.
Bâton, tour du.	Bastoun, tour doou.
Bâton de boucher.	Cambalou.

Bâton de chaise.	Barroun.
Bâton gros.	Bastounas.
Bâton petit.	Bastounet.
Bâton court.	Calous.
Bâtonné, ée.	Bastounat, ada.
Bâtonner.	Bastounar.
Bâtonnet.	Bisoc.
Bâtonnet pour remuer la bouillie.	Bourriaire.
Bâtonnier.	Bastounier.
Battant, ante.	Batant, anta.
Batte.	Batouiroun, Bata- dour.
Battellement.	Ginouvesa.
Battement.	Batament.
Batterie.	Bataria.
Batterie de cuisine.	Bataria de cuisina.
Batteur.	Esbarbaire, Escous- segeaire.
Batteur d'or.	Aurivelaire.
Battoir.	Bacel, Desmorsaire.
Battre.	Batre.
Battre se.	Batre se.
Battre le blé avec le fléau.	Escoussegear.
Battre le linge.	Baular.
Battu, ue.	Batu, ue.
Battue.	Baluda.

BAU

Bau.	Bau.
Bau maître.	Mestre bau.
Baudet.	Bourriscou.
Baudet de scieur de long.	Cavalet, 6.
Baudet de cardeur de laine.	Brisaire.
Baudile, n. pr.	Bauzeli.
Baudir.	Aquissar.
Baudrier.	Baudrier.
Baudroie.	Baudrevlh.
Bauge.	Pastouira.
Baume.	Baume.
Baume de copahu.	Baume de copalu.
Baume de soufre.	Baume de soupre.
Baume du comman- deur.	Baume doou couman- dour.
Baume du Pérou.	Baume doou Perou.

BAV

Bavard, arde.	Bavard, arda.
Bavardage.	Bavardagi.
Bavarder.	Bavardar, Blagar.
Bavarderie.	Bavardaria.
Bavaroise.	Bavaroisa.
Bave.	Bava.
Bave des vers à soie.	Bava deis magnans.
Bave, de vers à soie ôter la.	Debavar.
Baver.	Bavar.
Bavette.	Baveta.
Baveux, euse.	Bavous, limachous, ousa.
Bavocher.	Rebavar.
Bavochure.	Rebavura.
Bavolet.	Bagnoulet.
Bavure.	Bavura.

BAY

Bayette.	Bayeta.
Bayonnette.	Boyouneta.

BAZ

Baz. c. — *Bazac.*
Bazar. — *Bazar.*

BED

Bdelomètre. — *Bdelometro.*

BEA

Béant, ante. — *Badier, iera.*
Béat, ate. — *Beat. ata.*
Béatification. — *Beatification.*
Béatifié, ée. — *Beatifiat, ada.*
Béatifier. — *Beatifiar.*
Béatilles. — *Beatilhas.*
Béatitude. — *Beatituda.*
Béatrix. — *Beatrix.*
Beau. — *Bel, ela, beou.*
Beau-très. — *Belas.*
Beau, joli un peu. — *Belet.*
Beaucoup. — *Força, abord, beoucop.*
Beau-fils. — *Gendre.*
Beau-frère. — *Beoufrero, Cougnat.*
Beau-père. — *Beoupero, Pairastre.*
Beau poupon. — *Beou jueou.*
Beau pré. — *Beou-prat.*
Beauté. — *Beoutat.*

BEC

Bec. — *Bec.*
Bec petit. — *Bequet.*
Bec de fourchette. — *Fourchoun.*
Bécabunga. — *Creissoun.*
Bécasso. — *Recassa.*
Bécasse poisson. — *Cardilaga.*
Bécasse de mar. — *Becassa de mar.*
Bécasseau. — *Becasseou.*
Bécasseau canut. — *Espagnolet.*
Bécassine. — *Becassina.*
Bécassine double. — *Becassoun.*
Bécassine de mer. — *Becassina de mar.*
Bécassine petite. — *Becassoun.*
Becfigue. — *Becfiga.*
Becfin aquatique. — *Boscarida deis paluds.*
Becfin des roseaux — *Boscarida, 1.*
Becfin mélanocéphale. — *Boscarida, 2.*
Bécharu. — *Becarud.*
Bèche. — *Lichet.*
Bèche. — *Copa-boutoun, Vignogou.*
Béché, ée. — *Lichetat, ada.*
Bécher. — *Lichetar.*
Becquée. — *Becada.*
Becqueté, ée. — *Bequetat, ada.*
Becqueter. — *Bequetar.*
Becqueter souvent. — *Bequetegear.*

BED

Bedarrieu. — *Bederres. vl.*
Bedaine. — *Bedena, Burba.*
Bedeau. — *Bedel.*
Bedouille. — *Bedouvida.*
Bédouin. — *Bedouin.*
Bégayement. — *Bretounegeament.*
Bégayer. — *Bretounegear.*
Bègue. — *Begou, Bretoun.*

Bégueule. — *Begula.*
Béguin. — *Beguin.*
Béguinage. — *Beguinatge.*
Béguine. — *Beguina.*
Béhen blanc. — *Carnilhets.*
Béhen rouge. — *Pan couguou.*
Beignet. — *Bigneta.*
Beiram. — *Bairam.*

BEJ

Béjaune. — *Bèc jaune.*

BEL

Bel. — *Bel, Beou.*
Bêlement. — *Belament.*
Bêlemuite. — *Quilha de St.-Vincens.*
Bêler. — *Belar, Bearar.*
Belette. — *Moustela.*
Bélier. — *Aret.*
Bélière. — *Belliera.*
Bélître. — *Belitre, tra.*
Belladone. — *Belladona.*
Belle-dame. — *Armoou.*
Belle-de-jour. — *Bela-de-jour.*
Belle-de-nuit. — *Bela-de-nuech.*
Belle étoile. — *Bela estela.*
Belle-fille. — *Bela-filha, nouera.*
Bellement. — *Belament.*
Belle-mère. — *Bela-mera.*
Belle-sœur. — *Bela-sorre.*
Bellicant. — *Gournau.*
Belliqueux, euse. — *Bellicos, osa, vl.*
Bellot, otte. — *Bellot, ota, lisez Belot.*
Belvéder. — *Belveder.*

BEM

Bémol. — *Bemol.*

BEN

Benédictin, ine. — *Benedictin.*
Benédictine. — *Benedictina.*
Benédiction. — *Benediction.*
Benédiction d'un marché. — *Benissouns.*
Bénéfice. — *Benefici.*
Bénéficier, s. m. — *Beneficier.*
Bénéficier, v. — *Beneficiar.*
Béni, ie. — *Benet.*
Bénignement. — *Benignament.*
Bénignité. — *Benignitat.*
Bénin, igne. — *Benin, ina.*
Bénir. — *Benesir.*
Bénit, ite. — *Benesit, ida, ia.*
Bénitier. — *Benechier.*
Benjamin. — *Benjemin.*
Benjoin. — *Bijoun.*
Benoit. — *Benoit.*
Benoit, jeune ou petit. — *Benezet.*
Benoîte, n. pr. — *Benoita.*
Benoîte, plante. — *Benoita, Benida.*

BEQ

Béquille. — *Bequilha.*
Béquille petite. — *Bequilhoun.*

BER

Bercail. — *Gai.*
Bercail petit. — *Castroun.*
Bercail, enfermer dans le. — *Ajassar.*
Bercail, couché dans le. — *Ajassat.*
Bercail, ouvrir le. — *Largar, desclaure.*
Berceau. — *Bres.*
Berceau petit. — *Bressoun, Bressola.*
Berceau formé par une treille. — *Autinada.*
Bercé, ée. — *Bressat, ada.*
Bercer. — *Bressar.*
Berce, celui qui berce et table sur laquelle on berce. — *Bressaire.*
Berceuse. — *Bressarela.*
Berga, district de. — *Berguedan, vl.*
Bergame. — *Bergama.*
Bergamote. — *Bergamota.*
Berge. — *Riba d'una ribiera.*
Berge commune. — *Bellaire.*
Berge Aboyeuse. — *id.*
Berger, ère. — *Bergier, iera, Pastre.*
Berger gros. — *Pastras.*
Berger petit. — *Pastroun, Pastrilhoun.*
Berger des agneaux. — *Couassier.*
Berger chef. — *Baile.*
Berger sous-chef. — *Souta-baile.*
Berger errant. — *Castelegeaire, Castegeaire.*
Bergère. — *Bergiera, Pastressa.*
Bergerette, oiseau. — *Bouyoureta.*
Bergerie. — *Jas, Establo, Mas.*
Bergeronnette. — *Pastoureleta, Burgeireta.*
Bergeronnette grise. — *Bouyoureta.*
Berle. — *Berla.*
Berle chervi. — *Cherbi.*
Berle à ombelles sessiles. — *Berria.*
Berline. — *Berlina.*
Berlue. — *Berlua.*
Berlue, donner la. — *Emberlugar.*
Bermudes. — *Bermudas.*
Bernacle. — *Cravan.*
Bernage. — *Bernat.*
Bernard, n. pr. — *Bernard.*
Bernard l'hermite. — *Bernard l'ermita.*
Bernardin, ine. — *Bernardin, ina.*
Berne. — *Berna.*
Berné, ée. — *Bernat, ada.*
Berner. — *Bernar.*
Bernique. — *Flist.*
Beryl. — *Berille.*
Berry, n. de lieu. — *Beiria, vl.*

BES

Besace. — *Biassa.*
Besaiguë. — *Besaguda.*
Besant. — *Bezan.*
Beset. — *Besas.*
Besicles. — *Besicles.*
Besogne. — *Besougna.*
Besogner. — *Besougnar.*
Besogneux, euse. — *Besonhos, oza, vl.*
Besoin. — *Besoun.*

Français	Patois
Besoin pressant.	Apreissament, vl.
Besson, onne.	Bessoun, ouna.
Bestial, ale	Bestiou, Bestialene.
Bestialité.	Bestialitat.
Bestiasse.	Bestiassa.
Bestiaux.	Bestiari.
Bestiaux, pourvu de.	Abestiolat.
Bestiaux, pourvoir de.	Abestiolar.
Bestiaux, soins don-nés aux.	Arreagi.
Bestiaux, celui qui soigne les.	Arreaire.
Bestiaux, soigner les.	Arrear.
Bestiole.	Bestiouna, Bestiola

BET

Français	Patois
Bétail.	Bestiari.
Bête.	Bestia.
Bête brute.	Bruta-besti.
Bête grosse.	Bestiassa.
Bête petite.	Bestiouna.
Bête, faire la, au jeu de cartes.	Bourriscar.
Bête noire.	Barban.
Bête, jeu.	Bourra.
Bêtes-bovines.	Bouvina.
Bête-à-dieu.	Bestia doou bondiou.
Bête des boulangers.	Fourneiroou.
Bêtement.	Bestiament.
Bêtise.	Bestisa.
Bêtise grosse.	Bestisassa.
Bétoine.	Betoina.
Bétoine aquatique.	Herba doou siegi.
Bétoine des monta-gnes.	Estourniga.
Béton.	Pourcelana.
Bette-rave.	Bleta-raba.
Beuglement.	Bramar lou.
Beugler.	Bramar.
Beurre.	Buri.
Beurre d'antimoine.	Buri d'antimoino.
Beurre fondu.	Buri-foundut.
Beurré.	Burrea.
Beurrée.	Juliena.
Beurrier.	Buraire.

BEV

Français	Patois
Bévue.	Beguda, Bevua.

BEY

Français	Patois
Bey.	Bey.

BEZ

Français	Patois
Béziers.	Beders, vl.

BIA

Français	Patois
Biais.	Biais, Gaubi.
Biaisé, ée.	Biaisat, ada.
Biaiser.	Biaisar.

BIB

Français	Patois
Biberon.	Biberoun.
Biberou, onne.	Biberoun, ouna.
Bible.	Bibla.
Bibliographe.	Bibliographo.
Bibliographie.	Bibliographia.
Bibliomane.	Bibliomano.
Bibliomanie.	Bibliomania.
Bibliothécaire.	Bibliothecari
Bibliothèque.	Bibliotheca.
Biche.	Bicha.
Bichon.	Chin de fauda.
Bicoque.	Bicoca.

BID

Français	Patois
Bident partagé.	Carbe salvatge.
Bidet.	Bidet.
Bidon.	Bidoun.

BIE

Français	Patois
Bien.	Ben.
Bien.	Força, Abord.
Biens fonds, riche en.	Apouderat.
Bien, dissiper son.	Abenar.
Bien aimé.	Ben aimat.
Bien être.	Benestre.
Bienfaisance.	Benfasença.
Bienfaisant, ante.	Benfasent, enta.
Bienfait.	Benfach.
Bienfaiteur, trice.	Benfactour, triça.
Bien-fonds.	Benfouns.
Bienheureux, euse.	Ben-hurous, ousa.
Bienséance.	Benseança.
Bienséant, ante.	Decent, enta.
Bientôt.	Leou, Benleou.
Bienveillance.	Benvoulhença.
Bienveillant, ante.	Benvolent, enta.
Bien venu, ue.	Benvengut, uda.
Bienvenue.	Benvenguda.
Bière.	Bierra.
Bière, cercueil.	Bierra, Atahut.
Bièvre.	Bievre.
Biez.	Beliera.

BIF

Français	Patois
Biffer.	Escaffar.
Bifurqué, ée.	Bifurcat, ada, Fourcat.
Bifurquer se.	Bifurcar se.

BIG

Français	Patois
Bigame.	Bigame, Bigamo.
Bigamie.	Bigamia.
Bigarade.	Bigarrada.
Bigarradier.	Arangier, Bigarrat.
Bigarradier riche dépouille.	Bouquetier, 2.
Bigarradier citron-nier.	Bigarradier.
Bigarreau.	Graffion, Agruffion.
Bigarreautier.	Agruffiounier.
Bigarré, ée.	Bigarrat, ada.
Bigarrer.	Bigarrar.
Bigarrure.	Bigarrura.
Bigle.	Guerle.
Bigne.	Baioca, Boudougna.
Bigorne.	Bigorna.
Bigorneau.	Bigorna pichota.
Bigot, ote.	Bigot, ola.
Bigot, faire le.	Bigotiar.
Bigot mar.	Bigot.
Bigoterie.	Bigotaria.
Bigotisme.	Bigotisme.
Bigue.	Biga.
Biguer.	Bigar.

BIH

Français	Patois
Bihoreau.	Moa-moa.

BIJ

Français	Patois
Bijon.	Bijoun.
Bijou.	Bijout.
Bijoutaria.	Bijouturia.
Bijoutier, ière.	Bijoutier, iera.
Bijoutière.	Bijoutiera.

BIL

Français	Patois
Bilan.	Bilan.
Bilboquet.	Bilboquet.
Bile.	Bila.
Bilieux, euse.	Bilious, ousa.
Billard.	Bilhard.
Billarder.	Bilhardar.
Bille.	Bilha.
Bille, coler la.	Desbilhar.
Billebarrer.	Bigarrar.
Biller.	Bilhar.
Billet.	Bilhet.
Billet petit.	Bilhetoun.
Billeter.	Etiquetar.
Billon.	Bilhoun.
Billon, labourer à.	Laurar à soouca.
Billonner.	Bilhounar.
Billot.	Bilhoun, Cepoun, plot.
Billot qu'on met au cou des chiens.	Tarabastel.
Billot gros.	Bilhounas.
Billot petit.	Bilhounet.
Bilhots, mettre en.	Esbilhounar.

BIM

Français	Patois
Bimbelot.	Juguet.
Bimbelotier.	Quincalhier.

BIN

Français	Patois
Binage.	Binagi.
Bine, ouvrier qui.	Binaire.
Biné, ée.	Binat, ada.
Binée, susceptible d'être.	Bineirha.
Biner.	Binar.
Biner, dire deux messes.	Biscantar.
Binet.	Espargneta, Espargna.
Binette.	Bechard.

BIO

Français	Patois
Biographe.	Biographo.
Biographie.	Biographia.
Biographique.	Biographique, ira.
Bi-oxalate de potasse.	Sau d'oouselha.

BIQ

Français	Patois
Bique.	Bica, Cabra.

BIR

Français	Patois
Birloir.	Nilha, Viret.

BIS

Bis.	Bis.
Bis, isa.	Brun.
Bisaïeul.	Bisaiul.
Bisaïeule.	Bisaiula.
Bisbille.	Bisbilh.
Biscaïen.	Biscain.
Biscantat.	Biscant.
Biscornu, ue.	Biscornut, uda.
Biscotin.	Biscoutin.
Biscotin dur.	Cacha-dent.
Biscuit.	Biscuech.
Biscuit petit.	Busquichela.
Biscuit léger et délicat.	Cacha-mascou.
Bise.	Bisa.
Bise grosse.	Bisouard.
Biseau.	Biseou.
Biseigle.	Bisegla.
Biset.	Biset.
Bismuth.	Bismuth.
Bisnague.	Bisnaga.
Bisculette hispide.	Herba de sieishouras.
Bison.	Bison.
Bissac.	Bissac.
Bissexte.	Bissest.
Bissextil, ile.	Bissestile, ila.
Bistorte.	Bistorta.
Bistouri.	Bistourin.
Bistourné, ée.	Bistournat, ade.
Bistourner.	Bistournar.
Bistre.	Bistre.
Bitord.	Bistord.
Bitume.	Bitume.
Bitume, enduire de.	Embetumar.
Bitume, enduit de.	Embetumat.
Bitumineux, euse.	Bituminous, ousa.
Bivac.	Bivac.
Bivaquer.	Bivacar.
Bivouaquer. V. Bivaquer.	
Bivoie.	Crousadour.

BIZ

Bizarre.	Bizarre, arra.
Bizarrement.	Bizarrament.
Bizarrerie.	Bizarraria.

BLA

Blafard, arde.	Fouscarin, jaunastre.
Blague.	Blaga.
Blaireau.	Taissoun.
Blaireau, peau de, avec son poil.	Capiera.
Blaise, n. pr.	Blasi.
Blâmable.	Blamable, abla.
Blâme.	Blame.
Blâmé, ée.	Blamat, ada.
Blâmer.	Blamar.
Blanc, anche.	Blanc, anca, ancha.
Blanc-bec.	Blanc-bec, Cadelas.
Blanc de baleine.	Blanc de balena.
Blanc de cerusa.	Cerusa.
Blanc d'Espagne.	Blanc d'Espagna.
Blanc d'œuf.	Blanc d'uou.
Blanc rhazis.	Blanquet.
B'anc, tirer sur le.	Blanquegear.
Blanc un peu.	Blanchineou.

Blancs manteaux.	Blancs manteous.
Blanchâtre.	Blanchastre.
Blanche.	Blanca.
Blanchet.	Blanchet.
Blanchette.	Blanqueta.
Blancheur.	Blanchour.
Blancheur des cheveux.	Blancugi.
Blanchi, ie.	Blanchit, ida, ia.
Blanchiment.	Blanchiment.
Blanchir.	Blanchir.
Blanchissage.	Blanchissagi.
Blanchisserie.	Blancharia.
Blanchisseur, euse.	Blanchissur, usa.
Blanc-manger.	Blanc-mangear.
Blanque.	Blanca.
Blanquette.	Blanqueta.
Blanquette, figue.	id.
Blasé, ée.	Blasat, ada.
Blaser.	Blasar.
Blason.	Blasoun.
Blasonné, ée.	Blasounat, ada.
Blasonner.	Blasounar.
Blasphémateur.	Blastemaire.
Blasphème.	Blastheme.
Blasphémé, ée.	Blastemat, ada.
Blasphémer.	Blastemar.
Blatier.	Bladier.
Blatte des cuisines.	Fourneiroou.
Blatte orientale.	id.
Blaude.	Bloda.
Blaude de vigneron.	Camiarda.

BLE

Blé.	Blad.
Blé gros.	Blad gros.
Blé à barbe noire.	Blad barba negra.
Blé charbonné.	Blad brulat.
Blé d'Espagne.	Blad de Turquia.
Blé de Guinée.	id.
Blé d'Inde.	id.
Blé à épi arrondi.	Blad fin.
Blé du Levant.	Blad de Barbaria.
Blé negre.	Blad negre.
Blé rouge.	Blad rouge.
Blé de Turquie.	Blad de Turquia.
Blé sarrazin.	Blad sarrazin.
Blé de Smyrne.	Blad de rapuga.
Blé très-mois.	Regagnoun.
Blé en verd.	Bruelha.
Blé, grand champ de.	Bladeiras.
Blé, pourvu de.	Abladat.
Blé, abondant en.	Bladous.
Blême.	Bleme, ema.
Blêmir.	Palir, Blemir.
Blessé, ée.	Blessat, ada.
Blesser.	Blessar.
Blesser se.	Blessar se.
Blessure.	Blessura.
Blette.	Blet. eta.
Blette.	Bleda, blea.
Blennie cornue.	Badoua.
Blennie gadoïde.	Bouscla.
Blennie Tentaculé.	Bouscla.
Bleu, eue.	Blu, ua, Blur, ura.
Bleu de Prusse.	Blu de Prussa.
Bleu, paraître.	Bluregear.
Bleu de cobalt.	Blu de cobalt.
Bleuâtre.	Blurastre, astra.
Bleuir.	Blurir.

BLO

Bloc.	Bloc.
Blocage.	Massacan.
Blocaille.	Idem.
Blocus.	Blocus.
Blond, onde.	Blound, ounda.
Blonde.	Blounda.
Blondin, ine.	Bloundin, ina.
Blondir.	Bloundir.
Bloqué, ée.	Bloucat, ada.
Blottir se.	Acatar se.
Blottir se, dans un coin.	Acoufignar s'
Blouse.	Belousa.
Blousé, ée.	Belousat, ada.
Blouser.	Belousar.
Blouser se.	Belousar se.

BLU

Bluet.	Blavet, 2.
Bluette.	Beluga.
Bluettes, lancer des.	Esbelugar.
Bluettement.	Belugament.
Bluté, ée.	Balutat, ada.
Bluteau.	Baluteou.
Bluter.	Balutar.
Blutoire.	Baruteliera.

BOA

Boa.	Boa.

BOB

Bobèche.	Espargna, Boubecha.
Bublue.	Boumbina.
Bobine, mettre du fil sur une.	Emboubinar.
Bobiner.	Boumbinar.
Bobo.	Bobo.

BOC

Bocage.	Boscagi.
Bocager, ère.	Boscassier, iera.
Bocal.	Boucau.

BŒU

Bœuf.	Buou.
Bœuf sauvage d'Amérique.	Bison.
Bœuf d'un an.	Jungeou.
Bœufs, qui garde les.	Boutier.
Bœufs et vaches, en général.	Boualha.
Bœufs, marchand de, chair de.	Boacier.

BOG

Bogue ravel.	Boga raveou.
Bogue commune.	Boga.

BOH

Bohème.	Bohemo.
Bohémien.	Booumian.
Bohémiens les.	Booumianalha.

BOI

Boire.	Beoure.
Boire , une étoffe faire.	Emboeure.
Boire le , s. m.	Beoure. lou.
Bois.	Bosc, Bouesc.
Bois blanc.	Bosc blanc.
Bois de lardoire.	Bounet de capelan.
Bois de Campêche.	Bosc de campech.
Bois de mat.	Acinier.
Bois de pin gros.	Thea.
Bois de Sainte-Lucie.	Amarel.
— son fruit.	Amarela.
Bois de Brésil.	Bosc d'oou Brésil.
Bois échauffé.	Bosch escuech.
Bois pelard.	Bosch sensa escorça.
Couvert de bois.	Boscos.
Bois, se pourvoir de, et se couvrir de bois.	Absosquir s'.
Bois , ramasser le menu.	Doscathar.
Bois privé.	Bosc d'atrf.
Bois du chêne vert.	Bosquina.
Boisage.	Bouesagi.
Boisé , éc.	Bouesat, ada.
Boiser.	Bouesar.
Boiserie.	Bouesagi.
Boisseau.	Douissel.
Boisselier.	Cruvellier , Bouisse-lier.
Boisson.	Bevenda, Beoure, lou.
Boîte.	Bouita.
Boîte de roue.	Bouissa, 3.
Boîte à la moelle.	Capoun, 4.
Boîte à farine.	Enfarinadouira.
Boîte , petite.	Bouitela.
Boîte, grosse.	Bouitassa.
Boiter.	
Boiteux, euse.	Goy , Bouitoux , ouse.
Boitillon.	Bouissesa.

BOL

Bol.	Bol.
Bol d'Arménie.	Boli.
Bolet amadouvier.	Esca.
Bolet du saule.	Bousserla.
Bolet potiron.	Brusquet.
Bolet vivace.	Camparol negre.

BOM

Bombance.	Boumbança.
Bombarda.	Boumbarda.
Bombardement.	Boumbardament.
Bombardé, ée.	Boumbardat , ada.
Bombarder.	Boumbardar.
Bombardier.	Boumbardier.
Bombe.	Boumba.
Bombement.	Boumbament.
Bombé, ée.	Boumbat , ada.
Bomber.	Boumbar.
Bombix du mûrier.	Magnan.

BON

Bon, onne.	Bon, na, Bouen, na.
Bon, s. m.	Bon.
Bonace.	Bonassa.
Bonasse.	Bonias , assa.
Bonbon	Bonbon, bona.
Bonbonnière.	Bonbonniera.
Bon-bras.	Bon bras.
Bon chrétien.	Bon chrestian.
Bond.	Bound.
Bonde.	Bounda.
Bondir.	Boundar.
Bondissement.	Boundissament.
Bondon.	Boundoun , Espineta.
Bondonner.	Boundounar.
Bondonnière, petite.	Culheiret.
Bondrée.	Boundrea.
Bon-henri.	Sangari.
Bonheur.	Bonhur.
Bonhomie.	Bonhomia.
Bonhomme.	Bonhome.
Bonhomme.	Bertisset.
Bonhomme, plante.	Boulhoun blanc.
Boniface , n. p.	Bonifaço.
Bonification.	Bonification.
Bonifié , ée.	Bonifiat , ada.
Bonifier.	Bonifiar.
Boniton.	Bounitoun.
Bonjour.	Bonjour.
Bonne.	Bona , Mia.
Bonaventure, n. p.	Bonaventuro.
Bonne-Dame.	Armoou.
Bonne foux, n. pr.	Bonafous.
Bonnement.	Bonament.
Bonnet.	Bounet.
Bonnet carré.	Bounet carrat.
Bonnet petit.	Bounetoun.
Bonnet gros et laid.	Bounetas.
Bonnet à la grecque.	Babassan.
Bonnet de prêtre.	Bounet de cupelan.
Bonnet d'enfant.	Carpan , Berra.
Bonnet élevé.	Bouquincan.
Bonnet de dragon.	Bounet de grenadier.
Bonnet d'électeur.	Pastissoun.
Bonnetade.	Rounetada.
Bonneter.	Bounetar.
Bonneterie.	Bounetaria.
Bonnetier.	Bounetier.
Bonnette.	Bouneta.
Bonne-main.	Bonaman.
Bonsoir.	Bonsoir, Bona sera.
Bonté.	Bontat.

BOR

Borate sur saturé de soude.	Bouras.
Borax.	Bouras.
Borborygme.	Bourboulh.
Bord.	Bord.
Bord d'un champ.	Auriera , Broua.
Bordage.	Bordagi.
Bordailler.	Bordegear.
Bordé, ée.	Bordat, ada.
Bordeaux.	Bourdeous.
Bordée.	Bordada.
Bordel.	Bordel.
Bordelais.	Bordales.
Bordelière.	Bourdeliera.
Border.	Bordar.
Bordereau.	Bordereou , Rôle.
Bordigue.	Bourdiga.
Bordure.	Bordura.
Bore.	Boro.
Boréal, ale.	Boreas, ala.
Borée.	Mistrau , Boreal, vl.
Borgne.	Borni , ia.

BOS

Bosphore.	Bosphoro.
Bosquet.	Bosquet.
Bossage.	Bossagi.
Bosse.	Bossa , Giba.
Bosse au front.	Baiocca.
Bosse du mays.	Bougna.
Bosse faite à un us- tensile.	Emboutidura.
Bosse petite.	Gibeta.
Bosselage.	Estampagi.
Bosselé , ée.	Bossat , ada , Encus-sat , ada.
Bosseler.	Encussar.
Bosseman.	Bosseman.
Bosser.	Aboussar.
Bossette.	Bosseta.
Bossoir.	Boussoir.
Bossu , ue.	Gibous , oua , Bossut , uda.
Bossué , ée.	Encussat , ada.
Bossuer.	Encussar.
Bossuer se.	Encussar se.
Bossuer se , parlant d'un mur.	Agibassir s'.
Boston.	Boston.
Bostriche de l'olivier.	Chiroun , 4.

BOT

Botanique.	Botanica.
Botaniste.	Botanisto.
Bolanybay.	Bolany-bay.
Botte.	Botta.
Botte de foin petite.	Botta.
Botte de foin des mule-tiers.	Bottiera.
Bottes légères.	Estivaus.
Botter.	Bottar.
Botter se.	Bottar se.
Bottier.	Bottier.
Bottine.	Bottina.

BOU

Bouc.	Bouc.
Bouc petit.	Boquet, Boucachoun.
Bouc châtré, conduc-teur.	Menoun.
Boucan.	Boucan.
Boucané , éc.	Boucanat, ada.
Boucaner.	Boucanar.
Boucaut.	Boucau.
Boucharde.	Boucharda.
Bouchardé , éc.	Bouchardat , ada.
Boucharder.	Bouchardar.
Bouche.	Bouca , Boucha.
Bouche grosse.	Boucassa.
Bouche petite.	Bouqueta.

BOS

Borgnesse.	Bornia.
Bornage.	Bournagi.
Borne marquée d'un X.	Dextre.
Borne.	Borna , Bouina.
Borné , ée.	Bornat , ada.
Borneo.	Borneo.
Borner.	Bornar.
Borneyer.	Bornegear.
Bornoyeur.	Clinchaire.

Bouche en bas, placer la.	Abauvar.
Bouchée.	Boucada.
Bouché, ée.	Tapat, Bouchot, ada.
Boucher.	Bouchar, Tapar.
Boucher avec force.	Bougnar.
Boucher.	Bouchier.
Boucher de chevreaux.	Cabridier.
Bouchère.	Bouchiera.
Boucherie.	Boucharia.
Boucherie de chèvres.	Cabreria.
Bouchoir.	Porta de four.
Bouchon.	Bouchoun, Tap.
Bouchon d'une auberge.	Bouchoun, Ramas.
Bouchon, qui tient un.	Bouchounisto.
Bouchonné, ée.	Amouchounat, ada.
Bouchonner.	Amouchounar.
Bouchonner.	Amouchounar.
Bouchonner se.	Amouchounar s'.
Boucle.	Boucla, Blouca.
Bouclé, ée.	Bloucat, ada, bouclat.
Boucler.	Bloucar.
Bouclier.	Bouclier.
Boucon.	Boucon.
Bouder.	Boudar, Fougnar.
Bouderie.	Fougna, Boudaria.
Boudeur.	Fougnaire, Boudaire.
Boudin.	Boudin.
Boudine.	Boudina.
Boudinière.	Boudiniera.
Boudoir.	Boudoir, Fougnadour.
Boue.	Pauta, Fanga.
Boue, marcher dans la.	Pautassiar, Fangassiar.
Boue, enduire de.	Bardissar.
Bouée.	Gavitou, Signou,
Boueux, euse.	Pautous, Fangous, ousa.
Bouffante.	Bouffanta.
Bouffée.	Bouffada.
Bouffée de chaleur.	Calourada.
Bouffer.	Bouffar.
Bouffettes.	Flocs.
Bouffi, ie.	Bouffit, ida, ia.
Bouffir.	Bouffar, Buffar.
Bouffissure.	Bouffisura.
Bouffoir.	Vergadour.
Bouffon.	Bouffoun.
Bouffon, onne.	Bouffoun, ouna.
Bouffonner.	Bouffounar.
Bouffonnerie.	Bouffounada.
Bouge.	Bougea, Chambroun.
Bougeoir.	Bougeoir.
Bouger.	Bougear, Boulegear.
Bougie.	Bougia.
Bougié, éc.	Bougiat, ada.
Bougie filée, paquet ou pain de.	Estadau.
Bougier.	Bougiar.
Bougran.	Boucaran.
Bougre.	Bougre, ra.
Bougrerie.	Bougraria.
Bouillant, ante.	Boulhent, ente.
Bouille.	Boumba.
Bouilli, ie.	Boulhit, ida.
Bouilli.	Boulhit.
Bouilli.	Boulhit, Bulit.
Bouillie.	Soupeta, Brigadeous.
Bouillie de farine.	Bora.

Bouillie, donner la.	Empapoular.
Bouillir	Boulhir.
Bouilloire.	Coucoumar, Escaufaire.
Bouillon.	Boulhoun.
Bouillon blanc.	Boulhoun blanc.
Bouillon qui s'élève d'un liquide qui bout.	Boulh.
Bouillon de lazagnes.	Aigueta.
Bouillon de boudin.	Gogat.
Bouillonnement.	Boulhounament.
Bouillonner.	Gargoutar.
Bouillotte.	Boulhota.
Boulaie,	Bessada.
Boulanger.	Boulangier.
Boule.	Boula, Bocha.
Boule petite.	Bouleta, Boucheta.
Tirer une boule.	Bochar.
Boule longue, jeu de la.	Rouleta.
Boule, avoir la.	Jugar lou premier.
Boule, aller à l'appui de la boule.	Poussar la bocha.
Boule, tenir pied à.	Tenir ped.
Boule de neige.	Boula de neigea.
Bouleau blanc.	Bes.
Boulejou.	Boulejoun.
Bouler, se.	Gamar se.
Boulereau noir.	Gobou negre.
Boulet.	Boulet.
Boulette.	Bouleta.
Boulevard.	Balouard, Boulevart.
Bouleversement.	Bouleversament.
Bouleverser.	Bouleversar.
Boulimie	Fan canina.
Boulin.	Baudroun.
Bouline.	Boulina.
Boulinier.	Roulinier.
Boulieurs.	Fourgouniares.
Bouloir.	Rema.
Boulon.	Bouloun.
Boulon de balance.	Boulhoun.
Boulonner.	Boulounar,
Bouquet.	Bouquet.
Bouquet gros.	Bouquetas.
Bouquet petit.	Bouquetoun.
Bouquet fait.	Bouquet fach.
Bouquetier.	Bouquetier.
Bouquetière.	Bouquetiera.
Bouquetin.	Bouquetin.
Bouquin.	Bouquin.
Bouquin, mâle du lièvre.	Rasclet.
Bouquiner.	Bouquinar.
Bouquineur.	Bouquinur.
Bouquiniste.	Bouquinisto.
Bouracan.	Barracan.
Bourbe.	Fanga, Fangas.
Bourbeux, euse.	Bordous, Fangous, ousa.
Bourbier.	Garilhas, Lagas.
Bourbillon.	Mecha de furoncle.
Bourdaine.	Trantanel.
Bourdalou.	Bourdaloua.
Bourde.	Bourda, Bourla.
Bourdon.	Bourdoun.
Bourdon d'abeille.	Rey.
Bourdon de pèlerin.	Bourdoun, 3.
Bourdon d'orgue.	Bourdoun, 1.
Bourdonnement.	Vooun-Vooun, Bourdounament.

Bourdonner.	Bourdounar, Tavanegear.
Bourdonnet.	Cauca, Bourdounet.
Bourg.	Bourg.
Bourg petit.	Bourguet.
Bourg, habitant d'un.	Bourguier, Bourgadier.
Bourgade.	Bourgada.
Bourgène.	Trantanel.
Bourgeois, oise.	Bourges, Bourgeois, oisa.
Bourgeois qui hante la noblesse.	Passa bourges.
Bourgeoisement.	Bourgeoisament.
Bourgeoisie.	Bourgeoisia.
Bourgeon.	Greou, Bourgeoun.
Bourgeon, jeune.	Bourgeaquin.
Bourgeon contre.	Bourrilhoun, 2.
Bourgeon de vigne.	Bourra.
Bourgeons ôtés de la vigne.	Abroutun.
Bourgeonné, ée.	Bourgeonnat, ada.
Bourgeonner.	Bourgeounar, Bourrar.
Bourgmestre.	Bourgmestre.
Bourgmestre, oiseau.	Gabian, 3.
Bourgogne.	Bergonia, v1.
Bourguépine.	Aiguespina.
Bourguignon.	Bourguignoun.
Bourguignotte.	Bourguignota.
Bourjassotte.	Bourgeassota.
Bourrache.	Bourragi.
Bourrade.	Bourrada.
Bourrasque.	Bourrasca.
Bourre.	Bourra.
Bourre-bourre.	Bourra-bourra.
Bourre d'un arme à feu.	Estapoun.
Bourre de soie.	Estrapas.
Bourre des vers à soie.	Blasa.
Bourreau.	Bourreou.
Bourrée.	Broundas.
Bourrée d'Auvergne.	Auvergnada.
Bourrelle.	Bourrela.
Bourrelé, ée.	Bourrelat, ada.
Bourreler.	Bourrelar.
Bourrelet.	Bourrelet.
Bourrelier.	Bridier.
Bourré, ée.	Bourrat, ada.
Bourrer.	Bourrar.
Bourrer un chien.	Abhourar, Aquissar.
Bourrer se.	Bourrar se.
Bourriche.	Bourrica, Gabi.
Bourrique.	Bourrica, Bourriscou.
Bourrique de berger.	Pooutre.
Bourriquet.	Bourriscoun.
Bourru, ue.	Bourrut, uda, Boudourrou.
Bourse.	Boursa, Boussa.
Bourse, hotel de la.	Boursa, Logea.
Bourse, plein une.	Boussada.
Bourse petite.	Bourseta.
Bourse, scrotum.	Boussounada.
Bourse à pasteur.	Boursa à pastre.
Boursier.	Boursier.
Boursiller.	Boursilhar.
Bourson.	Boursoun, Pouchoun.
Boursoufflé, ée.	Boursoufflot, ada.
Boursouffler.	Boursoufflar.
Bouse.	Bousa, Bousada.

Bouse grosse.	Bousas, Buas.
Bousillage.	Bousilhagi.
Bousiller.	Bousilhar.
Bousilleur, euse.	Bousilhur.
Bouscarle de Pro-	Mousquet-gris.
vence.	
Bousin.	Bousin.
Bousserole.	Uva ursi.
Bout.	Bout.
Bout saigneux.	Bescouel.
Boutade.	Boutada.
Boutargue.	Boutarga.
Boute.	Bouta.
Boute hors.	Bouta fora.
Boute en train.	Boute en tren.
Boute feu.	Boute fioc.
Bouteille.	Boutelha
Bouteille petite.	Boutelheta.
Bouteille grosse de	Papamoli.
verre, carrée.	
Bouteilles, mettre en.	Emboutelhar.
Bouteilles, mis en.	Boutelhat, ada.
Bouteille nattée,	Palhoun.
grande.	
Bouterolle.	Bout d'espasa.
Boute selle.	Bouta-sella.
Boutillier.	Boutelhier.
Boutique.	Bouliga.
Boutiquier.	Boutiguier.
Boutoir.	Butavant.
Bouton.	Boutoun.
Boutons qui s'élèvent	Boubas.
sur les lèvres.	
Bouton, sur la peau,	Braquet, Brivouela.
petit.	
Bouton d'argent.	Boutoun d'argent.
Bouton d'or.	Bouton d'or.
Boutonné, ée.	Boutounat, ada.
Boutonner.	Boutounar.
Boutonner se.	Boutounar se.
Boutonnier.	Boutounier.
Boutonnière.	Boutouniera.
Bouts-rimés.	Bouts rimats.
Bouture.	Boutura.
Bouverie.	Boaria, vl.
Bouvet.	Bouvet.
Bouvier, ière.	Bouyer, Bouvatier.
Bouvière, poisson.	Garlesca.
Bouvillon.	Buvachoun.
Bouvreuil.	Piva.

BOV

Bovine.	Bouvina.

BOY

Boyau.	Budeou, Bouyeou.
Boyaux, en général,	Tripalha, Budalha.
les.	
Boyaux du bœuf, du	Archican.
mouton.	
Boyau gras.	Tripa culau.

BRA

Bracelet.	Bracelet.
Bracelet de couleur	Cambarot.
écarlate.	
Braconnier.	Bracounier.
Braguette. V. Brayelle.	
Braie.	Brayeta, Faissela.
Brailler.	Bramar.

Brailleur, euse.	Bramaire, arela.
Braire.	Bramar.
Braise.	Braza.
Braise, débris de.	Recaliou.
Braise, éparpiller la.	Brazilhar.
Brasier.	Brozier.
Brasière.	Braziera.
Brame.	Brama.
Bramer.	Bramar.
Bran.	Merda.
Brancard.	Brancard.
Brancard d'un puits	Bassegou.
à roue.	
Branchage.	Brancagi, Branchagi.
Branche.	Branca, Brancha.
Branche mère	Cabassa.
coupée.	
Branche grosse.	Brancas, Branchassa.
Branche petite.	Branqueta.
Branche, très-petite.	Branquilhoun.
Branche de vigne	Andoria.
avec ses feuilles	
et ses fruits.	
Branche gourmande	Buvoli.
des oliviers.	
Branches basses.	Brancas bassas.
Branche-ursine.	Acantha.
Branchier.	Fourniou, Esfour-
	niou.
Branchies.	Gavgnas.
Branchu, ue.	Brancarut, uda.
Brandade.	Brandada.
Brandebourg.	Brandebourg.
Brandevin.	Brandevin.
Brandevinier.	Aiguardentier.
Brandillement.	Brandilhar, lou.
Brandiller.	Bindoussar, Bran-
	doular.
Brandilloire.	Balançadour.
Brandir.	Brandir.
Brandon.	Brandoun.
Brandon de paille.	Farassa.
Brandon de foin.	Falhoun.
Brandon, mettre le	Ablandar.
feu avec un.	
Brandonner.	Brandounar.
Brandons, dimanche	Brandouns, diman-
des.	che deis.
Brantant, ante.	Brandant, anta.
Branle.	Branle, Balans.
Branle, danse.	Hamac.
Branle, danse.	Brandou, Brandi.
Branlement.	Brandada.
Branlé, ée.	Brandat, ada.
Branler.	Brandur.
Branloire de soufflets.	Barra deis soufflets.
Braque.	Braca.
Braqué, ée.	Bracat, ada.
Braquer.	Bracar.
Bras.	Bras.
Bras gros.	Brassas.
Bras petit.	Brassoun.
Bras, qui n'a qu'un	Desbrassat.
ou point de.	
Bras, travail des.	Brassaria
Bras, agiter les.	Brassegear.
Bras, donner le.	Menar en Brassela.
Bras de rivière.	Brassiera.
Brasé, éc.	Brozat, ada.
Braser.	Brozar.
Brasier.	Brozier.
Brasillé, ée.	Escaldufat, ada.

Brassard.	Brassard.
Brasse.	Brassa.
Brassée.	Brossada.
Brassé, éc.	Brassat, ada.
Brasser.	Brassar.
Brasserie.	Brassadour.
Brasseur, euse.	Brassur, usa.
Brussière.	Corsilhoun.
Bravache.	Bravachou.
Bravade.	Bravada.
Brave.	Valhant, Courageous.
Brave-faux.	Marjasso.
Bravement.	Bravament.
Braver.	Bravar.
Bravo.	Bravo.
Bravoure.	Bravoura.
Brayer.	Brayer.
Brayer un vaisseau.	Encarenar.
Brayette.	Brayeta.

BRE

Brebis.	Feda.
Brebis de cinq ans.	Itaso.
Brebis vieille qu'on	Berta.
engraisse.	
Brebis qui n'a pas	Bassibia.
encore porté.	
Brebis dont le pis	Apoussau.
est gonflé.	
Brebis d'Arles.	Regas.
Brebis en général.	Averagi.
Brebis vieille et mài-	Corpa.
gre.	
Brebis, gros trou-	Bailea.
peau de.	
Brèche.	Brecha.
Brèche dent.	Berca.
Brèche d'un couteau.	Bercadura.
Brechet.	Brechet.
Bredi-breda.	Bradin, Bredan.
Bredindin.	Bredindin.
Bredouille.	Bredoulha.
Bredouillement.	Bretounegeament.
Bredouiller.	Bretounegear.
Bredouilleur, euse.	Barboulhaire man-
	gea favas.
Bref, ève.	Breou, bref, eva.
Bref.	Bref.
Bregin.	Bourgin, Bregin.
Bréhaigne.	Turga, Turgea.
Brelan.	Barlan.
Brelander.	Barlandiar.
Brelandier, iera.	Barlandier.
Breloque.	Barlocca.
Bréneux, euse.	Aurriat, ada, Mer-
	dous.
Brésiller.	Esbrigar, Embrigar.
Bresseau.	Bressau.
Bressin.	Condarissa.
Brétailler.	Ferralhar.
Brétailleur.	Bretur, Ferralhur.
Bretelle.	Bratelas.
Bretelle d'un tablier.	Brasseliera.
Brette.	Breta, Flambergea.
Bretteur.	Bretur.
Breuvage.	Abeouragi.
Brevet.	Brevet.
Brevet d'invention.	Brevet d'invention.
Breveté, ée.	Brevetat, ada.
Breveter.	Brevetar.
Bréviaire.	Breviari.

BRI

Bric et de Broc, de.	Bric de, et de Broc.
Brice, n. pr.	Bres, 5.
Brick.	Bric, 4.
Bricole.	Bricola.
Bricoler.	Bricolar.
Bricoles.	Bricolas.
Bride.	Brida.
Bridé, ée.	Bridat, ada.
Brider.	Bridar.
Bridon.	Bridoun.
Brief, ève.	Bref, eva.
Brièvement.	Brievament.
Brièveté.	Brievetat.
Brifer.	Briffar.
Brifeur.	Briffaire.
Brifeuse.	Briffarela.
Brigade.	Brigada.
Brigadier.	Brigadier.
Brigand.	Brigand.
Brigandage.	Brigandagi.
Brigantin.	Brigantin.
Brigantine.	Brigantina.
Brigide, n. pr.	Brigida.
Brignole.	Brignola.
Brignon.	Brignoun.
Brigue.	Briga.
Briguer.	Brigar.
Brillant, ante.	Brilhant, anta.
Brillant, s.	Brilhant, s.
Brillanté, ée.	Brilhantat, ada.
Brillanter.	Brilhantar.
Briller.	Brilhar.
Brimbale.	Bringabala.
Brimbaler.	Brimbalar.
Brimborion.	Brimborion.
Brin	Germe, Brout
Brin de quelque chose.	Greou.
Brin, un petit.	Briseta.
Brin d'osier.	Amarina.
Brinde.	Brindou.
Brindilles.	Broundilhas.
Brioche.	Brioche, Poumpeta.
Brique.	Brica.
Briquet.	Briquet, Atilh.
Briqueté, ée.	Carrounat, ada.
Briqueter.	Carrounar.
Briqueterie.	Teouliera.
Briquetier.	Teoulier.
Brisants.	Roumpents.
Briscambille.	Brescambilha.
Brise.	Brisa.
Brise-cou.	Boumpe cuou.
Brisée.	Brisada.
Brisé, ée.	Espeçat, ada, Esbriat, ada.
Briser.	Esbrigar, Espeçar.
Brisoir.	Bregoun.
Brisoir gros.	Bregoura.
Brisque.	Bresca, 2.

BRO

Broc.	Broc.
Broc grand.	Potouras.
Broc de vin.	Potarras.
Broc, mettre en.	Ambrocar.
Brocanter.	Brocantar.
Brocanteur, euse.	Brocantur, usa.
Brocard.	Broucard.
Brocarder.	Bourguetar.
Brocatelle.	Brocatela.
Broche.	Brocha.
Broche.	Brocha, Aste.
Broche, oter de la.	Desenastar.
Broche d'un tonneau.	Dousil, Brouqueta.
Broche des chandeliers.	Vergas.
Broché, ée.	Brochat, ada.
Brochée.	Rastegagna, Astelada.
Brocher.	Brochar.
Brochet.	Brouchet.
Brochette.	Brouchela, Brouqueta.
Brocheur.	Brochier.
Brochoir.	Brocadour.
Brochure.	Brochura.
Brocoli.	Broccoli.
Brodé, ée.	Broudat, ada.
Brodequin.	Broudequin.
Broder.	Broudar.
Broderie.	Broudaria.
Brodeur, euse.	Broudur, usa.
Broie.	Bregoun.
Brome des champs.	Estrangla chivaus.
Bronchade.	Brouncada, Assipada.
Broncher.	Brecar, Brouncar.
Bronze.	Brounze.
Bronzé, ée.	Brounzat, ada.
Bronzer.	Brounzar.
Broquette.	Tacheta, Broqueta.
Brosse.	Brossa, Brusli.
Brosser.	Brossar, Brustiar.
Brou.	Gruelha denosa, Verin.
Brouet.	Brouit, Boulhoun.
Brouette.	Bariola, Charroussel.
Brouhaha.	Gadassa, Broujou.
Brouillamini.	Broulhamini.
Brouillard.	Nebla.
Brouillard.	Tubassiera, Broulhard.
Brouillon.	Broulhoun.
Brouir.	Blainegear, Escouire.
Brouissure.	Nebladura.
Broussailles.	Broussalhas.
Brout.	Brout.
Brouté, ée.	Broutat, ada.
Brouter.	Broutar, Abrouquir.
Broutilles.	Broundilhas.
Broyé, ée.	Bregourat, ada, Brouyat, ada.
Broyer.	Bregounar, Brouyar.
Saison où l'on broye.	Bargasouns.
Broyeuse.	Bregeairis.
Broyon.	Brouyoun.

BRU

Bru.	Nouera.
Bruant crocote.	Hourtoulan, 2.
Bruant commun.	Verdoun.
Bruant fou.	Chic cendrous.
Bruant de France.	Verdoun.
Bruant de haie.	Chic.
Bruant de neige.	Siga de mountagna.
Bruant des prés.	Chic cendrous.
Bruant. id.	Grasset.
Bruant proyer.	Chic perdris.
Bruant des roseaux.	Chic ourdinari.
Bruches.	Courcoussoun.
Bruches, rongé par les.	Courcoussounat, ada.
Brugnon.	Brignoun, Miracoutoun.
Bruine.	Breina.
Bruiné, ée.	Breinat, ada.
Bruiner.	Breinar.
Bruire.	Bruzir, Brounzir.
Bruissement.	Brounziment.
Bruit.	Brut.
Bruit prolongé.	Brudeicha.
Bruit de la mer.	Broujou.
Bruit confus.	Brouhaha.
Bruit d'un gros vent.	Bouffounia.
Brûlant, ante.	Brulant, antq.
Brûlement.	Brulament.
Brûlé, ée.	Brulat, ada.
Brûlé superficiellement.	Besusclat.
Brûler.	Brular, Rabinar.
Brûler se.	Brular se.
Brûler superficiellement.	Besusclar.
Brûloir.	Bruloir.
Brûlot.	Brulot.
Brûlure.	Brulura.
Brumaire.	Brumero.
Bruma.	Nebla, Brouma.
Brumeux, euse.	Brumous, ousa.
Brun, une.	Brun, una.
Brun, un peu.	Brunet.
Brunelle à grande fleur.	Brunela.
Brunelle vulgaire.	Bruneleta.
Bruni.	Brunit.
Bruni, ie.	Brunit, ida, ia.
Brunir.	Brunir.
Brunissage.	Brunissagi.
Brunisseur, euse.	Brunissour, usa.
Brunissoir.	Brunissoir.
Bruno, n. pr.	Bruno.
Brusque.	Brusc, usca.
Brusqué, ée.	Bruscat, ada.
Brusquement.	Bruscament.
Brusquer.	Bruscar.
Brusquerie.	Bruscaria.
Brut, ute.	Brut, uta.
Brutal, ale.	Brutal, ala.
Brutal gros.	Brutalas.
Brutalement.	Brutalament.
Brutalisé, ée.	Brutalisat, ada.
Brutaliser.	Brutalisar.
Brutalité.	Brutalitat.
Brute.	Besti, Bruta.
Brute bonne.	Bruta bona.
Bruyant, ante.	Bruyant, anta.
Bruyère commune.	Brusc.
Bruyère en arbre.	Brugas mascle.
Bruyère à balais.	Brusc, Brugas Fumeou.
Bruyère, touffe de.	Broussa, 2.
Bruyère, champ couvert de.	Broussas.
Bruyères, couper les.	Desbroussar.

BRY

Bryone.	Bryouina.

BUA

Bu, ue.	Begut, uda.
Buanderie.	Bugadier.

BUB

Bubes.	Bubas, Boucheyas.
Bubon.	Bouboun.

BUC

Bucarde glauque.	Capelan, 5.
Buccin.	Biou.
Buccin gros, d'Amérique.	Biou d'America.
Bûche.	Busca, Estela.
Bûcher.	Boscatiera.
Bûcheron.	Boscatier.
Bûchette.	Broca.
Bucolique.	Bucoulica.

BUD

Budget.	Budget.

BUF

Buffet.	Buffet.
Buffle.	Buffle.
Buffleterie.	Buffletaria, Buffetaria.
Buffleter.	Buffletar.

BUG

Bugle.	Bugla.
Buglose d'Italie.	Bourragi fer, Buglossa.
Bugrane.	Agavoun.

BUI

Buis.	Bouis.
Buis fleuri.	Bourgenc.
Buis, racine de.	Brouta.
Buisson.	Bouissoun, Bartas.
Buisson gros.	Bouissounas.
Buisson petit.	Bouissounet, Bartassoun.
Buissons, touffe de.	Bouissounada.
Buissons, garnir de.	Embouissounar.
Buissons, en général, les.	Bouissounatha.
Buissons, couvert de.	Abartassit, ida.
Buisson, devenir comme un.	Abouissounir s'.
Buissons, secouer les.	Bartassegear.
Buissons, lieu hérissé de.	Bouisset.
Buissons, serpe pour tailler les.	Bartassier.
Buissonneux, euse.	Bouissounous, ousa.

BUL

Bulbe.	Bulba, testa.
Bulbonac.	Herba de la routa.
Bulime radié.	Penitent, Sibleta.
Bulle.	Bulla.
Bullé, ée.	Bullat, ada.
Bulletin.	Bulletin.

BUP

Buphthalme épineux.	Boulech-pounchut.
Buplèvre perce-feuille.	Herba coupiera.

BUR

Buraliste.	Buralisto.
Burat.	Burata.
Buratine.	Buratina.
Bure.	Cadis.
Bure, fabricant de.	Burataire.
Bureau.	Bureou.

BUS

Burette.	Bureta.
Burin.	Burin.
Buriné, ée.	Burinat, ada.
Buriner.	Burinar.
Burlesque.	Burlesque, esca.
Burlesquement.	Burlescament.

Busc bondrée.	Boundrea.
Buse pattue.	Russa deis paluns.
Busard.	Faus-perdriou.
Busard des marais.	Tartau.
Busard de montagne.	Escriveo, 6.
Busc.	Busc.
Buse.	Busa.
Busquer.	Buscar.
Busquière.	Busquiera.
Busserole.	Uva ursi.
Buste.	Bust.

BUT

But.	But.
Bute.	Butavant.
Butin.	Butin.
Butiner.	Butinar.
Butor.	Brutier.
Butyreux, euse.	Buturos, vi.

BUV

Buvable.	Buvable, abla.
Buvée.	Peirada, Bocada.
Buvée de farine.	Farnat.
Buvée, donner la.	Bocar.
Buveur.	Buveire.
Buveur d'eau.	Beou-l'aigua.
Buveur petit.	Buveirot.
Buvotter.	Bevachiar, Bevassiar.

C

C.	C.
Ça.	Aquot.
Ça-bas.	Aiçaval.
Ça-haut.	Aiçamoun.

CAB

Cabale.	Cabala.
Cabaler.	Cabalar.
Cabaleur.	Cabalaire.
Cabaliste.	Cabalisto.
Cabalistique.	Cabalistique, ica.
Caban.	Caban.
Cabane.	Cabana.
Cabane, habitant d'une.	Coutarel.
Cabane petite.	Cabanoun.
Cabane portative de berger.	Bressa.
Cabane, quand elle est en paille.	Fourada.
Cabane couverte de chaume.	Cauma.
Cabanis, n. pr.	Cabanis.
Cabanon.	Cabanoun.
Cabaner.	Cabanar.
Cabaret.	Cabaret.
Cabaret, tenir.	Cabaretisar.
Cabaret, plante.	Cabaret, 3.
Cabaret oiseau.	Enjouvin gavouet, Tarin.
Cabaretier, ière.	Cabaretier, iera.
Cabas.	Cabas, Couffin.
Cabas petit.	Couffinet, Cabasset.
Cabas pour pressurer les olives.	Escourtin.
Cabas, enlever le marc des.	Descourtinar.
Cabasset.	Cabasset.
Cabestan.	Cabestan.
Cabillots.	Cavillouns.
Cabinet.	Cabinet.
Câble.	Cable.
Câbleau.	Cablot.
Câbler.	Entrenar.
Câblière.	Cabliera.
Caboche.	Cabessa.
Cabochon.	Bounet de grenadier.
Cabotage.	Caboutagi.
Cabote.	Beluga.
Caboter.	Caboutar.

Caboteur.	Caboutur.
Cabotière.	Caboutiera.
Cabré, ée.	Cabrat, ada.
Cabrer se.	Cabrar se.
Cabri.	Cabrit.
Cabriole.	Cabriola.
Cabrioler.	Cabriolar.
Cabriolet.	Cabriolet.
Cabrioleur.	Cabriolaire.
Cabus.	Cabus.

CAC

Caca.	Caca.
Caca, faire.	Faire caca.
Cacade.	Cacada.
Cacalie des Alpes.	Cougourliers.
Cacao.	Cacao.
Cache.	Escoundalha.
Caché, ée.	Escoundut, udu.
Cacheboutin.	Bounda.
Cache-cache.	Escoundalhas.
Coche-entrée.	Cacha intrada.
Cachectique.	Malautas, assa.
Cachemire.	Cachemyr.
Cacher.	Escoundre.
Cacher soigneusement.	Amagar.
Cacher se.	Escoundre s'.
Cachet.	Cachet.
Cacheté, ée.	Cachetat, ada.
Cacheter.	Cachetar.
Cachette.	Escoundalha.
Cachot.	Cachot.
Cachou.	Cachou.
Cacochyme.	Cacochyme, fred.
Cacochymie.	Cacochymia.
Cacophonie.	Cacophonia.

CAD

Cadastre.	Cadastre.
Cadavre.	Cadavre, Cadabre.
Cade.	Cade.
Cadeau.	Cadot.
Cadenas.	Cadenau.
Cadenasser.	Mettre un cadenau.
Cadence.	Cadança.
Cadencé, ée.	Cadançat, ada.
Cadencer.	Cadançar.
Cadène.	Cadena.
Cadenette.	Trena.
Cadet, ette.	Cadet, eta.
Cadette.	Cadeta.
Cadi.	Cadi.
Cadis.	Cadis.
Cadis, tisseur de.	Cadissaire.
Cadmium.	Cadmium.
Cadogan.	Catougan.
Cadole.	Cadaula.
Cadran.	Cadran, Quadran.
Cadrat.	Quadrat.
Cadratin.	Quadratin.
Cadre.	Cadre.
Cadre d'un lit.	Enclastra.
Cadrer.	Cadrar.
Caduc, uque.	Caduc, uca.
Caducité.	Caducitat.

CAF

Cafard, arde.	Cafard, arda.
Cofard, jeune ou petit.	Cofardeou.
Cafardaria.	Cafardaria.
Café.	Caffe.
Café français.	Ceze.
Café moka.	Ceffe moka.
Caféomètre.	Caffeometro.
Cafélier.	Caffetier.
Cafétière.	Caffetiera.
Cafetière de terre, petite.	Bricou.
Cafre.	Cafre.

CAG

Cage.	Gabi.
Cage petite.	Gabieta.
Cages, juchoirs des.	Vergans.
Cagée.	Gabiada.
Cagnard.	Cagnard.
Cagnard, arde.	Cagnard, arda.
Cagnardise.	Cagnardisa.
Cagneux, euse.	Chambard, arda.
Cagnotte.	Cognota.
Cagot, ote.	Cagot, ota.
Cagoterie.	Cagotariu.

CAH

Cabier.	Cayer.
Cahin-Caha.	Cahin-Caha.
Cahorsin.	Cuercis, vl.
Cahot.	Cahot.
Cahotage.	Cahotament.
Cahoté, ée.	Cahotat, ada.
Cahoter.	Cahotar.
Cahute.	Cahuta, Cofournoun.

CAI

Caïeu.	Filhola.
Caille.	Calha.
Caille servant d'appeau.	Cantarela.
Caille femelle.	Ausella, vl.
Caille, chant de la.	Cascablad.
Caillebotte.	Calibot.
Caille lait blanc.	Maisseta-blanca.
Caille lait jaune.	Herba de la cira.
Caillé, ée.	Calhat, ada.
Cailler.	Calhar.
Cailler se.	Calhar se.
Cailleteau.	Calhateou.
Caillette.	Priou, Rebouleta.
Caillot.	Calhoun.
Caillot petit.	Calhoustroun.
Caillou.	Codoul.
Caillou petit.	Coudoulet.
Caillou de quartz des covennes.	Aubesoun.
Caïman.	Caiman.
Caimander.	Caimar.
Caïque.	Caikou.
Caisse.	Caissa.
Caisse petite.	Caisseta.
Caisse des verriers.	Bafar.
Caisse des rognures.	Carriera.
Caisse du sel.	Brusquet.
Caisse d'épargne.	Caissa d'espargna.
Caissier.	Caissier.
Caisson.	Caissoun.

CAJ

Cajoler.	Cajoular, Alandar.
Cajolerie.	Cajoularia.
Cajoleur, euse.	Cojoulur, usa.

CAL

Calambour.	Calambour.
Calament.	Calamant.
Calamité.	Calamitat.
Calamiteux, euse.	Calamitous, ousa.
Calandre.	Calandra.
Calandre des draps.	Calandra, 3.
Calandrer.	Calandrar.
Calandreur.	Calandraire.
Calappe migraine.	Migrana, 2.
Calcédoine.	Calcedoyne, vl.
Calcination.	Calcination.
Calciné, ée.	Calcinat, ada.
Calciner.	Calcinar.
Calcium.	Calcium.
Calcul.	Calcul.
Calcul intégral.	Calcul integral.
Calcul de la vessie.	Calcul de la boufiga.
Calculable.	Calculable, abla.
Calculateur.	Calculatour.
Calculé, ée.	Calculat, ada.
Calculer.	Caloular.
Cale.	Cala.
Cale, donner la.	Dounar la cala.
Calé, ée.	Coutat, ada.
Calebas.	Calabas.
Calebasse.	Calabassa.
Calebasse, prune.	Baccoun.
Calèche.	Calecha.
Calecon.	Calcouns.
Caléfaction.	Calefactio, vl.
Calembour.	Calembourg.
Calencar.	Calencar.
Calendes.	Calendas.
Calendrier.	Calendrier.
Caler.	Calar.
Cale-tout.	Cala-tout.
Calfat.	Calafat.
Calfatage.	Calafatagi.
Calfaté, ée.	Calafatat, ada.
Calfater.	Calafatar.
Calfater avec des chiffons.	Pelhar.
Calfatin.	Moussi de calfat.
Calfeutré, ée.	Calafatat, ada.
Calfeutré avec de la boue.	Embouat.
Calfeutrer.	Calafatar.
Calfeutrer avec la bouse.	Embouar.
Calibre.	Calibre.
Calibré, ée.	Calibrat, ada.
Calibrer.	Calibrar.
Calici.	Calici.
Calicot.	Calicot.
Calife.	Calife.
Califourchon, à.	Cabarlous, à.
Califourchoun, se mettre à.	Encavalcar s'.
Calin, ine.	Calin, ina.
Calleux, euse.	Callous, ousa.
Calligraphe.	Calligrapho.
Calligraphie.	Calligraphia.
Callionyme lyre.	Lambert.
Callionyme admirable.	id. 1.
Callosité.	Callousitat.
Calmande.	Calamandra.
Calmant, ante.	Calmant, anta.
Calmar.	Tautena.

Calme.	Calme.	Camphre.	Camphre.
Calmé, ée.	Calmat, ada, Abaucat.	Camphré, ée.	Camphrat, ada.
Calmer.	Calmar, Abaucar.	Camphrée.	Camphourata.
Calmer se.	Calmar se.	Camus, use.	Camus, ussa.
Calmoucks.	Calmoucks.		

CAN

Calomel.	Mercuro dous.	Canada.	Canada.
Calomniateur, trice.	Caloumniatour.	Canaille.	Canalha.
Calomnie.	Calomnia.	Canal.	Canau, Canal.
Calomnié, ée.	Caloumniat, ada.	Canal navigable.	Canau navigable.
Calomnier.	Caloumniar.	Canal d'arrosage.	Beou, Beal.
Colomnieux, euse.	Caloumnious, ousa.	Canal du Midi.	Canau doou miejour.
Calorique.	Calourique.	Canal de Narbonne.	Canau de Narbouna.
Calotte.	Calota.	Canapé.	Canape.
Calotte petite.	Caloutoun.	Canard.	Canard.
Calotter.	Caloutar.	Canard petit.	Canardoun.
Calquer.	Calcar.	Canard de Barbarie.	Canard de Barbaria.
Calumet.	Calumet.	Canard chipeau.	Mejan gris.
Calus.	Callus, Reiros.	Canard cuiller.	Culheiras.
Calvaire.	Calvero.	Canard domestique.	Canard ourdinari.
Calville.	Calvira.	Canard garrot.	Miou-miou.
Calvinisme.	Calvinisme.	Canard de Guinée.	Canard de Barbaria.
Calviniste.	Calvinisto.	Canard d'Inde.	id.
Calvitie.	Chauvura.	Canard à iris blanc.	Canard variat.
		Canard millouin.	Canard biris.

CAM

		Canard morillon.	Boui-negre.
Camail.	Camalh.	Canard musqué.	Canard de Barbaria.
Camarade.	Camarado.	Canard pilet.	Alalenga.
Camarades, se faire.	Acamaradar s'.	Canard sauvage.	Canard sauvagi.
Camard, arde.	Camard, arda.	Canard siffleur.	Canard siblaire.
Camarda.	La mort.	Canard siffleur huppé C.	Canard mut.
Camargue.	Camarga.	Canard souchet C.	Couel vert.
Camargue, habitant de la.	Camarguenc.	Canardé, ée.	Canardat, ada.
Cambouis.	Cambouis.	Canarder.	Canardar.
Cambré, ée.	Cambrat, ada.	Canarder se.	Canardar se.
Cambrer.	Cambrar.	Canardière.	Canardiera.
Cambrure.	Cambrura.	Canari.	Canari.
Cambuse.	Cambusa.	Canaries.	Canarias.
Caméléon.	Cameleon.	Cancan.	Cancan.
Caméléopard.	Camelopart.	Cancel.	Chancel.
Camelot.	Camelot.	Cancer.	Cancer.
Camérier.	Camerier,	Cancer.	Cancre, favouya.
Camerier, fonction de.	Camaria.	Cancereux, euse.	Cancerous, ousa.
Camille, n. pr. f.	Camilha.	Cancre.	Cancre.
Camille, n. pr. m.	Camiho.	Candelabre.	Candelabre.
Camion.	Espingleta.	Candeur.	Candour.
Camisard.	Camisard.	Candi.	Candi, Candit.
Camisole.	Camisola.	Candidat.	Candidat.
Camomille romaine.	Camounilha.	Candidature.	Candidatura.
Camomille sauvage.	Margaridier.	Candide. n. pr.	Candida, ido.
Camomille cotule.	Boulech pudent.	Candir se.	Candir se.
Camomille puante.	id.	Cane.	Cana.
Camomille des champs.	Margaridier.	Canepetière.	Canapetiera.
Camouflet.	Camouflet.	Canepin.	Canepin.
Camp.	Camp.	Canette.	Caneta.
Campagnard, arde.	Campagnard, arda.	Canevas.	Canevas.
Campagne.	Campagna.	Caniche.	Canicha, icho,
Campagne, se plaire à la.	Acampagnardir s'.	Caniculaire.	Caniculari.
Campagnol.	Darboun.	Canicule.	Canicula.
Campanule.	Campaneta.	Canif.	Ganif.
Campanule des rochers.	Blanqueta.	Canigou.	Canego, vl.
Campanule à feuilles depêcher.	Campanela.	Canin, ine.	Canin, ina.
Campé, ée.	Campat, ada.	Canine.	Canina.
Campêche.	Campech.	Canitie.	Canicia, vl.
Campement.	Campament.	Canitie, atteint de.	Canezir, vl.
Camper.	Campar.	Cannage.	Canagi.
		Cannaie.	Conier, Canet.
		Canne.	Cana.
		Canne de Provence.	Cana, 3.
		Canne à sucre.	Cana à sucre.
		Canne d'Inde.	Cana d'Inda.

Canne de verrier.	Cana.
Canne d'huile.	Quartau.
Canne, mesurer à la.	Canar.
Cannelas.	Canelat, 3.
Cannelé, ée.	Canelat, ada.
Canneler.	Canelar.
Cannelle.	Canela, 3.
Cannelle, robinet.	Canela, 2.
Cannelier.	Canelier.
Cannelure.	Canelura.
Cannetille.	Canetilha.
Cannette.	Cantabruna.
Cannibale.	Cannibalo.
Canon.	Canoun.
Canon gros.	Canounas.
Canon droit.	Canoun drech.
Canon de la messe.	Canoun de la messa.
Canonicat.	Canounicat.
Canonique.	Canounique, ica.
Canoniquement.	Canounicament.
Canonisation.	Canounisation.
Canonisé, ée.	Canounisat, ada.
Canoniser.	Canounisar.
Canoniste.	Canounisto.
Cannonade.	Canounada.
Cannoné, ée.	Canounat, ada.
Canonner.	Canounar.
Canonnier.	Canounier.
Canonnière.	Petadour, Eissop.
Canot.	Canot.
Cantal, départ.	Cantal.
Cantate.	Cantata.
Cantharide.	Cantharida.
Cantine.	Cantina.
Cantinier, ière.	Cantiniera.
Cantique.	Cantica, ico.
Canton.	Cantoun.
Cantonade.	Cantounada.
Cantonné, ée.	Cantounat, ada.
Cantonnement.	Cantounament.
Cantonner.	Cantounar.
Cantonnier.	Cantounier.
Cantonnière.	Cantouniera.
Canule.	Canula.
Canut.	Canut,

CAP

Cap.	Cop.
Cap de bonne espérance.	Cop de bona esperança.
Capable.	Capable, abla.
Capacité.	Capacitat.
Caparaçon.	Caparaçoun.
Caparaçonné, ée.	Caparaçounat, ada.
Caparaçonner.	Caparaçounar.
Cape.	Capa.
Capelan.	Capelan.
Capelan, poisson.	Capelan, 3.
Capeler.	Encapelar.
Capelet.	Mouleta.
Capillaire.	Capillera.
Capillaire, adj.	Capillari, aria.
Capilotade.	Capiloutada.
Capiscol.	Capiscol.
Capitaine.	Capitani.
Capitainerie.	Capitanat.
Capital, ale.	Capital, ala.
Capital, s.	Capitau.
Capitale.	Capitala.
Capitaliste.	Capitalisto.
Capitane.	Capitana.
Capitation.	Capitation.

Français	Traduction
Capiteux, euse.	Capitous, ousa.
Capitole.	Capitolo.
Capiton.	Capitoun.
Capitoul.	Capitoul.
Capitoulat.	Capitoulat.
Capitulaire.	Capitulari.
Capitulaires.	Copitularias.
Capitulant.	Capitulant.
Capitulation.	Copitulation..
Capitule.	Capitula.
Capituler.	Capitular.
Capon.	Capoun.
Capon petit.	Capounot.
Capon gros.	Capounas.
Capon, crochet.	Capoun, 2.
Caponner.	Capounar.
Capannerie.	Capounaria.
Caporal.	Capourau.
Capot.	Capot.
Capote.	Capota..
Caprais, n. pr.	Caprazi.
Câpre.	Capra, Tapena.
Caprice.	Caprici.
Capricieux, euse.	Capricious, ousa.
Capricorne.	Capricorno.
Capricorne héros.	Escorpioun, 2.
Capricorne musqué, variété.	Mangea peras.
Capricorne musqué.	Manyea rosas.
Câprier.	Tapenier.
Câprière.	Tapeniera.
Caprisant.	Caprisant.
Capron.	Barralet.
Capsule.	Capsula.
Capté, ée.	Coptat, ada.
Capter.	Captar.
Captieusement.	Captiosament.
Captieux, euse.	Troumpur, usa.
Captif, ive.	Cupilf, iva.
Captivé, ée.	Coptivat, ada.
Captiver.	Coptivar.
Captivité.	Captivtat.
Capture.	Coptura.
Capturer.	Capturar.
Capuchon.	Capuchoun.
Capucin, inc.	Copouchin, ina.
Capucinade.	Cupouchinada..
Capucine.	Copouchina.

CAQ

Français	Traduction
Caquet.	Caquet.
Caquetage.	Coquetagi..
Caquète.	Bachoun.
Caqueter.	Cuquetar.
Caqueteur, euse.	Coquetur, usa.
Caquillier vivace.	Lascena..

CAR

Français	Traduction
Car.	Car.
Carabin.	Carabin.
Carabine.	Blad-negre.
Carabine.	Carabina.
Carabiné, ée.	Carabinat, ada.
Carabiner.	Carabinar.
Carabinier.	Carabinier.
Caracole.	Caracola.
Caracoler.	Caracolar.
Caractère.	Caractero.
Caractérisé, ée.	Caracterisat, ada.
Caractériser.	Caracterisar.
Caractéristique.	Caracteristique, ica.
Carafe.	Garaffa.
Carafon.	Garaffoun.
Caraïbe.	Caraïbou.
Carambolage.	Carambolagi.
Carambole.	Carambola.
Caramboler.	Carambolar.
Caramel.	Caramel.
Caranx.	Suc-blanc, Suvereou.
Carat.	Carrat.
Caravane.	Caravana.
Caravelle.	Caravela.
Carbonari.	Carbonari.
Carbonate de plomb.	Blanc de ploumb.
Carbonique.	Carbonique, ica.
Carbonnade.	Grilhada.
Carcan.	Carcan.
Carcasse.	Carcassa.
Cardamine velue.	Creissoun sauvage.
Cardamome.	Cardamomi.
Carde.	Carda.
Cardé, ée.	Cardat, ada.
Cardée.	Cardagna.
Carder.	Cardar.
Cardeur, euse.	Cardaire.
Cardiaque.	Cardiac, aca, vl.
Cardier.	Cardier.
Cardinal.	Cardinal.
Cardinal, ale.	Cardinal, ala.
Cardinalat.	Cardinalat.
Cardon.	Carda.
Cardon d'Espagne.	Carda.
Gardon sauvage.	Cardouneta.
Cardonnette.	Carda.
Carême.	Caresma.
Carême, rompre l'abstinence du.	Descaremar se.
Carême prenant.	Carementrant.
Carénage.	Carenagi.
Carène.	Carena.
Caréné, ée	Carenat, ada.
Caréner.	Carenar.
Caressant, ante.	Caressant, anta..
Caresse.	Caressa.
Caressé, ée.	Caressat, ada.
Caresser.	Caressar.
Cargaison.	Carguesoun.
Cargue.	Carga.
Cargue bas.	Cablas.
Carguer.	Cargar.
Cargues.	Cargas.
Caricature.	Caricatura.
Carie.	Caria.
Carie dublé.	Carbouncle.
Carié, ée.	Cariat, ada.
Carier.	Cariar.
Carier se.	Cariar se.
Carillon.	Carrilhoun.
Carillonner.	Carrilhounar..
Carillonneur.	Carrilhonur.
Carlin.	Carlin.
Carlin monnaie.	Gilhac.
Carline.	Carlina.
Carline à feuilles d'acanthe.	Chardoussa.
Carline en corymbe.	Fouita dicou.
Carlingue.	Carlinga.
Carme.	Carme.
Carme déchaux.	Carme descaus.
Carmélite.	Carmelita.
Carmes.	Carmes.
Carmin.	Carmin.
Carminatif, ive.	Carminatif, iva.
Carnage.	Carnagi.
Carnassier, ière.	Carnassier, iere.
Carnassière.	Carnier.
Carnation.	Carnadura.
Carnaval.	Carnaval.
Carne.	Curnier.
Carnet.	Carnet.
Carnier.	Carnier
Carnilhets.	Carnilhets
Carnivore.	Carnivoro.
Carnosité.	Carnositat.
Carogne.	Carogna.
Caroline, n. pr.	Carolina.
Carolus.	Carolus.
Caron.	Caroun.
Caronade.	Carounada.
Caroncule.	Carouncula.
Carotte.	Carrota.
Caroube.	Carroubi.
Caroubier.	Carroubier.
Carpe.	Carpa.
Carpe dorée de la Chine.	Pougnet.
—	Daurat.
Carpeau.	Carpilhoun.
Carpillon.	Idem.
Carquois.	Carcois.
Carrare.	Carraro.
Carré, ée.	Quarrat, ada.
Carreau.	Maloun.
Carreau.	Couissin.
Carreau, filet.	Carrelet.
Carreau à repasser.	Carreou.
Carrelage.	Carrelagi.
Carrelé, ée.	Malounat, ada.
Carrelet.	Carrelet.
Carrelet, poisson.	Lurbu.
Carrelet, filet.	Quarral.
Carreleur.	Malounaire.
Carrelure.	Ressemelagi.
Carrément.	Quarrament.
Carrer.	Quarrar.
Carrer se.	Quarrar se
Carrier.	Carrier.
Carrière.	Carriera.
Carriole.	Carriola.
Carrosse.	Carrossa.
Carrossée.	Carrossada.
Corrossier.	Carrossier.
Carrure.	Carrura.
Cartable.	Cartable.
Cartahu.	Aguiet.
Cartayer.	Coupar les ournieras.
Carte.	Carta.
Carte blanche.	Carta blanca.
Carte géographique.	Carta geographica.
Carte marine.	Carta marina.
Cartel.	Cartel.
Carthame des teinturiers.	Grana de parrouquet.
Cartier.	Cartier.
Cartilage.	Cartilagi.
Cartilagineux, euse.	Cartilaginous, ouse.
Cartisane.	Cartisana.
Carton.	Cartoun.
Cartonné, ée.	Cartounat, ada.
Cartonner.	Cartounar.
Cartonnier.	Cartounier.
Cartouche.	Cartoucha.
Cartulaire.	Cartulari.

Caryatide. — Caryatida.
Carybde. — Carybda.

CAS

Cas.	Cas.
Casanier, ière.	Casanier, iera.
Casaque.	Casaca.
Tourner casaque.	Caravirar.
Petite casaque d'enfant.	Auquetoun.
Casaquin.	Casaquin.
Cascade.	Cascada.
Cascarille.	Cascarilha.
Case.	Casa.
Casé, ée.	Casat, ada.
Casemate.	Casa-mata.
Caser.	Casar.
Caser se.	Casar se.
Caserne.	Caserna.
Casernement.	Casernament.
Caserner.	Casernar.
Casilleux.	Casilhous.
Casimir.	Casimir.
Casimir. n. pr.	Casimir.
Casque.	Casco.
Casquette.	Casqueta.
Cassade.	Cassade.
Cassandre. n. pr.	Cassandre.
Cassant, ante.	Cassant, ante.
Cassation.	Cassation.
Casse.	Cassa.
Cassé, ée.	Pessat, ada.
Casse-cou.	Roumpe-cuou.
Casse-cul.	Seta-cuou.
Donner le casse cul.	Bataquioula.
Casse-museau.	Cassa musel.
Casse-lunettes.	Blavet, 2.
Casse-noix.	Avelanier.
Casse-Pierre.	Esparga.
Casser.	Pessar, roumpre.
Casserole.	Cassairola.
Casselin.	Cassetin.
Cassette.	Casseta.
Cassie.	Cassilha.
Cassien, n. pr.	Cassiou.
Cassis, habitant de.	Cassidenc.
Cassolette.	Cassoleta.
Cassolette.	Juliena.
Cassonade.	Cassounada.
Cassure.	Cassura.
Castagneau petit.	Castagnola.
Castagnette.	Castagnetas.
Castagneux.	Castagnous.
Caste.	Casta.
Castelard.	Castelard.
Castelars.	Castelars.
Castillan.	Castilhan.
Castille.	Castela, vl.
Castor.	Castor.
Castoréum.	Castoreum.
Castorine.	Castorina.
Castration.	Castradura.
Casuel, elle.	Casuel le.
Casuel. s.	Casuel.
Casuellement.	Casuelament.
Casuiste.	Casuisto.

CAT

Catachrèse.	Catachresa.
Catacombes.	Catacoumbas.
Catafalque.	Catafalco.

Cataire.	Herba deis cats.
Catalan, ane.	Catalan, ana.
Catalepsie.	Catalepsia.
Cataleptique.	Cataleptique, ica.
Catalogue.	Catalogo.
Catalpa.	Catalpa.
Cataphracte.	Calbot.
Cataplasme.	Cataplasme.
Cataplasme de son.	Brenada.
Catapulte.	Catapulta.
Cataracte.	Cataracta.
Catarrhal, ale.	Catarhal, ala.
Catarrhe.	Catarrhi.
Catarrheux, euse.	Catarrhous, ousa.
Catastrophe.	Catastropha.
Catéchisé, ée.	Catechisat, ada.
Catéchiser.	Catechisar.
Catéchisme.	Catechisme.
Catéchiste.	Catechisto.
Catéchumène.	Catechumeno.
Catégorie.	Categoria.
Catégorique.	Categorique, ica.
Catégoriquement.	Categoricament.
Cathaphracte.	Calbot.
Catharte-Alimoche.	Pelaran.
Cathédrale.	Cothedrala.
Catholicisme.	Catholicisme.
Catholicon.	Catholicon.
Catholique.	Catholique, ica.
Catholiquement.	Catholicament.
Cati.	Cati.
Catimini en.	Escoundouns d'.
Catin.	Catin.
Catir.	Catir.
Catogan.	Catagan.
Caton.	Caton.
Catoptrique.	Catoptrica.

CAU

Caucalide.	Giroulha.
Caucalide à larges feuilles.	Grapouns-gros.
Caucalide daucoide.	Carrota salvatgea.
Caucase.	Caucaso.
Cauchemar.	Pen.
Causal, ale.	Causal, ala.
Cause.	Causa.
Causé, ée.	Causat, ada.
Causer, être cause.	Causar.
Causer, jaser.	Charrar.
Causerie.	Charrada.
Grande causerie.	Charradissa.
Causeur, euse.	Charraire, arela.
Causse, nom de lieu.	Causset.
Habitant des causses.	Caussenard.
Caustique.	Caustique, ica.
Cautèle.	Cautela.
Cauteleusement.	Cautelozament, vl.
Cauteleux, euse.	Cautelous, ousa.
Cautère.	Cautero.
Cautérisation.	Cauterisation.
Cautérisé, isée.	Cauterisat, ada.
Caution.	Caution.
Cautionnement.	Cautionament.
Cautionner.	Cautionar.

CAV

Cavalcade.	Cavalcada.
Cavalcadour.	Cavalcador, vl.
Cavale.	Cavala.
Cavale grosse et laide.	Cavalassa.
Cavale petite.	Cavaleta.
Cavalerie.	Cavalaria.
Cavalier.	Cavalier.
Cavalier, ière.	Cavalier, ière.
Cavalier de culotte.	Cavalier de culota.
Cavalièrement.	Cavalierament.
Cave.	Cava, crola.
Cave petite.	Croutoun.
Caveau.	Toumba, croutoun.
Caveçon.	Cavessoun.
Se caver.	Cavar se.
Caverne.	Caverna.
Caverneux, euse.	Cavernous, ouse.
Caviar.	Caviar.
Cavillation.	Cavilhatio, vl.

CE

Ce, cet, cette.	Aquel, aqueou aquela.

CEC

Ceci.	Aiçot.
Cécité.	Cecitat

CED

Cédé, ée.	Cedat. ada.
Céder.	Cedar.
Cédille.	Cedilha.
Cédrat.	Cedrat.
Cèdre.	Cedre.
Cédrie.	Resina de cedre.
Cédula.	Cedula.

CEI

Ceindre,	Cenchar.
Ceint, cinte.	Cenchat, ada.
Ceinture.	Centura.
Oter la ceinture.	Decenchar.
Ceinture de culotte.	Cassana.
Ceinture d'orion.	Enscignas.
Ceinturier.	Centuraire.
Ceinturon.	Centuroun.

CEL

Cela.	Aquot.
Céladon.	Celadoun.
Célébrant.	Celebrant.
Célébration.	Celebration.
Célèbre.	Celebre, bra.
Célébré, ée.	Celebrat, ada.
Célébrer.	Celebrar.
Célébrité.	Celebritat.
Celer.	Celar, cachar.
Céleri.	Celeri, Api.
Célérité.	Celeritat.
Céleste.	Celeste, ta.
Célestin, n. pr.	Celestin.
Célestin, religieux.	Celestin.
Célestine, n pr.	Celestina.
Célibat.	Celibat.
Célibataire.	Celibatari.
Celine, n. pr.	Celina.
Celle.	Aquela.
Cellérier, ière.	Économe, oma.
Cellier.	Cellier.
Cellule.	Cellula.

Celtes.	Celtos.
Celtique.	Celtique, ica.
Celui.	Aquel, aqueou.
Celui-ci.	Aquest.
Celui-là.	Aqueou.

CEN

Cénacle.	Cenacle.
Cendre.	Cendres.
Cendre, tas de.	Cendras.
Cendre, remuer la,	Cendregear.
Cendre fine.	Cenilhas.
Cendres.	Cendres.
Cendreux, euse.	Cendrous, ousa.
Cendrier.	Cendrier.
Cendrier de four.	Bournal.
Cendrillon.	Cata cendrouleta.
Cendrillon, petite.	Cendrouseta.
Cène.	Cena.
Cénobite.	Cenoubito.
Cénotaphe.	Cenotopho.
Cens.	Censa, cens.
Censal.	Censau.
Censerie.	Censaria.
Censeur.	Censur.
Censier.	Censier.
Censitaire.	Cessal, vl.
Censurable.	Censurable, abla.
Censure.	Censura.
Censuré, ée.	Censural, ada.
Censurer.	Censurar.
Cent.	Cent.
Centaine.	Centena.
Centaurée des collines	Cabassuda.
Centaurée Galactite.	Panicaut d'ase.
Centaurée jacée.	Macca-muous.
Centaurée de malte.	Trepa-chival.
Centaurée noirâtre.	Cap-d'ase.
Centaurée noire.	Macca-muous.
Centaurée petite.	Centaurea.
Centaurée scabieuse.	Marsourau.
Centaurée du solstice.	Auricela.
Centenaire.	Centenari.
Centenier.	Centenier.
Centième.	Centiemo.
Centime.	Centima.
Centimètre.	Centimetro.
Centinode.	Tirassa.
Centon.	Centoun.
Central, ale.	Central, ala.
Centralisation.	Centralisacion.
Centraliser.	Centralisar.
Centre.	Centre.
Centrifuge.	Centrifuge.
Centripète.	Centripeto.
Centrisque bécasse.	Cardilaga.
Cent-suisses.	Cent-suisses.
Centrine.	Porc-marin.
Centronope rayé.	Loubas, 2.
Centuple.	Centuple, pla.
Centronope noirâtre.	Loubas negre.
Centronope glaicos.	Leca, 6.
Centronope lysan.	Lica.
Centupler.	Centuplar.
Centurie.	Centuria.
Centurion.	Centurioun.

CEP

Cep.	Soucca.
Cep, qui ne produit que du verjus.	Aigrassiera.

Cep entraves.	Cep.
Cep de la charrue.	Alamoun.
Cépée.	Cepada.
Cependant.	Cependant,
Céphalée.	Cephalea, vl.
Céphalique.	Cephalique, ica.

CER

Céraste.	Cerastes, vl.
Cérat.	Cerat.
Cerbère.	Cerbero,
Cerceau.	Ceoucle.
Cerceaux, taillis de.	Ceoucliera.
Cercle.	Ceoucle.
Cerclé, ée.	Ceouclat, ada.
Cercler.	Ceouclar.
Cercler, action de.	Ceouclagi,
Cercueil.	Biera.
Cérémonial.	Ceremonial.
Cérémonie.	Ceremonia.
Cérémonieux, euse.	Ceremonious, ousa.
Cérès.	Ceres,
Cerf.	Cerf.
Cerfeuil.	Charfuelh.
Cerfeuil à aiguilles.	Agulhas.
Cerfeuil penché.	Cerful selvage.
Cerf-volant.	Cerf-volant.
Cerisaie.	Cereireda.
Cerise.	Cerisa.
Cerisier.	Cerisier, Agrutier,
Cerisier sauvage.	Malaguet.
Cerisier lauro-cerise.	Laurier-fer,
Cerneau.	Escalhoun.
Cernin, n. pr.	Cernet,
Cerner des noix.	Estauradar,
Cerquemaneur.	Arpantur.
Certain, aine.	Segur, ura,
Certainement.	Certenament,
Certes.	Certas.
Certificat.	Certificat.
Certifié, ée.	Certifiat, ada,
Certifier.	Certifiar.
Certitude.	Certituda.
Céruse.	Cerusa.
Cerveau.	Cervel, Cerveau,
Cervelas.	Cervelas,
Cervelle.	Cervela.
Cervelle d'agneau.	Cerveleta.
Cervier.	Cervier.
Cervoise.	Cerveza, vl,

CES

Césaire, n. pr.	Cesari,
César, n. pr.	Cesar.
Césarie, n. pr.	Cesaria.
Césarienne.	Cesariena.
Césarine, n. pr.	Cesarina.
Cessation.	Cessation.
Cessé, ée.	Cessat, ada.
Cession.	Cession.
Cessionnaire.	Cessiounari.
Césure	Cesura.

CET

Cet.	Aquel.
Cétacés.	Cetaceos.
Célérac.	Herba d'aurada.

CEV

Cevadille.	Cevadilha.
Cevennes.	Cevenas.
Cevennois.	Cevenal.
Ceylan,	Ceylan.

CHA

Chablis.	Chapladis.
Chablot.	Cengloun.
Chabot.	Aineou.
Chabraque.	Chabraca.
Chaconne.	Chacouna.
Chacun, une.	Cadun, una,
Chafouin, ouine.	Carami.
Chaffre, n. pr.	Chafre.
Chagrin.	Chagrin, lagna,
Chagrin mêlé de colère.	Chagrin, ina,
Chagrin mêlé de dépit.	Chiffou. Desfeci.
Chagrinant, ante.	Lagnous, ousa.
Chagriné, ée.	Chagrinat, ada,
Chagriner.	Chagrinar.
Chagriner se.	Chagrinar se.
Chaîne.	Cadena, chaina.
Chaîne petite.	Cadeneta, chaineta,
Chaîne de la lampe rustique.	Caleniera.
Chaînette.	Cadeneta.
Chaînon.	Aneou, cadenoun.
Chair.	Carn.
Chair salée.	Carsalada.
Chair excroissance de.	Charnivas.
Chaire.	Cadiera.
Chaise.	Cadiera.
Chaise grosse ou latde.	Cadeirassa.
Chaise petite.	Cadeireta.
Chaises fabricant de.	Cadeiriaire.
Chaise de poste.	Cadiera de posta.
Chaise à porteurs.	Cadiera à pourturs.
Chaise de roue.	Ped de roda.
Chaise roulante.	Cadiera de bras.
Chaland, ande.	Chaland, anda.
Châle.	Chale.
Chaleur.	Calour.
Chaleureux, euse.	Calourent, enta.
Châlit.	Lichiera.
Chaloir.	Chalher.
Chaleur brûlante.	Arsun.
Chaleur forte, incommode.	Caumas, calinas.
Chaleur, quicraintla.	Caumier.
Chaloupe.	Chaloupa.
Chalumeau.	Caramel, carlamua.
Chalumeau, jouer du.	Caramelar.
Chamade.	Chamada.
Chamailler.	Chamalhar se
Chamaillis.	Chamatan.
Chamont, n. pr.	Chamas.
Chamarré, ée.	Chamarrat, ada.
Chamarrure.	Chimarradura.
Chambellan.	Chambrelan.
Chambranle.	Chambran.
Chambre.	Chambra.
Chambre petite.	Chambreta.
Chambre de Bourdigue.	Baladour.
Chambre des comptes.	Chambra deis comptes.

Français	Provençal
Chambrée.	Chambrada.
Chambrelan.	Chambrelan.
Chambrette.	Chambreta.
Chambrière.	Chambriera.
Chambrière de que-nouille.	Fialousier, gansa.
Chameau.	Camel, Cameou.
Chameau, femelle du.	Camela.
chamois.	Chamous.
chamoiseur.	Blanchier.
Champ.	Champ.
Champ petit.	Champoun.
Champ inculte.	Champas.
Champ ensemencé en blé.	Farragi.
Champ brûlé.	Chanfiegous.
Champ couvert de la centaurée jaune.	Campauriola.
Champ limité.	Bonnier.
Champ rond.	Camredoun.
Champ salé.	Camsalada.
Champ arrosé.	Camriau.
Champ couvert de thym.	Frigoulier.
Champagne.	Champagna.
Champart.	Tasca.
Champarter.	Tascar.
Champarteur.	Tascaire, estre.
Champêtre.	Campestre, estre.
Champignon.	Champignoun.
Champignon de couche.	Envinassat.
Champion.	Champion.
Champs élysées.	Aliscamps.
Chance.	Chança.
Chancelant, ante.	Chancelant, anta.
Chancelier.	Chancelier.
Chancellerie.	Chancelaria.
Chanceux, euse.	Chançous, ousa.
Chancir.	Flourir, Mousir.
Chancissure.	Flouridura, Flour.
Chancre.	Chancre.
Chancreux, euse.	Chancrous, ousa.
Chandeleur.	Chandelousa.
Chandelier.	Chandelier, Candelier.
Chandelier.	Chandeliaire.
Chandelle.	Candela.
Chandelle petite.	Candeleta.
Chanfrein.	Chanfren.
Chanfreiné, ée.	Chanfrenat, ada.
Chanfreiner.	Chanfrenar.
Change.	Changi.
Changé, ée.	Changeat, ada.
Changeant, ante.	Changeant, anta.
Changer.	Changear.
Changeur.	Changeur.
Chanlatte.	Charlata.
Chanoine.	Canounge.
Chanson.	Cansoun.
Chanson à boire.	Pantouqueta.
Chansonner.	Cansounegear.
Chansonnette.	Cansouneta.
Chansonnier.	Cansounier.
Chant.	Cant, Chant.
Chantant, ante.	Cantant, anta.
Chanté, ée.	Cantat, ada,
Chanteau.	Canteou.
Chantepleure.	Arquiera
Chanter.	Cantar.
Chanterelle.	Cantarela.
Chanterelle.	Girbouleta.
Chanteur, euse.	Cantaire, arela.
Chantier.	Chantier.
Chantignolle.	Megearia.
Chantonner.	Cantounegear.
Chantourné, ée.	Chantournat, ada.
Chantourner.	Chantournar.
Chantre.	Chantre.
Chantre, oiseau.	Fifi.
Chanvre.	Canebe.
Chanvre, toile de.	Cansil.
Chanvre nain.	Buicha.
Chanvre grossier.	Carabrui.
Chanvrier.	Canebassier.
Chanvrière.	Canebiera.
Chaos.	Chaos.
Chape.	Chapa, Capa.
Chapeau.	Capel, Copeou.
Chapeau, ôter le à quelqu'un.	Descapelar.
Chapeau, plein un.	Capelada.
Chapeau, couvrir d'un.	Capelar.
Chapelet.	Capelet, Chapelet.
Chapelier, ière.	Copelier, iera.
Chapelle.	Capella.
Chapelle petite.	Capeleta.
Chapelleine.	Chapellania.
Chapellerie.	Capelaria.
Chapelure.	Chaplun.
Chaperon.	Capeiroun.
Chaperon de muraille.	Cresten.
Chaperonner.	Encrestar.
Chapier.	Capier.
Chapiteau.	Chapiteou.
Chapitre.	Chapitre.
Chapitrer.	Chapitrar.
Chapon.	Capoun.
Chaponné, ée.	Capounat, ada.
Chaponner.	Capounar.
Chaponné, en âge d'être.	Capounadour.
Chapuis.	Chapuis.
Chapuler.	Chapuzar.
Chaque.	Cade, ada.
Char.	Char.
Charabanc.	Charabanc.
Charade.	Charrada.
Charagne.	Herba de l'estam.
Charançon.	Cavaroun.
Charançon du blé.	Cavaroun d'oou blad.
Charançon de la vigne.	Vignogou.
Charançon iris.	Bastou.
Charançon noir du blé.	Calandra, 2.
Charbon.	Carboun.
Charbon ardent.	Biola ?
Charbon petit.	Carbounet.
Charbon, débris du.	Carbounilha.
Charbon des plantes.	Carbounela.
Charbonner.	Carbounar.
Charbonneux, euse.	Carbounel, ela.
Charbonnier, ière.	Carbounier, iera.
Charbonnière, petite.	Testa negra.
Charbonnière.	Carbouniera.
Charcutier, ière.	Charcutier, iera.
Chardon.	Cardoun.
Chardon bénit.	Cardoun beinit.
Chardon crépu.	Carchofle.
Chardon à cent têtes.	Panicaut.
Chardon aux ânes.	Caussida.
Chardon à bonnetier.	Carda, 3.
Chardon étoilé.	Cauca trapa.
Chardon hémorhoi-dal.	Caussida.
Chardon roland.	Panicaut.
Chardon marie.	Cardoun à bona racina.
Chardon marianne.	Campau blanc.
Chardonner.	Cardounar.
Chardonneret.	Cardalina.
Chardonneret petit ou jeune.	Cardalineta.
Charge.	Carga.
Charge petite.	Cargueta.
Chargé, ée.	Cargat, ada.
Chargement.	Cargament.
Charger.	Cargar.
Charger la vendange.	Ensaumadar.
Charger se.	Cargar se.
Chargeur.	Cargaire.
Chargeur de vendange.	Ensaumadaire.
Chariot.	Carri, Charriot.
Chariot de David.	Carri, 3.
Charitable.	Caritable, abla.
Charitablement.	Caritablament.
Charité.	Caritat.
Charivari.	Charivari.
Charlatan.	Charlatan, Breguetian.
Charlataner.	Charlataniar.
Charlatanerie.	Charlatanaria.
Charlatanisme.	Charlatanisme.
Charlot, n. pr.	Charlot.
Charlotte, n. pr.	Charlota.
Charmant, ante.	Charmant, anta.
Charme.	Charme.
Charmé, arbre.	Charme.
Charmé, ée.	Charmat, ada.
Charmer.	Charmar.
Charmille.	Charme.
Charnage.	Carnal.
Charnaigre.	Charnigou.
Charnaigre, chasser avec le.	Charnigar.
Charnel, elle.	Charnel, ela.
Charnellement.	Charnelament.
Charnier.	Charnier.
Charnière.	Charniera.
Charnon.	Charnoun.
Charnu, ue.	Charnut, uda.
Charogne.	Carogna.
Charpente.	Charpenta.
Charpenté, ée.	Caputat, ada.
Charpenter.	Caputar.
Charpenterie.	Carpentaria.
Charpentier.	Charpentier.
Charpie.	Escarpida.
Charpir de la laine.	Escarpir.
Charrée.	Chairel, Cendrada.
Charretée.	Carretada.
Charretier, ière.	Carretier, iera.
Charrette.	Carreta.
Charrette grosse.	Carretassa.
Charrette petite.	Carretoun, ouna.
Charriage.	Carruagi, Carreagi.
Charrié, ée.	Carregeat, ada.
Charrier.	Carregear.
Charrier, s.	Flourier.
Charroi.	Carreagi.
Charron.	Charroun.
Charronnage.	Charrounagi.
Charrue.	Araire.
Chatte.	Charta.

Chartreuse.	Chartrousa.	Châtelain.	Castelan.		**CHE**	
Chartreux.	Chartrous.	Châtelet.	Castelet.			
Charybde.	Carybda.	Châtellenie.	Castellania.	Chef.	Chef.	
Chas.	Cadai.	Chat-huant.	Cabrareou.	Chef des ouvriers.	Capoulier.	
Chas d'une aiguille.	Chatau, Chal.	Chat-huant.	Chat-huant.	Chef-d'œuvre.	Chef-d'obra.	
Châsse.	Chassa.	Châtier.	Castigar.	Chef-lieu.	Chef-luec.	
Châsse à la pipée.	Bresc.	Chatière.	Catouniera.	Chélidoine.	Dindouliera.	
Chasse.	Cassa.	Châtiment.	Castigament, Chastiament.	Chélidoine cornue.	Herba de peiriera.	
Chassé, ée.	Cassat, Chassat, ada.			Chélidoine petite.	Aurelhelas.	
Chasse carrée.	Chassa quarrada.	Chaton.	Catoun.	Chêmer se.	Chemir.	
Chasse marée.	Peissounier.	Chaton.	Chatoun.	Chemin.	Camin.	
Chasse mulet.	Varlet de moounier.	Chaton d'une bague.	Enclastra.	Se mettre en chemin.	Enviar s'	
Chasser.	Cassar.	Chatouillement.	Gatilh, Catilh.	Chemin de ronde.	Alata.	
Chasser à coups de pierres.	Acadeirar.	Chatouiller.	Gatilhar, Coutigar.	Chemin pierreux.	Peirada.	
Chasseur, euse.	Cassaire, arela.	Chatouilleux, euse.	Coutigous, ousa.	Chemin petit.	Caminoun.	
Chasseur, petit ou mauvais.	Cassairet.	Châtré, ée.	Crestat, ada.	Chemin roulier.	Camin carretal.	
Chassie.	Reouma, Lagngna.	Châtrer.	Crestar.	Chemin plus court.	Escourcha.	
Chassieux, euse.	Layagnous, ousa.	Châtreur.	Crestaire, adoubaire.	Chemin pour les troupeaux.	Carraira.	
Châssis.	Chassis.	Chat-rouquier.	Cata rouquiera.	Cheminée.	Chaminieia.	
Châssis à sasser.	Tamiavouira.	Chattemite.	Cata-miaula.	Cheminer.	Caminar.	
Châssis de charpente.	Encastrat.	Chatter.	Catounar.	Chemise.	Camisa.	
Chassoir.	Poussadour.	Chaud, aude.	Caud, cauda.	Chemise petite.	Camisoun, camiseta.	
Chaste.	Chaste, asta.	Chaudière.	Peirola, Chaudiera.	Chemisette.	Camiseta.	
Chastement.	Chastament.	Chaudron.	Peiroou.	Chênaie.	Rouviera, Eousiera.	
Chasteté.	Chastetat.	Chaudron petit.	Peiroulet.	Chênaie petite.	Rouveirol.	
Chasuble.	Chasubla.	Chaudron gros.	Peiroulas.	Chêneau.	Rourachoun, Blacas.	
Chat.	Cat.	Chaudronnée.	Peiroulada.	Chéneau.	Gouerga, Gouergea.	
Chat gros.	Calas.	Chaudronnerie.	Peiroularia.	Chenet.	Chofuec.	
Chat petit.	Catoun.	Chaudronnier.	Peiroulier.	Chêne.	Roure.	
Chat acculé.	Cat eves.	Chauffage.	Cavfugi.	Chêne qui porte du gland.	Aglanier.	
Chats, en général les.	Catuegna.	Chauffe.	Cavfa.	Chêne jeune.	Cassenat.	
Châtaigne.	Castagna.	Chauffé, ée.	Caufat, ada.	Chêne blanc.	Roure.	
Châtaigne dépouillée.	Bojana.	Chauffer.	Caufar.	Chêne vert.	Eouse.	
Châtaigne rôtie.	Affuchada.	Chauffier se.	Caufar se.	Chêne au kermès.	Avaus.	
Châtaignes, bouillon de.	Tanadae	Chaufferette.	Banqueta.	Chêne liége.	Subrier.	
Châtaignes, ramasseuse de.	Castagnairis.	Chauffeur.	Caufaire.	Chêne, seconde pousse du.	Brouloun.	
Châtaignes, saison des.	Castagnadas, leis.	Chauffour.	Fourn de caus.	Chêne-vert, lieu planté de.	Blaquiera.	
Châtaignes, potage aux.	Bojanat.	Chauffournier.	Caussinier.	Chènevière.	Canebiera.	
Châtaignes, poêle aux.	Castagniera.	Chauler.	Chaular.	Chenevis.	Canaboun.	
Châtaignes, qu'on fait rôtir à la fois, la quantité de.	Castognada	Chaume.	Estoublouns, Clui.	Chènevotte.	Candeou, candilhouns.	
Châtaignes, battage des.	Pisadas.	Chaume, champ couvert de.	Estoubla.	Chenil.	Paltre.	
Châtaignes, sac à battre les.	Pisadour.	Chaume, semer sur.	Restoublar.	Chenille.	Chenilha, Touera.	
Châtaignes, batteur de.	Pisaire.	Chaume, couvreur en.	Clugeaire.	Chenu, ue.	Chanu, uda.	
Châtaignes, battre les.	Pisar.	Chaume, qui arrache le.	Restoublaire.	Cheptel, donner à.	Achabalar.	
Châtaignes, rôties peler les.	Affachar.	Chaume, couvrir en.	Clugear.	Cher, ère.	Chier, iera.	
Châtaignes, grillade de.	Castagnada.	Chaumière.	Tubaneou, Cauma.	Cher, départ. du.	Cher.	
Châtaignes brisées.	Brisas.	Chaumont.	Caumoun.	Cher, qui vend.	Carestious.	
Châtaigneraie.	Castanet.	Chausse.	Caussa, Chaussa.	Cherche-fiche.	Cerca pouncha.	
Châtaignier.	Castagnier.	Chaussée.	Massif, Caussada.	Cherché, ée.	Cercat, ada.	
Châtaignier, souche de.	Brouquieira.	Chausse-pied.	Caussa-ped.	Chercher.	Cercar.	
Châtain.	Castan, Chaslan.	Chaussé, ée.	Caussat, ada.	Chercheur, euse.	Cercaire, arela.	
Château.	Castel, Casteou.	Chausser.	Caussar.	Chère.	Chiera.	
Château ruiné, vieux.	Castelas.	Chausser se.	Caussar se.	Chèrement.	Chierament.	
Château escarpé.	Castelard.	Chausses.	Caussas.	Chéri, ie.	Cherit, ida.	
Château petit.	Castelet.	Chaussetier.	Debassiaire.	Chérir.	Cherir.	
Chatée.	Catounada.	Chausse-trape.	Caucatrapa.	Cherté.	Chiertat.	
		Chaussette.	Causseta.	Chérubin.	Chérubin.	
		Chausson.	Caussoun.	Chervis.	Charui.	
		Chaussure.	Caussura.	Chétiv, ive.	Chetif, iva.	
		Chaussure de cordes.	Espardilhas.	Chétron.	Caissoun.	
		Chauve.	Chauve.	Cheval.	Cavau, Chivau.	
		Chauve souris.	Rata-penada.	Cheval gros, laid.	Cavalas.	
		Chauvin, n. pr.	Cauvin.	Cheval petit.	Cavalot, Cavaloun.	
		Choux.	Caus.	Cheval arlequin.	Cambet, Sourda.	
		Chaux détrempée.	Caussinada.	Cheval marin.	Cavau-marin.	
		Chaux carbonatée.	Caus peirada.	Cheval fondu.	Cambaleta.	
		Chaux sulfatée.	Gyp.			
		Chavirer.	Chavirar.			

Cheval de bois.	Cavau de bosc.	Chevroter.	Cabridar.
Cheval fringant.	Cavau frust.	Chez.	Aquot, Encot.
Cheval de parade.	Cavau de parada.		
Chevaler.	Courrer.	**CHI**	
Chevaleresque.	Chivaleresque, ca.		
Chevalerie.	Chivalaria.	Chiasse.	Cagas.
Chevalet.	Cavalet, 2, 3, 4.	Chicane.	Chicana.
Chevalet de scieur de long.	Cabra.	Chicaner.	Chicanar.
Chevalier.	Chivalier, Cavalier.	Chicanerie.	Chicanaria.
Chevalier becasseau.	Cuou-blanc.	Chicaneur, euse.	Chicanur, usa.
Chevalier aux pieds rouges.	Cambet.	Chic gavotte.	Chic gavouet.
Chevalier aux pieds verts.	Gambela.	Chic jaune.	Chic jaune.
Chevalier commun.	Cabidoula.	Chic moustache.	Chic gavouet.
Chevalier guignette.	Pied-verd.	Chic des roseaux.	Chic deis paluns.
Chevalier aboyeur.	Cambet, 2.	Chiche.	Chichou.
Chevalier au gros bec.	Pescheirola grossa.	Chichement.	Primament.
Chevalier de Malte.	Chivalier de Malta.	Chicon.	Chicoun.
Chevaline.	Cavalina.	Chicorée.	Cicori.
Chevance.	Chabensa.	Chicorée sauvage.	id.
Chevauché, ée.	Cavaucat, ada.	Chicot.	Chicot.
Chevaucher.	Cavaucar.	Chicot d'arbre.	Buc.
Chevêche petite.	Machota pichota.	Chicoter.	Chicotar.
Chevêche grande.	Machota grossa.	Chie-en-lit.	Cagauliech.
Chevelu, ue.	Chevelut, uda.	Chien.	Chin, Can.
Chevelure.	Chevelura.	Chien jeune.	Cadeou.
Chevet.	Testiera, Cabes.	Chien très-jeune.	Cadeloun.
Chevêtre.	Ajouament.	Chien gros quoique jeune.	Cadelas.
Cheveu.	Chevu, peou.	Chien petit.	Chinoun.
Cheveux, tirer les.	Peoutirar.	Chien gros.	Chinas.
Cheveux, se prendre aux.	Carpignar se.	Chien de mer.	Agulhat.
Cheveux gras, huileux.	Chevus amechits,	Chien de mer mâle.	Cata rouquiera.
Cheveux de Vénus.	Barbua.	Chiendent.	Grame.
Cheville.	Cavilha.	Chiendent, champ infecté de.	Gramenier.
Cheville du pied.	id.	Chienne.	China.
Cheville petite.	Cavilheta.	Chienne petite.	Chineta.
Cheville grosse.	Cavilhassa.	Chienne grosse.	Chinassa.
Cheville servant de bouton.	Tacloua.	Chienne jeune.	Cadela.
Cheville des traits.	Tarradouira.	Chienner.	Cudelar.
Cheville de jardinier.	Cavilha.	Chier.	Cagar.
Cheville de l'essieu.	Rejola.	Chieur, euse.	Cagaire, arela.
Chevillé, ée.	Cavilhat, ada.	Chiffon.	Panoucha.
Cheviller.	Cavilhar.	Chiffonné, ée.	Chaupinat, qda.
Chèvre.	Cobra.	Chiffonner.	Chaupinar.
Chèvre, machine.	Cabri.	Chiffonnier, ière.	Estrassaire, arela.
Chèvre d'un an à deux.	Bima.	Chiffre.	Chiffra.
Chèvre jeune.	Bimoun.	Chiffré, ée.	Chiffrat, ada.
Chèvres, en général, les	Cabraira.	Chiffrer.	Chiffrar.
Chèvres, troupeau de.	Cabras.	Chiffreur.	Chiffraire.
Chèvre petite.	Cabreta.	Chignon.	Chignoun.
Chèvre morte.	Cabrinet.	Chimère.	Chimera.
Chevreau.	Cabrit.	Chimère arctique.	Cat. 5.
Chevreau petit.	Cabriloun.	Chimère méditerranéenne.	id. 5.
Chevreau châtré.	Castroun.	Chimérique.	Chimerique, ica.
Chèvre-feuille ordinaire.	Sabatoun.	Chimie.	Chimia.
Chèvre-feuille d'Allemagne.	Maire-siouva.	Chimique.	Chimique, ica.
Chèvre-feuille sauvage.	id.	Chimiste.	Chimisto.
Chèvre-feuille Xilosteum.	Escoubier.	Chine.	China.
Chevrette de mer.	Carambot.	Chiné, ée.	Chinat, ada.
Chevreuil.	Cabroou.	Chiner.	Chinar.
Chevrier.	Cabrier.	Chinois, oise.	Chinois, oisa.
Chevron.	Cabrion.	Chiourme.	Chiourma.
		Chipoter.	Chipoutar.
		Chipotier, ière.	Ckipoutur, usa.
		Chique.	Chica.
		Chiquenaude.	Chica.
		Chiquer.	Chicar.
		Chiquet.	Chiquet.
		Chiragre.	Chiragra.
		Chirographaire.	Chirographero.

Chiromancie.	Chiromancia.	Choc.	Choc, Turt.
Chiron le entaure.	Chiroun.	Chocolat.	Chocolat.
Chirone maritime.	Herba de la crau.	Chocolatier.	Chocolatier.
Chirurgie.	Cirurgia.	Chocolatière.	Chocolatiera.
Chirurgien.	Cirurgien.	Chœur.	Chuer.
Chirurgien mauvais.	Charcutiaire.	Chœur, enfant de.	Clersoun.
Chiste marneux dur.	Blancassa.	Choir.	Toumbar,
Chiure.	Cagadura.	Choisi, ie.	Choousit, ida.
		Choisir.	Choousir.
CHL		Choix.	Chois, Coousida,
		Choléra-morbus.	Cholera.
Chlore.	Chloro.	Chômer.	Chaumar.
Chlore perfoliée.	Tora.	Chondrille effilée.	Sautoulama.
Chlorure d'antimoine.	Buri d'antimoino.	Chopine.	Miegea, Pichouna,
Chlorure de sodium.	Sau.	Chopiner.	Flasquegear.
		Choquant, ante.	Choquant, anta.
CHO		Choquart.	Gralha à bec jaune.
		Choqué, ée.	Chocat, ada,
		Choquer.	Chocar, Turtar,
		Chorégraphie.	Choregrophia.
		Choriste.	Chouristo.
		Chorographie.	Chorographia.
		Chorus.	Chorus.
		Chose.	Causa.
		Chose petite.	Causeta.
		Chou.	Caulet.
		Chou gros.	Cauletas.
		Chou, petit, plant de.	Cauletoun.
		Chou des champs.	Pan-blanc.
		Chou vert.	Caulet brut.
		Chou cabus.	Caulet cabus,
		Chou fleur.	Caulet flori.
		Chou rave.	Caulet raba.
		Choux, plant de.	Caulat.
		Chou, effeuiller un.	Caulegear.
		Choux, rejetons de.	Caulilhas.
		Choux, graine de.	Chaulat.
		Choux, lieu planté de.	Chauriera.
		Chouan.	Chouan.
		Choucas des Alpes.	Gralha à bec jaune.
		Choucas noir.	Agrolhoun.
		Chouette.	Machota.
		Chouette hulotte.	Cabrareou.
		Chouette petite.	Machota pichota.
		Chouquet.	Chouquet.
		Chourette.	Courrentilha.
		Choyer un enfant.	Apoupounir.
		CHR	
		Chrême.	Chrema.
		Chrétien, ienne.	Chrestian, ana.
		Chrétiennement.	Chrestanament.
		Chrétienté.	Chrestiantat.

Christ.	Christ.
Christianisme.	Christianisme.
Christine, n. pr.	Christina.
Christophe.	Christoou.
Chrome.	Chromo.
Chronique.	Chronica.
Id. adj.	Chronique, ica.
Chronographie.	Chronographia.
Chronologie.	Chronologia.
Chronologiste.	Chronologisto.
Chronomètre.	Chronometro.
Chrysomeles dorées.	Catarineta daurada.
Chrysomeles du peuplier.	Tora.
Chrysostome.	Chrysostomo.

CHU

Chuchoter.	Chuchoutar.
Chuchoterie.	Chuchounaria.
Chuchoteur, euse.	Chuchuniaire, aira.
Chut.	Chut.
Chute.	Chuta.

CHY

Chyle.	Chyle.

CIB

Cible.	Sibla.
Ciboire.	Ciboiro.
Ciboule.	Ciboula.
Ciboule grande.	Civela.
Giboule sauvage.	Cibourlat.
Ciboulette.	Civeta.

CIC

Cicadelle.	Cigaloun.
Cicatrice.	Cicatriça, Creta.
Cicatrisé, ée.	Cicatrisat, ada.
Cicatriser.	Cicatrisar.
Cicéro.	Cicero.

CID

Cidre.	Cidre.

CIE

Ciel.	Ciel.
Ciel-ouvert.	Ciel-ouvert.
Cierge.	Ciergi.
Cierge paschal.	Ciergi paschal.
Cierge, plante.	

CIG

Cigale.	Cigala.
Cigale du frène.	Cigau.
Cigale grosse.	Cigalassa.
Cigale petite.	Cigaloun.
Cigale femelle.	Cigau.
Cigale mâle.	Cigalastre.
Cigogne blanche.	Cigougna.
Cigogne brune et cigogne noire.	Ganta.
Cigue grande.	Cigua.

CIL

Cil.	Colhas.

Cilice.	Cilice.
Ciller.	Parpeliar.

CIM

Cime.	Cima.
Ciment.	Ciment.
Ciment fait avec de la brique.	Batum.
Ciment, enlever le.	Decimentar.
Cimenté, ée.	Cementat, ada.
Cimenter.	Cimentar.
Cimeterre.	Jinjarra.
Cimetière.	Cementeri.
Cimier.	Mola, Cimier.
Cimolée.	Moulada.

CIN

Cinabre.	Cinobre.
Cinèle.	Merle d'aigua.
Cinéraire maritime.	Herba de nostra Dama.
Cinips de l'olivier.	Cairoun.
Cinq.	Cinq.
Cinquantaine.	Cinquantena.
Cinquante.	Cinquanta.
Cinquantième.	Cinquantiema.
Cinquième.	Cinquiema.
Cinquième, classe.	Cinquiema.
Cinquièmement.	Cinquiemament.
Cintre.	Cindra.
Cintré, ée.	Cintrat, ada.
Cintrer.	Cintrar.

CIR

Cirage.	Ciragi.
Circé de Paris.	Herba de St.-Estieni.
Circouche.	Circouneire.
Circoncis, ise.	Circouncis, isa.
Circoncision.	Circouncision.
Circonférence.	Circounferença.
Circonflexe.	Circounflexe.
Circonlocution.	Circounloucution.
Circonscription.	Circounscription.
Circonscrire.	Circounscrioure.
Circonscrit, ite.	Circounscrit, ita.
Circospect, ecte.	Circounspect, ecta.
Circonspection.	Circounspection.
Circonstance.	Circounstança.
Circonstancié, ée.	Circounstanciat, ada.
Circonstancier.	Circounstanciar.
Circuit.	Circuit.
Circulaire.	Circulari.
Circulairement.	Circulariament.
Circulation.	Circulation.
Circuler.	Circular.
Cire.	Cira.
Cire d'Espagne.	Cira d'Espagna.
Cire brute, marchand de.	Boudousclier.
Cire brute, pelotes de.	Esquichoun.
Ciré, ée.	Cirat, ada.
Cirer.	Cirar.
Cirier.	Cierger.
Ciron.	Ciroun, Chiroun.
Cirque.	Circo.
Ciure.	Cherubinada.
Cirse bulbeux.	Brulota.
Cirse sans tige.	Cardounil.
Cirsium. V. Cirsium. Table latine.	

CIS

Cisailles.	Cisalhas.
Cisalpin, ine.	Cisalpin, ina.
Ciseau.	Ciseou, Escaupre.
Ciseaux.	Ciseous.
Ciselé, ée.	Ciselat, ada.
Ciseler.	Ciselar.
Ciselet.	Ciselet.
Ciseleur.	Ciselur.
Ciselure.	Ciselura.
Cisoir.	Cisoiras.
Ciste cotonneux.	Massuga blanca.
Ciste ladanifère.	Massuga cerviera.
Ciste hélianthème.	Hisopo de garriga.
Ciste de Montpellier.	Mouges.

CIT

Citadelle.	Citadella.
Citadin, ine.	Citadin, ina.
Citation.	Citation.
Cité.	Cioutat.
Citer.	Citar.
Citerne.	Citerna.
Cithare.	Cithara.
Citoyen, enne.	Citoyen, ena.
Citrin, ine.	Citrin, ina.
Citron.	Citroun.
Citronnade. Citronnelle.	Melissa.
Citronnier.	Citrounier.
Citrouille.	Cougourda.
Citule de Banks.	Pei suvareou.

CIV

Civade.	Sautaire.
Civadière.	Uvadiera.
Civelle.	Civareou.
Civet.	Civier.
Civette.	Civeta.
Civette, plante.	Civeta.
Civette des Alpes.	Cibourlat.
Civière.	Civieras.
Civil, ile.	Civil, ila.
Civilement.	Civilament.
Civilisation.	Civilisation.
Civilisé, ée.	Civilisat, adv.
Civiliser.	Civilisar.
Civilité.	Civilitat.
Civique.	Civique, ica.

CLA

Clabaud.	Clabaud.
Clabauder.	Clabaudar.
Clabauderie.	Clabaudaria.
Clabaudeur.	Clabaudaire.
Claie.	Cleda.
Claie.	Canissa.
Claie pour faire sécher les châtaignes.	Panel.
Claie pour faire sécher les figues.	Canat.
Claies, fermer avec des.	Cledar.
Claie grande.	Cledas.
Clair, aire.	Clar, ara.
Clairement.	Clarament.
Clairet.	Claret.

Clairette.	Clareta.
Clairière.	Clariera.
Clairon.	Cleroun.
Clairvoyance.	Penetration.
Clameur.	Clamour.
Clandestin, ine.	Clandestin, ina.
Clandestinement.	Clandestinament.
Clapier.	Clapier.
Claque.	Claca-Tapa , Pautada.
Claque sur les fesses.	Ancada.
Claque, chapeau.	Claca.
Claquement.	Clacament.
Claquer.	Clacar.
Clarification,	Clarification.
Clarifié , éc.	Clarifiat, ada.
Clarifier.	Clarifiar.
Clarinette.	Clarineta,
Clarté.	Clartat.
Classe.	Classa.
Classement.	Classament,
Classer.	Classar.
Classes.	Classas.
Classification.	Classification.
Classique.	Classique, ica.
Clatir.	Glatir.
Claude, n. pr.	Glaudou.
Claudine, n. pr.	Claudina.
Claudication.	Claudicatio, vl.
Clause.	Clausa.
Clavaire.	Barba.
Claveau.	Picota.
Clavecin.	Clavecin.
Clavelade.	Clavelada.
Clavelée.	Picota.
Clavette.	Claveta.
Clavicule.	Clavicula.
Clavier.	Clavier.
Clavier à chainette.	Crochet.
Clayon.	Canissa.
Clayon porte.	Escaras.

CLE

Clef.	Clau.
Clef fausse.	Clau-faussa.
Clef de Garangeot.	Clau de Garangeot.
Clématite.	Entrevadis.
Clématite odorante.	Jaussemin d'ase.
Clémence.	Clemença.
Clément, ente.	Clement, enta.
Clémentine, n. pr.	Clementine.
Clepsydre.	Clepsidra, Sablier,
Clerc.	Clerc.
Clergé.	Clergé.
Cléricature.	Clericatura.

CLI

Clicher.	Clichar.
Client, ente.	Client, enta.
Clientèle.	Clientela.
Clifoire.	Espouscaire.
Clignement.	Guinchament.
Cligne-musette.	Escoundalhas.
Cligner.	Clignar.
Clignotement.	Guinchoulin.
Clignoter.	Guinchoular.
Climat.	Climat.
Climatérique.	Climaterique, ica.
Clin-d'œil.	Clin-d'uelh.
Clinique,	Clinica.

Clinquant.	Clin-clant.
Cliqueter.	Cloquelar.
Cliquetis.	Clic-clac.
Cliquette.	Cliquetas.

CLO

Cloaque.	Suelha.
Cloche.	Clocha, Campana.
Clochement.	Bouitament.
Cloche-pied.	Ped-couquet.
Clocher.	Cluchier.
Clocher, verb.	Panardegear.
Clochette.	Campaneta.
Cloison.	Bujet.
Cloître.	Cloitre.
Cloîtré, ée.	Cloitrat, ada.
Cloîtrer.	Cloitrar.
Cloîtrier.	Claustrier.
Clopin-clopant.	Cloupin-cloupan.
Clopiner.	Panardegear.
Cloporte.	Pourquet de crota.
Clore.	Baragnar , Clau-surar.
Clorinde , n. pr.	Clorinda.
Clos, ose.	Claus, ausa.
Clos.	Claus.
Clos petit.	Clauset.
Clossement.	Cascal, clussir, lou.
Closser.	Clussir.
Clôture.	Clausure.
Clotilde, n. pr.	Clotilda.
Clou.	Clavel , Claveou.
Clou de poids.	Agus, senepa.
Clou de rue.	Cabocha.
Clou gros.	Clavelas.
Clou petit.	Claveloun.
Clou de girofle.	Claveou de girofle.
Clou, petit furoncle.	Braquet.
Cloué, ée.	Clavelat, ada.
Clouer.	Clavelar.
Clouière.	Claviera.
Clouterie.	Clavelun.
Cloutrier.	Clautrier.
Clovis, n. pr.	Clovis.

CLU

Club.	Club.

CLY

Clypeole maritime.	Pan blanc.
Clyssoir.	Clyssoir.
Clystère.	Clyteri.
Clystériser.	Clysterisar.
Clystérisation.	Clysterizacio, vl.

COA

Coaction.	Coaccio, vl.
Coadjuteur.	Coadjutour,
Coagis.	Couagis.
Coagulation.	Coagulation.
Coagulé , ée.	Coagulat, ada.
Coaguler.	Coagutar, Calhar.
Coaliser se.	Coalisar se.
Coalition.	Coalisation.

COB

Cobalt.	Cobalt.
Cobes.	Embroth.

COC

Cocagne.	Cocagna.
Cocarde.	Cocarda.
Coccinelle.	Bestia doou Bondiou, Catarineta.
Coccyx.	Os-bertrand.
Coche.	Osca.
Coche de fuseau.	Crouchet, Mouscla.
Coche, voiture.	Cochou.
Cochenille.	Cochenilha.
Cocher.	Couchier.
Cocher, parlant du coq.	Jalar, Galar.
Cochet.	Galet.
Cochevis.	Bedouvida.
Cochevis.	Couquilhada.
Cochon.	Porc, Pouerc.
Cochon petit.	Porquet.
Cochon gros.	Porcas.
Cochon marin.	Porc marin.
Cochon d'Inda.	Lapin de Barbaria.
Cochons, troupeau de.	Porcada.
Cochon de l'année.	Charnouge.
Cochonnée.	Porcada.
Cochonner.	Porcelar, Testounar.
Cochonnerie.	Porcaria.
Cochonnet.	Let, Bochoun,
Coco.	Coco.
Cocon.	Coucoun.
Cocotier.	Cocotier.
Cocrite.	Tartaricya.
Cocu.	Couguou.
Cocu, Cornard.	Couguou, Cornard.
Cocyte.	Cocyto.

COD

Code.	Code, Codou.
Codicille.	Codicilo.
Codicille, faire un.	Codiciliar.

CŒC

Cœcum.	Bout doou mounde.

COE

Coéternel.	Coeternel.

CŒU

Cœur.	Cor , Couer,
Cœur de bœuf , de mouton , etc.	Couret.

COF

Coffre.	Coffre.
Coffre petit.	Coffret.
Coffre mouchté. Coffre trigone. }	Coffre,
Coffre grand.	Archa.
Coffre fort.	Coffre fort.
Coffrer.	Coffrar.
Coffret.	Coffret.
Coffrier.	Coffrier.

COG

Cognasse.	Coudoun fer.
Cognée.	Destrau.

Cogné, ée.	Cougnat, ada.
Cogner.	Cougnar.
Cognassier.	Coudounier.
Cogne-fetu.	Besuquet.

COH

Cohabitation.	Cohabitation.
Cohabiter.	Cohabitar.
Cohérance.	Coherança.
Cohéritier, ière.	Coheritier, era.
Cohue.	Jutaria.

COI

Coi, oite.	Couet, eta.
Coiffe.	Couiffa.
Coiffe pour retenir les cheveux.	Cabelhier.
Coiffe petite.	Couiffeta.
Coiffe des nouveaux nés.	Crespina.
Coiffé, ée.	Couiffat, ada.
Coiffer.	Couiffar.
Coiffeur, euse.	Couiffur, usa.
Coiffure.	Couiffura.
Coin.	Cougnet
Coin petit.	Cougnetoun.
Coin gros.	Cougnetas.
Coin pour marquer la vaisselle.	Pouncoun.
Coin des scieurs de long.	Bondiou.
Coin de rue.	Cantounada.
Coïncider.	Coincidar.
Coing.	Coudoun.
Coïon.	Coulhoun.
Coït.	Coit, vl.

COL

Col.	Col, Couel.
Colchique.	Brama-vacca.
Colère.	Coulera.
Colère, adj.	Coulerous.
Colère, enflammé de.	Encoulerit.
Colérique.	Coulerique, ica.
Colifichet.	Babiola.
Colimaçon.	Limaça.
Colin maillard.	Meni-mou-ai.
Colique.	Coulica.
Colis.	Colis.
Collaborateur.	Collabouratour.
Collatéral, ale.	Collateral, ala.
Collateur.	Collatour.
Collation.	Coulation.
Collation, confrontation.	Collation.
Collationner.	Collatiounar.
Colle.	Colla.
Colle forte.	Colla forta.
Colle de poisson.	Colla de peissoun.
Collé, ée.	Collat, Coulat.
Collé, parlant de la laine.	Agapit, ida.
Collecte.	Coulecta, Culheta.
Collecteur.	Tresourier, Coulectour.
Collectif, ive.	Coulectif, iva.
Collectivement.	Coulectivament.
Collége.	Coulegi.
Collégial, ale.	Coulegial, ale.

Collègue.	Coulego.
Coller.	Collar, Empegar.
Coller se.	Collar se.
Collerette.	Collereta.
Collet.	Coulet.
Collet de mouton.	Bescouel.
Colette, n. pr.	Coleta.
Colleter.	Couletar.
Collier.	Coulier, Coulas.
Collier de bois portant une sonnaille.	Cambis.
Collier d'attelage.	Coulariva.
Collier de deffense des bâtiments.	Mourrau.
Colliger.	Collegir.
Colline.	Coulet, Coulina.
Colline petite.	Couleta.
Collision.	Collision.
Collocation.	Collocation.
Colloque.	Colloquo.
Colloqué, ée.	Coulloucat, ada.
Colloquer.	Coulloucar.
Colloquer se.	Coulloucar se.
Collyre.	Aigua per les uelhs.
Colombage.	Couroundage, Couroundat.
Colombaude.	Couloumbauda.
Colombier.	Couloumbier.
Colombin.	Couloumbin.
Colombin.	Pigeoun sauvagi.
Colombine.	Couloumbina.
Colon.	Couloun.
Colonel.	Colonel.
Colonial, ale.	Coulounial, ala.
Colonie.	Coulounia.
Coloniser.	Coulounisar.
Colonnade.	Coulounada.
Colonne.	Coulouna.
Colonne petite.	Couroundoun.
Colophane.	Colophana.
Coloquinte.	Coloquinta.
Coloré, ée.	Coulourat, ada.
Colorer.	Coulourar.
Colorer se.	Coulourar se.
Colorié, ée.	Coulouriat, ada.
Colorier.	Coulouriar.
Coloriste.	Coulouristo.
Colossal, ale.	Colossal, ala.
Colosse.	Colosso.
Colostrum.	Bet, Boulada.
Colportage.	Colportagi.
Colporter.	Colportar.
Colporteur.	Colportur.
Colure.	Coluro.
Colza.	Colzat.
Colymbe à crête.	Fumut, Frauca.

COM

Combat.	Coumbat.
Combat à coups de pierres.	Agueirada.
Combattant.	Coumbatant.
Combattant de mer.	Sourda.
Combattant vulgaire.	Pescheirola.
Combattant à plastron.	Pied-negre.
Combattre.	Coumbatre.
Combattu, ue.	Coumbatu, uda, ua.
Combe, n. pr.	Coumba.
Combien.	Quant, Coumben.
Combien, jeu de.	Cavaleta porta.

Combinaison.	Coumbinesoun.
Combiné, ée.	Coumbinat, ada.
Combiner.	Coumbinar.
Comble.	Comble.
Comble, adj.	Coume, ma, Coumoul.
Comblé, ée.	Coumblat, ada.
Combler.	Coumblar.
Combrière.	Couloumbriera.
Combugé, ée.	Embugat, ada.
Combuger.	Embugar.
Combuger se.	Embugar se.
Combustible.	Coumbustible, ibla.
Combustion.	Coumbustion.
Comédie.	Coumedia.
Comédien, enne.	Coumedien, ena.
Comestible.	Coumestible, ibla.
Comète.	Cometa.
Comique.	Coumique, ica.
Comite.	Come.
Comité.	Coumitat.
Commandant.	Coumandant.
Commande.	Coumanda.
Commandement.	Counandament.
Commandé, ée.	Commandat, ada.
Commander.	Coumandar.
Commanderie.	Coumandaria.
Commandeur.	Coumandour.
Commanditaire.	Coumanditari.
Commandite.	Coumandita.
Comme.	Coumo.
Commémoraison.	Coummemouresoun.
Commemoration.	Coumnemouration.
Commençant, ante.	Coumençant, anta.
Commencement.	Coumençament.
Commencé, ée.	Coumençat, ada.
Commencer.	Coumençar.
Comment.	Coumo.
Commentaire.	Coumentari.
Commentateur.	Coumentatour.
Commenté, ée.	Coumentat, ada.
Commenter.	Coumentar.
Commérage.	Coumairagi.
Commerçable.	Coumerçable, abla.
Commerçant, ante.	Coumerçant, anta.
Commerce.	Coumerço.
Commercer.	Coumerçar.
Commercial, ale.	Coumercial, ala.
Commère.	Coumaire.
Commettant.	Coumetant.
Commettre.	Coumettre.
Commis, ise.	Coumes, essa.
Commis.	Coumis.
Commisération.	Coummiseration.
Commissaire.	Coumissari.
Commission.	Coumission.
Commissionnaire.	Coumissiounari.
Commissionné.	Coumissiounal, ada.
Commissionner.	Coumissiounar.
Commode.	Coumoda.
Commode, adj.	Coumode, oda.
Commodément.	Coumodament.
Commodité.	Coumoudilat.
Commodités de la vie.	Aises.
Commodités, latrines.	Luec coumun.
Commotion.	Coumoution.
Commun, une.	Coumun, una.
Communal, ale.	Coumunal, ala.
Communauté.	Coumunautat.
Communaux.	Coumunaus.
Commune.	Coumuna.
Communément.	Coumunament.
Communiant.	Coumuniant.

Communier.	*Coumuniar.*
Communion.	*Coumunion.*
Communiqué, ée.	*Coumunicat, ada.*
Communiquer.	*Coumunicar.*
Communiquer se.	*Coumunicar se.*
Communicatif, ive.	*Coumunicatif, iva.*
Communication.	*Coumunication.*
Compacte.	*Coumpacte, acta.*
Compagne.	*Coumpagna.*
Compagnie.	*Coumpagnia.*
Compagnon.	*Coumpagnoun.*
Compagnonnage.	*Coumpagnounagi.*
Comparable.	*Coumparable, abla.*
Comparaison.	*Coumparesoun.*
Comparaître.	*Coumpareisser.*
Comparant.	*Coumparant.*
Comparatif, ive.	*Coumparatif, iva.*
Comparativement.	*Coumparativament.*
Comparé, ée.	*Coumparat, ada.*
Comparer.	*Coumparar.*
Comparoir.	*Coumpareisser.*
Compartiment.	*Coumpartiment.*
Comparution.	*Coumparution.*
Compas.	*Coumpas.*
Compassé, ée.	*Coumpassat, ada.*
Compasser.	*Coumpassar.*
Compassion.	*Coumpassion.*
Compatibilité.	*Coumpatibilitat.*
Compatible.	*Coumpatible, ibla.*
Compatir.	*Coumpatir.*
Compatissant, ante.	*Coumpatissent, enta.*
Compatriote.	*Coumpatrioto.*
Compensation.	*Coumpensation.*
Compensé, ée.	*Coumpensat, ada.*
Compenser.	*Coumpensar.*
Compérage.	*Coumpairagi.*
Compère.	*Coumpaire.*
Compétence.	*Coumpetença.*
Compétant, ante.	*Coumpetent, enta.*
Compéter.	*Coumpetar.*
Compétiteur.	*Competitour.*
Compilateur.	*Compilatour.*
Compilation.	*Coumpilation.*
Compilé, ée.	*Coumpilat, ada.*
Compiler.	*Coumpilar.*
Complainte.	*Coumplancha.*
Complaire.	*Coumplaire.*
Complaire se.	*Coumplaire se.*
Complaisance.	*Coumplesença.*
Complaisant, ante.	*Coumplesent, enta.*
Complément.	*Coumplement.*
Complété, ée.	*Coumpletat, ada.*
Complétement.	*Coumpletament.*
Compléter.	*Coumpletar.*
Complétif, ive.	*Coumpletiu, vl.*
Complexion.	*Coumplexion.*
Complication.	*Coumplication.*
Complice.	*Coumplice, iça.*
Complicité.	*Coumplicitat.*
Complies.	*Coumplias.*
Compliment.	*Coumpliment.*
Complimenté, ée.	*Coumplimentat, ada.*
Complimenter.	*Coumplimentar.*
Complimenteur.	*Coumplimentur.*
Compliqué, ée.	*Coumplicat, ada.*
Compliquer.	*Coumplicar.*
Complot.	*Coumplot.*
Comploter.	*Coumplotar.*
Componction.	*Coumpounction.*
Comporté, ée.	*Coumportat, ada.*
Comporter.	*Coumportar.*
Comporter se.	*Coumportar se.*

Composé.	*Coumposat.*
Composé, ée.	*Coumposat, ada.*
Composer.	*Coumposar.*
Composite.	*Coumposito.*
Compositeur.	*Coumpositour.*
Composition.	*Coumposition.*
Composteur.	*Coumpostur.*
Compote.	*Coumpota.*
Compotier.	*Coumpostier.*
Compréhensible.	*Coumprehensible, ibla.*
Compresse.	*Coumpressa.*
Compressible.	*Coumpressible, ibla.*
Compression.	*Coumpression.*
Comprimé, ée.	*Coumprimat, ada.*
Comprimer.	*Coumprimar.*
Compromettre.	*Coumproumettre.*
Compromis, ise.	*Coumproumes, essa.*
Comptabilité.	*Coumtabilitat.*
Comptable.	*Coumptable, abla.*
Comptant.	*Comptant.*
Compte.	*Compte.*
Compté, ée.	*Comptat, ada.*
Compter.	*Comptar.*
Comptoir.	*Comptadour.*
Compulser.	*Coumpulsar.*
Compulsoire.	*Coumpulsoiro.*
Comput.	*Comput.*
Comtat.	*Comtat.*
Comte.	*Comte.*
Comté.	*Comtat.*
Comtesse.	*Comtessa.*

CON

Concasser.	*Trissar.*
Concave.	*Councau, Couffut, uda.*
Concavité.	*Councavitat.*
Concédé, ée.	*Councedat, ada.*
Concéder.	*Councedar.*
Concentration.	*Councentration.*
Concentré, ée.	*Councentrat, ada.*
Concentrer.	*Councentrar.*
Concentrique.	*Councentrique.*
Conception.	*Counception.*
Concernant.	*Councernant.*
Concerner.	*Councernar.*
Concert.	*Councert.*
Concertant, ante.	*Councertant, anta.*
Concerté, ée.	*Councertat, ada.*
Concerter.	*Councertar.*
Concerter se.	*Councertar se.*
Concession.	*Councession.*
Concessionnaire.	*Councessiounari.*
Concevable.	*Councevable, abla.*
Concevoir.	*Councebre.*
Concher.	*Descouncagar.*
Concierge.	*Counciergi.*
Conciergerie.	*Counciergeria.*
Concile.	*Councile.*
Conciliable.	*Counciliable, abla.*
Conciliabule.	*Counciliabulo.*
Conciliateur, trice.	*Counciliatour, triça.*
Conciliation.	*Counciliation.*
Concilié, ée.	*Counciliat, ada.*
Concilier.	*Counciliar.*
Concis, ise.	*Councis, isa.*
Concision.	*Councision.*
Concitoyen, enne.	*Councitoyen, ena.*
Conclave.	*Counclavo.*
Concluant, ante.	*Councluant, anta.*
Conclu, ue.	*Counclut, ua.*
Conclure.	*Counclure. Finir.*
Conclusif, ive.	*Counclusif, iva.*
Conclusion.	*Counclusion.*
Concombre.	*Councoumbre.*
Concombre d'âne ou sauvage.	*Coucouroumassa.*
Concordance.	*Councordança.*
Concordat.	*Councordat.*
Concorder.	*Councordar.*
Concourir.	*Councourrer.*
Concours.	*Councours.*
Concret, ète.	*Councret, eta.*
Concrétion.	*Councretion.*
Conçu, ue.	*Counçut, uda, ua.*
Concubinage.	*Councubinagi.*
Concubine.	*Councubina.*
Concupiscence.	*Councupiscença.*
Concurrence.	*Councurrença.*
Concurrent, ente.	*Councurrent, enta.*
Concussion.	*Councussion.*
Concussionnaire.	*Councussiounari.*
Condamine.	*Coundamina.*
Condamnable.	*Coundamnable, abla.*
Condamnation.	*Coundamnation.*
Condamné, ée.	*Coundamnat, ada.*
Condamner.	*Coundamnar.*
Condamner se.	*Coundamnar se.*
Condensateur.	*Coundensatour.*
Condensation.	*Coundensation.*
Condensé, ée.	*Coundensat, ada.*
Condenser.	*Coundensar.*
Condescendance.	*Coundescendença.*
Condescendre.	*Coundescendre.*
Condisciple.	*Coundisciple.*
Condition.	*Coundition.*
Conditionnel, elle.	*Coundditiounel, ela.*
Conditionnellement.	*Counditiounelament.*
Conditionné, ée.	*Counditiounat, ada.*
Conditionner.	*Counditiounar.*
Condoléance.	*Coundouleança.*
Conducteur, trice.	*Counductour, triça.*
Conduire.	*Counduire.*
Conduit, uite.	*Counduch, ucha.*
Conduit.	*Counduch.*
Conduite.	*Counducha.*
Cône.	*Cone.*
Cône de pin.	*Courreouna.*
Confection.	*Counfection.*
Confectionné, ée.	*Counfectiounat, ada.*
Confectionner.	*Counfectiounar.*
Confédération.	*Counfederation.*
Conférence.	*Counferença.*
Conféré, ée.	*Counferat, ada.*
Conférencier.	*Counferencier.*
Conférer.	*Counferar.*
Confesse.	*Counfessa.*
Confessé, ée.	*Counfessat, ada.*
Confesser.	*Counfessar.*
Confesser se.	*Counfessar se.*
Confesseur.	*Counfessour.*
Confession.	*Counfession.*
Confessionnal.	*Counfessiounal.*
Confiance.	*Counfiança.*
Confiant, ante.	*Counfiant, anta.*
Confidence.	*Counfidança.*
Confident, ente.	*Counfidant, anta.*
Confidentiel, elle.	*Counfidantiel, ela.*
Confidentiellement.	*Counfidantielament.*
Confier.	*Counfisar.*
Confier se.	*Counfisar se.*

Configuration.	*Counfiguration.*	Conjurer.	*Counjurar.*
Confiner.	*Counfinar, Bouinar.*	Connaissance.	*Couneissença.*
Confins.	*Counfins.*	Connaissances.	*Couneissenças.*
Confire.	*Counfir.*	Connaissement.	*Couneissament.*
Confirmatif, ive.	*Counfirmatif, iva.*	Connaisseur, euse.	*Couneissur, usa.*
Confirmation.	*Counfirmation.*	Connaître.	*Counouisser.*
Confirmé, ée.	*Counfirmat, ada.*	Connétable,	*Counetable, abla,*
Confirmer.	*Counfirmar.*	Connétablie.	*Counetablia.*
Confiscable.	*Counfiscable, abla.*	Connexion.	*Couneæion.*
Confiscation.	*Counfiscation.*	Connexité.	*Counexitat.*
Confiseur, euse.	*Counfissur, usa.*	Connivence.	*Counivença.*
Confisqué, ée.	*Counfiscat, ada.*	Conque.	*Conca, 4.*
Confisquer.	*Counfiscar.*	Conque anatifère.	*Cravan.*
Confiteor.	*Counfiteor.*	Conquérant.	*Counquerant.*
Confiture.	*Counfitura.*	Conquérir.	*Counquistar.*
Conflit.	*Counflit.*	Conquête.	*Counqueta.*
Confluent.	*Counfluent.*	Consacré, ée.	*Counsacrat, ada.*
Confluent, ente.	*Counfluent, enta.*	Consacrer.	*Counsacrar.*
Confondre.	*Counfoundre.*	Consanguin, ine.	*Counsanguin, ina.*
Conformation,	*Counformation.*	Consanguinité.	*Counsanguinitat.*
Conforme.	*Counforme, orma.*	Conscience.	*Counsciença.*
Conformé, ée.	*Counformat, ada.*	Consciencieux, euse.	*Counsciencious, ousa.*
Conformément.	*Counformament.*	Conscription.	*Counscription.*
Conformer.	*Counformar.*	Conscrit.	*Counscrit.*
Conformer se.	*Counformar se.*	Consécrateur.	*Counsecratour.*
Conformité.	*Counformitat.*	Consécration.	*Counsecration.*
Confort.	*Counfort.*	Consécutif, ive.	*Counsecutif, iva.*
Confortant, ante.	*Counfortant, anta.*	Consécutivement.	*Counsecutivament.*
Confortation.	*Confortacio, vl.*	Conseil.	*Counseou.*
Conforté, éc.	*Counfortat, ada.*	Conseillé, ée.	*Counselhat, ada.*
Conforter.	*Counfortar.*	Conseiller.	*Counselhar.*
Confraternité.	*Counfraternitat.*	Conseiller, ère.	*Counseilhier, iera.*
Confrère.	*Counfraire.*	Consentant, ante.	*Counsent, enta.*
Confrérie.	*Counfrairia.*	Consentement.	*Counsentament.*
Confrontation.	*Counfrontation.*	Consenti, ie.	*Counsentit, ida.*
Confronter.	*Counfrontar.*	Consentir.	*Counsentir.*
Confus, use.	*Counfus, usa.*	Conséquemment.	*Counrequamment.*
Confusément.	*Counfusament.*	Conséquence.	*Counsequença.*
Confusion.	*Confusion.*	Conséquent, ente.	*Counsequant, anta.*
Congé.	*Coungiet.*	Conservateur, trice.	*Counservatour, trica.*
Congédié, ée.	*Coungedint, ada.*	Conservation.	*Counservation.*
Congédier.	*Coungediar.*	Conservatoire.	*Counservatoiro.*
Congélation.	*Coungelation.*	Conserve.	*Counserva.*
Congelé, éc.	*Coungelat, ada.*	Conservé, ée.	*Counservat, ada.*
Congeler.	*Coungelar.*	Conserver.	*Counservar.*
Congeler se.	*Coungelar se.*	Considérable.	*Counsiderable, abla.*
Congestion.	*Coungcstion.*	Considérablement.	*Counsiderablament.*
Conglutination.	*Counglutination.*	Considérant.	*Counsiderant.*
Conglutiner.	*Counglutinar.*	Considération.	*Counsideration.*
Congratuler.	*Coungratular.*	Considéré, ée.	*Counsiderat, ada.*
Congre commun.	*Filas, 2.*	Considérer.	*Counsiderar.*
Congre Cassini.	*Ugliussoun.*	Consignataire.	*Counsignatari.*
Congre noir.	*Grounch negre.*	Consignation.	*Counsignation.*
Congréganiste.	*Coungreganisto.*	Consigne.	*Counsigna.*
Congrégation.	*Coungregation.*	Consigné, ée.	*Counsignat, ada.*
Congrès.	*Coungres.*	Consigner.	*Counsignar.*
Conique.	*Countique, ica.*	Consistance.	*Counsistança.*
Conjectural, ale.	*Counjectural, ala.*	Consistant, ante.	*Counsistant, anta.*
Conjecture.	*Counjectura.*	Consister.	*Counsistar.*
Conjecturer.	*Counjecturar.*	Consistoire.	*Counsistoiro.*
Conjoindre.	*Counjougner.*	Consistoial, ale.	*Counsistorial, ala.*
Conjointement.	*Counjointament.*	Consolable.	*Counsoulable, abla.*
Conjonctif.	*Counjounctif.*	Consolant, ante.	*Counsoulant, anta.*
Conjonction.	*Counjounction.*	Consolateur, trice.	*Counsoulatour, trica.*
Conjoncture.	*Counjounctura.*	Consolation.	*Counsoulation.*
Conjugaison.	*Counjugasoun.*	Console.	*Counsola.*
Conjugal, ale.	*Counjugal, ala.*	Consolé, ée.	*Counsoulat, ada.*
Conjugalement.	*Counjugalament.*	Consoler.	*Counsoular.*
Conjugué, ée.	*Counjugat, ada.*	Consolidation.	*Counsoulidation.*
Conjuguer.	*Counjugar.*	Consolidé, ée.	*Counsoulidat, ada.*
Conjuration.	*Counjuration.*	Consolider.	*Counsoulidar.*

Consommateur,	*Counsoumatour.*
Consommation.	*Counsoumation.*
Consommé, ée.	*Counsoumat, ada.*
Consommé.	*Counsoumat.*
Consommer.	*Counsoumar.*
Consomptif, ive.	*Counsumtiu, iva, vl.*
Consomption.	*Counsoumption.*
Consonnance.	*Counsounança.*
Consonne.	*Counsona.*
Consorts.	*Counsorts.*
Consoude grande.	*Herba deis sumis.*
Conspirateur.	*Counspiratour.*
Conspiration.	*Counspiration.*
Conspirer.	*Counspirar.*
Constamment.	*Counstamment.*
Constance, n. pr.	*Coustança.*
Constans, n. pr.	*Constans.*
Constant, ante.	*Coustant, anta.*
Constantin, n. pr.	*Constantin.*
Constantine, n. pr.	*Constantina.*
Constaté, ée.	*Counstatat, ada.*
Constater.	*Counstatar.*
Constellation.	*Counstellation.*
Conster.	*Counstar.*
Consternation.	*Counsternation.*
Consterné, ée.	*Counsternat, ada.*
Consterner.	*Counsternar.*
Constipation.	*Counstipation.*
Constipé, ée.	*Counstipat, ada.*
Constiper.	*Counstipar.*
Constitué, ée.	*Counstituat, ada.*
Constituer.	*Counstituar.*
Constitution.	*Counstitution.*
Constitutionnel, ela.	*Counstitutionnel, ela.*
Constriction.	*Constriccio, vl.*
Constructeur.	*Counstructour.*
Construction.	*Counstruction.*
Construire.	*Counstruire.*
Construit, uite.	*Counstrueh, ucha.*
Consubstantiel, elle.	*Counsubstantiel, elq.*
Consul.	*Counsou.*
Consulaire.	*Counsulari.*
Consulat.	*Counsulat.*
Consultant.	*Counsultant.*
Consultation.	*Counsultation.*
Consulter.	*Counsultar.*
Consulter se.	*Counsultar se.*
Consumé, ée.	*Counsumat, ada.*
Consumer.	*Counsumar.*
Consumer se.	*Counsumar se.*
Censumar en bouillant.	*Coumbourir.*
Contact.	*Countact.*
Contagieux, euse.	*Countagious, ousa.*
Contagion.	*Countagion.*
Conte.	*Conte.*
Contemplateur.	*Countemplatour.*
Contemplatif, ive.	*Countemplatif, iva.*
Contemplation.	*Countemplation.*
Contemplé, ée.	*Countemplat, ada.*
Contempler.	*Countemplar.*
Contempler se.	*Countemplar se.*
Contenance.	*Countenenci.*
Contenir.	*Countenir.*
Contenir se.	*Countenir se.*
Content, ente.	*Countent, enta.*
Contentement.	*Countentament.*
Contenté, éc.	*Countentat, ada.*
Contenter.	*Countentar.*
Contenter se.	*Countentar se.*
Contentieux, euse.	*Countentious, ousa.*

Contentif.	Contentiu, vl.	Contre-maître.	Contra-mestre.	Convoitise.	Cobeitat, vl.
Contention.	Countention.	Contre-mander.	Descoumandar.	Convoqué, ée.	Counvoucat, ada.
Contenu, ue.	Countengud, uda.	Contre-marche.	Contra-marcha.	Convoquer.	Counvoucar.
Conter.	Contar.	Contre-marque.	Contra-marca.	Convoyer.	Counvouyar.
Contestable.	Countestable, abla.	Contre-marquer.	Contra-marcar.	Convulsif, ive.	Counvulsif, iva.
Contestation.	Countestation.	Contre-mine.	Contra-mina.	Convulsion.	Counvulsion.
Contesté, ée.	Countestat, ada.	Contre-miner.	Contra-minar.	Convulsionnaire.	Counvulsiounari.
Contester.	Countestar.	Contre-mont.	Contra-mont.		
Contexture.	Countextura.	Contre-ordre.	Contra-ordre.	**COO**	
Contigu, uë.	Countigut, uda.	Contre-partie.	Contra-partida.		
Countiguité.	Countiguitat.	Contre-poids.	Contra-pes.	Coopérateur, trice.	Cooperatour, triça.
Continence.	Countinença.	Contre-poil.	Contra-peou.	Coopération.	Cooperation.
Continent.	Countinent.	Contre-pointer.	Emboutir.	Coopérer.	Cooperar.
Continent, ente.	Countinent, enta.	Contre-poison.	Contra-pouisoun.	Coordonner.	Coordonar.
Contingent.	Countingent.	Contre-sanglon.	Contra-cengloun.		
Contingent, ente.	Countingent.	Contrescarpe.	Contra-scarpa.	**COP**	
Continuateur.	Continuatour.	Contre-seing.	Contra-seing.		
Continuation.	Countinuation.	Contre-sens.	Contra-sens.	Copahu.	Baume de Copahu.
Continuel, elle.	Countinuel, ela.	Contre-signé, ée.	Contra-signat, ada.	Copeaux.	Caputilhas.
Continuellement.	Countinuelament.	Contre-signer.	Contra-signar.	Copeaux de la hache.	Bessuelhas.
Continué, ée.	Continual, ada.	Contre-temps.	Contra-temps.	Copeau petit.	Bessulhoun.
Continuer.	Countinuar.	Contre-venant, ante.	Contra-venent, enta.	Copie.	Coupia.
Continuité.	Countinuitat.	Contre-venir.	Contra-venir.	Copié, ée.	Coupiat, ada.
Contorsion.	Countoursion.	Contre-vent.	Contra-paravant.	Copier.	Coupiar.
Contour.	Countour.	Contribuable.	Countribuable, abla.	Copieusement.	Coupiousament.
Contourner.	Countournar.	Contribuer.	Countribuar.	Copieux, euse.	Coupious, ousa.
Contractant, ante.	Countractant, anta.	Contribution.	Countribution.	Copiste.	Coupisto.
Contracté, ée.	Countractat, ade.	Contristé, ée.	Countristat, ada.	Copropriétaire.	Couprouprietari.
Contracter.	Countractar.	Contrister.	Countristar.	Copter.	Turtar.
Contractif.	Contractiu, vl.	Contrit, ite.	Countrit, ita.	Copulatif, ive.	Copulatiu, iva, vl.
Contraction.	Contraction.	Contrition.	Countrition.	Cupule.	Cupula.
Contradicteur.	Contradictour.	Contrôle.	Countarole.		
Contradiction.	Contradiction.	Contrôlé, ée.	Countaroulat, ada.	**COQ**	
Contradictoire.	Contradictoiro, ara.	Contrôler.	Countaroular.		
Contradictoirement.	Contradictoirament.	Contrôleur.	Countaroulur.	Coq.	Gau, Coq.
Contraindre.	Counstregner.	Controverse.	Controversa.	Coq, plante.	Tanarida.
Contraint, ainte.	Counstrech, cha.	Contumace.	Countumaço.	Coq d'Inde.	Dinda.
Contrainte.	Destrecha.	Contusion.	Countusion.	Coq de bruyère.	Faisan.
Contraire.	Countrari, aria.	Convaincant, ante.	Counvencant, anta.	Coquâtre.	Gulhoun.
Contrairement.	Contrariament.	Convaincre.	Counvencre.	Coque.	Crouveou.
Contrariant, ante.	Contrariant, anta.	Convaincu, ue.	Counvencut, uda, ua.	Coques du levant.	Cocca.
Contrarié, ée.	Contrariat, ada.	Convalescence.	Counvalescença.	Coque, enivrer le poisson avec de la.	Encoucar.
Contrarier.	Contrariar.	Convalescent, ente.	Counvalescent, enta.	Coque, faux-pli.	Engamba.
Contrarier se.	Contrariar se.	Convenable.	Counvenable, abla.	Coquecigrue.	Cocal d'ase.
Contrariété.	Contrarietat.	Convenablement.	Counvenablement.	Coquelicot.	Rouala.
Contraste.	Contrasto.	Convenance.	Couvenença.	Coqueliner.	Cacareliar.
Contraster.	Contrastar.	Convenant, ante.	Counvenent, enta.	Coqueluche.	Coquelucha.
Contrat.	Countrat.	Convenir.	Counvenir.	Coquemar.	Coucoumar.
Contravention.	Contravention.	Convention.	Counvention.	Coqueriquer.	Cacaracar.
Contre.	Contra.	Conventuel, elle.	Counventiau.	Coqueret.	Glou-glou.
Contre-amiral.	Contra-amiral.	Convers, erse.	Counvers, ersa.	Coquerico.	Cacaraca.
Contre-balancer.	Contra-balançar.	Conversation.	Counversation.	Coquet, ette.	Couquet, Couqueta.
Contre-bande.	Contra-banda.	Conversation en jouée.	Ralha.	Coqueter.	Coucouniera.
Contre-bandier.	Contra-bandier.	Converser.	Counversar.	Coquetterie.	Couquetaria.
Contre-basse.	Contra-bassa.	Conversion.	Counversion.	Coquillage.	Couquilhagi.
Contre-carrer.	Contra-carrar.	Convertible.	Counvertible, ibla.	Coquille.	Couquilha.
Contre-cœur.	Contra-couer.	Convertir.	Counvertir.	Coquille des hélices.	Gangaura.
Contre-coup.	Contra-coou.	Convertir se.	Counvertir se.	Coquillier.	Couquilhier.
Contre-danse.	Contra-dansa.	Convexité.	Counvexitat.	Coquin.	Couquin.
Contre-dire.	Contra-dire.	Convexité d'une pièce de bois.	Ardit.	Coquin gros.	Couquinas.
Contre-dire se.	Contra-dire se.	Conviction.	Counviction.	Coquin petit.	Couquinot.
Contre-dit.	Contra-dich.	Convié, ée.	Counvidat, ada.	Coquins, les, en général.	Couquinalha.
Contrée.	Countrada.	Convier.	Counvidar.	Coquin, ine.	Couquin, ina.
Contrefaçon.	Contrafaçon.	Convive.	Counvivo.	Coquiner.	Couquinar.
Contrefacteur.	Contra-factour.	Convocation.	Counvoucation.	Coquinerie.	Couquinaria.
Contrefaction.	Contrafaction.	Convoi.	Counvoi.		
Contrefaire.	Contrafaire.	Convoi de charrettes.	Charrel.	**COR**	
Contrefaire se.	Contrafaire se.	Convoité, ée.	Calegnat, ada.		
Contrefait, aite.	Controfach, acha.	Convoiter.	Calegnar.	Cor.	Cor.
Contre-fort.	Contra-fort.			Cor des pieds.	Agocin.
Contre-jour.	Contra-jour.			Cor de chasse.	Cor de chassa.

Coracias.	Gralha à peds et bec rouges.	Corne de.	Cornenc, vl.
Corail.	Courau.	Corne de vergue.	Corna de verga.
Corail des jardins.	Pebroun.	Corne de cerf.	Corna de cerf.
Coralline.	Courallina.	Corne, plante.	Herba de la malha.
Coran.	Alcoran.	Cornée.	Blanc de l'uelh.
Corbeau.	Corpatas.	Corneille noire.	Gralha, Chaia.
Corbeau.	Barbacana.	Corneille mantelée.	Corpatas-blanc.
Corbeille.	Corbelha.	Corneille, n. pr.	Cornelha.
Corbeille au pain.	Panatiera.	Cornemuse.	Corna-musa.
Corbeille petite.	Corbelheta,	Cornemuse, joueur de.	Cornamusaire,
Corbeille grande.	Gouerba.	Corner,	Cornar.
Corbeille en paille.	Polhoua.	Cornet.	Cornet.
Corbillard.	Corbilhard.	Cornet acoustique.	Cornet acoustique.
Corbillon.	Corbilhoun.	Cornet à bouquin.	Cornet à bouquin.
Corbine.	Gralha.	Cornette,	Couiffa de nuech.
Cordage.	Cordagi.	Corniche.	Cornicha.
Corde.	Corda.	Cornichon.	Cornilhoun.
Corde petite.	Cordeta.	Cornichon, fruit.	Cornichoun,
Corde qui soutient le linge sale.	Partega.	Cornière.	Corniera.
Corde du bât.	Ajoua.	Cornouille.	Acurni.
Corde de sparte.	Marroun.	Cornouiller mâle.	Acurnier,
Corde de genet.	Bridoula.	Cornouilles, qui à la forme des.	Acurnenc.
Corde à charger.	Cargadouira.	Cornouillers, lieu planté de.	Courgnareda.
Corde à boyau.	Corda de tripa.	Cornouiller sanguin.	Sanguin.
Corde d'emballage.	Embaladouira.	Cornu, ue.	Banarut, uda, ua.
Corde qui lie les atteles.	Counjoungla.	Cornue.	Cornuda.
Cordeau.	Cordeou.	Corollaire.	Corollero.
Cordelé, ée.	Cordat, ada.	Corolle.	Corola.
Cordeler.	Cordar.	Coronal, ale.	Courounal, ala.
Cordelette.	Cordeta.	Coronille jonciforme.	Ginesta-fera.
Cordelier.	Cordelier.	Corporal.	Corporal.
Cordelle.	Cordela.	Corporation.	Corporation.
Cordé, ée.	Cordat, Encordat, ada.	Corporel, elle.	Corporel, ela.
Corde, ée, racine.	Charlat, uda, ua.	Corporellement.	Corporelament.
Corderie.	Cordaria.	Corps.	Corps.
Cordial, ale.	Cordial, ale.	Corps petit ou mauvais.	Corsilhoun.
Cordialement.	Cordialament.	Corps de garde.	Corps de garda.
Cordialité.	Cordialitat.	Corps-saint.	Corps-sant.
Cordier.	Cordier.	Corpulence.	Corpulença.
Cordillas.	Cordilhat.	Corpulent, ente.	Corpulent, enta.
Cordon.	Cordoun.	Correct, ecte.	Correct, ecta.
Cordon ombilical.	Verilha, Averis.	Correctement.	Courrectament.
Cordon de sonnette.	Cordil.	Correcteur.	Courrectour.
Cordonner.	Encordar.	Correctif.	Courrectif.
Cordonnet.	Cordounet.	Correction.	Courrection.
Cordonnier.	Coudounier, Sabatier.	Correctionnel, elle.	Courrectiounel, ela.
Corégone marénule.	Lucion de mar.	Corrélatif, ive.	Courrelatif, iva.
Coriace.	Courias, assa.	Correspondance.	Courrespondança.
Coriandre.	Coriandra.	Correspondant, ante.	Courrespondent, enta.
Corindon ferrifère.	Emeril.	Correspondre.	Courrespondre.
Corlieu.	Courliou.	Corridor.	Courredour.
Corme.	Sorba, Suerba.	Corrigé, ée.	Courrigeat, ada.
Cormier.	Sourbier, Sourbiera.	Corriger.	Courrigear.
Cormière.	Cormiera.	Corriger se.	Courrigear se.
Cormoran.	Cormoran.	Corroboratif, ive.	Corroboratif, iva.
Cornaline.	Cornalina.	Corroboration.	Corroboration.
Cornard.	Cornard.	Corroboré, ée.	Corroborat, ada.
Corne.	Corna, Bana.	Corroborer.	Corroborar.
Corne grosse.	Banassa.	Corrodant, ante.	Corrodant, anta.
Corne petite.	Baneta.	Corrodé, ée.	Corrodat, ada.
Cornes, qui a perdu les.	Desbanat, ada.	Corroder.	Corrodar.
Cornes, rompre les.	Desbanar.	Corroi.	Batut.
Cornes, pousser des.	Banar.	Corrompre.	Courroumpre.
Cornes, accrocher avec les.	Embanar.	Corrompre se.	Courroumpre se.
Cornes, planter des.	Encornelhar.	Corrompre un cuir.	Bissar.
		Corrompu, ue.	Courroumput, uda.
		Corrosif, ive.	Corrosif, iva.
		Corrosion,	Corrosion.

Corroyer.	Courregear, Tanar. Rondon.
Corroyère.	Coungreaire.
Corroyeur.	Courruptour, trica.
Corrupteur, trice.	
Corruptibilité.	Courruptibilitat.
Corruptible.	Courruptible, ibla.
Corruption,	Courruption.
Corsage.	Coursagi.
Corsaire.	Coursari.
Corse.	Corso.
Corset.	Corset, Gilecou.
Corset de femme.	Boumbet.
Carsets, ouvrier qui foit des.	Corsetaire.
Cortége.	Courtegi.
Cortes.	Cortes.
Corvée.	Courvada.
Corvette.	Corveta.
Corybante.	Corybanto.
Coryphée.	Corypheou,

COS

Cosaques.	Cosacos.
Coseigneur.	Counseignour.
Cosme, n. pr.	Cosme.
Cosmographie.	Cosmographia.
Cosmopolite.	Cosmopolito.
Cosse.	Couessa.
Cosse des légumes.	Gruelha.
Cosser.	Bussar, Dourdar.
Cosser, sujet à.	Bussaire.
Cosson.	Calandra, 2.
Cossu, ue.	Coussut, uda, ua.
Costume.	Costume.
Costumer,	Costumar.

COT

Côte.	Costa.
Côté.	Caire, Couslat.
Côte d'or, départ.	Costa d'or.
Cotes du nord, départ.	Costas daou nord.
Coteau.	Couteau.
Cotelette.	Costeleta.
Cotelette de porc salé.	Costilhouns.
Côté, ée.	Coutat, oda.
Coter.	Coutar.
Coterie.	Coutaria.
Cothurne.	Cothurno.
Côtier.	Costier.
Cotignae.	Coudounar.
Cotillon.	Coutilhoun.
Cotillon petit.	Coutilhounet.
Cotir.	Macar.
Cotisation.	Cotisation.
Cotisé, ée.	Cotisat, ada.
Cotiser.	Cotisar.
Cotiser se.	Cotisar se.
Cotissure.	Macadura.
Coton.	Coutoun.
Cotonnade.	Coutounada.
Cotonné, ée.	Coutounat, ada.
Cotonner, se.	Coutounar se.
Cotonneux. euse.	Bourrilhous, ousa.
Cotonnier.	Coutounier.
Cotonnine.	Coutounina.
Cotoyer.	Rebegear, Cottegear.
Cotte de mailles.	Alesto, vl.
Cotte d'armes.	Cota.

COU

Cou.	Col, couel.
Couard.	Coart, vl.
Couardise.	Coardia, vl.
Couchant.	Couchant.
Couche.	Coucha.
Couché ée.	Couchat, ada.
Couchée.	Couchada.
Coucher.	Couchar, Cougear.
Coucher se.	Couchar se.
Coucher avec.	Acoalar, vl.
Coucher, se sur le ventre.	S'abauvar.
Couchette.	Coucheta, Lichiera.
Coucheur, euse.	Couchur, usa.
Couci-couci.	Couci-couça.
Coucou.	Couguou.
Coucou de mer.	Granau.
Coucou gros.	Couguoulas.
Coude.	Coude.
Coudé, ée.	Coudat, ada.
Coudée.	Couidat.
Coude-pied.	Coude-ped.
Couder.	Coudar.
Couder un sarment.	Aginoulhar.
Coudoyer.	Coudegear.
Coudoyer, action de.	Coudouissament.
Coudraie.	Avelaniera.
Coudre.	Courdourar.
Coudrier.	Avelanier.
Couenne.	Coudena, Couina.
Couette.	Coulcet, Couineta.
Couette petite.	Balassoun.
Couette remplie de balle d'avoine.	Balassiera.
Couets.	Escotas.
Couffe de palangre.	Couffa de palangra.
Coulage.	Escampi.
Coulamment.	Couramment.
Coulant, ante.	Courrent, enta.
Coulant, s.	Cuer.
Coulé, ée.	Coulat, ada.
Coulée.	Coulada.
Coular.	Coular, Rojar.
Couleur.	Coulour.
Couleur tendre.	Couloureta.
Couleuvre.	Colobra.
Couleuvre rupestre.	Bessas.
Couleuvre d'Esculape.	Bissam.
Couleuvre tachetée.	
Couleuvre à quatre raies.	
Couleuvre de Scopoli.	
Couleuvre à collier.	Bissa, 3.
Couleuvre verte.	
Couleuvre, noire.	
Couleuvre sillonnée.	
Couleuvrée.	Bryouina.
Couleuvrine.	Couloubrina.
Coulis.	Coulis.
Coulis, adj.	Couladis, issa.
Coulisse.	Coulissa.
Couloir.	Coulaire.
Coulpe.	Coulpa.
Coup.	Coou.
Coup de couteau.	Coutelada.
Coup d'œil.	Ulhada.
Coup, violent sur la tête.	Amassagna.

Coup sur la nuque.	Coueta.
Coup de poing sur le nez.	Coucha-mourre.
Coups donnés et reçus.	Pics et Patacs.
Coup de soleil.	Coou de souleou.
Coup de vin, un petit.	Chiquet.
Coupable.	Coupable, abla.
Coupe.	Copa.
Coupe, vase.	Coupa.
Coupe bourgeon.	Copa-boutoun.
Coupe-cul.	Lavachou.
Coupe-pâte.	Rascla, Raspa.
Coupe-gorge.	Copa gorgea.
Coupe-jarret.	Copa-jarret.
Coupé, ée.	Coupat, ada.
Coupé.	Coupet.
Coupellation.	Coupellation.
Coupelle.	Coupela.
Couper.	Copar.
Couper se.	Copar se.
Couper en parlant se.	Entrecoupar s'.
Couperet.	Marras.
Couperose verte.	Coupa-rosa.
Couperose blanche.	Coupa-rosa blanca.
Coupe-tête.	Gogis.
Coupeur, euse.	Coupaire, arela.
Coupeur de bourse.	Copur de boursa.
Couple.	Coubla, Pareou.
Couplet.	Coublet.
Coupleter.	Coubleiar.
Coupole.	Coupola.
Coupon.	Coupoun, Escapouloun.
Coupure.	Copadura.
Cour.	Cour.
Cour des comptes.	Cour deis comptes.
Cour des aides.	Cour deis aidos.
Cour plénière.	Cour pleniera.
Courage.	Couragi.
Courageusement.	Courageousament.
Courageux, euse.	Courageous, ousa.
Couramment.	Couramment.
Courant, ante.	Courrent, enta, Courant.
Courante.	Couranta.
Courbature.	Courbatura.
Courbature spontanée.	Ableigadura.
Courbe.	Courba.
Courbé, ée.	Courbat, ada.
Courber.	Courbar.
Courber se.	Courbar se.
Courbet.	Arçoun.
Courbette.	Courbeta.
Courbure.	Courbura.
Courcaillet.	Cascalhet.
Courée.	Seou.
Coureur.	Courreire.
Coureuse.	Charospa.
Courge.	Cougourda.
Courge, bouteille.	Envinadouira.
Courge trompette.	Cornet, 3.
Courir.	Courrer.
Courir, exciter à.	Acoussar.
Courir souvent, sans sujet.	Courratiar.
Courlis.	Courlis.
Courlis d'Italie.	Gourbelha.
Courlis petit.	Courliou.
Courlis de terre.	Coureli.
Courlis vert.	Gourbelha.
Couronne.	Courouna.
Couronne impériale.	Courouna imperiala.

Couronnement.	Courounament.
Couronné, ée.	Courounat, ada.
Couronner.	Courounar.
Courrier.	Courrier.
Courroie.	Courregea.
Courroie des souliers.	Courregeoun.
Courroie, coup de.	Courregeada.
Courroucé, ée.	Courrouçat, ada.
Courroucer.	Courrouçar.
Courroucer se.	Courrouçar se.
Courrous.	Courrous.
Cours.	Cours.
Cours de ventre.	Escourensa.
Cours d'amour.	Cours d'amour.
Course.	Coursa.
Course, aller en.	Coursegear.
Course inutile.	Cambalassa.
Coursier.	Coursier.
Courson.	Carga, 4.
Court, ourte.	Court, ta.
Court, un peu.	Courtet.
Courtage.	Courtagi.
Courtaud, aude.	Rabasset, eta.
Courtaudé, ée.	Escouat, ada.
Courtauder.	Escouar.
Court-bâton.	Cavilha.
Court-bouillon.	Court-boulhoun.
Courte échelle.	Cargoula.
Courte paille.	Courta palha.
Courte-pointe.	Vana.
Courtier.	Courtier.
Courtilière.	Courtilhiera.
Courtine.	Courtina.
Courtisan.	Courtisan.
Courtisane.	Courtisana.
Courtisé, ée.	Courtisat, ada.
Courtiser.	Courtisar.
Courtois, oise.	Courtes, esa.
Courtoisement.	Courtoisament.
Courtoisie.	Courtoisia.
Cousin, ine.	Cousin, ina.
Cousin, insecte.	Cousin.
Cousin, traiter de.	Cousingear.
Cousinage.	Cousinagi.
Cousiner.	Causinegear.
Cousinière.	Mousquetiera.
Cousoir.	Cousoir.
Coussin.	Couissin.
Coussin gros.	Couissinas.
Coussin petit.	Coussinet.
Coussinet.	id.
Coussou.	Coussou.
Coût.	Coust.
Coûtant.	Coustant.
Couteau.	Couteou, Coutel.
Couteau petit.	Coutelet.
Couteau gros.	Coutelas.
Couteau à chapeler.	Pica-croustas.
Couteau à débiter.	Copa pan.
Couteau de sage femme.	Copa vedilha.
Couteau pour peler les prunes.	Pearaire.
Couteau, donner un coup de.	Coutelar.
Coutelas.	Coutelas.
Coutelier.	Coutelier.
Coutelière.	Couteliera.
Coutellerie.	Coutelaria.
Coûter.	Coustar.
Coûteux, euse.	Coustous, ousa.
Coutil.	Coutis.

Coutre.	Coutre.
Coutrier.	Coutrier.
Coutrier, labourer avec le.	Coutregear.
Coutume.	Costuma.
Coutumier.	Costumier.
Couture.	Coutura, Courdura.
Couture grossierement faite.	Courdurassa.
Couturé, éc.	Courdurat, ada.
Couturier.	Couturier.
Couturière.	Couturiera.
Couvain.	Couen.
Couvé, ée.	Couat, ada.
Couvée.	Couada.
Couvent.	Couvent.
Couver.	Couar, Grouar.
Couver, cesser de.	Descouar.
Couver, besoin de.	Acouassar s'.
Couver des yeux.	Accoucoular.
Couvercle.	Cubesseou, ela.
Couvert.	Couvert.
Couvert, erte.	Couvert, erta.
Couverte.	Cuberta.
Couverture.	Couvertura, Flassada.
Couverture de berseau.	Cubertoun.
Couvet.	Cassoleta.
Couveuse.	Couarela.
Couvi.	Couadis.
Couvre-chef.	Cubre-cap.
Couvre-pied.	Couvra-ped.
Couvreur en chaume.	Clugeaire.
Couvreuse des chaises.	Garnissusa.
Couvrir.	Curbir.
Couvrir en chaume.	Clugear.
Couvrir avec un couvercle.	L'abousselar.
Couvrir avec des couvertures.	Estapounar.
Couvrir se.	Amagar s'.

CRA

Crabe.	Favouya.
Crabe vert.	Esclapaire, 2.
Crabier de Mahon.	Granoulhier.
Crac.	Crac.
Crachat.	Crachat.
Crachat gros.	Escarcavai.
Crachat petit.	Escupignoun.
Crachement.	Crachament.
Cracher.	Crachar, Escupir.
Cracheur.	Escupeire.
Crachoir.	Escupidour.
Crachotement.	Escuparia.
Crochoter.	Crachouniar.
Craie, pierre.	Croya, Greda.
Craindre.	Cregner.
Craint, ainte.	Cronch, encha.
Crainte.	Crenta.
Craintif, ive.	Crentious, ousa.
Craintivement.	Timidament.
Cram des Anglais.	Rafanela.
Cramoisi.	Cremesin.
Crampe.	Rampa, Crampa.
Crampe du poignet.	Agui.
Crampon.	Crampoun.
Cramponné, ée.	Crampounat, ada.
Cramponner.	Crampounar.
Cramponner se,	Crampounar, se.

Cran.	Entalha.
Crâne.	Crane.
Crânerie.	Cranaria.
Cranologie.	Cranologia.
Cranson de Bretagne.	Rafanela.
Cranson rustique.	id.
Cranson drave.	Caulechoun.
Crapaud.	Grapaud, Babï.
Crapaud cendré.	Babi, 2.
Crapaud de Roësel.	Babi, 3.
Crapaud tuberculeux.	Babi gros.
Crapaud ferrugineux.	Babi, 4.
Crapaud variable.	Babi, 1.
Crapaud petit.	Grapaudoun.
Crapaud de mer.	Rascassa, 2.
Crapaud volant.	Tardarassa.
Crapaudine.	Grapaudina, Loubeta.
Crapaudine, plante.	Bouena-brouissa.
Crapule.	Crapula.
Crapuler.	Acrapulir s'.
Crapuleux, euse.	Acrapulit, ida, ia.
Craquelin.	Tourtilhoun.
Craquement.	Cracament.
Craquer.	Cracar, Cresinar.
Craquerie.	Cracaria.
Craqueter.	Craquetar.
Craqueur, euse.	Cracur, usa.
Crasse.	Crassa.
Crasse du visage.	Brauta.
Crasse, se couvrir de.	Encrassouire s'.
Crau.	Crau.
Cravache.	Cravacha.
Cravan.	Brenacha.
Cravate.	Gravata, Cravata.
Crave.	Gralha à peds et bec rouges.
Crayon.	Crayoun.
Crayonné, ée,	Crayounat, ada.
Crayonner.	Crayounar.

CRE

Créance.	Creança.
Créancier, ière.	Creancier, icra.
Créateur.	Creatour.
Création.	Creation.
Créature.	Creatura.
Créature, petite.	Creaturoun.
Crecelle.	Estenebras.
Crecelle petite.	Raineta.
Crécerelle.	Ratier.
Crecerclette.	Mouisset-rous.
Crèche.	Grupi.
Crèche, la sainte.	Creche.
Crédence.	Credença.
Crédit.	Credit.
Crédité, ée.	Creditat, ada.
Créditer.	Creditar.
Credo.	Credo.
Crédule.	Credule, ula.
Crédulité.	Credulitat.
Créé, ée.	Creat, ada.
Crémaillère.	Cumascle.
Crémaillère, en forme de potence.	Ase.
Crémaillon.	Cumascloun.
Crème.	Crama, Crema.
Crème de lait de vache.	Burada.
Crémer.	Cremar, Cramar.

Créneau.	Merlet, Cranet.
Crénelé, ée.	Encrenat, ada.
Crénilabre Alberti.	Langanea.
Crénilabre argué.	Rouquier.
Crénilabre de Brunnich.	Siblaire.
Crénilabre cendré.	Fournier, 2.
Crénilabre bleu.	Rouquier.
Crénilabre Cotta.	Siblaire.
Crénilabre de Geoffroy.	Rouquier.
Crénilabre de Lamarck.	Siblaire.
Crénilabre lapin.	Blavier, 2.
Crénilabre Massa.	Langanea.
Crénilabre méditerranéen.	Siblaire.
Crénilabre mélops.	Fournachou.
Crénilabre mérule.	Tourdou d'aigua.
Crénilabre noirâtre.	Rouquier.
Crénilabre ocellé.	Vachetta.
Crénilabre œillé.	Rocairoun.
Crénilabre olivâtre.	id.
Crénilabre Palloni.	Tenca.
Crénilabre réticulé.	Rouquier.
Crénilabre à cinq taches.	Langanea.
Crénilabre rougeâtre.	Siblaire.
Crénilabre écriture.	Perca, 2.
Crénilabre tigre.	Rouquier.
Crénilabre varié.	Langanea.
Crénilabre veiné.	Rouquier.
Crédilabre verddtre.	Siblaire.
Crédilabre vert.	Rouquier.
Créole.	Creol, olà.
Crêpe.	Crespa.
Crêpé, ée.	Crespat, ada.
Crêper.	Crespar, frisar.
Crépi, ie.	Crespit, ida.
Crépide fétide.	Poutairia pudenta.
Crépin, B. pr.	Crespin.
Crépine.	Crespina.
Crépir.	Crespir.
Crépissure.	Crespissagi.
Crépon.	Crespoun.
Crépu, ue.	Cresput, ada.
Crepuscule.	Crepuscule, Carabrun.
Cresson.	Creissoun.
Cresson alénoïs.	Nastoun, Creissoun alanois.
Cresson de fontaine.	Creissoun.
Cresson sauvage.	Brama fam.
Crésus.	Cresus.
Crête.	Cresta.
Crête petite.	Crestouna.
Crête de coq.	Tartarieya.
Crête de montagne.	Serre, Cresten.
Crêton.	Gratoun.
Crétonne.	Cretouna.
Creuse, départ. de la.	Creusa, despart.
Creusé, ée.	Curat, ada.
Creuser.	Curar.
Creuset.	Cruset.
Creuset de verrier.	Padelin.
Creux, euse.	Curat, ada.
Creux.	Cros, Croues.
Creux, arbre.	Aubre carabougnat.
Crevasse.	Crebassa, Escarta.
Crevassé, ée.	Escrebassat, àda.
Crevasser se.	Escrebassar s'.

Crève-chien.	Maureleta.
Crève-cœur.	Creba-couer.
Crevé, ée.	Crebat, ada.
Crever.	Crebar.
Crever se.	Crebar se.
Crever dans sa peau.	Esboudinar.
Crevette.	Niera de mar.
Crevette des ruis-	
seaux.	Trenquiera.
Cri.	Crid, Bram.
Criailler.	Crialhar.
Criaillerie.	Bramadissa.
Criailleur, euse.	Cridaire, arela.
Criant, ante.	Cridant, anta.
Criard, arde.	Cridaire, arela.
Crible.	Crible, Cruveou.
Crible petit.	Cruvelet.
Crible, grand, pour	
passer le blé.	Drai.
Cribleur, euse.	Moundaire.
Criblure.	Grapier.
Cric.	Cric.
Cric-crac.	Cric-crac.
Criblé, ée.	Criblat, ada.
Cribler.	Criblar, moundar.
Criée.	Cridas.
Crier.	Cridar.
Crierie.	Cridaria.
Crieur, euse.	Cridaire, arela.
Crime.	Crime.
Crime, accusé d'un.	Encriminat, ada.
Crime, accuser d'un.	Encriminar.
Criminaliste.	Criminalisto.
Criminel, elle.	Criminel, ela.
Criminellement.	Criminelament.
Crin.	Crin.
Crinière.	Criniera, Coma.
Crique.	Carança.
Criquet.	Criquet.
Criquet émigrant.	Baudrora.
Crise.	Crisa.
Crispation.	Crispation.
Crispar.	Crispar.
Cristal.	Cristal.
Cristallin, ine.	Cristallin, ina.
Cristallisation.	Cristallisation.
Cristallisé, ée.	Cristallisat, ada.
Cristalliser.	Cristallisar.
Cristalliser se.	Cristallisar se.
Critique.	Critica.
Critique, celui qui.	Critico.
Critiqué, ée.	Critical, ada.
Criticar.	Criticar.

CRO

Croc.	Croc.
Croc en jambe.	Faire la cambeta.
Croc à puits.	Cerca pous.
Croche.	Crocha.
Crochet.	Crochet, Courchet.
Crochet fixé au pla-	
fond.	Berri.
Crochet qui soutient	
le fèle.	Arsinet
Crocheté, ée.	Crochetat, ada, Crou-
	chetat.
Crocheler.	Crochetar, Corchetar.
Corcheteur.	Porta-fais.
Crochu, ue.	Crocut, uda, Crou-
	ehut.
Crocodile.	Crocodilo.

Croire.	Creire.
Croire se.	Creire se.
Croisade.	Crousada.
Croisé, ée	Crousat, ada.
Croisée.	Crousiera.
Croiser.	Crousar.
Croisière.	Crousiera.
Croisillon.	Crousilhoun.
Croissance.	Creissença.
Croissant, serpete en.	Bouigoun.
Croïeure.	Crousadura.
Croît.	Creis.
Croître.	Creisser.
Croix.	Crous.
Croix d'honneur.	Crous d'hounour.
Croix de Malte.	Crous de Malta.
Croix, exaltation de	Crous, exaltation de
la.	la.
Croix petite.	Crouseta.
Croix de Jérusalem	Crous de Malta.
Cromorne.	Cromorno.
Crone.	Cauna.
Croquant.	Crocentela.
Croque note.	Croca nota.
Croque au sel.	Corcocela.
Croquer.	Crocar.
Croquer le marmot.	Baducar.
Croquet.	Escaleta.
Croquignole.	Crouquignola.
Croquis.	Croquis.
Crosse.	Crossa.
Crossé.	Crossat.
Crossette.	Malhoou, Escouet.
Crotales.	Chaplachouns.
Crotte.	Peta, Pecora.
Crotte de rat.	Chiagnas.
Crotter.	Enfangar.
Crottin.	Peta, Pecora.
Crottin, lacher du.	Pecoular.
Crottin, fumier de.	Pecoulat.
Crottin de menu bétail.	Pecora, migoun.
Crottin de vers à soie.	Cagarelas.
Crouler.	Toumbar.
Croup.	Croup.
Croupe.	Groupa.
Croupiat.	Croupiat.
Croupier.	Manteneire.
Croupière.	Groupiera.
Croupière, mar.	Croupias.
Croupion.	Croupion, Orsa.
Croupir.	Groupir.
Croupissement.	Groupissament.
Croustille.	Croustilhoun.
Croustiller.	Croustilhar.
Croustilleux, euse.	Croustilhous, ousa.
Croûte.	Crousta.
Croûte petite.	Crousteta, Croustoun.
Croûte grosse.	Croustassa.
Croûte de la tête des	
enfants.	Molans.
Croûton.	Croustet, Broundel.
Croyable.	Crouyable, abla.
Croyance.	Crouyança.
Croyant, ante.	Crouyant, anta.
Cuirasser.	Cuirassar.
Cuirassier.	Cuirassier.
Cuire.	Couire.
Cuire avec de man-	
geaison, v. n.	Brusar.
Cuisant, ante.	Cuisant, anta.
Cuiseur.	Cousier.
Cuisine.	Cousina.

Cuisiné, ée.	Cuisinat, ada.
Cuisiner.	Cuisinar, Cousinar.
Cuisinièr, ère.	Cuisinier, iera.
Cuisinier mauvais.	Broussa salsa.
Cuissard.	Cuissard.
Cuisse.	Cuissa.
Cuisse grosse.	Cuissassa.
Cuisse petite.	Cuisseta.
Cuisses, qui a de	
grosses.	Cuissut.
Cuisses, claque sur	
les.	Cuissada.
Cuisse-madame.	Cuissa de dona.
Cuisson.	Brusour, Couisoun.
Cuistre.	Cuistre.
Cuite.	Cuecha.
Cuivre.	Cuivre.
Cuivre blanc.	Cuivre blanc.
Cuivre de Rosette.	Cuivre de Rouseta.
Cuivre jaune.	Cuivre jaune.
Cuivrer.	Cuivrar.

CUJ

Cujelier.	Bedouvida.

CUL

Cul.	Cuou.
Cul. petit ou joli.	Cuouroun.
Cul de sac.	Bornigoun, 2.
Culasse.	Culassa.
Cul-blanc.	Becassoun.
Cul-blanc.	Cuou-blanc.
Cul-blanc de rivière.	Cuou-blanc d'aigua.
Cul-blanc roussâtre.	Reynaubi.
Cul-blanc nacré.	Biou de luna.
Culbute.	Toumbareleta.
Culbuter.	Culbutar, Cabussar.
Culée.	Culada.
Culer.	Cular.
Culeron.	Culeiroun.
Culminant, point.	Cap de costa.
Culot.	Caga-nis, Cacandre.
Culotte.	Brayas.
Culotte, qui laisse	
tomber sa.	Brayassier.
Culotte, bas, mettre la.	Desbrayar.
Culotte, fourreau de.	Brayoun.
Culotté, ée.	Embrayat, ada.
Culotter.	Embrayar.
Culotter se	Embrayar se.
Culottin.	Brayeta.
Culpabilité.	Culpabilitat.
Culte.	Culte.
Cultivable.	Cultivable, abla.

CRU

Cru.	Crud.
Cru, e.	Cresut, uda.
Cru, e.	Creissut, uda.
Cru, ue, pas cuit.	Crud, uda, ua.
Cruauté.	Cruoutat.
Cruche.	Pechier.
Cruche petite.	Pecheiroun, Dour-
	gueta.
Cruche à anse et à bec.	Dourga.
Cluche, plein une.	Dourgada.
Cruchée.	Pecheirada.
Cruchon.	Pecheiroun.
Crucifié, ée.	Crucifiat, ada.
Crucifiement.	Crucifiament.
Crucifié, ée.	Crucifiat, ada.

Crucifier.	Cruciflar.
Crucifix.	Crucifix.
Crudité.	Cruditat.
Crue.	Desbord.
Cruel, elle.	Cruel, ela.
Cruellement.	Cruelament.

CRY

Chrysolithe.	Crisolit, vl.
Chrysoprase.	Crisopassi, vl.

CUB

Cuba.	Cuba.
Cube.	Cube.
Cubé, ée.	Cubat, ada.
Cubèbe.	Cubebo.
Cuber.	Cubar.
Cubique.	Cubique, ica.

CUE

Cueillette.	Culheta.
Cueuilleur.	Acampaire.
Cueilli, ie.	Culhit, ida, ia.
Cueillie.	Culhida.
Cueillir.	Culhir.
Cueilloir.	Bertoul.

CUI

Cuiller.	Culhier.
Cuillère.	Culhiera.
Cuillère petite.	Cuilheiroun.
Cuillerée.	Culheirada.
Cuillerons de châtaignes.	Culheirets.
Cui-pomme.	Poumiera.
Cuir.	Cuer.
Cuirs, commerce des.	Curataria.
Cuirs, marchand de.	Curatier.
Cuirasse.	Cuirassa.
Cuirassé, ée.	Cuirassat, ada.
Cultivateur.	Cultivatour.
Cultivé, ée.	Cultivat, ada.
Cultiver.	Cultivar.
Culture.	Cultura.

CUM

Cumin.	Cumin.
Cumin des prés.	Charui.
Cumul.	Cunul.
Cumuler.	Cumular.

CUN

Cunégonde.	Cunegounda.

CUP

Cupidité.	Cupiditat.
Cupidon.	Cupidoun.
Cupule du gland.	Capelet, Couffeou.

CUR

Curable.	Curable, abla.
Curage.	Curagi.
Curatelle.	Curatela.
Curateur.	Curatour.
Curatif, ive.	Curatif, iva.
Curcuma.	Curcuma.
Cure.	Cura.
Cure, bénéfice du curé.	Cura.
Curé.	Curat.
Curé, gros.	Curatas.
Curé, petit.	Curatoun.
Curé, ée.	Curat, ada.
Cure-dent.	Cura-dent.
Cure-oreille.	Cura-aurelha.
Curer.	Curar.
Curette.	Cureta.
Curette.	Desgraissadour.
Cureur.	Curaire.
Curial, ale.	Curial, ale.
Curieusement.	Curiousament.
Curieux, euse.	Curious, ousa.
Curiosité.	Curiousitat.
Curoir de l'aiguillon.	Cureta.
Curoir des alambics.	Espan.

CUS

Cuscute.	Cuscuta.
Custode.	Custoda.

CUV

Cuve.	Tina.
Cuve petite d'osier ou de paille.	Benoun.
Cuvé, ée.	Cuvat, ada.
Cuvée.	Tinada.
Cuver.	Cuvar.
Cuvette.	Cuveta.
Cuvier.	Tineou.
Cuvier grand.	Tinola.
Cuvier petit.	Tineloun.

CYA

Cyanogène.	Cyanogeno.

CYB

Cybèle.	Cybela.

CYC

Cycle.	Cycle.
Cyclope.	Cyclopos.
Cyclostome élégant.	Sibleta.

CYC

Cygne.	Cygne.
Cygne à bec noir.	Cygne fer.

CLY

Cylindre.	Cylendre.
Cylindrique.	Cylendrique, ica.

CYM

Cymaise.	Cymesa.
Cymbale.	Cymbala.

CYN

Cynips de l'olivier.	Cairoun.
Cynique.	Cynique, ica.
Cynisme.	Cynisme.
Cynoglosse.	Cynoglossa, Herba de Nostra-Dame.
Cynorhodon.	Quinarodon.

CYP

Cyprès.	Cypres.
Cyprès petit.	Santolina.
Cyprien, nom pr.	Cyprien.
Cyprin doré.	Daurat.
Cyprin Ballère.	Bourdeliera.
Cyprin barbe.	Barbeou.
Cyprin carpe.	Carpa.
Cyprin chub.	Moffi.
Cyprin gobio.	Gobi.
Cyprin leucisque.	Sophia.
Cyprin phoxin.	Maucha.
Cyprin tenche.	Tenca.

CYR

Cyr, nom pr.	Cyr.
Cyrille, nom pr.	Cyrillo.

CYT

Cytise des Alpes.	Aubour.
Cytise à grappes.	Id.
Cytise à feuilles sessiles.	Cytiso.
Cytise à feuilles pliées.	Ginesta reboul.

CZA

Czar.	Czar.
Czarine.	Czarina.

D

D.	D.
Da.	Da.
Dactyle.	Dactylo.
Dactyle pelotonné.	Ped de lèbre.
Dada.	Dada.

DAG

Dagobert, n. pr.	Dagobert.
Dague.	Daga.
Dague petite.	Daguet.
Dagué, ée.	Dagat, ada.
Daguer.	Dagar.

DAH

Dahlia.	Dahlia.

DAI

Daigner.	Degnar.
Daim.	Dam.
Dais.	Pali.

DAL

Dalle.	Lausa.
Dalle grosse.	Lausassa.
Dalle en plâtre gâché.	Darna.
Dalle petite.	Lauseta.
Dalles, toit fait avec des.	Teoulada.
Dalmatique.	Dalmatica.
Dalot.	Dalot.

DAM

Dam.	Dam.
Damas.	Damas.
Damas, plante.	Juliena.
Damasquiné, ée.	Damasquinat, ada.
Damasquiner.	Damasquinar.
Damassé, ée.	Damassat, ada.
Damassure.	Damassura.
Dame.	Dama.
Dame grosse.	Damassa.
Dame petite.	Dameta.
Dame jeanne.	Dama-jana.
Dame de onze heures.	Penitent blanc.
Damer.	Damar.
Dameret.	Donzel, vl.
Damier.	Damier.
Damier, plante.	Campancla de montagna.
Damnable.	Dannable, abla.
Damnation.	Damnation.
Damné, ée.	Damnat, ada.
Damner.	Damnar.
Damner se.	Damnar se.
Damoiseau.	Dameiseou.
Damoiseou, qui fait le.	Adameiselit.
Damoiselle.	Dameisela.

DAN

Danaïdes.	Danaïdas.
Dandin.	Flandrin.
Dandin grand.	Dandinas.
Dandinement.	Balin, Balan.
Dandiner.	Landrinegear.
Dandiner se.	Dandinar se.
Danemarck.	Danemarck.
Danger.	Dangier.
Danger, être en.	Perigolar.
Dangereusement.	Dangeirousament.
Dangereux, euse.	Dangeirous, ousa.
Daniel, n. pr.	Daniel.
Danois.	Danois.
Dans.	Dins.
Danse.	Dansa.
Danse, chef de la.	Abbat.
Danser.	Dansar.
Danseur, euse.	Dansaire, arela.
Dansomanie.	Dansaria.

DAR

Dard.	Dard.
Dardanier.	Dardanaire.
Dardanelles.	Dardanelas.
Darder.	Dardar.
Darne.	Darna.
Darse.	Darse.
Dartre.	Dartre, Dartra.
Dartreux, euse.	Dartrous, ousa.

DAT

Dataire.	Datari.
Date.	Data.
Daté, ée.	Datat, ada.
Dater.	Datar.
Daterie.	Dataria.
Datif.	Datif.
Datte.	Datti.
Datte de mer.	Datti de mar.
Dattier.	Dattier.
Datura stramoine.	Darboussiera.

DAU

Daube.	Doba.
Dauber.	Pelegear, Zoubar.
Dauphin.	Doouphin.
Dauphine.	Doouphina.
Dauphiné.	Doouphinat.
Dauphinois.	Doouphinenc.
Daurade.	Aurada.
Daurade bilunuilée.	Cieucla.

DAV

Davantage.	Mai.
Davier.	Davier.

DÉ

De.	De.
Dé à jouer.	Dats.
Dé à coudre.	Dedau.

DEB

Débâcle.	Debacle.
Débâcler.	Debaclar.
Debagouler.	Debagular.
Déballage.	Desbalagi.
Déballer.	Desbalar.
Débandade à la.	Desbandada à la.
Débander.	Desbandar.
Debander se.	Desbandar se.
Débanquer.	Desbancar.
Désbaptiser.	Desbaptegear.
Débarbouillé, ée.	Desbarboulhat, ada.
Débarbouiller.	Desbarboulhar.
Débarbouiller se.	Desbarboulhar se.
Débarcadour.	Desbarcadour.
Débardé, ée.	Desbardat.
Débarder.	Desbardar.
Débarqué, ée.	Desbarcat, ada.
Débarquement.	Desbarcament.
Débarquer.	Desbarcar.
Débarrassé, ée.	Desbarrassat, ada.
Débarrasser.	Desbarrassar.
Débarrasser se.	Desbarrassar se.
Débarrasser se, de mauvaises marchandises.	Desbaratar se.
Débat.	Debat.
Débâté, ée.	Desbastat, ada.
Débâter.	Desbastar.
Débattre.	Debatre.
Débattre se.	Debatre se.
Débattu, ue.	Debatu, ue.
Débauche.	Desbaucha.
Débauché, ée.	Desbauchat, ada.
Débaucher.	Desbauchar.
Débaucher se.	Desbauchar se.
Débaucheur, euse.	Desbauchaire, arela.
Débavage.	Desbavagi.
Débaver.	Desbavar.
Débiffé, ée.	Debifat, ada.
Débiffer.	Debifar.
Débile.	Debile, ila.
Débilitation.	Debilitament.
Débilité.	Debilitat.
Débit.	Debit.
Débitant, ante.	Debitant, anta.
Débiter.	Debitar.
Débiteur, trice.	Debitour, triça.
Déblai.	Deblai.
Déblayer.	Descoumbrar.
Débloqué, ée.	Desbloucat, ada.
Débloquer.	Desbloucar.
Déboire.	Deboiro.
Déboité.	Desbouitat.
Déboitement.	Desmalugadura.

Déboîter.	Desbouitar, Delugar.	Décéler.	Decelar.	Déclaratif, ive.	Declaratiu, iva, vl.
Débondé, ée.	Desboundat, ada.	Décembre.	Decembre.	Déclaration.	Declaration.
Débondonné, ée.	Desboundounat, ada.	Décemment.	Decemment.	Déclaré, ée.	Declarat, ada.
Débondonner.	Desboundounar.	Décemvir.	Decemvir.	Déclarer.	Declarar.
Débonnaire.	Debounari.	Décemvirat.	Decemvirat.	Déclarer se.	Declarar se.
Débordé, ée.	Desbordat, ada.	Décence.	Decença.	Déclin.	Declin.
Débordement.	Desbordament.	Décennal.	Decennal.	Déclinable.	Declinable, abla.
Déborder.	Desbordar.	Décent, enta.	Decent, enta.	Déclinaison.	Declinasoun.
Débordoir.	Desbordoir.	Déception.	Deceptio, vl.	Déclinatoire.	Declinatori.
Débosser.	Desbossar.	Décerné, ée.	Decernat, ada.	Décliné, ée.	Declinat, ada.
Débotté, ée.	Desbottat, ada.	Décerner.	Decernar.	Décliner.	Declinar.
Débotter.	Desbottar.	Décès.	Deces.	Déclivité.	Penta.
Débouché.	Desbouchat.	Déchaînement.	Deschainament.	Décloué, ée.	Desclavelat, ada.
Débouché, ée.	Desbouchat, ada.	Déchaîné, ée.	Deschainat, ada.	Déclouer.	Desclavetar.
Débouchement.	Desbouchament.	Déchaîner.	Deschainar.	Décoction.	Decouction.
Déboucher.	Destapar.	Déchaîner se.	Deschainar se.	Decognoir.	Decougnoir.
Débouclé, ée.	Desbloucat, ada.	Déchanter.	Descantar.	Décoiffé, ée.	Descouiffat, ada.
Déboucler.	Desbloucar.	Décharge.	Descarga, Defarda.	Décoiffer.	Descouiffar.
Débouqué, ée.	Deboucat, ada.	Déchargé, ée.	Descargat, ada.	Decoilation.	Decoulation.
Débouquement.	Deboucament.	Déchargement.	Descargament.	Décollement.	Descollament.
Débouquer.	Deboucar.	Décharger.	Descargar.	Décollé, ée.	Descollat, ada.
Débourber.	Desenfangar.	Décharger se.	Descargar se.	Décoller.	Descollar.
Débours.	Desboursat.	Déchargeur.	Descargaire.	Décolleter.	Decouletar.
Déboursé, ée.	Desboursat, ada.	Décharné, ée.	Descarnat, ada.	Décoloré, ée.	Descoulourat, ada.
Débourser.	Desboursar.	Décharner.	Descarnar.	Décolorer.	Descoulourar.
Débout.	Drech, echa.	Déchasser.	Descavilhar.	Décombrer.	Decoumbrar.
Débouter.	Desboutar.	Déchaumé, ée.	Descampassit, ida.	Décombres.	Curun.
Déboutonné, ée.	Desboutounat, ada.	Déchaumer.	Descampassir.	Décomposée, ée.	Descoumpousat, ada.
Déboutonner.	Desboutounar.	Dechaussement.	Descaussagi.	Décomposer.	Descoumpousar.
Déboutonner se.	Desboutounar se.	Déchaussé, ée.	Descaussat, ada.	Décomposition.	Descoumposition.
Débraillé, ée.	Desgevitrat, ada.	Déchausser.	Descaussar.	Décompte.	Escompte.
Débrailler se.	Desgevitrar se.	Déchausser un arbre.	Escausselar.	Décompter.	Escomptar.
Débridé, ée.	Desbridat, ada.	Déchausser se.	Descaussar se.	Déconcerté, ée.	Desouncertat, ada.
Débrider.	Desbridar.	Déchéance.	Decheança.	Déconcerter.	Desouncertar.
Débris.	Debris.	Dechet.	Dechet, Cema.	Déconfire.	Desconfir.
Débrouillement.	Desbrouilhament.	Déchevelé, ée.	Refloulat, ada.	Déconfit, ite.	Desconfit, ita.
Débrouillé, ée.	Desbulhat, ada.	Dechiffrable.	Deschiffrable, abla.	Déconfiture.	Desconfitura.
Débrouiller.	Desbulhar.	Déchiffré, ée.	Deschiffrat, ada.	Déconforté, ée.	Descounfourtat, ada.
Débucher.	Deboscar.	Déchiffrer.	Deschiffrar.	Déconforter.	Descounfourtar.
Débusqué, ée.	Desboscat, ada.	Déchiffreur.	Deschiffrur.	Déconseillé, ée.	Descounselhat.
Débusquer.	Desboscar.	Déchiqueter.	Chicoutadura.	Déconseiller.	Descounselhar.
Début.	Debut.	Déchiqueture.	Chicoutadura.	Déconsidérer.	Descounsiderar.
Débutant, ante.	Debutant, anta.	Déchirement.	Estrassadura.	Décorateur.	Decoratour.
Débuter.	Debutar.	Déchiré, ée.	Escarchat, ada.	Décoration.	Decoration.
		Déchirer.	Escarchar.	Décorder.	Descordegear.
DEC		Déchirure.	Escorchadura.	Décoré, ée.	Decorat, ada.
		Déchoir.	Dechazar, vl. Dechetar.	Décorer.	Decorar.
Deçà.	Depai.			Décorum.	Decorum.
Deçà en.	Dedepai.	Deciare.	Deciaro.	Découcher.	Descouchar.
Décacheté, ée.	Descachetat, ada.	Décidément,	Decidament.	Découdre.	Descourdurar.
Décacheter.	Descachetar.	Décidé, ée.	Decidat, ada.	Découler.	Coular, Degoutar.
Décade.	Decada.	Décider.	Decidar.	Découpé, ée.	Decoupat, ada.
Décadence.	Decadança.	Décider se.	Decidar se.	Découper.	Decoupar.
Décagone.	Decagono.	Décigramme.	Decigramno.	Découper à plusieurs	
Décagramme.	Decagrammo.	Décilitre.	Decilitro.	reprises.	Copetegear.
Décaissé, ée.	Descaissat, ada.	Décimal, ale.	Decimal, ala.	Découper se.	Decoupar se.
Décaisser.	Descaissar.	Décimateur.	Decimatour.	Découplé, ée.	Desacoublat, ada.
Décalitre.	Decalitro.	Décime.	Decima.	Découpler.	Desacoublar.
Décalogue.	Decalogo.	Décimé, ée.	Decimat, ada.	Découpeur, euse.	Decoupur, usa.
Décalotter.	Descalotar.	Décimer.	Decimar.	Découpure.	Decoupura.
Décamètre.	Decametro.	Décimètre.	Decimetro.	Décourageant, ante.	Descorageant, anta.
Décamper.	Descampar.	Décintré, ée.	Decindrat, ada.	Découragement.	Descorageament.
Décan.	Decan.	Décintrer.	Decindrar.	Découragé, ée.	Descorageat, ada.
Décanat.	Decanat.	Décintroir.	Decindradour.	Décourager.	Descoragear.
Décapitation.	Descapitament.	Décisif, ive.	Decisif, iva.	Décourager se.	Descoragear se.
Décapité, ée.	Descapitat, ada.	Décision.	Decision.	Décours.	Decors, vl.
Décapiter.	Descapitar.	Décisivement.	Decisivament.	Décousu, ue.	Descourdurat, ada.
Décarrelé, ée.	Desbardat, Desmalounat.	Décistère.	Decistero.	Décousure.	Descourdureira.
		Déclamateur.	Declamaire.	Découvert, erte.	Descouvert, erta.
Décarreler.	Desbardar, Desmalounar.	Déclamation.	Declamation.	Découvert à force de	
		Déclamé, ée.	Declamat, ada.	recherches.	Destraucat, ada.
Décéder.	Decedar.	Déclamer.	Declamar.	Découverte.	Deseouverta.

Découvrir.	Descurbir.	Défalqué, ée..	Desfalcat, ada.
Découvrir un vase.	Descabusselar.	Défalquer.	Desfalcar.
Découvrir se.	Descurbir se.	Défaut.	Defaut.
Décrassé, ée.	Descrassat, ada.	Défaveur.	Desfavour.
Décrasser.	Descrassar.	Défectif.	Defectiu, vl.
Décrédité, ée.	Descreditat, ada.	Défection.	Defection.
Décréditer.	Descreditar.	Défectueux, euse.	Defectuous, ousa.
Décrépit, ite.	Abasanit, ida, ie.	Défectuosité.	Defectuousitat.
Décrépitude.	Vielhugi.	Défendable.	Defendable, abla.
Décret.	Decret.	Défendeur, euse.	Defendour.
Décrétale.	Decretala.	Défendeur, eresse.	Defendour.
Décrété, ée.	Decretat, ada.	Défendre.	Defendre.
Décréter.	Decretar.	Défendre se..	Se defendre.
Décrié, ée.	Descriat, ada.	Défendu, ue.	Defendut, uda.
Décrier.	Descriar.	Defens.	Deven.
Décrire.	Descrioure.	Défens, mettre en.	Endevensar.
Décrit, ite.	Descrich, icha.	Défense.	Defensa.
Décrocher.	Descrocar.	Défense, pièce de	
Décroiser.	Descrousar.	bois.	Buta fora.
Décroître.	Descreisser.	Défenses.	Defensas.
Décrotter.	Decroular.	Défenseur.	Dafensour.
Décrotteur.	Decroutur.	Défensif, ive.	Defensiu, vl.
Décrottoir.	Decroutoir.	Déférence.	Deferença.
Décrottoire.	Freta-fanga.	Déférer.	Deferar.
Décrûment.	Descrusada.	Déferler.	Defourrelar.
Décruer.	Descrusar.	Déferré, ée.	Desferrat, ada.
Décuire.	Descouire.	Déferrer.	Desferrar.
Décupler.	Dezeirar.	Défi.	Desfi.
Décurie.	Decuria.	Défiance.	Desfiança.
Décurion.	Decurion.	Défiant, ante.	Mesfisent, enta.
Décuvé, ée.	Destinelat, ada.	Déficit.	Deficit.
Décuver.	Destinelar.	Défié, ée.	Desfiat, ada.
		Défier.	Desfiar.
DED		Défiguré, ée.	Desfigurat, ada.
		Défigurer.	Desfigurar.
Dédaigner.	Desdegnar.	Défilé, ée.	Desfilat, ada.
Dédaigneusement..	Desdegnousament.	Défiler les chandelles.	Devargar.
Dédaigneux, euse.	Desdegnous, ousa.	Défiler.	Defilar.
Dédain.	Desdegn.	Défini, ie.	Definit, ida, ia.
Dédale.	Dedalo.	Définiteur.	Definitour.
Dédamer.	Desdamar.	Définitif, ive.	Definitif, iva.
Dédans.	Dedins.	Définition.	Definition.
Dédicace.	Dedicaça.	Définitivement.	Definitivament.
Dédicatoire.	Dedicatori, oira.	Défleuri, ie.	Desflourat, ada.
Dédié, ée.	Dediat, ada.	Défleurir.	Desflourar.
Dédier.	Dediar.	Défloration.	Deflouration.
Dédit.	Desdich.	Déflorer.	Desflourar.
Dédit, ite.	Desdich, icha.	Défoncé, ée.	Desfounçat, ada.
Dédommagé, ée.	Desdaumageat, ada.	Défoncer.	Desfounçar.
Dédommagement.	Desdaumageament.	Déformation.	Deformacio, vl.
Dédommager.	Desdaumagear.	Déformé, ée.	Desformat, ada.
Dédoré, ée.	Desdaurat, ada.	Déformer.	Desformar.
Dédorer.	Desdaurar.	Défouetter.	Desfouitar.
Dédoublé, ée.	Desdoublat, ada.	Défourner.	Desenfournar.
Dédoubler.	Desdoublar.	Défrayé, ée.	Desfrayat, ada.
Déduction.	Deduction.	Défrayer.	Desfrayar.
Déduire.	Deduire.	Défriché, ée.	Descampissat, ida..
Déduit, uite.	Deduch, ucha.	Défricher.	Desfrichar.
		Défrisé, ée.	Desfrisat, ada.
DEE		Défriser.	Desfrisar.
		Défriser se.	Desfrisar se.
Déesse.	Deessa.	Défroncer.	Desfrouncir.
		Défroqué, ée.	Desfrocat, ada.
DEF		Défroquer.	Desfrocar.
		Défunt, unte.	Defunt, unta.
Défacher se.	Desfachar se.		
Défaillance.	Defalhiment.		
Défaillant, ante.	Defalhent, enta.	**DEG**	
Défaillir.	Defalhir.		
Défaire.	Desfaire.		
Défait, aite.	Desfach, acha.	Dégagé, ée.	Desgageat, ada.
Défaite.	Defeta.	Dégagement.	Desgageament.
		Dégager.	Desgagear.

Dégager se.	Desgagear se.		
Dégaine.	Desgaina.		
Dégainé, ée.	Desgainat, ada.		
Dégainer.	Desgainar.		
Déganté, ée.	Desgantat, ada.		
Déganter.	Desgantar.		
Déganter se.	Desgantar se.		
Dégarni, ie.	Desgarnit, ida, ia.		
Dégarnir.	Desgarnir.		
Dégarnir se.	Desgarnir se.		
Dégât.	Degalh.		
Dégauchi, ie.	Desgauchit, ida, ia.		
Dégauchir.	Desgauchir.		
Dégel.	Desgel.		
Dégelé, ée.	Desgelat, ada.		
Dégeler.	Desgelar.		
Dégeler se.	Desgelar se.		
Dégénération.	Desgeneration.		
Dégénéré, ée.	Desgenerat, ada.		
Dégénérer.	Desgenerar.		
Dégingandé, ée.	Desguindat, ada.		
Dégluer.	Desenviscar.		
Dégluer se.	Desenvisiar se.		
Dégobillé, ée.	Degoubilhat, ada.		
Dégobiller.	Degoubilhar.		
Dégobillis.	Racadura.		
Dégoisé, ée.	Escudelat, ada.		
Dégoiser.	Escudelar.		
Dégonfler.	Desgounflar.		
Dégonfler se.	Desgounflar se.		
Dégorgé, ée.	Desgorgeat, ada.		
Dégorgement.	Desgorgeament.		
Dégorger.	Desgorgear.		
Dégorger se.	Desgorgear se.		
Dégourdi, ie.	Desgourdit, ida, ia.		
Dégourdir.	Desgourdir.		
Dégourdissement.	Desgourdissament.		
Dégoût.	Desgoust.		
Dégoûtant, ante.	Desgoustant, anta.		
Dégoûté, ée.	Desgoustat, ada.		
Dégoûter.	Desgoustar.		
Dégoûter se.	Desgoustar se.		
Dégoutter.	Degouttar.		
Dégradation.	Desgradation.		
Dégradé, ée.	Desgradat, ada.		
Dégrader.	Desgradar.		
Dégrafer.	Descrouchelar.		
Dégraissage.	Desgraissagi.		
Dégraissé, ée.	Desgraissat, ada.		
Dégraisser.	Desgraissar.		
Dégraisseur.	Desgraissur.		
Dégré.	Degre.		
Dégré.	Escalier.		
Dégréver.	Degrevar.		
Dégringolé, ée.	Degringoulat, ada.		
Dégringoler.	Degringoular.		
Dégriser.	Degrisar.		
Dégrossir.	Desgrossar, Desgrossir.		
Déguenillé, ée.	Desguenilhat, ada.		
Déguerpir.	Desguerpir.		
Dégueulé, ée.	Degulat, ada.		
Dégueuler.	Degular.		
Déguisé, ée.	Desguisat, ada.		
Déguisement.	Desguisament.		
Déguiser.	Desguisar.		
Déguiser se.	Desguisar se.		
Dégustation.	Tasta.		
Déguster.	Degustar, Tastar.		

DEH

Déhaler se.	Dessourelhar se.
Déhanché, ée.	Amalugat, ada.
Déhonté, ée.	Desvergougnat, ada.
Déhors.	Defora, Fora.

DEI

Déicidé.	Deicido.
Déification.	Deification.
Déifié, ée.	Deifiat, ada.
Déifier.	Deifiar.
Déisme.	Deisme.
Déiste.	Deisto.
Déité.	Deitat.

DEJ

Déjà.	Deja, ja.
Déjeté, ée.	Dejelat, ada.
Déjeter.	Dejitar.
Déjeter se.	Dejitar se.
Déjoindre.	Desjougner.
Déjoint, ointe.	Desjounch, ouncha.
Déjouer.	Desjugar.
Déjuc.	Desjoucar lou.
Déjucher.	Desjoucar.
Déjucher se.	Desjoucar se.

DEL

Délabrement.	Deslabrament.
Délabré, ée.	Debifat, ada, Deslabrat.
Délabrer.	Deslabrar.
Délacé, ée.	Deslassat, ada.
Délacer.	Deslassar.
Délai.	Delai.
Délai, mettre des.	Delaiar.
Délaissement.	Abandoun.
Délaissé, ée.	Delaissat, ada.
Délaisser.	Delaissar.
Délardé, ée.	Deslardat, ada.
Délarder.	Deslardar.
Délassé, ée.	Deslassat, ada.
Délassement.	Deslassament.
Délasser.	Deslassar.
Délasser se.	Deslassar se.
Délater.	Delatar.
Délateur, trice.	Delatour, triça.
Délavé, ée.	Delavat, ada.
Délaver.	Delavar.
Délayer.	Delayar, Destrempar.
Délectable.	Delectable, abla.
Délectation.	Delectation.
Délecté, ée.	Delectat, ada.
Délecter se.	Delectar se.
Délégation.	Delegation.
Délégué, ée.	Delegat, ada.
Déléguer.	Delegar.
Délesté, ée.	Delestat, ada.
Délester.	Delestar.
Délibératif, ive.	Deliberatif, iva.
Délibération.	Deliberation.
Délibéré, ée.	Deliberat, ada.
Délibérer.	Deliberar.
Délicat, ate.	Delical, ata, lec, leca.
Délicatement.	Delicatament.
Délicater, se.	Doulhelar se.

Délicatesse.	Delicatessa.
Délices.	Delicias, vl.
Délicieusement.	Delictousament.
Délicieux, euse.	Delicious, ousa.
Délicoté, ée.	Descabestrat, ada.
Délicoter se.	Descabestrar se.
Délié, ée.	Menut, uda.
Délié, ée.	Desliat, ada.
Délier.	Desliar.
Délire.	Revation.
Délirer.	Revar.
Délit.	Delit.
Délivrance.	Delivrança.
Délivre.	Nourrimeut.
Délivré, ée.	Delivrat, ada.
Délivrer.	Delivrar.
Délivrer se.	Delivrar se.
Délogement.	Deslougeament.
Déloger.	Deslogear.
Délot.	Cossa.
Déloyauté.	Deslialtat, vl.
Delphine, n. pr.	Doouphina.
Déluge.	Delugi.
Délustré, ée.	Deslustrat, ada.
Délustrer.	Deslustrar.

DEM

Démagogue.	Demagogo.
Démailloté, ée.	Desmalhotat, ada.
Démailloter.	Desmalhotar.
Demain.	Deman.
Démauché, ée.	Desmanchat, ada.
Démancher.	Desmanchar.
Démancher se.	Desmanchar se.
Demande.	Demanda.
Demandé, ée.	Demandat, ada.
Demander.	Demandar.
Demandeur, euse.	Demandaire, urela.
Demandeur en justice.	Demandour.
Démangeaison.	Mangeoun.
Démanger.	Demangear.
Démantibulé, ée.	Desmantibulat, ada.
Démantibuler.	Desmantibular.
Démarcation.	Desmarcation.
Démarche.	Desmarcha.
Démarié, ée.	Desmaridat, ada.
Démarier.	Desmaridar.
Démarqué, ée.	Desmarcat, ada.
Démarquer.	Desmarcar.
Démarré, ée.	Desmarrat, ada.
Démarrer.	Desmarrar.
Démasqué, ée.	Desmascat, ada.
Démasquer.	Desmascar.
Démasquer se.	Demascar se.
Démastiquer.	Desmasticar.
Démâté, ée.	Desmatat, ada.
Démâter.	Desmatar.
Démêlé.	Disputa, Demele.
Démêlé, ée.	Desgoussit, ida, ia.
Démêler.	Desgoussir.
Démembrement.	Desmembrament.
Démembré.	Desmembrat, ada.
Démembrer.	Desmembrar.
Déménagement.	Desmeinageament.
Déménagé, ée.	Desmeinogeat, ada.
Déménager.	Desmeinagear.
Démence.	Demença.
Démener.	Demenar se.
Démenti.	Dasmentit.
Démenti, ie.	Desmentit, ida.

Démentir.	Desmentir.
Démentir se.	Desmentir se.
Démérite.	Desmerite.
Démériter.	Desmeritar.
Démesuré, ée.	Demasiat.
Démesurément.	Desmasiadament.
Démettre.	Desmettre.
Démettre se.	Desmettre se.
Démeublé, ée.	Desmublat, ada.
Démeubler.	Desmublar.
Demeurant, ante.	Demorant, anta.
Demeure.	Demora.
Demeurer.	Restar, Demorar.
Demi, ie.	Demi, Miech, Miegea.
Demi-lune.	Demi-luna.
Demi-plein.	Demiei.
Demi-setier.	Pichouna.
Démis, ise.	Desmes, essa.
Démission.	Demission.
Démissionnaire.	Demissiounari.
Démittes.	Demitta.
Démocrate.	Democrato.
Démocratie.	Democratia.
Démocratique.	Democratique, ica.
Demoiselle.	Dameisela, Doumeisela.
Demoiselle insecte.	Doumeiseleta.
Demoiselle de Numidie.	Doumeisela.
Demoiselle petite.	Doumeiseleta.
Demoiselles, en général, les.	Doumeiselun.
Demoiselle, se donner les airs.	Adoumeiselir s'.
Démoli, ie.	Encalat, ada.
Démolir.	Foundre, Encalar.
Démolition.	Demoulition.
Démon.	Demoun.
Démoniaque.	Poussedat, ada.
Démonstrateur.	Demonstratour.
Démonstratif, ive.	Demoustratif, iva.
Démonstration.	Demoustration.
Démonté, ée.	Desmontat, ada.
Démonter.	Desmontar.
Démontré, ée.	Desmostrat, ada.
Démontrer.	Desmostrar.
Démordre.	Desmordre.
Démuré, ée.	Desbastit, ida.
Démurer.	Desbastir.

DEN

Dénaturé, ée.	Desnaturat, ada.
Dénaturer.	Desnaturar.
Dénégation.	Denegation.
Déniaisé, ée.	Desniaisat, ada.
Déniaiser.	Desniaisar.
Déniché, ée.	Desnichat, ada.
Dénicher.	Desnichar.
Dénicheur.	Cerca-nisadas.
Dénier.	Negar, Denegar.
Denier.	Denier.
Dénigré, ée.	Denigrat, ada.
Dénigrer.	Denigrar.
Denis, n. pr.	Denis.
Denise, n. pr.	Denisa.
Dénoircir.	Denegrir.
Dénombrement.	Denombrament.
Dénominateur.	Denominatour.
Dénominatif, ive.	Denominatiu, iva, vl.
Dénomination.	Denomination.
Dénommé, ée.	Denomat, ada.

Dénommer.	Denomar.	Dépêtrer se.	Despetrar se.	Dépuratif, ive.	Depuratiu, iva.
Dénoncé, ée.	Denounçat, ada.	Dépeuplement.	Despuplament.	Dépuration.	Depuration.
Dénoncer.	Denounçar.	Dépeuplé, ée.	Despuplat, ada.	Dépuré, ée.	Depurat, ada.
Dénonciateur, trice.	Denounciatour.	Dépeupler.	Despuplar.	Dépurer.	Depurar.
Dénonciation.	Denounciation.	Dépiécer.	Despeçar.	Députation.	Deputation.
Dénoté, ée.	Denotat, ada.	Dépilation.	Depilacio, vl.	Député.	Deputot.
Dénoter.	Denotar.	Dépilé, ée.	Depilat, ada.	Députe, ée.	Deputat, ada.
Dénoué, ée.	Desnousat, ada.	Dépiler.	Depilar, vl.	Députer.	Deputar.
Dénouer.	Desnousar.	Dépister.	Depistar.		
Dénoûment.	Delegadara.	Dépit.	Despiech.		**DER**
Denrée.	Denreas.	Dépité, ée.	Despichat, ada.		
Dense.	Espes, essa.	Dépiter se.	Despichar se.	Déraciner.	Desracinar.
Densité.	Densitat.	Dépiteux, euse.	Despichous, ousa.	Dérader.	Deradar.
Dent.	Dent.	Déplacé, ée.	Desplaçat, ada.	Déraisonnable.	Desarasounable, abla.
Dent petite.	Dentilhoun.	Déplacement.	Desplaçament.	Déraisonnablement.	Derasounablament.
Dent grosse.	Dentassa.	Déplacer.	Desplaçar.	Déraisonner.	Desparlar.
Dent molaire.	Caissal, Geisselas.	Déplaire.	Desplaire.	Dérangement.	Derrangeament.
Dents, examiner les.	Dentar.	Déplaisant, ante.	Desagradant, anta.	Dérangé, ée.	Derranyeat, ada.
Dents, mettre les.	Endentar.	Déplaisir.	Desplesir.	Déranger.	Derrangear.
Dent de loup.	Dent de loup.	Déplanté, ée.	Desplantat, ada.	Dératé, ée.	Desratat, ada.
Denté, ée.	Dentat. ada.	Déplanter.	Desplantar.	Derechef.	Derecap.
Dentée.	Dentada.	Déplié, ée.	Desplegat, ada.	Déréglement.	Dereglament.
Dentelaire,	Herba deis rascas.	Déplier.	Desplegar.	Déréglé, ée.	Dereglat, ada.
Denteler.	Dentelhar.	Déplier se.	Desplegar se.	Dérégler.	Dereglar.
Dentelle.	Dantela.	Déplissé, ée.	Desplissat, ada.	Dérégler se.	Dereglar se.
Dentier.	Rastelier.	Déplisser.	Desplissar.	Dérision.	Derision.
Dentiste.	Dentisto.	Déploiement.	Desplegagi.	Dérivatif, ive.	Derivatiu, iva, vl.
Dentition.	Dentition.	Déplorable.	Deplourable, abla.	Dérivation.	Derivatio, vl.
Dénué, ée.	Desnut, uda.	Déplorer.	Deplourar.	Dérive.	Escartament.
Dénuer.	Desnudar.	Déployé, ée.	Desplegat, ada.	Dérivé, ée.	Derival, ada.
Deogratias.	Deogratias.	Déployer.	Desplegar.	Dériver.	Derivar.
Dépaqueter.	Despaquetar.	Déployer se.	Desplegar se.	Dernier, ière.	Darnier, iera.
Dépareillé, ée.	Despariat, ada.	Déplumé, ée.	Desplumat, ada.	Dernièrement.	Darnierament.
Dépareiller.	Despariar.	Déplumer.	Desplumar.	Dérobé, ée.	Deraubat.
Déparé, ée.	Desoundrat, ada.	Déplumer se.	Desplumar se.	Dérober.	Deraubar.
Déparer.	Desoundrar.	Dépolir.	Despoulir.	Déroché, ée.	Degoulat, ada.
Déparié, ée.	Despariat, ada.	Déponent.	Deponen.	Dérocher.	Degoular.
Déparier.	Despariar.	Déportation.	Desportation.	Dérogation.	Derogation.
Départ.	Despart.	Déporté, ée.	Deportat, ada.	Dérogatoire.	Derogatoiro, oira.
Département.	Despartament.	Déporter.	Deportar.	Dérogeant, ante.	Derogeant, anta.
Départie.	Departida.	Déposé, ée.	Deposat, ada.	Déroger.	Derogear.
Départi, ie.	Departit, ida.	Déposer.	Deposar.	Déroidir.	Desredir.
Départir.	Partagear.	Dépositaire.	Depositari.	Dérougir.	Desrougir.
Départir se.	Despartir se.	Déposition.	Deposition.	Dérouillé, ée.	Desroulhat, ada.
Dépasser.	Despassar.	Dépossédé, ée.	Despoussedat, ada.	Dérouiller.	Desroulhar.
Dépasser, se.	Despassar se.	Déposséder.	Despoussedar.	Déroulé, ée.	Desroulat, ada.
Dépavé, ée.	Descaladat, ada.	Dépôt.	Depos.	Dérouler.	Desroular.
Dépaver.	Descaladar.	Dépoter.	Despotar.	Dérouler se.	Desroutar se.
Dépaysisé, ée.	Despaysat, ada.	Dépoudré, ée.	Despoudrat, ada.	Déroute.	Derrouta.
Dépayser.	Despaysar.	Dépoudrer.	Despoudrar.	Déroulé, ée.	Derroulat, ada.
Dépayser se.	Despaysar se.	Dépouillé, ée.	Despulhat, ada.	Dérouter.	Derroutar.
Dépécer.	Espeçar, Partagear.	Dépouillement.	Despulhament.	Derrière,	Darreire.
Dépêche.	Despacha.	Dépouiller.	Despulhar.		
Dépêché, ée.	Despachat, ada.	Dépouiller se.	Despulhay se.		**DES**
Dépêcher.	Despachar.	Dépourvoir.	Desprouvesir.		
Dépêcher se.	Despachar se.	Dépourvoir se.	Desprouvesir se.	Dès.	Des, Catecan.
Dépeint, einte.	Despintat, ada.	Dépourvu, ue.	Desprouvesit, ida.	Désabusé, ée.	Desabusat, ada.
Dépenaillé, ée.	Espelhandrat, ada.	Dépravation.	Depravation.	Désabuser.	Desabusar.
Dépendance.	Dependença.	Dépravé, ée.	Depravat, ada.	Désaccord.	Desaccord.
Dépendant, ante.	Dependent, enta.	Dépraver.	Depravar.	Désaccordé, ée.	Desaccordat, ada.
Dépendre, être sujet.	Despendre.	Dépréciation.	Despreziament, vl.	Désaccorder.	Desaccordar.
Dépendre, décrocher.	Despendre.	Déprécié, ée.	Desapreciat, ada.	Désaccouplé, ée.	Desenliassat, ada.
Dépendu, ue.	Despendu, ua.	Déprécier.	Desapreciar.	Désaccoupler.	Desenliassar.
Dépens.	Despens.	Déprédation.	Pilhagi.	Désaccoutumé, ée.	Desacoustumat, ada.
Dépense.	Despensa.	Dépréder.	Pilhar.	Désaccoutumer.	Desacoustumar.
Dépense.	Despensa.	Dépression.	Depression.	Désachalander.	Desachalandar.
Dépensé, ée.	Despensat, ada.	Déprimé, ée.	Escagassat, ada.	Désafourcher.	Desafourchar.
Dépenser.	Despensar.	Déprimer.	Escagassar.	Désagréable.	Desagreable, abla.
Dépensier, ière.	Despensier, iera.	Dépriser.	Despresar.	Désagréablement.	Desagreablament.
Dépéri, ie.	Deperit, ida, ia.	Dépuceler.	Despioucelar.	Désagréer.	Désagradar.
Dépérissement.	Deperissament.	Depuis.	Despei, Descmpei.	Désagrément.	Desagrament.
				Désajusté, ée.	Desajustat, ada.

Désajuster — Desajustar.
Désaltéré, ée. — Desalterat, ada.
Désaltérer. — Desalterar.
Désancré, ée. — Desancrat, ada.
Désancrer. — Desancrar.
Désappareiller. — Desapariar.
Désapprendre. — Desaprendre.
Désapprouvé, ée. — Desaprovat, ada.
Désarçonné. — Desarçounat.
Désarçonner. — Desarçounar.
Désargenté, ée. — Desargentat, ada.
Désargenter. — Desargentar.
Désarmé, ée. — Desarmat, ada.
Désarmement. — Desarmament.
Désarmer. — Desarmar.
Désarrimer. — Desarrimar.
Désassemblé, ée. — Desassemblat, ada.
Désassembler. — Desassemblar.
Désassorti, ie. — Desensourtit, ida.
Désassortir. — Desensortir.
Désassocier. — Desassouciar.
Désastre. — Desastre.
Désastreux, euse. — Desastrous, ousa.
Désavantage. — Desavantagi.
Désavantageusement. — Desavantageousament.
Désavantageux, euse. — Desavantageous, ousa.
Désaveu. — Desavu.
Désaveuglé, ée. — Desavuglat, ada.
Désaveugler. — Desavuglar.
Désavoué, ée. — Desavouat, ada.
Désavouer. — Desavouar.
Descendant, ante. — Descendent, enta.
Descendre. — Calar, Descendre.
Descendu, ue. — Calat, Descendut, uda.
Descente. — Descenta, Devaluda.
Descriptif, ive. — Descriptif, iva.
Description. — Description.
Désemballage. — Desbalogi.
Désemballer. — Desembalar.
Désembarquement. — Desembarcament.
Désembarqué, ée. — Desbarcat, ada.
Désembarquer. — Desbarcar.
Désembourber. — Desenfangar.
Désemparé, ée. — Desemparat, ada.
Désemparement. — Desemparament.
Désemparer. — Desemparar.
Désempeser. — Desempesar.
Désemplir. — Desemplir.
Désenchantement. — Desancantament.
Désenchanté, ée. — Desencantat, ada.
Désenchanter. — Desencantar.
Désenflé, ée. — Desenflat, ada.
Désenfler se. — Desenflar se.
Désenflure. — Desenflura.
Désenivrer se. — Desenubriar se.
Désennuyé, ée. — Desennuiat, ada.
Désennuyer. — Desennuiar.
Désenrayer. — Desenruiar.
Désenrhumé, ée — Desenrhooumat, ada.
Désenrhumer se. — Desenrhooumar se.
Désensevelir. — Desterrar.
Désensorcelé, ée. — Desensourcelot, ada.
Désen orceler. — Desensourcelar.
Désentêter. — Desentestar.
Désert. — Desert.
Désert, erta. — Desert, erta.
Désert, rendre. — Aermar.
Déserter. — Desertar.

Déserteur. — Desertur.
Désertion. — Desertion.
Désespérade, à la. — Desesperada, à la.
Désespérant, ante. — Desesperant, anta.
Désespérée à la. — Divagada, à la.
Désespéré, ée. — Desesperat, ada.
Désespérer. — Desesperar.
Désespérer se. — Desesperar se.
Désespoir. — Desespoir.
Déshabilhé. — Desabilhe.
Déshabillé, ée. — Deshabilhat, ada.
Déshabilher. — Desabilhar.
Déshabilher se. — Deshabilhar se.
Déshabité, ée. — Deshabitat, ada.
Déshabiter. — Deshabitar.
Déshabitué, ée. — Deshabituat, ada.
Déshabituer. — Deshabituar.
Déshabituer se. — Deshabituar se.
Déshérité, ée. — Desheritat, ada.
Déshéritement. — Dezeretament, \l.
Déshériter. — Desheritar.
Déshonnête. — Deshouneste.
Déshonnêtement. — Deshounestament.
Déshonnêteté. — Deshounestetat.
Désonnheur. — Deshounour.
Déshonorant, ante. — Deshounourant, anta.
Déshonoré, ée. — Deshounourat, ada.
Déshonorer. — Deshounourar.
Déshonorer un arbre. — Despoutensiar.
Déshonorer se. — Deshounourar se.
Désignation. — Designation.
Désigné, ée. — Designat, ada.
Désigner. — Designar.
Désinence. — Desinença.
Désinfecter. — Desinfectar.
Désintéressement. — Desinteressament.
Désintéressé, ée. — Desinteressat, ada.
Désintéresser. — Desinteressar.
Désir. — Desir.
Désirable. — Desirahle, abla.
Désiré, n. pr. — Desire.
Désiré, ée. — Desirat, ada.
Désirée, n. pr. — Desirea.
Désirer. — Desirar.
Désirer avec avidité. — Abair.
Désireux, euse. — Envegeous, ousa.
Désisté, ée. — Desistat.
Désistement. — Desistament.
Désister se. — Desistar se.
Désobéir. — Desoubeir.
Désobéissance. — Desoubeissença.
Désobéissant, ante. — Desoubeissent, enta.
Désobligeant, ante. — Desoubligeant, anta.
Désobligé, ée. — Desoubligeat, ada.
Désobliger. — Desoubligear.
Désœuvré, ée. — Desobrat, ada.
Désolant, ante. — Desolant, anta.
Désolateur. — Desolatour.
Désolation. — Desolation.
Déso'é, ée. — Desolat, ada.
Désoler. — Desolar.
Désopilé, ée. — Desoupilat, ada.
Désopiler. — Desoupilar.
Désordonné, ée. — Desordonat, ada.
Désordre. — Desordre.
Désorienté, ée. — Desorientat, ada.
Désorienter. — Desorientar.
Désormais. — Desenant.
Désossement. — Desossament.
Désossé, ée. — Desossat, ada.
Désosser. — Desossar.

Despote. — Despoto.
Despotique. — Despotique, ica.
Despotiquement. — Despoticament.
Despotisme. — Despotisme.
Dessaisir se. — Dessesir se.
Dessaisonné, ée. — Dessessounat, ada.
Dessesonner. — Dessesounar.
Dessalé, ée. — Dessalat, ada.
Dessaler. — Dessalar.
Dessanglé, ée. — Decenglat, ada.
Dessangler. — Decenglar.
Desséché, ée. — Dessecat, ada.
Dessécher. — Dessecar.
Dessécher se. — Dessecar se.
Dessein. — Dessen.
Dessellé, ée. — Dessclat, ada.
Desseller. — Desselar.
Desserré, ée. — Desserrat, ada.
Desserrer. — Desserrar.
Dessert. — Dessert.
Desserte. — Desserta.
Desservant. — Desservant.
Desservi, ie. — Desservit, ida, ia.
Desservir. — Desservir.
Dessicatif, ive. — Dessicatif, iva.
Dessication. — Dessication.
Dessiller. — Desbarlugar.
Dessin. — Dessin.
Dessinateur. — Dessinatour.
Dessiné. — Dessinat, ada.
Dessiner. — Dessinar.
Dessoler. — Dessolar.
Dessoudé, ée. — Dessaudat, ada.
Dessouder. — Dessaudar.
Dessouler. — Desenebriar.
Dessous. — Dessous.
Destin. — Destin.
Destination. — Destination.
Destiné, ée. — Destinat, ada.
Destinée. — Destinada.
Destiner. — Destinar.
Destiner se. — Destinar se.
Destituable. — Destituable, abla.
Destitué, ée. — Destituat, ada.
Destituer. — Destituar.
Destitution. — Destitution.
Destrier. — Destrier.
Destructeur. — Destructour.
Destructif, ive. — Destructif, iva.
Destruction. — Destruction.
Désuni, ie. — Desunit, ida, ia.
Désunion. — Desunion.
Désunir. — Desunir.

DET

Détaché, ée. — Destacat, ada.
Détachement. — Destacament.
Détacher. — Destacar.
Détacher se. — Destacar se.
Détail. — Detalh.
Détaillant. — Detalhant.
Détailler. — Detalhar.
Détailleur. — Detalhant.
Détaler. — Desgarnir.
Déteindre. — Destegner.
Déteindre se. — Destegner se.
Déteint, einte. — Destench, cha.
Dételé ée. — Desjounch, cha.
Dételer. — Detelar, Desatelar.
Dételer des bœufs. — Abouriar.

Détendre.	Destendre.	Deutoxyde de plomb. Minium.	
Détendu, ue.	Destendut, uda.	Deux.	Dous.
Détenir.	Detenir.	Deux tous.	Ambedous.
Détenu, ue.	Detengut, uda.	Deux toutes.	Amdoas.
Détente.	Guignocha.	Deux liards.	Dardena.
Détention.	Detention.	Deuxième.	Segound, da.
Détérioration.	Deterioration.	Deuxièmement.	Segoundament.
Détérioré. ée.	Deteriorat, ada.		
Détériorer.	Deteriorar.	**DEV**	
Détermination.	Determination.		
Déterminé, ée.	Determinat, ada.	Dévaler.	Devalar.
Déterminer.	Determinar.	Dévalisé, ée.	Desvalisat, ada.
Déterminer se.	Determinar se.	Dévaliser.	Desvalisar.
Déterré, ée.	Desterrat, ada.	Dévancer.	Devancer.
Déterrer.	Desterrar.	Dévancer la mort.	Entrecouchar.
Détestable.	Detestable, abla.	Devancier, ière.	Devancier, iera.
Détestablement.	Detestablament.	Devant.	Davant.
Détestation.	Detestatio, vl.	Devantière.	Davantiera,
Détesté, ée.	Detestat, ada.	Dévastation.	Devastation.
Détester.	Detestar.	Devasté, ée.	Devastat, ada.
Détirer.	Estirar.	Dévaster.	Devastar.
Détiser.	Desempurar.	Développement.	Desvelopament.
Détonation.	Detonation.	Développé, ée.	Desvelopat, ada.
Détoner.	Detonar.	Développer.	Desvelopar.
Détordre.	Destorser.	Devenir.	Devenir.
Détordu, ue.	Destorsut, uda.	Devenu, ue.	Devengut, uda.
Détortiller.	Destortilhar.	Déverrouillé, ée.	Desferroulhat, ada.
Détour.	Detour.	Dévergondé, ée.	Desvergoundat, ada.
Détour. prétexte.	Engambi	Devers.	Devers.
Détourné, ée.	Destournat, ada.	Déversoir.	Survos.
Détourner.	Destournar.	Dévêtir.	Desvestir.
Détracter.	Detraire.	Dévêtir se.	Desvestir se.
Détracteur.	Maudisent.	Dévidé, ée.	Debanat, ada.
Détraction.	Maudisença.	Dévider.	Debanar.
Détraqué, ée.	Destinbourlat, ada.	Dévideur, euse.	Debanaire, arela.
Détraquer.	Desgargalhar.	Dévidoir.	Debanelas.
Détraquer, action de.	Destracament.	Dévidoir à main.	Escagnaire.
Détrempe.	Destrempa.	Dévié, ée.	Desviat, ada.
Détrempé, ée.	Destrempat, ada.	Dévier.	Desviar.
Détremper.	Destrempar.	Dévier se.	Desviar se.
Détremper se.	Destrempar se.	Devin.	Devinaire.
Détresse.	Destressa.	Deviné, ée.	Devinat, ada.
Détriment.	Detriment.	Devineresse.	Sourciera, Devinusa.
Détriter.	Detritar.	Devineur.	Devinador, vl.
Détroit.	Destrech.	Devis.	Devis.
Détrompé, ée.	Destroumpat, ada.	Dévisager.	Desvisagear.
Détromper.	Destroumpar.	Devise.	Devisa.
Détromper se.	Destroumpar se.	Deviser.	Devisar.
Détrôné, ée.	Destrounat, ada.	Dévisser.	Desvissar.
Détrôner.	Destrounar.	Dévoiement.	Cagagna.
Détroussé, ée.	Destroussat, ada.	Devoir.	Dever.
Détrousser.	Destroussar.	Devoir, v. n.	Deoure.
Détruire.	Destruire.	Dévole	Devola.
Détruire se.	Destruire se.	Dévolu, ue.	Devolu, ua.
Détruit, uite.	Destruch, cha.	Dévolu.	Devolu.
Dette.	Deoute.	Dévolutaire.	Devoulutori.
Dette, contractée au cabaret.	Poti.	Dévorant, ante.	Devorant, anta.
		Dévoré, ée.	Devorat, ata.
		Dévorer.	Devorar.
DEU		Dévot, ote.	Devot, ota.
		Dévotement.	Devotament.
Deuil	Doou.	Dévotion.	Devotion.
Deutéronome.	Deuteronomo.	Dévoué, ée.	Devouat, ada.
Deuto-chlorure d'antimoine sublimé.	Buri d'antimoino.	Dévouement.	Devouament.
Deuto-chlorure de mercure.	Sublimé corrosif.	Dévouer.	Devouar.
Deuto-sulfate de cuivre.	Vitriol blu.	Dévouer se.	Devouar se.
Deuto-sulfate de sodium.	Sau de glaubert.	Devoyé, ée.	Desaviat, ada.
		Devoyer.	Desviar.
		DEX	
		Dextérité.	Dexteritat.
		Dextrier.	Dextre.

DEY	
Dey.	Bey, Dey.
DIA	
Dia	Dia, Gia.
Diable.	Diable.
Diable petit.	Diabloutin.
Diable de mer. {	Escourpena. Baudruelh.
Diablement.	Diablament.
Diablerie.	Diablaria.
Diablesse.	Diablessa.
Diablotin.	Diablatoun, Diabloutin.
Diabolique.	Diabolique, ica.
Diachylon.	Diachylon.
Diacode.	Diacodo.
Diaconat.	Diacounat.
Diacre.	Diacre.
Diadème.	Diademo.
Diaférèse.	Dioforazis, vl.
Diagonale.	Diagonala.
Dialecte.	Dialecto.
Dialecticien.	Dialecticien.
Dialectique.	Dialectica.
Dialogue.	Dialogo.
Diamant.	Diamant.
Diamétralement.	Diametralament.
Diamètre.	Diametro.
Diana, batterie de tambour.	Diana.
Diantré.	Diantre.
Diapalme.	Diapalmo.
Diapason.	Diapason.
Diaphane.	Diafan, vl.
Diaphanéité.	Dyaphanitat, vl.
Diaphorétique.	Sudourifique, ica.
Diaphragme,	Diaphragmo.
Diaphragme du bœuf. Entresarmas.	
Diapré, ée.	Mirgalhat, ada.
Diaprer.	Mirgalkar.
Diaprure.	Mirgalhadura.
Diarrhée.	Diarrhea.
Diascordium.	Diascordium.
Diastole.	Dyastole, vl.
Diatribe.	Diatriba.
DIC	
Dictame.	Dictame.
Dictame blanc.	Dictame blanc.
Dictamen.	Dictamen.
Dictateur.	Dictatour.
Dictature.	Dictatura.
Dictée.	Dictada.
Dicté, ée,	Dictat, ada.
Dicter.	Dictar.
Diction.	Diction.
Dictionnaire.	Dictiounari.
Dictionnaire petit.	Dictiounariot,
Dicton.	Dicton, Diton.
Dictum.	Ditat.
DID	
Didier, n. pr.	Geri, Didier.
DIE	
Diérèse.	Dyeresis, vl,
Dièse.	Diesis.

Diesiræ.	Dies-iræ.
Dieu.	Diou.
Dieu, à la garde de.	Baballa, à la.
Dieu-merci.	Dioumerci.
Dieudonné.	Dooudet, Deodati.

DIF

Diffamateur.	Diffamatour.
Diffamation.	Diffamation.
Diffamatoire.	Diffamatoiro. ara.
Diffamé, ée.	Diffamat, ada.
Diffamer.	Diffamar.
Différemment.	Differemment.
Différence.	Differença.
Différencié, ée.	Differenciat, ada.
Différencier.	Differenciar.
Différend.	Disputa.
Différent, ente.	Different, enta.
Différé, ée.	Differat, ada.
Différer.	Differar.
Difficile.	Difficile, ila.
Difficilement.	Difficilament.
Difficulté.	Difficultat.
Difficultueux, euse.	Difficultuous, ousa.
Difforme.	Difforme, orma.
Difformité.	Difformitat.
Diffus, use.	Diffus, usa.
Diffusion.	Diffusion.

DIG

Digère, ée.	Digerat, ada.
Digérer.	Digerar.
Digeste.	Digesto.
Digestible.	Digestible, ibla.
Digestif, ive.	Digestif, iva.
Digestion.	Digestion.
Digitale.	Digitala.
Digne.	Digne, gna.
Dignement.	Dignament.
Dignitaire.	Dignitari.
Dignité.	Dignitat.
Digression.	Digression.
Digue.	Diga.
Digue petite, de moulin.	Paissiera.
Digue en forme de cage.	Archa.

DIL

Dilapidation.	Dilapidation.
Dilapidé, ée.	Dilapidat, ada.
Dilapider.	Dilapidar.
Dilatable.	Dilatable, abla.
Dilatation.	Dilatation.
Dilaté, ée.	Dilatat, ada.
Dilater.	Dilatar.
Dilater se.	Dilatar se.
Dilection.	Dilection.
Dilemne.	Dilemne.
Diligemment.	Diligentament.
Diligence.	Diligença.
Diligent, ente.	Diligent, enta.

DIM

Dimanche.	Dimenche.
Dimanche, du.	Dimergal.
Dimanche des brandons.	Brandouns, dimenche deis.

Dîme.	Dima, Deime.
Dîme, dépôt de la.	Deimiera.
Dimension.	Dimension.
Dîmer.	Deimar.
Dîmeur.	Deimier.
Diminué, ée.	Diminuat, ada.
Diminuer.	Diminuar.
Diminuer se.	Diminuar se.
Diminuer de prix.	Mermar.
Diminutif, ive.	Diminutif, iva.
Diminution.	Diminution.
Diminution de prix.	Amermament.

DIN

Dinatoire.	Dinadis.
Dinde.	Dinda.
Dinde grosse.	Dindas.
Dindon.	Gabre, Dindar.
Dindonneau.	Dindoun.
Dindonnier, ière.	Dindounier, iera.
Dinée.	Dinada.
Diner.	Dinar.
Dineur.	Dinaire.

DIO

Diocésain, aine.	Dioucesan, ana.
Diocèse.	Diouceso.
Dioptrique.	Dioptrica.

DIP

Diphthongue.	Diphthonga.
Diplomate.	Diplomato.
Diplomatie.	Diplomacia.

DIR

Dire.	Dire.
Direct, ecte.	Direct, ecta.
Directement.	Directament.
Directeur, trice.	Directour, triça.
Direction.	Direction.
Directoire.	Directoiro.
Directoire exécutif.	Directoiro executif.
Directrice.	Directriça.
Dirigé, ée.	Dirigeat, ada.
Diriger.	Dirigear.
Dirimant, ante.	Dirimant, anta.

DIS

Discernement.	Discernament.
Discerner.	Discernar.
Discipline.	Disciplina.
Discipliné, ée.	Disciplinat, ada.
Discipliner.	Disciplinar.
Discontinuation.	Discountinuation.
Discontinué, ée.	Discountinuat, ada.
Discontinuer.	Discountinuar.
Discontinuité.	Discountinuitat.
Disconvenir.	Discounvenir.
Discord.	Discord.
Discorde.	Discorda.
Discorder.	Discordar.
Discours.	Discours.
Discourtois, oise.	Discortes, eza, vl.
Discourtoisie.	Discortesia, vl.
Discrédit.	Discredit.
Discrédité, ée.	Discreditat, ada.
Discréditer.	Discreditar.

Discret, ète.	Discret, eta.
Discrètement.	Discretament.
Discrétion.	Discretion.
Discrétionnaire.	Discretiounari, ara.
Disculpé, ée.	Disculpat, ada.
Disculper.	Disculpar.
Discursif, ive.	Discursiu, iva.
Discussion.	Discussion.
Discuté, ée.	Discutat, ada.
Discuter.	Discutar.
Disette.	Diseta, Carestia.
Diseur, euse.	Disur, usa.
Disgrace.	Desgraci.
Disgracié, ée.	Disgraciat, ada.
Disgracier.	Disgraciar.
Disgracieux, euse.	Disgracious, ousa.
Disgregatif, ive.	Disgregatiu, iva, vl.
Disgréger.	Disgregar.
Disjoindre.	Desjointar.
Disjoint, ointe.	Desjointat, ada.
Disjonctif, ive.	Disjuntiu, iva, vl.
Disjonction.	Disgregatiu, vl.
Dislocation.	Dislocacio, vl.
Disloqué, ée.	Dislocat, ada.
Disloquer.	Dislocar.
Disparaitre.	Dispareisser, S'avarir.
Disparu, ue.	Dispareissut, uda, Avarit.
Disparité.	Disparitat.
Disparition.	Disparition.
Dispendieux, euse.	Dispendious, ousa.
Dispensateur, trice.	Dispensatour, triça.
Dispensation.	Dispensation, vl.
Dispense.	Dispensa.
Dispensé, ée.	Dispensat, ada.
Dispenser.	Dispensar.
Disponner oo.	Dispensar se.
Dispersé, ée.	Dispersat, ada.
Disperser.	Dispersar.
Dispersion.	Dispersiu, vl.
Disponibilité.	Disponibilitat.
Disponible.	Disponible, ibla.
Dispos.	Dispos.
Disposé, ée.	Disposat, ada.
Disposer.	Disposar.
Disposer se.	Disposar se.
Disposition.	Disposition.
Disproportionné, ée.	Disproupourtiounat, ada.
Disputable.	Disputable, abla.
Dispute.	Disputa.
Disputé, ée.	Disputat, ada.
Disputer.	Disputar.
Disputer se.	Disputar se.
Disputeur.	Disputaire.
Dissection.	Dissection.
Dissemblance.	Dissemblanza, vl.
Disséminer.	Disseminar.
Dissension.	Dissention.
Disséqué, ée.	Dissecat, ada.
Disséquer.	Dissecar.
Dissertation.	Dissertation.
Disserter.	Dissertar.
Dissimulation.	Dissimulation.
Dissimulé, ée.	Dissimulat, ada.
Dissimuler.	Dissimular.
Dissipateur.	Dissipatour.
Dissipation.	Dissipation.
Dissipé, ée.	Dissipat, ada.
Dissiper.	Dissipar.

Dissolu. ue.	Dissoulut, uda.
Dissolution.	Dissoulution.
Dissolvant, ante.	Dissoulvent, enta.
Dissonance.	Dissonança.
Dissoner.	Dissonar.
Dissoudre.	Dissoudre, Foundre.
Dissous, oute.	Dissous.
Dissuadé, ée.	Dissuadat, ada.
Dissuader.	Dissuadar.
Dissyllabe.	Dissyllabo.
Distance.	Distança.
Distant, ante.	Distant, anta.
Distillateur.	Distillatour.
Distillation.	Distillation.
Distillé, ée.	Distillat, ada.
Distiller.	Distillar.
Distillerie.	Distillaria.
Distinct, incte.	Distinct, incta.
Distinctement.	Distinctament.
Distinctif, ive.	Distinctif, iva.
Distinction.	Distinction.
Distingué, ée.	Distingat, ada.
Distinguer.	Distingar.
Distique.	Distico.
Distraction	Distraction.
Distraire.	Distraire.
Distraire se.	Distraire se.
Distrait, aite.	Distrach, acha, Distrat.
Distribué, ée.	Distribuat, ada.
Distribuer.	Distribuar.
Distributeur.	Distributour.
Distributif, ive.	Distributiu, \l.
Distribution.	Distribution.
Distribution d'aumônes.	Douna.
District.	District.

DIT

Dit.	Dich.
Dithyrambe.	Dithyrambo.
Diton.	Diton.

DIU

Diurétique.	Diuretique, ica.
Diurnal.	Diurnau.

DIV

Divaguer.	Divagar.
Divaguer se.	Divagar se.
Divan.	Divan.
Divers, erse.	Divers, ersa.
Diversement.	Diversament.
Diversifié, ée.	Diversifiat, ada.
Diversifier.	Diversifiar.
Diversion.	Diversion.
Diversité.	Diversitat.
Divertir.	Divertir.
Divertir se.	Divertir se.
Divertissant, ante.	Divertissent, enta.
Divertissement.	Divertissament.
Dividende.	Dividando.
Div.n, ine.	Divin, ina.
Divination.	Divinacio, \l.
Divinement.	Divinament.
Divinité, éc.	Divinitat, ada.
Diviniser.	Divinisar.
Divinité.	Divinitat.
Divisé, ée.	Divisat, ade.

Diviser.	Divisar.
Diviser se.	Divisar se.
Diviseur.	Divisur.
Divisibilité.	Divisibilitat.
Divisible.	Divisible, ibla.
Division.	Division.
Divorce.	Divorço.
Divorcer.	Divorçar.
Divulgué, ée.	Divulgat, ada.
Divulguer.	Divulgar.

DIX

Dix.	Dez.
Dix-neuf.	Dezenoou.
Dix-sept.	Dezesept
Dixième.	Dezieme, cma.
Dixièmement.	Deziemament.

DIZ

Dizaine.	Dizena.

DOC

Docile.	Doucile, ila.
Docilement.	Doucilament.
Docilité.	Doucilitat.
Docte.	Savent, enta.
Docteur.	Douctour.
Doctoral, ale.	Douctoural, ala.
Doctoral.	Douctoural.
Doctrinaire.	Douctrinari.
Doctrinal, ale.	Douctrinal, \l.
Doctrine.	Douctrina.
Doctriner.	Douctrinar, \l.
Document.	Doucument.

DOD

Dodécaèdre.	Dodecaedro.
Dodiner.	Coucounegear.
Dodiner se.	Coucounegear se.

DOG

Dogmatique.	Dogmatique, ica.
Dogmatiser.	Dogmatisar.
Dogme.	Dogme.
Dogue.	Dogou.
Doguin.	Doguin.

DOI

Doigt.	Det.
Doigt petit, joli.	Denoun.
Doiglier.	Det de peou.
Doisillé, ée.	Adozilhat, \l.
Doisiller.	Adozilhar, \l.

DOL

Dol.	Dol.
Dolé, ée.	Dolat, ada.
Dolent, ente.	Dolent, enta.
Doler.	Dolar.
Dolichos de la Chine.	Banetoun.
Doloire.	Vaulegeiris.
Doloire, degrossir à la.	Aissolar.

DOM

Dom.	Dom.
Domaine.	Chabensa.
Dôme.	Dome.
Domestique.	Varlet, Serventa.
Domicile.	Doumicile.
Domiciliaire.	Doumiciliari.
Domicilié, ée.	Doumiciliat, ada.
Domicilier se.	Doumiciliar se.
Dominant, ante.	Douminant, anta.
Dominateur, trice.	Douminatour, trica.
Domination.	Doumination.
Dominé, ée.	Douminat, ada.
Dominer.	Douminar.
Dominicain.	Doumminican.
Dominical.	Douminical.
Dominicale.	Douminicala.
Dominicale, prédicateur de.	Doumicalier.
Dominique, n. pr.	Douminica.
Dommage.	Daumagi.
Domptable.	Doumtable.
Dompté, ée.	Doumtat, ada.
Dompter.	Doumtar.
Dompte-venin.	Revira-menut.

DON

Don.	Don, Doun.
Don. titre honorifique	Don.
Donat, n. pr.	Dounat.
Donataire.	Dounatari.
Donateur.	Dounatour.
Donation.	Dounation.
Donc.	Dounc, Adounc.
Dondon.	Dondon.
Donjon.	Dounjoun.
Donne.	Dona.
Donne.	Douna.
Donné, éc.	Dounat, ada.
Donner.	Dounar.
Donner se.	Dounar se.
Donnoire, euse.	Dounaire, arela.
Donnin, n. pr.	Dounin.
Dont.	Dount.
Donzelle.	Donzella.
Donzelle de la méditerranée.	Corrugian.

DOR

Dorade.	Daurada, Aurada.
Dorade de la Chine.	Daurat.
Dorade pagre.	Beis huelhs.
Doradille.	Politric.
Doradon.	Daurada.
Dordoyne, départ.	Dourdougna.
Doré, ée.	Daurat, ada.
Dorée.	Pei sant peire.
Dorénavant.	Dorsenavant.
Dorer.	Daurar.
Doreur, cuse.	Daurur, usa.
Dorique.	Dorique, ica.
Dorloter.	Poupounar.
Dorloter se.	Douilhetar se.
Dormant, ante.	Dorment, enta.
Dormeur, euse.	Dormeire, usa.
Dormeur gros.	Dormelhassa.
Dormeuse.	Dormusa.

Dormir.	*Dormir.*
Dorothée, n. pr.	*Dorothea.*
Dortoir.	*Dortoir, Dormidour.*
Dorure.	*Daurura.*
Dorures.	*Daururas.*
Dorychnium ligneux	*Pinauzel.*

DOS

Dos.	*Esquina, Dos.*
Dos, se frotter le.	*Palussar, se.*
Dos d'âne.	*Esquina d'ase.*
Dose.	*Dosa.*
Dosse.	*Escouden.*
Dossier.	*Cabessier.*
Dossier d'un siége.	*Dossier.*

DOT

Dot.	*Dot.*
Dot d'une fille.	*Verquiera.*
Dotal, ale.	*Dotal, ala.*
Dotation.	*Dotation.*
Doté, ée.	*Dotat, ada.*
Dotée, en âge d'être.	*Dotadouira.*
Doter.	*Dotar.*

DOU

Douaire.	*Douari.*
Douairière.	*Douariera.*
Douane.	*Douana.*
Douanier.	*Douanier.*
Doublage.	*Doublagi.*
Double.	*Double, bla.*
Double louis.	*Doubla.*
Double macreuse.	*Reis deis saucres.*
Doublé, ée.	*Doublat, ada.*
Doublement.	*Doublament.*
Doubler.	*Doublar.*
Doubler se.	*Doublar se.*
Doublet.	*Doublet.*
Doublette.	*Doubleta.*
Doubleur, euse.	*Doublur, usa.*
Doublon.	*Doubloun.*
Doublure.	*Doublura.*
Doubs, départ. du.	*Doubs.*
Douce-amère.	*Douça-amara.*
Douceâtre.	*Doucinas, assa.*
Doucement.	*Dougament, Plan.*
Doucereux, euse.	*Doucerous, ousa.*
Doucet, ette.	*Doucet, eta.*
Doucet.	*Moustela.*
Doucette.	*Doucéta.*
Doucette.	*Bluret.*
Douceur.	*Douçour.*
Douche.	*Doucha.*
Doucher.	*Douchar.*
Doucine.	*Doucina.*
Doucr.	*Douar.*
Douille.	*Doulha.*
Douillet, ette.	*Doulhet, eta.*
Douillette.	*Doulheta.*
Douilleux, euse.	*Gampat, ada.*
Douleur.	*Doulour.*
Douleurs, chagrins.	*Ancouesses.*
Douloir se.	*Dooure se.*
Douloureusement.	*Dolorosament, vl.*
Douloureux, euse.	*Doulourous, ousa.*
Douloureux, devenir.	*Endoulentir.*

Douloureux, devenu.	*Endoulentit, ida.*
Doute.	*Doute.*
Douter.	*Dontar.*
Douter se.	*Doutar se.*
Douteux, euse.	*Doutous, ousa.*
Douvain.	*Dougan.*
Douve, plante.	*Douva.*
Douve.	*Douga.*
Douve du mouton.	*Arapeda.*
Doux, once.	*Dous, ouça.*
Doux-Jean.	} *Bouquet fach.*
Doux-Guilleaume.	
Douzaine.	*Dougena.*
Douze.	*Douge.*
Douzième.	*Dougieme.*
Douzièmement.	*Dougiemament.*

DOY

Doyen.	*Doyen.*
Doyenné.	*Duganat.*

DRA

Drachme.	*Drachma.*
Dragée, menus grains.	*Bargeirada.*
Dragée, menu plomb.	*Drageya.*
Drageon.	*Sagata.*
Dragon.	*Dragoun.*
Dragon de mer.	*Aragna de mar.*
Dragonne.	*Dragouna.*
Dragonneau.	*Mouleta.*
Drague.	*Draga.*
Draine.	*Sera.*
Dramatique.	*Dramatique, ica.*
Drame.	*Dramo.*
Drap.	*Drap.*
Drap mortuaire.	*Drap mortuorum.*
Draps, les en général.	*Drapilha.*
Drap à fourrage.	*Bourrenc.*
Drapeau, étendard.	*Drapeou.*
Drapeau.	*Pedas.*
Drapé, ée.	*Drapat, ada.*
Draper.	*Drapar.*
Draperie.	*Draparia.*
Drapier.	*Drapier.*
Drastique.	*Drastique, ica.*
Drayer.	*Escarnar.*
Drayoire.	*Escarnadour.*
Drayure.	*Carnassa.*

DRE

Dresse, hausse.	*Dressa.*
Dressé, ée.	*Dressat, ada.*
Dresser.	*Dressar.*
Dresser se.	*Dressar se.*
Dresseur.	*Dressadour.*
Dressoir pour la vaisselle.	*Dressaire.*
Dressoir d'étain.	*Estugnier.*

DRI

Drille.	*Grivois, Drile.*
Drilles.	*Estrassas.*
Drisse.	*Drissa.*

DRO

Drogman.	*Drogman.*
Drogue.	*Droga.*

Droguer.	*Droguegear.*
Droguer se.	*Droguegear se.*
Droguerie.	*Drogaria.*
Droguet.	*Drouguet.*
Droguiste.	*Droguisto.*
Droit, oite.	*Drech, echa.*
Droite.	*Drecha.*
Droitement.	*Dreitament.*
Droitier.	*Drechier.*
Droits-réunis.	*Drechs-reunis.*
Droiture.	*Drechiera.*
Drôle.	*Drole, ola.*
Drôlement.	*Drolament.*
Drôlerie.	*Drolaria.*
Drôlesse.	*Drolesa.*
Dromadaire.	*Dromadero.*
Drôme, départ. de la.	*Droma.*
Drosse.	*Braga.*
Drouineur.	*Peirourier ambulant.*
Droulier.	*Alisier.*
Droussette.	*Brisa, Escarrassa.*
Droussé, ée.	*Brisat, ada.*
Drousser.	*Brisar.*
Drousseur.	*Brisaire.*
Drozère à feuilles rondes.	*Rissol.*

DRU

Dru, ue.	*Drud.*
Dru, parlant du blé en vert.	*Affascat.*
Druides.	*Druidos.*

DRY

Dryade.	*Dryada.*

DU

Du.	*Doou, Dau.*
Dû, ue.	*Degut, uda.*

DUB

Dubitatif, ive.	*Dubitatiu, iva, vl.*
Dubitation.	*Dubitatio, vl.*

DUC

Duc.	*Duc.*
Duc, oiseau.	*Dugou.*
Duc grand.	*Dugou grand.*
Duc moyen.	*Dugou mejan.*
Duc petit.	*Duganeou.*
Duc à courtes oreilles.	*Machota.*
Ducal, ale.	*Ducal, ala.*
Ducat.	*Ducat.*
Ducaton.	*Ducatoun.*
Duché.	*Duche.*
Duchesse.	*Duchessa.*
Ductile.	*Ductil, vl.*
Ductilité.	*Ductibilitat.*

DUE

Duel.	*Duel.*
Duelliste.	*Duelisto.*

DUM

Dumoins.	*Dooumens.*

DUN

Dune.	Duna.
Dunette.	Duneta.

DUO

Duo.	Duo.

DUP

Dupe.	Dupa.
Dupé, ée.	Dupat, ada.
Duper.	Dupar.
Duperie.	Duparia.
Duplicata.	Duplicata.
Duplicatif, ive.	Duplicatiu. iva, vl.
Duplication.	Duplicacio, vl.

DUQ

Duquel.	Doouquau.

DUR

Dur, ure.	Dur, ura.
Durable.	Durable, abla.
Durablement.	Durablament.
Durbec rouge.	Pessa oouliva gavota.
Durance.	Durença.
Durance, crue de la.	Durençada.
Durant.	Durant.
Durci, ie.	Durcit, ida, ia.
Durcir.	Durcir.
Durée.	Durada.
Durement.	Durament.
Durer.	Durar.
Duret, ette.	Duret, eta.
Dureté.	Duretat.

Durillon.	Durilhoun.
Durillon des pieds.	Calabassa.
Durillon des genoux.	Peresas.
Durillon du fil.	Bourrilhoun.

DUV

Duvet.	Duvet, Gart.
Duvet du linge.	Feoupas.
Duvet, couvert, garni de.	Duvetat.

DYN

Dynamique.	Dynamica.
Dynamomètre.	Dynamometre.
Dynastie.	Dynastia.

DYS

Dyssenterie.	Dyssenteria.

E

E.	E.

EAU

Eau.	Aigua.
Eau limpide.	Aigueta.
Eau celeste.	Aigua celesta.
Eau ferrée.	Aigua ferrada.
Eau bénite.	Aigua beineta.
Eau de source.	Aigua d'adous.
Eau, petit filet d'.	Raioulet.
Eau sale.	Aiguassa.
Eau de fleur d'oranger.	Aigua nafa.
Eau de neige.	Aigua neou.
Eau courante.	Aigua courrenta.
Eau croupie.	Aigua queta.
Eau de pluie.	Aigua de pluia.
Eau rose.	Aigua rosa.
Eau panée.	Aigua panada.
Eau tiède.	Aigua tousca.
Eau saumâtre.	Aigua saumastra.
Eau forte.	Aigua fort.
Eau fade.	Aigua mola.
Eau des Carmes.	Aigua deis Carmes.
Eau de vie.	Aïguardent.
Eaux minérales.	Aiguas caudas.
Eaux de l'amnios.	Aiguas.
Eau, ligne d'.	Aigua ligna d'.
Eau, pouce d'.	Aigua pouce d'.
Eau mauvaise.	Aiguassa.
Eaux d'arrosage, gardien des.	Aiguavier.
Ebahi, ie.	Nez, Esbahit.
bahir.	Esbahir.
barber.	D.sbarbar.

Ebattre s'.	Esbattre s'.
Ebauche.	Esbaucha.
Ebauché, ée.	Esbauchat, ada.
Ebaucher.	Esbauchar.

EBE

Ebène.	Ebena
Ebéniste.	Ebenisto.
Ebénisterie.	Ebenistaria.

EBL

Ebloui, ie.	Emberlugat, ada.
Eblouir.	Emberlugar.
Eblouissant, ante.	Esblouissent, enta.
Eblouissement.	Esbleougissament.

EBO

Eborgné, ée.	Emborniat, ada.
Eborgner.	Emborniar.
Eborgner s'.	Emborniar se.
Ebouilli, ie.	Esbulhit, ida, ia.
Ebouillir.	Fsbulhir.
Ebouillir s'.	Esbulhir s'.
Eboulé, éc.	Esboulat, ada.
Eboulement.	Esboulament.
Ebouler.	Esboular.
Ebouler s'.	Esboular s'.
Eboulis.	Poulin.
Ebourgeonné, ée.	Esbroutat, ada.
Ebourgeonnement.	Abroutada.
Ebourgeonner.	Esbroutar.
Ebouriffé, ée.	Espeloufit, ida, ia.
Ebouriffer.	Espeloufir.

EBR

Ebranché, ée.	Esbrancat, ada.
Ebranchement.	Esbrancament.
Ebrancher.	Esbrancar.
Ebranlé, ée.	Esbranlat, ada.
Ebranlement.	Esbranlament.
Ebranler.	Esbranlar.
Ebrasement.	Escansounament.
Ebraser.	Escansounar.
Ebréché, ée.	Bercat, ada.
Ebrécher.	Bercar, Brecar.
Ebréner.	Desmerdar.
Ebrouement.	Esbrouffar.
Ebrouer.	Esbrouffar l'.
Ebruité, ée.	Abrudit, ida, ia.
Ebruiter.	Abrudir.
Ebruiter s'.	Abrudir s'.

EBU

Ebuard.	Cougnet de bosc.
Ebulütion.	Esboulhament.

ECA

Ecaché, ée.	Escofagnat.
Ecacher.	Escofagnar.
Ecaille.	Escalha.
Ecaille petite.	Escalhoun.
Ecaillé, ée.	Escalhat, ada.
Ecailler.	Escaillar.
Ecailler s'.	Escaillar s'.
Ecale des légumes.	Gruelha.
Ecale d'un œuf.	Crouveou.
Ecalé, ée.	Desgruelhat, ada.

Ecaler.	Desgruelhar.
Ecarlate.	Escarlata.
Ecarquillé, ée.	Estrampalat, ada.
Ecarquiller.	Estrampalar.
Ecarquiller s'.	Estrampalar s'.
Ecart.	Escart.
Ecarté.	Escartat.
Ecarté, ée.	Escartat, ada.
Ecartement.	Escartament.
Ecarter.	Escartar.
Ecarter s'.	Escartar s'.
Ecartez-vous.	Arassa.
Ecartelé, ée.	Escartelat, ada.
Ecarteler.	Escartelar.

ECC

Ecce-homo.	Ecce-homo.
Ecchymose.	Maccadura.
Ecclésiaste.	Ecclesiasto.
Ecclésiastique.	Ecclesiastique, ica.

ECE

Ecervelé, ée.	Decervelat, ada.

ECH

Echafaud.	Echaffaud.
Echafaudage.	Estagiera.
Echafaudé, ée.	Estageat, ada.
Echafauder.	Estagear.
Echalas.	Garda, Palissoun.
Echalasser.	Gardounar.
Echalier.	Clausura de bouissouns.
Echalote.	Chalota.
Echalote d'Espagne.	Rocambola.
Echalote fausse.	Cibourlat.
Echancré, ée.	Escavat, ada.
Echancrer.	Escavar.
Echancrure.	Escavadura.
Echandole.	Escandoula.
Echange.	Eschangi.
Echangé, ée.	Eschangeat, ada.
Echanger.	Eschangear.
Echangeur.	Changeaire.
Echanson.	Echansoun.
Echantillon.	Eschantilhoun.
Echanvrer.	Coustouirar.
Echanvroir.	Coustouela.
Echappade.	Escapada.
Echappatoire.	Escampa.
Echappée.	Escapada.
Echappée de soleil.	Escaudilhoda.
Echapper.	Escapar.
Echapper s'.	Escapar s'.
Echarde.	Tanc, Arescla.
Echardonner.	Ceouclar.
Echarnures.	Escarnaduras.
Echarpe.	Echarpa.
Echarper.	Escharpar.
Echarper s'.	Escharpar s.
Echasse à manteau noir	Cambet gros.
Echasses.	Escassas.
Echasses, faiseur d'.	Escasselier.
Echauboulure.	Cambroul.
Echaudé.	Chaudeou.
Echaudé petit.	Chaudelet.
Chaudets, faiseur de.	Chaudelier.

Echaudé, ée.	Esboulhentat, ada.
Echauder.	Esboulhentar.
Echauder s'.	Esboulhentar s'.
Echaudoir.	Anau.
Echauffaison.	Escaufestre.
Echauffé, ée.	Escaufat, ada.
Echauffement.	Escauffament.
Echauffer.	Escaufar.
Echauffer s'.	Escaufar s'.
Echauffer au travail.	Affugar, 3.
Echauffourée.	Esparriada.
Echaulé, ée.	Encaussinat, ada.
Echauler.	Encaussinar.
Echéance.	Echeança.
Echec.	Echec.
Echecs.	Echecs.
Echelette.	Berrias.
Echelette à sac.	Embaissas.
Echelette, oiseau.	Escala barris.
Echelier.	Escalassoun.
Echelle.	Escala.
Echelle grosse.	Escalassa.
Echelle petite.	Escaleta.
Echelle, tour de l'.	Ped d'escala.
Echelle double.	Escala doubla.
Echelon.	Escaloun.
Echelonner.	Escalar.
Echenillage.	Eschenilhagi.
Echeniller.	Eschenilhar.
Echeveau.	Escagna.
Echeveau petit.	Escagneta.
Echeveaux, mettre en.	Eissavelar.
Echeveaux, mis en.	Eissavelat.
Echevelé, ée.	Escarpignat, ada.
Echeveler.	Carpignar.
Echevin.	Echevin.
Echevinage.	Echevinagi.
Echinaire.	Esperoun, 2.
Echine.	Esquina.
Echine petite.	Esquinetu.
Echiné, ée.	Esquinat, ada.
Echinée.	Rasteou.
Echiner.	Esquinar.
Echiner s'.	Esquinar s'.
Echinope à tête ronde	Trepa chival.
Echiquier.	Damier.
Echo.	Echo.
Echoir.	Echurre.
Echoppe.	Barraca.
Echouer.	Echouar.
Echu, ue.	Echut, uda ua.

ECI

Ecimer.	Estestar.
Ecimer souvent.	Decimoutar.

ECL

Eclaboussé, ée.	Esclaboussat, ada.
Eclabousser.	Esclaboussar.
Eclaboussure.	Esclaboussura.
Eclair.	Eslious.
Eclairage.	Esclairagi.
Eclaircie.	Clariera.
Eclairci, ie.	Esclarcit, ida.
Eclaircir.	Esclarcir.
Eclaircir s'.	Esclarcir s'.
Eclaircissement.	Esclarcissament.
Eclaire grande.	Chelidoina.
Eclaire petite.	Aurelhetas.

Eclairé, ée.	Esclairat, ada.
Eclairer.	Esclairar.
Eclairer s'.	Esclairar s'.
Eclairette.	Aurelhetas.
Eclampsie.	Gouteta.
Eclat.	Esclat, escla.
Eclat de rire.	Cacalas.
Eclatant, ante.	Esclatant, anta.
Eclater.	Esclatar.
Eclater de rire.	Cacalassar.
Eclater s'.	Esclatar s'.
Eclegme.	Lok, Looch.
Eclipse.	Esclussi.
Eclipsé, ée.	Esclipsat, ada.
Eclipser.	Esclipsar.
Ecliptique.	Ecliptique.
Eclisse.	Estela.
Eclissé, ée.	Estelat, ada.
Eclisser.	Estelar.
Ecloppé, ée.	Escloupat, ada.
Eclopper.	Escloupar, Endecar.
Eclore, lieu où l'on fait.	Espelidouira.
Eclos, ose.	Esclavat, ada.
Eclosion.	Espelida.
Ecluse.	Resclausa.
Eclusée.	Resclausada.
Eclusées, moudre par.	Resclauvar.

ECO

Ecobuage.	Fournelagi.
Ecobuer.	Fournelar.
Ecofroi.	Escoufreia.
Ecolâtre.	Escolastre.
Ecole.	Escola.
Ecole, maître d'.	Escouriau.
Ecole buissonnière.	Gourpeta.
Ecolier.	Escoulier.
Econduire.	Emmandar.
Econome.	Economo.
Economie.	Economia.
Economique.	Economique, ica.
Economisé, ée.	Economisat, ada.
Economiquement.	Ecounoumicament.
Economiser.	Economisar.
Ecope.	Sassa.
Ecorce.	Escorça, Rusca.
Ecorcer.	Rusquegear.
Ecorceur.	Rusquegeaire.
Ecorché, ée.	Espelhat, ada.
Ecorcher.	Espelhar.
Ecorcher s'.	Espelhar s'.
Ecorcherie.	Escourtegadour.
Ecorcheur.	Espelhaire.
Ecorcheur, oiseau.	Escourchura.
Ecorcheur de voirie.	Espelha chins.
Ecorchure.	Escourtegadura.
Ecorné, ée.	Desbanat, ada, Escornat.
Ecorner.	Desbanar, Escornar.
Ecornifler.	Escorniflar.
Ecornifleur, euse.	Escornifleur, usa.
Ecornure.	Escornura, Bercadura.
Ecossé, ée.	Esgrouvelhat, ada.
Ecosser.	Esgrouvelhar.
Ecot.	Escot.
Ecoué, ée.	Escouat, ada.
Ecouer.	Escouar.
Ecoulement.	Escoulament.

Ecouler.	Escoular.
Ecouler s'.	Escoular s'.
Ecourté, éo.	Escout, ada.
Ecourter.	Escouar.
Ecoute.	Escouta.
Ecoute mar.	Escota.
Ecouter.	Escoular.
Ecouteur.	Escoutaire.
Ecoutille.	Escoutilha.
Ecouvillon.	Escoubalhoun.
Ecouvillonner.	Escoubilhounar.

ECR

Ecran.	Ecran.
Ecrasé, éc.	Escrasat, ada.
Ecraser.	Escrasar.
Ecrémé, éc.	Escramat, ada.
Ecrémer.	Escramar.
Ecrémure du verre.	Escaumesoun.
Ecrevisse de rivière.	Escrevici.
Ecrevisse bomard.	Lingoumbau.
Ecrevisse de mer.	Favouya.
Ecrier s'.	Escridar s'.
Ecrille.	Archat.
Ecrin.	Baguier.
Ecrire.	Escrioure.
Ecrit.	Escrich.
Ecrit, ite.	Escrich, icha.
Ecriteau.	Escriteou.
Ecritoire.	Escritori.
Ecriture.	Escritura.
Ecrivailler.	Escrivassiar.
Ecrivain.	Escrivan.
Ecrivassier.	Escrivassier.
Ecrou.	Escrou.
Ecroué, ée.	Escrouat, ada.
Ecrouelles.	Escrolas.
Ecrouer.	Escrouar.
Ecroulement.	Escroulament.
Ecrouler.	Escroular.
Ecroûté, ée.	Descroustat, ada.
Ecroûter.	Descroustar.
Ecru, ue.	Escrud, uda, a.

ECU

Ecu.	Escut.
Ecubier.	Acubier.
Ecueil.	Ecuelh, Esteou.
Ecuelle.	Escudela.
Ecuelle petite.	Escudeleta.
Ecuelle grande.	Escudelassa.
Ecuelle de bois.	Cousset.
Ecuellée.	Escudelada.
Eculé, ée.	Aculat, ada.
Eculer.	Acular.
Eculer s'.	Acular s'.
Ecume.	Escuma.
Ecumé, ée.	Escumat, ada.
Ecumer.	Escumar.
Ecumeur de mer.	Escumur de mar.
Ecumeux, euse.	Escumous, ousa.
Ecumoire.	Escumadouira.
Ecurage.	Escuragi.
Ecuré, ée.	Escurat, ada.
Ecurer.	Escurar.
Ecureuil.	Esquiroou.
Ecurie.	Estable.
Ecurie, tous les bestiaux d'une.	Establada.

Ecusson.	Escusoun.
Ecussonner.	Escussounar.
Ecuyer.	Ecuyer.

EDE

Eden.	Eden.
Edenté, ée.	Desdentat, ada.
Edenter.	Desdentar.

EDI

Edifiant, ante.	Edifiant, anta.
Edificateur.	Edificatour.
Edification.	Edification.
Edifice.	Edifici.
Edifié, ée.	Edifiat, ada.
Edifier.	Edifiar.
Edit.	Edit.
Editeur.	Editour.
Edition.	Edition.

EDM

Edmond, n. pr.	Edmoun.

EDO

Edouard, n. pr.	Edouard.
Edouige, n. pr.	Edouigea.

EDR

Edredon.	Duvet.

EDU

Education.	Education.
Eduqué, ée.	Educat, ada.
Eduquer.	Educar.

EFA

Efaufilé, ée.	Desfaufilat, ada.
Efaufiler.	Desfaufilar.

EFF

Effaçable.	Esfaçoble, abla.
Effacé, ée.	Esfacat, ada.
Effacer.	Esfaçar.
Effaçure.	Esfaçadura.
Effaté, ée.	Asfarat, ada.
Effarer.	Esfarar.
Effarouché, ée.	Esfarouchat, ada.
Effaroucher.	Esfarouchar.
Effectif, ive.	Effectif, iva.
Effectivement.	Effectivament.
Effectué, ée.	Effectuat, ada.
Effectuer.	Effectuar.
Efféminé, ée.	Effeminat, ada.
Efféminer.	Effeminar.
Effervescence.	Effervescença.
Effet.	Effet.
En effet.	Defet.
Effeuillaison.	Desramar, lou.
Effeuillé, ée.	Desramat, ada.
Effeuiller.	Desfulhar.
Efficace.	Efficaça.
Efficacement.	Efficaçament.
Efficacité.	Efficacitat.

Efficient, ente.	Eficient, enta.
Effigie.	Effigia.
Effigier.	Brular en effigia.
Effilé, éo.	Desfilat, ada.
Effiler.	Desfilar.
Effilures.	Bielhas.
Emmanqué, éc.	Esflancat, ada.
Emmanquer.	Esflancar.
Effleuré, ée.	Esflourat, ada.
Effleurer.	Esflourar.
Effondrement.	Enfroundada.
Effondré, éc.	Enfroundot, ada. Estrucat, ada.
Effondrée, terre.	Estrucada.
Effondrer.	Enfoundror.
Effondrilles.	Escourilhas.
Efforcer s'.	Esforcar s'.
Effort.	Esfort.
Effraction.	Efraction.
Effraie.	Beoul'oli.
Effrayant, ante.	Esfrayant, anta.
Effrayé, ée.	Esfrayat, ada.
Effrayer.	Esfrayar.
Effrayer s'.	Esfrayar s'.
Effréné, ée.	Brutal, ada.
Effroi.	Esfroi.
Effronté, ée.	Affrontat, ada.
Effronterie.	Affrontaria.
Effroyable.	Esfraiable, abla.
Effruiter.	Defruchar.
Effusion.	Effusion.

EFO

Efourceau.	Carri.

EGA

Egal, ale.	Egau, ala.
Egalement.	Egalament.
Egalé, ée.	Egalat, ada.
Egaler.	Egalar.
Egaliser.	Egalisar.
Egalité.	Egalitat.
Egard.	Esgard.
Egaré, éc.	Esgarat, ada.
Egarement.	Esgarament.
Egarer.	Esgarar.
Egarer s'.	Esgarar s'.
Egayer.	Esgayar.
Egayer s'.	Esgayar s'.

EGI

Egilope ovoide.	Blodde couguou.
Egilope triunciale.	

EGL

Eglantier.	Grata-cuou, Agourencier.
Eglantine.	Englantina.
Eglise.	Eglisa, Gleya.
Eglogue.	Egloga.

EGO

Egohine.	Couleou-serra.
Egoïsme.	Egoïsme.
Egoïste.	Egoïsto, Gousta-soulet.

Egorgé, ée.	Esgorgeat, ada.
Egorger.	Esgorgear.
Egorger, à coups de couteau.	Escoutelar.
Egosiller.	Esgousilhar.
Egout.	Esgout.
Egout de boucherie.	Bougeadis.
Egoutté, ée.	Esgoutat, ada.
Egoutter.	Esgoutar, Escourrer.
Egouttoir.	Escouladour.
Egouttures.	Escourrilhas.

EGR

Egrappé, ée.	Desgrapat, ada.
Egrapper.	Desgrapar.
Egratigné, ée.	Esgrafignat, ada.
Egratigner.	Esgrafignar.
Egratignure.	Grafignadura.
Egravillonner.	Desmoutar.
Egrené, ée.	Esgranat, ada.
Egrener.	Esbarlar.
Egrener, table à.	Esbarbavouira.
Egrillard, arde.	Grivois, oisa.
Egriser.	Esgrissar.
Egrugeoir.	Gloua, Pia.
Egruger.	Trissar.

EGU

Egueulé, ée.	Esbrecat, ada.
Egueuler.	Esbrecar.

EGY

Egypte.	Egypta.
Egyptien, enne.	Egyptien, ena.

EH

Eh.	Eh.

EHE

Eherber.	Dherbar.

EHO

Ehonté, ée.	Desvergougnat, ada.
Ehouper.	Estestar.

ELA

Elagage.	Elagogi.
Elaguer.	Elagar.
Elagueur.	Rebroundaire.
Elagures.	Rebroundilhas.
Elaïne.	Elqina.
Elan.	Eslans.
Elancé, ée.	Eslançat, ada.
Elancer.	Eslançar.
Elancer, parlant d'un abcès.	Espougner.
Elargi, ie.	Eslargat, ada.
Elargir.	Eslargar.
Elargir le feu.	Escarboutar.
Elargissement.	Eslargissament.
Elasticité.	Elasticitat.
Elastique.	Elastique, ica.

ELB

Elbe.	Elba.
Elbeuf.	Elbuf.

ELE

Eleau, n. pr.	Arlau.
Electeur.	Electour.
Electif, ive.	Electiu, iva, vl.
Election.	Election.
Electoral, ale.	Electoural, ala.
Electorat.	Electourat.
Electricité.	Eletricitat.
Electrique.	Electrique, ica.
Electrisé, ée.	Electrisat, ada.
Electriser.	Electrisar.
Electuaire.	Electuari.
Elégamment.	Elegamment.
Elégance outrée.	Elegantisa.
Elégant, ante.	Elegant, anta.
Elégant, faire l'.	Farotegear.
Elégie.	Elegia.
Elément.	Element.
Eléments.	Elements.
Elémentaire.	Elementari.
Eleonore, n. pr.	Eleonora.
Eléphant.	Elephant.
Eléphant femelle.	Elephanta, vl.
Eléphant de mer.	Becassa-de-mar.
Eléphantiasis.	Elephancia, vl.
Elévation.	Elevation.
Elève.	Eslevo.
Elevé, ée.	Eslevat, ada.
Elever.	Eslevar.
Elever des enfants.	Atefiar.
Elever s'.	Atefiar s'.
Elevure.	Sourlidura.

ELI

Elie, n. pr.	Elio.
Eligible.	Eligible, ibla.
Elimé, ée.	Blesit, ida.
Elimer.	Blesir.
Eliminé, ée.	Eliminat, ada.
Eliminer.	Eliminar.
Elimure.	Gausidura.
Elire.	Elire, Eligir.
Elisabeth, n. pr.	Elisabeth.
Elise, n. pr.	Eliso.
Elisée.	Eliseo.
Elision.	Elision.
Elixir.	Elixir.

ELL

Elle.	Ela, ella.
Ellébore.	Varaire.
Ellipse.	Elipse.
Elliptique, ica.	Eliptique, ica.

ELM

Elme, n. pr.	Eoume.

ELO

Eloignement.	Esluegnament.
Eloigné, ée.	Esluagnat, ada.
Eloigner.	Esluagnar.
Eloigner s'.	Esluagnar s'.
Eloquemment.	Elouquemment.
Eloquence.	Elouquença.
Eloquent, ente.	Elouquent, enta.

ELU

Elu, ue.	Elu, ua.
Eluder.	Esquivar.
Elvire, n. pr.	Elvira.
Elzear.	Auzias.

EMA

Email.	Emalh.
Emailler.	Emalhar.
Emailler de fleurs.	Mericoucar.
Emanation.	Emanation.
Emancipation.	Emancipation.
Emancipé, ée.	Emancipat, ada.
Emanciper.	Emancipar.
Emanciper s'.	Emancipar s'.
Emaner.	Emanar.
Emargé, ée.	Esmargeat, ada.
Emargement.	Esmargeament, supp.
Emarger.	Esmargear.

EMB

Embabouiné, ée.	Embabouinat, ada.
Embabouiner.	Embabouinar.
Embages.	Alleluiasses.
Emballage.	Embalagi.
Emballé, ée.	Embalat, ada.
Emballer.	Embalar.
Emballeur.	Embalaire.
Embarcadère.	Embarcadour.
Embarcation.	Embarcation.
Embarder.	Embardar.
Embargo.	Embargo.
Embarquement.	Embarcament.
Embarqué, ée.	Embarcat, ada.
Embarquer.	Embarcar.
Embarquer s'.	Embarcar s'.
Embarras.	Embarras.
Embarras de fil sur le travoul.	Cavilha-coua.
Embarrassant, ante.	Embarrassant, anta.
Embarrassé, ée.	Embarrassat, ada.
Embarrasser.	Embarrassar.
Embarrasser s'.	Embarassar s'.
Embarrasser, de nature à.	Embarrassious, ousa.
Embatage.	Embattagi.
Embâter.	Embastar.
Embatoir.	Embatoir.
Embatre.	Embattre.
Embauchage.	Embauchagi.
Embauché, ée.	Embauchat, ada.
Embaucher.	Embauchar.
Embaucheur.	Embauchur.
Embaumement.	Embaumament.
Embaumé, ée.	Embaumat, ada.
Embaumer.	Embaumar.
Embéguiné, ée.	Embeguinat, ada.
Embéguiner.	Embeguinar.
Embelli, ie.	Embellit, ida, ia.
Embellir.	Embellir.
Embellissement.	Embellissament.
Emblaver.	Abladar.
Emblavure.	Semenat.
Emblée, ée.	Embloda d'.

Emb'ématique.	Emblematique, ica.	Emietter.	Esbrigourar.
Emb'ème.	Embleme.	Emigrant.	Emigrant.
Emboire s'.	Embeoure s'.	Emigration.	Emigration.
Emboiser.	Embouesar.	Emigré.	Emigrat.
Emboiseur.	Embouesur.	Emigré, ée.	Emigrat, ada.
Emboîté, ée.	Embouitat, ada.	Emincer.	Aprimar.
Emboîtement.	Embouitament.	Eminence.	Eminença.
Emboîter.	Embouitar.	Eminent, ente.	Aut, auta.
Emboîter s'.	Embouitar s'.	Emir.	Emir.
Emboîture.	Embouitadura.	Emissaire.	Emissari.
Embolisme.	Embolisme, vl.	Emission.	Emissio, vl.
Embolismique.	Embolismal, vl.	Emissole.	Meissola.
Embonpoint.	Grassa.		
Embonpoint; crever d'.	Boudenar.	**EMM**	
Embossure.	Emboussura.	Emmagasiné, ée.	Emmagasinat, ada.
Embouché, ée.	Emboucat, ada.	Emmagasiner.	Emmagasinar.
Embouché, ée, mal.	Desboucat.	Emmaigrir.	Maigrir.
Emboucher.	Embouchar, car.	Emmailloté, ée.	Emmalhoutat, ada.
Embouchure.	Embouchura.	Emmaillotter.	Emmalhoutar.
Embouchures du Rh.	Grads.	Emmanché, ée.	Emmanchat, ada.
Emboué, ée.	Enfangat, ada.	Emmancher.	Emmanchar.
Embouer.	Emfangar.	Emmancheur.	Emmanchaire.
Embouquer.	Emboucar.	Emmanchure.	Emmanchura.
Emboursé, ée.	Emboursat, ada.	Emmantelé, ée.	Emmantelat, ada.
Embourser.	Emboursar.	Emmanteler.	Emmantelar.
Embranchement.	Embrancament.	Emmanteler s'.	Emmantelar s'.
Embrasé, ée.	Embrasat, ada.	Emmener.	Rebalar, Menar.
Embrasement.	Embrasament.	Emmenotté, ée.	Emmenotat, ada.
Embraser.	Embrasar.	Emmenotter.	Emmenotar.
Embrassade.	Embrassada.	Emmerder.	Emmerdar.
Embrassé, ée.	Embrassat, ada.	Emmieller.	Amialar.
Embrassement.	Embrassament.	Emmitouflé, ée.	Estapounat, ada.
Embrasser.	Embrassar.	Emmitoufler.	Estapounar.
Embrasure.	Embrasura.	Emmuseler.	Muselar.
Embréné.	Emmerdat, ada.		
Embrener.	Auriar.	**EMO**	
Embrocation.	Embrocacio, vl.	Emollient, ente.	Remouliment.
Embroché, ée.	Embrochat, ada.	Emolument.	Emoulument.
Embrocher.	Embrochar.	Emondage.	Esbuscagi.
Embrouillé, ée.	Embroulhat, ada.	Emonder.	Rebroundar.
Embrouilhement.	Embroulh.	Emondes.	Rebroundalhas.
Embrouiller.	Embroulhar.	Emondeur.	Rebroundaire.
Embrouiller les cheveux.	Engoussir.	Emotter.	Esterrassar.
Embrouiller s'.	Embrouillar s'.	Emoucher.	Esmouscar.
Embrumé, ée.	Embrumat, ada.	Emouchet, femelle.	Mousqueta.
Embrunir.	Embrunir.	Emouchette.	Para-mouscas.
Embryon.	Germe.	Emouchoir.	Esmouscaire.
Embûche.	Piegi.	Emoudre.	Amoular.
Embuscade.	Embuscada.	Emouleur.	Amoulaire.
Embusqué, ée.	Embuscat, ada.	Emoulu, ue.	Amoulat, ada.
Embusquer.	Embuscar.	Emoussé, ée.	Espounchat, ada.
Embusquer s'.	Embuscar s'.	Emousser.	Espounchar.
		Emousser s'.	Espounchar s'.
EME		Emouvoir.	Esmoourar.
Emeraude.	Esmerauda.		
Emeri.	Emeril.	**EMP**	
Emérillon, t. de cord.	Gourbion.	Empaillé, ée.	Empalhat, ada.
Emérillon, oiseau.	Mouisset-deis-pichas.	Empailler.	Empalhar.
Emerveillé, ée.	Esmaravilhat, ada.	Empailleur.	Empalhur.
Emerveiller.	Esmaravilhar.	Empalé, ée.	Empalat, ada.
Eméline.	Emelina.	Empaler.	Enipalar.
Emétique.	Emetique.	Empampement.	Pampinacio, vl.
Emeute.	Emuta.	Empan.	Pan.
		Empanon.	Empanoun.
EMI		Empanacher.	Emplumachar.
		Empaqueté, ée.	Empaquetat, ada.
Emié, ée.	Embrigat, ada.	Empaqueter.	Empaquetar.
Emier.	Embrigar, Esbrigar.	Emparer s'.	Emparar s'.
Emier s'.	Embrigar s'.	Empâté, ée.	Empastat, ada.

Empâlement.	Empastament.
Empâter.	Empastar.
Empâter s'.	Empastar s'.
Empaumer.	Empaumar.
Empêché, ée.	Empachat, ada.
Empêchement.	Empachament.
Empêcher.	Empachar.
Empeigne.	Empegna.
Empennelle.	Empanela.
Empanné, ée.	Empennal, ada.
Empenner.	Empennar.
Empereur.	Emperour.
Empesage.	Empesagi.
Empesé, ée.	Empesat, ada.
Empeser.	Empesar.
Empeseur, euse.	Empesur, usa.
Empesté, ée.	Empestat, ada.
Empester.	Empestar.
Empêtré, ée.	Empedoui, ouio.
Empêtrer.	Empedouire.
Empêtrer s'.	Empedouire s'.
Emphase.	Emphasa.
Emphatique.	Emphatique, ica.
Emphysème.	Enflura d'air.
Emphytéose.	Emphyteosa.
Emphytéole.	Emphyteola.
Emphytéotique.	Emphyteotique, ica.
Empiétement.	Empietament.
Empiéter.	Empietar.
Empiffrer.	Empifrar.
Empile.	Mouissiera.
Empilé, ée.	Empilat, ada.
Empiler.	Empilar.
Empire.	Empiro.
Empiré, ée.	Empirat, ada.
Empirer.	Empirar.
Empirique.	Empirique, ica.
Empirisme.	Empirisme.
Emplacement.	Emplaçament.
Emplâtre.	Emplastre.
Emplâtre gros.	Emplastras.
Emplâtre de poix.	Pegoumas.
Emplâtre de poix, petit.	Pegassoun.
Emplâtre petit.	Emplastroun.
Emplâtre, qui a un.	Emplastrat, ada.
Emplâtre, appliquer un.	Emplatrer, Emplastrar.
Emplette.	Empleta.
Empli, ie.	Emplit, ida, ia.
Emplir.	Emplir.
Emplir s'.	Emplir s'.
Emploi.	Empleg.
Employé, ée.	Emplegat, ada.
Employer.	Emplegar.
Employer s'.	Emplegar s'.
Emplumé, ée.	Emplumat, ada.
Emplumer.	Emplumar.
Empocher.	Empochar.
Empoigné, ée.	Empougnat, ada.
Empoigner.	Empougnar.
Empoigner s'.	Empougnar s'.
Empois.	Empes.
Empoisonné, ée.	Empouisounat, ada.
Empoisonnement.	Empouisounament.
Empoisonner.	Empouisounar.
Empoissonné, ée.	Empeissounat, ada.
Empoissonner.	Empeissounar.
Empoisser.	Pegar.
Emporté, ée.	Emportat, ada.
Emportement.	Emportament.
Emporte pièce.	Emporta peça.

Français	Traduction
Emporter.	Emportar.
Emporter s'.	Emportar s'.
Emporter s', facilement.	Brousquiar.
Empreindre.	Emprimar.
Empreinte.	Emprenta.
Empressé, ée.	Empressat, ada.
Empressé au travail.	Afanat, ada.
Empressement.	Empressament.
Empressement, grand.	Affougament.
Empresser s'.	Empressar s'.
Empresser s', au travail.	Afanar s'.
Emprisonné, ée.	Emprisounat, ada.
Emprisonnement.	Emprisounament.
Emprisonner.	Emprisounar.
Emprunt.	Emprunt.
Emprunté, ée.	Empruntat, ada.
Emprunter.	Empruntar.
Emprunteur, euse.	Empruntaire.
Empuantir.	Empourracar.
Empyème.	Empycmo.
Empyrée.	Empyreo.
Empyreume.	Rabinat, lou.

EMU

Français	Traduction
Emu, ue.	Esmoougut, uda.
Emulateur.	Emulatour.
Emulation.	Emulation.
Emule.	Emulo.
Emulsion.	Emulsion.

EN

Français	Traduction
En.	En.

ENC

Français	Traduction
Encadré, ée.	Encadrat, ada.
Encadrement.	Encadrament.
Encadrer.	Encadrar.
Encagé, ée.	Engabiat, ada.
Encager.	Engabiar.
Encager un arbre.	Embouissounar.
Encaissé, ée.	Encaissat, ada.
Encaissement.	Encaissament.
Encaisser.	Encaissar.
Encan.	Encant.
Encan, mis à l'.	Encantat, ada.
Encan, vendre à.	Encantar.
Encanailler s'.	Encanalhar s'.
Encapuchonné, ée.	Encabanat, ada.
Encapuchonner s'.	Encabanar s'.
Encastelure.	Fourmela.
Encaver.	Encroutar.
Encaveur.	Encroutaire.
Enceinte.	Enviroutar.
Enceinte, circuit.	Encenta.
Enceinte, adj.	Encenta, grossa.
Enceinte, t. de pêche.	Cencha.
Enceinte de rochers.	Clua.
Encens.	Encens.
Encensement.	Encensada.
Encensé, ée.	Encensat, ada.
Encenser.	Encensar.
Encensoir.	Encensoir.
Enchaîné, ée.	Encadenat, ada.
Enchaînement.	Enchainament.
Enchaîner.	Enchainar.
Enchaînure.	Enchainament.
Enchanté, ée.	Encantat, ada.
Enchantement.	Encantament.
Enchanter.	Encantar.
Enchanteur, eresse.	Masca, Sorciera.
Encbaperonner.	Encapuchounar.
Enchassé, ée.	Enchassat, ada.
Enchasser.	Enchassar.
Enchassure.	Enchassura.
Enchausser.	Encabanar.
Enchère.	Enchiera.
Enchérir.	Encherir.
Enchérisseur.	Encherissur.
Enchevêtré, ée.	Entravat, ada.
Enchevêtrer.	Entravar.
Enchevêtrure.	Entravacadura.
Enchifrènement.	Rhooumas doou ceveou.
Enchifrènement causé par le soleil.	Pegoumas.
Echymose	Macadura.
Enclavé, ée.	Enclavat, oda.
Enclaver.	Enclavar.
Enclin, ine.	Enclin, ina.
Enclore.	Enclaure.
Enclore s'.	Enclaure s'.
Enclos.	Enclaus, Claus.
Enclos petit.	Clauset.
Enclos, ose.	Enclaus, ausa.
Encloué, ée.	Enclavat, ada.
Enclouer.	Enclavar.
Encloucire.	Enclavadura.
Enclume.	Enclumi.
Encombre.	Encombre.
Enclumeau.	Bigorna.
Encoche.	Osca, Talha.
Encoffré, ée.	Encoffrat, ada.
Encoffrer.	Encoffrar.
Encoignure.	Encougnura.
Encollé, ée.	Encaduissat, ada.
Encoller.	Encaduissar.
Enculure.	Encolura.
Encombre.	Encombre.
Encombré, ée.	Encombrat, ada.
Encombrement.	Encombrament.
Encombrer.	Encombrar.
Encontre.	Encontre.
Encoquer.	Encocar.
Encore.	Encara.
Encore, pas tout à fait.	Encareta.
Encorné, ée.	Banarut, uda.
Encourageant, ante.	Encorageant, anta.
Encourager.	Encoragear.
Encourir.	Encourrer.
Encrasser s'.	Encrassouire s'.
Encre.	Ancra.
Encre de la Chine.	Ancra de la China.
Encre d'imprimerie.	Ancra d'imprimaria.
Encrier.	Escritori, Ancrier.
Encrine.	Peira de Sant Vincens.
Encroue.	Encrout, Encombriat.
Encroûté, ée.	Encroustat, ada.
Encroûter.	Encroustar.
Encuvé, ée.	Entinclat, ada.
Encuvement.	Tinclagi.
Encuver.	Entinclar.
Encyclopédie.	Encyclopedia.
Encyclopédique.	Encyclopedique, ica.

END

Français	Traduction
Endémique.	Endemique, ica.
Endetté, ée.	Endeoutat, ada.
Endetter s'.	Endeoutar s'.
Endéver.	Charpar, Endevar.
Endiablé, ée.	Endiablat, ada.
Endiabler.	Endiablar.
Endiabler s'.	Endiablar s'.
Endimanché, ée.	Endimenchat, ada.
Endimancher s'.	Endimenchar s'.
Endive.	Endiva.
Endoctriné, ée.	Endouctrinat, ada.
Endoctriner.	Endouctrinar.
Endolori, ie.	Endoulentit, ida.
Endolorir s'.	Endoulentir s'.
Endommagé, ée.	Endaumageat, ada.
Endommager.	Endaumagear.
Endormi, ie.	Endormit, ida, ia.
Endormi, encore un peu.	Dormilhous, ousa.
Endormi profondément.	Encadat, ada.
Endormir.	Endormir.
Endormir s'.	Endormir s'.
Endormir s' légèrement.	Atravarir s'.
Endossé, ée.	Endossat, ada.
Endossement.	Endossament.
Endosser.	Endossar.
Endosseur.	Endossur.
Endroit.	Endrech.
Endroit, dans cet.	Aquito.
Enduire.	Enduire.
Enduire de boue.	Bardissar.
Enduire de choses sales.	Embarnissar.
Enduit.	Coucha, Enduit.
Enduit, uite.	Enduit, uita.
Endurant, ante.	Endurant, anta.
Endurci, ie.	Endourcit, ida, ia.
Endurcir.	Endurcir.
Endurcir s'.	Endurcir s'.
Endurcissement.	Endurcissament.
Endurer.	Endurar.
Endymion, n. pr.	Endymion.
Enée, n. pr.	Eneo.

ENE

Français	Traduction
Energie.	Energia.
Energique.	Energique, ica.
Energiquement.	Energicament.
Energumène.	Poussedat.
Enerver.	Enflaquir.

ENF

Français	Traduction
Enfaiteur.	Teoule.
Enfance.	Enfança.
Enfant.	Enfant.
Enfant gros.	Enfantas.
Enfant petit.	Enfantoun.
Enfant joufflu, niais.	Pastis.
Enfant nourri à la charité.	Charitoun.
Enfants, qui aime les.	Enfantourier.
Enfants, qui les amuse.	Barroulier.
Enfants trouvés.	Enfants troubats.
Enfantement.	Enfantament.
Enfanté, ée.	Enfantat, ada.
Enfanter.	Enfantar.
Enfantillage.	Enfantilhogi.
Enfantin, ine.	Enfantin, ina.
Enfariné, ée.	Enfurinat, ada.
Enfariner.	Enfurinar.

Enfariner s'.	Enfarinar s'.
Enfer.	Enfer.
Enfers.	Enfers.
Enfermé, ée.	Enfermat, ada.
Enfermer.	Enfermar.
Enfermer dans le bercail.	Embarrar.
Enferrer s'.	Enferroulhar s'.
Enficelé, ée.	Enficelat, ada.
Enficeler.	Enficelar.
Enfilade.	Enfilada.
Enfilé, ée.	Enfilat, ada.
Enfiler.	Enfilar.
Enflammé, ée.	Enflammat, ada.
Enflammer.	Enflammar.
Enflammer s'.	Enflammar s'.
Enfléchures.	Griselas.
Enflé, ée.	Enflat. ada.
Enfler.	Enflar.
Enfler s'.	Enflar s'.
Enflure.	Enflura.
Enfoncé, ée.	Enfounsat, ada.
Enfoncement.	Enfounsament.
Enfoncer.	Enfounsar.
Enfoncer s'.	Enfounsar s'.
Enfonçure.	Founsura.
Enforcir.	Renforçar.
Enfouir.	Aclapar.
Enfourcher.	Enfourcar.
Enfourné, ée.	Enfournat, ada.
Enfourner.	Enfournar.
Enfroquer.	Enfrocar.
Enfuir s'.	Fugir.
Enfumé, ée.	Enfumat, ada.
Enfumer.	Enfumar.
Enfumer s'.	Enfumar s'.

ENG

Engageant, ante.	Engageant, anta.
Engagement.	Engageament.
Engagé, ée.	Engageat, ada.
Engager.	Engagear.
Engager s'.	Engagear s'.
Engallage.	Engalagi.
Engaller.	Engalar.
Engeance.	Enjeança.
Engelure.	Tigna.
Engendré, ée.	Engendrat, ada.
Engendrer.	Engendrar.
Engerber.	Engerbar.
Engin.	Engin.
Englobé, ée.	Englobat, ada.
Englober.	Englobar.
Engloutir.	Engloutir.
Englué, ée.	Enviscat, ada.
Engluer.	Enviscar.
Engoncé, ée.	Engounçat, ada.
Engoncer.	Engounçar.
Engorgé, ée.	Engourgeat, ada.
Engorgement.	Engourgeament.
Engorger.	Engourgear.
Engoué, ée.	Engavaissat, ada.
Engouer.	Engavaissar.
Engouer s'.	Engavaissar s'.
Engouler.	Engoular.
Engoulevent.	Tardarassa.
Engoulevent à collier roux.	Tartarossa.
Engourdi, ie.	Enregoui, ia.
Engourdir s'.	Engourdir s'.

Engourdir s', par le froid.	Enregouire s'.
Engourdissement.	Engourdissament.
Engrais.	Engrais, Druisa.
Engraissé. ée.	Engraissat, ada.
Engraissement.	Engraissament.
Engraisser.	Engraissar.
Engraisser les terres.	Endruar.
Engraisser s'.	Engroissar s'.
Engrangé, ée.	Engrangeat, ada.
Engranger.	Engrangear.
Engravé, ée.	Engravat, ada.
Engravement.	Engravament.
Engraver.	Engravar.
Engraver s'.	Engravar s'.
Engrêlure.	Picot.
Engrenage.	Engranagi.
Engrener.	Engranar.
Engrenure.	Engranura.
Engrosser.	Engrossar.
Engrumelé, ée.	Emmoutassit, ida.
Engrumeler s'.	Emoutassir s'.
Enhardi, ie.	Enhardit, ida, ia.
Enhardir.	Enhardir.
Enharnaché, ée.	Arnescat, oda.
Enharnacher.	Arnescar.

ENI

Enigmatique.	Enigmatique, ica.
Enigme.	Enigmo.
Enivré, ée.	Enubriat, ada.
Enivrement.	Enubriadura.
Enivrer.	Enubriar.
Enivrer s'.	Enubriar s'.

ENJ

Enjabler.	Founçar.
Enjalousé, ée.	Agelosit, ida, vl.
Enjalouser.	Agelosir.
Enjambée.	Encambada.
Enjambé, ée.	Ecambat, ada.
Enjamber.	Encambar.
Enjamber s'.	Encambar s'.
Enjaveler.	Engavelar.
Enjaveleuse.	Liandra.
Enjeu.	Enjuec, misa.
Enjoindre.	Ourdounar.
Enjoler.	Engusar.
Enjoleur, euse.	Engusaire, arela.
Enjolivé, ée.	Enjoulivat, ada.
Enjolivement.	Enjoulivament.
Enjoliver.	Enjoulivar.
Enjoliveur.	Enjoulivaire.
Enjoué, ée.	Escarabilhat, ada.
Enjouement.	Engauchilhadura.

ENL

Enlacement.	Enlassament.
Enlacer.	Enlassar.
Enlaidi, ie.	Enlaidit, ida, ia.
Enlaidir.	Enlaidir.
Enlevé, ée.	Enlevat, oda.
Enlèvement.	Enlevament.
Enlever.	Enlevar.
Enligné, ée.	Enlignat, oda.
Enligner.	Enlignar.
Enluminer.	Enluminar.

ENN

Ennemi, ie.	Enemic, iga.
Ennobli, ie.	Ennoublit, ida.
Ennoblir.	Ennoblir.
Ennui.	Ennui.
Ennui, se consumer d'.	Charvir.
Ennui, se livrer à l'.	Peginar.
Ennui, mourir d'.	Estransinar s'.
Ennui, sujet à l'.	Peginous, ousa.
Ennuyant, ante.	Ennuiant, anta.
Ennuyé, ée.	Ennuiat, ada.
Ennuyer.	Ennuiar.
Ennuyer s'.	Ennuiar s'.
Ennuyeux, euse.	Enfetaire, arela.
Enoncer s'.	Enounçar s'
Enonciation.	Enounciation.
Enorguelhir.	Enourguelhir s'.
Enorme.	Enorme, orma.
Enormément.	Enormament.
Enormité.	Enormitat.

ENQ

Enquerir s'.	Entrevar s'.
Enquerre.	Enquerrer s'.
Enquête.	Enquesta.

ENR

Enraciné, ée.	Enraeinat, ada.
Enraciner.	Enracinar.
Enraciner s'.	Enracinar s'.
Enragé, ée.	Enrageat, ada.
Enrageant, ante.	Enrabiant, anta.
Enrager.	Enrabiar.
Enrager s'.	Enrabiar s'.
Enrayé, ée.	Embarrat, ada.
Enrayer.	Embarrar.
Enrayer, faire le premier sillon.	Enregar.
Enrayure.	Barra de carreta.
Enrégimenté, ée.	Enregimentat, ada.
Enrégimenter.	Enregimentar.
Enregistré, ée.	Enregistrat, ada.
Enregistrement.	Enregistrament.
Enregistrer.	Enregistrar.
Enrhumé, ée.	Enrhooumat, ada.
Enrhumer.	Enrhooumar.
Enrhumer s'.	Enrhooumar s'
Enrichi, ie.	Enrichit, ida, ia.
Enrichir.	Enrichir.
Enrichir s'.	Enrichir s'.
Enrôlé, ée.	Enrolat, ada.
Enrôlement.	Enrolament.
Enrôler.	Enrolar.
Enroué, ée.	Rauc, ca.
Enrouement.	Raucugi.
Enrouer s'.	Enrauchir s'.
Enrouillé, ée.	Enroulhit, ida, ia.
Enrouiller s'	Enroulhir s'.

ENS

Ensabatés.	Sabalatz, vl.
Ensablement.	Ensablament.
Ensabler.	Ensablar.
Ensaché, éc.	Ensacat, ada.
Ensacher.	Ensacar.
Ensacheur.	Ensacaire.
Ensanglanté, ée.	Ensaunoui, ouia.

Ensanglanter.	Ensanouire.
Enseigne.	Ensegna.
Enseigné, ée.	Ensegnat, ada.
Enseignement.	Ensegnament.
Enseignement mutuel.	Ensegnament mutuel.
Enseigner.	Ensegnar.
Ensemencé, ée.	Ensemençat, ada.
Ensemencer.	Ensemençar.
Enserrer.	Enserrar.
Ensevelir.	Ensevelir.
Ensevelissement.	Enterrament.
Ensorcelé, ée.	Emmascat, ada.
Ensorceler.	Emmascar.
Ensorcellement.	Mascaria.
Ensoufré, ée.	Ensouprat, ada.
Ensoufrer.	Ensouprar.
Ensoyer.	Ensedar.
Ensuivre.	Ensoubra.
Ensuite.	Ensuita.
Ensuivre s'.	Ensuivre s'.

ENT

Entablement.	Entablament.
Entâcher.	Entacar.
Entaille.	Entalha. Osca.
Entaillé, ée.	Entalhat, ada.
Entailler.	Entalhar.
Entamé, ée.	Entamenat, ada.
Entamé avec les dents.	Boucinat, ada.
Entamer.	Entamenar.
Entamure.	Entamenadura.
Entassé, ée.	Acuchat, ada.
Entasser.	Acuchar.
Entasser sans ordre.	Acoufignar.
Ente.	Ente.
Entendement.	Entendament.
Entendeur.	Entendur.
Entendre.	Entendre.
Entendre s'.	Entendre s'.
Entendu, ue.	Entendut, uda.
Entente.	Ententa.
Enté, ée.	Entat, ada.
Enter.	Entar.
Entériné, ée.	Enterinat, ada.
Entérinement.	Enterinament.
Entériner.	Enterinar.
Enterré, ée.	Enterrat, ada.
Enterrement.	Enterrament.
Enterrer.	Enterrar.
Entété, ée.	Entestat, ada.
Entêtement.	Entestament.
Entêter.	Entestar.
Entêter s'.	Entestar s'.
Enthousiasme.	Enthousiasme.
Enthousiasmé, ée.	Enthousiasmat, ada.
Enthousiasmer.	Enthousiasmar.
Enthousiaste.	Enthousiasto.
Entier, ière.	Entier, iera.
Entièrement.	Entierament.
Entité.	Entitat.
Entoilage.	Entelagi.
Entoiser.	Empilar.
Entonner.	Emboutar.
Entonner, donner le ton.	Entonar.
Entonnoir.	Emboutaire.
Entorse.	Entorsa.
Entortillé, ée.	Entourtilhat, ada.
Entortillement.	Entourtilhament.
Entortiller.	Entourtilhar.
Entortiller s'.	Entourtilhar s'.

Entour à l'.	Entour à l'.
Entourage.	Entouragi.
Entourer.	Entourar.
Entournure.	Escavadura.
Entracte.	Entracto.
Entrailles.	Entralhas.
Entraînement.	Entrainament.
Entraîner.	Entrainar, Rebalar.
Entrant, ante.	Entrant, anta.
Entravé, ée.	Encoublat, ada.
Entraver.	Entravar.
Entraves.	Encoublas.
Entre.	Entre.
Entré, ée.	Entrat, ada.
Entrebaillé, ée.	Badier, iera.
Entrechat.	Entrechat.
Entre colonne.	Entre coulouna.
Entre-couper.	Entrecoupar.
Entre-couper s'.	Entrecoupar s'.
Entre-deux.	Entre dous.
Entrée.	Entrada, Intrada.
Entrefaites.	Entrafetas.
Entrelacé, ée.	Entrelaçat, ada.
Entrelacer.	Entrelaçar.
Entrelardé, ée.	Entrelardat, ada.
Entrelarder.	Entrelardar.
Entreluire.	Entrelusir.
Entre-mêlé, ée.	Entre-mesclat, ada.
Entre-mêler.	Entre-mesclar.
Entremets.	Entremets.
Entremetteur, euse.	Entremettur, usa.
Entremettre s'.	Entremettre s'.
Entremise.	Entremisa.
Entre-nœud.	Entre-nous.
Entrepas.	Entrepas.
Entreposé, ée.	Entrepausat, ada.
Entreposer.	Entrepausar.
Entreposeur.	Entrepausur.
Entrepôt.	Entrepaus.
Entreprenant, ante.	Entreprenent, anta.
Entreprendre.	Entreprendre.
Entrepreneur, euse.	Entreprenur, usa.
Entreprise.	Entreprisa.
Entrer.	Entrar, Intrar.
Entre sabords.	Obra morta.
Entresol.	Entresol.
Entretenir.	Entretenir.
Entretenu, ue.	Entretengud, uda.
Entretien.	Entretien.
Entretoise.	Entretoisa.
Entrevoir.	Entreveire.
Entrevous.	Entrevous.
Entrevu, ue.	Entrevist, ista.
Entrevue,	Entrevua.
Entrouïr.	Entrausir.
Entrouvert, erte.	Escrancat.

ENU

Enule campane.	Enula campana.
Énumération.	Enumeration.
Énumérer.	Enumerar.

ENV

Envahir.	Envahir.
Envahissement.	Envahissamsnt.
Envahisseur.	Envaidor, vi.
Enveloppe.	Envelopa.
Enveloppé, ée.	Envelopat, ada.
Envelopper.	Envelopar.

Envelopper s'.	Envelopar s'.
Envelopper s' de son manteau.	Agouloupar s'.
Envenimé, ée.	Enverinat, ada.
Envenimer.	Enverinar.
Enverguer.	Envergar.
Envergure.	Envergura.
Envers.	Envers.
Envers, à l'.	Envers, à l'.
Envie.	Envegea.
Envie démésurée.	Petelega.
Envie, faire venir l'.	Atalentar.
Envie folle.	Envegeassa.
Envier.	Envegear.
Envies.	Peluchouns.
Envieux, euse.	Envegeous, ousa.
Enviné, ée.	Envinassat, ada.
Environ.	Environn.
Environné, ée.	Environat, ada.
Environner.	Environar.
Envisagé, ée.	Envisogeat, ada.
Envisager.	Envisagear.
Envoi.	Envoi.
Envoie, impér.	Orsa, pougea.
Envoilé, ée.	Faussat, ada.
Envoiler s'.	Envolar s'.
Envoisiné, ée.	Envesinat, ada.
Envoyer.	Mandar.

EOL

Eole.	Eolo.

EPA

Epacte.	Epacta.
Epais, aisse.	Espes, essa.
Epaisseur.	Espessour.
Epaissi, ie.	Espessit, idia, ia.
Epaissir.	Espessir.
Epaississement.	Espessissament.
Epampré, ée.	Despampat, ada.
Epamprement.	Despampagi.
Epamprer.	Despampar.
Epampre, celui qui.	Despampaire.
Epanchement.	Espanchament.
Epancher.	Espanchar.
Epanchoir.	Espassier.
Epandre.	Semenar.
Epanoui, ie.	Espandit, ida, ia.
Epanouir.	Espandir.
Epanouir s'.	Espandir s'.
Epanouir la rate.	Chalarse.
Epanouissement.	Espandissament.
Eparcet. V. Esparcette.	
Epargne.	Espargna.
Epargné, ée.	Espargnat, ada.
Epargner.	Espargnar.
Epargner s'.	Espargnar s'.
Eparpillé, ée.	Esparpalhat, ada.
Eparpiller.	Esparpalhar.
Epars, arse.	Esparpalhat, ada.
Eparvin.	Esparvin.
Epaté, ée.	Escagassat, ada.
Epater.	Escagassar.
Epaule.	Espala.
Epaule des animaux.	Espaloun.
Epaule petite.	Espaleta.
Epaule grosse.	Espalassa.
Epaules larges, qui à les.	Espalut, uda.
Epaulé, ée.	Espalat, ada.

Épaulée.	Espencha.
Epaulement.	Espaulament.
Epauler.	Espalegear.
Epaules, rompre les.	Desmusclassar.
Epauler s'.	Espalar s'.
Epaulette.	Espouleta.
Epaulette de chemise.	Muscliera.
Epaulière.	Espaliera.

EPE

Epcautre.	Espeouta.
Épeautre serrée.	Civada blanca.
Épeautre petite.	Espeouta pichota.
Épeautre, champ de.	Espeoutiera.
Epée.	Espasa.
Epée grosse.	Espasassa.
Epée petite.	Espaseta.
Epée longue.	Espadran.
Epée vieille et rouillée.	Asticot.
Epée, homme d'.	Espasian.
Epée de cordier.	Espeouta.
Epée de mer.	Emperour, 2.
Epeiche.	Pigrat.
Epeler.	Comptar.
Epenthèse.	Epenthezis, vl.
Epenthèse, faire une.	Epenthezir, vl.
Eperdu, ue.	Esperdut, uda.
Eperon.	Esperoun.
Eperonnier.	Esperounier.
Epervier.	Esprevier.
Epirvière des murs.	Herba de la guerra.
Epervin. V. Eparvin.	

EPH

Ephélide.	Pana.
Ephémérides.	Ephemeridas.

EPI

Epi.	Espiga.
Epi gros.	Espigas.
Epi petit.	Espigueta.
Epi vide.	Espigau.
Epis non égrenés.	Espigalh.
Epi batardeau.	Panier.
Epicerie.	Especiaria.
Epicier.	Espicier.
Epicurien.	Epicurien.
Epicycle.	Epicycle.
Epidémie.	Epidemia, Planeta.
Epidémique.	Epidemique, ica.
Epiderme.	Epiderme.
Epié, ee.	Espigat, ada.
Epier.	Espiar.
Epier, lorgner.	Espinchar, Espiar.
Epierré, ée.	Espeiregat, ada.
Epierrer.	Espeiregar.
Epigastre.	Fountela.
Epiglotte.	Epiglos, vl.
Epigrammatique.	Epigrammatique,tca.
Epigramme.	Epigrama.
Epigraphe.	Epigrapha.
Epilepsie.	Epilepsia.
Epileptique.	Epileptique, ica.
Epilé, ée.	Pelat, ada.
Epiler.	Pelar.
Epilobe herissé.	Herba de Sant Antoni.
Epilogue.	Epilogu.
Epiloguer.	Espepiounar.

Epinal.	Espinau.
Epinard.	Espinarc.
Epinard de Hollande ou sans cornes.	Espinarc gros.
Espinard ordinaire.	Espinarc.
Epine.	Espina.
Epine grosse.	Espinassa.
Epine petite.	Espineta.
Epine du dos.	Rasteou.
Epine, prendre une.	Espinar s'.
Epine blanche.	Acinier.
Epinette.	Espineta.
Epineux, euse.	Espinous, ousa.
Epine-vinette.	Agrivoutat.
Epingle.	Espingla.
Epingle petite.	Espingleta.
Epingles, tiré à quatre.	Espingolat, ada.
Epingles, fixer avec des.	Espilhar.
Epinglier, ière.	Esplingaire.
Epinglier de rouet.	Encrena.
Espingole.	Espingola.
Epinoche.	Espigna bec.
Epinoche aiguillonné.	Sabatier, 2.
Epinyctides.	Blaveiroou.
Epiphanie.	Epiphania.
Epiploon.	Crespina.
Epique.	Epique, ica.
Episcopal, ale.	Episcopal, ala.
Episcopat.	Episcopat.
Episode.	Episoda.
Epistolaire.	Epistolari, aria.
Epitaphe.	Epitopha.
Epithalame.	Epithalamo.
Epithème.	Escutel.
Epithète.	Epitheta.
Epitie.	Parquet, 2.
Epître.	Epitra.
Epître dédicatoire.	Epitra dedicatoiro.

EPL

Eploré, ée.	Esplourat, ada.
Eplucher.	Espeluchar.
Eplucheur, euse.	Espimpounegeaire.
Epluchures.	Trialhas.

EPO

Epointé, ée.	Espounchat, ada.
Epointer.	Espounchar.
Eponge.	Espounga.
Eponger.	Espoungar.
Epopée.	Epopea.
Epoque.	Epoca.
Epoudrer.	Despoudrar.
Epouffrer s'.	Espouffar s'.
Epouiller.	Espeoulhar.
Epouiller s'.	Espeoulhar s'.
Epouille, lieu où l'on s'.	Espeoulhaire.
Epoumonner s'.	Espoomounar s'.
Epousailles.	Espousalhas.
Epouse.	Espousa.
Epousé, ée.	Espousat, ada.
Epousée.	Espousada, Novi.
Eponser.	Espousar.
Epouseur.	Espousaire.
Epousseter.	Espoussetar.
Epoussette.	Escoubeta.
Epouvantable.	Espouvantable, abla.
Epouvantablement.	Espouvantablament.

Epouvantail.	Espouvantalh.
Epouvante.	Espavant.
Epouvanté, ée.	Espavantat, ada.
Epouvanter.	Espavantar.
Epouvanter s'.	Espavantar s'.
Epoux, ouse.	Espous, ousa.

EPR

Epreindre.	Esquichar.
Epreinte.	Espouncha.
Eprendre s'.	Amourachar s'.
Epreuve.	Esprova.
Eprouvé, éc.	Esprovat, ada.
Eprouver.	Esprovar.
Eprouvette.	Esproveta.

EPU

Epucer.	Esnierar.
Epuisé, ée.	Espuisat, ada.
Epuisement.	Espuisament.
Epuisé, ée.	Espuisat, ada.
Epuiser.	Espuisar.
Epuiser s'.	Espuisar s'.
Epuration.	Epuration.
Epuré, ée.	Epurat, ada.
Epurer.	Epurar.
Epurge.	Catapuça.

EQU

Equarri, ie.	Escairat, ada.
Equarrir.	Escairar.
Equoiteur.	Equatour.
Equation.	Equation.
Equerre.	Escaire.
Equerre fausse.	Sautarela.
Equestre.	Equestre, tra.
Equi-distant, ante.	Equidistant, anta.
Equilibre.	Equilibre.
Equinoxe.	Equinoxo.
Equinoxial, ale.	Equinoxial, ala.
Equipage.	Equipagi.
Equipé, ée.	Equipat, ada.
Equipée.	Fusada, Equipada.
Equipement.	Equipament.
Equiper.	Equipar.
Equipollent, ente.	Equipolent, enta.
Equitable.	Equitable, abla.
Equitablement.	Equitablament.
Equitation.	Equitation.
Equité.	Equitat.
Equivalent, ente.	Equivalent, enta.
Equivaloir.	Equivaler.
Equivoque.	Equivocatio.
Equivoque, adj.	Equivoque, oca.

BRA

Erable champêtre.	
Erabre de Montpellier.	Agas Arabre.
Erable a feuilles de platane.	Plai.
Eraller.	Frisar.
Erailler s'.	Destriar se.
Eraillé, ée.	Destrial, ada.
Eraillure.	Destriadura.
Erasme, n. pr.	Erasmo.
Eraté, éc.	Destratat, ada.

ERE

Ere.	Era.
Ereinté, ée.	Desrenat, ada.
Ereinté de fatigue en moissonnant.	Abladat, ada.
Ereinter.	Desrenar.
Ereinter s'.	Desrenar se.
Erésipélateux, euse.	Erysipelatous, ousa.
Eresipèle.	Erysipelo.

ERG

Ergot.	Ergot.
Ergot d'arbre.	Buc.
Ergot des chevaux.	Castagna.
Ergot, monter sur ses.	Enarquilhar s'.

ERI

Erigé, ée.	Erigeat, ada.
Eriger.	Erigear.
Eriger s'.	Erigear s'.

ERM

Erminette.	Ermineta.
Ermitage.	Ermitogi.
Ermite.	Ermito.

ERN

Ernest, n. pr.	Ernest.
Ernestine, n. pr.	Ernestina.

ERO

Erodium elyoyne.	Ped de perdris.

ERR

Errant, ante.	Errant, anta.
Errata.	Errata.
Errer.	Errar.
Erreur.	Errour.

ERS

Ers.	Erre.
Ers à quatre graines.	Eiseta.
Ers velu.	Essa.

ERU

Eructation.	Eructatio. vl.
Erudit, ite.	Erudit, ita.
Erudition.	Erudition.
Erugineux, euse.	Enroulhit, ida.
Eruption.	Eruption.
Eruption vague à la peau.	Cambrioul.

ERY

Erysipèle. V. Eresipèle.	

ESC

Escabeau.	Escabeou.
Escadre.	Escadra.
Escadrille.	Escadrilha.
Escadron.	Escadroun.
Escadronner.	Escadrounar.
Escalade.	Escalada.
Escalader.	Escaladar.
Escalier.	Escalier.
Escalier en limaçon.	Viseta.
Escalin.	Escalin.
Escamette.	Escamita.
Escamotage.	Escamotagi.
Escamoter.	Escamotar.
Escamoteur.	Escamotur.
Escampette.	Escampeta.
Escapade.	Escopada.
Escarabée stercoraire.	Foulha merda.
Escarbillard, arde.	Escarabilhat, ada.
Escarbite.	Marmota.
Escarbot.	Caravas.
Escarboucle.	Carboucle.
Escarcelle.	Escarcela.
Escargot.	Escargot.
Escargot petit.	Cagarouloun.
Escargots, regoût de.	Cacalausada.
Escarmouche.	Escarmoucha.
Escarmoucher.	Escaramouchar.
Escarole.	Escarola.
Escarpe.	Escarpa.
Escarpement.	Escarpament.
Escarpé, ée.	Escarpat, ada.
Escarper.	Escarpar.
Escarpin.	Escarpin.
Escarpolette.	Bindoussa.
Escarre.	Escarra.
Escient.	Escien.
Esclandre.	Esclandre.
Esclavage.	Esclavagi.
Esclave.	Esclave, ava.
Escogriffe.	Escogrifo.
Escompte.	Escompte.
Escompté, ée.	Escomptat, ada.
Escompter.	Escomptar.
Escope.	Espouscadour.
Escopette.	Escoupeta.
Escorte.	Escorta,
Escorter.	Escortar.
Escouade.	Escouada.
Escourgée.	Fouit de courregeas.
Escourgeon.	Hordi quarrat, en herba.
Escousse.	Escoussa, van.
Escrime.	Escrime.
Escrimer s'.	Escrimer s'.
Escrimeur.	Escrimur.
Escroc.	Escroc.
Escroquer.	Escrocar.
Escroquerie.	Escrocaria,

ESO

Esoce belone.	Becassina de mar.
Esoce boa.	Masca deis amplovas.

ESP

Espace.	Espai.
Espace gagné.	Relarg.
Espacer.	Espaçar.
Espadon.	Espadroun.
Espadon, poisson.	Emperour.
Espadonner.	Espadrounar.
Espagnol, ole.	Espagnoou, ola.
Espagnolette.	Espagnouleta.
Espalier.	Espalier.
Espalmer.	Espalmar.
Esparcette.	Esparceou.
Espèce.	Espeça.
Espérance,	Esperança.
Espérer.	Esperar.
Espet.	Pei escode.
Espiègle.	Espiegle.
Espièglerie,	Espieglaria.
Espion.	Espion.
Espionnage.	Espionagi.
Espionner.	Espionar.
Esplanade.	Esplanada.
Espoir.	Espoir.
Esponton.	Espountoun.
Esprit.	Esprit.
Esprit gros.	Espritas.
Esprit saint.	Esprit sant.
Esprit de mendererus.	Esprit de mendererus.
Esprit public.	Esprit public.
Esprit de térébenthine	Esprit de terebenthina.
Esprit de vin.	Esprit de vin.
Esprit de vitriol.	Esprit de vitrigl.
Esprit vif, pétulant.	Espritoun.
Esprit follet.	Esprit foulet.

ESQ

Esquicher.	Esquichar s'.
Esquif.	Esquifou.
Esquille.	Esquilha.
Esquinancie.	Esquinancia.
Esquipot.	Esquipot.
Esquisse.	Esquissa.
Esquissé, ée.	Esquissat, ada.
Esquisser.	Esquissar.
Esquiver.	Esquivar.
Esquiver s'.	Esquivar s'.

ESS

Essai.	Assai.
Essaim.	Eissame.
Essaims, mettre les, dans les ruches.	Abelhar.
Essaimer.	Eissamenar.
Essongé, ée.	Eissagat, ada.
Essanger.	Eissagar.
Essart.	Eissart.
Essarter.	Eissartar.
Essayé, ée.	Assageat, ada.
Essayer.	Assagear.
Essayer s'.	Assagear s'.
Essayeur.	Assageaire.
Esse.	Essa, Claveta.
Essence.	Essença.
Essentiel, ielle.	Essentiel, ela.
Essentiellement.	Essentielament.
Essette.	Aisseta.
Essieu.	Essiou.
Essieu d'un rouet à filer.	Seguignouera.
Essor.	Essor, suppl.
Essor, prendre son.	Abaudir s'.
Essoré, ée.	Eissaurat, ada.
Essorer.	Eissaurar.
Essorillé, ée.	Desaurelhat, ada.
Essoriller.	Dasaurelhar, Eissaurelhar.
Essoufflé, ée.	Eissouflat, ada.
Essoufflement.	Eissouflament.

Essouffler.	Eissouflar.
Essui.	Estendeire.
Essuie-main.	Panaman.
Essuyé, ée.	Eissuch, ucha, Panat, ada.
Essuyer.	Panar.
Essuyer s'.	Panar se.

EST

Est.	Est.
Est il.	Es.
Estocade.	Estacada.
Estaffette.	Estafeta.
Estafier.	Estafier.
Estafilade.	Estafilada.
Estame.	Estame.
Estampe.	Estampa.
Estampé, ée.	Estampat, ada.
Estamper.	Estampar.
Estampille.	Estampilha.
Estère.	Estori.
Esterlin.	Esterling.
Estimable.	Estimable, abla.
Estimateur.	Estimatour.
Estimation.	Estima.
Estime.	Estima.
Estimé, ée.	Estimat, ada.
Estimer.	Estimar.
Estimer s'.	Estimar s'.
Estive.	Estiva.
Estoc.	Estoc.
Estocade.	Estocada.
Estomac.	Estoumac.
Estomac faible.	Estoumagoun.
Estomaquer s'.	Estoumacar s'.
Estompe.	Estoumpa.
Estomper.	Estoumpar.
Estou.	Escabeletu.
Estoupin.	Estoupin.
Estrade.	Estrada.
Estragon.	Estragoun.
Estrapade.	Estrapada.
Estropié, ée.	Estroupiat, ada.
Estropier.	Estroupiar.
Estropier s'.	Estropiar s'.
Esturgeon.	Esturgeoun.

ESU

Esule petite.	Retoumbel.

ET

Et.	Et.

ETA

Etablage.	Establage.
Etable.	Estable.
Etable grande.	Establas.
Etable petite.	Establoun.
Etable à chèvres.	Cabriera.
Etable, tous les animaux d'une.	Establada.
Etabler.	Establar.
Etabler s'.	Establar s'.
Etabli, ie.	Establit, ida, ia.
Etabli de menuisier.	Banc fustier.
Etablir.	Establir.
Etablir s'.	Establir s'.
Etablissement.	Establissament.

Etage.	Estagi.
Etager.	Estayear.
Etagères.	Estagieras.
Etai.	Pialoun.
Etaim.	Estam.
Etain.	Estam.
Etal.	Banc.
Etalage.	Etalagi.
Etaler.	Estallar.
Etalon.	Grignoun.
Etamage.	Estamagi.
Etamage, qui a perdu son.	Destamat, ada.
Etambot.	Estambot.
Etambraies.	Mechoun.
Etamé, ée.	Estamat, ada.
Etamer.	Estamar.
Etamine.	Estamina.
Etamure.	Estamagi.
Etanché, ée.	Estanchat, ada.
Etancher.	Estanchar.
Etançon fourchu.	Fourcora.
Etançon.	Pounchier.
Etanconner.	Estançounar.
Etang.	Estang.
Etape.	Etapa.
Etapier.	Etapier.
Etat.	Etat.
Etat civil.	Etat civil.
Etat major.	Etat major.
Etats de provence.	Etats de Prouvença.
Etats unis.	Etats unis.
Etau.	Estoc.
Etayer.	Pouncheirar.

ETE

Eté.	Estiou.
Eté petit.	Estivet.
Eté séjour ou travail d'.	Estivalha.
Eté, passer l'.	Estivar.
Eté de St.-Martin.	Estiou de St.-Martin.
Eteindre.	Amouçar.
Eteindre s'.	Amouçar s'.
Eteint, einte.	Amouçat, ada.
Etendage.	Estendagi.
Etendard.	Estandard.
Etendoir.	Estendeire.
Etendre.	Estendre.
Etendre s'.	Estendre s'.
Etendu, ue.	Estendut, uda.
Etendue.	Estenduda.
Eternel, elle.	Eternel, ela.
Eternellement.	Eternelament.
Eterniser.	Eternisar.
Eternité.	Eternitat.
Eternuer.	Esternudar.
Eternument.	Esternut.
Etêlé, ée.	Estestat, ada.
Etêter.	Estestar.
Eteule.	Estoubloun.

ETH

Ether.	Ether.
Ether acétique.	Ether acetique.
Ether chlorhydrique.	Ether chlorhydrique.
Ether sulfurique.	Ether sulfurique.
Ether muriatique.	Ether muriatique.
Ether hydriodique.	Ether hydriodique.
Ether nitrique.	Ether nitrique.

Ether benzoïque.	Ether benzouique.
Ether oxalique.	Ether ouxalique.
Ether citrique, etc.	Ether citrique.
Ethiopie.	Ethiopia.
Ethiops.	Ethiops.
Ethiops minéral.	Ethiops mineral.
Ethuse ache des chiens.	Persil salbatge.

ETI

Etienne, n. pr.	Esteve.
Etienne jeune.	Estevenoun.
Etinceler.	Belugar.
Etincelle.	Beluga.
Etiolé, ée.	Eschalat, ada.
Etique.	Etique, ica.
Etiqueté, ée.	Etiquetat, ada.
Etiqueter.	Etiquetar.
Etiquette.	Etiqueta.
Etirer.	Estirar.

ETO

Etoffe.	Estoffa.
Etoile.	Estella.
Etoile polaire.	Estella poularia.
Etoiles tombantes.	Estellas que toumboun.
Etoiles de mer pétrifiées.	Peira de Sant Vincens.
Etoilé, ée.	Estellat, ada.
Etole.	Estola.
Etonnant, ante.	Estounant, anta.
Etonné, ée.	Estounat, ada.
Etonnement.	Estounament.
Etonner.	Estounar.
Etonner s'.	Estounar s'.
Etouffant, ante.	Estoufunt, anta.
Etouffé, ée.	Estoufat, ada.
Etouffement.	Estoufament.
Etouffer.	Estoufar.
Etouffer s'.	Estoufar s'.
Etoupe.	Estoupa.
Etoupe, poignée de.	Bouraï.
Etoupe la plus grossière.	Cochis.
Etoupe du brisoir.	Barganilhas.
Etoupe abondant en, ou de la nature de.	Estoupous, ousa.
Etoupe, emplâtre sur de l'.	Estoupada.
Etouper.	Estoupar.
Etoupille.	Estoupilha.
Etoupiller.	Estoupilhar.
Etourderie.	Estourdaria.
Etourdi, ie.	Estourdit, ida, ia.
Etourdir.	Estourdir.
Etourdir s'.	Estourdir s'.
Etourdissement.	Estourdissament.
Etourneau.	Estourneou.

ETR

Etrange.	Estrangi.
Etrangement.	Estranhament, vl.
Etranger, ère.	Estrangier, era.
Etranger.	Descastrar.
Etranglé, ée.	Estranglat, ada.
Etranglement.	Estranglament.
Etrangler.	Estranglar.
Etranguillon.	Galhas.

Etrape. — Faucilhoun.
Etrave. — Roda de proua.
Etre. — Estre, esse.
Etre, s. — Estre.
Etres. — Etres.
Etrécir. — Restregner.
Etrécissement. — Restregniment.
Etreindre. — Restregner.
Etrenne. — Estrena.
Etrenné, éc. — Estrenat, ada.
Etrenner. — Estrenar.
Etrésillon. — Pialoun.
Etrésillonner. — Apiclounar.
Etrier. — Estriou.
Etrière. — Porta-estriou.
Etrille. — Estrilha, Culher.
Etrillé, éc. — Estrilhat, ada.
Etriller. — Estrilhar.
Etriper. — Estripar.
Etriper s'. — Estripar s'.
Etrivière. — Estrivieras.
Etroit, oite. — Estrech, echa.
Etroit, un peu. — Estrechot, Estrechoun.
Etroitement. — Estrechament.
Etron. — Estron.
Etron petit. — Estronchoun.
Etronçonner. — Estrounchar.

ETU

Etude. — Estudi.
Etudiant. — Estudiant.
Etudier. — Estudiar.
Etudier s'. — Estudiar s'.
Etui. — Estui.
Eluve. — Estuba.
Etuvée. — Archipot.
Eluver. — Estubar.

ETY

Etymologie. — Etymologia.

EU

Eu, eue. — Agut, uda.

EUC

Eucharistie. — Eucharistia.
Eucharistique. — Eucharistique, ica.
Eucher, n. pr. — Augueli.

EUD

Eudoxe, n. pr. — Eudoxo.
Eudoxie, n. pr. — Eudoxia.

EUM

Euménide. — Umenidas.
Eumolpe de la vigne. — Copa bouloun.
Eunuque. — Unuco.

EUP

Eupatoire. — Eupatori.
Euphémie, n. pr. — Euphemia.
Euphémisme. — Carienthismas, \1.
Euphonie. — Euphonia.
Euphorbe. — Lachouscla.
Euphraise jaune. — Pinaut.

Euphraise à feuilles de lin. — Rais-passit.
Euphraise officinale. — Erba de Sant Clar.

EUR

Eur et Loir, départ. — Eur et Loir.
Eure, départ. — Eura.
Europe. — Europa.
Européen, enne. — Européen, ena.

EUS

Eusèbe, n. pr. — Eusebo.
Eustache, n. pr. — Eustacho.

EUX

Eux, elles. — Eleis, elous, elas.

EVA

Evacuation. — Evacuation.
Evacué, ée. — Evacuat, ada.
Evacuer. — Evacuar.
Evaluation. — Evaluation.
Evalué, ée. — Evaluat, ada.
Evaluer. — Evaluar.
Evangélique. — Evangelique, ica.
Evangeliser. — Evangelisar.
Evangeliste. — Evangelisto.
Evangile. — Evangilo.
Evanoui, ie. — Estavanit, ida, ia.
Evanouir s'. — Esvanouir s'.
Evanouissement. — Avaniment.
Evaporation. — Esvapouration.
Evaporé, ée. — Esvapourat, ada.
Evaporer s'. — Esvapourar s'.
Evasement. — Esvasament.
Evasé, éc. — Esvasat, ada.
Evaser. — Esvasar.
Evasion. — Esvadament.

EVE

Evêché. — Evescat.
Eveil. — Esvelh.
Eveillé, éc. — Esvelhat, ada.
Eveiller. — Esvelhar.
Eveiller en sursaut. — Destrastounar.
Evènement. — Evenament.
Event. — Espira.
Eventail. — Ventoir.
Eventé, éc. — Estadis, issa.
Eveuté. — Eventat, ada.
Eventer. — Ventar.
Eventer s'. — Esventar s'.
Eventoir à blé. — Ventadouira.
Eventré, éc. — Esventrat, ada.
Eventrer. — Esventrar.
Eventrer s'. — Esventrar s'.
Eventrer, parlant d'un sac trop plein. — Espoutrar.
Evêque. — Evesque.

EVI

Eviction. — Eviction.
Evidemment. — Evidemment.
Evidence. — Evidença.
Evident, ente. — Evident, enta.
Evider. — Debogear.

Evier. — Aiguier.
Evincé, éc. — Evinçat, ada.
Evitable. — Evitablé, abla.
Eviter. — Evitar.

EVO

Evohe. — Evohe.
Evolution. — Evoulution.
Evoquer. — Evocar.
Evremont, n. pr. — Evremond.

EX

Ex. — Ex.

EXA

Exact, acte. — Exact, acta.
Exactement. — Exactament.
Exaction. — Exaction.
Exactitude. — Exactituda.
Exagérateur. — Exageratour.
Exagéré, ée. — Exagerat, ada.
Exagérer. — Exagerar.
Exaltation. — Exaltation.
Exalté, ée. — Exaltat, ada.
Exalter. — Exaltar, Vantar.
Examen. — Examen.
Examinateur. — Examinatour.
Examiné, ée. — Examinat, ada.
Examiner. — Examinar.
Examiner s'. — Examinar s'.
Exaspération. — Exasperation.
Exaspéré, ée. — Exasperat, ada.
Exaspérer. — Exasperar.
Exaucé, éc. — Exauçat, ada.
Exaucer. — Exauçar.

EXC

Excédent, ente. — Excedent, enta.
Excéder. — Excedar.
Excellence. — Excellença.
Excellent, ente. — Excellent, enta.
Exceller. — Excéllar.
Excentrique. — Excentric, vl.
Excepté, ée. — Exceptat, ada.
Excepter. — Exceptar.
Exception. — Exception.
Excès. — Exces.
Excessif, ive. — Excessif, iva.
Excessivement. — Excessivament.
Excitant, ante. — Excitant, anta.
Excitatif, ive. — Excitatiu, iva.
Excitation. — Excitation.
Excité, ée. — Excitat, ada.
Exciter à courir. — Acoussar.
Exclamatif, ive. — Exclamatiu, iva.
Exclamation. — Exclamation.
Exclu, ue. — Exclus, sa.
Exclure. — Exclure.
Exclusif, ive. — Exclusif, iva.
Exclusion. — Exclusion.
Exclusivement. — Exclusivament.
Excommunié, ée. — Excoumuniat, ada.
Excommunier. — Excoumuniar.
Excoriation. — Escourtegadura.
Excorier. — Escourtegar.
Excrément. — Escrement.
Excrétion. — Escretion.
Excroissance. — Escreissença

Excroissance charnue.	Charnivas.
Excusable.	Escusable, abla.
Excuse.	Escusa.
Excusé, ée.	Escusat, ada.
Excuser.	Escusar.
Excuser s'.	Escusar s'.

EXE

Exeat.	Exeat.
Exécrable.	Execrable, abla.
Exécrablement.	Execrablament.
Exécration.	Execration.
Exécutable.	Executable, abla.
Exécuté, ée.	Executat, ada.
Exécuter.	Executar.
Exécuter s'.	Executar s'.
Exécuteur, trice.	Executour, triça.
Exécutif, ive.	Executif, iva.
Exécution.	Execution.
Exécutoire.	Executoira, oira.
Exemplaire.	Exemplari, aria.
Exemplaire, s.	Exempla.
Exemple.	Exemple.
Exempt, empte.	Exempt, empta.
Exempter.	Exemptar.
Exemption.	Exemption.
Exercé, ée.	Exerçat, ada.
Exercer.	Exerçar.
Exercer s'.	Exerçar s'.
Exercice.	Exercici.
Exercitant.	Retretant.

EXH

Exhalaison.	Exhalesoun.
Exhalation.	Exhalation.
Exhaler.	Exhalar.
Exhaussé, ée.	Enaussat, ada.
Exhausser.	Enaussar.
Exhausser s'.	Enaussar s'.
Exhiber.	Exhibar.
Exhibition.	Exhibition.
Exhortation.	Exhortation.
Exhorté, ée.	Exhortat, ada.
Exhorter.	Exhortar.
Exhumation.	Exhumation.
Exhumé, ée.	Exhumat, ada.
Exhumer.	Exhumar.

EXI

Exigé, ée.	Exigeat, ada.
Exigeant, ante.	Exigeant, anta.
Exigence.	Exigença.
Exiger.	Eyigear.
Exigible.	Exigible, ibla.
Exil.	Exil.
Exilé, ée.	Exilat, ada.
Exiler.	Exilar.
Existant, ante.	Esistant, anta.
Existence.	Existança.

Exister.	Existar.
Exocet sauteur.	Lendola.
Exocet volant.	Arendoula.
Exode.	Exoda.
Exorbitant, ante.	Exourbitant, anta.
Exorciser.	Esorcisar.
Exorcisme.	Exorcisme.
Exorciste.	Exorcisto.
Exorde.	Exorda.
Exostose.	Soubros.
Exotique.	Estrangier, iera.

EXP

Expatrier.	Expatriar.
Expatrier s'.	Expatriar s'.
Expectative.	Expectativa.
Expectorant, ante.	Expectorant, anta.
Expectoration.	Expectoration.
Expectorer.	Expectorar.
Expédient.	Expedient.
Expédié, ée.	Expediat, ada.
Expédier.	Expediar.
Expéditeur.	Expeditour.
Expéditif, ive.	Expeditif, iva.
Expédition.	Expedition.
Expéditionnaire.	Expeditiounari.
Expérience.	Experiença.
Expérimenté, ée.	Experimentat, ada.
Expérimenter.	Experimentar.
Expert, erte.	Expert, erta.
Expertise.	Expertisa.
Expiation.	Expiation.
Expié, ée.	Expiat, ada.
Expier.	Expiar.
Expirant, ante.	Expirant, anta.
Expiration.	Expiration.
Expirer.	Expirar.
Explicable, abla.	Explicable, abla.
Explicatif, ive.	Explicatiu, iva, vl.
Explication.	Explication.
Expliqué, ée.	Explicat, ada.
Expliquer.	Explicar.
Expliquer s'.	Explicar s'.
Exploit.	Exploit.
Exploitation.	Exploitation.
Exploiter.	Exploitar.
Explorateur.	Recercaire.
Explorer.	Explorar.
Explosion.	Explousion.
Exportation.	Exportation.
Exporter.	Exportar.
Exposant, ante.	Expousant, anta.
Exposé, ée.	Expousat, ada.
Exposer.	Expousar.
Exposer s'.	Expousar s'.
Exposition.	Expousition.
Exposition au Midi.	Adrech.
Exposition au Nord.	Ubac.
Exprès, esse.	Espres, Expres.
Exprès, à dessein.	Espres.
Expressement.	Expressament.

Expressif, ive.	Expressif, iva.
Expression.	Expression.
Exprimable.	Exprimable, abla.
Exprimé, ée.	Exprimat, ada.
Exprimer.	Exprimar.
Expropriation.	Expropriation.
Exproprié, ée.	Expropriat, ada.
Exproprier.	Expropriar.
Expulser.	Expulsar.
Expulsif, ive.	Expulsiu, iva, vl.
Expulsion.	Expulsion.

EXQ

Exquis, ise.	Esquist, ista.

EXT

Extase.	Extasa.
Extasié, ée.	Extasiat, ada.
Extasier s'.	Extasiar s'.
Extensif, ive.	Extentiu, iva, vl.
Extension.	Extention.
Extenuation.	Extenuation.
Exténué, ée.	Extenuat, ada.
Exténuer.	Extenuar.
Extérieur, eure.	Exteriour, oura.
Extérieurement.	Extériourament.
Exterminateur.	Exterminatour.
Extermination.	Extermination.
Exterminé, ée.	Exterminat, ada.
Exterminer.	Exterminar.
Externe.	Externe, na.
Extinctif, ive.	Extinctiu, iva, vl.
Extinction.	Extinction.
Extinguible.	Destignable, abla.
Extirper.	Extirpar.
Extorqué, ée.	Extorcat, ada.
Extorquer.	Extorcar.
Extraction.	Extraction.
Extradition.	Extradition.
Extraire.	Extroire.
Extrait, aite.	Extrait.
Extrait de goulard ou de saturne.	Extroit de saturno.
Extraordinaire.	Extraordinari.
Extraordinairement.	Extraordinariament.
Extravagant, ante.	Extravagant, anta.
Extravaguer.	Extravagar.
Extrême.	Extreme, ema.
Extrêmement.	Extremament.
Extrême-onction.	Extrema-ounction.
Extrémité.	Extremitat.

EXU

Exubérant, ante.	Exuberant, anta.

EXV

Ex-voto.	Ex-voto.

F

FA

Fa. — *Fa.*

FAB

Fabien, n. pr. — *Fabian.*
Fabius, n. pr. — *Fabius.*
Fable. — *Fabla.*
Fable petite. — *Fableta.*
Fabler. — *Faular.*
Fablier. — *Fablier.*
Fabricant. — *Fabricant.*
Fabricateur. — *Fabricatour.*
Fabrication. — *Fabrication.*
Fabricien. — *Fabricien, Marguilhier.*
Fabricius, n. pr. — *Fabricius.*
Fabrique. — *Fabrica.*
Fabriqué, ée. — *Fabricat, ada.*
Fabriquer. — *Fabricar.*
Fabuleux, euse. — *Fabulous, ousa.*

FAC

Façade. — *Façada.*
Face. — *Fopa.*
Facé, ée. — *Enfaciat.*
Facétie. — *Talounada.*
Facétieux, euse. — *Talounaire, Facessious, ousa.*
Facette. — *Faceta.*
Facetter. — *Talhar à facetas.*
Fâché, ée. — *Fachat, ada.*
Fâcher. — *Fachar.*
Fâcher s'. — *Fachar se.*
Fâcheux, euse. — *Fachous, ousa.*
Facial, ale. — *Facial, ala.*
Facile. — *Facile, ila.*
Facilement. — *Facilament.*
Facilité. — *Facilitat.*
Faciliter. — *Facilitar.*
Façon. — *Façoun.*
Façons. — *Façouns.*
Faconde. — *Facoundia, vl.*
Façonné, ée. — *Façounat, ada.*
Façonner. — *Façounar.*
Façonner la terre. — *Facturar.*
Façonnier, ière. — *Façounier, iera.*
Fac-simile. — *Fac-simile.*
Facteur. — *Factour.*
Factice. — *Factice, iça.*
Faction. — *Faction.*
Factionnaire. — *Factiounari.*
Factotum. — *Factotum.*
Factum. — *Factum.*
Facture. — *Factura.*
Facultatif, ive. — *Facultatif, iva.*
Faculté. — *Facultat.*
Facultés. — *Facultats.*

FAD

Fadaise. — *Fadesa.*
Fade. — *Fade, ada.*
Fadeur. — *Fadour.*
Fade. — *Fada.*

FAG

Fagot. — *Gaveou, fai.*
Fagot à filtrer le vin. — *Gaveou de tina.*
Fagot de javelles. — *Bousteou.*
Fagot de chanvre. — *Bouirel.*
Fagot gros. — *Bouirelas.*
Fagot petit. — *Bouireloun.*
Fagotage. — *Fagoutagi.*
Fagoté, ée. — *Fagotat, ada.*
Fagoter. — *Fagotar.*
Fagoteur. — *Fagotaire.*
Faguenas. — *Canugi.*

FAI

Faible. — *Feible, eibla.*
Faiblement. — *Feblament.*
Faiblesse. — *Feblessa.*
Faiblir. — *Feblezir.*
Faïence. — *Faienpa.*
Faïencier, ière. — *Faiencier, iera.*
Faille. — *Falha.*
Failli. — *Banqueroutier.*
Faillibilité. — *Falhibilitat.*
Faillible. — *Falhible, ibla.*
Faillir. — *Falhir.*
Faillite. — *Banca-routa.*
Faim. — *Fam.*
Faim canine. — *Fam canina.*
Faim wale. — *Fringala.*
Faim, appaiser la. — *Defaminar.*
Faîne. — *Fayoun.*
Fainéant, ante. — *Feneant.*
Fainéant gros. — *Feneantas.*
Fainéant devenir. — *Afeneantir s'.*
Fainéanter. — *Flandrinegear.*
Faineantise. — *Feneantisa.*
Faire. — *Faire.*
Faire se. — *Faire se.*
Faisable. — *Fesable, abla.*
Faisan. — *Faisan.*
Faisan de montagne. — *Faisan, 2.*
Faisandeau. — *Faisandeou.*
Faisceau. — *Fais, Fagot.*
Faiseur. — *Fesur.*
Faisselle. — *Faissela.*
Faisselle petite. — *Coupoun.*
Fait. — *Fach, Fet.*
Fait, aite. — *Fach, acha.*
Faîte. — *Cresten, Cresta.*
Faîtière. — *Flestau.*
Faix. — *Fais.*

FAL

Falaise. — *Baus.*
Falbala. — *Falbala.*
Falcidie. — *Falcidia.*
Falerne. — *Falerna.*
Falloir. — *Falher, Chalher.*
Falot. — *Falot, Fanau.*
Falot, ole. — *Impertinent, enta.*
Falourde. — *Farda.*
Falsificateur. — *Falsificatour.*
Falsification. — *Falsification.*
Falsifié, ée. — *Falsifiat, ada.*
Falsifier. — *Falsifiar.*
Faltranck. — *Faltranck.*
Faluner. — *Falunar.*
Falunière. — *Faluniera.*

FAM

Fâmé, ée. — *Famat, Renoumat, ada.*
Famélique. — *Affamat.*
Fameux, euse. — *Famous, ousa.*
Familiarité. — *Familiaritat.*
Familier, ière. — *Familier, iera.*
Familièrement. — *Familierament.*
Famille. — *Familha.*
Famine. — *Famina.*

FAN

Fanage. — *Amoulounagi.*
Fanal. — *Fanau.*
Fanatique. — *Fanatique, ica.*
Fanatisme. — *Fanatisme.*
Fane. — *Brouas, Mata.*
Fane du blé. — *Bruelha.*
Fane des ognons, poreaux. — *Charalhas.*
Fane, qui a beaucoup de. — *Fanous, ousa.*
Fané, ée. — *Fanat, ada.*
Faner. — *Passir, Blasir.*
Faner se. — *Passir se.*
Faneur. — *Feneiraire.*
Fanfare. — *Fanfara.*
Fanfaron. — *Fanfaroun.*
Fanfaronnade. — *Fanfarounada.*
Fanfreluche. — *Fanfrelucha.*
Fange. — *Fangea, Fanga.*
Fange, amas de. — *Fangas.*
Fangeux, euse. — *Fangous, ousa.*
Fanon. — *Sansogna.*
Fantaisie. — *Fantasia.*
Fantasmagorie. — *Fantasmagoria.*
Fantasque. — *Fantasc, asca.*
Fantassin. — *Fantassin.*
Fantastique. — *Fantastic, ica.*
Fantome. — *Fantome.*

FAQ

Faquin. — *Faquin.*
Faquinerie. — *Faquinaria.*
Faquir. — *Faquir.*

FAR

Farandole.	Farandoula.
Farce.	Farça.
Farce, filet pour contenir la.	Farçumier.
Farceur.	Earçur.
Farci, ie.	Farçit, ida, ia.
Farcin.	Farcin.
Farcir.	Farcir.
Farcir se.	Farcir se.
Fard.	Fard.
Fardé, ée.	Fardat, ada.
Fardeau.	Fais, Fardeou.
Fardeau, accablé sous le.	Affardantit, ida.
Farder.	Fardar.
Farfadet.	Farfadet.
Farfouiller.	Farfoulhar.
Faribole.	Faribola.
Faribole, dire des.	Faribolegear.
Farine.	Farina.
Farine grosse.	Boulen.
Farine, dont on a été la fleur.	Farineta.
Farine folle.	Farina folla.
Farine, boîte à.	Enfarinadouira.
Farineux, euse.	Farinous, ousa.
Farinier, ière.	Fariniera.
Farlouze pioncelle.	Pioulin d'aigua.
Farlouze de Richard.	Pioulin gros.
Farlouze rousseline.	Pioulin de mountagna.
Faron, n. pr.	Faroun.
Farouche.	Ferouge, ougea.
Farouche, rendre.	Assauvagir.

FAS

Fascine.	Fassina.
Fascine de feuillage.	Fulhacier.
Fasciner.	Fascinar.
Fasciole hépatique.	Arapeda.
Fasciole du mouton.	Parpalhoun.
Faste.	Fasto.
Fastidieux, euse.	Fastidious, ousa.
Fastueusement.	Fastuousament.
Fastueux, euse.	Fastuous, ousa.

FAT

Fat.	Fat.
Fatal, ale.	Fatal, ala.
Fatalisme.	Fatalisme.
Fataliste.	Fatalisto.
Fatalité.	Fatalitat.
Fatigant, ante.	Fatigant, anta.
Fatigue.	Fatiga.
Fatigué, ée.	Fatigat, ada.
Fatiguer.	Fatigar.
Fatiguer se.	Fatigar se.
Fatras.	Fatras.
Fatuité.	Fatuitat.

FAU

Fau.	Fau.
Faubourg.	Bourgada.
Fauchage.	Dalhagi.
Fauchaison.	Segar, lou.
Fauché, ée.	Segat, ada.
Fauchée.	Segada.
Faucher.	Segar.
Fauchet.	Raspina.
Fauchet à larges dents.	Espalhaire.
Fauchet, séparer la paille avec le.	Espalhar.
Faucheux.	Aragna cambaruda.
Faucille.	Oulama, Faucilha.
Faucille, arc de la.	Badoca.
Faucille, mettre le fourreau à la.	Embadaucar.
Faucille, ôter le fourreau de la.	Debadaucar.
Faucille à côte.	Voulam.
Faucillon.	Voulamoun.
Faucon commun.	Faucoun.
Faucon émérillon.	Escriveo.
Faucon pata.	Aigla, 2.
Faucon pêcheur.	Aliet.
Faucon pèlerin.	Faucouneou.
Faucon aux pieds rouges.	Escriveo, 4.
Fauconneau.	Faucoun pichot.
Fauconnerie.	Faucounaria.
Fauconnier.	Faucounier.
Faufiler.	Faufilar.
Faufiler se.	Faufilar se.
Faulse. V. Faux.	
Faune.	Fauni, vl.
Fauperdrieu.	Fauperdriou.
Faussaire.	Faussari.
Fausse alerte.	Faussalerta.
Fausse clef.	Eaussa clau.
Fausse équerre.	Bescaire.
Faussé, ée.	Faussat, ada.
Faussement.	Faussament.
Fausser.	Faussar.
Fausser se.	Faussar se.
Fausset.	Espira.
Fausset, tirer le.	Adousilhar.
Fausseté.	Faussetat.
Fauste, n. pr.	Fausto.
Faute.	Fauta.
Faute, avoir.	Fautar.
Faute petite.	Fauteta.
Faute grosse.	Fautassa.
Fauteuil.	Fautuelh.
Fauteuil, se carrer dans un.	Empalificar s'.
Fauteur, trice.	Fautor, triça.
Fautif, ive.	Fautif, iva.
Fauve.	Rous.
Fauvette des Alpes.	Rouchassier.
Fauvette babillarde.	Bouscarla.
Fauvette cysticole.	Cigaloun, 2.
Fauvette grise.	Bichot.
Fauvette grisette.	Bouscarla bondassiera.
Fauvette d'hiver.	Chic d'Avaus.
Fauvette de Provence.	Chauretier.
Fauvette des roseaux.	Bouscarla de canier.
Fauvette à tête noire.	Couloumbada pichota.
Fauvette aquatique.	Escala sagna.
Fauvette orphée.	Bouscarla passeriera.
Fauvette tachetée.	Bruna, 2.
Fauvette petite, à poitrine jaune.	Couloumbada.
Fauvette rose.	Laurela.
Fauvette melanocéphale.	Pacacau.
Faux.	Dalh.
Faux, rebattre la.	Encapar.
Faux, manche de la.	Fauchier.
Faux, ausse.	Faus, aussa.
Faux acacia.	Acacia.
Faux bond.	Faus bound.
Faux bourdon.	Faus bourdoun.
Faux bois de Sainte Lucie.	Amaruvier.
Faux ébénier.	Aubour.
Faux fuyant.	Escampa.
Faux pli.	Faus-plis.
Faux-séné.	Baganaudier.
Faux-témoin.	Faus temoin.

FAV

Faveur.	Favour.
Favorable.	Favourable, abla.
Favorablement.	Favourablament.
Favori, ite.	Favourit, ita.
Favorisé, ée.	Favourisat, ada.
Favoriser.	Favourisar.

FEB

Fébricitant.	Febrous, ousa.
Fébrifuge.	Febrifuge, ugea.

FEC

Fécond, onde.	Fecound, ounda.
Fécondation.	Fecoundation.
Fécondé, ée.	Fecoundat, ada.
Féconder.	Fecoundar.
Fécondité.	Fecounditat.
Fécule.	Fecula.
Féculent, ente.	Feculent, enta.

FED

Fédération.	Federation.
Fédéré, ée.	Federat, ada.
Fédérer se.	Federar se.

FEE

Fée.	Fada.
Féer.	Fadar.
Féérie.	Fadaria.

FEI

Feindre.	Fegner.
Feint, einte.	Fench, encha.
Feinte.	Feinta.

FEL

Fêlé, ée.	Esclat, ada.
Fêler.	Esclar.
Félicien, n. pr.	Feliçien.
Félicienne, n. pr.	Feliçiena.
Félicitation.	Felicitation.
Félicité.	Felicitat.
Féliciter.	Felicitar.
Féliciter se.	Felicitar se.
Félix.	Felis.
Félon, onne.	Felon, ona.
Félonie.	Felonia.
Felouque.	Felouca.
Felouque, plante.	Dindouliera.
Fêlure.	Escla.

FEM

Femelots.	Femelots.
Femelle.	Femela.
Féminin, ine.	Feminin, ina.
Femme.	Femna.
Femme grosse et laide.	Femnassa.
Femme petite.	Femneta.
Femme simple, sans malice.	Patarassa.
Femme vielle, gro-gneuse.	Carcagna.
Femme de chambre.	Cambrousa.
Femme, prendre des mœurs de.	Afremounir s'.
Femme, se marier, prendre.	Amoillerar s', vl.
Femmes en général, les.	Femelan, lou.
Femmelette.	Femeleta.

FEN

Fenaison.	Fenairar, lou.
Fendeur, euse.	Esclapaire, arela.
Fendillé, ée.	Fendilhat, ada.
Fendiller.	Fendilhar.
Fendiller se.	Fendilhar se.
Fendre.	Fendre.
Fendre se.	Fendre se.
Fendu, ue.	Fendut, uda.
Fendu, mis en buches.	Espeçat, ada,
Fêne. V. Faîne.	
Fenêtrage.	Fenestragi.
Fenêtre.	Fenestra.
Fenêtre petite.	Fenestroun.
Fenêtre grosse.	Fenestrassa.
Fenêtre, se mettre à la.	Enfenestrar s'.
Fénil.	Feniera.
Fenouil.	Fenoulh.
Fenouil marin.	Bacilho.
Fenouil d'eau.	Fenoulhet.
Fenouillette.	Fenoulheta.
Fente.	Fenta.
Fente grosse.	Fendarassa.
Fente des carrières.	Partens.
Fenton.	Fanton.
Fenu-grec.	Senigrec.

FEO

Féodal, ale.	Feodal, ala.
Féodalité.	Feodalitat.

FER

Fer.	Ferre.
Fer à cheval.	Ferre de chivau.
Fer blanc.	Ferre-blanc.
Fer à repasser.	Ferre d'estirar.
Fer sulfuré cubique.	Carrelets.
Ferblantier.	Ferreblanquier.
Férial, ale.	Ferial, ala.
Férie.	Feria.
Férié.	Ferial.
Férier.	Feriar.
Fermage.	Renda.
Fermant, ante.	Fermant, anta.
Ferme.	Ferma.

Ferme.	Renda.
Ferme, monter une, en bestiaux.	Acabalar.
Ferme pourvue de bestiaux.	Acabalada.
Fermé, ée.	Fermat, ada,
Fermement.	Fermament.
Ferment.	Ferment.
Fermentation.	Fermentation.
Fermenté, ée.	Fermentat, ada.
Fermenter.	Fermentar.
Fermeté.	Fermetat.
Fermier, ière.	Rendier, iera.
Fermier a moitié fruits.	Fachier.
Fermier d'un bien en sequestre.	Cabalisto.
Fermoir.	Fermoir.
Fermures.	Embouns.
Féroce.	Feroce, oça.
Férocité.	Ferocitat.
Ferraille.	Terralha.
Ferrailler.	Ferralhar.
Ferrailleur.	Ferralhur.
Ferré, ée.	Ferrat, ada.
Ferrement.	Ferramenta.
Ferrer.	Ferrar.
Ferreol, n. pr.	Ferreol.
Ferret.	Cassoou.
Ferretier.	Destrier.
Ferrière.	Claviera.
Ferrounier, ière.	Ferrier, iera.
Ferrugineux, euse.	Ferrous, ousa.
Ferrure.	Ferragi.
Fertile.	Fertile, ila.
Fertilement.	Fertilament.
Fertilisé, ée.	Fertilisat, ada.
Fertiliser.	Fertilisar.
Fertilité.	Fertilitat.
Férule, plante.	Fenouilh gros.
Férule.	Ferula.
Fervemment.	Fervemment.
Fervent, ente.	Fervent, enta.
Ferveur.	Fervour.

FES

Fesse,	Fessas, Patelas.
Fesses, entre les deux.	Reganela.
Fessée.	Patelada.
Fesser.	Fessar, Fouitar.
Fesseur.	Fouitaire.
Fessier.	Fessier.
Fessu, ue.	Gros cuou.
Festin.	Festin.
Festiner.	Festouniar.
Feston.	Festoun.
Festonné, ée.	Festounat, ada.
Festonner.	Festounar.
Festoyer.	Festegear.

FET

Fête.	Festa.
Fête grande.	Festenau.
Fêté, ée.	Festat, ada.
Fêter.	Festar.
Fétide.	Pudent, enta.
Fétoyer. V. Festoyer.	
Fétu.	Bouerda.
Fétuque dorée.	Rasina.

FEU

Feu.	Fuec.
Feu de joie.	Fuec de joya.
Feu grégeois.	Fuec gres.
Feu de Saint Jean.	Fuec de Sant Jean.
Feu follet.	Fuec foulet.
Feu d'artifice.	Fuec d'artifici.
Feu, air de.	Aluda.
Feu de broussailles.	Fugau.
Feu, eue.	Fu, ua.
Feudataire.	Feudatari.
Feuillage.	Fulhagi.
Feuillant, antine.	Fulhant, ina.
Feuille.	Fuelha.
Feuille de sauge.	Picoun.
Feuilles, se couvrir de.	Enramelar s'.
Feuilles, pousser des.	Fulhar.
Feuilles, chute des.	Despampar lou.
Feuillé, ée.	Ramat. ada.
Feuillée.	Ramada.
Feuille morte.	Fuelha morta.
Feuiller.	Fulhar.
Feuillet.	Fulhet.
Feuilletage.	Fulhetagi.
Feuilleté, ée.	Fulhetat, ada.
Feuilleter.	Fulhetar.
Feuilleton.	Fulhetoun.
Feuillette.	Fulheta.
Feuillu, ue.	Ramat, ada.
Feuillure.	Filura.
Feutrage.	Feoutrar lou.
Feutre.	Feoutre.
Feutré, ée.	Feoutrat, ada.
Feutrer.	Feoutrar.
Feutrière.	Feoutriera.

FEV

Fève.	Fava.
Fèves fraisées.	Fau frach.
Fèves pilées.	Fau frach.
Fèves sèches.	Favavouns.
Fèves, champ semé de.	Faviera.
Féverole.	Favarot, Faveta.
Février à trois épines.	Aubre de las caragau-las.

FI

Fi.	Fi.

FIA

Fiacre.	Fiacre.
Fiançailles.	Fiançalhas.
Fiancé, ée.	Fiançat, ada.
Fiancer.	Françar.
Fiancer se.	Fiançar se.
Fiatole.	Fiatola.

FIB

Fibre.	Fibre.

FIC

Fic.	Fic.
Ficelé, éc.	Ficelat, ada.
Ficeler.	Ficelar.

Ficelle.	Ficela, Grame.
Fiche.	Ficha.
Fiché, ée.	Fichat, ada.
Ficher.	Fichar.
Fichoir.	Fichoun.
Fichu.	Fichu.
Fichure.	Fichouira.
Fictif, ive.	Fictif, iva.
Fiction.	Fiction.

FID

Fidéicommis.	Fideicomis.
Fidèle.	Eidele, ela.
Fidèlement.	Fidelament.
Fidélité.	Fidelitat.

FIE

Fieffé.	Fiefach.
Fieffé, ée.	Fiefach, acha.
Fiel.	Feou.
Fiente.	Femta.
Fiente des brebis attachée à la laine.	Bageat.
Fienter.	Femtar.
Fier.	Fisar.
Fier se.	Fisar se.
Fier, ère.	Fier, iera.
Fier-à-bras.	Fier à bras.
Fièrement.	Fierament.
Fierté.	Fiertat.
Fièvre.	Febre.
Fièvre petite.	Febrouna.
Fièvre bilieuse.	Febre biliousa.
Fièvre inflammatoire.	Febre inflammatoira.
Fièvre jaune.	Febre jauna.
Fièvre maline.	Febre malina.
Fièvre putride.	Febre putrida.
Fiévreux, euse.	Febrous, ousa.
Fiévrotte.	Febrouna.

FIF

Fifi.	Fifi.
Fifre.	Fifre.

FIG

Figé, ée.	Calhat, ada.
Figer.	Calhar.
Figer se.	Calhar se.
Figue.	Figa.
Figues sèches.	Figas penecas.
Figue précoce.	Cabelfiga.
Figues, maraudeur de.	Figassiaire.
Figues, cueillir les.	Figueirar.
Figues de Lipari.	Blanquetas.
Figuier.	Figuiera.
Figuier sauvage.	Figuiera fera.
Figuier d'Inde.	Figuiera de Barbaria
Figurable.	Figurable, abla.
Figurant, ante.	Figurant, anta.
Figuratif, ive.	Figuratiu, iva, vl.
Figurativement.	Figurativament.
Figure.	Figura.
Figure grosse ou laide.	Figurassa.
Figure petite, jolie.	Figurouna.
Figurément.	Figurament.
Figuré, ée.	Figurat, ada.
Figurer.	Figurar.

Figurer.	Figurar.
Figurer se.	Figurar se.

FIL

Fil.	Fiou.
Fil, inegalité mince du tissant.	Primachora.
Fil qui e scroise en	Encrousadura.
Fil, bouchon de.	Bourilhoun.
Fil retord.	Fiou touert.
Fil d'Archal.	Fiou d'aran.
Fil de l'eau.	Fiou de l'aigua.
Filable.	Filoble, abla.
Filage.	Filagi.
Filandière.	Filairis.
Filandres.	Filandras.
Filandreux, euse.	Charbous, ousa.
Filasse.	Filassa.
Fil de rebut.	Rambalh.
Filassier, ière.	Penchinaire, airis.
Filature.	Filatura.
File.	Fila.
Filé, ée.	Filat, ada.
Filer.	Filar.
Filer, en train de.	Affialandal, ada.
Filer, parlant de la pâte.	Cordegear.
Filet.	Filet, Filas.
Filets, prendre dans ses.	Embourginar.
Filet, prendre au.	Afilatar.
Filet, mettre du liége à un.	Ensubrar.
Filet de veau ou de mouton.	Rougnounada.
Filet pour la salade.	Ensuiadour.
Filet de la tête des bourdigues.	Capouliera.
Fileur, euse.	Filaire, usa.
Filial, ale.	Filial, ala.
Filiation.	Filiation.
Filière.	Filiera.
Filigrane.	Filigrana.
Filipendule.	Herba deis alouelas.
Fille.	Filha.
Fille grosse.	Filhassa.
Fille petite.	Filheta.
Filles, en général les.	Filhan.
Fillette.	Filheta.
Filleul, eule.	Filhol, ola.
Filoche.	Filocha.
Filon.	Mena.
Filoselle.	Filousela.
Filou.	Filout.
Filouter.	Filoutar.
Filouterie.	Filoutaria.
Fils.	Fils.
Fi's petit.	Falen.
Filtration.	Filtration.
Filtre.	Filtre.
Filtre fait avec de la paille.	Apalhoun.
Filtré, ée.	Filtrat, ada.
Filtrar.	Filtrar.
Filure.	Filadu a.

FIN

Fin.	Fin.
Fin, ine.	Fin, ina.
Final, ala.	Final, ala.

Finalement.	Finalament.
Financé.	Finança.
Financier.	Financier.
Finasseur, euse.	Fi...chou, ocha.
Finaud, aude.	Fin, ina.
Finement.	Finament.
Finesse.	Finessa.
Finet, ette.	Finet, eta.
Fini, ie.	Finit, ida, ia.
Finir.	Finir.
Finistère, départ. du.	Finistero.

FIO

Fiole.	Fiola.

FIR

Firmament.	Firmament.
Firmin, n. pr.	Fiermin.
Fisc.	Fisc.
Fiscal, ale.	Fiscal, ala.
Fissure.	Escladura.
Fist de provence.	Fist.
Fistule.	Fistula.
Fistuleux, euse.	Fistulous, ousa.

FIX

Fixation.	Fixation.
Fixe.	Fixe, ixa.
Fixé, éc.	Fixat, ada.
Fixement.	Fixament.
Fixer.	Fixar.
Fixer se.	Fixar se.
Fixité.	Fixitat.

FLA

Flacon.	Flacoun.
Flacon petit.	Flascounet.
Flacon grand de cuir.	Bourraquin.
Flacon de terre.	Bourracha.
Flagellants.	Flagellants.
Flagellation.	Flagellation.
Flagellé, éc.	Flagellat, ada.
Flageller.	Flagellar.
Flageolet.	Flageoulet.
Flagorner.	Flagournar.
Flagornerie.	Flagournaria.
Flagorneur.	Flagournur.
Flagrant, ante.	Flagrant, anta.
Flairer.	Flairar.
Flaireur.	Flairaire.
Flamant, oiseau.	Becarut.
Flambage d'un vaisseau.	Bruscagi.
Flamblant, ante.	Flambant, anta.
Flamblart.	Candeou.
Flambe.	Coutelas.
Flambé, ée.	Flambat, ada.
Flamber.	Flambar.
Flamberge.	Flambergea.
Flamboyant, ante.	Flamboyant, anta.
Flamboyer.	Flamegear.
Flamine.	Flamina.
Flamme de mer.	Rougeola.
Flamme.	Flama.
Flamme vive et passagère.	Elamada.
Flamme petite.	Flamarola.
Flan.	Flan.

Flanc.	Flanc.
Flandrin.	Flandrin.
Flanelle.	Flanella.
Flanqué, ée.	Flancat, ada.
Flanquer.	Flancar.
Flanquer se.	Flancar se.
Flaque.	Bacha, Gourg.
Flaquer.	Flacar.
Flasque.	Flasc, asca.
Flatté, ée.	Flatat, ada.
Flatter.	Flatar.
Flatter souvent.	Flategear.
Flatterie.	Flataria.
Flatteur, euse.	Flatur, usa.
Flatuosités.	Vents.
Flavien, n. pr.	Flavien.

FLE

Fléau.	Fleou.
Fléau, fouet d'un.	Vergada.
Fléau pour battre le blé.	Escoussoun.
Fléau de balance.	Bricola.
Flèche.	Flecha.
Fléchi, ie.	Flechit, ida, ia.
Fléchir.	Flechir.
Flegmatique.	Fleoumous, ousa.
Flegme.	Fleouma.
Flétri, ie.	Passit, Fletrit, ida, ia.
Flétrir.	Passir, Fletrir.
Flétrissure.	Fletrissura.
Fleur.	Flour.
Fleur du grand seigneur.	Ambreta.
Fleur de la passion.	Flour de la passion.
Fleur du soleil.	Tournasol.
Fleur d'oranger.	Naffra.
Fleuraison.	Flourida.
Fleur de lis.	Flour de lis.
Fleurer.	Sentir.
Fleuret.	Flouret.
Fleurette.	Floureta.
Fleurette du vin.	Canas, Chanas.
Fleuri, ie.	Flourit, ida, ia.
Fleurir.	Flourir.
Fleurissant, ante.	Flourissant, anta.
Fleuriste.	Flourista.
Fleurs artificielles.	Flours artificielas.
Fleurs de soufre.	Flours de soupre.
Fleurs blanches.	Flours blanchas.
Fleurs de zinc.	Flours de zinc.
Fleuron.	Flouroun.
Fleuve.	Fluve.
Flexibilité.	Flexibilitat.
Flexible.	Flexible, ibla.

FLI

Flibustier.	Faribustier.
Flic-flac.	Flic-flac.

FLO

Floçade.	Flançada.
Flocon.	Floc, Floucoun.
Flocon de neige, tomber des.	Floucounegear.
Flore.	Flora.
Floréal.	Floreal.
Florence.	Flourença.

Florent, n. pr.	Flourens.
Florentin.	Flourentin.
Florentine.	Flourentina.
Florin.	Flourin.
Florissant, ante.	Flourissent, enta.
Flot.	Flot.
Flottable.	Flotable, abla.
Flottage.	Flotagi.
Flottaison.	Encencha.
Flottant, ante.	Flotant, anta.
Flotte.	Flota.
Flotté, ée.	Flotat, ada.
Flotter.	Flotar.
Flottille.	Flotilha.
Flouve.	Herba de prat.

FLU

Fluctuation.	Fluctuation.
Fluer.	Fluar.
Fluet, ette.	Fluet, eta.
Flueurs blanches.	Flours blancas.
Fluide.	Fluide, ida.
Fluidité.	Fluiditat.
Flûte.	Fluta.
Flûte à sept tuyaux.	Frestel.
Flûté, ée.	Flutat, ada.
Flûter.	Flutar.
Flûteur.	Flutaire.
Fluvial, ale.	Fluvial, ala.
Flux.	Flux.
Fluxion.	Fluxion.

FOE

Fœtus.	Nadoun, Fetus.

FOI

Foi.	Fe.
Foie.	Fege.
Foin.	Fen.
Foin marin.	Auga.
Foin de moi.	Achou.
Foire.	Fiera.
Foire au bétail.	Fierau.
Foirer.	Esfouirar.
Foireux, euse.	Fouirous, ousa.
Fois.	Fes.
Foison.	Fouigeoun.
Foison à.	A booudre.
Foisonner.	Fouigeounar.
Foix, n. de lieu.	Fous.

FOL

Fol, olle.	Fouel, ela.
Folâtre.	Fouligaud, auda.
Folâtrer.	Foulastriar.
Folie.	Foulia.
Folio, m.	Folio, m.
Foliot.	Foulhau.
Follement.	Fouelament.
Follet, ette.	Fouligaud, auda.

FOM

Fomahaut.	Faumargue.
Fomentation.	Foumentation.
Fomenter.	Foumentar.

FON

Foncé, ée.	Founçat, ada.
Foncer.	Founçar.
Foncier, ière.	Founcier, iera.
Foncièrement.	Founcierament.
Fonction.	Founction.
Fonctionnaire.	Founctiounari.
Fonctionner.	Founctiounar.
Fond.	Founs.
Fond, sans.	Apes.
Fond, toucher le.	Apesar.
Fondamental, ale.	Foundamental, ala.
Fondant, ante.	Foundent, enta.
Fondateur, trice.	Foundatour, triça.
Fondation.	Foundation.
Fondé, ée.	Foundat, ada.
Fondement.	Foundament.
Fonder.	Foundar.
Fonder se.	Foundar se.
Fonderie.	Foundaria.
Fondeur.	Foundur.
Fondre.	Foundre.
Fondre se.	Foundre se.
Fondrière.	Foundriera, ensias.
Fonds.	Founs.
Fontaine.	Fouent, Font.
Fontaine petite.	Founteta.
Fontainier.	Fountainier.
Fontange.	Frontangea.
Fonte.	Founta.
Fontenier. V. Fountanier.	
Fonts baptismaux.	Fonts baptismaus.

FOR

Forain, aine.	Fouran, ana.
Forban.	Fourban.
Forçat.	Fourçat.
Force.	Força.
Force, sans.	Acoral.
Forcé, ée.	Farçat, ada.
Forcément.	Forçament.
Forcené, ée.	Forcenat, ada.
Forceps.	Forceps.
Forcer.	Forçar.
Forces.	Fourfis.
Forclusion.	Fourclusion.
Foré, ée.	Fourat, ada.
Forer.	Fourar.
Forestier.	Fourestier.
Forêt.	Fourest, Bouęso.
Forêt, droit de faire paître en.	Aforestar.
Forêt de sapins.	Abadia.
Foret.	Fouret.
Forfaire.	Forfaire.
Forfaiture.	Forfaitura.
Forfante.	Fourfant.
Forfanterie.	Fourfantaria.
Forficule auriculaire.	Cura-aurelha, Fourcha.
Forge.	Forgea.
Forges, quartier des.	Fabraria.
Forgé, ée.	Forgeat, ada.
Forger.	Forger.
Forgeron.	Fabre.
Forgeron mauvais.	Fabroun.
Forgeur.	Forgeaire.
Forligné, ée.	Forlignat, ada.

Forlignar.	Forlignar.	Fougère.	Fougiera, Feouve.

Forlignar. — Forlignar.
Formaliser se. — Formalisar se.
Formalité. — Formalitat.
Formal. — Format.
Formation. — Formation.
Forme. — Forma.
Forme d'un chapeau. — Cofa.
Formé, ée. — Format, ada.
Formel, elle. — Formel, ela.
Formellement. — Formelament.
Former. — Formar.
Former se. — Formar se.
Formidable. — Formidable, abla.
Formier. — Formier.
Formulaire. — Formulari.
Formule. — Formula.
Formuler. — Formular.
Fornicateur. — Fournicatour.
Fornication. — Fournication.
Forniquer. — Fournicar.
Fors. — Fors.
Fort, orte. — Fort, orta.
Fortement. — Fortament.
Forte-piano. — Forte-piano.
Forteresse. — Forteressa.
Fortifiant, ante. — Fortifiant, anta.
Fortification. — Fortification.
Fortifié, ée. — Fortifiat, ada.
Fortifier. — Fortifiar.
Fortuit, uite. — Fortuit, uita.
Fortuitement. — Fortuitament.
Fortunat, n. pr. — Fourtunat.
Fortune. — Fortuna.
Fortuné, ée. — Fortunat, ada.
Forure. — Forura.

FOS

Fosse. — Fossa, Cros.
Fosse à tan. — Empauvadour, Ruscada.
Fossé. — Fossat, Falat.
Fossé du bout d'un champ. — Coussiera.
Fossé d'un mur de ville. — Dougas.
Fossette. — Coucoumet.
Fossette, jeu d'enfant. — Parantout.
Fossoyer. — Faladar.

FOU

Fou, Fol, Folle. — Fouel, ela.
Fou, devenir. — Afolezir, vl.
Fou, rendre. — Afolir.
Fouace. — Fougaça.
Fouace petite. — Fougaçoun.
Fouage. — Fouagi.
Foudre. — Tron, Foudra.
Foudre et Grêle. — Periclet.
Foudroyant, ante. — Foudroyant, anta.
Fouée. — Cassa de nuech.
Fouet. — Fouit.
Fouet de toupie. — Meneiral.
Fouet, corde à. — Chassa.
Fouet, porte charge du. — Cachaclau.
Fouetté, ée. — Fouitat, ada.
Fouetter. — Fouitar.
Fouetteur, euse. — Fouitaire, arela.
Fouger. — Fouigar.
Fougeraie. — Feouviera.

Fougère. — Fougiera, Feouve.
Fougère femelle. — Feouve.
Fougère, champ couvert de. — Falgueiras.
Fougon. — Fougoun.
Fougueux, euse. — Fougous, ousa.
Fouiller. — Foulhar.
Fouiller, en parlant des pourceaux. — Bousigar.
Fouine. — Fouina.
Fouine, espèce de fourche. — Fouissina.
Foulage. — Caucasoun.
Foulard. — Foular.
Foule. — Foula.
Foulé, ée. — Foulat, ada.
Fouler. — Foular.
Fouler les épis une seconde fois. — Regrautar.
Fouler la vandange. — Troulhar.
Fouler aux pieds. — Caucigar, Trepiar.
Foule, temps où l'on. — Caucada.
Fouler le blé, l'action de. — Caucagi.
Fouler, les raisins, celui qui. — Caucaire.
Fouler se, une articulation. — Enfauchar s'.
Fouler tout le corps. — Esbreounar s'.
Fouloir. — Paraire.
Foulon. — Paraire et Parandurier.
Foulque. — Diable de mar.
Foulure. — Foulura, Entorsa.
Fourbe. — Agouraire.
Fourber. — Agourar.
Fourbi, ie. — Forbit, ida, vl.
Forbir. — Forbir, vl.
Fourbisseur. — Fourbissur.
Fourbu, ue. — Fourbut, uda.
Fourbure. — Fourbura.
Fourche. — Fourca.
Fourche à éventer. — Ventadouira.
Fourche, ce que peut contenir une. — Fourcada.
Fourcher de la langue. — Virar la lengua.
Fourches patibulaires. — Carafrach, vl.
Fourchette. — Fourcheta.
Fourchette, ce qu'on peut prendre à la fois avec une. — Fourchetada.
Fourchon. — Fourchoun.
Fourchu, ue. — Fourchut, uda.
Fourchure. — Fourcadura.
Fourgon. — Fourgoun.
Fourgonner. — Fourgounar.
Fourmi. — Fourmiga.
Fourmi petite, dont la morsure est très cuisante. — Arsicoun.
Fourmilier. — Fourmigaier.
Fourmilière. — Fourmilhier.
Fourmilion. — Mangea fourmigas.
Fourmillement. — Fourmilhament.
Fourmiller. — Fourmilhar.
Fournage. — Fournagea.
Fournaise. — Fournesa.
Fourneau. — Fourneou.
Fourneau de cardeur. — Fugoun.
Fournée. — Fournada.
Fournier, ière. — Fournier, iera.

Fournil. — Pastaire.
Fourniment. — Fiasca, Gibaciera..
Fourni, ie. — Fournit, ida.
Fournir. — Fournir.
Fournissement. — Fourniment.
Fournisseur. — Fournissur.
Fourniture. — Fournitura.
Fourrage. — Fourragi.
Fourrager. — Fourragear.
Fourré, ée. — Fourrat, ada.
Fourreau. — Fourreou.
Fourreau de culotte. — Brayoun.
Fourrer. — Fourrar.
Fourrier. — Fourrier.
Fourrière. — Fourriera.
Fourrure. — Fourrura.
Fouteau. — Fau.

FOY

Foyer. — Fugueiroun.

FRA

Fracas. — Fracas.
Fracassé, ée. — Fracassat, ada.
Fracasser. — Fracassar.
Fraction. — Fraction.
Fractionnaire. — Fractiounari.
Fracture. — Fractura.
Fracturer. — Roumpre.
Fragile. — Fragile, ila.
Fragilité. — Fragilitat.
Fragment. — Fragmenta.
Fragments menus. — Brisal.
Frai. — Grou.
Fraichement. — Frescament.
Fraicheur. — Fresquiera.
Frais, aîche. — Fres, esca.
Frais, un peu. — Fresquet, eta.
Frais, dépense. — Fres.
Fraise. — Fresa.
Fraiser. — Plissar.
Fraises de coq. — Galhetas.
Fraisier. — Fresier.
Fraisier en arbre. — Darboussier.
Fraisil. — Fragil.
Framboise. — Framboisa.
Framboisier. — Framboisier.
Franc. — Franc.
Franc, anche. — Franc, Franca, cha.
Français, aise. — Frances, esa.
Franc-alleu. — Franc-aleu.
Franc-archers. — Franc-orchiers.
France. — França.
Franchement. — Francament.
Franchir. — Franchir.
Franchise. — Franchisa.
Francisque. — Francisca.
Franc-maçon. — Franc-maçoun.
Franc-maçonnerie. — Franc-maçounaria.
François, oise, n. pr. — François, oisa.
Françoise, jeune ou petite. — Françouneta.
Francolin. — Francousa.
Franc-parler. — Franc parlar.
Frange. — Frangea.
Frangé, ée. — Frangeat, ada.
Frangipane. — Franchipana.
Franque, langue. — Franca.
Franquette. — Franqueta.

Frapper.	Picar.
Frapper rudement.	Poumpir.
Frapper l'imagination, se.	Frapar se.
Frappeur.	Picaire.
Frater.	Frater.
Fraternel, elle.	Fraternel, ela.
Fraternellement.	Fraternelament.
Fraterniser.	Fraternisar.
Fraternité.	Fraternitat.
Fratricide.	Fratricide, ida.
Fraude.	Frauda.
Frauder.	Fraudar.
Fraudeur, euse.	Fraudaire.
Frauduleusement.	Fraudulousament.
Fraduleux, euse.	Fraudulous, ousa.
Fraxinelle.	Dictame blanc.
Frayé, ée.	Adracat, ada.
Frayer.	Durbir la chalau.
Frayer, parlant du poisson.	Grouar.
Froyère.	Grouaire.
Frayonne.	Gralha, 3.

FRE

Fredaine.	Fredena.
Frederic, n. pr.	Frederic.
Fredon.	Fredoun.
Fredonnement.	Fredounament.
Fredonner.	Fredounar.
Fregate.	Fregata.
Frein.	Fren, Filet.
Frein, mettre un.	Afrenar.
Frelaté, ée.	Farlatat, ada.
Frelater.	Farlatar.
Frêle.	Freoule, ola.
Frelon.	Chabriant.
Freluche.	Fanfarlucha.
Freluquet.	Lerenti.
Frémir.	Fremir, Fregir.
Fremissement.	Refreniment.
Frêne.	Fraisse.
Frénésie.	Phrenesia.
Frénétique.	Phrenetique.
Fréquemment.	Frequemment.
Fréquence.	Frequença.
Fréquent, ente.	Frequent, enta.
Fréquentatif, ive.	Frequentatif, iva.
Fréquentation.	Frequentation.
Fréquenté, ée.	Frequental, ada.
Fréquenter.	Frequentar.
Frère.	Fraire.
Fresaie.	Beou l'oli.
Fresque.	Fresca.
Fressure.	Levadeta.
Fret.	Fret.
Fréter.	Affretar.
Fréteur.	Affretur.
Frétillant, ante.	Groulhant, anta.
Frétiller.	Boumbilhar.
Fretin.	Ravan, peissalha.
Frette.	Freta.
Freux.	Gralha, 2.

FRI

Friandise.	Licun.
Fricandeau.	Fricandeou.
Fricassé, ée.	Fricassat, ada.
Fricassée.	Fricassa.
Fricasser.	Fricassar.
Fricasseur.	Fricassaire.
Friche.	Garriga.
Friche, tombé en.	Abourit.
Friche, tomber en.	Abourir s'.
Fricot.	Fricot.
Fricotter.	Fricotiar.
Friction.	Friction.
Frictionner.	Frictionar.
Frileux, euse.	Frigourous, ousa.
Frimaire.	Frimari.
Fringant, ante.	Fringant, anta.
Fripé, ée, Gâté.	Frapilhat, ada.
Friper.	Fripar.
Fripier.	Destrusst.
Friperie.	Friparia.
Fripier, ière.	Fripier, iera.
Fripier qui court les rues.	Beou peou.
Fripon.	Fripoun.
Fripon gros.	Fripounas
Fripon petit.	Fripounet, eta.
Friponneau.	Fripounet, eta, ot, ota.
Friponné, ée.	Fripounat, ada.
Friponnerie.	Fripounaria.
Friquet.	Giradouira.
Friquet, oiseau.	Passeroun fer.
Frire.	Fregir.
Frise.	Frisa.
Frisé, ée.	Frisat, ada.
Friser.	Frisar.
Frisotter.	Frisoutar.
Frisquette.	Frisqueta.
Frisson.	Frissoun.
Frissonnement.	Frissounament.
Frissonner.	Frissounar.
Frisure.	Frisura.
Frit, ite.	Fregit, ida.
Fritillaire méleagra.	Campaneta de mountagna.
Friture.	Fritura.
Frivole.	Frivole, la.
Frivolité.	Frivolitat.

FRO

Froc.	Froc.
Frodald, n. pr.	Fresaud.
Froid.	Fred.
Froid grand.	Fredas.
Froid, oide.	Fred, da.
prendre le.	Enfregeoulir s'.
Froidement.	Fredament.
Froideur.	Fredour.
Froidi, ie.	Refredat, ada.
Froidir.	Refredar.
Froidure.	Fresquiera.
Froissé, ée.	Apanouchit, ida.
Froissement.	Flaminadura.
Froisser.	Tourchounar.
Froissure.	Amalagadura.
Frôle.	Darboussier.
Frôlement.	Fregada.
Frôler.	Frisar.
Fromage.	Froumagi.
Fromage petit.	Froumageoun.
Fromage gros.	Froumageas.
Fromage de recuite.	Ceras.
Formage sec de caillebottes.	Escarassoun.
Fromage, rhubarbe de.	Cacheti.
Fromage affiné.	Froumagi cachat.
Fromage frais.	Touma.
Fromager.	Froumagier.
Fromagerie.	Froumagiera.
Froment.	Froument.
Froment commun.	Froument coumun.
Froment de Barbarie.	Blad de Barbaria.
Froment gris de souris.	Froument negre.
Froment monocoque.	Espeouta.
Froment uniloculare.	
Fourment renflé.	Blad barbut-gros.
Fromental.	Froumentala.
Fromentée.	Farineta.
Fromenteux, euse.	Froumentous, ousa.
Froncé, ée.	Frounsit, ida, ia.
Froncer.	Frounsir.
Froncis.	Frounsidura.
Fronde.	Frounda.
Frondeur.	Froundegeaire.
Front.	Front.
Fronteau.	Frontau.
Frontière.	Frontiera.
Frontignan.	Frontignan.
Frontispice.	Frontispice.
Fronton.	Frontoun.
Frottage.	Fretagi.
Frotté, ée.	Fretat, ada.
Frottement.	Fretament.
Frotter.	Fretar.
Frotteur.	Fretaire.
Frottoir.	Fretadour.
Frouer.	Chilbar.

FRU

Fructidor.	Fructidor.
Fructification.	Fructification.
Fructifié, ée.	Fructifiat, ada.
Fructifier.	Fructifiar.
Fructueux, euse.	Fructuous, ousa.
Frugal, ale.	Frugal, ala.
Frugalement.	Frugalament.
Frugalité.	Frugaliat.
Fruit.	Fruit.
Fruit en général.	Frucha.
Fruit chétif.	Rouvil.
Fruiterie.	Frucharia.
Fruitier, ière.	Fruchier, iera.
Frusquin.	Fresquin.
Frustratoire.	Frusiatori, vl.
Frustré, éc.	Frustrat, ada.
Frustrer.	Frustrar.

FU

Fu, Fus.	Fu, ua.

FUG

Fugitif, ive.	Fugitif, iva.
Fugue.	Fuga.

FUI

Fuir.	Fugir.
Fuir se.	Fugir se.
Fuite.	Fugida, Fuita.

FUL

Fulgore.	Cigaroun.
Fulminant, ante.	Fulminant, anta.

Fulmination.	Fulminatio, vl.		
Fulminer.	Fulminar.		

FUM

Fumage.	Fumagi.
Fumée.	Fum, Fumada.
Fumée grande.	Funadassa.
Fumer.	Fumar.
Fumeron.	Fumairoun.
Fomet.	Fumet.
Fumeterre,	Fumaterra,
Fumeur.	Fumaire.
Fumier.	Fumier.
Fumigation	Fumigation.
Fumiste.	Fumisto.

FUN

Funambule.	Dansur de corda.
Funèbre.	Funebre, obra.
Fonérailles.	Funeralhas.
Funeste.	Funeste, esta.
Funestement.	Funestament.

FUR

Fur.	Fur.
Furet.	Furet.
Fureter.	Furetar.
Fureteur.	Furaire.
Fureur.	Furour.
Furibond, onde.	Furibound, ounda.
Furie.	Furia.
Furieusement.	Furiousament.
Furieux, euse.	Furious, ousa.
Furoncle.	Furouncle.
Furtivement.	Escoundouns d'.

FUS

Fusain.	Bounet de capelan.
Fuseau.	Fus.
Fuseau de la lanterne d'un puits.	Rajoou.
Fuseau de moulin à vent.	Raioou.
Fuseau à dentelles.	Espouret.
Fusée.	Fusada.
Fuser.	Fusar.
Fusibilité.	Fusibilitat,

Fusible.	Fusible, ibla.
Fusil.	Fusil.
Fusil, monter un.	Emboscar.
Fusilier.	Fusilier.
Fusillade.	Fusilhada.
Fusillé, ée.	Fusilhat, ada.
Fusiller.	Fusilhar.
Fusion.	Fusion.
Fustet.	Fustet.
Fustigation.	Fustigation.
Fustigé, ée.	Fustigeat, ada.
Fustiger.	Fustigear.

FUT

Fût.	Mountura.
Futaie.	Futada.
Futaille.	Futalha.
Futaille vieille.	Carcavielha.
Futaille, quart de.	Carreteou.
Futaine.	Fustani.
Futur, ure.	Futur, ura.
Futur, s.	Futur.

FUY

Fuyard, arde.	Fuyard, arda.

G

G.	G.

GAB

Gabare	Gabarra.
Gabarier.	Gabarrier.
Gabarit.	Gabarit.
Gabegie.	Gabgia.
Gabelage.	Gabelagi.
Gabeleur.	Gabelur.
Gabelle.	Gabela.
Gabier.	Gabier.
Gabion.	Gabion.
Gabriel, n. pr.	Gabriel.
Gabrielle, n. pr.	Gabriella.

GAC

Gâche.	Gacha.
Gâcher.	Gachar.
Gâchet.	Fumet.
Gâchette.	Gacheta.
Gâcheur.	Gachaire.
Gâchis.	Gachis.

GAD

Gade colin.	Estocofich, 2.
Gade blennoïde.	Capelan, 4.
Gade merlan.	Poulassou.
Gade pollack.	Poulassou.
Gade sey.	Marlus.
Gadouard.	Cura-privats.
Gadoue.	Boudourouscha.

GAF

Gaffe.	Gaffa.
Gaffer.	Agantar.

GAG

Gage.	Gagi.
Gager.	Gagear.
Gagerie.	Gageria,
Gages.	Gagis.
Gagiste.	Gagisto.
Gagnable.	Gagnable, abla,
Gagnant.	Gagnant.
Gagne-pain.	Gagna-pan,
Gagne petit.	Gagna petit.
Gagner.	Gagnar.

GAI

Gai, Gaie.	Gai, aia.
Gaiement.	Gaioment.
Gaieté.	Gaietat.
Gaillard, arde.	Galhard, arde.
Gaillarde.	Galharda.
Gaillardement.	Galhardament.
Gaillardise.	Galhardisa.
Gaillet-Jaune.	Herba de la cira.
Gain.	Gazan.
Gaine.	Gaine.
Gainier.	Gainier.
Gainier, arbre.	Avelatier.

GAL

Gala.	Gala.
Galammant.	Galamment.
Galant, ante.	Galant, anta.
Galanterie.	Galantaria.
Galantin.	Galantin.
Galantine perceneige.	Bergougnousa,
Galaubans.	Patarras.
Galbanum.	Galbanoum.
Galbule.	Anauta.
Gale.	Gala, Rougna.
Galéasse.	Galeassa.
Galée.	Galea.
Galène, suppl.	Alkifous.
Galère.	Galera.
Galerie.	Galeria.
Galérien.	Galerien,
Galerne.	Gregali.
Galet.	Galet.
Galet, caillou roulé.	Rabeirenc.
Galet petit.	Codoulet.
Galets, lieu couvert de	Codouliera.
Galetas.	Galatas.
Galetas petit.	Pesaroun.
Galetas, espace vide du	Camerat.
Galette.	Galeta.
Galeux, euse.	Galous, ousa.
Galimafrée.	Galimafreya.
Galimatias.	Galimatias.
Galion.	Galion.
Galiote.	Galiota

Galipot.	Galipot.	Garde du corps.	Garda-corps.
Galle.	Galla.	Garde côte.	Garda costa.
Gallican, ane.	Gallican, ana.	Garde feu.	Parafuec.
Gallicisme.	Gallicisme.	Garde forestier.	Garde fourestier.
Galline.	Beluga.	Garde fou.	Garde fol.
Gallinsecte.	Gallineta.	Garde magasin.	Garda magasin.
Galoche.	Galocha.	Garde manche.	Garda mancha.
Gallois.	Gales.	Garde manger.	Garda mangear.
Galon.	Galoun.	Garde robe, plante.	Santoulina.
Galon vieux.	Perfilura.	Garde robe.	Garda rauba.
Galon petit.	Galounet.	Gardé, ée.	Gardat, ada.
Galonné, éc.	Galounat, ada.	Garder.	Gardar.
Galonner.	Galounar.	Gardeur, euse.	Gardaire, arela.
Galop.	Galop.	Gardien, ienne.	Gardien, ena.
Galopade.	Galopada.	Gardon.	Gardoun.
Galoper.	Galopar.	Gardon, débordement du.	Gardounada.
Galopin.	Galoupin.	Gardon, vallée du.	Gardounenca.
Galoubet.	Galoubet.	Gare.	Gara.
Galvanisme.	Galvanisme.	Gare l'eau.	Passa-res?
		Garenne.	Garena.

GAM

Gamaches.	Caussier.	Garennie.	Lapiniera.
Gambade.	Cambada.	Garer se.	Garar se.
Gambader.	Cambadiar.	Gargariser.	Gargarisar.
Gambette.	Cambet.	Gargarisme.	Gargarisme.
Gambiller.	Cambegear.	Gargolage.	Gargotagi.
Gamelle.	Gamela.	Gargote.	Gargota.
Gamme.	Gama.	Gargoter.	Gargotar.

GAN

Ganache.	Ganacha.	Gargotier, ière.	Gargotier, iera.
Ganglion.	Glanda pichota.	Gargouille.	Gargau.
Gangrène.	Gangrena.	Gargouillement.	Gargoulhament.
Gangrené, ée.	Gangrenat, ada.	Gargouiller.	Gargoulhar.
Gangrener se.	Gangrenar se.	Gargouillis.	Charrot.
Gangréneux, euse.	Gangrenous, ousa.	Gargousse.	Gargoussa.
Ganivet.	Ganivet.	Gargoussier.	Gargoussier.
Ganguy.	Gangui.	Gargoussière.	Gargoussiera.
Ganse.	Ganso.	Garigue.	Garriga.
Ganse petite.	Ganseta.	Garnement.	Garniment.
Gant.	Gant.	Garni, ie.	Garnit, ida, ia.
Gant-de-Notre Dame.	Galantina.	Garnir.	Garnir.
Gantelet.	Gantelet.	Garnisaire.	Garnisari.
Ganté, ée.	Qu'a des gants.	Garnison.	Garnisoun.
Ganter.	Mettre des gants.	Garniture.	Garnitura.
Ganterie.	Gantaria.	Garniture de lit.	Courtinagi.
Gantier.	Gantier.	Garou.	Garou.

GAR

Garance des teinturiers.	Garança, Rubi.	Garrot.	Gallet, Bilha.
Garance voyageuse.	Arraparela.	Garrot de meunier.	Ensacadouira.
Garançage.	Teinchureda.	Garroté, ée.	Garrotat, ada.
Garaner.	Garançar.	Garroter.	Garrotar.
Garant, ante.	Garant, anta.		
Garanti, ie.	Garantit, ida, ia.		
Garantie.	Garantia.		
Garantir.	Garantir.		

GAS

Garce.	Garça.	Gascon.	Gascoun.
Garcette.	Matafion.	Gasconisme.	Gascounisme.
Garçon.	Garçoun.	Gasconnade.	Gascounada.
Garçon gros.	Garçounas.	Gasconner.	Gascounar.
Garçon jeune.	Drole.	Gaspillage.	Gaspillagi.
Garçon grand, qui fait l'enfant.	Paire vielh.	Gaspiller.	Gaspillar.
Gard, Département du.	Gard.	Gaspilleur.	Gaspillaire, Acabaire.
Garde.	Garda.	Gastaud, n. pr.	Gastaud.
Garde boutique.	Cuou de boutiga.	Gaston, n. pr.	Gastoun.
Garde-champêtre.	Garda champestre.	Gastorngine.	Bavarela.
		Gastronome.	Gastronome.
		Gastronomie.	Gastronomia.

GAT

Gâteau.	Fougassa.
Gâteau que les parrains donnent à leurs filleuls à la Noël.	Couloumb.

Gâté, ée.	Gastat, ada.
Gâter.	Gastar.

GAU

Gauche.	Gauch, aucha.
Gauche, maladroit.	Desgaubiat.
Gauchement.	Gauchament.
Gaucher, ère.	Gauchier, era.
Gaucherie.	Bestisa.
Gauchir.	Gauchir.
Gaude.	Herba deis judious.
Gaudir se.	Gaudir.
Gaufre.	Bresca.
Gaufré, ée.	Goufrat, ada.
Gaufrer.	Goufrar.
Gaule.	Acanadouira. Bleta.
Gaule grosse.	Bletassa.
Gaule petite.	Bletouna.
Gaules, frapper avec des.	Bletounegear.
Gaulé, ée.	Acanat, ada.
Gauler.	Acanar.
Gauleur.	Cascaire.
Gaulois, oise.	Galois, oisa.
Gaupe.	Salopa.
Gausser se.	Truffar se.
Gausserie.	Trufaria.
Gausseur, euse.	Truffaire, arela.
Gautier, n. pr.	Gautier.

GAV

Gavot, otte.	Gavot, ota.
Gavotte.	Gavota.
Gavots les, en général.	Gavotalha.
Gavoué de Provence.	Chic gavouet.

GAY

Gayac.	Gayac.
Gayetan, n. pr.	Gayetan.

GAZ

Gaz.	Gaz.
Gaze.	Gaza.
Gazelle.	Gazela.
Gazer.	Gazar.
Gazetier.	Gazettier.
Gazette.	Gazetta.
Gazon d'Olympe.	Gazoun d'Houlanda.
Gazonnement.	Gazounament.
Gazonné, ée.	Agermit, ida, ia.
Gazonner.	Gazounar.
Gazonner se.	Agermir s'.
Gazouillement.	Gazoulhament.
Gazouiller.	Gazoulhar.

GEA

Geai.	Gay.
Geant, ante.	Geant, anta.
Geckote des murailles.	Taranta.

GEI

Geindre.	Renar.

GEL

Gelatine.	Gelatina.
Gelé, ée.	Gelat, ada.

Gelée.	Gelada, Galea.
Gelée blanche.	Breina, Blancada.
Gelée blanche, couvert de.	Breinat, ada.
Gelée blanche, faire de la.	Breinar.
Geline.	Gallina.
Geline grosse.	Gallinassa.
Geline petite.	Gallineta.
Gelinotte.	Gallineta, 2.
Gelivures.	Gelour.

GEM

Gémeau.	Bessoun.
Gemenos.	Gemenos.
Gémir.	Gemir.
Gémissant, ante.	Gemissent, enta.
Gémissement.	Gemissament.

GEN

Gênant, ante.	Genant, ante.
Gencive.	Gengiva.
Gendarme.	Gendarma.
Gendarmes, étincelles.	Espagnoous.
Gendarmerie.	Gendarmaria.
Gendre.	Gendre.
Gêne.	Gena.
Gêné, ée.	Genat. ada.
Généalogie.	Genealogia.
Généalogique.	Genealogique, ica.
Généalogiste.	Genealogisto.
Gêner.	Genar.
Général.	General, Generau.
Généralat.	Generalat.
Généralament.	Generalament.
Généraliser.	Generalisar.
Généralisé, ée.	Generalisat, ada.
Générateur, trice.	Genec, eca.
Génératif, ive.	Generatif, iva, vl.
Génération.	Generation.
Généreusement.	Generousament.
Généreux, euse.	Generous, ousa.
Générique.	Generique, ica.
Générosité.	Generousitat.
Génèse.	Genesa.
Génestrolle.	Ginestoun, 1.
Genêt.	Ginesta.
Genêt à balais.	Genest-gruas.
Genêt cendré.	Ginesta.
Genêt épineux.	Argielas, 2.
Genêt d'Espagne.	Ginesta d'Espagna.
Genêt purgatif.	Pudis.
Genêt des teinturiers.	Ginestoun, 1.
Genêt abondant en.	Ginestiera.
Genette.	Chaine
Genévrier commun.	Genebrier.
Genévrier oxycèdre.	Cade.
Genévrier de phœnicie.	Mourvenc.
Genévrier baies de l'oxycèdre.	Cadenela.
Genez, n. pr.	Genesi.
Génie.	Genio.
Genièvre.	Genebre.
Geniez, n. pr.	Genies.
Genipi.	Genipi.
Genipi jaune.	Genipi jaune.
Génisse.	Jungea.
Génital, ale.	Genital, ala.

Génitif.	Genitif.
Génitoires.	Genitoris.
Géniture.	Genitura.
Genois, oisc.	Ginouves, csa.
Genou.	Ginoulh.
Genou petit.	Ginoulhoun.
Génovéfain.	Genovefin.
Genre.	Genre.
Gens.	Gens.
Gent.	Gent.
Gens, mauvaises.	Gentassa.
Gent, ente.	Gent, enta.
Gentiane.	Gentiana.
Gentil, ille.	Gentil, ilha.
Gentilhomme.	Gentilhome.
Gentillesse.	Gentilhessa.
Gentiment.	Gentiment.
Génuflexion.	Genuflexion.

GEO

Geoffroi, n. pr.	Geoufred
Géographe.	Geographo.
Géographie.	Geographia.
Geôle.	Geola.
Geôlier, ière.	Geolier., iera.
Géologie.	Geologia.
Géomancie.	Geomancia.
Géomètre.	Geometro.
Géométrie.	Geometria.
Géorge, n. pr.	Georgi.
Géorgiques.	Georgicas.

GER

Géranium.	Geranion.
Gérant.	Gerant.
Gérard, n. pr.	Gerard, Girard.
Gerbe.	Garba.
Gerbes, amas de.	Fasca.
Gerbes, tas triangulaire de.	Capela.
Gerbes, les joncher à l'aire	Enairar
Gerber.	Garbegear.
Gerbier.	Garbeiroun.
Gerbier en dos d'âne.	Cavalet.
Gerbier gros.	Garbeirounas.
Gerbier, dresser un.	Engarbeirounar.
Gerce.	Arna.
Gercé, ée.	Escrebassat, ada.
Gercer.	Escrebassar.
Gerçure.	Grebassa.
Gerçure des figures.	Escrinceladura.
Gerçure du sein.	Cedas.
Gérer.	Gerar.
Gerfaut.	Faucoun gros.
Gerle.	Gerla.
Gérif, n. pr.	Geri.
Germain, n. pr.	German.
Germain, aine.	German, ana.
Germandrée.	Calamendrier, Germandrea.
Germe.	Germe
Germe de la graine de jusquiame.	Galhoun.
Germé, ée.	Grelhat, Germat, ada.
Germer.	Grelhar, Germar.
Germinal.	Germinal.
Germination.	Germination.
Gérofle. V. Girofle.	
Gérondif.	Geroundif.

Gers, département du. Gers.	
Gertrude, n. pr.	Gertruda.
Gervais.	Gervasi.

GES

Gésier.	Perier.
Gésine.	Jacina.
Gésir.	Jaire.
Gesse cultivée.	Jaissa.
Gesse sans feuilles.	Amarun.
Gesse chiche.	Garoueta.
Gesse à large feuille.	Jaissa.
Gesse tubéreuse.	Favarota.
Gesse anguleuse.	Jaissa de prat.
Gessette.	Cargueta.
Geste.	Gest.
Gesticulateur.	Gesticulatour.
Gesticulation.	Gesticulation.
Gesticuler.	Gesticular.
Gestion.	Gestion.

GIB

Gibbeux, euse.	Gibous, ousa.
Gibelet.	Gimbelet.
Gibelot.	Gibelot.
Gibelotte.	Gimbelota.
Giberne.	Giberna.
Gibet.	Poutenci.
Gibier.	Gibier.
Giboulée.	Chavana.
Gibraltar.	Gibraltar.

GIE

Gielle.	Passeta.

GIQ

Gigantesque.	Gigantesque, ca.
Gigot.	Gigot.
Gigot, manche de.	Buquet.
Gigot petit.	Gigotet.
Gigotté, ée.	Gigotat, ada.
Gigotter.	Gigotar.
Gigue.	Giga.

GIL

Gilbert, n. pr.	Gilbert.
Gilet.	Gilecou.
Gilles, n. pr.	Gilh, Gili.

GIM

Gimblette.	Gimbleta.

GIN

Gingembre.	Gingimbre.

GIR

Girafe.	Girafa.
Girandole.	Girandola, Rodet.
Girelle.	Girela.
Girella hébraïque.	Girela turca.
Girofle.	Girofle.
Giroflée.	Ginouflada.
Giroflée jaune.	Garranier jaune fer.

Giroflier quarantain.	Garranier quarantin,
Giron.	Fauda.
Giron petit.	Faudeta.
Giron d'une marche d'escalier.	Pesada.
Gironde, département ment de.	Gironda.
Girouette.	Giroueta.

GIS

Gisant, ante.	Coucat, ada.

GIT

Gîte de bœuf.	Ginoulhouer.
Gîte, lieu, demeure.	Jas.

GIV

Givre.	Blesinada.

GLA

Glaçant, ante.	Glaçant, anta.
Glace.	Glaça.
Glacé, ée	Gloçat, ada.
Glacer.	Giaçar.
Glacial, ale.	Glacial, ala.
Glaciale.	Glaciala.
Glacière.	Glaciera.
Glacis.	Glacis.
Glaçon.	Glaçoun.
Gladiateur.	Gladiatour.
Glaïeul.	Coutelet.
Glaires.	Glairas.
Glairer.	Glairar.
Glaireux, euse.	Glairous,Limounous.
Glaise.	Argile.
Glaisière.	Argiliera.
Glaive.	Glevo.
Glaive-espadon.	Emperour.
Glanage.	Glenagi.
Gland.	Agland.
Glands, donner des aux pourceaux.	Aglanar.
Gland du chêne vert.	Eousina.
Gland, chêne qui porte du.	Aglanier.
Gland de terre.	Favarota.
Gland de mer.	Agland de mar.
Glandage.	Glandagi.
Glande.	Glanda, Glandou.
Glandée.	Aglanagi.
Glandes du cou en- gorgées.	Avantous.
Glands des chèvres.	Cincinets.
Glands, gauler des.	Englandar.
Glanduleux, euse.	Glandulous, ousa, vl.
Glane.	Glena.
Glaner.	Glenar.
Glaneur, euse.	Glenaire, arela.
Glanure.	Glenage.
Glapir.	Quielar.
Glapissement.	Glatissament.
Glas.	Clas.

GLE

Glèbe.	Gleba.

GLI

Glissade.	Glissada.
Glissant, ante.	Glissant, anta.
Glisser.	Resquilhar.
Glisser, se	Coulinar se.
Glisser sur la glace.	Escouranchar.
Glissoire.	Resquilhadour.

GLO

Globe.	Globo.
Globulaire turbith.	Sene-bastard.
Globulaire commune.	Dragoun, 3.
Gloire.	Gloria.
Gloria patri.	Gloria Patri.
Glorieusement.	Gloriousament.
Gloriette.	Glorieta.
Glorieux, euse.	Glorious, ousa.
Glorieux, poisson.	Lameta.
Glorification.	Glorificatio, vl.
Glorifié, ée.	Glorifiat, ada.
Glorifier.	Glorifiar.
Glorifier se.	Se glorifiar.
Gloriole.	Gloriola.
Glayeol. V. Glaieul.	
Glose.	Glosa.
Gloser.	Glosar.
Glossinde, n. pr.	Glossinda.
Glou-glou.	Glou-glou.
Glouglouter.	Glougloutar.
Gloussement.	Clussir-lou.
Glousser.	Clussir.
Glouteron.	Grappouns.
Glouteron.	Lampourdier,
Glouton, onne.	Gloutoun, ouna.
Gloutonnement.	Glotament, vl,
Gloutonnerie.	Gloutounaria.

GLU

Glu.	Visc
Gluant, ante.	Moustous, ousa.
Gluer.	Enviscar.
Glui.	Clui.

GNO

Gnomon.	Gnomon,

GOB

Gobelet.	Goubelet.
Gobelet, plein un.	Goubeletada.
Gobelet de bois.	Got.
Gobelet petit.	Goubeletoun.
Gobelet gros.	Goubeletas.
Gobe-mouche.	Aragna.
Gobe-mouche, bec figue.	Bouscarla chinsou- niera.
Gobe-mouche à col- lier.	Bouscarla.
Gobe-mouche grisâtre.	Chinsouniera.
Goberges.	Planchas doou liech.
Gohet.	Betorga.
Gobille.	Goubilha.
Gobie doré.	Gobou jaune.
Gobie zèbre.	Gobioun rayat.

GOD

Godeamus.	Godeamus
Godefroy, n. pr.	Godefroy, Gofredi.
Godet.	Goudet.
Godiveau.	Goudiveou,

GOE

Goëland à manteau bleu.	Gabian. 2.
Goëland à manteau brun.	Gabian, 3.
Goëland à manteau gris.	Gabian, 5.
Goëland à manteau noir.	Gabian, 4.
Goëland à manteau cendré.	Gabian, 5.

GOG

Gogaille.	Gaudeamus,
Gogo.	Gogo.
Goguenard.	Badin.
Goguenarder.	Badinar.
Goguettes.	Gougalhas,

GOI

Goinfre.	Galavard.
Goinfre gros.	Golevardas.
Goinfrer.	Galavardegear.
Goinfrerie.	Galavardisa.
Goître.	Gouitre, Gamoun.
Goitreux, euse.	Gouitrous, a, Gama ada.

GOL

Golfe.	Golfe,

GOM

Gomme	Gouma
Gomme adragant.	Gouma adragant.
Gomme arabique.	Gouma arabica.
Gomme de cérisier.	Meliga.
Gomme gutte.	Gouma gutta.
Gommer.	Goumar,

GON

Gond.	Gouffoun.
Gondole.	Gondola.
Gondole, bateau.	Goundola.
Gonflement.	Gounflugi.
Gonflé, ée.	Gounflat, ada.
Gonflé en s'imbibant.	Espoumpit.
Gonfler.	Gounflar.
Gonfler en s'embibant.	Espoumpir s'.
Gonorrhée.	Pissa-cauda.

GOR

Gord, vivier.	Caranca, 4.
Gordien.	Gordien.
Gorge.	Gorgea.
Gorge, petite ravin.	Gorgeoun.
Gorge de loup.	Gorgea de loup.

Gorgé, ée.	Gavat, ada.
Gorge bleue.	Cuou-rousset.
Gorgée.	Gorjeada.
Gorger.	Gorgear, Gavar.
Gorgerette.	Gorgireta.

GOS

Gosier.	Gousier, Garganta.

GOT

Gothique.	Gothique, ica.

GOU

Gouache.	Gouacha.
Goudron.	Goudroun, Quitran.
Goudronné, ée.	Quitranat, ada.
Goudronner.	Quitranar.
Gouet commun.	Fugueiroun, 2.
Gouffre.	Gour.
Gouge.	Gougea.
Gouge petite.	Gougeta.
Gouine.	Gourrina.
Goujat.	Regach.
Goujat, valet de jeu de mail.	Bachacoun.
Goujat d'armée.	Ragassoun.
Goujat, mener comme un.	Agarissonar.
Goujat, traité comme un.	Agarissonat.
Goujon noir.	Gobou-negre.
Goujon ordinaire.	Gobi.
Goujon, cheville.	Touroulhoun.
Goulée.	Goulada.
Goulet.	Nassilhoun.
Goulotte.	Goletta, vl.
Goulu, ue.	Goulut, uda, Galavard.
Goulu, rendre.	Agalavardir.
Goulument.	Goulument.
Goupille.	Goupilha.
Goupiller.	Goupilhar.
Goupillon.	Goupilhoun.
Goupillonner.	Goupilhounar.
Gourd, de.	Gobi, ia.
Gourde des pèlerins.	Envinadouira.
Gourdin.	Gourdin.
Goureur.	Drogur.
Gourgandine.	Gourgandina.
Gourmand, ande.	Gourmand, anda.
Gourmander.	Groundar.
Gourmandise.	Gourmandisa.
Gourme.	Gourma.
Gourmer.	Mettre la gourmeta.
Gourmet.	Gourmet, Lichouira.
Gourmette.	Gourmeta.
Gousse.	Gova, Couscoulha.
Gousset.	Pouchoun, Boussoun.
Gousset bien rempli.	Boussounada
Goût.	Goust.
Goût, trouver à son.	Voulountar.
Goûter.	Goustar, Tastar.
Goûter.	Goustar.
Goûter petit.	Goustaroun.
Goutte.	Goutta.
Goutte, maladie.	Goutta.
Gouttes.	Gouttas.
Gouttelette.	Gouttouna.

Goutteux, euse.	Goutous, ousa.
Gouttière.	Gouttiera.
Gouvernail.	Gouvernalh.
Gouvernante.	Gouvernanta.
Gouvernement.	Gouvernament.
Gouverner.	Gouvernar.
Gouverner se.	Gouvernar se.
Gouverneur.	Gouvernour.

GRA

Grabat.	Grabat.
Grabuge.	Garbugi.
Grâce.	Gracia.
Graces.	Gracias.
Graciable.	Graciable, abla.
Gracié, ée.	Graciat, ada.
Gracien, n. pr.	Gracien.
Gracier.	Graciar.
Gracieusement.	Graciousament.
Gracieuser.	Graciousar.
Gracieuseté.	Graciouetat.
Gracieux, euse.	Gracious, ousa.
Gradatif, ive.	Gradatiu, iva, vl.
Gradation.	Gradation.
Grade.	Grado, Grade.
Gradé.	Gradat.
Grader.	Gradar.
Gradin.	Gradin.
Graduation.	Graduation.
Gradué, ée.	Graduat, ada.
Graduel, elle.	Graduel, ela.
Graduellement.	Graduelament.
Graduer.	Graduar.
Graillon.	Renoues.
Grain.	Gran.
Grain petit.	Granet.
Grain, donner du.	Agranar.
Grain de raisin.	Agi.
Grain, action de jeter du, pour attirer les oiseaux.	Agranagi.
Graine.	Grana.
Graine d'écarlate.	Cochenilha.
Graine d'Avignon.	Graneta.
Graine de perroquet.	Grana de perrouquet.
Graine de Canarie.	Grana de canari.
Graine de paradis.	Grana de paradis.
Grainetier. V. Grenetier.	
Graissage.	Graissagi.
Graisse.	Graissa.
Graisse blanche.	Graissa blanca.
Graisser.	Engraissar.
Graisseux, euse.	Grais-ous, ousa.
Gramen.	Grame.
Grammaire.	Grammera.
Grammairien.	Grammerien.
Grammatical.	Grammatical.
Grammaticalement.	Grammaticalament.
Gramme.	Grammo.
Grand, ande.	Grand, anda.
Grandelet, ette.	Grandet, eta.
Grandement.	Grandament.
Grandesse.	Grandessa.
Grandeur.	Grandour.
Grandiose.	Grandioso.
Grandi, ie.	Grandit, ida, ia.
Grandir.	Grandir.
Grandissime.	Grandissime.
Grand-juge.	Grand-jugi.
Grand-maître.	Grand-mestre.

Grand-merci.	Gramacis.
Grand-mère.	Gran-mera.
Grand-oncle.	Grand-ouncle.
Grandoule.	Grandoula.
Grand-père.	Grand-paire.
Grand-tante.	Grand-tanta.
Grand-turc.	Grand-turc.
Grange.	Grangea.
Grange petite.	Grangeoun.
Granit.	Granit.
Granitique.	Granitique, ica.
Granivore.	Granivoro.
Graphomètre.	Graphometro.
Grappe.	Grapa, Racha.
Grappe petite.	Grapilhoun.
Grappes, pousser des.	Rasinar.
Grappelles.	Chins.
Grappilhage.	Grapilhagi.
Grappiller.	Grapilhar, Rapugar.
Grappilleur, euse.	Grapilhur, usa.
Grappillon.	Rapuga.
Grappin.	Grapin.
Grapse variée.	Courrentilha.
Gras, asse.	Gras, assa.
Gras cuit, uite.	Glet, eta, Amolit, ida.
Gras double.	Double de buou.
Grassement.	Grassament.
Grasset, ette.	Grasset, eta.
Grassette de montagne.	} Campaneta de sagna.
Grassette à grande fleur.	
Grasseyement.	Parlar gras.
Grasseyer.	Grassegear.
Graleron.	Grapouns, 1.
Gratification.	Gratification.
Gratifié, ée.	Gratifiat, ada.
Gratifier.	Gratifiar.
Gratin.	Gratin, Rimat.
Gratiole.	Herba au paure home
Gratis.	Gratis.
Gratitude.	Gratituda.
Gratté, ée.	Gratat, ada.
Gratte-bosse.	Grata-bouissa.
Gratte-bosser.	Grata-bouissar.
Gratteleux, euse.	Charpinous, ousa.
Grattelle.	Gratela.
Gratte-papier.	Grata-papier.
Gratter.	Gratar.
Gratter se.	Gratar se.
Gratter la terre avec les pieds.	Estarpiar.
Gratter, qui a l'habitude de se.	Grataire.
Grattoir.	Gratadour.
Gratuit, uite.	Gratuit, uita.
Gratuitement.	Gratuitament.
Grave.	Grave, ava.
Gravelé, ée.	Gravelat, ada.
Graveleux, euse.	Gravelous, ousa.
Gravelle.	Gravela.
Gravement.	Gravament.
Gravé, ée.	Graval, ada.
Graver.	Gravar.
Graver sur le bois comme les bergers.	Escriouselar.
Graver se.	Gravar se.
Graveur.	Gravur.
Gravier.	Gravier, Grava.
Gravier, petit banc de.	Graveiroun.
Gravir.	Escalar.
Gravitation.	Gravitation.

Gravité.	Gravitat.
Gravois.	Curun, Greoulas.
Gravure.	Gravura.
Gravure de la semelle des souliers.	Graveou.

GRE

Gré.	Grat.
Grèbe huppé.	Plauca.
Grèbe oreillard.	Fumat.
Grèbe de rivière.	Castagnous,
Grec, ecque.	Grec, eca.
Grèce.	Greça.
Grecque.	Greca.
Grécisme.	Gressisme, lisez Grecisme.
Gredin, ine.	Gusas, assa.
Gredinerie.	Mesquinaria.
Gréer.	Agrear.
Greffe.	Greffe, Ente.
Greffé, éc.	Entat, Greffat, ada.
Greffer.	Greffar, Entar.
Greffeur.	Greffaire.
Greffier.	Greffier.
Greffoir.	Poudet.
Grège.	Crusa.
Grégeois.	Gres.
Gregoire, n. pr.	Gregori.
Grégorien.	Gregorien.
Grêle.	Grelo.
Grêle, chute de.	Peiregada.
Grêle petite.	Greleta.
Grêlé, ée.	Grelat, ada.
Grêler.	Grelar.
Grelon.	Granissa.
Grelot.	Cascavel, Cascaveou.
Grelot gros, des mulets.	Bidouret.
Grelot gros.	Cascavelas.
Grelot petit.	Cascaveloun.
Grelots, faire sonner les.	Cascaveliar.
Grelotter.	Tremoular.
Grémil.	Gremil.
Grenade.	Grenada.
Grenade, fruit.	Miougrana.
Grenadier.	Granadier.
Grenadier, arbuste.	Miougranier.
Grenadier à fleurs doubles.	Balaustier.
Grenadille.	Flour de la passion.
Grenaille.	Granalha.
Grenat.	Grenat.
Grené, ée.	Granat, ada.
Grenelé, ée.	Granelat, ada.
Greneler.	Granelar.
Grener.	Granar.
Grènetier.	Granatier.
Grenettes.	Graneta.
Grenier.	Granier.
Grenouille.	Granoulha.
Grenouille de mer.	Baudruelh.
Grenouillère.	Granoulhiera.
Grenouillette.	Loupauta.
Grès.	Gres.
Grésil.	Gresilh.
Grésillé, éc.	Gresilhat, ada.
Grésiller.	Gresilhar.
Gresoir.	Grasoir.
Grève.	Grava.

Grévé, ée.	Grevat, ada.
Grever.	Grevar.

GRI

Griblette.	Choulha.
Gribouillette.	Reira-tira-peou.
Grief, ève.	Grief, eva.
Grièvement.	Grievament.
Griffade.	Griffada.
Griffe.	Griffa.
Griffer.	Griffar, Agriffar.
Griffon.	Griffoun.
Griffon, oiseau.	Harpian.
Griffon barbu.	Aigla harpia.
Griffonnage.	Griffounagi.
Griffonner.	Griffounar.
Griffonneur.	Griffounur.
Grignon.	Grignoun.
Grignoter.	Grignoutar.
Grigou.	Grigou.
Gril.	Gril, Grilha.
Grillade.	Grilhada.
Grillage.	Grilhagi.
Grillage d'un balcon.	Bardat.
Grillage de fenêtre.	Grilhagi, Cledat.
Grillé, ée.	Grilhat, ada.
Griller.	Grilhar.
Griller se.	Grilhar se.
Grillet.	Grilhet.
Grillon.	Grilhet.
Grillon des champs.	id.
Grimace.	Grimaça.
Grimace d'un habit mal fait.	Regoumas.
Grimacer.	Grimaciar.
Grimacier.	Grimacier.
Grimoire.	Grimoiro.
Grimpant, ante.	Grimpant, anta.
Grimper.	Escalar, Grimpar.
Grimper d'une branche à l'autre.	Aubregear.
Grimpereau de muraille.	Escala-barris.
Grimpereau petit.	Escala-peroun.
Grincement.	Grinçament.
Grincer.	Grinçar.
Grincer des dents.	Cruissir deis dents.
Gringuenaude.	Peresas, Petoula.
Griotte.	Agrueta.
Griottier.	Agrutier.
Grippe.	Gripa.
Grippé, éc.	Gripat, ada.
Gripper.	Gripar.
Grippe sou.	Pita dardenas.
Gris, ise.	Gris, isa.
Grisaille.	Grisalha.
Grisaillé, éc.	Grisat, ada.
Grisailler.	Grisar.
Grisâtre.	Grisastre, astra.
Grisé ée.	Grisat, ada, Enebriat, ada.
Griser.	Grisar, Enebriar.
Grisette, étoffe.	Griseta.
Grisette, oiseau.	Bichot.
Grisette, fillette.	Griseta.
Grison, onne.	Grisoun.
Grisonner.	Grisounar.
Grive.	Griva.
Grive bassette de Barbarie.	Tourdou.
Grive rouge.	Tourdre gavouet.

Grive de vigne.	Tourdre.
Griveler.	Grapilhar.
Grivelerie.	Grapilhagi.
Griveleur.	Gaspilhaire.
Grivois, oise.	Grivois, oisa.

GRO

Groenland.	Groenland.
Grognard, arde.	Renaire, arela.
Grognement.	Grougnament.
Grogner.	Grougnar.
Grogneur, euse.	Grougnaire, arela.
Grognon.	Grougnoun.
Groin.	Bouigoun.
Grommeler.	Grougnar.
Grondement.	Groundament.
Gronder.	Groundar.
Gronder à épouvanter.	Esbramagear.
Gronderie.	Groundaria.
Grondeur, euse.	Groundaire, arela.
Grondin.	Granau.
Groneau.	Gournau.
Groneau ou lyre.	Gallineta, 2.
Gros, osse.	Gros, ossa.
Gros, s.	Gros, Ternau.
Gros-bec.	Pessa-oliva.
Gros canon.	Gros canoun.
Groseille.	Grouselha.
Groseillier.	Grouselhier.
Groseillier à maquereau.	Grouselhier blanc.
Grosse.	Grossa.
Grosse tête.	Mugeou.
Grossesse.	Grossessa.
Grossesse, symptomes de la.	Descouera.
Grosseur.	Grossour.
Grossier, ière.	Grossier, iera.
Grossier-très.	Grosseiras, assq.
Grossièrement.	Grossierament.
Grossiereté.	Grossieretat.
Grossi, ie.	Grossit, ida, ia.
Grossir.	Grossir.
Grotesque.	Grotesque, esca. Lisez groutesque.
Grotesquement.	Grotescament. Lisez groutescament.
Grotte.	Crota, Bauma.
Grotte petite.	Baumeta.
Grotte, caché dans une.	Agroutounit.
Grouiller.	Gargoulhar.
Group.	Group.
Groupe.	Group.
Grouper.	Groupar.

GRU

Gruau.	Gruns, Avenat.
Gruau, moulin à.	Grudadour.
Grue.	Grua.
Grue du Danube.	Boulaire.
Grue de Numidie.	Doumeisella.
Gruer.	Gruar.
Grugé, ée.	Grugeat, ada.
Gruger.	Grugear.
Grugeoir.	Grusoir.
Grumeau.	Grumeou.
Grumelé, ée.	Broussat, ada.
Grumeler se.	Broussar se.

Grumeleux, euse.	*Grumelous, ousa.*
Gruyer.	*Gruyer, vl.*
Gruyère.	*Gruyera.*

GUE

Gué.	*Gaffa.*
Guéable.	*Que se poou gaffar.*
Guède.	*Mes de mai.*
Guéer.	*Lagoussar.*
Guéer un cheval.	*Rabegear.*
Goenille.	*Guenilha.*
Guenilles d'enfants.	*Patarocas.*
Guenillon.	*Patarassoun.*
Guenipe.	*Ganipa.*
Guenon.	*Guenoun.*
Guèpe.	*Guespa.*
Guèpe frelon.	*Chabriant.*
Guêpier.	*Guespier.*
Guêpier commun, oiseau.	*Serena, 3.*
Guerdon.	*Guierdoun.*
Guerdonner.	*Gazordonar, vl.*
Guère ou Guères.	*Gaire.*
Guéret.	*Garach.*
Guéridon.	*Guerindoun.*
Guéri, ie.	*Garit, ida, ia.*
Guérir.	*Garir.*
Guérison.	*Garisoun.*
Guérissable.	*Garissable, abla.*
Guérisseur.	*Garissur.*
Guérite.	*Guerita.*
Guerre.	*Guerra.*
Guerrier, ière.	*Guerrier, iera.*
Guerroyer.	*Guerregear.*
Guerroyeur.	*Guerregeaire.*
Guet.	*Guet.*
Guet-apens.	*Guet-apans.*
Guêtre.	*Gueta.*
Guêtre en forme de bas.	*Balouira.*
Guêtre petite.	*Guetounâ.*
Guêtrer.	*Guetar.*
Guetter.	*Gueitar.*

Gueulard, arde.	*Gulard, arda.*
Gueule.	*Goula.*
Gueule grosse ou laide.	*Goulassa.*
Gueule petite ou mignonne.	*Goulouna.*
Gueulée.	*Goulada.*
Gueuler.	*Begoular, Bramar.*
Gueusaille.	*Gusalha.*
Gueusailler.	*Gusardegear.*
Gueusard.	*Gusas.*
Gueuse.	*Clargeas.*
Gueuse.	*Gusa.*
Gueuser.	*Gusegear.*
Gueuserie.	*Gusaria.*
Gueux, euse.	*Gus, usa.*
Gueux gros.	*Gusardas.*
Gueux petit.	*Gusot.*
Gueux devenir.	*Agusardir s'.*
Gueux revêtu.	*Peou revengut.*

GUI

Gui de chêne.	*Visc.*
Guichet.	*Guichet.*
Guichet, petite porte.	*Portissoou.*
Guichetier.	*Guichetier.*
Guidage.	*Guiage.*
Guide.	*Guido.*
Guide.	*Guidas.*
Guide-âne.	*Guidana.*
Guider.	*Guidar.*
Guidon.	*Guidoun.*
Guigne blanche.	*Blancau.*
Guigner.	*Guinchar.*
Guignette.	*Bichot, 3.*
Guignier.	*Guinier.*
Guignon.	*Guignoun.*
Guilée.	*Labassi.*
Guillaume.	*Guilheoume.*
Guillaume, n. pr.	*id.*
Guilledou.	*Touroufle.*
Guillemet.	*Guilhemet.*
Guillemeter.	*Guilhemetar.*
Guillemot.	*Mau maridat.*

Guillemot nain.	*Canardoun.*
Guillotine.	*Guilhoutina.*
Guilloté, ée.	*Guilhoutinat, ada.*
Guillotiner.	*Guilhoutinar.*
Guimauve.	*Guimauva.*
Guimauve à feuilles de chanvre.	*Canebas.*
Guimauve velue.	*Althea fer.*
Guimpe.	*Guimpa.*
Guinder.	*Guindar.*
Guinder se.	*Guindar se.*
Guinderesse.	*Guindassa.*
Guindre.	*Guindre.*
Guinée.	*Guinea.*
Guingan.	*Guingan.*
Guingois.	*Guingoy.*
Guinguette.	*Guingueta.*
Guipon.	*Lanada.*
Guirlande.	*Guirlanda.*
Guirlande, orné d'une.	*Engarlandat.*
Guis, n. pr.	*Guis.*
Guise.	*Guisa.*
Guitare.	*Guitarra.*
Gurneau.	*Gournau.*

GUS

Gustation.	*Gustation.*
Gustave, n. pr.	*Gustavo.*

GUT

Gutte.	*Gouma gutta.*

GYM

Gymnase.	*Gymnaso.*
Gymnote aiguille.	*Fielat fe.*
Gymnètre à long rayon.	*Argentin.*
Gymnètre Lacépède.	*Argentin gros.*

GYP

Gypse.	*Gyp.*
Gypseux, euse.	*Gypous, ousa.*

H

H.	*H.*

HA

Ha.	*Ha.*

HAB

Habile.	*Habile, ila.*
Habilement.	*Habilament.*
Habileté.	*Habilitat.*
Habillage.	*Habilhagi.*
Habillé, ée.	*Habilhat, ada.*
Habillement.	*Habilhament.*

Habillements en gén.	*Raubilha.*
Habiller.	*Habilhar.*
Habiller s'.	*Habilhar s'.*
Habit.	*Habit.*
Habit petit.	*Habitoun.*
Habitable.	*Habitable, ablâ.*
Habitacle.	*Habitacle.*
Habitant, ante.	*Habitant, anta.*
Habitant, locataire.	*Estagian.*
Habitation.	*Habitation.*
Habité, ée.	*Habitat, ada.*
Habiter.	*Habitar.*
Habitude.	*Habituda.*
Habitué, ée.	*Habituat, ada.*
Habituel, elle.	*Habituel, ela.*

Habituellement.	*Habituelament.*
Habituer.	*Habituar.*
Habituer s'.	*Habituar s'.*
Hâbler.	*Hablar.*
Hâblerie.	*Hablaria.*
Hâbleur, euse.	*Hablur, usa, Alant.*

HAC

Hache.	*Destrau, Aissa.*
Hache à deux mains.	*Destrau.*
Hache plante.	*Api-fer.*
Hache-paille.	*Rassaire.*
Haché, ée.	*Ghaplat, ada.*
Hacher.	*Chaplar.*

Hachereau.	Destraloun.
Hachette.	Hapieta.
Hachis.	Hachis, Farça.
Hachoir.	Chaplaire.

HAG

Hagard, arde.	Affarat, ada.

HAI

Haï, ïe.	Hait, ida, ia.
Hai.	Hai.
Haie.	Clausura, Baragna.
Haie vive.	Cebissa.
Haie petite.	Baragnoun.
Haie, rompre la.	Desbaragnar.
Haillon.	Pean.
Haine.	Odi, Hena.
Haïr.	Hair.
Haïr se.	Hair se.
Haire.	Cilici.
Haïssable.	Haissable, abla.

HAL

Hâle.	Usclada.
Hâlé, ée.	Bristoulat, ada.
Haleine.	Halena.
Haleine, perdre.	Estavanir.
Halénée.	Halenada.
Halener.	Halenar.
Haler un chien.	Aquissar.
Haleter.	Aretiar, Beshalenar.
Hallage.	Leda.
Halle.	Hala.
Hallebarde.	Hallebarda.
Hallebardier.	Hallebardier.
Hallebreda.	Bringa.
Hallier.	Espinas.
Haliotide ormier.	Aurelha de St-Piarre.
Halot.	Trauc de lapin.
Halte.	Halta.

HAM

Hamac.	Hamac.
Hamadryades.	Hamadryadas.
Hameau.	Hameou, Fourest.
Hameau petit.	Fourestoun.
Hameçon.	Mousclau.
Hampe.	Enfust.

'HAN

Hanche.	Anca.
Hanche des gros bes-	
tiaux.	Amaluc.
Hanebane.	Jusquiama.
Hangar.	Remisa.
Hanneton.	Bambarota.
Hansel.	Gaffeta, 3.
Hansière.	Haussiera.
Hanter.	Trevar.

HAP

Happe.	Hapa.
Happelourde.	Troumpa lourdaud.
Happer.	Agaffar.

HAQ

Haquenée.	Haqueneya.
Haquet.	Carretoun.

HAR

Harangue.	Haranga.
Haranguer.	Harangar.
Harangueur.	Harangaire.
Haras.	Haras, Ega.
Haras de juments.	Egatada.
Harassé, ée.	Desapesat, ada.
Harasser.	Matrassar.
Harceler.	Agarrir.
Hardes.	Hardas.
Hardes, gros paquet	
de.	Fardaladà.
Hardes, plier ses.	Fardegear.
Hardi, ie.	Hardit, ida, ia.
Hardiesse.	Hardiessa.
Hardiment.	Hardiment.
Hareng.	Harenc.
Hareng blanc salé.	Harencada.
Harengère.	Repetiera.
Hargneux, euse.	Carcagnaire, arela.
Haricot.	Fayoou.
Haricot nain.	Quarantin pichot.
Haricot à bouquet.	Fayoou à bouquet.
Haricot vert ou en	
cosse.	Baneta.
Haricots, la quantité	
de, qu'on fait cuire	
à la fois.	Banetada.
Haricots, la plante des.	Fayourier.
Haricots, champ se-	
mé de.	Fayouriera.
Haridelle.	Haridela
Harmonica.	Harmounica.
Harle commun.	Bievre.
Harle piette.	Estrougnoun.
Harle grand.	Estrougnoun.
Harmonie.	Harmounia.
Harmonieusement.	Harmouniousament.
Harmonieux, euse.	Harmounious, ousa.
Harmonique.	Harmounique, ica.
Harnaché, ée.	Arnescat, ada.
Harnachement.	Arnescament.
Harnacher.	Arnescar.
Harnacheur.	Arnescaire.
Harnais.	Arnesc.
Harpagon.	Harpagoun.
Harpe.	Harpa.
Harpe, jouer de la.	Harpar.
Harpie.	Harpia.
Harpiste.	Harpisto.
Harpon.	Harpoun, Fichouira.
Hapon pour saisir, ce	
qui flotte sur l'eau	Fartega.
Harponner.	Harpounar.
Harri.	Harri.
Hart.	Redorta.

HAS

Hasard.	Azard.
Hasardé, ée.	Azardat, ada.
Hasardé, parlant de la	
viande.	Estadis.
Hasarder.	Azardar.
Hasardeux, euse.	Azardous, ousa.

HAT

Hâte.	Coucha.
Hâte, avoir.	Aver coucha.
Hâter, se.	Despachar se.
Hatelette.	Astet.
Hâtier.	Landier, Astier.
Hâtif, ive.	Abouriou, ouva.

HAU

Haubans.	Haubans.
Haubergeon.	Albergot, vl.
Haubert.	Ausbert, vl.
Hausse.	Adressa, Aussa.
Haussé, ée.	Aussat, ada.
Hausser.	Aussar.
Haussière.	Aussiera.
Haut, haute.	Aut, auta.
Haut, un peu.	Autet.
Haut, là.	Amoun.
Hautain, aine.	Auturous, ousa.
Hautbois.	Auboi.
Haut-de-chausses.	Brayas.
Hautement.	Autament.
Hauteur.	Autour.
Hauturier, ière.	Auturier, iera.

HAV

Hâve.	Avalat, ada.
Havi, ie.	Brausit, ida, ia.
Havir.	Surprendre.
Havre-sac.	Abrassac.

HE

He.	He.

HEA

Heaume.	Elme.

HEB

Hebdomadaire.	Hebdoumadari, aria.
Hebdomadier.	Semanier.
Hébergé, ée.	Albergat, ada, vl.
Héberger.	Albergar, vl.
Héberger, action d'.	Albergada, vl.
Hébété, ée.	Hebelat, ada.
Hébéter.	Hebetar, Embestiar.
Hébraïque.	Hebraique, ica.
Hebreu.	Hebru.

HEC

Hécatombe.	Hecatoumba.
Hectare.	Hectaro.
Hectique.	Etique, ica.
Hectogramme.	Hectogrammo.
Hectolitre.	Hectolitro.

HEG

Hégire.	Regira.

HEL

Hélas.	Helas.
Hélène, n. pr.	Helena, lena.

Helianthème commun.	Hisopo de garriga.
Hélice algérienne.	Judiouva.
Hélice du gazon.	Meissounenca.
Hélice aspergée.	Escargot.
Hélice naticoïde.	Tapada.
Hélice mélanostome.	Terrassan.
Hélice variable.	Gagarauleta.
Hélice vigneronne.	Limaça.
Hélice vermiculée.	Mourgueta.
Hélicon.	Helicon.
Héliomètre.	Heliometro.
Héliotrope du Pérou.	Heliotropo.
Héliotrope d'Europe.	Herba deis thoueras.
Hellébore blanc.	Varaire.
Hellébore vert.	Baraire.
Hellénisme.	Helenisme.
Helléniste.	Hellenisto.

HEM

Hem.	Hoou.
Héméralopie.	Hemeralopia.
Hémisphère.	Hemisphero.
Hémisphérique.	Hemispherique, ica.
Hémistiche.	Hemisticho.
Hémoptysie.	Crachament de sang.
Hémorrhagie.	Hemorrhagia.
Hémorroidal, ale.	Hemorroidal, ala.
Hémorroides.	Hemorroidas.

HEN

Hennir.	Endilhar.
Hennissement.	Endilh.
Henri, n. pr.	Henric.
Henriette, n. pr.	Henrieta.

HEP

Hépatique.	Herba doou fege.

HER

Héraut.	Herault.
Herbage.	Herbagi.
Herbe.	Herba.
Herbe aux chats.	Herba deis cats.
Herbe aux cure dents.	Bisnaga.
Herbe aux écus.	Herba deis escuts.
Herbe de citron.	Melissa.
Herbe à éternuer.	Herba deis esternuts.
Herbe à l'esquinancie.	Herba de l'esquinancia.
Herbe aux gueux.	Entrevadis.
Herbe jaune ou à jaunir.	Herba deis judious, Ginestoun.
Herbe de mille feuille.	Herba de mille fuelha.
Herbe aux puces.	Badassa.
Herbe au pauvre homme.	Herba doou paoure home.
Herbe aux perles.	Herba deis perlas.
Herbe de St.-Etienne.	Herba de St.-Estieni.
Herbe de notre dame.	Esparga.
Herbe aux punaises.	Herba deis sumis.
Herbe de St.-Jacques.	Herba de St. Jaques.
Herbe de St.-Roch.	Herba de St.-Roc.
Herbe de Ste.-Barbe.	Herba de Sta -Barba.
Herbe de St.-Jean.	Artemisa.
Herbe de la trinité.	Herba doou fege.
Herbe du turc.	Blanqueta, 2.
Herbe à Robert.	Bec de grua.
Herbe au vent.	Herba battuda.

Herbe du siége.	Herba doou siegi.
Herbe des verrues.	Herba deis thoueras.
Herber.	Herbar.
Herbette.	Herbeta.
Herbeux, euse.	Herbut, uda.
Herbier.	Herbier.
Herbivore.	Herbivoro, ora.
Herborisation.	Herbourisation.
Herboriser.	Herbourisar.
Herboriste.	Herbouristo.
Herculanum.	Herculanum.
Hercule.	Herculo.
Héréditaire.	Hereditari, aria.
Hérédité.	Hereditat.
Hérésiarque.	Heresiarque.
Hérésie.	Heresia.
Hérétique.	Heretique, ica.
Hérissé, ée.	Esnissat, ada.
Hérisser.	Esnissar.
Hérisser s'.	Esnissar s'.
Hérisson.	Erissoun.
Hérisson de châtaigne.	Peloufre.
Hérisson, petite roue.	Rodet.
Héritage.	Heiretagi.
Hériter.	Heiretar.
Héritier, ière.	Heiritier, iera.
Hermaphrodite.	Hermaphrodito.
Hermétique.	Hermetique, ica.
Hermétiquement.	Hermeticament.
Hermine.	Ermina.
Herminette.	Armineta.
Herniaire.	Herniari, Crebat.
Hernie.	Hernia.
Hernie, contracter une.	Avalar s'.
Herniole.	Blanqueta.
Héroïde.	Heroida.
Héroïne.	Heroina.
Héroïque.	Heroique, ica.
Héroïquement.	Heroicament.
Héroïsme.	Heroisme.
Héron commun.	Galejoun.
Héron garzette.	Bardet.
Héron huppé.	Heroun.
Héron pourpré.	Serpatier.
Héros.	Heros.
Herschel.	Herschel.
Herse.	Herpi.
Herse de gouvernail.	Estrop.
Herser.	Herpiar.

HES

Hésitation.	Hesitation.
Hésiter.	Hesitar.

HET

Hêtre.	Fau.
Hêtres, forêt de.	Fogea.
Hêtres, grande forêt de.	Fageas.
Hêtre, petite forêt de.	Faiola.
Hêtre, fruit du.	Fayoun.

HEU

Heur.	Hur.
Heure.	Houra.
Heure petite.	Houreta.
Heure même, à l'.	Ara.
Heures.	Houras, matinas.
Heureusement.	Hurousament.

Heureux, euse.	Hurous, ousa.
Heureux, rendre.	Ahurar.
Heurt.	Assipada.
Heurter.	Turtar.
Heurter se.	Assipar s'.
Heurtoir.	Turtet.

HEX

Hexagone.	Hexagono.

HIA

Hiatus.	Hiatus.

HIB

Hibou brachiote.	Machota.
Hibou des clochers.	Beou l'oli.
Hibou commun.	Dugou mejan.
Hibou scops.	Dugou pichot.

HIC

Hic.	Hic.

HID

Hideux, euse.	Affrous, ousa, Descarat.

HIE

Hie.	Doumeisella.
Hièble.	Saupuden.
Hiement.	Crenilhament.
Hiements, faire des.	Crenilhar.
Hier.	Hier.
Hiérarchie.	Hierarchia.
Hiérarchique.	Hierarchique, ica.
Hiéroglyphe.	Hieroglypho.

HIL

Hilaire, n. pr.	Hilari.
Hilarion, n. pr.	Hilarion,

HIP

Hippobosque du cheval.	Mousca d'ase.
Hippobosque du mouton.	Barbin.
Hippocampe.	Cavau marin.
Hippocrepis en ombelle.	Sept arpas.
Hippolite, n. pr.	Hipoulito.
Hippopotame.	Hippopotamo.

HIR

Hirondelle.	Dindoouleta.
Hirondelle de cheminée.	Dindoouleta de chamineia.
Hirondelle à croupion blanc.	Cuou-blanc.
Hirondelle domestique.	id. 3.
Hirondelle de fenêtre.	id. 5.
Hirondelle de mer leucoptère.	Gofela.
Hirondelle de mer.	Roundouleta, Roundola.

Hirondelle petite.	*Tregede.*		
Hirondelle de rivage.	*Ribeiroou.*		
Hirondelle grise des rochers.	*Dindoouleta de roca.*		
Hirondelle de mer à tête noire.	*Fumet.*		

HON

Honet, n. pr.	*Enet.*
Hongre.	*Coupat, Crestat.*
Hongrer.	*Coupar, Crestar.*
Honnête.	*Houneste, esta.*
Honnêtement.	*Hounestament.*
Honnêteté.	*Hounestetat.*
Honneur.	*Hounour.*
Honnorat, n. pr.	*Hounourat.*
Honorable.	*Hounourable, abla.*
Honorablement.	*Hounourablament.*
Honoraire.	*Hounourari.*
Honoré, ée.	*Hounourat, ada.*
Honoré, n. pr.	*Honore, Nourat.*
Honorée, n. pr.	*Nourada.*
Honorer.	*Hounourar.*
Honorifique.	*Hounourifique, ica.*
Honte.	*Hounta, Crenta.*
Honteusement.	*Hountousament.*
Honteux, euse.	*Vergougnous, ousa.*

HOU

Houblon.	*Houbloun.*
Houblonneur.	*Houblounur.*
Houblonnerie.	*Houblouniera.*
Houe.	*Aissada.*
Houer.	*Fouire.*
Houille.	*Carboun de peira.*
Houlette.	*Houleta.*
Houppe.	*Floc, Houpa.*
Houque sorgho.	*Melhassa.*
Hourder.	*Grossar.*
Houret.	*Ratassouira.*
Houspiller.	*Trigoussar.*
Houspiller s'.	*Esbourrassar s'.*
Housse.	*Houssa.*
Housser.	*Destararinar.*
Houssine.	*Amarina, Bleta.*
Houssoir.	*Destararinadouira.*
Houx frelon.	*Prebouisset.*
Houx grand.	*Agarrus.*
Houx, devenu comme.	*Agarrussit, ida.*

HIS

Hisser.	*Hissar.*
Histoire.	*Historia.*
Historien.	*Historien.*
Historier.	*Historiar.*
Historique.	*Historique, ica.*

HIV

Hiver.	*Hivern.*
Hivernage.	*Hivernagi.*
Hiverner.	*Hivernar.*

HO

Ho!	*Ho!*

HOB

Hobereau.	*Hobcrot.*

HOC

Hoc.	*Manilha.*
Hoche.	*Houesca, Osca.*
Hochequeue marseillais.	*Fist.*
Hochet.	*Juguet.*
Hoir.	*Hoir.*
Hoirie.	*Heiretagi.*

HOL

Holà.	*Hola.*
Holcus d'Alep.	*Melh-gros.*
Hollandais, aise.	*Holandes, esa.*
Holocauste.	*Holocausta.*
Holocentre à bandes.	*Perca de mar.*
Holocentre marin.	*Cardouniera.*
Holoturie.	*Viemarin.*
Homard.	*Lingoumbaud.*
Hombre.	*Houmbra.*
Homélie.	*Houmelia.*
Homicide.	*Homicide.*
Homicide, adj.	*Homicide, ida.*
Hommage.	*Houmagi.*
Hommasse.	*Homenas.*
Homme.	*Home.*
Homme jeune.	*Bachelard, jouine-home.*
Homme gros, malfait.	*Homenas.*
Homme déguenillé.	*Pandoulo.*
Homme petit.	*Homenet.*
Homme à grosse mains.	*Pautard.*
Homme d'épée.	*Port'espasa.*
Homme gros et jouffu.	*Boudouire.*
Homogène.	*Homogeno, ena.*
Homœopathie.	*Homœopathia.*
Homologation.	*Homologation.*
Homologué, ée.	*Homologat, ada.*
Homologuer.	*Homologar.*

HOP

Hôpital.	*Houspitau.*
Hôpital petit.	*Espitalet.*

HOQ

Hoquet.	*Chouquet.*
Hoquet d'une personne ivre.	*Abrum.*

HOR

Horion.	*Repotis.*
Horizon.	*Hourizoun.*
Horizontal, ale.	*Hourizountal, ala.*
Horizontalement.	*Hourizountalament.*
Horloge.	*Relogi.*
Horloger.	*Relogiaire.*
Hormis.	*Hormis.*
Horoscope.	*Horoscopo.*
Horreur.	*Hourrour.*
Horrible.	*Hourrible, ibla.*
Horriblement.	*Hourriblament.*
Horripilation.	*Horripilatio, vl.*
Hors.	*Hors, Fora.*
Hortense, n. pr.	*Hortensa.*
Hortensia.	*Hortensia.*
Hortolage.	*Hortoulage.*
Hortolane.	*Hortolana, vl.*

HOS

Hospice.	*Houspici.*
Hospice du servant, pour les chrétiens.	*Foundigou.*
Hospitalier, ière.	*Houspitalier, iera.*
Hospitalité.	*Houspitalitat.*
Hostie.	*Houstia.*
Hostile.	*Houstile, ila.*
Hostilité.	*Houstilitat.*

HOT

Hôte, esse.	*Hoste, essa.*
Hôtel.	*Hotel.*
Hôtélier, ière.	*Hoste.*
Hotte.	*Brinda.*
Hotteur, euse.	*Brindaire.*

HOY

Hoyau.	*Fourcat.*

HUC

Huche.	*Mastra.*
Huche d'un pressoir de vendange.	*Mastreta.*

HUE

Huchée.	*Mastrada.*
Huée.	*Huada.*
Huer.	*Huar.*

HUG

Huguenot, ote.	*Hueganaud, auda.*
Hugues, n. pr.	*Hugues.*

HUI

Hui.	*Huy.*
Huile.	*Oli.*
Huile d'amandes douces.	*Oli d'amendas douças.*
Huile d'avelines.	*Oli d'aulana.*
Huile de cade.	*Oli de cade.*
Huile de fâine.	*Oli de fayard.*
Huile d'enfer.	*Oli d'infer.*
Huile de vitriol.	*Oli de vitriol.*
Huiler.	*Oliar.*
Huileux, euse.	*Oliat, ada.*
Huilier.	*Olier.*
Huis.	*Huis.*
Huisserie.	*Preissiera.*
Huissier.	*Huissier.*
Huit.	*Huech.*
Huitième.	*Huechieme, ma.*
Huitièmement.	*Huechiemament.*
Huître.	*Huitre.*
Huître petite.	*Pelonstioun.*
Huitrier.	*Agassa de mar.*

HUL

Holotte.	*Cabrareou.*

HUM

Homain, aine.	Human, ana.
Humainement.	Humanament.
Humanisé, ée.	Humanisat, ada.
Humaniser.	Humanisar.
Humaniste.	Humanisto.
Humanité.	Humanitat.
Humanités.	Humanitas.
Humble.	Humble, bla.
Humblement.	Humblament.
Humecté, ée.	Humectat, ada.
Humecter.	Humectar.
Humecter s'.	Humectar s'.
Homentin.	Porc marin.
Humer.	Chucar.
Humeur.	Humour.
Humeur mauvaise.	Charrmaria.
Humeurs.	Humours.
Humeurs froides.	Humours fredas.
Humide.	Humide, ida.
Humidement.	Humide à l'.
Humidité.	Humiditat.
Humiliant, ante.	Humiliant, anta.
Homiliation.	Humiliation.
Humilié, ée.	Humiliat, ada.
Humilier.	Humiliar.
Humilier s'.	Humiliar s'.

HUN

Hune.	Gabi.
Hunier.	Hunier.

HUP

Huppe.	Petuga.

Huppé, ée.	Capelat, ada.

HUR

Hure.	Testa de sanglier.
Hurlement.	Hurlament.
Hurler.	Hurlar.
Hurluberlu.	Turluburlu.

HUS

Hussard.	Hussard.

HUT

Hutte.	Cabanoun.

HYA

Hyacinthe à toupet.	Barrelets gros.

HYD

Hydalide globuleuse.	Granas.
Hydne hérisson.	Penchenilhas.
Hydne imbriqué.	Gratinous.
Hydraulique.	Hydroulica.
Hydre.	Hydro.
Hydrochlorate d'ammoniaque.	Salammoniac.
Hydrogène.	Hydrougeno.
Hydromètre.	Courdounier.
Hydropique.	Hydroupique, ica.
Hydropisie.	Hydroupisia.

HYE

Hyène.	Hyena.

HYG

Hygiène.	Hygiena.
Hygromètre.	Hygrometro.

HYM

Hymen.	Hymen.
Hymne.	Hymna.

HYP

Hyperbole.	Hyperbola.
Hyperbolique.	Hyperbolique, ica.
Hypocondre.	Hypoucoundre.
Hypocondres.	Hypoucoundres.
Hypocondriaque.	Hypoucoundriaque.
Hypocondrie.	Hypoucoundria.
Hypocras.	Hypocras.
Hypocrisie.	Hypoucrisia.
Hypocrite.	Hypoucrito.
Hypothèque.	Hypoutheca.
Hypothéqué, ée.	Hypouthecat, ada.
Hypothéquer.	Hypouthecar.
Hypothèse.	Hypothesa.

HYS

Hysope.	Mariarma.

I

I.	I.

IBE

Ibéride de Perse.	Thlaspi.
Ibéride pinnée.	Bramafam.
Ibéride amère.	Amaroun.
Ibérie.	Iberia.

IBI

Ibis vert.	Gourbelha.
Ibis falcinelle.	Charlot-d'Espagna.

ICI

Ici.	Aicit.

ICO

Iconoclaste.	Iconoclasto.

ICT

Ictère.	Jaunissa.

IDE

Idéal, ale.	Ideal, ala.
Idée.	Idea.
Idem.	Idem.

IDI

Idiome.	Idiomo.
Idiot, ote.	Idiot, ota.
Idiotisme.	Idiotisme.

IDO

Idolâtre.	Idolatre, atra.
Idolâtrer.	Idolatrar.
Idolâtrie.	Idolatria.

Idole.	Idolo.
Idoler.	Aplanar.

IDY

Idyle.	Idyla.

IF

If.	If, Tuy.

IGN

Ignace, n. pr.	Ignaço.
Ignoble.	Ignoble, obla.
Ignoblement.	Ignoblament.
Ignominie.	Ignominia.
Ignominieusement.	Ignominiousament.
Ignominieux, euse.	Ignominious, ousa.
Ignoramment.	Ignoramment.
Ignorance.	Ignorença.

Français	Traduction
Ignorant, ante.	*Ignorant°, anta.*
Ignorantin.	*Ignorentin.*
Ignoré, ée.	*Ignorat, ada.*
Ignorer.	*Ignorar.*

IL

Il.	*El, Eou.*

ILD

Ildegonde, n. pr.	*Ildegonda,*

ILE

Ile.	*Ila.*
Ile de fer.	*Ferre, ila de.*
Iles.	*Ilas.*

ILL

Illégal, ale.	*Illegal, ale.*
Illégalement.	*Illegalament.*
Illégalité.	*Illegalitat.*
Illégitime.	*Illegitime, ima.*
Illégitimement.	*Illegitimament.*
Illettré, ée.	*Illetrat, ada.*
Illicite.	*Illicite, ita.*
Illicitement.	*Illicitament.*
Illimité, ée.	*Illimitat, ada.*
Illisible.	*Illigible, ibla.*
Illuminatif, ive.	*Illuminatiu, iva, vl.*
Illumination.	*Illumination.*
Illuminé, ée.	*Illuminat, ada.*
Illuminer.	*Illuminar.*
Illusion.	*Illusion.*
Illusoire.	*Illusoiro, oira.*
Illustration	*Illustration.*
Illustre.	*Illustre ustra.*
Illustré, ée.	*Illustrat, ada.*
Illustrer.	*Illustrar.*

ILO

Ilôt.	*Ilot, Ilota, Ilhot.*

IMA

Image.	*Imagi.*
Image petite.	*Imageoun.*
Imager.	*Imagier.*
Imaginable.	*Imaginable, abla.*
Imaginaire.	*Imaginari, aria.*
Imaginatif, ive.	*Imaginatiu, iva, vl.*
Imagination.	*Imagination.*
Imaginé, ée.	*Imaginat, ada.*
Imaginer.	*Imaginar.*

IMB

Imbécile.	*Imbecile, ila.*
Imbecilité.	*Imbecilitat.*
Imberbe.	*Imbarbut.*
Imbibé, ée.	*Imbibat, ada.*
Imbiber.	*Imbibar.*
Imbrin.	*Cabussaire.*
Imbroglio.	*Embroulh.*
Imbu, ue.	*Imbut, uda, ua.*

IMI

Imitable.	*Imitable, abla.*
Imitateur, trice.	*Imitatour, triça.*
Imitatif, ive.	*Imitatif, iva.*
Imitation.	*Imitation.*
Imité, ée.	*Imitat, ada.*
Imiter.	*Imitar.*

IMM

Immaculé, ée.	*Immaculat, ada.*
Immangeable.	*Immangeable, abla.*
Immanquable.	*Immancable, abla.*
Immanquablement.	*Immancablament.*
Immatériel, elle.	*Immateriel, ela.*
Immatriculé, ée.	*Immatriculat, ada.*
Immatriculer.	*Immatricular.*
Immédiat, ate.	*Immediat, ata.*
Immédiatement.	*Immediatament.*
Immémorial, ale.	*Immemorial, ala.*
Immense.	*Immense, sa.*
Immensément.	*Immensament.*
Immensité.	*Immensitat.*
Immeuble.	*Immobles.*
Imminent, ente.	*Imminent, enta.*
Immiscer s'.	*Immisçar s'.*
Immobile.	*Immobile, ila.*
Immobilité.	*Immobilitat.*
Immodéré, ée.	*Immoderat, ada.*
Immodeste.	*Immoudest, esta.*
Immodestement.	*Immoudestament.*
Immodestie.	*Immoudestia.*
Immolation.	*Immoulation.*
Immolé, ée.	*Immoulat, ada.*
Immoler.	*Immoular.*
Immoler s'.	*Immoular s'.*
Immonde.	*Immounde, da.*
Immondice.	*Immoundiças.*
Immoral, ale.	*Immoural, ala.*
Immoralité.	*Immouralitá.*
Immortalisé, ée.	*Immortalisat, ada.*
Immortaliser.	*Immortalisar.*
Immortaliser s'.	*Immortalisar s'.*
Immortalité.	*Immortalitat.*
Immortel, elle.	*Immortel, ela.*
Immortelle.	*Immortela.*
Immortelle jaune.	*Saureta.*
Immortelle rouge.	*Immortela rougea.*
Immortelle sauvage.	*Immortela sauvagea.*
Immuable.	*Immuable, abla.*
Immunité.	*Immunitat.*
Immutabilité.	*Immutabilitat.*

IMP

Impair, aire.	*Imper, era.*
Impalpable.	*Impalpable, abla.*
Impardonnable.	*Impardounable, abla.*
Imparfait, aite.	*Imparfet, eta.*
Imparfaitement.	*Imperfetament.*
Impartial, ale.	*Impartial, ala.*
Impartialement.	*Impartialament.*
Impartialité.	*Impartialitat.*
Impasse.	*Impasse.*
Impatience.	*Impatiença.*
Impatient, ente.	*Impatient, enta.*
Impatienté, ée.	*Impatientat, ada.*
Impatienter.	*Impatientar.*
Impatienter s'.	*Impatientar s'.*
Impatronisé, ée.	*Impatrounisat, ada.*
Impatroniser s'.	*Impatrounisar s'.*
Impayable.	*Impogable, abla.*
Impeccabilité.	*Impecabilitat.*
Impeccable.	*Impecable, abla.*
Impénétrabilité.	*Impenetrabilitat.*
Impénétrable.	*Impenetrable, abla.*
Impénitence.	*Impenitenci.*
Impénitent, ente.	*Impenitent, enta.*
Impératif, ive.	*Imperatif, iva.*
Impérativement.	*Imperativament.*
Impératoire.	*Imperatoira.*
Impératrice.	*Imperatriça.*
Imperceptible.	*Imperceptible, ibla.*
Imperceptiblement.	*Imperceptiblament.*
Imperdable.	*Imperdable, abla.*
Imperfection.	*Imperfection.*
Impérial, ale.	*Imperial, ala.*
Impériale.	*Imperiala.*
Impérieusement.	*Imperiousament.*
Impérieux, euse.	*Emperious, ousa.*
Impérissable.	*Imperissable, abla.*
Impéritie.	*Ignourença.*
Imperméable.	*Impermeable, abla.*
Impersonnel, elle.	*Impersounel, ela.*
Impertinemment.	*Impertinemment.*
Impertinence.	*Impertinença.*
Impertinent, ente.	*Impertinent, enta.*
Imperturbable.	*Imperturbable, abla.*
Imperturbablement.	*Imperturbablament.*
Impétrant, ante.	*Impetrant, anta.*
Impétrer.	*Impetrar.*
Impétueusement.	*Impetuousament.*
Impétueux, ouse.	*Impetuous, ousa.*
Impétuosité.	*Impetuousitat.*
Impie.	*Empio, ia.*
Impiété.	*Impietat.*
Impitoyable.	*Impitoyable, abla.*
Impitoyablement.	*Impitoyablament.*
Implacable.	*Implacable, abla.*
Impliqué, ée.	*Implicat, ada.*
Impliquer.	*Implicar.*
Imploré, ée.	*Implourat, ada.*
Implorer.	*Implourar.*
Impoli, ie.	*Impoulit, ida, ia.*
Impolitesse.	*Impoulitessa.*
Impolitique.	*Impoulitique, ica.*
Importance.	*Importança.*
Important, ante.	*Important, anta.*
Importer.	*Importar.*
Importun, une.	*Importun, una.*
Importunément.	*Importunament.*
Importuné, ée.	*Importunat, ada.*
Importuner.	*Importunar.*
Importunité.	*Importunitat.*
Imposable.	*Imposable, abla.*
Imposant, ante.	*Imposant, anta.*
Imposé, ée.	*Imposat, ada.*
Imposer.	*Imposar.*
Imposer s'.	*Imposar s'.*
Imposition.	*Imposition.*
Impossibilité.	*Impossibilitat.*
Impossible.	*Impossible, ibla.*
Imposte.	*Imposta.*
Imposteur.	*Impostur.*
Imposture.	*Impostura.*
Impôt.	*Impos.*
Impotent, ente.	*Impotent, enta.*
Impraticable.	*Impraticable, abla.*
Imprécation.	*Imprecation.*
Imprégnation.	*Impregnation.*
Imprenable.	*Imprenable, abla.*
Imprescriptible.	*Imprescriptible, ibla.*
Impression.	*Impression.*
Impressionnable.	*Impressionable, abla.*
Impressionner.	*Impressionar.*
Imprévoyance.	*Imprevoyonça.*

Imprévoyant, ante.	Imprevoyant, anta.
Imprévu, ue.	Imprevu, vist, ista.
Imprimé, ée.	Imprimat, ada.
Imprimer.	Emprimar.
Imprimerie.	Imprimaria.
Imprimeur.	Imprimur.
Improbation.	Improubation.
Impromptu.	Impromptu.
Impropre.	Impropre, pra.
Improprement.	Improprament.
Impropriété.	Improprietat.
Improuver.	Improuvar.
Improvisateur.	Improuvisatour.
Improvisation.	Improuvisation.
Improvisé, ée.	Improuvisat, ada.
Improviser.	Improuvisar.
Improviste, à l'.	Improuvista, à l'.
Imprudemment.	Imprudemment.
Imprudence.	Imprudença.
Impudent, ente.	Impudent, enta.
Impudeur.	Impudour.
Impudicité.	Impudicitat.
Impudique.	Impudique, ica.
Impugner.	Impugnar.
Impuissance.	Impuissança.
Impuissant, ante.	Impuissant, anta.
Impulsif, ive.	Impulsiu, iva, vl.
Impulsion.	Impulsion.
Impunément.	Impunament.
Impuni, ie.	Impunit, ida, ia.
Impunité.	Impunitat.
Impur, ure.	Impur, ura.
Impureté.	Impuretat.
Imputation.	Imputation.
Imputé, ée.	Imputat, ada.
Imputer.	Imputar.

IN

In.	In.

INA

Inabordable.	Inabordable, abla.
Inaccessible.	Inaccessible, ibla.
Inactif, ive.	Inactif, iva.
Inaction.	Inaction.
Inadvertence.	Inadvertença.
Inaliénable.	Inalienable, abla.
Inaltérable.	Inalterable, abla.
Inamovibilité.	Inamouvibilitat.
Inamovible.	Inamouvible, ibla.
Inanimé, ée.	Inanimat, ada.
Inanition.	Inanition.
Inapplicable.	Inapplicable, abla.
Inappréciable.	Inappreciable, abla.
Inauguration.	Inauguration.
Inauguré, ée.	Inaugurat, ada.
Inaugurer.	Inaugurar.

INC

Incalculable.	Incalculable, abla.
Incapable.	Incapable, abla.
Incapacité.	Incapacitat.
Incarcération.	Incarceration.
Incarcéré, ée.	Incarcerat, ada.
Incarcérer.	Incarcerar.
Incarnat.	Incarnat.
Incarnation.	Incarnation.
Incarné, ée.	Incarnat, ada.
Incarner s'.	Incarnar s'.
Incartade.	Incartada.
Incendiaire.	Incendiari.
Incendie.	Incendia.
Incendier.	Incendiar.
Incertain, aine.	Incerten, ena.
Incertitude.	Incertituda.
Incessamment.	Incessamment.
Inceste.	Incesto.
Incestueux, euse.	Incestuous, ousa.
Incidence.	Incidença.
Incident.	Incident.
Incinération.	Incineration.
Incirconcis, ise.	Incirconcis, isa.
Incirconcision.	Incirconcision.
Incisé, ée.	Incisat, ada.
Inciser.	Incisar.
Incisif, ive.	Incisif, iva.
Incision.	Incision.
Incité, ée.	Incitat, ada.
Inciter.	Incitar.
Incivil, ile.	Incivil, ila.
Incivilement.	Incivilament.
Incivilité.	Incivilitat.
Inclinaison.	Inclinesoun.
Inclination.	Inclination.
Incliné, ée.	Inclinat, ada.
Incliner.	Inclinar.
Incliner s'.	Inclinar s'.
Incliner, parlant d'une charge.	Aleirar.
Inclus, use.	Inclus, usa.
Inclusivement.	Inclusivament.
Incognito.	Incognito.
Incombustible.	Incoumbustible, ibla.
Incommode.	Incoumode, da.
Incommodé, ée.	Incoumodat, ada.
Incommoder.	Incoumodar.
Incommodité.	Incoumoditat.
Incomparable.	Incoumparable, abla.
Incomparablement.	Incoumparablament.
Incompatibilité.	Incoumpatibilitat.
Incompatible.	Incoumpatible, ibla.
Incompétence.	Incoumpetença.
Incompétent, ente.	Incoumpetent, enta.
Incomplet, ète.	Incoumplet, eta.
Incompréhensibilité.	Incoumprehensibilitat.
Incompréhensible.	Incoumprehensible, ibla.
Inconcevable.	Incouncevable, abla.
Inconduite.	Incounduita.
Incongruité.	Incoungruitat.
Inconnu, ue.	Incounut, uda ua.
Inconséquent, ente.	Incounsequent, enta.
Inconsidération.	Incounsideration.
Inconsidéré, ée.	Incounsiderat, ada.
Inconsidérément.	Babala, à la.
Inconsolable.	Incounsoulable, abla.
Inconstance.	Incounstança.
Inconstant, ante.	Incounstant, anta.
Inconstitutionnel, elle.	Incounstitutionnel, ela.
Incontestable.	Incountestable, abla.
Incontestablement.	Incountestablament.
Incontinence.	Incountinença.
Incontinent, ente.	Incountinent, enta.
Inconvenance.	Incounvenança.
Inconvénient.	Incounvenient.
Incorporalité.	Incorporeitat, vl.
Incorporation.	Incorpouration.
Incorporé, ée.	Incorpourat, ada.
Incorporel, elle.	Incorporal, ala, vl.
Incorporé, ée.	Incorpourat, ada.
Incorporer.	Incorpourar.
Incorrect, ecte.	Incourrect, ecta.
Incorrigible.	Incourrigible, ibla.
Incorruptibilité.	Incourruptibilitat.
Incorruptible.	Incourruptible, ibla.
Incrédule.	Incredule, ula.
Incrédulité.	Incredulitat.
Incréé, ée.	Increat, ada.
Incriminé, ée.	Incriminat, ada.
Incriminer.	Incriminar.
Incroyable.	Incroyable, abla.
Incroyablement.	Incroyablament.
Incrustation.	Incrustation.
Incrusté, ée.	Incrustat, ada.
Incruster.	Incrustar.
Incruster s'.	Incrustar s'.
Incubation.	Couasoun.
Inculper.	Inculpar.
Inculqué, ée.	Inculcat, ada.
Inculquer.	Inculcar.
Inculte.	Inculte.
Inculte, devenir.	Amassir.
Inculte devenu.	Armassit.
Incurable.	Incurable, abla.
Incursion.	Incursion.

IND

Indécemment.	Indecemment.
Indécence.	Indecença.
Indécent, ente.	Indecent, enta.
Indéchiffrable.	Indechiffrable, abla.
Indécis, ise.	Indecis, isa.
Indéclinable.	Indeclinable, abla.
Indéfini, ie.	Indefinit, ida.
Indéfinissable.	Indefinissable, abla.
Indemnisé, ée.	Indamnisat, ada.
Indemniser.	Indamnisar.
Indemnité.	Indamnitat.
Indépendamment.	Independemment.
Indépendance.	Independença.
Indépendant, ante.	Independent, enta.
Indes, les.	Indas, leis.
Indéterminé, ée.	Indeterminat, ada.
Index.	Index.
Index, doigt.	Guignaire.
Indicateur.	Indicatour.
Indicatif, ive.	Iddicatif, iva.
Indicatif, s.	Indicatif, s.
Indication.	Indication.
Indice.	Indici.
Indices.	Intresignes.
Indiction.	Indiction.
Indien.	Indien.
Indienne.	Indienna.
Indifféremment.	Indifferentament.
Indifférence.	Indifferença.
Indifférent, ente.	Indifferent, enta.
Indigence.	Indigença.
Indigent, ente.	Paure, aura.
Indigeste.	Indigest, esta.
Indigestion.	Indigestion.
Indignation.	Indignation.
Indigne.	Indigne, iyna.
Indigné, ée.	Indignat, ada.
Indignement.	Indignament.
Indigner.	Indignar.
Indignité.	Indignitat.
Indigo.	Indigo.
Indiqué, ée.	Indicat, ada.
Indiquer.	Indicar.

Indirect, ecte.	*Indirect, ecta.*
Indirectement.	*Indirectament.*
Indisciplinable.	*Indisciplinable, abla.*
Indiscipline.	*Indisciplina.*
Indiscipliné, ée.	*Indisciplinat, ada.*
Indiscret, ète.	*Indiscret, eta.*
Indiscrètement.	*Indiscretament.*
Indiscrétion.	*Indiscretion.*
Indispensable.	*Indispensable, abla.*
Indispensablement.	*Indispensablament.*
Indisposé, ée.	*Indisposat, ada.*
Indisposer.	*Indisposar.*
Indisposition.	*Indisposition.*
Indissoluble.	*Indissoluble, ubla.*
Indistinct, incte.	*Indistinct, incta.*
Indistinctement.	*Indistinctament.*
Individu.	*Individu.*
Individuel, elle.	*Individuel, ela.*
Indivis, ise.	*Indivis, isa.*
Indivisibilité.	*Indivisibilitat.*
Indivisible.	*Indivisible, ibla.*
Indocile.	*Indocile, ila.*
Indocilité.	*Indoucilitat.*
Indolence.	*Indoulença.*
Indolent, ente.	*Indoulent, enta.*
Indomptable.	*Indoumptable, abla.*
Indompté, ée.	*Indoumptat, ada.*
In-douze.	*In-douge.*
Indre, départ.	*Indra.*
Indu, ue.	*Indu, ua.*
Indubitable.	*Indubitable, ubla.*
Indubitablement.	*Indubitablament.*
Induction.	*Induction.*
Induire.	*Induire.*
Indulgence.	*Indulgença.*
Indulgent, ente.	*Indulgent, enta.*
Indult.	*Indult.*
Industrie.	*Industria.*
Industrier s'.	*Industriar s'.*
Industrieux, euse.	*Industrious, ousa.*

INE

Inébranlable.	*Inesbranlable, abla.*
Inédit, ite.	*Inedit, ita.*
Ineffable.	*Ineffable, abla.*
Inefficace.	*Ineficax, vl.*
Inégal, ale.	*Inegal, ala.*
Inégalement.	*Inegalament.*
Inégalité.	*Inegalitat.*
Inépuisable.	*Inespuisable, abla.*
Inévitable.	*Inevitable, abla.*
Inévitablement.	*Inevitablament.*
Inexcusable.	*Inexcusable, abla.*
Inexorable.	*Inexourable, abla.*
Inexpérience.	*Inexperiença.*
Inexplicable.	*Inexplicable, abla.*
Inexprimable.	*Inexprimable, abla.*
Inexpugnable.	*Inexpugnable, abla.*

INF

Infaillibilité.	*Infalhibilitat.*
Infaillible.	*Infalhible, ibla.*
Infailliblement.	*Infalhiblament.*
Infamant, ante.	*Infamant, anta.*
Infâme.	*Infame, ama.*
Infamie.	*Infamia.*
Infanterie.	*Infantaria.*
Infanticide.	*Infanticide.*
Infanticide, commettre un.	*Perilhar.*

Infatigable.	*Infatigable, abla.*
Infatigablement.	*Infatigablament.*
Infatué, ée.	*Infatuat, ada.*
Infatuer.	*Infatuar.*
Infatuer s'.	*Infatuar s'.*
Infecter.	*Infectar.*
Infection.	*Infection.*
Inféodateur.	*Infeoudatour.*
Inféodation.	*Infeoudation.*
Inféodé, ée.	*Infeoudat, ada.*
Inféoder.	*Infeoudar.*
Inférieur, eure.	*Inferiour, oura.*
Inférieurement.	*Inferiourament.*
Infériorité.	*Inferiouritat.*
Infernal, ale.	*Infernal, ala.*
Infertile.	*Inferile, ila.*
Infertilité.	*Infertilitat.*
Infester.	*Infecir.*
Infidèle.	*Infidele, ela.*
Infidèles.	*Infideles.*
Infidèlement.	*Infidelament.*
Infidélité.	*Infidelitat.*
Infiltration.	*Infiltration.*
Infiltré, ée.	*Infiltrat, ada.*
Infiltrer.	*Infiltrar.*
Infiltrer s'.	*Infiltrar s'.*
Infini, ie.	*Infinit, ida, ia.*
Infiniment.	*Infiniment.*
Infinité.	*Infinitat.*
Infinitif.	*Infinitif.*
Infirme.	*Infirme, ma.*
Infirmerie.	*Infirmaria.*
Infirmier, ière.	*Infirmier, iera.*
Infirmité.	*Infirmitat.*
Inflammable.	*Inflammable, abla.*
Inflammation.	*Inflammation.*
Inflammatoire.	*Inflammatoiro, oira.*
Inflexibilité.	*Fermetat.*
Inflexible.	*Inflexible, ibla.*
Inflexion.	*Inflexion.*
Infliger.	*Infligear.*
Influence.	*Influença.*
Influencé, ée.	*Influençat, ada.*
Influencer.	*Influençar.*
Influent, ente.	*Influent, enta.*
Influir.	*Influar.*
In-folio.	*In-folia.*
Information.	*Information.*
Informe.	*Informe, ma.*
Informé, ée.	*Informat, ada.*
Informer.	*Informar.*
Informer s'.	*Informar s'.*
Infortune.	*Infourtuna.*
Infortuné, ée.	*Infourtunat, ada.*
Infraction.	*Infraction.*
Infructueux, euse.	*Infructuous, ousa.*
Infus, use.	*Infus, usa.*
Infuser.	*Infusar.*
Infusion.	*Infusion.*

ING

Ingambe.	*Ingambi.*
Ingénier s'.	*Inginar s'.*
Ingénieur.	*Ingeniour.*
Ingénieusement.	*Ingeniousament.*
Ingénieux, euse.	*Ingenious, ousa.*
Ingénu, ue.	*Ingenu, ua.*
Ingénuité.	*Ingenuitat.*
Ingrat, ate.	*Ingrat, ata.*
Ingratitude.	*Ingratituda.*
Ingrédient.	*Ingredient.*

INH

Inhabitable.	*Inhabitable, abla.*
Inhabité, ée.	*Inhabitat, ada.*
Inhiber.	*Inhibir.*
Inhibition.	*Inhibition.*
Inhumain, aine.	*Inhuman, ana.*
Inhumanité.	*Inhumanitat.*
Inhumation.	*Inhumation.*
Inhumer.	*Enterrar.*

INI

Inimaginable.	*Incouncevable, abla.*
Inimitable.	*Inimitable abla.*
Inimitié.	*Inimitié.*
Inintelligible.	*Inintelligible, ibla.*
Inique.	*Inique, ica.*
Iniquement.	*Inicament.*
Iniquité.	*Iniquitat.*
Initial, ale.	*Initial, ala.*
Initiation.	*Initiation.*
Initiative.	*Initiativa.*
Initié, ée.	*Initiat, ada.*
Initier.	*Initiar.*

INJ

Injecter.	*Injectar.*
Injection.	*Injection.*
Injure.	*Injura.*
Injurié, ée.	*Injuriat, ada.*
Injurier.	*Injuriar.*
Injurier s'.	*Injuriar s'.*
Injurieusement.	*Injuriousament.*
Injurieux, euse.	*Injurious, ousa.*
Injuste.	*Injuste, ta.*
Injustement.	*Injustament.*
Injustice.	*Injustiça.*

INN

Innocemment.	*Innoucentament.*
Innocence.	*Innoucença.*
Innocent, ente.	*Innoucent, enta.*
Innocent très.	*Innoucentas, assa.*
Innocent, jeune.	*Innoucentoun.*
Innombrable.	*Innoumbrable, abla.*
Innovateur.	*Innovaire.*
Innovation.	*Innovation.*
Innové, ée.	*Innovat, ada.*
Innover.	*Innovar.*

INO

Inobservance.	*Inobservança.*
Inoculation.	*Inoculation.*
Inoculé, ée.	*Inouculat, ada.*
Inoculer.	*Inoucular.*
Inondation.	*Inoundation.*
Inondé, ée.	*Inoundat, ada.*
Inonder.	*Inoundar.*
Inouï, ouïe.	*Inausit, ida, ia.*

INP

In pace.	*In pace.*
In-promptu.	*Im-promptu, lisez In-promptu.*

INQ

Inquant.	Inquant.
In-quarto.	In-quarto.
Inquiet, ète.	Inquiet, eta
Inquiétant, ante.	Inquietant, anta.
Inquiété, ée.	Inquietat, ada.
Inquiéter.	Inquietar.
Inquiéter s'.	Inquietar s'.
Inquiétude.	Inquietuda.
Inquisiteur.	Inquisitour.
Inquisition.	Inquisition.

INS

Insalubre.	Insalubre, bra.
Insalubrité.	Insalubritat.
Insatiable	Insatiable, abla.
Inscription.	Inscription.
Inscription en faux.	Inscription en faus.
Inscrire.	Inscrioure.
Inscrire s'.	Inscrioure s'.
Insu, à l'.	Escoundouns, d'.
Insecte.	Insecto.
In-seize.	In-sege.
Insensé, ée.	Insensat. ada.
Insensibilité.	Insensibilitat.
Insensible.	Insensible, ibla.
Insensiblement.	Insensiblament.
Inséparable.	Inseparable, abla.
Inséré, ée.	Inserat, cda.
Insérer.	Inserar.
Insermenté.	Insermentat.
Insertion.	Insertion.
Insigne.	Insigne, igna. Famous, ousa.
Insignes.	Insignas.
Insignifiant, ante.	Insignifiant, anta.
Insinuant, ante.	Insinuant, anta.
Insinuation.	Insinuation.
In-inué, éc.	Insinuat, ada.
Insinuer.	Insinuar.
Insinuer s'.	Insinuar s'.
Insipide.	Insipide, ida.
Insipidité.	Insipiditat.
Insister.	Insistar.
Insociable.	Insouciable, abla.
Insolation.	Soulelhar, lou.
Insolence.	Insoulença.
Insolent, ente.	Insoulent. enta.
Insoluble.	Insouluble, blo.
Insolvable.	Insoulvable, abla.
Insomnie.	Insoumnia.
Insouciance.	Insouciança, suppl.
Insoutenable.	Insoutenable, abla.
Inspecter.	Inspectar.
Inspecteur.	Inspectour.
Inspection.	Inspection.
Inspiration.	Inspiration.
Inspiré ée.	Inspirat, ada.
Inspirer.	Inspirar.
Installation.	Installation.
Installé, ée.	Installat, ada.
Installer.	Installar.
Instamment.	Instamment.
Instance.	Instança.
Instant.	Instant.
Instar à l'.	Instar à l'.
Instigateur, trice.	Instigatour, triça.
Instigation.	Instigation.
Instiguer.	Instigar.

Instinct.	Instinct.
Institué, ée.	Instituat, ada.
Instituer.	Instituar.
Institut.	Institut.
Institutes.	Institutas.
Instituteur.	Institutour.
Institution.	Institution.
Instructeur.	Instructour.
Instructif, ive.	Instructif, iva.
Instruction.	Instruction.
Instruire.	Instruire.
Instruit, uite.	Instruit, ta.
Instrument.	Instrument.
Instrumental, ale.	Instrumental, ala.
Instrumenter.	Instrumentar.
Insubordination.	Insubourdination.
Insubordonné, ée.	Insubourdounat, oda.
Insuffisance.	Insuffisença.
Insuffisant, ante.	Insuffisent, enta.
Insulaire.	Insulari, aria.
Insultant, ante.	Insultant, anta.
Insulte.	Insulta.
Insulté, ée.	Insultat, ada.
Insulter.	Insultar.
Insupportable.	Insuportable, abla.
Insurgé, ée.	Insurgeat, ada.
Insurger.	Insurgear.
Insurger s'.	Insurgear s'.
Insurmontable.	Insurmontable, abla.
Insurrection.	Insurrection.

INT

Intact, acte.	Intact, acta.
Intarissable.	Intarissable, abla.
Intégral, ale.	Integral, ala.
Intégralement.	Integralament.
Intègre.	Integre, gra.
Intégrité.	Integritat.
Intellectif, ive.	Intellectiu, iva, vl.
Intellectuel, elle.	Intellectuel, ela.
Intelligence.	Intelligença.
Intelligent, ente.	Intelligent, enta.
Intelligible.	Intelligible, ibla.
Intempérance.	Intemperança.
Intenable.	Intenable, abla
Intendance.	Intendença.
Intendant.	Intendent.
Intendante.	Intendenta.
Intenter.	Intentar.
Intention.	Intention.
Intentionné, éc.	Intentiounat, ada.
Intercalaire.	Intercalari.
Intercalé, ée.	Intercalat, ada.
Intercaler.	Intercalar.
Intercéder.	Intercedar.
Intercepté, ée.	Interceptat, ada.
Intercepter.	Interceptar.
Interception.	Interceptio, vl.
Intercesseur.	Intercessour.
Intercession.	Intercession.
Interdiction.	Interdiction.
Interdire.	Interdire.
Interdit.	Interdich.
Interessant, ante.	Interessant, anta.
Interessé, ée.	Interessat, ada.
Intéresser.	Interessar.
Intéresser s'.	Interessar s'.
Intérêt.	Interes.
Intérieur, eure.	Interiour, oura.
Intérieurement.	Interiourament.
Intérim.	Interim.

Interjection.	Interjection.
Interjeter.	Interjectar.
Interligne.	Interligna.
Interligné, ée.	Interlignat, ada.
Interligner.	Interlignar.
Interlocuteur, trice.	Interlocutour, triça.
Interlocutoire.	Interlocutoiro.
Interloquer.	Interlocar.
Intermède.	Intermedo.
Intermédiaire.	Intermediari, ia.
Interminable.	Interminable, abla.
Intermission.	Intermission.
Intermittence.	Intermittença.
Intermittent, ente.	Intermittent, enta.
Interne.	Interne, erna.
Interpellation.	Interpellation.
Interpeller.	Interpellar.
Interpolation.	Interpolation.
Interpoler.	Interpolar.
Interposition.	Interposition.
Interprétatif, ive.	Interpretatif, iva.
Interprétation.	Interpretation.
Interprète.	Interpreto.
Interprété, ée.	Interpretat, ada.
Interpréter.	Interpretar.
Interrègne.	Interregno.
Interrogat.	Interrogat.
Interrogateur, trice.	Interrougatour, trica.
Interrogatif, ive.	Interrogatif, iva.
Interrogation.	Interrogation.
Interrogatoire.	Interrogatoiro.
Interrogé, ée.	Interrogeat, ada.
Interroger.	Interrogear.
Interrompre.	Interrompre.
Interrompu, ue.	Interroumput, uda.
Interruption.	Interruption.
Intervalle.	Intervalla.
Intervenir.	Intervenir.
Intervention.	Intervention.
Intervertir.	Intervertir.
Intestat.	Intestat.
Intestin.	Bouyeou.
Intestinal, ale.	Intestinal, ala.
Intimation.	Intimation.
Intime.	Intime, ima.
Intimement.	Intimament.
Intimé.	Intimat.
Intimer.	Intimar.
Intimidé, ée.	Intimidat, ada.
Intimider.	Intimidar.
Intimité.	Intimitat.
Intitulé, ée.	Intitulat, ada.
Intituler.	Intitular.
Intolérable.	Intoulerable, abla.
Intolérance.	Intoulerança.
Intolérant, ante.	Intoulerant, anta.
Intonation.	Intonation.
Intra-muros.	Intra-muros.
Intraitable.	Intratable, abla.
Intrépide.	Intrepide, ida.
Intrépidité.	Intrepiditat.
Intrigant, ante.	Intrigant, anta.
Intrigue.	Intrigo.
Intrigué, ée.	Intrigat, ada.
Intriguer.	Intrigar.
Intriguer s'.	Intrigar s'.
Intrinsèque.	Intrinseco, a.
Intrinsèquement.	Intrinsequament.
Introducteur, trice.	Introuductour, triça.
Introduction.	Introuduction.
Introduire.	Introuduire.
Introduire s'.	Introuduire s'.

Introduit, uite. — Introuduit, uita.
Introït. — Iutroit.
Intromission. — Intromission.
Intronisation. — Intronisation.
Intronisé, ée. — Intronisat, ada.
Introniser. — Intronisar.
Introuvable. — Introvable, abla.
Intrus, use. — Intrus, usa.

INU

Inule hélénière. — Inula campana.
Inule perce pierre. — Limbarda.
Inule visqueuse. — Herba deis mascas.
Inule dyssentérique. — Herba de Sant Roch.
Inusité, ée. — Inusitat, ada.
Inutile. — Inutile, ila.
Inutilement. — Inutilament.
Inutilité. — Inutilitat.

INV

Invalide. — Invalido, ida.
Invariable. — Invariable, abla.
Invariablement. — Invariablament.
Invasion. — Invasion.
Invective. — Invectiva.
Invectiver. — Cantar poulhas.
Invendable. — Invendable, abla.
Inventaire. — Inventari.
Inventé, ée. — Inventat, ada.
Inventer. — Inventar.
Inventeur, trice. — Inventour, triça.
Inventif, ive. — Inventif, iva.
Invention. — Invention.
Inventorié, ée. — Inventouriat, ada.
Inventorier. — Inventouriar.
Inverse. — Inverso, sa.
Inversion. — Inversion.
Investi, ie. — Investit, ida.
Investir. — Investir.
Investissement. — Investissament.
Investiture. — Investitura.
Invétéré, ée. — Inveterat, ada.
Invétérer s'. — Inveterar s'.
Invincible. — Invincible, ibla.
Invinciblement. — Invinciblament.
Inviolabilité. — Inviolabilitat.
Inviolable. — Inviolable, abla.
Inviolablement. — Inviolablament.
Invisibilité. — Invisibilitat.
Invisible. — Invisible, ibla.
Invisiblement. — Invisiblament.
Invitation. — Invitation.
Invité, ée. — Invitat, ada.
Inviter. — Invitar.
Invocation. — Invocation.
Involontaire. — Invoulountari, aria.
Involontairement. — Invoulountariament.
Invoqué, ée. — Invoucat, ada.
Invoquer. — Invoucar.
Invraisemblable. — Invresemblable, abla.
Invraisemblance. — Invresemblança.
Invulnérable. — Invulnerable, abla.

IOD

Iode. — Iodo.

ION

Ionien, enne. — Ionien, ena.
Ionique. — Ionique, ica.

IOT

Iotacisme. — Iotacisme, vl.

IPE

Ipécacuanha. — Ipecacuaha.

IRA

Irascible. — Irasçible, ibla.

IRE

Ire. — Ira.
Irène, n. pr. — Irena.
Irénée, n. pr. — Ireneo.

IRI

Iris. — Iris.
Iris de Florence. — Flamba.
Iris nain. — Palimpa.
Iris flambe. — } Coutelas.
Iris germanique. — }

IRL

Irlandais, aise. — Irlandes, esa.

IRO

Ironie. — Irounia.
Ironique. — Irounique, ica.
Ironiquement. — Irounicament.

IRR

Irrationnel, elle. — Irrational, ala, vl.
Irréconciliable. — Irrecounciliable, abla.
Irrécusable. — Irrecusable, abla.
Irréductible. — Irreductible, ibla.
Irrégularité. — Irregularitat.
Irrégulier, ière. — Irregulier, iera.
Irrégulièrement. — Irregulierament.
Irréligion. — Irreligion.
Irréparable. — Irreparable, abla.
Irréprochable. — Irreprouchable, abla.
Irrésistible. — Irresistible, ibla.
Irrésistiblement. — Irresistiblament.
Irrésolu, ue. — Indecis, isa.
Irrévérence. — Irreverença.
Irrévocable. — Irrevocable, abla.
Irrévocablement. — Irrevocablament.
Irrigation. — Irrigation, vl.
Irritabilité. — Irritabilitat.
Irritable. — Irritable, abla.
Irritant, ante. — Irritant, anta.
Irritation. — Irritation.
Irrité, ée. — Irritat, ada.
Irriter. — Irritar.
Irriter s'. — Irritar s'.
Irruption. — Irruption.

ISA

Isaac, n. pr. — Isaac.
Isabelle, n. pr. — Isabela.
Isaure, n. pr. — Isaura.

ISE

Isère, départ. — Isera.

ISI

Isidore, n. pr. — Isidoro.

ISO

Isolé, ée. — Isoulat, ada.
Isoler. — Isoular.
Isoler s'. — Isoular s'.

ISR

Israël. — Israel.
Israélite. — Israelito, ita.

ISS

Issu, ue. — Sourtit, ida.
Issue. — Sourtida.
Issues naturelles d'un lac, d'un étang. — Embuc.
Issues d'un chevreau. — Cabassol.

IST

Isthme. — Isthmo.

ITA

Italie. — Italia.
Italien, enne. — Italien, ena.
Italique. — Italique, ica.

ITE

Item. — Item.

ITI

Itinéraire. — Itinerari.

IVE

Ivette. — Calapita.

IVO

Ivoire. — Ivoira.

IVR

Ivraie enivrente. — } Juelh.
Ivraie vivace. — }
Ivraie, enivrer avec de l'. — Injuelhar.
Ivre. — Ubri, ia.
Ivre, un peu. — Falicouquet.
Ivresse. — Ivressa.
Ivrogne. — Ibrougna.
Ivrogne gros. — Ibrougnasso.
Ivrogne petit. — Ibrougnassoun.
Ivrognerie. — Ibrougnaria.

J

J.	J.

JAB

Jable.	Gargau.
Jabler.	Gargalhar.
Jabloire.	Gargalhadour.
Jabot.	Jabot.
Jaboter.	Jabotar.

JAC

Jacée.	Macca-muou.
Jachère.	Garach.
Jachérer.	Garachar.
Jacinthe.	Jacintha.
Jacobée.	Herba de St.-Jacque.
Jacobins.	Jacobins.
Jacobinisme.	Jacoubinisme.
Jaconas.	Jaconas.
Jacques, n. pr.	Jacque.
Jacques gros.	Jacas.
Jacques petit.	Jacquet.
Jacqueline, n. pr.	Jacquelina.
Jactance.	Jactança.
Jacter se.	Jactar se.

JAD

Jadis.	Antan.

JAI

Jaïet.	Jaiet.
Jaillir.	Gisclar.
Jaillissement.	Giscle.

JAL

Jalap.	Jalap.
Jalon.	Jaloun.
Jalonner.	Jalounar.
Jalousé, ée.	Jalousat, ada.
Jalouser.	Jalousar.
Jalousie.	Jalousia.
Jalousie, guéri de la.	Desjalousit, ida.
Jaloux, ouse.	Jalous, ousa.

JAM

Jamais.	Jamai.
Jambage.	Jambagi.
Jambe.	Camba.
Jambe grosse.	Cambassa.
Jambe petite.	Cambeta.
Jambe longues, qui a des.	Cambarut, uda
Jambes, entrelacer les.	Camelotar.
Jambes, rompre les.	Escambatar.
Jambé, ée.	Pecoulhat, ada.
Jambette.	Jambeta.
Jambière.	Cambiera.
Jambon.	Jamboun.

Jambon, reste ou os de.	Gambajoun.
Jambonneau.	Jamboun pichot.

JAN

Janissaire.	Janissari.
Jansénisme.	Jansenisme.
Janséniste.	Jansenisto, ista.
Jante.	Janta.
Janvier.	Janvier.

JAP

Jappement.	Jupar, lou.
Japon.	Japon.
Japonnais, aise.	Japones, csa.
Japper.	Jappar.

JAQ

Jaquemart.	Jacoumart.
Jaquette.	Jaqueta.
Jaquette.	Agassa.

JAR

Jardin.	Jardin, Hort.
Jardin petit.	Jardinet.
Jardin gros..	Jardinas.
Jardin des plantes.	Jardin deis plantas.
Jardinage.	Jardinagi, Hortoulalha.
Jardiner.	Jardinar.
Jardinet.	Jardinet.
Jardinier, ière.	Jardinier, iera.
Jardinière.	{ Jardiniera. Courtilhiera.
Jargon.	Jargoun.
Jargonner.	Jargounegear.
Jargonneur, euse.	Jargounaire, arela.
Jarnac, coup de.	Jarnac.
Jarni-coton.	Jarni coutoun.
Jarosse.	Garoueta.
Jarre.	Jarra.
Jarre petite.	Jarreta.
Jarres, lieu où l'on tient les.	Jarrier.
Jarres, mettre dans des.	Enjarrar.
Jarret.	Jarret.
Jarret, blesser au.	Ingarrar.
Jarreté, ée.	Jarretier, iera.
Jarretière.	Jarratiera.
Jarretières oter les.	Descambaliar se.
Jarretières sans.	Descambaliat, ada.
Jarretières, mettre ses.	Cambaliar se.
Jarretières bien liées, qui a les.	Cambaliat, ada.
Jars.	Auca.

JAS

Jas.	Jas.
Jaser.	Charrar.

Jaserie.	Charradissa.
Jaseur, euse.	Charraire, areta.
Jaseur de Bohème.	Daurin.
Jasmin jaune.	Escavilhas.
Jasmin commun.	Jaussemin.
Jasmin d'Espagne.	Jaussemin d'Espagna.
Jaspe.	Jaspo.
Jaspé, ée.	Jasput, ada.
Jasper.	Jaspar.

JAT

Jatte.	Jata.
Jattée.	Jatada.

JAU

Jauge.	Jaugea.
Jauger.	Jaugear.
Jaugeur.	Jaugeaire, arela.
Jaunâtre.	Jaunastre, astra.
Jaune.	Jaune, Jauna.
Jaune sale.	Jaunas. assa.
Jaune d'œuf.	Jaune d'uou.
Jauni, ie.	Jaunit, ida, ia.
Jauni avec du safran.	Ensofranat, ada.
Jaunir.	Jaunir.
Jaunir avec du safran.	Insofranar.
Jaunisse.	Jaunissa.
Jaunisse des plantes.	Marrana.

JAV

Javart.	Gavarri.
Javeler.	Ingavelar.
Javeleur, euse.	Gavelaire, arela.
Javelle.	Gaveou, Povgnada.

JE

Je.	Iou.

JEA

Jean, n. pr.	Jean.
Jean petit ou jeune.	Jeanot.
Jean de nivelle.	Jean de nivela.
Jean-Baptiste, n. pr.	Jean-Baptisto.
Jean le blanc.	Aigla blanca.
Jeanne, n. pr.	Jeana.
Jeanne jeune ou petite.	Jeaneta, Jeanetoun.
Jeanneton.	Jeanetoun.
Jeannot.	Jeanot.

JEH

Jéhovah.	Jehovah.

JER

Jérémie, n. pr.	Jeremia.
Jérémiade.	Jeremiada.

Jérome, n. pr.	Jirome.
Jérusalem.	Jerusalem.

JES

Jésuite.	Jesuisto.
Jésus.	Jesus.

JET

Jet.	Jiet.
Jet d'une fontaine.	Raioou.
Jetée.	Jitada.
Jeté, ée.	Jitat, ada.
Jeter.	Jitar.
Jeter se.	Jitar se.
Jeton.	Jitoun.

JEU

Jeu.	Juec.
Jeu, se passionner pour le.	S'affegeounir.
Jeu, passionné pour le.	Affegeounit, ida.
Jeudi.	Dijoous.
Jeune.	Jouine, ouina.
Jeune homme.	Jouine home.
Jeune homme gros.	Jouvenas.
Jeune très-jeune.	Jouvenet.
Jeûne.	Juni.
Jeûne, rompre le.	Desparjunar.
Jeûne forcé.	Bacarra.
Jeûner.	Junar.
Jeûneur.	Junaire.
Jeunesse.	Jouinessa.
Jeunesse la.	Jouvent, lou.
Jeunot, ette	Jouinet, eta.
Jeux floraux.	Juecs flonraus.

JOA

Joachin, n. pr.	Joachin.
Joailler, ière.	Joualhier, èra.

JOB

Job, n. pr.	Job.

JOC

Jockey.	Jockey.
Jocko.	Orang outang.
Jocrisse.	Jean-frema.

JOE

Joel.	Sauclet.

JOI

Joie.	Joya, Jai, Gaud.
Joignant, ante.	Toc et toc.
Joindre.	Jointar, Jougner.
Joint, ointe.	Jounch, cha.
Jointé, ée.	Jointat, ada.
Jointée.	Jounchada.
Jointif, ive.	Jounchis, isa.
Jointoyer.	Jointar.
Jointure.	Jointura.

JOL

Joli, ie.	Poulit, ida, Joli, ia.

Joliet, ette.	Poulidet, eta.
Joliment.	Poulidament.

JON

Jonc.	Jounc.
Jonc grossier.	Jouncas.
Jonc articulé.	Herba à papilhoun.
Jonc fleuri.	Esparganeou.
Joncs, lieu couvert de.	Jounquiera.
Jonchaie.	Jouncalha.
Jonchée.	Soulada, Jouncada.
Jonchée de fleurs.	Bancada.
Jonchière.	Jounquiera.
Jonchets.	Broquetas.
Jonction.	Jounction.
Jonglerie.	Jounglaria.
Jongleur.	Jaunglaire.
Jonquille.	Jounquilha.

JOS

Joseph, n. pr.	Joousep.
Joseph, jeune ou petit.	Joousepoun.
Josephine, n. pr.	Joousephina.

JOT

Jotte.	Rabanella.

JOU

Jou-gris.	Cabussoun, 2.
Jou-cornu.	Cabussoun, 3.
Jou oreillard.	Cabussoun, 4.
Joubarbe grande.	Joubarba.
Joubarbe petite.	Id.
Joubarbe des toits.	Nasinels.
Joubarbe des vignes.	Benedit.
Joue.	Gauta.
Joue grosse ou laide.	Gaulassa.
Joues en mangant, faire gonfler les.	Boufinar.
Joué, ée.	Jugat, ada.
Jouer.	Jugar.
Jouereau.	Jugairot.
Joueur, euse.	Jugaire, arela.
Joueur passionné.	Fegeoun.
Joufflu, ue.	Gautarut, uda.
Joug.	Jouc.
Jouir.	Jouir.
Jouissance.	Jouissença.
Jour.	Jour.
Jour tombant.	Jour falhit.
Jour, commencer à faire.	Aubiar.
Jour, le cœur du.	Aut doou jour.
Jourdain, n. pr.	Jourdan.
Journal.	Journal, Journau.
Journalier, ière.	Journalier, iera.
Journaliste.	Journalisto.
Journée.	Journada.
Journellement.	Journelament.
Joute.	Targa, Loucha.
Jouter.	Targar, Louchar, Jostar, vl.
Jouteur.	Targaire.
Jouvenceau.	Jeuvencel.
Jouvencelle.	Jouvencel, ella.

JOV

Jovial, ale.	Jouial, ala.

JOY

Joyau.	Joyeou.
Joyeusement.	Jouyousament.
Joyeux, euse.	Jouyous, ousa.
Joyeux avènement.	Jouyous avenament.

JUB

Jubé.	Jube.
Jubé tribune.	Balet.
Jubilation.	Jubilation.
Jubilé.	Jubile.

JUC

Juché, ée.	Ajoucat, ada.
Jucher.	Ajoucar s'.
Juchoir.	Ajoucadour, Verga

JUD

Judaïser.	Judaisar.
Judaïsme.	Judaïsme.
Judas, n. pr.	Judas.
Judée.	Judea.
Judicature.	Judicatura.
Judiciaire.	Judiciari, aria.
Judiciairement.	Judiciariament.
Judicieusement.	Judiciousament.
Judicieux, euse.	Judicious, ousa.

JUG

Juge.	Jugi.
Juge mage.	Jugi bayle, vl.
Juge de paix.	Jugi de pas.
Jugement.	Jugeament.
Jugé, ée.	Jugeat, ada.
Juger.	Jugear.

JUI

Juif, ive.	Judiou, ouva.
Juif-errant.	Juif-errant.
Juillet.	Juilhet.
Juin.	Jun.
Juiverie.	Jutaria.

JUJ

Jujube.	Chichourla.
Jujubier.	Chichourlier.

JUL

Jule.	Galera.
Julep.	Julep.
Jules, n. pr.	Julo.
Julie, n. pr.	Julia.
Julien, n. pr.	Julien.
Julienne, n. pr.	Juliena.
Julienne, plante.	Id.
Julienne printanière.	Gazoun de Paris.
Julienne inodore.	Cassoleta blanca.

JUM

Jumart.	Jumerri.
Jumeau, elle.	Bessoun, ouna.

Jumellé, ée.	Jumelat, ada.
Jumelles.	Jumelas.
Jument.	Cavala.

JUN

Junon.	Junoun.
Junte.	Junta.

JUP

Jupe.	Jupa.
Jupier.	Jupier.
Jupiter.	Jupiter.
Jupon.	Jupoun.

JUR

Jurande.	Juranda.
Juré, ée.	Jurat, ada.
Jurement.	Jurament.
Jurer.	Jurar.
Jureur.	Juraire.
Juri. V. Jury.	
Juridiction.	Juridiction.
Juridique.	Juridique, ica.
Juridiquement.	Juridicament.
Jurisconsulte.	Jurisconsulto.
Jurisprudence.	Jurisprudença.
Juron.	Jurament.
Jury.	Jury.

JUS

Jus.	Jus.

Jusque.	Jusquo.
Jusquiame blanche.	Carelhada.
Jusquiame noire.	Jusquiama.
Justaucorps.	Justaucorps.
Juste.	Juste, usta.
Juste, n. pr.	Juste.
Justement.	Justament.
Justesse.	Justessa.
Justice.	Justiça.
Justiciable.	Justiciable, abla.
Justicier.	Justiciar.
Justificatif, ive.	Justificatif, iva.
Justification.	Justification.
Justifié, ée.	Justifiat, ada.
Justifier.	Justifiar.
Justifier se.	Justifiar se.
Justin, n. pr.	Justin.
Justine, n. pr.	Justina.
Justinien, n. pr.	Justinien.

K

K.	K.

KAL

Kaleidoscope.	Kaleidoscopo.

KER

Kermès minéral.	Kermes.
Kermès.	Graneta.

KET

Ketmie musquée.	Ambreta.

KIL

Kilogramme.	Kilogrammo.
Kilolitre.	Kilolitre.
Kilomètre.	Kilometro.

KIR

Kirsch-Wasser.	Kirsch.

KYR

Kirié éléison.	Kirie eleison.
Kyrielle.	Kiriela.

L

L.	L.

LA

La.	La.
Là, adv.	Là.
Là bas.	Ailavau.
Là haut.	Ailamoun.
La bas, par.	Per ailavau.
Labarum.	Labarum.
Labeur.	Travalh.
Laboratoire.	Laboratoiro.
Laborieux, euse.	Labourious, ousa.
Labour.	Labour.
Labour du mois de mai.	Maiencagi.
Labour à la charrue.	Arada.
Labour, qui fait ou monte les instruments de.	Aplejaire.
Labourable.	Labourable, abla.
Labourage.	Labouragi.
Labouré, ée.	Labourat, ada.
Labourer.	Labourar.
Labourer coup sur coup.	Bisalhar.
Laboureur.	Bouyer.
Labrador.	Labrador.
Labre, poisson, V. Table latine, au mot Labrus.	
Labyrinthe.	Labyrintho.

LAC

Lac.	Lac.

Lacé, ée.	Courdelat, ada.
Lacer.	Laçar, Courdelar.
Lacer se.	Laçar se.
Lacération.	Laceration.
Lacérer.	Lacerar.
Laceret.	Verrouna.
Lacert.	Mouleta.
Lacet.	Las, Cordela.
Lâche.	Lache, acha.
Lâché, ée.	Lachat, ada.
Lâchement.	Lachament.
Lâcher.	Lachar.
Lâcheté.	Luchetat.
Laconique.	Lacounique, ica.
Laconisme.	Lacounisme.
Lacryma-christi.	Lacryma-christi.
Lacrymal, ale.	Lacrimal, ala.
Lacrymatoire.	Lacrymatoiro.

Lacs.	*Lacet, Cordounet.*
Lacune.	*Lacuna.*

LAD

Ladanun.	*Ladanum.*
Ladre.	*Ladre, dra.*
Ladrerie.	*Ladraria.*

LAG

Lagopède.	*Gcalabra.*
Laguillière.	*Laguilhiera.*
Lagurier ovale	*Coucta de lapin.*

LAI

Lai.	*Lay, lais.*
Laid, aide.	*Laid, ada.*
Laid, un peu laid.	*Laidet, eta.*
Laidasse.	*Laidassa.*
Laideron.	*Laidet, eta.*
Laideur.	*Laidour.*
Lainage.	*Lanogi.*
Laine.	*Lana.*
Laine mère.	*Esquinau.*
Laine des Agneaux.	*Anis, Anisses.*
Laine-beige.	*Lana negra.*
Lainer.	*Lanar.*
Laineux euse.	*Lanat, ada.*
Lainier.	*Lanier.*
Laïque.	*Laique, ica.*
Laisse.	*Estaca.*
Laissé, ée.	*Laissat, ada.*
Laissées.	*Petoulier.*
Laisser.	*Laissar.*
Lait.	*Lach.*
Lait de poule.	*Lach de poula.*
Lait de chaux.	*Lach de caus.*
Lait d'anesse.	*Lach de sauma.*
Lait caillebotéetépicé.	*Rebrous.*
Lait, faire venir le, au sein.	*Avenar.*
Lait petit.	*Lachau.*
Lait, qui aime le.	*Lachier.*
Laitage.	*Latagi.*
Laitance.	*Lach deis peissouns.*
Laiteron ou laiton.	*Lachairoun, Cardela.*
Laiteron lisse.	*Laitiroun.*
Laiteux, euse.	*Lachous, ousa.*
Laitière.	*Lochiera.*
Laiton.	*Loutoun.*
Laitue.	*Lachuga.*
Laitue petite.	*Lachugueta.*
Laitue grosse.	*Lachugassa.*
Laitue sauvage.	*Lachuga fera.*
Laitue vivace.	*Breou.*
Laitue vireuse.	*Lenga d'auca.*
Laize.	*Lest.*

LAM

Lamaneur.	*Piloto.*
Lambeau.	*Pedas, Troues.*
Lambert, n pr.	*Lambert.*
Lambin, ine.	*Lambin, ina.*
Lambiner.	*Lambinar.*
Lambis.	*Biou deis ilas.*
Lambourde.	*Lambourda.*
Lambourdes, placer des	*Lambourdar.*
Lambris.	*Lambris.*
Lambrissage.	*Lambrissagi.*

Lambrissé, ée.	*Lambrissat, ada.*
Lambrisser.	*Lambrissar.*
Lambruche.	*Lambrusca.*
Lambruches, lieu couvert de.	*Lambrusquiera.*
Lame.	*Lama.*
Lamentable.	*Lamentable, abla.*
Lamentation.	*Lamentation.*
Lamenter.	*Lamentar se.*
Lamie.	*Lomi.*
Lamier amplexiaule.	*Mauvige.*
Laminage.	*Laminagi.*
Laminé, ée.	*Laminat, ada.*
Laminer.	*Laminar.*
Laminoir.	*Laminoir.*
Lampas.	*Fava, Lampas.*
Lampe.	*Lampa.*
Lampe de verre.	*Velhola.*
Lampe à queue.	*Calen.*
Lampe petite.	*Lampeta.*
Lampée.	*Lampada.*
Lamper.	*Lampar.*
Lamperon.	*Velhouloun, Velhouroun.*
Lampion.	*Lampioun.*
Lampourde à gros fruit.	*Aubergina sauvagea.*
Lamproie.	*Lampre.*
Lamproie fluviatile.	*Boutroun.*
Lamproie de rivière.	*Lampre.*
Lamprillon	*Lamprilhoun, Civareou.*
Lampsane commune.	*Herba deis tetinas.*
Lampyre.	*Luzerna.*

LAN

Lance.	*Lança.*
Lancer.	*Lançar.*
Lancer se.	*Se lançar.*
Lancette.	*Lançeta.*
Lancettier.	*Lancetier.*
Lancier.	*Lancier.*
Lançoir.	*Esparrencha.*
Landacisme.	*Landacisme.*
Lande.	*Garriga.*
Landes, départ. des	*Landos.*
Landier.	*Landier.*
Laneret.	*Laneret.*
Langage.	*Lengagi.*
Lange.	*Langi, Malhouet.*
Lange de dessous en laine.	*Bourrassa.*
Langoureusement.	*Langourousament.*
Langoureux, euse.	*Langourous, ousa.*
Langouste commune.	*Langousta.*
Langue.	*Lengua.*
Langue, petite et bonne	*Lengueta.*
Langue médisante.	*Lengassa, suppl.*
Langue de bœuf.	*Buglossa.*
Langue de cerf.	*Scolopandra.*
Languette.	*Lengueta.*
Langueur.	*Langour, Cagna.*
Langueyer.	*Lenguar.*
Langueyeur.	*Lenguegeaire.*
Languedoc.	*Lengadoc.*
Langui, ie.	*Languit, ida.*
Languir.	*Languir.*
Languissant, ante.	*Languissent, enta.*
Lanier.	*Lanier.*
Lanière.	*Courregea.*

Lansquenet.	*Lansquenet.*
Lanier.	*Rasar.*
Lanterne.	*Lanterna.*
Lanterne magique.	*Lanterna magica.*
Lanterner.	*Lanternegear.*
Lanternerie.	*Lanternaria.*
Lanternes.	*Lanternas.*
Lanternier.	*Lanternier.*

LAP

Laper.	*Lapar.*
Lapereau.	*Lopareau.*
Lapidaire.	*Lapidari.*
Lapidation.	*Lopidation.*
Lapidé, ée.	*Lapidat, ada.*
Lapider.	*Lapidur.*
Lapin, ine.	*Lapin, ina.*
Lapin d'Angora.	*Lapin d'Angora.*
Laps.	*Laps.*

LAQ

Laquais.	*Laccai.*
Loquais, jeune ou petit	*Laquetoun.*
Laque.	*Lacca.*

LAR

Larcin.	*Larcin.*
Lard.	*Lard.*
Lard du ventre.	*Ventresca.*
Lard salé.	*Bacoun.*
Lard, saler du.	*Bacounar.*
Lard, parlant du, salé.	*Bacounat.*
Lardé, ée.	*Lardat, ada.*
Larder.	*Lardar.*
Larde, celui qui.	*Lardaire.*
Lardoire.	*Lardadouira.*
Lardon.	*Lardoun.*
Large, adj.	*Large, largea.*
Largement.	*Largament.*
Largesse.	*Largessa.*
Largeur.	*Largeour.*
Largue.	*Large.*
Larguer.	*Moular.*
Larigot.	*Larigot.*
Larme.	*Lagrima.*
Larme de Job.	*Grana de chapelet. Id.*
Larmille des Indes.	*Id.*
Larmiers.	*Larmier.*
Larmoyant, ante.	*Lacrimos, osu vl.*
Larmoyer.	*Lagrimar.*
Larron, onesse.	*Larroun, ouna.*
Larrons, les, en général.	*Lairounalha.*
Larve.	*Larva.*

LAS

Las, asse.	*Las, assa.*
Lascif, ive.	*Palhard, arda.*
Laser de France.	*Batouira.*
Lavement.	*Lavament.*
Lavement des pieds.	*Lavament deis pèds.*
Lavé, ée.	*Lavat, ada.*
Laver.	*Lavar.*
Laver se.	*Lavar se.*
Lavette.	*Tourchoun, Fretadour.*
Laveur, euse.	*Lavaire, arela.*
Lavis.	*Lavis.*

Lavoir.	Lavaire, Lavadour.	
Lavoir petit pour égayer.	Refrescadour.	
Lavure.	Lavagnas.	

LAX

Laxatif, ive.	Laxatif, iva.

LAY

Layetier.	Mallier.
Layette.	Prouviment, Lieta.

LAZ

Lazagnes.	Crousels, Lazagnas.
Lazaret.	Lazaret.
Lazuli.	Lazuli.

LE

Le, La, Les.	Lou, Lous, Las.
Lé.	Lest.

LEA

Léandre, n. pr.	Leandre.
Lèche.	Lech, Lesca, Lecha.
Léché, ée.	Licat, ada.
Lèchefrite.	Lichofroya.
Lèchefrite petite.	Carrel.
Lécher.	Licar, Lipar.
Leçon.	Lipoun.
Lecteur, trice.	Lecteur, trice.
Lecture.	Lectura.

LEG

Légal, ale.	Legal, ala.
Légalement.	Legalament.
Légalisation.	Legalisation.
Légalisé, ée.	Legalisat, ada.
Légaliser.	Legalisar.
Légalité.	Legalitat.
Légat.	Legat.
Légataire.	Legatari.
Légation.	Legation.
Légendaire.	Legendier.
Légende.	Legenda.
Léger, ère.	Leougier, iera.
Léger, un peu.	Leougeiret, eta.
Légèrement.	Leougierament.
Légèreté.	Leougieretat.
Légion.	Legion.
Légion d'honneur.	Legion d'hounour.
Légionnaire.	Legiounari.
Législateur, trice.	Legislatour, trica.
Législatif, ive.	Legislatif, iva.
Législation.	Legislation.
Législature.	Legislatura.
Légiste.	Legista.
Légitimaire.	Legitimari, aria.
Légitimation.	Legitimation.
Légitime.	Legitime, ima.
Légitime, s.	Legitima.
Légitimement.	Legitimament.
Légitimé, ée.	Legitimat, ada.
Légitimer.	Legitimar.
Légitimiste.	Legitimisto.
Légitimité.	Legitimitat.
Legs.	Legat, Laissat.

Léguer.	Legar.
Légume.	Lioume.

LEN

Lendemain.	Lendeman.
Lendore.	Dorme-drech.
Lénifier.	Lenificar.
Lénitif, ive.	Lenitiu, ia, vl.
Lent, ente.	Lent, enta.
Lente.	Lende.
Lentes, couvert de.	Lendous, ousa.
Lentement.	Lantament.
Lenteur.	Lentour.
Lenticulaire.	Lenticular, vl.
Lentille.	Lentilha.
Lentille d'eau.	Lentilha d'aigua.
Lentisque.	Lentisque.
Lentisques, lieu couvert de.	Restincliera.
Léocadie, n. pr.	Leocadia.
Léon, n. pr.	Leon.
Léonard, n. pr.	Leonard.
Léonin, ine.	Leonin, ina, vl.
Léopard.	Leopard.
Léopold.	Leopold.

LEP

Lepas.	Arapeda.
Lepidope gouanien.	Argentin.
Lépidode Péron.	Dentat.
Lepos.	Lepos, vl.
Lèpre.	Lepra.
Lépreux, euse.	Leprous, ousa.
Léproserie.	Ladraria.
Leptocéphale Spalanzani.	Murua.

LEQ

Lequel, Laquelle.	Quau, quala.

LER

Lérot.	Garri de jardin.

LES

Les.	Lous, Las, Leis.
Lèse-majesté.	Lesa majestat.
Léser.	Lesar, Blessar.
Lésine.	Lesina.
Lésiner.	Lesinar.
Lésinerie.	Mainagearia.
Lésion.	Lesion.
Lessive.	Bugada, Lissiou.
Lessive de tanneur.	Adoub.
Lessive petite.	Bugadoun.
Lessive, couler la, à chaud.	Caudegear.
Lessivé, ée.	Bugadat, ada.
Lessiver.	Bugadar.
Lest.	Lest.
Lestage.	Lestagi.
Leste.	Lest, esta.
Lestement.	Lestament.
Lester.	Lestar.
Lesteur.	Lestur.

LET

Léthargie.	Lethargia.
Lethé.	Lethes.
Lettre.	Lettra.
Lettre grosse et laide.	Letrassa
Lettré, ée.	Lettrat, ada.
Lettrine.	Lettrina.

LEU

Leucome.	Tacca-à-l'ueilh.
Leucorrhée.	Flours blanchas.
Leucosie noyau.	Breloca.
Leude.	Leda, Leida.
Leur.	Lours, Lurs, Seis.
Leurre.	Atrapa.
Leuzée conifère.	Lenga de cat.
Lascivement.	Palhardament.
Lasciveté.	Palhardisa.
Lassant, ante.	Fatigant, anta.
Lassé, ée.	Lassat, ada.
Lasser.	Lassar.
Lasser, se.	Se lassar.
Lassitude.	Lassituda.

LAT

Later.	Latar.
Latéral, ale.	Lateral, ala.
Latéralement.	Lateralament.
Lathrée clandestine.	Chuquet.
Latin, ine.	Latin, ina.
Latin.	Latin.
Latiniser.	Latinisar.
Latinisme.	Latinisme.
Latiniste.	Latinisto.
Latitude.	Latituda.
Latrie.	Latria.
Latrines.	Latrinas.
Latte.	Lata.
Latte grosse.	Latas.

LAU

Laudanum.	Laudanum.
Laudes.	Laudas.
Laure, n. pr.	Laura.
Lauréat.	Laureat.
Lauréole.	Lauriola.
Laurence, n. pr.	Laurenca.
Laurens, n. pr.	Laurens.
Laurier franc.	Laurier.
Laurier à jambon.	Id.
Laurier rose.	Laurier rosa.
Laurier des Alpes.	Bourgenc.
Laurier tin.	Faveloun, Laurentin.
Lauriot.	Piela.

LAV

Lavabo.	Lavabo.
Lavage.	Lavagi.
Lavanche.	Avalancha.
Lavande.	Lavanda.
Lavande spic.	Espic.
Lavandière.	Bugadiera.
Lavandière, oiseau.	Bouyoureta.
Lavandière, oiseau.	Vacherouna.
Lavaret.	Lavareta.

Lavasse.	Lavassi, Raissa.
Lave.	Lava.

LEV

Levadiers.	Levadiers.
Levain.	Levam.
Levain, caisse du.	Caraveou.
Levant.	Levant.
Levantin, ine.	Levantin, ina.
Levantine.	Levantina.
Levé, ée.	Levat, ada.
Levée.	Levada.
Levée petite.	Levadoun
Lever.	Levar,
Lever, le.	Levar, lou.
Levier.	Aigre.
Levis.	Levis.
Lévite.	Levito.
Lévitique.	Levitique.
Levraut.	Lebrau.
Levraut, petit.	Lebratoun.
Levraut, demi-lièvre.	Lebrau de counsilhier
Lèvre.	Labra, Bouca.
Lèvre, petite.	Bouqueta.
Lèvre, fendre les.	Eslabrar.
Levrette.	Lebreta.
Lévrier.	Lebrier.
Levûre.	Levudura.

LEZ

Lez.	Lez.
Lezard gris.	Lagramusa.
Lezard vert ocellé.	Limbert.
Lezard tacheté.	Estrapioun, 2.
Lezarde.	Fendarussu.
Lezardé, ée.	Lezardat, ada.

LIA

Liaison.	Liesoun.
Liane.	Liana.
Liant, ante.	Liant, ante.
Liard.	Liard.
Liarder.	Liardegear.
Liasse.	Liassa.

LIB

Libage.	Burchou.
Liban.	Liban, Fla.
Libation.	Libation.
Libelle.	Libella.
Libellule.	Doumeiselleta.
Libera.	Libera.
Libéral, ale.	Liberal, ala.
Libéral, rendre.	Abourgalir.
Libéralement.	Liberalament.
Libéralité.	Liberalitat.
Libérateur, trice.	Liberatour, triça.
Libération.	Liberacio, vl.
Libéré, ée.	Liberat, ada.
Libérer.	Liberar.
Liberté.	Libertat.
Libertin, ine.	Libertin, ina.
Libertinage.	Libertinagi.
Libertiner.	Libertinegear.
Liboire.	Libori.
Libraire.	Libraire.
Librairie.	Libraria.
Libre.	Libre, fbra.
Librement.	Librament.

LIC

Lice.	Liça, Lissa.
Licence.	Licença.
Licenciement.	Licenciament.
Licencié, ée.	Licenciat, ada,
Licencier.	Licenciar.
Licencieux, euse.	Licencious, ousa.
Liceron.	Liceiroun.
Licet.	Letz, vl.
Liche.	Licha.
Liche long museau.	Bardoulin de fount.
Lichen.	Lichen.
Liciet d'Europe.	Arnaveou blanc.
Licitation.	Licitation
Licite.	Licite, Permes, essa.
Licitement.	Licitament.
Liciter.	Licitar.
Licol, V. Licou.	
Licorne.	Licorna.
Licou.	Cabestre.
Licou, mettre le.	Encabestrar.

LIE

Lie	Grea, Crapa.
Lie de l'huile.	Cacasssa.
Huile, qui achète de l'.	Cacassiaire.
Lie du peuple.	Crassalha.
Lié, ée.	Liat, ada.
Liége.	Suve.
Liége, de la partie raboteuse, dépouiller le.	Briar.
Liége, enlever le.	Demasclar.
Liége à un filet, mettre du.	Ensubrar.
Liége à clous.	Suve clavelous.
Lien.	Lianc, Estaca, Liame.
Lienterie.	Lientaria.
Lier.	Liar.
Lier se.	Liar se.
Lierre.	Eoure.
Lierre terrestre.	Roundota.
Liesse.	Liessa.
Lieu.	Luec, Loc.
Lieu, en aucun.	En luec.
Lieu, au.	Enluegea.
Lieu de, au.	Au luec.
Lieux élevés en général, les.	Autura l'.
Lieue.	Lega.
Lieur.	Liador, vl.
Lieutenance.	Luetenonça.
Lieutenant.	Luetenent.
Lieutenant-colonel.	Luetenent-colonel.
Lieutenant-général.	Luetenent-generau.
Lièvre.	Levadour,
Lièvre.	Lebre.
Lièvre gros.	Lebrassa.
Lièvre petit.	Lebretoun.
Lièvre blanc.	Blanchoun.
Lièvre de mer.	Lebre de mar.

LIG

Ligament.	Ligament.
Ligature.	Ligatura.
Lige.	Lige.
Lignage.	Lignagi.
Ligne.	Ligna.
Lignée.	Lignada.
Ligneul.	Lignoou.
Lignite piciforme.	Jaiet.
Ligue.	Liga.
Liguer.	Ligar.
Liguer se.	Ligar se.
Liguriens.	Liguriens.

LIL

Lilas.	Lilas.
Lilas de Perse.	Lilas de Persa.

LIM

Limace.	Limaçoun.
Limaçons, qui chasse aux.	Limaciaire.
Limaçon.	Limaçoun.
Limaille.	Limalha.
Limbe.	Limbe, vl.
Limbes.	Limbas.
Lime.	Lima.
Limé, ée.	Limat, ada.
Limer.	Limar.
Limeur.	Limaire.
Limier.	Liamier, vl.
Limitation.	Limitation, vl.
Limite.	Limita.
Limité, ée.	Limitat, ada.
Limiter.	Limitar.
Limites.	Limitas.
Limitrophe.	Limitropho.
Limon.	Limoun, Nita.
Limon, couvrir de.	Nitar.
Limonade.	Limounada.
Limonadier, 1ère.	Limounadièr, eru.
Limoneux, euse.	Limounous, ousa.
Limonier.	Limounier.
Limonière.	Limouniera.
Limosine.	Limousina.
Limpide.	Limpide, ida, Clar.
Limpidité.	Limpiditat, Clartat.

LIN

Lin ordinaire.	Lin.
Lin purgatif.	Lin salvage.
Linaigrette à plusieurs épis.	Plumachou, 2.
Linaire vulgaire.	Maisseta.
Linceul.	Linçou.
Linceul petit.	Linsoulet.
Linceul, plein un.	Linsoulada.
Linge.	Linge.
Linge, pourvu de.	Lingeat, Alingeat.
Linge, fournir du.	Alingear.
Linge, menu.	Primalha.
Linge essangé.	Refrescagi.
Linge à repasser.	Estiragi.
Linge qu'on met sur la tête des nouveaux nés.	Cervegana.
Linger, ère.	Lingier, iera.
Lingerie.	Lingearia.
Lingot.	Lingot.
Lingotière.	Lingotiera.
Linguet.	Castagna de l'argui.
Liniment.	Liniment.
Linon.	Ninoun.
Linot, otte.	Linota.
Linotte jaune.	Bureou.

Linotte petite, des vignes.	Tarin.	
Linteau.	Lindaniera, Dindau.	

LIO

Lion.	Lion.
Lion, la race des.	Liounalha.
Lionceau.	Lionet, vl.
Liondant d'automne.	Fuelha raca.
Lionne.	Liona.
Liourbe.	Parela.

LIP

Lippe grosse.	Potarra.
Lippée.	Lipada.
Lippu, ue.	Labrut, uda, Befe, efa.

LIQ

Liquéfaction.	Liquefactio, vl.
Liqueur.	Licour.
Liquidation.	Liquidation.
Liquide.	Liquide, ida, Clar.
Liquidé, ée.	Liquidat, ada.
Liquider.	Liquidar.
Liquider se.	Se liquidar.
Liquidité.	Liquiditat.
Liquoreux, euse.	Liquourous, ousa.
Liquoriste.	Licouristo.

LIR

Lire.	Legir.
Liron.	Garri de jardin.

LIS

Lis.	Lis, Feli.
Lis asphodèle.	Lis jaune.
Lis martagon.	Martagoun
Lis rouge.	Idem.
Liseron de Biscaye.	Bugadiera.
Liseron grand.	Courregeola de bartas.
Liseron petit ou des champs.	Courregeola.
Liseron de Portugal.	Bella de jour.
Liseron épineux.	Grame-Gros.
Lisette.	Leseta, 2.
Liseur, euse.	Ligeire.
Lisible.	Ligible, ibla.
Lisiblement.	Ligiblament.
Lisière.	Lisiera, Cimoussa.
Lisière d'un bois.	Ouralhas.
Lisière d'enfant.	Menarelas.
Lisière d'un champ.	Auriera.
Lisse.	Lis, issa.
Lissé, ée.	Lissat, ada.
Lisser.	Lissar.
Lissoir.	Lissa, 2.
Liste.	Lista.
Listel.	Listel.

LIT

Lit.	Liech.
Lit petit.	Lichoun.
Lit en désordre.	Paltrada.
Litanies.	Litanias.

Litharge.	Lithargea.
Lithine.	Lithina.
Lithographe.	Lithographo.
Lithographie.	Lithographio.
Lithographier.	Lithographiar.
Lithographique.	Lithographique, ica.
Lithotritie.	Lithotritia.
Litière.	Lichiera.
Litière, faire la.	Apalhar.
Litière de plantes aromatiques.	Varai.
Litière, ce qui sert de.	Apalhun.
Litière, dont la est faite.	Apalhat, ada.
Litige.	Litigea.
Litigieux, euse.	Litigïous, ousa.
Litoche.	Coucheta.
Litorne.	Sera mountagnarda.
Litre.	Litre.
Littéral, ale.	Litteral, ala.
Littéralement.	Literalament.
Littérateur.	Litteratour.
Littérature.	Litteratura.
Littoral, ale.	Litoral.
Liturgie.	Liturgia.
Liturgique.	Liturgique, ica.
Liturgiste.	Liturgisto.

LIU

Liure.	Tourtouliera.

LIV

Livesche meum.	Cistra.
Livesche férule.	Batouira.
Livide.	Livide, ida.
Lividité.	Lividitat.
Livraison.	Livresoun.
Livre.	Libre.
Livre gros.	Libras.
Livre petit.	Libroun.
Livre terrier.	Libre de directas.
Livre, poids.	Lioura.
Livre, vendre à la.	Liourar.
Livre, monnaie.	Lira.
Livrée.	Livreya.
Livrer.	Livrar.
Livrer se.	Livrar se.
Livret.	Libret.

LOB

Lobe du nez.	Figa doou naz.
Lobelie brûlante.	Rapouchoun salvage.

LOC

Local, ale.	Local, ala.
Localité.	Localitat.
Locataire.	Lougatari.
Location.	Logation.
Loch.	Lock.
Loche de rivière.	Lota.
Loche fluviatile.	Sofi.
Locher.	Brandar.
Lochies.	Pertos deis accouchadas.
Locution.	Locution.

LOD

Lods et ventes.	Lauds.

LOF

Lof.	Lof, orsa.

LOG

Logarithme.	Logarithme.
Loge.	Logea.
Loge à cochons.	Porciou.
Logé, ée.	Logeat, ada.
Logeable.	Logeable, abla.
Logement.	Logeament.
Loger.	Logear.
Logette.	Cabanoun.
Logicien.	Lougicien.
Logique.	Lougica.
Logographe.	Logogripho.

LOI

Loi.	Ley.
Loin.	Luench·
Loin bien.	A Pampaligouska.
Lointain.	Londan, vl.
Loir.	Greoule.
Loire, département.	Loira.
Loisir.	Leser, Legour.

LOK

Lok, V. Looch.	

LOM

Lombards.	Lombards.
Lombric.	Verme-gros deis enfants.

LON

Londrin.	Loundrin.
Long, ongue.	Long, longa.
Long, très.	Longarut, uda.
Longanimité.	Longanimitat.
Longe.	Longea.
Longitude.	Longituda.
Longtemps.	Longtemps.
Longuement.	Longament.
Longuet, ette.	Longarut, uda.
Longueur.	Longour, Longagna.

LOP

Lophote Lacépède.	Argentin.
Lopin.	Lopin, Bouffin.

LOQ

Loque.	Douça-amara.
Loquèle.	Babilh, Loquela.
Loquet.	Cadaula.
Loqueteau.	Luqueteou.
Loqueter.	Cadaular.
Loquette.	Trachelet, Chatoun.

LOR

Lord.	Lord.
Lorgner.	Espinchar.
Lorgnerie.	Espinchoun.
Lorgnette.	Lourgneta.
Loriot.	Auruou.

Lorrain, aine. Lorren, ena.
Lors. Per.
Lorsque. Quand, Lorsque.

LOS

Losange. Losangeo.

LOT

Lot. Lot.
Loterie. Loutaria.
Lotier à petites cor-
nes. Embriaga.
Lotion. Locio, vl.
Loto. Loto.
Lotte. Lota.

LOU

Louable. Louable, abla.
Louage. Louagi.
Louanger. Lausar.
Louangeur. Lausaire.
Louangeuse. Lausarela.
Louche. Lusc, Guechou.
Loucher. Luscar.
Louchet. Lichet.
Loucheteur. Lichetaire.
Loué, ée. Lausat, ada, Lougat.
Louer. Lausar.
Louer. Lougar.
Loueur, euse. Lousaire, arela.
Louis, n. pr. Louis.
Louis, jeune ou petit. Louiset.
Louis, ordre du saint. Ordre de Sant Louis.
Louis d'or. Louis d'or.
Louise, n. pr. Louisa.
Louison, n. pr. Louisoun.
Loup. Loup.
Loup petit. Loubatoun.
Loup cervier. Loup cervier.
Loup de mer. Loup de mar.
Loup marin. Loup marin.
Loupe. Lupi.
Loupe. Loupa.
Loup-garou. Loup-garou.
Lourd, ourde. Lourd, ourda.
Lourdaud, aude. Lourdaud, auda.
Lourdement. Lourdament.
Lourderie. Estourdaria.
Loutre. Luri.
Louve. Louba.
Louveteau. Loubatoun.
Louvre. Louvre.
Louvoyer en mois-
sonnant. Vaquegear.

LOY

Loyal, ale. Louyal, ala.
Loyalement. Louyalament.
Loyauté. Louyoutat.
Loyer. Lougagi, Renda.

LOZ

Lozère, départ. de. Lozera.
Lu, ue. Legit, ida, ia.
Lubin, n. pr. Lubin.

LUB

Lubricité. Lubricitat.
Lubrique. Lubrique, ica.

LUC

Lucane cerf. Cerf-voutant.
Lucarne. Lucarna.
Lucas, n. pr. Lucas.
Luce, n. pr. Luça.
Lucide. Lucide, ida.
Lucidité. Luciditat.
Lucien, n. pr. Lucifer.
Lucine. Lucina.
Lucratif, ive. Lucratif, ive.
Lucre. Lucre.
Lucresse, n. pr. Lucressa.

LUE

Luette. Nisuleta.
Lueur. Lusour.

LUG

Lugubre. Lugubre, bra.

LUI

Lui. Li, el, çou.
Lui-même, de. Desperel.
Luire. Lusir.
Luisant, ante. Luzent, enta.

LUM

Lumière. Lumiera.
Lumignon. Mouc.
Luminaire. Luminari.
Lumineux, euse. Luminous, oasa.
Lumme. Cabussaire.

LUN

Lunaire. Lunari, aria.
Lunaire grande. Herba de la routa.
Lunaison. Lunesoun.
Lunatique. Lunatique, ica.
Lundi. Diluns.
Lune. Luna.
Lune, coupé de la
bonne. Alunat, ada.
Lune, poisson. Mola.
Lunette. Porta-vista.
Lunette acromatique. Luneta acromatica.

LUP

Lupin. Vessa de loup.

LUR

Luron, onne. Luroun, ouna.

LUS

Lusitanie. Lusitania.
Lustre. Lustre.
Lustré, ée. Lustrat, ada.
Lustrer. Lustrar.
Lustrine. Lustrina.

LUT

Lut. Lut.
Luter. Lutar.
Luth. Luth.
Luthérien, enne. Lutherien, ena.
Luthier. Luthier.
Lutin. Lutin, ina.
Lutiner. Lutinar.
Lutjan cendré. Fournier, 2.
Lutjan lapine. Blavier, 2.
Lutrin. Lutrin.
Luttant, terrasser en. Alouchar.
Lutte. Loucha.
Lutter. Louchar.
Lutteur. Louchaire.

LUX

Luxation. Luxation.
Luxe. Luxe.
Luxer. Luxar, Desfaire.
Luxure. Luxura.
Luxurier. Luxuriar.
Luxurieusement. Luxuriousament.
Luxurieux, euse. Luxurious, ousa.

LUZ

Luzerne cultivée. Luzerna.
Luzerne arrondie. Barrilhet.
Luzerne en faucille. Lente.
Luzerne houblon. Treouloun.
Luzerne maritime. Herba doou pardoun.
Luzerne maculée. Lampourdel.
Luzernière. Luzerniera.

LYC

Lycée. Lycceo.
Lychnide calcédoine. Crous de malta.
Lychnide dioïque. Petarel.
Lyciet d'Europe. Arnaveou blanc.
Lycopodine fascyée. Catarineta deis pi-
gnens.

LYN

Lynx. Loup cervier

LYR

Lyre. Lyra.
Lyre poisson. Gallineta.

M

Ma.	Ma.

MAC

Macaque.	Macaca.
Macareux.	Martinot.
Macaron.	Amaroun.
Macaron, pâte.	Macarroun.
Macaroni.	Macarroni.
Macédoine.	Barbalhada.
Macéré, ée.	Macerat, ada.
Macérer.	Macerar.
Mâche.	Douceta.
Mâche dentée.	Ampouleta.
Mâche couronnée.	Passerouns.
Mâchecoulis.	Machacolladura.
Mâchefer.	Machoferre.
Mâchelière, dent.	Geisselas.
Mâché, ée.	Mastegat, ada.
Mâcher.	Mastegar, Machar.
Mâcher à vide.	Chapar.
Mâcher du tabac.	Chicar.
Mâcheur, euse.	Mastegaire.
Mâcheur de tabac.	Chicaire.
Mâchicaloire.	Chica.
Machinal, ale.	Machinal, ala.
Machinalement.	Machinalament.
Machinateur.	Machinaire.
Machination.	Machination.
Machine.	Machina.
Machiné, ée.	Machinat, ada.
Machiner.	Machinar.
Machiniste.	Machinisto.
Machinoir.	Machinoir.
Mâchoire.	Machoira, Maissa.
Mâchoires.	Bregas.
Mâchonner.	Mastegouirar.
Mâchoire, rompre la.	Desbregar.
Mâchoires, qui a de grosses.	Maissut, uda.
Mâchuré, ée.	Mascarat, ada.
Mâchurer.	Mascarar.
Macis.	Macis.
Maçon.	Maçoun.
Maçon, travail de.	Peirage.
Maçon à pierre sèche.	Paretiaire.
Maçonner.	Maçounar.
Maçonnerie.	Maçounaria.
Macreuse double.	Rei deis saucres.
Macreuse commune	Macrusa.
Maculature.	Maculatura.
Macule.	Macula.
Maculé, ée.	Maculat, ada.
Maculer.	Macular.

MAD

Madame.	Madama.
Madelon, n. pr.	Madeloun.
Mademoiselle.	Madameisella.
Madone.	Madona.
Madrague.	Madraga.
Madrague, grande entrée de la.	Farati.

Madras.	Madras.
Madrépore astroïte.	Ingaxiou.
Madrier.	Plateou, Madrier.
Madrigal.	Madrigal.

MAE

Maestral.	Mistrau.
Maestraliser.	Mistralegear.

MAG

Magasin.	Magasin.
Magasin à soude.	Picadour.
Magasinage.	Magasinagi.
Magasinier.	Magasinier.
Magdaléon.	Canoun, Magdaleoun.
Magdeleine, n. pr.	Madelena.
Magdeleine, de la.	Madalenenc.
Mages.	Mogis.
Magicien, ienne.	Magicien, iena.
Magie.	Megia.
Magique.	Magique, ica.
Magister.	Magister.
Magistral, ale.	Magistral, ala.
Magistrat.	Magistrat.
Magistrature.	Magistratura.
Magnanerie.	Magnagaria.
Magnanier.	Magnanier.
Magnanime.	Magnanime, ima.
Magnanimité.	Magnanimitat.
Magnésie.	Magnesia.
Magnétiser.	Magnetisar.
Magnétisme.	Magnetisme.
Magnificat.	Magnificat.
Magnificence.	Magnificença.
Magnifique.	Magnifique, ica.
Magnifiquement.	Magnificament.
Magot.	Magot.

MAH

Mahométan, ane.	Mahometan, ana.
Mahométan, peuple, qui crie alla.	Alarus.
Mahométisme.	Mahoumetisme.

MAI

Mai.	Mai.
Mai, du mois de	Maienc.
Mai du pressoir	Bachas.
Mai de pressoir à huile.	Quairada.
Maie.	Maia.
Maigre.	Maigre, aigra.
Maigre, très.	Maigras, assa.
Maigre, un peu.	Maigroun, ouna.
Maigrelet, ette.	Maigrineou, ela.
Maigrement.	Maigrament.
Maigret, ette.	Maigroun, ouna.
Maigreur.	Maigrour.
Maigri, ie.	Maigrit, ida, ia.
Maigrir.	Maigrir.

Mail.	Malh.
Mails, loueur de.	Palamardier.
Maille.	Malha.
Maille, monnaie.	Malha.
Maille, tache des plumes.	Malha.
Maillé, ée.	Malhat, ada.
Mailler.	Malhar.
Mailler se.	Mulhar se.
Maillet.	Masseta.
Mailler, au jeu de quilles.	Labourar, Malhar.
Maillot.	Faissa, Muda.
Main.	Man.
Main grosse ou laide.	Manassa.
Main petite.	Maneta.
Main, sous la.	Amanes.
Main chaude.	Man cauda.
Main d'œuvre.	Man d'obra.
Main courante.	Man couranta.
Main de fer.	Chambriera.
Main levée.	Levada, Plega.
Main forte.	Man forta.
Maint, ainte.	Mant, anta.
Maintenant.	Ara.
Maintenir.	Mantenir, Soustenir.
Maintenu, ue.	Mantengut, uda.
Maire.	Mero, Mairo.
Mairie.	Meria.
Mais.	Mai, Mes.
Maïs.	Blad de Turquia.
Maïs, épi fertile du.	Carroulha.
Maïs, épi à grains avortés du.	Carroulhoun.
Maïs, épi dépouillé de ses grains.	Coucarel.
Maïs, réceptacle du.	Loca de mil.
Maïs, tige sèche du.	Camborla.
Maïs, tête de.	Cabelha-de-mil.
Maison.	Maisoun.
Maison petite de campagne.	Bastida.
Maison, grosse et laide.	Maisounassa.
Maison petite.	Maisouncta.
Maisonnée.	Maisounada.
Maisonnette.	Maisouneta.
Maître.	Mestre.
Maître autel.	Mestre autar.
Maître d'école	Metre.
Maître charpentier.	Mestre d'aissa.
Maître en fait d'armes.	Mestre d'armas.
Maître valet de moulin d'huile.	Mestre de bunc.
Maître à danser.	Mestre de dansa.
Maîtriser.	Mestregear.

MAJ

Majesté.	Majestat.
Majestueusement.	Majestuosament.
Majestueux, euse.	Majestuous, ousa.
Majeur, eure.	Majour, oura.

Major.	Major.
Majorat.	Majourat.
Majordome.	Majordome.
Majorité.	Majouritat.
Majuscule.	Majuscula.

MAL

Mal.	Mal, Mau.
Mal petit.	Maloun, Bobo.
Mal rouge.	Pissa-sang.
Malacie.	Oupilation.
Malade.	Malaut, auta.
Malade, toujours.	Malautas.
Malade, devenir.	Emmalautir.
Maladie.	Maladia.
Maladie de langueur.	Marandra.
Maladies des enfants.	Naujas.
Maladif, ive.	Malandrous, ousa.
Maladrerie.	Malautieras.
Maladresse.	Maladressa.
Maladroit, oite.	Desgaubiat, ada.
Maladroitement.	Maladrechament.
Malaise.	Malaise.
Malaisé, ée.	Malaisat, ada.
Dzalandre.	Marandra.
Mal-appris.	Mal-apres.
Malarmat.	Malarmat.
Malbâti, ie.	Maubastit, ida.
Mal-caduc.	Mau de la terra.
Malcontent, ente.	Maucountent, enta.
Maldives.	Maldivas.
Mâle.	Mascle.
Malebête.	Marrida besti.
Malédiction.	Maladiction.
Maléfice.	Mascaria.
Malencontre.	Maurescontre.
Malentendu.	Mau entendut.
Malepeste.	Malapesta.
Mal-être.	Mau estre.
Malfaire.	Maufaire.
Malfaisant, ante.	Malfasent, enta.
Malfaiteur.	Maufatan.
Malfait, aite.	Maufach, acha.
Malgré.	Maugrat.
Malherbe.	Herba deis rascas.
Malheur.	Malhur.
Malheureusement.	Malhurousament.
Malheureux, euse.	Malhurous, ousa.
Malice.	Maliça.
Malice, donner de la.	Amalissar.
Malicieusement.	Maliciousament.
Malicieux, euse.	Malicious, ousa.
Maligne.	Malina.
Malignement.	Malignament.
Malignité.	Malignitat.
Malin, igne.	Malin, ina.
Malingre.	Malingre.
Malle.	Malla.
Malléable.	Malleable, abla.
Malléole.	Cavilha.
Mallette.	Malleta.
Mallier.	Mallier.
Malmener.	Maumenar.
Malotru.	Malastruc.
Malpropre.	Maunet, eta.
Malsain, aine.	Mausan, ana.
Malte.	Malta.
Maltôte.	Maltota.
Maltôtier.	Maltotier.
Maltraité, ée.	Mautratat, ada.
Maltraiter.	Mautratar.
Malveillance.	Mauvoulença.
Malveillant, ante.	Malvolent, enta, vl.
Malversation.	Malversation.
Malverser.	Malversar.
Malvoisie.	Malvesia.
Malvoulu, ue.	Mauvougut, uda.

MAM

Maman.	Maman.
Mamelle.	Mamela.
Mamelle petite.	Pousseta.
Mamelle grosse.	Poussassa.
Mamelon.	Mamcloun.
Mamelu, ue.	Poussarut, uda.
Mameluk.	Mamelouck.
Mamour.	Mamour.

MAN

Manant.	Manant.
Mancelle.	Cadun-coulas.
Manche.	Manche.
Manche de couteau.	Manche de couteou.
Manche d'un gigot.	Cambajoun.
Manche.	Mancha.
Mancheron.	Esteva.
Manchette.	Mancheta.
Manchon.	Manchoun.
Manchot, otte.	Manchot, ota.
Manchot petit, oiseau.	Cabudeou.
Mandat.	Mandat.
Mandataire.	Mandatari.
Mandement.	Mandament.
Mandé, ée.	Mandat, ada.
Mander.	Mandar.
Mandille.	Mandrilha.
Mandole.	Cagarel.
Mandoline.	Mandolina.
Mandoline à long manche.	Ginjarra.
Mandoline, gratter la.	Founfouniar.
Mandore.	Mandora.
Mandragore.	Mandrigoula.
Maudrin.	Mandri, Mandrin.
Manège.	Manege.
Mânes.	Manos.
Manganèse.	Manganeso.
Mangeable.	Mangeable, abla.
Mangeaille.	Mangealha.
Mangeoire.	Grupi, Crupia.
Mangeoire, se mettre à la.	Agrupiar se.
Mangé, ée.	Mangeat, ada.
Manger.	Mangear.
Manger avec avidité.	Papar.
Manger, grand desir de.	Petega.
Mangerie.	Mangearia.
Mangeur, euse.	Mangeaire, arela.
Mangeure.	Mangeadura.
Maniable.	Maniable, abla.
Maniaque.	Maniaque, aca.
Manicle. V. Manique.	
Manie.	Mania.
Manié, ée.	Manegeat, ada.
Maniement.	Manegeament.
Manier.	Manegear.
Manière.	Maniera.
Maniéré, ée.	Manierat, ada.

Manifestation.	Manifestation.
Manifeste.	Manifesto.
Manifeste, adj.	Manifeste, esta.
Manifestement.	Manifestament.
Manifesté, ée.	Manifestat, ada.
Manifester.	Manifestar.
Manigance.	Manigança.
Manigancer.	Manigançar.
Manille.	Manilha.
Manipulation.	Manipulation.
Manipule.	Manipula.
Manipuler.	Manipular.
Manique.	Manicla.
Manivelle.	Manivela.
Manne, suc.	Mana.
Manne, panier.	Gourbin, Banasta.
Manne petite.	Banastoun.
Mannequin.	Manequin.
Manœuvre.	Manobra.
Manœuvrer.	Manuvrar.
Manouvrier.	Journalier.
Manon, n. pr.	Marieta.
Manosquin, inc.	Manosquin, ina.
Manque.	Manca.
Manquement.	Mancament.
Manquer.	Mancar.
Manie oratoire.	Manta, Prega-diou.
Mante, vêtement.	Manta.
Manteau.	Mantel, Manteou.
Mantelet.	Mantelet.
Manuel, elle.	Manuel, ela.
Manuellement.	Manuelament.
Manufacture.	Manufactura.
Manufacturier.	Manufacturier.
Manumission.	Manumissio, vl.
Manuscrit, ite.	Manuscrit, ita.

MAP

Mappemonde.	Mapamonda.

MAQ

Maque.	Bregoun.
Maqué, ée.	Bregounat, ada.
Maquer.	Bregounar.
Maquereau, elle.	Macareou, Roufian.
Maquereau, poisson.	Auruou.
Maquereau bâtard.	Suvereou.
Maquereau petit.	Cavaluca, Couguou.
Macarellage.	Macarelagi.
Maquignon.	Maquignoun.
Maquignonnage.	Maquignounagi.
Maquignonner.	Maquignounar.

MAR

Marabout.	Marabout.
Maraicage.	Sagna, Palun.
Marais.	Id.
Marais desséché.	Palun.
Marasme.	Secaressa.
Marasquin.	Marasquin.
Marâtre.	Mairastra.
Maraud, aude.	Marod, oda.
Maraudage.	Marodagi.
Maraude.	Maroda.
Marauder.	Marodar.
Maraudeur.	Marodur.
Maravédis.	Maravedis.
Marbre.	Marbre.
Marbré, ée.	Marbrat, ada.

Marbrer.	Marbrar.
Marbreur.	Marbrur.
Marbrier.	Marbrier.
Marbrière.	Marbriera.
Marbrure.	Marbrura.
Marc, n. pr.	Marc.
Marc, poids.	Marc.
Marc, résidu.	Pasteou.
Marc de la noix.	Pastilhoun.
Marc des olives.	Caca.
Marc du raisin.	Destregnada.
Marc du miel.	Boudousca.
Marcassin.	Marcassin.
Marcassite.	Marcassita.
Marcel, n. pr.	Marcel.
Marcellin, n. pr.	Marcelin.
Marchand, ande.	Marchand, anda.
Marchand petit.	Marchandoun.
Marchand qui achète le marc de la cire.	Boudousclier.
Marchandé, ée.	Marchandat, ada.
Marchander.	Marchandar.
Marchandise.	Marchandisa.
Marchantie protée.	Herba doou fege.
Marche.	Marcha.
Marche, vas.	I, Arri.
Marche d'un escalier.	Escalier.
Marché.	Marchat, Pacha.
Marchés, qui fait faire les.	Pachaire.
Marché, conclure un.	Pachar.
Marché petit.	Pachola.
Marché de bœufs.	Boaria, 3.
Marche-pied.	Marcha-ped.
Marcher.	Marchar.
Marcheur, euse.	Caminaire, arela.
Narcien, n. pr.	Marcian.
Marcotte.	Margota.
Marcotter.	Margotar.
Mardi.	Dimars.
Mare.	Sagnas.
Maréeage.	Palun.
Marécageux, euse.	Marecageous, ousa.
Maréchal.	Manechau.
Maréchal ferrant.	Id.
Maréchal de camp.	Marechal de camp.
Matéchale.	Marechala.
Maréchaussée.	Marechaussea.
Marée.	Marea.
Marelle.	Marrelas.
Marge.	Margea.
Margelle.	Petral.
Marger.	Margear.
Marginal, ale.	Marginal, ala.
Margot.	Agassa.
Margouillis.	Margouilhis.
Marguerite, n. pr.	Margarida, Dida.
Marguerite grosse.	Didassa.
Marguerite grande, fleur.	Margarideta granda.
Marguillier.	Marguilhier.
Mar, n. pr.	Mari.
Marii.	Marit.
Mariable.	Maridadour, ouira.
Mariage.	Mariagi.
Marieanne, n. pr.	Mariana.
Marie, n. pr.	Maria.
Marie-chiffon.	Escamandra.
Marie-salope.	Maria salopa.
Marié, ée.	Maridat, ada.
Mariée nouvelle.	Novi.
Mariée, petite nouvelle.	Noubieta.
Marieur, euse.	Mariaire, arela.
Marin, ine.	Marin, ina.
Marinade.	Marinada.
Marine.	Marina.
Mariné, ée.	Marinat, ada.
Mariner.	Marinar.
Marinier.	Marinier.
Marionnette.	Mariouneta.
Marital, ale.	Marital, ala.
Maritalement.	Maritalament.
Maritime.	Maritime, ima.
Marius, n. pr.	Marius.
Marjolaine.	Majurana.
Marmaille.	Marmalha.
Marmelade.	Marmelada.
Marmite.	Marmita, oula.
Marmite petite.	Ouleta.
Marmite de fer fondu.	Brounzin.
Marmiton.	Marmitoun.
Marmonner.	Marmoutiar.
Marmot.	Marmot.
Marmotte.	Marmota.
Marmotter.	Marmoutiar.
Marmouset.	Marmouset.
Marnage.	Marnage.
Marne.	Marna.
Marne-Haute, départ.	Marna-Auta.
Marner.	Marnar.
Marneux, euse.	Marnous, ousa.
Marnière.	Marniera.
Maroquin.	Marrouquin.
Maroquiner.	Marrouquinar.
Marotte.	Marota, Tifou.
Maroufle.	Maroufle.
Marque.	Marca.
Marque pour marquer avec de la poix.	Pegadour.
Marqué, ée.	Marcat, ada.
Marquer.	Marcar.
Marqueterie.	Marquetagi.
Marquette.	Pan, 34.
Marqueur.	Marcaire.
Marquis.	Marquis.
Marquisat.	Marquisat.
Marquise.	Marquisa.
Marquoir.	Marca.
Marraine.	Mairina.
Marron.	Marroun, Castagnola.
Marronnier.	Marrounier.
Marrube blanc.	Bouen riblet.
Marrube noir.	Marrible.
Mars.	Mars.
Mars les.	Marsenc.
Marseillais, aise.	Marselhes, esa.
Marsiliane.	Marselhana.
Marsouin.	Marsouin.
Martagon.	Martagoun.
Marte.	Marta.
Marteau.	Martel, Marteou.
Marteau de pompe.	Martel de poumpa.
Marteau petit.	Martelet.
Marteau à aire pour la faux.	Marteliera.
Martelage.	Martelagi.
Martelé, ée.	Martelat, ada.
Marteler.	Martelar.
Martelet.	Martelet.
Marteline.	Mortelina.
Marthe, n. pr.	Martha.
Marthe, jeune ou petite.	Martroun.
Martial, n. pr.	Martial.
Martin, n. pr.	Martin.
Martin-pêcheur.	Bluret.
Martin-vit.	Mounet-viou.
Martinet grand.	Martinet.
Martinet pêcheur.	Bluret.
Martinet à ventre blanc.	Barbeiroou pics blanc.
Martinet noir.	Martinet, 3.
Martingale.	Martingala.
Martinien, n. pr.	Martinian.
Martre.	Martra.
Martyr, yre.	Martyr, yra.
Martyre.	Martyri.
Martyrisé, ée.	Martyrisat, ada.
Martyriser.	Martyrisar.
Martyrologe.	Martyrologo.

MAS

Mascarade.	Mascarada.
Mascaret.	Mascaret.
Masculin, ine.	Masculin, ina.
Masmudine.	Masmudina.
Masque.	Masca.
Masqué, ée.	Mascat, ada.
Masquer.	Mascar.
Masquer se.	Mascar se.
Massacre.	Massacre.
Massacré, ée.	Massacrat, ada.
Massacrer.	Massacrar.
Massacrer se.	Massacrar se.
Massane.	Massana.
Masse.	Massa.
Masse carrier.	Bourra.
Masse petite.	Massela.
Masse d'eau.	Sagna.
Masse à feuille étroites.	Filousa.
Masse du jeu.	Massa.
Masse-pain.	Mossopan.
Massette.	Masseta.
Massette petite.	Sagnela.
Massette à larges feuilles.	Filoua.
Id.	Sagna.
Massicot.	Massicot.
Massier.	Massier.
Massif, ive.	Massif, iva.
Massue.	Massa.
Massue du jeu du mail.	Palamard.
Mastic.	Mastic.
Mastication.	Mastication.
Masticatoire.	Mastiquatori, vl.
Mastiqué, ée.	Masticat, ada.
Mastiquer.	Masticar.
Masure.	Charas, Masage.

MAT

Mat, ate.	Mat, ata.
Mat, aux échecs.	Mat.
Mât.	Mat.
Mât d'artimon.	Mejana.
Matador.	Matador.
Matafion.	Matafion.
Matamore.	Marjasso.
Matasse.	Maiassa.
Matassins, les.	Matouchina.
Maté, ée.	Matat, ada.
Matelas.	Matalas.

Matelas petit.	Matalassoun.
Matelasser.	Matalassar.
Matelassier.	Matalassier.
Matelot.	Matelot.
Matelote.	Matelota.
Matelote à la proven- çale.	Boulh-Abaissa.
Mater.	Amatar.
Mâter.	Matar.
Mâtereau.	Maturot.
Matérialisme.	Materialisme.
Matérialiste.	Materialisto.
Matériaux.	Materiaus.
Matériel, elle.	Materiel, ela.
Matériellement.	Materielament.
Maternel, elle.	Maternel, ela.
Maternellement.	Maternelament.
Maternité.	Maternitat.
Mathématicien.	Mathematicien.
Mathématique.	Mathematica.
Mathias, n. pr.	Mathias.
Mathilde, n. pr.	Mathilde.
Mathieu, n. pr.	Mathiou.
Mathusalem.	Mathusalem.
Matière.	Matiera.
Mâtin.	Mastin.
Matin.	Matin.
Matin, ce.	Dematin.
Matin, bien.	Matinet.
Matin, se lever.	Amatinar s'.
Matinal, ale.	Matinier, iera.
Matinée.	Matinada.
Matines.	Matinas.
Matineux, euse.	Matinier, iera.
Matir.	Matar.
Matois, oise.	Matois, oisa.
Matoiserie.	Finessa.
Matou.	Caturus, Matou.
Matras.	Matras.
Matricaire.	Matricari.
Matrice.	Matriça.
Matrice d'une truie.	Pourceliera.
Matricule.	Matricula.
Matrimonial, ale.	Matrimounial, ala.
Matrimonialement.	Matrimounialament.
Matrone.	Matrouna.
Maturatif, ive.	Maturatif, iva.
Maturation.	Maturacio, vl.
Mâture.	Matura.
Muturin, n. pr.	Maturin.
Maturité.	Maturitat.
Matutinal, ale.	Matutinal, ala.

MAU

Maubêche grise.	Cabidoula.
Maudire.	Maudire.
Maudit, ite.	Maudich, icha.
Maure, V. More.	
Maurelle.	Maureleta.
Maurettes.	Aiges.
Mauricaud, Voy. Moricaud.	
Mausolée.	Mausoleo.
Mauvais, aise.	Marrit, ida.
Mauvais ménage.	Mau-gouvert.
Mauvais sujet.	Marrias, assa.
Mauve.	Mauva.
Mauve crépue.	Espinarc d'Auvergna
Mauve grande.	Mauva.
Mauve petite.	Mauva pichota.
Mauve rose.	Passa rosa.

Mauve alcée.	Canebas, 2.
Mauviette.	Alooubeta.
Mauvis.	Tourdre siblaire.

MAX

Maxime, n. pr.	Maime.
Maxime.	Maxima.
Maximin, n. pr.	Maissimin.
Maximilien.	Maximilien.
Maximum.	Maximum.

MAY

Mayenne, dép. de la.	Mayena.

MAZ

Mazette.	Maseta.

ME

Me.	Me, mi.

MEC

Mécanicien.	Mecanicien.
Mécanique.	Mecanica.
Mécanique, adj.	Mecanique, iea.
Mécaniquement.	Mecanicament.
Mécanisme.	Mecanisme.
Méchamment.	Mechamment.
Méchanceté.	Mechancetat.
Méchant, ante.	Mechant, anta.
Mèche.	Mecha, Bled.
Mécher.	Mechar, Estubar.
Mécompte.	Mescompte.
Mécompter se.	Mescomptar se.
Méconium.	Pega.
Méconium, rendre le.	Pegar.
Méconnaître.	Mescounouisser.
Mécontent, ente.	Mecountent, enta.
Mécontentement.	Mécountentament.
Mécontenté, ée	Mecountentat, ada.
Mécontenter.	Mecountentar.
Mecque.	Meca.
Mécréant.	Mescreant.
Mécroire.	Mescreire.

MED

Médaille.	Medalha.
Médaille de pèlerin.	Magena.
Médaille, plante.	Herba de la routa.
Médaillier.	Medalhier.
Médailliste.	Medalhisto.
Médaillon.	Medalhoun.
Médar, n. pr.	Medar.
Médecin.	Medecin.
Médecine.	Medecina.
Médeciné, ée.	Medecinat, ada.
Médeciner.	Medecinar.
Médiateur, trice.	Mediatour, triça.
Médiation.	Mediation.
Médical, ale.	Medical, ala.
Médicament.	Medicament.
Médicamenter.	Medicamentar.
Médicinal, ale.	Medicinal, ala.
Médiocre.	Mediocre, ocra.
Médiocrement.	Mediocrament.
Médiocrité.	Mediocritat.

Médire.	Medire, Mau parlar.
Médisance.	Medisença.
Médisant, ante.	Medisent, enta.
Méditatif, ive.	Medflatif, iva.
Méditation.	Meditation.
Médité, ée.	Meditat, ada.
Méditer.	Meditar.
Méditerranée.	Mediterranea.
Medullaire.	Medullar, vl.

MEF

Méfait.	Maufach.
Méfiance.	Mesfiança.
Méfiant, ante.	Mesfiant, anta.
Méfier se.	Mesfisar se.

MEG

Mégarde, par.	Mesgarda per.
Mégère.	Megera.
Megle ou Meigle.	Magau.
Mégissier.	Blanchier.

MEI

Meilleur, eure.	Milhour, oura.

MEL

Mélampyredesforêts.	Coua de reinard.
Mélancolie.	Melancoulia.
Mélancolique.	Melancouliqus, ica.
Mélange.	Melangi.
Mélange de choses mal assorties.	Pacholot.
Mélanger.	Mesclar.
Mélanie, n. pr.	Melania.
Mélasse.	Melassa.
Mêlée.	Mescla.
Mêlé, ée.	Mesele, escla.
Mêler.	Mesclar.
Melet.	Sauclet.
Melette.	Meleta.
Mélèze.	Mele.
Mélèze, feuille du.	Pinovfa.
Mélèze, bois de.	Mearounia.
Mélilot.	Melilot.
Mélilot blanc.	Mounseigna.
Mélinet à petites fleurs.	Chaur de chabra.
Mélisse.	Melissa.
Mélisse calament.	Calament.
Mélodie.	Meloudia.
Mélodieusement.	Meloudiousament.
Mélodieux, euse.	Meloudious, ousa.
Mélodrame.	Melodramo.
Mélomane.	Meloumano.
Mélomanie.	Meloumania.
Melon.	Meloun.
Melon verd.	Meloun d'aigua.
Melon d'eau.	Pasteca.
Melon d'Amérique.	Pasteou, 2.
Mélongène.	Maringeana.
Melonnier.	Melounier.
Melonnière.	Melouniera.
Melote.	Melota.

MEM

Mémarchure.	Entorsa.
Membrane.	Membrana.

Membraneux , euse. — Membranoux, ousa.
Membre. — Membre.
Membru, ue. — Membrat, ada.
Membrure. — Membrura.
Même. — Meme.
Mêmement. — Memament.
Memento. — Memento.
Mémoire. — Memoira, Memori.
Mémoire, faire perdre la. — Desmemouriar.
Mémoire, qui a perdu la. — Desmemouriat, ada.
Memorable. — Memorable, abla.
Mémoratif, ive. — Memoratif, ive.
Mémorial. — Memorial.

MEN

Menaçant, ante. — Menaçant, ante.
Menace. — Menaça.
Menacé, ée. — Menaçat, ada.
Menacer. — Menaçar.
Ménage. — Mainagi.
Ménagement. — Mainageament.
Ménager, ère. — Mainagier, iera,
Ménager. — Mainagiar.
Ménagerie. — Mainagaria.
Mendiant, ante. — Mandiant, ante.
Mendiants en général les. — Mandialha.
Mendicité. — Mandicitat.
Mendibule. — Mandibula.
Mendole. — Mendole.
Mené, ée. — Menat, ada.
Menée. — Menada.
Mener. — Menar.
Menestrel. — Menestrel.
Ménétrier. — Menestrier.
Meneur. — Menur.
Menne, n. pr, — Mene.
Menotte. — Maneta.
Menottes. — Manetas.
Mensonge. — Messongea.
Mensonger. — Messongier.
Menstruel, elle. — Mestrual, ala.
Menstrues. — Reglas.
Mental, ale. — Mental, ala.
Mentalement. — Mentalament.
Menteur, euse. — Mentur, usa.
Menthe. — Menta.
Meuthe de coq. — Tanarida.
Menthe pouliot. — Poulhot.
Menthe sauvage. — Mentastra.
Menthe verte. — Menta.
Mention. — Mention.
Mentionner. — Mentionar.
Mentir. — Mentir.
Menton. — Mentoun.
Mentonnet. — Mentounet.
Mentonnière. — Mentouniera.
Mentor. — Mentor.
Menu, ue. — Menut, uda, ua.
Menuaille. — Menudatha.
Menuet. — Menuet.
Menuise. — Poussiera.
Menuiserie. — Menuisaria.
Menuisier. — Menuisier.

MEP

Méprendre se. — Mesprendre se.
Mépris. — Mespres.

Méprisable. — Mesprisable, abla.
Méprise. — Mesprise.
Méprisé, ée. — Mesprisat, ada.
Mépriser. — Mesprisar.

MER

Mer. — Mar.
Mercantile. — Mercantilha.
Mercenaire. — Mercenari.
Mercerie. — Merceria.
Mercerot. — Marchandoun.
Merci. — Merci, Gramacis.
Merci, pères de la. — Merci, pères de la.
Mercier, ière. — Mercier, iera.
Mercier petit. — Bic, Bicareou.
Mercredi. — Dimecres.
Mercure. — Mercuro.
Mercure sublimé doux. — Mercuro-doux.
Mercuriale, plante. — Mercuriau.
Mercuriale. — Escalustrada.
Mercuriel, elle. — Mercuriel, ela.
Merdaille. — Merdalha.
Merde. — Merda.
Merdeux, euse. — Merdous, ousa.
Mère. — Maire.
Mère grand. — Maire grand.
Mère laine. — Esquinau.
Mère, qui ne peut quitter sa. — Ameirassit, ida.
Mère, bonne petite. — Maireta.
Mérelle. — Mavrelas.
Méridien. — Meridien.
Méridienne. — Meridiena.
Méridienne, sommeil. — Dormida.
Méridional, ale. — Meridional, ala.
Meringue. — Meringa.
Mérinos. — Merinos.
Mérise. — Agruffion.
Mérisier. — Mcrisier.
Mérisier à grappes. — Amaruvier.
Méritant, ante. — Meritant, anta.
Mérite. — Merite, Meriti.
Mériter. — Meritar.
Méritoire. — Meritoiro, ara.
Méritoirement. — Meritoirament.
Merlan. — Merlan.
Merlan de la Méditerranée. — Marlus.
Merle. — Merle.
Merle jeune. — Merloun.
Merle femelle. — Merlata.
Merle d'eau. — Merle d'aigua.
Merle à gorge noire. — Merlou de Mountagna.
Merle à plastron blanc. — Coularet.
Merle couleur de rose. — Merlou couleur de rosa
Merle solitaire. — Passa soulitaria.
Merle pâle. — Merlou rouge.
Merle de roche. — Coua roussa mountagnarda.
Merle de Nauman. — Merlou rous.
Merluche. — Marlussa.
Mairrain. — Mairan.
Mérou. — Merou.
Mérule chanterelle. — Girbouleta.
Merveille. — Mervelha.
Merveille, faire. — Faire l'emperi.
Merveilles, les sept. — Mervelhas leis sept.
Merveilleusement. — Mervelhousament.
Merveilleux, euse. — Mervelhous, ousa.

MES

Mes. — Mous, Mas, Meis.
Mésalliance. — Mesalliança.
Mésallier. — Mesalliar.
Mésallier se. — Se mesalliar.
Mésange bleue. — Guingarroun.
Mésange charbonnière. — Sarralhier.
Mésange penduline. — Debassiaire, 2. Canari sauvage.
Mésange petite charbonière des marais. — Lardiera.
Mésange à longue queue. — Lardeirounet.
Mésarriver. — Mesarrivar.
Mésestimer. — Mesestimar.
Mésintelligence. — Mesentelligença.
Mesquin, ine. — Mesquin, ina.
Mesquinement. — Mesquinament.
Mesquinerie. — Mesquinaria.
Message. — Messagi.
Messager, ère, — Messagier, iera, messageria.
Messagerie. —
Messe. — Messa.
Messe de mort. — Bendire.
Messes, trente. — Trentenari.
Messidor. — Messidor.
Messie. — Messio.
Messier. — Banier.
Messire. — Messiro.
Mesurable. — Mesurable, abla.
Mesurage. — Mesuragi.
Mesure. — Mesura.
Mesure, avec. — Mesuradament.
Mesure du bois. — Sicle, d. bas lim.
Mesure du vin. — Pagela.
Mesure petite. — Mesuroun.
Mesuré, ée. — Mesurat, ada.
Mesuré à la canne. — Canegeat, ada.
Mesurer. — Mesurar.
Mesurer , au jeu de boules. — Boular.
Mesurer à la canne. — Canegear.
Mesurer se. — Mesurar se.
Mesureur. — Mesuraire.

MET

Métairie. — Mas.
Métal. — Metal.
Métalepse. — Methalensis, vl.
Métallique. — Metallique, ica.
Métallurgie. — Metallurgia.
Métamorphose. — Metamorphosa.
Métamorphosé, ée. — Metamorphosat, ada.
Métamorphoser. — Metamorphosar.
Métaphore. — Metaphora.
Métaphorique. — Metaphorique, ica.
Métaphoriquement. — Metaforicament, adv.
Métaphysicien. — Metaphysicien.
Métaphysique. — Metaphysica.
Métaphysiquement. — Metaphysicament.
Métastase. — Metastasa.
Métathèse. — Methatesa.
Métayer, ère. — Masier, iera.
Méteil. — Mitadier.
Métempsycose. — Metempsycosa.
Météore. — Meteoro.
Météoriser se. — Entreoular s'.

Météorisme.	Gounflugi.
Méthacisme.	Methacisme, vl.
Méthode.	Methoda.
Methodique.	Methodique, ica.
Méthodiquement.	Methodicament.
Métier.	Mestier.
Métier à tisser.	Telier.
Métier deviné	Devina costa.
Métier petit.	Mesteiret.
Métis, isse.	Metis, issa.
Métonymie.	Metonymia.
Mètre.	Metro.
Métrique.	Metrique, ica.
Métropole.	Metropola.
Métropolitain.	Metropolitan.
Méts.	Vioures.
Mettre.	Mettre, Boutar.
Mettre se.	Mettre se.
Méture.	Mestura.

MEU

Meuble.	Muble.
Meublé, ée.	Mublat, ada.
Meubler.	Mublar.
Meubler se.	Mublar se.
Meule.	Peira de moulin.
Meulière.	Peiriera.
Meunier.	Moounier.
Meunier, poisson.	Aineou.
Meunier, oiseau.	Bluret.
Meurtre.	Murtre.
Meurtrier.	Murtrier.
Meurtrier, ère.	Murtrier, iera.
Meurtrière.	Aubarestiera.
Meurtrir.	Murtrir.
Meurtrissure.	Macadura.

MI

Mi.	Mi, Miech.
Mi, Mus.	Mi.
Mi-chemin.	Mie-camin.

MIA

Miaulement.	Miaular lou.
Miauler.	Miaular.

MIC

Miche.	Micha.
Mic-mac.	Mic-mac.
Micocoule.	Falabrega.
Micocoulier.	Falabreguier.
Microcosme.	Microcosmo.
Micromètre.	Micrometro.
Microscope.	Microscopo.

MID

Midi.	Miejour.
Midi, faire le repos ou le repas de.	Miejournar.
Midi, le côté du.	Adrech.
Midi, petit champ au.	Adrechoun.
Midi, gros mauvais champ au.	Adrechas.

MIE

Mie.	Moudela.
Miel.	Meou.

Miel rosat.	Meou rousat.
Miélat.	Mealada.
Mielleux, euse.	Mielous, Mearous, ousa.
Mien, enne.	Miou, ouna.
Miette.	Briga, Brisa.
Miette petite.	Brigueta.
Mieux.	Mies.

MIG

Mignard, arde.	Mignard, arda.
Mignarder.	Mignardar.
Mignardise.	Mignardisa.
Mignardise, fleur.	Mignouneta.
Mignon, onne.	Mignoun, ouna.
Mignonne.	Mignouna.
Mignonnette.	Mignouneta,
Mignoter.	Mignoutar.
Migraine.	Migrana.

MIJ

Mijaurée.	Mijourada.

MIL

Mil.	Mila.
Mil, plante.	Melh.
Milan royal.	Milan.
Milan de mer.	Beluga, Gallina, 2.
Milandre.	Pal.
Milanais.	Milanes.
Milice.	Miliça.
Milicien.	Milicien.
Milieu.	Mitan.
Militor.	Militar.
Mille.	Mila.
Mille, distance.	Milo.
Mille-feuille.	Herba de mille fuelha.
Mille pertuis.	Herba de l'oli rouge.
Mille-pieds.	Galera.
Millerole.	Milheirola.
Millésime.	Millesime.
Millet.	Melh.
Millet des balais.	Melhassa.
Millet des oiseaux.	Melh pichot.
Millet livre. V. Esto- mac.	Maufuelha.
Milliard.	Milliard.
Milliasse.	Milliassa.
Millième.	Millieme, ema.
Millier.	Millier.
Millimètre.	Millimetro.
Million.	Million.
Millionième.	Millionieme, ema.
Millionaire.	Millionari, aria.
Milloin, canard.	Biris.
Milord.	Milord.

MIN

Minable.	Minable, abla.
Minauderies.	Minganelas.
Mince.	Mince, inça,
Mince-très.	Minsoulin.
Mine, figure.	Mina.
Mine petite.	Minouna.
Mine grosse.	Minassa.
Mine, amas de.	Mina.
Mine, mesure.	Esmina.
Minéral.	Matiera.

Minéral, ale.	Mineral, ala.
Minéral.	Minerau.
Minéralogie.	Mineralougia.
Minéralogiste.	Mineralougisto.
Minerve.	Minerva.
Minet, ette.	Minet, eta.
Mineur.	Minur.
Mineur, mus.	Minour.
Mineur, eure.	Minour, oura.
Mineurs, frères.	Minours, freros.
Miniature.	Mignatura.
Minière.	Miniera.
Minime.	Minime, ima.
Minime.	Minime.
Minimé, ée.	Minimat, ada.
Minimer.	Minimar.
Minimum.	Minimum.
Ministère.	Ministeri.
Ministériel, elle.	Ministeriel, ela.
Ministériellement.	Ministerielament.
Ministre.	Ministre.
Minium.	Minium.
Minois.	Minois.
Minon.	Minoun.
Minorité.	Minourital.
Minot.	Minot.
Minuit.	Miegea-nuech.
Minuscule.	Minusculo, ula.
Minute.	Minuta.
Minuter.	Minutar.
Minutes des notaires.	Brevas.
Minutie.	Minutia.
Minutieux, euse.	Minutious, ousa.

MIR

Mirabelle.	Mirabelet, vl.
Miracle.	Miracle.
Miracles, faire des.	Miraclar.
Miraculeusement.	Miraculousament.
Miraculeux, euse.	Miraculous, ousa.
Mirage.	Miragi.
Mire.	Mira.
Mirer.	Amirar.
Mire juste, qui.	Amiraire.
Mirmidon.	Mirmidoun.
Miroir.	Mirau.
Miroir petite.	Miralhet.
Miroir de Venus.	Bluret.
Miroiterie.	Mirautaria.
Miroitier.	Mirautier.

MIS

Misanthrope.	Misanthropo.
Misanthropie.	Misanthropia.
Mise.	Misa.
Mise, mettre sa.	Misar.
Mise de savonnerie.	Misa de sabounaria.
Misérable.	Miserable, abla.
Misérable grand.	Miserablas.
Misérablement.	Miserablament.
Misère.	Misera.
Misérère.	Miserere.
Miséricorde.	Misericorda.
Miséricordieux, euse.	Misericordious, ousa.
Missel.	Missau.
Mission.	Mission.
Missionnaire.	Missionnari.
Mistral.	Mistral, Mistrau.
Mistral, coup de.	Mistralada.
Mistral violent.	Mistraras, lisez Mis- tralas.

MIT

Mitaine.	Mitenas.
Mite.	Ciroun.
Mite de fromage.	Frion.
Mitilaine de provençe.	Chic-ourdinari.
Mitonné, ée.	Mitounat, ada.
Mitonner.	Mitounar.
Mitonner se.	Mitounar se.
Mitoyen, enne.	Mejan, ana.
Mitraille.	Mitralha.
Mitrailler.	Mitralhar.
Mitre.	Mitra.
Mitre, n. pr.	Mitre.
Mitré, ée.	Mitrat, ada.
Mitron.	Mitroun.

MIX

Mixte.	Mixte, ista.
Mixtion.	Mixtio, vl.
Mixture.	Mistura.

MNE

Mnémonique.	Mnemouniça.

MOB

Mobile.	Moubile, ila.
Mobilier, ière.	Moubilier, iera.
Mobilisé, ée.	Moubilisat, ada.
Mobiliser.	Moubilisar.
Mobilité.	Moubilitat.

MOD

Mode.	Moda.
Mode, gram.	Moda.
Modèle.	Moudele.
Modeler.	Moudelar.
Modération.	Mouderation.
Moderé, ée.	Mouderat, ada.
Modérément.	Mouderament.
Modérer.	Mouderar.
Modérer se.	Mouderar se.
Moderne.	Mouderne, erna.
Modeste.	Modeste, esta.
Modestement.	Modestament.
Modestie.	Modestia.
Modification.	Modification.
Modifié, ée.	Modifiat, ada.
Modifier.	Modifiar.
Modique.	Moudique, ica.
Modiquement.	Escassament.
Modulation.	Modulation.
Module.	Modulo.
Modulé, ée.	Modulat, ada.
Moduler.	Modular.
Modure.	Carrou.

MOE

Moelle.	Mouila, Meoulha.
Moelleux, euse.	Meoulhous, ousa.
Moellon.	Peira rassiera.
Mœurs.	Murs.

MOF

Moffette.	Moufeta.

MOI

Moi.	Iou.
Moignon.	Mougnoun.
Moinaille.	Mouinilho.
Moindre.	Mendre, dra.
Moine.	Mouine.
Moine bourru.	Barban.
Moine, se faire.	Amongar, vl.
Moineau franc.	Passerart.
Moineau à queue blan-	
che.	Passera blanca.
Moineau de mer.	Barbua.
Moineau de montagne.	Friquet.
Moinillon.	Mounilhoun.
Moins.	Mens.
Moins au.	Aumens.
Moire.	Moira.
Moiré, ée.	Moirat, ada.
Moirer.	Moirar.
Mois.	Mes.
Mois, durée d'un.	Mesada.
Moïse.	Moiso.
Moisi, ie.	Mousit, ida, ia.
Moisir.	Mousir.
Moisir se.	Mousir se.
Moison.	Bisoc.
Moissine.	Carguela, Mouissina.
Moisson.	Meissoun.
Moissonné, ée.	Meissounat, ada.
Moissonner.	Meissounar.
Moissonneur, euse.	Meissounier, iera.
Moite.	Remilhat, ada.
Moitié.	Mitat, Miech.

MOK

Moka.	Moka, suppl.

MOL

Mol, olle.	Mol, ola, Mouel, ela.
Molaire.	Moulari.
Môle.	Mola.
Molécule.	Moulecula.
Molène.	Boulhoun-blanc.
Molestation.	Molestation.
Moleste.	Moleste, esta.
Molesté, ée.	Molestat, ada.
Molester.	Molestar.
Molette.	Cuerla.
Molinisme.	Moulinisme.
Molinosisme.	Moulinousisme.
Molasse.	Molas, assa.
Molesse.	Molessa
Mollet.	Cardilaga.
Mollet.	Bouteou.
Molleton.	Molletoun.
Mollifier.	Mollificar, vl.
Molybdène.	Molybdeno.

MOM

Moment.	Moument.
Moment petit.	Moumentoun.
Momie.	Moumia.

MON

Mon.	Moun.
Monacaille.	Mouinilha.

Monarchie.	Mounarchia.
Monarchique.	Mounarchique, ica.
Monarchiquement.	Mounarchicament.
Monarque.	Mounarco.
Monastère.	Mounastero.
Monastique.	Mounastique, ica.
Monceau.	Mouloun, Cucha.
Monceau gros.	Cuchounas.
Monceau petit.	Cuchounet.
Mondain, aine.	Moundan, ana.
Monde.	Mounde.
Mondé, ée.	Moundat, ada.
Monder.	Moundar.
Monique, n. pr.	Mounica.
Moniteur.	Mounitour.
Monition.	Monition, vl.
Monitoire.	Mounitori.
Monnaie.	Mouneda.
Monnaie, changer une	
pièce d'or ou d'ar-	
gent pour de la.	Esmounedar.
Monnaie petite.	Mounedalha.
Monnayeur.	Mounedaire.
Monnieux.	Mouniou.
Monistrol.	Mounistroou.
Monocorde.	Monocorda, suppl.
Monogramme.	Monograma.
Monologue.	Monologo.
Monopole.	Manopolo.
Monosyllabe.	Monosyllaba.
Monotone.	Monotono, ona.
Monoyère.	Herba deis escuts.
	Herba doou tronc.
Mons.	Mons.
Monseigneur.	Mounsignour.
Monseigneuriser.	Mounsegnourisar.
Monsieur.	Moussur.
Monsieur jeune.	Moussurot.
Monstre.	Mouestre.
Monstrueux, euse.	Moustruous, usa.
Monstruosité.	Mounstruousitat.
Mont.	Mont, Mount.
Mont-aigu.	Piech-agut.
Mont-haut.	Piech-haut.
Mont-ventoux.	Piech-aurous.
Montage.	Mountagi.
Montagnard, arde.	Mountagnard, arda.
Montagne.	Mountagna.
Montagne pelée.	Caumoun.
Montagne moyenne.	Pie-mejan.
Montagne grosse.	Pujoulas.
Montagneux, euse.	Mountagnous, ousa.
Montain.	Quinsoun gavouet.
Montée.	Montada.
Monter.	Mountar.
Monticule.	Mountet.
Montjoie.	Monjoya.
Montoir.	Mountadour.
Montre.	Mouestra.
Montré, ée.	Moustrat, ada.
Montrer.	Moustrar.
Montrer publique-	
ment.	Abarnar.
Montueux, euse.	Mountuous, ousa.
Monture.	Mountura.
Monument.	Mounument.
Monumental, ale.	Mounumental, ala.

MOQ

Moque.	Mocca, Cau de moouta.
Moquer se.	Goualhar, Truffar se.

14

Moquerie.	Goualha, Trufaria.
Moquette.	Mouqueta.
Moqueur.	Moucaire, Trufaire.

MOR

Morailles.	Mourralhas.
Moraillon.	Mourralhoun.
Moral, ale.	Moural, ala.
Morale.	Mourala.
Moralement.	Mouralament.
Moraliser.	Mouralisar.
Moraliste.	Mouralisto.
Moralité.	Mouralitat.
Morbihan, dép. du.	Morbihan.
Morceau.	Mouceou, Moucel.
Morceau gros.	Moucelas.
Morceau petit.	Moucelet.
Morceler.	Moucelar.
Mordant, ante.	Mordent, enta.
Mordant.	Mordent.
Mordicus.	Mordicus.
Mordiller.	Machegear.
Mordre.	Mordre.
Mordu, ue.	Mordut, uda, ua.
More.	Mourou.
Morelle.	Maureleta.
Morelle.	Diable de mar.
Moresque.	Mouresca.
Morfil.	Mourfiou.
Morfondement.	Mourfoundament.
Morfondre se.	Mourfoundre se.
Morfondu, ue.	Mourfoundut,uda,ua
Morfondure.	Mourfoundament.
Morgeline moyenne.	Paparuda.
Morgue.	Morga.
Morguer.	Mourgar.
Moribond, onde.	Mouribound, oundá.
Moricaud, aude.	Mouret, eta, Moricot.
Morigéner.	Moriginar.
Morille.	Mourilha.
Morillon.	Mourilhoun.
Morne.	Morne.
Morne.	Morne, orna.
Mornifle.	Moustachoun.
Mormyrot.	Morme.
Morphée.	Morpheo.
Morphine.	Morphina, suppl.
Morpion.	Peoulh-court.
Mors.	Mors.
Morsure.	Morsura, Mordidura.
Mort.	Mort, Mouert.
Mort, orte.	Mort, ta.
Mort, jeune.	Mortoun.
Mort tragique.	Malamort.
Mortaise.	Mourtesa.
Mortaise, faire des.	Mourtesar.
Mortalité.	Mortalitat.
Mortel, elle.	Mortel, ela.
Mortellement.	Mortelament.
Mortier.	Mourtier.
Mortier corroyé, tas de.	Pastoul.
Mortifiant, ante.	Mortifiant, anta.
Mortification.	Mortification.
Mortifié, ée.	Mortifiat, ada.
Mortifier.	Mortifiar.
Mortifier se.	Mortifiar se.
Mortuaire.	Mortuari.
Mortuaire, drap.	Mortuorum.
Morue.	Marlussa.
Morue sèche.	Bacalhau.
Morue capelan.	Capelan, 4.
Morve.	Mourvel, Mourveou.
Morve, maladie.	Morva.
Morveau.	Mourveou.
Morvède.	Morvede.
Morveux, euse.	Mourvelous, ousa.
Morveux, petit.	Merdalhoun.

MOS

Mosaïque.	Mousaica.
Mosquée.	Mousqueta.

MOT

Mot.	Mot.
Motet.	Moutet.
Motif.	Moutif.
Motion.	Moution.
Motivé, ée.	Moutivat, ada.
Motiver.	Moutivar.
Motte.	Mouta.
Motte grosse.	Moutassa.
Mottes, couvert de.	Moutous, ousa.
Motteux.	Cuou-blanc.
Motureau.	Moutureou.
Motus.	Motus.

MOU

Mou, molle.	Mol, ola, Mouel.
Mou de bœuf.	Courada.
Mou de veau, etc.	Leou.
Mouchard.	Mouchard.
Mouche.	Mousca.
Mouche, jeu de la.	Barlambastit.
Mouches, les en géné-ral.	Moussalha.
Mouche de la viande.	Mousca de la vianda.
Mouche cœsar.	Mousca de la merda.
Mouches.	Lustres.
Moucher.	Moucar.
Moucher se.	Moucar se.
Moucherolle.	Mousquilhoun.
Moucheron.	Mouissoun.
Moucherons, les, en gé-néral.	Mousquitalha.
Mouchet.	Chic-d'avaus.
Moucheté, ée.	Mouchetat, ada.
Moucheter.	Mouchetar.
Mouchettes.	Mouchetas.
Moucheture.	Mouchetura.
Mouchoir.	Mouchaire.
Moudre.	Moourre, Mouerrer.
Moue.	Beba, Mina.
Mouette d'hiver.	Gabian mugiliera.
Mouette rieuse aux pieds rouges.	Fumet, 4.
Mouette petite, cen-drée.	Gabian.
Mouette blanche, grande.	Banella.
Mouette aux pieds bleus.	Fumet, 2.
Mouette blanche.	Fumet, 1.
Mouette rieuse.	Fumet, 3.
Moufle.	Moufla, suppl.
Moufflard, arde.	Gautarul, uda, ua.
Mouillage.	Moulhagi.
Mouillé, ée.	Bagnat, ada.
Mouiller.	Bagnar.
Mouiller se.	Bagnar se.
Mouille à la fois, ce qu'on.	Bagnada.
Mouillette.	Lesqueta.
Mouilloir.	Bagnoulet.
Mouillure.	Bagnadura.
Moulage.	Moulagi.
Moule.	Mouele.
Moule.	Muscle.
Moules, séparer les coquilles des.	Desclouscar.
Moulé, ée.	Moulat, ada.
Mouler.	Moular.
Mouler, mesurer du bois.	Pagelar.
Moulière.	Muscliera.
Moulin.	Moulin.
Moulin gros.	Moulinas.
Moulin petit.	Moulinet.
Moulin à foulon.	Paraire.
Moulin à tourille.	Moulina.
Moulinage.	Moulinagi.
Mouliné, ée.	Moulinat, ada.
Mouliner.	Moulinar.
Moulinet.	Moulinet.
Moulinet du chocolat.	Frisadour.
Moulinet, jeu d'enfant.	Revira-gaud.
Moulineur. } Moulinier. }	Moulinier.
Moult.	Moult, Molt, vi.
Moulure.	Moulura.
Mourant, ante.	Mourent, enta.
Mourir.	Mourir.
Mouron rouge.	Mourroun.
Mouron bleu.	Id.
Mouron des petits oiseaux.	Paparuda.
Mourre.	Mourre et Mourra.
Mousquet.	Mousquet.
Mousquelade.	Mousquetada.
Mousquetaire.	Mousquetari.
Mousqueterie.	Mousquetaria.
Mousqueton.	Mousquetoun.
Mousse.	Mouffa, Moussa.
Mousse de mer ou de Corse.	Mouffa de mar.
Mousse, mar.	Moussi.
Mousse de la chambre.	Cambroti.
Mousseline.	Mousselina.
Mousselinette.	Mousselineta.
Mousser.	Moussar.
Mousseux, euse.	Moussous, ousa.
Moussu, ue.	Mouffut, uda, ua.
Moustac.	Gafeta, 4.
Moustache.	Moustacha.
Moût.	Moust.
Moût, salir de.	Emmoustouire.
Moût, se salir de.	Emmoustouire se.
Moutarde.	Moustarda.
Moutarde sauvage.	Rabanela.
Moutarde des capu-cins.	Rafanela.
Moutardier.	Moustardier.
Mouton.	Moutoun.
Mouton gros.	Moutounas.
Mouton petit.	Moutounet.
Mouton malingre.	Rabat.
Mouton de Savoie à longue laine.	Ravas.
Mouton de deux ans.	Nouveou.
Mouton de cloche.	Basseguc.
Moutonné, ée.	Moutounat, ada.

Moutonner.	Moutounar.
Mouture.	Moouta.
Mouturer.	Mouturar.
Mouvable.	Mouvable, abla.
Mouvant, ante.	Mouvadis, issa.
Mouvement.	Mouvament.
Mouvoir.	Mooure, Mover, vl.
Mouvoir se.	Mooure se.

MOY

Moyen, enne.	Mouyen, ena.
Moyen.	Mouyen.
Moyennant.	Mouyenant.
Moyenner.	Mejansar.
Moyeu.	Boutoun de roda.
Moyeu.	Jaune d'uou.

MUA

Mu, ue.	Mougut, uda, ua.
Muable.	Mudable, abla.

MUC

Mucilage.	Mulilagi.
Mucilagineux, euse.	Mucilaginous, ousa.
Mucosité.	Mucousitat.

MUE

Mue.	Cas, Craumel.
Mue.	Muda.
Muer.	Mudar, Pooumiar.
Muet, ette.	Mut, uta.
Muet, rendu.	Amudil, ida.

MUF

Mufle.	Mufle.
Mufle de veau ou Mu-Tetarelas, Gula de flier.	loup.

MUG

Muge.	Mugeou.
Muge doré.	Daurin.
Muge à l'œil noir.	Palhoun.
Muge provençal.	Mugeou-carido ou sabounier.
Muge sauteur.	Flavetoun.
Muge volant.	Lendola.
Muge à grosses lèvres.	Labrut, 2.
Muges, pêche aux.	Mugiliera.
Mugir.	Mugir.
Mugissement.	Mugissament.
Muguet.	Muguet.
Muguet des bois.	Id.

MUI

Muid.	Muid.

MUL

Mulâtre.	Mulastre, astra.
Mule.	Mula.
Mule grosse ou laide.	Mulassa.
Mule petite.	Muleta.
Mulet.	Mul, Muou.
Mulet qui a le museau noir.	Bouchard.

Mulet qui a cinq ans passés.	Rafar.
Mulet châtain roux.	Roubin.
Muletier.	Mulatier.
Muletier qui loue ses œuvres.	Bigatier.
Mulot.	Rata-courta.
Multiple.	Multiple, ipla.
Multipliable.	Multipliable, abla.
Multiplicande.	Multiplicando.
Multiplicateur.	Multiplicatour.
Multiplication.	Multiplication.
Multiplicité.	Multiplicitat.
Multiplié, ée.	Multipliat, ada.
Multiplier.	Multipliar.
Multitude.	Multituda.

MUN

Municipal, ale.	Municipal, ola.
Municipalité.	Municipalitat.
Muni, ie.	Munit, ida, ia.
Munir.	Munir.
Munition.	Munition.
Munitionnaire.	Munitiounari.

MUQ

Muqueux, euse.	Mucous, ousa.

MUR

Mur.	Paret, Muralha.
Mur de terrasse.	Paret de faissa.
Mur à pierre sèche.	Acol.
Mûr, ûre.	Madur.
Mûr sur l'arbre.	Agibil, ida, ia.
Mûr, un peu.	Maduret.
Muraille.	Muralha.
Muraille petite.	Muralheta.
Mûre.	Amoura.
Mûre noire.	Amoura de malaut.
Mûre de buisson.	Amoura de bartas.
Mûre des chaumes.	Amoura de rastoul.
Muré, ée.	Murat, ada.
Mûrement.	Murament.
Murène.	Mourena.
Murène de Cassini.	Ulhassoun.
Murénophis sorcière.	Mourena, 2.
Murer.	Muralhar.
Mûri, ie.	Madurat, ada.
Muriate d'ammoniaque.	Salamouniac.
Muriate d'antimoine.	Buri d'antimoino.
Muriate corrosif de mercure.	Sublime corrosif.
Muriate de mercure oxygéné.	Id.
Mûrier blanc.	Amourier blanc.
Mûrier, variété.	Couloumbasseta.
Mûrier noir, variété.	Couloumb negre.
Mûrier multicaule.	Amouriernain.
Mûrier rouge.	Amourier rouge.
Mûrir.	Madurar.
Mûrir, propre à.	Maduraire.
Murmure.	Murmure.
Murmure des eaux.	Gourgoulh,
Murmurer.	Murmurar.

MUS

Musaraigne,	Musaragna.
Musard, arde.	Musaire, arela.
Musc.	Musc.
Muscadin.	Muscadin.
Muscardin.	Garri deis bouescs.
Muscardine.	Muscardina.
Muscari à loupet.	Barralets gros.
Muscari à grappes.	Barralets pichots.
Muscat.	Muscat.
Muscle.	Muscle.
Musclé, ée.	Musclat, ada.
Muse.	Musa.
Museau.	Mourre.
Musée.	Museo.
Muselière.	Mourralhoun.
Muser.	Musar.
Musette.	Museta.
Musical, ale.	Musical, ala.
Musicalement.	Musicalament.
Musicien, enne.	Musicien, ena.
Musique.	Musica.
Musiquer.	Musicar.
Musqué, ée.	Muscat, ada.
Musquer.	Muscar.
Musulman, ane.	Musulman, ana,
Mustèle.	Moustela, 2.

MUT

Mutabilité.	Mutabilitat.
Mutation.	Mutation.
Mutilation.	Mutilation.
Mutilé, ée.	Mutilat, ada.
Mutiler.	Mutilar.
Mutin, ine.	Mutin, ina.
Mutiner se.	Mutinar se.
Mutinerie.	Mutinaria.
Mutuel, elle.	Mutuel, ela.
Mutuellement.	Mutuelament.

MYO

Myope.	Myopo.
Myopie.	Myopia.

MYR

Myre.	Filas.
Myriagramme.	Myriagrammo.
Myriamètre.	Myrametro.
Myriare.	Myraro.
Myrobolan.	Myrobolan.
Myrrhe.	Myrrha.
Myrte.	Nerta.
Myrte de.	Nirtin, ina.
Myrtille.	Aiges.

MYS

Mystère.	Mysteri.
Mystérieusement.	Mysteriousament.
Mystérieux, euse.	Mysterious, ousa.
Mystification.	Mystification.
Mystifié, ée.	Mystifiat, ada.
Mystifier.	Mystifiar.
Mystique.	Mystique, ica.

MYT

Mythologie.	Mythologia.
Mythologique.	Mythologique, ica.

N

N.	*N.*

NAB

Nabot, ote.	*Nabot, ota, Nanet.*

NAC

Nacarat.	*Nacarat.*
Nacelle.	*Nacela.*
Nacre.	*Nacre.*
Nacré, ée.	*Nacrat, ada.*

NAD

Nadèle.	*Nalet, Neleg.*
Nadir.	*Nadir.*

NAF

Naffe.	*Nafa.*

NAG

Nage.	*Nada.*
Nagée.	*Nadada, Brassada.*
Nageoire.	*Ala, Nageoira.*
Nager.	*Nadar, Nedar.*
Nageur, euse.	*Nadaire, arela.*
Naguère.	*Avantierassa.*

NAI

Naïade.	*Naiadas.*
Naïf, ïve.	*Naif, iva.*
Nain, aine.	*Nanet, eta.*
Naissance.	*Naissença.*
Naissant, ante.	*Naissent, enta.*
Naître.	*Naisser.*
Naïvement.	*Naivament.*
Naiveté.	*Naivetat.*

NAN

Nankin.	*Nankin.*
Nankinette.	*Nankinet.*
Nannette, n. pr.	*Nanoun, eta.*
Nantais, aise.	*Nantes, esa.*
Nantir.	*Nantir.*
Nantir se.	*Nantir se.*
Nantissement.	*Nantissament.*

NAP

Napel.	*Estrangla loup.*
Naphte.	*Oli petroli.*
Naples.	*Naples.*
Napoléon, n. pr.	*Napoleon.*
Napoléoniste.	*Napoleonisto.*
Napolitain, aine.	*Napoulitan, ana.*
Nappe.	*Nappa.*

Narbonnais, aise.	*Narbounes, esa.*
Narcisse.	*Narcisso.*
Narcisse blanc.	*Pissauliech.*
Narcisse à bouquet.	*Mau de testa.*
Narcisse de Constantinople.	*Pissauliech, 2.*
Narcisse des poëtes.	*Dona.*
Narcisse des poëtes, faux.	*Troumpoun.*
Narcisse doré.	*Jaune d'or.*
Narcotique.	*Narcoutique, ica.*
Nargue.	*Narga.*
Narguer.	*Nargar.*
Narine.	*Narra.*
Narrateur.	*Narratour.*
Narration.	*Narration.*
Narré.	*Narrat.*
Narré, ée.	*Narrat, ada.*
Narrer.	*Narrar.*

NAS

Nasal, ale.	*Nasal, ala.*
Nasard.	*Nasard.*
Nasarde.	*Chica.*
Nasillard, arde.	*Narret.*
Nasiller.	*Nasilhar.*
Nasse.	*Nassa.*
Nasse d'osier.	*Bergat.*

NAT

Natal, ale.	*Natal, ala.*
Natalie, n. pr.	*Natalia.*
Natation.	*Nada.*
Natif, ive.	*Natif, iva.*
Nation.	*Nation.*
National, ale.	*Natiounal, ala.*
Nativité.	*Nativitat.*
Natte.	*Nata.*
Natte aux punaises.	*Punaisier.*
Nattier.	*Sagnier, Auffier.*
Naturalibus, in.	*Naturalibus, in.*
Naturalisation.	*Naturalisation.*
Naturalisé, ée.	*Naturalisat, ada.*
Naturaliser.	*Naturalisar.*
Naturaliste.	*Naturalisto.*
Naturalité.	*Naturalitat.*
Nature.	*Natura.*
Naturel, elle.	*Naturel, ela.*
Naturellement.	*Naturelament.*

NAU

Naufrage.	*Naufragi.*
Naufragé, ée.	*Naufrageat, ada.*
Naufrager.	*Naufragear.*
Naulage.	*Naulagi.*
Nausée.	*Mau de couer.*
Nautile papyracée.	*Biou doou pourpre.*
Nautonnier, ière.	*Nauchier, iera.*

Naval, ale.	*Naval, ala.*
Navée.	*Barcada.*
Navet.	*Naveou.*
Navette.	*Naveta.*
Navigable.	*Navigable, abla.*
Navigateur.	*Navigaire.*
Navigation.	*Navigation.*
Naviguer.	*Navigar.*
Navire.	*Nau, Vaisseou.*
Nazaire, n. pr.	*Sanari.*

NE

Ne, nég.	*Ni, Noun, Ne.*
Né, ée.	*Nat, ada.*

NEA

Néanmoins.	*Entandooumens.*
Néant.	*Neant.*

NEB

Nebuleux, euse.	*Neblous, ousa, Neblat, ada.*

NEC

Nécessaire.	*Necessari, aria.*
Nécessairement.	*Necessariament.*
Nécessité.	*Necessitat.*
Nécessiter.	*Necessitar.*
Nécessités.	*Necessitats.*
Nécessiteux, euse.	*Necessitous, ousa.*
Nécrologie.	*Necrologia.*
Nécromancie.	*Necromancia.*
Nécromancien.	*Necromancien.*
Necromant.	*Negromant.*
Nectar.	*Nectar.*

NEF

Nef.	*Nau.*
Nèfle.	*Nespou.*
Néflier.	*Nespier.*

NEG

Négatif, ive.	*Negatif, iva.*
Négation.	*Negation.*
Négativement.	*Negativament.*
Négligemment.	*Negligeamment.*
Négligence.	*Negligenci.*
Négligence, mettre de la.	*Negligentar.*
Négligent, ente.	*Negligent, enta.*
Négligé, ée.	*Negligeat, ada.*
Négliger.	*Negligear.*
Négliger se.	*Negligear se.*
Négoce.	*Megoci.*
Négociable.	*Negociable, abla.*

Négociant. | Negociant.
Négociation. | Negociation.
Négocier. | Negociar.
Nègre. | Negre.
Nègre petit. | Negrilhoun.
Négresse. | Negressa.
Négrerie. | Negrier.
Négrier. | Id.
Négrillon, onne. | Negrilloun, ouna.

NEI

Neige. | Neou.
Neige, léger jet de. | Nevaraissa.
Neige, temps à la. | Temps anevassit.
Neige, se mettre à la. | Anevassir.
Neige, gros jet de. | Chargier.
Neige, fonte de la. | Desnevar.
Neiger. | Nevalhar, Nevar.
Neiger à petits flocons. | Pelouniar.
Neigeux, euse. | Nevous, ousa.

NEN

Nenni. | Nani.
Nénufar blanc. | Nympha, 2.

NEO

Néoménie. | Neomenia.

NEP

Néphrétique. | Nephretique, ica.
Neptune. | Neptuno.

NER

Nérac, habitant de. | Neraques, esa.
Néreide. | Nereidas.
Nerf. | Nerf, Nervi.
Neroli. | Neroli.
Nerprun purgatif. | Aiguespouncha.
Nerprun alaterne. | Phylaria.
Nerveux, euse. | Nervous, ousa.
Nervure. | Nervura.

NES

Nestor, n. pr. | Nestor.

NET

Net, ette. | Net, eta.
Nettement. | Netament.
Netteté. | Netissi.
Nettoyé, ée. | Netegeat, ada.
Nettoyer. | Netegear.

NEU

Neuf. | Noou.
Neuf, euve. | Noou, ova.
Neuf, tout battant. | Flame noou.
Neutralité. | Neutralitat.
Neutre. | Neutre, tra.
Neuvaine. | Nouvena.
Neuvième. | Nouvieme.
Neuvièmement. | Nouviemament.

NEV

Neveu. | Nebout.

NEZ

Nez. | Nas.
Nez petit. | Nasoun.
Nez, sans. | Desnarrat.
Nez, casser le. | Desnarrar.

NI

Ni. | Ni.

NIA

Niable. | Negable, abla.
Niais, aise. | Niais, aisa.
Niaisement. | Niaisament.
Niaiserie. | Niaisaria.

NIC

Nice, ville. | Belauda, vl. Niça.
Nicette. | Ninoia.
Niche. | Nicha.
Niche portative. | Brancard.
Nichée. | Nisada.
Nicher. | Nisar, Nichar.
Nicher. | Nichar se.
Nichet. | Niau.
Nichoir. | Gabi.
Nickel. | Nickel.
Nicodème, n. pr. | Nicodemo.
Nicole, n. pr. | Nicolo.

NID

Nid. | Nis, Nin.
Nid, sortir du. | Esfourniar.

NIE

Nié, iée. | Negat, ada.
Nièce. | Neça.
Nielle, fleur. | Barbua.
Nielle du blé. | Carbounela.
Nielle, plante. | Niela.
Nieler. | Nielar.
Nier. | Negar.
Nièvre, départ. de la. | Nievra.

NIG

Nigaud, aude. | Nigaud, auda.
Nigaud, gros, osse. | Nigaudas, assa.
Nigauder. | Nigaudegear.
Nigauderie. | Nigaudaria.

NIP

Nippe. | Nipàs.
Nippes d'une femme. | Adobas.
Nippé, ée. | Nipat, ada.
Nipper. | Nipar.
Nipper se. | Nipar se.

NIQ

Nique. | Nica.

NIT

Nitouche sainte. | Mitoucha, santa.
Nitrate de potasse. | Sau nitro.

Nitrate d'argent fondu. | Peira infernala.
Nitre. | Nitro.
Nitreux, euse. | Nitrous, ousa.

NIV

Niveau. | Niveou.
Nivelé, ée. | Nivelat, ada.
Niveler. | Nivelar.
Niveleur. | Nivelaire.
Nivellement. | Nivelament.
Niverolle. | Niveiroou.
Nivôse. | Nivoso.

NOB

Nobiliaire. | Nobiliari, aria.
Noble. | Noble, obla.
Noblement. | Noblament.
Noble-épine. | Acinier.
Noblesse. | Noblessa.

NOC

Noce. | Noças.
Nocher. | Nauchier.
Nocturne. | Noucturne.

NOE

Noël, fête de. | Nouvel, Calendas.
Noël, cantique. | Nouvel, Nouve.
Noelle, n. pr. | Nouvela.
Nœud. | Nous, Nounc, Group.
Nœud gordien. | Estec.
Nœud d'un arbre. | Cignounc.

NOI

Noir, oire. | Negre, egra.
Noir, un peu. | Negrineou, ela.
Noir vélu de. | Innegrat, ada.
Noir, tirer sur le. | Negregear.
Noir, nègre. | Negre.
Noirâtre. | Negrineou.
Noirceur. | Negrour.
Noirci, ie. | Ennegrit, ida, ia.
Noircir. | Ennegrir.
Noircissure. | Mascaradura.
Noirprun. | Aiguespouncha.
Noise, chercher. | Bicagnar.
Noisetier. | Avelanier.
Noisette. | Avelana.
Noisette, couleur. | Nouseta.
Noix. | Noui, Nose.
Noix muscade. | Noui-muscada.
Noix royale. | Boumba-de-quelha.
Noix vomique. | Noui-voumica.
Noix de galle du chêne blanc. | Perota.
Noix dont l'amande remue. | Carcavela.
Noix d'une broche à filer. | Nouita.

NOL

Nolis. | Nolis.
Noliser. | Nautisar, Nolisar.

NOM

Nom.	*Noum.*
Nombrable.	*Noumbrable, abla.*
Nombre.	*Noumbre.*
Nombre d'or.	*Noumbre d'or.*
Nombré, ée.	*Noumbrat, ada.*
Nombrer.	*Noumbrar.*
Nombreux, euse.	*Noumbrous, ousa.*
Nombril.	*Embourigou.*
Nombril de Vénus.	*Escudet.*
Nomenclature.	*Noumenclatura.*
Nominateur.	*Nouminatour.*
Nominatif.	*Nouminatif.*
Nomination.	*Noumination.*
Nominativement.	*Nouminativament.*
Nommément.	*Noumament.*
Nommé, ée.	*Noumat, ada.*
Nommer.	*Noumar.*

NON

Non.	*Noun, Nani.*
Nonante.	*Nonanta.*
Nonantième.	*Nonantieme.*
Nonchalamment.	*Nounchalamment.*
Nonchalance.	*Nounchalança.*
Nouchalant, ante.	*Nounchalent, enta.*
Noncupatif, ive.	*Nouncupatif, iva.*
Nondine, foire.	*Noundina, vl.*
None.	*Nona.*
Nonas.	*Nonas.*
Nonne.	*Nona.*
None petite.	*Noneta.*
Nonnette.	*Id.*
Nonnette cendrée.	*Lardiera.*
Nonfeuillée.	*Bragalou.*
Nonobstant.	*Nonobstant.*
Nonoptèi e Fontanos.	*Aurin.*
Nonvaleur.	*Nounvalour.*

NOR

Norbert, n. pr.	*Norbert.*
Nord.	*Nord.*
Nord-est.	*Nord-est.*
Nord-nord-est.	*Nord-nord-est.*
Nord-ouest.	*Nord-ouest.*

NOS

Nostalgie.	*Maou doou pais.*

NOT

Nota bene.	*Nota bene.*
Notabilité.	*Notabilitat.*
Notable.	*Notable, abla.*
Notables.	*Grosses, lous.*
Notablement.	*Notablament.*
Notaire.	*Notari.*
Notariat.	*Notariat.*
Note.	*Nota.*
Noter.	*Notar.*
Notes.	*Notas.*
Notice.	*Notiça.*

Notification.	*Notification.*
Notifier.	*Notifiar.*
Notoire.	*Notori, ia.*
Notoriété.	*Notorietat.*
Notre.	*Nostre, tra.*
Notre-Dame.	*Nostra-Dama.*
Noue.	*Engorge.*
Nouer.	*Nousar.*
Nouer, parlant des arbres.	*Retenir.*
Nouet.	*Pipaudoun.*
Noueux, euse, parlant des arbres.	*Signounous, ouça.*
Nougat.	*Nougat.*
Nourrain.	*Nourrun.*
Nourri, ie.	*Nourrit, ida, ia.*
Nourrice.	*Nourriça.*
Nourrice d'emprunt.	*Sousteneiris.*
Nourricier.	*Nourricier.*
Nourricier, ière.	*Nourricier, iera.*
Nourrir.	*Nourrir.*
Nourrir se.	*Nourrir se.*
Nourrissage.	*Nourrigagi.*
Nourrissant, ante.	*Nourrissent, enta.*
Nourrisseuse.	*Nourrissiera.*
Nourrisson.	*Nourrissoun.*
Nourrisson jeune.	*Bailage.*
Nourriture.	*Nourritura.*
Nourriture qu'un père procure à ses enfants.	*Nouiriment.*
Nous.	*Nautres.*
Nouveau, nouvel, elle.	*Nouveou, ela.*
Nouveau venu.	*Nouvelari.*
Nouveauté.	*Nouveletat.*
Nouvelle.	*Nouvela.*
Nouvellement.	*Nouvelament.*
Nouvelliste.	*Nouvelisto.*
Nouure.	*Nousadura.*

NOV

Novale.	*Routa.*
Novembre.	*Nouvembre.*
Novice.	*Nouvici, iça.*
Noviciat.	*Nouviciat.*

NOY

Noyau, commencement.	*Coumençoun.*
Noyau de pêche, etc.	*Closc.*
Noyau de griote.	*Pampoula.*
Noyé, ée.	*Negat, ada.*
Noyer.	*Nouguier.*
Noyer.	*Negar.*
Noyer se.	*Negar se.*
Noyon.	*Negada.*

NU

Nu, ue.	*Nud, uda.*

NUA

Nuage.	*Nivoul.*
Nuage gros.	*Nivoulas.*

Nuage petit.	*Nivouloun.*
Nuages, couvert de.	*Neblat, ada.*
Nuages, se couvrir de.	*Ennivoulir s'.*
Nuageux, euse.	*Ennivoulit, ida.*
Nuance.	*Nuança.*
Nuancé, ée.	*Nuançat, ada.*
Nuancer.	*Nuançar.*

NUB

Nubile.	*Nubile, ila.*
Nubilité.	*Nubilital.*

NUD

Nudité.	*Nuditat.*
Nudités.	*Nuditats.*

NUE

Nue.	*Nivoul.*

NUI

Nuire.	*Nuire.*
Nuisible.	*Nuisible, ibla.*
Nuit.	*Nuech.*
Nuit, cette.	*Anuech.*
Nuit, toute la.	*Nuechada.*
Nuit, milieu de la.	*Aut-de-la-nuech.*
Nuitée.	*Nuechada.*

NUL

Nul, ulle.	*Nul, ula, Degun, una.*
Nullement.	*Nulament.*
Nullité.	*Nulitat.*

NUM

Numéraire.	*Numerari.*
Numéral, ale.	*Numeral, ala.*
Numérateur.	*Numeratour.*
Numératif, ive.	*Numeratiu, iva, vl.*
Numération.	*Nameration.*
Numérique.	*Numerique, ica.*
Numéro.	*Numerot.*
Numeroté, ée.	*Numerotat, ada.*
Numéroter.	*Numerotar.*

NUN

Nuncupatif.	*Nouncupatif.*

NUP

Nuptial, ale.	*Nuptial. ala.*
Nuptialement.	*Nuptialment, vl.*

NUQ

Nuque.	*Galet, Coutet.*

NUT

Nutritif, ive.	*Nutritif, iva, supl.*

NYM

Nymphe.	*Nympha.*
Nymphea.	*Nympha, 2.*

O

O..	O.
O salutaris hostia.-	O salutaris hostia.

OBE

Obédience.	Obediensa.
Obéir.	Oubeir.
Obéissance.	Oubeissença.
Obéissant, ante.	Oubeissent, enta.
Obélisque.	Oubelisque.
Obéré, ée.	Ouberat, ada.
Obérer.	Ouberar.
Obérer s'.	Quberar s'.

OBI

Obier.	Aubecha.
Obier, arbrisseau.	Mila flours.
Obit.	Obit.
Objecté, ée.	Oubjectat, ada.
Objecter.	Oubjectar.
Objection.	Oubjection.
Objet.	Oubjet.

OBL

Oblade.	Blada.
Oblat.	Oblat.
Oblation.	Oublation.
Obligation.	Oubligation.
Obligeant, ante.	Oubligeant, anta.
Obligé, ée.	Oubligeat, ada.
Obliger.	Oubligear.
Obliger s'.	Oubligear s'.
Oblique.	Oublique, ica.
Obliquement.	Oublicament.
Obliquité.	Obliquitat.
Oblong, ongue.	Oblong, onga.

OBO

Obole.	Obola.

OBS

Obscène.	Obscene, ena.
Obscénité.	Obcenitat.
Obscur, ure.	Escur, ura, Ouscur, ura.
Obscurci, ie.	Oubscurcit, ida, ia.
Obscurcir.	Oubscurcir.
Obscurcissement.	Oubscurcissament.
Obscurément.	Obscurament.
Obscurité.	Oubscuritat.
Obséder.	Secar.
Obsèques.	Obsecas.
Observance.	Oubservança.
Observantin.	Oubservantin.
Observateur, trice.	Oubservatour, triça.
Observation.	Oubservation.
Observatoire.	Observatoiro.
Observé, ée.	Ouservat, ada.
Observer.	Oubservar.
Observer s'.	Oubservar s'.

Obstacle.	Oubstacle.
Obstant, non.	Oubstant, noun.
Obstination.	Oubstination.
Obstinément.	Testaquit.
Obstiné, ée.	Oubstinat, ada.
Obstiner.	Oubstinar.
Obstiner s'.	Oubstinar s'.
Obstruction.	Oubstruction.
Obstrué, ée, parlant d'un tuyau.	Enracat, ada.

OBT

Obtenir.	Oubtenir.
Obtention.	Ajuda.
Obtus, use.	Mout, outa.

OBUS

Obus.	Oubusa.
Obusier.	Oubusier.

OBV

Obvier.	Oubviar.

OCC

Occasion.	Ouccasion.
Occasion favorable.	Passa.
Occasionné, ée.	Ouccazionat, ada.
Occasionner.	Oucasionar.
Occident.	Occident.
Occidental, ale.	Occidental, ala.
Occiput.	Coutet.
Occiseur.	Aucisedor, vl.
Occupation.	Occupation.
Occupé, ée.	Occupat, ada.
Occuper.	Occupar.
Occuper s'.	Occupar s'.
Occurrence.	Oucurrença.

OCE

Océan.	Ocean.

OCR

Ocre.	Ocre.
Octaèdre.	Octacdre.
Octant.	Octant.
Octave.	Octava.
Octavo, m.	Octavo, m.
Octobre.	Octobre.
Octogénaire.	Octogenari, aria.
Octogone.	Octogono.
Octroi.	Octroi.
Octroyé, ée.	Octroyat, ada.
Octroyer.	Octroyar.

OCU

Oculaire.	Oculari, aria.
Oculiste.	Oculisto.

ODE

Ode.	Oda.
Odeur.	Ooudour.

ODI

Odieux, euse.	Odious, ousa.

ODO

Odontalgie.	Mau de dents.
Odorant, ante.	Ooudourant, anta.
Odorat.	Ooudourat.

ŒIL

Œil.	Huelh.
Œil gros.	Hulhas.
Œil petit.	Hulhoun.
Œil de la vigne.	Agacin,
Œil de bœuf.	Huelh de buou.
Œil, plante.	Margarideta.
Œil du Christ.	Huelh de Diou.
Œillade.	Hulhada.
Œillère, dent.	Dent de l'huelh.
Œillet.	Girouflada.
Œillet des Chartreux.	Girouflada de cinq fuelhas.
Œillet d'Inde.	Passa velours.
Œillet giroflée.	Girouflada.
Œillet mignardise.	Mignouneta.
Œillet de poëte.	Bouquet fach.
Œillet sauvage.	Girouflada fera.
Œilleté, ée.	Carelhat, ada.
Œilleton.	Filhola.

ŒSO

Œsophage.	Empassaire.

ŒST

Œstre du cheval et du bœuf.	Varoun.

ŒUF

Œuf.	Uou.
Œuf clair, non fécondé.	Blatier.
Œufs des mouches.	Vions.

ŒUV

Œuvre.	Obra.

OFF

Offensant, ante.	Offensant, anta.
Offense.	Offensa.
Offensé, ée.	Offensat, ada.
Offenser.	Offensar.

Offenser s'. | Offenser s'.
Offert, erte. | Offert, erta.
Offertoiro. | Offertoiro.
Office. | Ouffici.
Official. | Oufficial.
Officialité. | Oufficialitat.
Officiante. | Oufficianta.
Officiellement. | Oufficielament.
Officier. | Oufficier.
Officier, poisson. | Capelan, 3.
Officier, v. n. | Oufficiar.
Officieux, euse. | Oufficious, ousa.
Officine. | Oufficina.
Offrande. | Ouffranda.
Offrant. | Offrant.
Offre. | Offre.
Offrir. | Offrir.
Offrir s'. | Offrir s'.
Offusquer. | Ouffuscar.
Offusquer, action de. | Offuscation.

OGE

Oger le danois, n. pr. *Augier.*

OGI

Ogive. | Ogiva.

OGR

Ogre. | Ogre.
Ogre, moine bourru. | Barban.

OH

Oh. | Ho.

OIE

Oie commune. | Aucu.
Oie petite. | Auqueta.
Oie hyperborée. | Id.
Oie des moissons. | Auca sauvagea.
Oie rieuse. | Auca, 2.
Oie sauvage. | Auca fera.
Oies, gardeur d'. | Auquier.

OIG

Oignon. | Ceba.
Oignon petit. | Cebeta.
Oignon gros ou mauvais. | Cebassa.
Oignon remonté. | Cebart.
Oignons, plant d'. | Cebetas.
Oignon germé qu'on replante. | Pairoun.
Oignons, cultivateur d'. | Egnounaire.
Oignons, marchand d'. | Cebiaire.
Oignons, planter, semer, manger des. | Cebiar.
Oignon sauvage. | Ceboulhoun.
Oignon dont le col est aussi épais que la tête. | Boutas.

OIN

Oindre. | Ougner.
Oing. | Sain.

Oinomètre. | Oinometro.
Oint, te. | Ounch, cha.
Ointure. | Ounchura.

OIS

Oiseau. | Aucel, Auceou.
Oiseau gros ou laid. | Aucelas.
Oiseau petit, joli. | Auceloun.
Oiseau dru. | Vouladour.
Oiseau branchier. | Esforniau.
Oiseaux, en général, les petits. | Auretilha.
Oiseaux, lieu où l'on élève les. | Auceliera.
Oiseau St.-Martin. | Tartau.
Oiseau de maçon. | Porta mourtier.
Oiseler. | Auzelar, vl.
Oiseleur. | Aucelaire.
Oiseux, euse. | Ocious, osa, vl. Desuvrat, ada.
Oisif, ive. | Oisif, iva.
Oisillon. | Auceloun.
Oisiveté. | Ociositat, vl.
Oison. | Auquetoun.

OLE

Oléïne. | Oleina.

OLI

Olibrius. | Olibrius.
Oligarchie. | Oligarchia.
Oligarchique. | Oligarchique, ica.
Oligopode noir. | Farfre rouge.
Olinde. | Olinda.
Olivaison. | Olivadas.
Olivâtre. | Olivastre, astra.
Olive. | Oliva.
Olive de castres. | Castriola, etc.
Olives à la piholine. | Oulivas à la pichoulina.
Olive tombée depuis quelque temps. | Oliva fachouila.
Olives à la main, cueillir les. | Debrouar.
Olives, chansons de ceux qui cueillent les. | Oliveya.
Olives, faire la récolte des. | Olivar.
Olives, celui, celle qui cueille les. | Olivaire, usa.
Olivettes. | Olivetas.
Olivier. | Olivier.
Olivier petit. | Oliviret.
Oliviers, champ d'. | Oliu.
Olivier de Bohème. | Olivier de Bohema.
Olivier sauvage. | Oleastre.
Olivier qui produit un sac d'olives. | Bassaquier.

OLO

Olographe. | Olographo.

OLY

Olympe, n. pr. | Olympa.
Olympiade. | Olympiada.

OMB

Ombilic. | Embourigou.
Ombrage. | Ombragi.
Ombragé, ée. | Ombrageous, ousa.
Ombrager. | Ombragear.
Ombrageux, euse. | Ombrageous, ousa.
Ombre. | Oumbra.
Ombre d'un flambeau. | Cupa.
Ombre agréable, faible. | Oumbreta.
Ombre d'une chose qui se meut. | Oumbrina.
Ombres. | Oumbras.
Ombre barbue. | Oumbrina.
Ombrer. | Ombrar.

OME

Omelette. | Meleta.
Omelette au lard, de Pâques. | Pascada.
Omelette au lard avec de la farine. | Couineou.
Omettre. | Oublidar.

OMI

Omis, ise. | Oublidat, ada.
Omission. | Oumission.

OMN

Omnipotence. | Omnipoutenci.
Omnipotent. | Omnipoutent.

OMO

Omoplate. | Paleta.

ON

On. | On.
Onagre. | Onagre.

ONC

Once. | Ounça.
Oncle. | Ouncle.
Onction. | Ounchura.
Onctueux, euse. | Ounctuous, ousa.
Onctuosité. | Ounctuousitat.

OND

Onde. | Ounda.
Onde petite. | Oundeta.
Ondé, ée. | Oundat, ada.
Ondée. | Raissa.
Onder. | Oundar.
Ondoiement. | Oundouyar l'.
Ondoyant, ante. | Ondiant, ante.
Ondoyer. | Oundegear.
Ondoyer, donner l'eau. | Dounar l'aigua.

ONE

Onéreux, euse. | Ounerous, ousa.

ONG

Ongle. | Oungla.
Ongle, coup d'. | Ounglada.

Ongles, s'arracher les.	Desounglar se.
Onglée.	Grepi.
Onglet.	Ounglet.
Onglette.	Oungleta.
Onguent.	Ounguent.

ONO

Onomatopée.	Onomatopea.
Ononis des champs.	Agavoun.
Ononis arbrisseau.	Lebretins.
Ononis natrix.	Agalousses.
Ononis épineux.	Agalousses.
Ononis visqueux.	Agavoun.

ONU

Onufre, n. pr.	Onufro,

ONY

Onyx.	Onix.

ONZ

Ooze.	Ounze, Vounge.
Oozième.	Ounzieme, Vounzieme.
Onzièmement.	Ounziemament.

OPE

Opéra.	Opera.
Opérateur.	Operatour.
Opération.	Operation.
Opéré, ée.	Operat, ada.
Opérer.	Operar.

OPH

Ophidie imberbe.	Calignairis.
Ophidie fiera sfer.	Aurin.
Ophidie barbue.	Corrugian.
Ophioglosse vulgaire.	Lenga de serp.
Ophrys abeille.	Abelha.
Ophrys figure.	Moussuret.
Ophrys araignée.	Aragna.
Ophthalmie.	Ophthalmia.

OPI

Opiat.	Opiat.
Opilation.	Oupilation.
Opilé, ée.	Oupilat, ada.
Opiler s'.	Oupilar s'..
Opiner.	Oupinar.
Opiniâtre.	Oupiniastre, astra.
Opiniâtrément.	Oupiniastrament.
Opiniâtrer.	Oupignar.
Opiniâtrer s'.	Oupiniastrar, Testardiar.
Opiniâtreté.	Oupiniastretat.
Opinion.	Oupinion.
Opium.	Opium.

OPP

Opportun.	Opportun.
Opportunité.	Opportunitat.
Opposant, ante.	Ouppousant, anta.
Opposé, ée.	Ouppousat, ada.

Opposer.	Ouppousar.
Opposer s'.	Oppousar s'.
Opposition.	Ouppousition.
Oppressé, ée.	Ouppressat, ada.
Oppresser.	Ouppressar.
Oppresseur.	Ouppressour.
Oppression.	Ouppression.
Opprimé, ée.	Oupprimat, ada.
Opprimer.	Oupprimar.
Opprobre.	Opprobra.

OPT

Optatif.	Optatif.
Opter.	Choousir.
Opticien.	Opticien.
Option.	Opion.
Obtique.	Oblica.

OPU

Opulence	Oupulença.
Opulent, ente.	- Oupulent, enta.

OR

Or.	Or, Aur.
Or d'.	Aurin.
Or fulminant.	Or fulminant.
Or mill.	Or mill.

ORA

Oracle.	Ouvacle.
Orage.	Auragi.
Orageux, euse.	Aurageous, ousa.
Oraison.	Ourasoun.
Orange.	Arangi, Ourangi.
Orange aigre.	Arangi bigarrat.
Orange douce.	Arangi dous.
Orange, confiture sèche d'.	Ensengat.
Orange de mer.	Irange de mar.
Orangeade.	Arangeada.
Orangeat.	Arangeat.
Oranger.	Arangier.
Oranger sauvage.	Arangier sauragi.
Orangerie.	Arangearia.
Orang-outan.	Orang-outan.
Orateur.	Ouratour.
Orateur.	Ouratour.
Oratoire.	Ouratoiro, Ouratori.
Oratorien.	Ouratorien.

ORB

Orbite.	Ourbito.

ORC

Orcanète.	Ourcaneta.
Orchestre.	Orchestre.
Orchis.	Evesques.
Orchis noir.	Manetas.
Orchis à fleurs lâches.	Embriaga.
Orchis à deux feuilles.	Doubla-felha.

ORD

Ordinaire.	Ordinari, aria.
Ordinairement.	Ordinariament.
Ordinal.	Ordinal.

Ordination.	Ordination.
Ordo.	Ordo.
Ordonnance.	Ordonnança.
Ordonnancer.	Ordonnançar.
Ordonnateur.	Ordonnatour.
Ordonner.	Ordonnar.
Ordre.	Ordre.
Ordres d'architecture.	Ordres d'architectura.
Ordres mineurs.	Ordres minours.
Ordres militaires.	Ordres militaris.
Ordure.	Ordura.

ORE

Oreillard.	Reynaubi.
Oreillard barbastelle.	Auregliassa.
Oreille.	Aurelha.
Oreille d'homme.	Cabaret.
Oreille de mer.	Aurelha de St.-Pierre.
Oreille prêter l'.	Chaurelhar.
Oreilles, coup sur les.	Aurelhada.
Oreille de porc.	Aurelhau
Oreiller.	Aurelhier, Couissin.
Oreillette.	Aurelheta.
Oreillons.	Cornudas.
Orémus.	Oremus.

ORF

Orfèvre.	Orfèvre.
Orfèvrerie.	Orfevraria.
Orfraie.	Beoul'oli.
Orfroi.	Orfra.

ORG

Organdi.	Organdi.
Organe.	Organo.
Organeau.	Organeou, Cigala.
Organique.	Organique, ica.
Organisation.	Organisation.
Organisé, ée.	Organisat, ada.
Organiser.	Organisar.
Organiser s'.	Organisar s'.
Organiste.	Organisto.
Organsin.	Ourgansin.
Orge.	Hordi.
Orge nue du Pérou.	} Hordi pelat.
Orge d'Espagne, à café.	
Orge queue de souris.	Hordi sauvagi.
Orge distique.	Soumoula.
Orge maritime.	Estrangla bestis.
Orge carrée, anguleuse.	} Hordi carrat.
Orge d'hiver, à six rangs.	
Orge commune.	Hordi.
Orgeat.	Orgeat.
Orgelet.	Orgeoulet.
Orgies.	Orgias.
Orgue.	Orgues.
Orgueil.	Orgulh.
Orgueilleusement.	Orgulhousament.
Orgueilleux, euse.	Orgulhous, ousa.

ORI

Orient.	Orient, Levant.
Oriental, ale.	Oriental, ala.
Orienté, ée.	Orientat, ada.
Orienter.	Orientar.

Orifice.	Orifice.
Oriflamme.	Oriflamma.
Origan.	Majurana.
Originaire.	Originari, aria.
Original, ale.	Original, ala.
Originalement.	Originalament.
Originalité.	Originalitat.
Origine.	Origina.
Originel, elle.	Originel, ela.
Originellement.	Originelament.
Orillard.	Oreillard.
Orillon.	Aurelheta.
Orillons. Voy.	Cornudas.
Orin.	Ourin.
Orion.	Orion.
Oripeau.	Auripel.

ORL

Orle.	Orle, Bord.

ORM

Ormaie ou Ormoie.	Ourmeda.
Orme.	Ourme.
Ormeau.	Ourme.
Ormier.	Ormier.
Ormille.	Ourmilha.
Ormin.	Bouens-Homes blancs.

ORN

Orné, ée.	Ornat, ada.
Ornement.	Ornament.
Orner.	Ornar.
Orner s'.	Ornar s'.
Ornière.	Ourniera, Carral.
Ornithogale en ombelle.	Pountent-blanc.
Ornithologie.	Ornithologia.

ORO

Orobanche rameuse.	Herba de Taurel.
Orobanche vulgaire.	Aspergea sauvagea.
Orobe printanière.	Garoueta.
Oronge blanche.	Roumanela.

ORP

Orphée.	Orpheo.
Orphelin, ine.	Orphelin, ina.
Orphelin rendre.	Aorfenar, vl.
Orphelin rendu.	Aorfenat.
Orphie.	Agulha.
Orpiment.	Orpiment.
Orpin.	Benedit.
Orpin à fleurs blanches.	Rasinets.

ORS

Orse.	Orsa.
Orser.	Orsar.
Orseille.	Orselha.
Orseille d'Auvergne.	Peirela.

ORT

Orteil.	Arteou.
Orteil petit.	Artelhet, Artelhoun.
Orteils, coup aux.	Artelhada.

Orteils, se heurter les.	Artelhar s'.
Orthodoxe.	Orthodoxo, oxà.
Orthographe.	Orthographa.
Orthographier.	Orthographiar.
Ortie.	Ourtiga.
Ortolan.	Hortoulan.
Ortolan de neige.	Hortoulan sarralhier.
Ortolan de roseaux.	Hortoulan, Sigou ou Chic de Paluds.

ORV

Orvet fragile.	Agulhoun.
Orvet cendré.	Id.
Orviétan.	Orvietan.

OS

Os.	Os.

OSE

Oseille.	Aigreta.
Oseille petite.	Aigreta sauvagea.
Oseille ronde.	Acelouas.
Oseraie.	Bedissiera.

OSI

Osier.	Vese, Vege.
Osier jaune.	Amarinier.
Osier écorcer des.	Falhar.
Osiers, outil servant à écorcer les.	Falhier.

OSM

Osmium.	Osmium.
Osmonde royale.	Faugera.

OSS

Osselet.	Ossilhoun, Osselet.
Osselet pour jouer.	Barlingau.
Osselets, jouer aux.	Rabigoutar.
Osselets jeu des.	Bedin-Bedos.
Ossements.	Ossalha.
Osseux, euse.	Ossos, osa, vl.

OST

Ostensoir.	Ostensoir. V. Soulcou.
Ostentation.	Oustentation.
Ostéologie.	Osteologia.
Ostracisme.	Ostracisme.
Ostrogot.	Ostrogoth.

OSY

Osyris.	Brusc-fer.

OTA

Otage.	Outagi.
Otalgie.	Mau d'aurelhas.

OTE

Oter.	Garar, Levar.

OTT

Ottoman, ane.	Ottoman, ana.

OU

Ou.	Ou.
Où.	Ounte.

OUA

Ouailles.	Oualhas.
Ouais.	Ouia.
Ouale.	Ouata.
Ouater.	Ouatar.

OUB

Oubli.	Oublid.
Oublie.	Oublada, Leoune
Oublié, ée.	Oublidat, ada.
Oublier.	Oubliar.
Oublier s'.	Oublidar s'.
Oublieur.	Oubliaire.
Oublieux, euse.	Oublidaire, arela.

OUE

Ouest.	Ouest.

OUF

Ouf.	Ouf.

OUI

Oui.	Oi, Oui, Oc.
Oui-dire.	Auvir-dire.
Ouïe.	Ausida.
Ouïes.	Gaugnas.
Ouïr.	Ausir.

OUR

Ouragan.	Auragan.
Ourder.	Embourniar.
Ourdi, ie.	Ourdit, ida, ia.
Ourdir.	Ourdir.
Ourdissoir.	Ourdidour, Urdeins.
Ourlé, ée.	Orlat, ada.
Ourler.	Orlar.
Ourlet.	Orle.
Ours.	Ours.
Ourse.	Oursa.
Ourse grande.	Carri.
Oursin comestible.	Oursin.
Oursin hébraïque.	Oursin judiou.
Oursin melon de mer.	Oursin rascas.
Ourson.	Oursoun.

OUT

Outarde, petite canapetière.	Canapetiera.
Outil.	Ooutis.
Outrage.	Outragi.
Outragé, ée.	Outrageat, ada.
Outrageant, ante.	Outrageant, anta.
Outrager.	Outragear.
Outrance.	Outrança.

Outre.	Outra.
Outre.	Ouire.
Outre petite.	Bagot.
Outre très-petite.	Bagoutoun.
Outre à l'huile	Bouirac.
Outre-cuider.	Outra-cuidar.
Outre-mer.	Outra-mar.
Outré, ée.	Outrat, ada.
Outrer.	Outrar.

OUV

Ouvert, erte.	Durbit, ida, Ouvert.
Ouvert avec la clef.	Desclavat, ada.
Ouvert entièrement.	Abadalhat, ada.
Ouvertement.	Ouvertament.

Ouverture.	Ouvertura.
Ouvrable.	Obran.
Ouvrage.	Obragi.
Ouvrage de pacotille.	Vatan.
Ouvrage désagréable à la vue.	Obrageas.
Ouvré, ée.	Obrat, ada.
Ouvrer.	Obrar.
Ouvrier.	Obrier.
Ouvrir.	Durbir.

OVA

Ovaire.	Ouliera.

OXA

Oxalate acidule de potasse.	Saou d'oouselha.

OXY

Oxycrat.	Oxycrat.
Oxyde d'argent ammonical.	Argent fulminant.
Oxyde blanc d'arsenic.	Arsenic.
Oxyde rouge de plomb.	Minium.
Oxy muriate de mercure.	Sublime corrosif.
Oxygène.	Oxygeno.
Oxymel.	Oxymel.

P

P.	P.

PAC

Pacage.	Pasquier.
Pacager.	Pasqueirar.
Pacha.	Pacha.
Pacificateur.	Pacificatour.
Pacification.	Pacification.
Pacifié, ée.	Pacifiat, ada.
Pacifier.	Pacifiar.
Pacifique.	Pacifique, ica.
Pacotille.	Pacoutilha.
Pacte.	Pacte, Pacha.
Pacte, faire un.	Pachar.

PAD

Padou.	Padoua, Veta.

PAG

Paganel.	Gobou.
Paganisme.	Paganisme.
Page.	Pagi.
Page.	Pagea.
Pagel.	Payeou.
Pagination.	Pagination.
Pagnon.	Pagnoun.
Pagnote.	Pagnota.
Pagode.	Pagoda.
Pagre.	Pagre.
Pagre acarne.	Pageou-de-plana.

PAI

Païen, enne.	Paien, ena.
Paillard, arde.	Palhard, arda.
Paillardise.	Palhardisa.
Paillasse.	Palhassa.
Paillasse petite.	Palhasseta.
Paillasson.	Palhassoun.

Paille.	Palha.
Paille, grande quantité de.	Palharada.
Paille, remuer la.	Palhegear.
Paille, tas de vielle.	Palhoussas.
Paille, mettre de la, sous les animaux.	Apalhar.
Paille dont on fait la litière.	Apalhun.
Paille, ôter la, d'une chaise.	Despalhar.
Paille, dégarni de sa.	Despalhat, ada.
Paille, se mettre de la.	Empalhouire s'.
Pailler.	Palhas.
Paillet.	Palhet.
Paillette.	Palheta.
Pailleur.	Palhegeaire.
Pailleux, euse.	Palhous, ousa.
Paillons	Palhouns·
Pain.	Pan.
Pain petit.	Panoun, Panet.
Pain mal levé.	Moulegous.
Pain mat.	Pan acoudat.
Pain aplati.	Pan affegit.
Pain azyme des Juifs.	Caudola.
Pain, pourvu de.	Apanat.
Pain, fournir du.	Apanar.
Pain des Calandes.	Calendau.
Pain, ce qu'on mange avec le.	Coumpanagi.
Pain-cuit.	Pan boulhit.
Pain-blanc.	Boula de neigea.
Pain d'oiseau.	Pan de passeroun.
Pain de coucou.	Alleluia.
Pair.	Per.
Paire.	Pareou.
Paisible.	Pesible, ibla.
Paisiblement.	Pesiblament.
Paisse-solitaire.	Passa-soulitari.
Paisson.	Paissoun, Pange.
Paître.	Paisser, Pasturgar.

Paître la meule.	Paisser.
Paix.	Pax.

PAL

Pal.	Pal.
Paladin.	Paladin.
Palais.	Palais.
Palan.	Palan.
Palangre.	Palangra.
Palangriers.	Palangriers.
Palanquer.	Polancar.
Palanquin.	Palanquin.
Palastre.	Palastre.
Paladin.	Palaizi, vl.
Palatine.	Palatina.
Pale.	Pale.
Pâle.	Pale, ala.
Pâle, bien.	Palas, assa.
Palefrenier.	Palafrenier.
Palefroi.	Palofie, vl.
Palémon narval.	Ceouclet.
Palémon squille.	Cambarot.
Paléographie.	Paleographia.
Palerme.	Palerma.
Paleron.	Pala, Paleiroun.
Palestine.	Palestina.
Palestre.	Palestra.
Palet.	Palet.
Palet petit.	Paletoun.
Paleter.	Paletiar.
Palette.	Paleta.
Pâleur.	Palour.
Palier.	Palier, Trepadour.
Palinodie.	Palinodia.
Palinure, Langouste.	Langousta.
Pâlir.	Palir.
Palis.	Palissoun.
Palissade.	Palissada.
Palissader.	Palissadar.
Palissade, qui.	Palissadaire.
Paliure.	Arnaveou.

Palladium.	Palladium.
Pallas.	Pallas.
Palle.	Palla.
Palliatif, ive.	Palliatif, iva.
Palliation.	Palliacio. vl.
Pallié, ée.	Palliat, ada.
Pallier.	Palliar.
Palma christi.	Palma christi.
Palme.	Palma.
Palmée.	Caussineda.
Palmier.	Palmier.
Palmiste.	Palmisto.
Palombe.	Paloumba.
Palonnier.	Palounier, Reynard.
Palot.	Palot.
Palpable.	Palpable, abla.
Palper.	Palpar.
Palpitant, ante.	Palpitant, anta.
Palpitation.	Palpitation.
Palpiter.	Palpitar.
Palloquet.	Panlou, Palot.
Palus.	Palun.

PAM

Pamelle.	Paumela.
Pâmer se.	Pamar se.
Pampe.	Pampa.
Pamphile, n. pr.	Pamphilo.
Pampre.	Pampa.

PAN

Pan.	Pan.
Pan d'une robe, d'un habit.	Pandourel.
Pan d'un bois de lit.	Esponda.
Panacee.	Punuteu.
Panacée mercurielle.	Mercuro dous.
Panache.	Panacho.
Panaché, ée.	Panachat, ada.
Panacher.	Panachar.
Panade.	Panada.
Panader se.	Pavanar se.
Panage.	Panage.
Panais cultivé.	Pastenarga.
Panais sauvage.	Jacareya.
Panaris.	Panaris.
Pancarte.	Pancarta.
Pancrace, n. pr.	Brancaci.
Pandectes.	Pandectas.
Panégyrique.	Panegyrique.
Panégyriste.	Panegyristo.
Panérée.	Paneirada.
Panetier.	Panetier.
Panetière.	Paniera.
Panic pied de coq.	Ped de poul.
Panic glauque.	Melaucha.
Panicaut.	Panicaut.
Panicaut des Alpes.	Riena deis prads.
Panier.	Panier.
Panier gros ou laid.	Paneiras.
Panier petit.	Paneiret.
Panier pour cueillir le fruit.	Bertoul.
Panier grand à deux anses.	Pagneira.
Panier, carcasse ou charpente d'un.	Varas.
Panier qu'on porte sur le dos.	Querbas.
Panier de pigeonnier.	Gourbiet

Panier fermé.	Paniera.
Panique.	Panica.
Panisse.	Rats.
Panne.	Panna.
Panneau,	Paneou.
Panneton.	Panetoun.
Pannonceau.	Palanseou.
Panorama.	Panorama.
Pansard, arde.	Pansard, arda.
Panse.	Pansa.
Panse petite.	Panseta.
Pansé, ée.	Pensat, ada.
Pansement.	Pensament.
Panser.	Pensar.
Pansu, ue.	Ventrarut, uda.
Pantalon.	Pantaloun.
Pantalon, n. pr.	Pantali.
Pantenne.	Pantena.
Panthéisme.	Pantheisme.
Panthéon.	Pantheon.
Panthère.	Panthera.
Pantin.	Pantin.
Pantomime.	Pantomima.
Pantoquière.	Pantouquiera.
Pantoufle.	Pantoufla.
Pantouflier.	Pantouflier.

PAO

Paon.	Pavoun.
Paon de mer.	Sourda.

PAP

Papa.	Papa.
Papal, ale.	Papal, ala.
Papas.	Papassou.
Papauté.	Papautat.
Pape.	Papa.
Papegai.	Papagai.
Papelard.	Bigot, Hypocrito.
Papeline.	Papelina.
Paperasse.	Papafard, Paperassa.
Paperasser.	Paparassar.
Papeterie.	Papetaria.
Papetier.	Papetier.
Papier.	Papier.
Papier gris.	Papier fouel.
Papier timbré.	Papier marcat.
Papiers.	Papiers.
Papillon.	Parpalhoun.
Papillon de nuit.	Parpalhora.
Papillon petit.	Papilhounet.
Papillon de mer.	Trauca-peira.
Papilbonner.	Parpalhounegear.
Papillote.	Papilhota.
Papilloter.	Parpelhar.
Papisme.	Papisme.
Papiste.	Papisto, ista.

PAQ

Pâque, Pâques.	Pascas.
Pâque closes.	Pasquetas.
Paquebot.	Paquebot.
Pâquerette.	Margarideta.
Paquet.	Paquet.
Paquet gros.	Paquetas.
Paquet petit.	Paquetoun.
Paquets, faire des.	Paqueliar.

PAR

Par.	Per, Par.
Parabole.	Parabola.
Parabolique.	Parabolique, ica.
Paracenthèse.	Paracenthesa.
Parachever.	Accoumplir.
Parachute.	Parachuta.
Parade.	Parada.
Paradigme.	Paradigme.
Paradis.	Paradis.
Paradis imaginaire.	Paradossas.
Paradis terrestre	Paradis terrestre.
Paradis de théâtre.	Paradis.
Paradoxe.	Paradoxo.
Parafe.	Parapha.
Parage.	Paragi.
Paragoge.	Paragoge.
Paragoger.	Paragogear, vl.
Paragraphe.	Paragrapho.
Paraguante.	Paragantou.
Paraître.	Pareisser.
Paralepis corégonoïdeLussion.	
Paralepis sphyrénoïdeLussion.	
Parallèle.	Parallela, ela.
Parallèlement.	Parallelament.
Parallélogramme.	Parallelogramma.
Paralogisme.	Paralogisme.
Paralysé, ée.	Paralysat, ada.
Paralyser.	Paralysar.
Paralysie,	Paralysia.
Paralytique.	Paralytique, ica.
Parangon.	Parangon.
Parangonner.	Parangounar.
Parant, ante.	Parant, anta.
Parapet.	Parapet.
Paraphe.	Parapha.
Parapher.	Paraphar.
Paraphernaux.	Paraphernaus.
Paraphrase.	Paraphrasa.
Paraphraser.	Paraphrasar.
Parapluie.	Parapluia.
Parasite.	Parasito.
Parasol.	Parasol.
Paratonnerre.	Paratounerro.
Parâtre.	Pairastre.
Paravent.	Paravent.
Parc.	Pargue.
Parcage.	Pargagi.
Parcelle.	Parcela.
Parcelles.	Parcilhas.
Parceque.	Parceque.
Parchemin.	Pergamin.
Parcheminerie.	Pergaminaria.
Parcheminier.	Pergamentier.
Parcimonie.	Parcimonia.
Parcimonieux, euse.	Parcimounious, ousa.
Parcloses.	Palhoou.
Parcourir.	Parcourrer.
Parcours.	Parcours.
Pardi.	Pardiou.
Pardon.	Pardoun.
Pardonnable.	Pardounable, abla.
Pardonné, ée.	Pardounat, ada.
Pardonner.	Pordounar.
Pardessus.	Souquet.
Pareil. eille.	Parier, iera.
Pareillement.	Parelhament
Pareira brava.	Pareira brava.
Parelle sauvage.	Lapas.
Parement.	Parament.

Parent, ente.	Parent, enta.	Part.	Part.	Passavant.	Passavant.
Parents, perdre tous		Partage.	Partagi.	Passe.	Passa.
ses.	Desparentar.	Partagé , ée.	Partageat, ada.	Passe d'une chaussée	
Parentage.	Parentagi.	Partager.	Partagear.	de moulin.	Passalis.
Parenté.	Parental.	Partager se.	Par̃agear se.	Passe carreau.	Passa-carreou.
Parentèle.	Parentela.	Partance.	Partensa.	Passe corde.	Passa-corda.
Parenthèse.	Parenthesa.	Partenaire.	Partenari, aria.	Passe droit.	Passa-drech.
Paré, ée.	Parat, ada.	Parterre.	Parterra.	Passement.	Passament, Galoun.
Paresse.	Paressa.	Parti.	Partit.	Passe lacet.	Passa-estaca.
Paresseux, euse.	Paressous, ousa.	Parti, ie.	Partit. ida, ia.	Passementier.	Passamentier.
Paresseux , devenir.	Empervouire s'.	Partiaire.	Partiari, aria.	Passe-partout.	Passa-partout.
Paresseuses.	Paressousas.	Partial, ale.	Partial, ala.	Passe-passe.	Passa-passa.
Parfait, aite.	Parfet, eta.	Partialement.	Partialament.	Passe-poil.	Passa-poil.
Parfait.	Parfet.	Partialité.	Partialitat.	Passe-port.	Passa-port.
Parfaitement.	Parfetament.	Partibus , in.	Partibus, in.	Passe res.	Passa-res.
Parfilure.	Parfilura.	Participant, ante.	Participant , anta.	Passer.	Passar.
Parfois.	Parfes.	Participation.	Participation.	Passer une rivière à	
Parfournir.	Perfournir.	Participe.	Participo.	gué.	Gaffar.
Parfum.	Parfum.	Participer.	Participar.	Passer se.	Passar se.
Parfumé, ée.	Parfumat, ada.	Particulariser.	Particularisar.	Passereau.	Passeroun.
Parfumer.	Parfumar.	Particularité.	Particularitat.	Passerelle.	Passarela.
Parfumerie.	Parfumaria.	Particule.	Particula.	Passerinete.	Passerina.
Parfumeur, euse.	Parfumour, ousa.	Particulier , ière.	Particulier, iera.	Passe-rose.	Passa-rosa.
Pari.	Pari, Escoumessa.	Particulièrement.	Particulierament.	Passe-satin.	Herba de la routa.
Parier.	Pariar.	Partie.	Partida.	Passe-temps.	Passe-temps.
Pariétaire.	Esparga.	Partie de marchan-		Passeur.	Gafoulhoun.
Parieur.	Manteneire.	dises.	Escach.	Passe-velours.	Passa-velours.
Paris , n. pr.	Paris.	Parties naturelles.	Partidas.	Passe-volant.	Passa-volant.
Parisien, enne.	Parisien, ena.	Parties nobles.	Vergougnas.	Passibilité.	Passibilitat.
Parisienne, chanson.	Id.	Partiel , elle.	Partiel, ela.	Passible.	Passible, ibla.
Parité.	Paritat.	Partiellement.	Partielament.	Passif, ive.	Passif, iva.
Parjure.	Parjure, ura.	Partir.	Partir.	Passif, s.	Passif.
Parjurer se.	Parjurar se.	Partisan.	Partisan.	Passion.	Passion.
Parlage.	Parladissa.	Partitif, ive.	Partitif, iva.	Passion , colère.	Id.
Parlant, ante.	Parlant, anta.	Partition.	Partition.	Passionnément.	Passionament.
Parlement.	Parlament.	Partout.	Partout.	Passionné, ée.	Passionat, ada.
Parlementaire.	Parlamentari.	Paru , ue.	Pareissut, uda.	Passionner.	Passionar.
Parlementer.	Parlamentar.	Parure.	Parura.	Passionner se.	Passionar se.
Parler.	Parlar.	Parure de peau de		Passivement.	Passivament.
Parlerie.	Parladissa.	veau.	Parun.	Passoire.	Passoira.
Parleur , euse.	Parlaire, arela.	Parvenir.	Parvenir.	Pastel.	Pastel.
Parloir.	Parloir.			Postel sauvage.	Mes de mai.
Parmesan.	Parmesan.			Pastenade.	Pastenarga.
Parmi.	Parmi.	**PAS**		Pastèque.	Pasteca.
Parnasse.	Parnasso.			Pasteur.	Pastour.
Parodie.	Paroudia.	Pas.	Pas.	Pastillage.	Pastilhagi.
Parodié, ée.	Paroudiat, ada.	Pas-d'âne.	Ped-d'ano.	Pastille.	Pastilha.
Parodier.	Paroudiar.	Pas , nég.	Pas, ren.	Pastissoun.	Pastissoun.
Paroir.	Paradour.	Pas de Calais, départ.		Pastoral , ale.	Pastoural, ala.
Paroisse.	Parroissa.	du.	Pas de Cales.	Pastorale.	Pastourala.
Paroissial , ale.	Parroissial, ala.	Pascal, ale.	Pascal, ala.	Pastoureau.	Pastourel.
Paroissien, enne.	Parrossien , ena.	Pascal, n. pr.	Pascal.	Pastoureau jeune.	Pastourelet.
Parole.	Paraula.	Pasigraphie.	Pasigraphia.	Pastourelle.	Pastourela.
Parole douce.	Parauleta.	Paspale-pied de		Pastourelle jeune.	Pastoureleta.
Parole indécente ,		poule.	Grame, 2.		
grossière.	Paraulassa.	Pasquin.	Pasquin.	**PAT**	
Parole, manquer de.	Desfautar.	Pasquinade.	Pasquinada.		
Paroli.	Paroli.	Passable.	Passable, abla.	Pat.	Pat.
Paronomasie.	Paronomasia, vl.	Passablement.	Passablament.	Pata.	Patac, Pachau.
Parotides.	Cornudas.	Passade.	Passada.	Patache.	Patacha.
Paroxysme.	Paroxisme , Redou-	Passage.	Passagi.	Patarasse.	Patarassa.
	blament.	Passage d'oiseaux.	Passada.	Patard.	Pachau, Patard.
Parquée.	Pargada.	Passage à travers		Patate.	Patata.
Parquer.	Parcar.	d'une haie, d'un		Patatras.	Patatras , Pataflau.
Parquet.	Parquet.	mur.	Passadour.	Pataud.	Pataud.
Parquetage.	Parquetagi.	Passage , droit de.	Pezage.	Pataud , aude.	Pataud, auda.
Parqueté, ée.	Parquetat, ada.	Passage destiné aux		Patauger.	Patoulhar.
Parqueter.	Parquetar.	brebis allant ou		Pâte.	Pasta.
Parrain.	Pairin.	venant d'Arles.	Carraira.	Pâte en petits grains	
Parrain , participer		Passager, ère.	Passagier, iera.	arrondis.	Briselas.
de son.	Pairinegear.	Passager, s.	Id.	Pâte de farine de pois	
Parricide.	Parricide, ida.	Passant, ante.	Passant, anta.	chiches.	Panissa.
		Passation.	Passation.		

Pâte de farine de pois des champs.	*Poulilhas.*	Patriotisme.	*Patriotisme.*
Pâte de farine d'ers.	*Paslet.*	Patron, onne.	*Patroun, ouna.*
Pâte que l'on pétrit en une fois.	*Pastada.*	Patron, modèle.	*Patroun.*
Pâte, réduire en.	*Pistur.*	Patronage.	*Patrounagi.*
Pâte, fouler la, avec les poings.	*Pougnegear.*	Patronat.	*Patrounat.*
Pâté.	*Pastis.*	Patronymique.	*Patronimic,* vl.
Pâté d'encre.	*Porc, Pouerc.*	Patrouillage.	*Patoulharia.*
Pâtée.	*Past.*	Patrouille.	*Patroulha.*
Patelin.	*Patelin.*	Patrouiller.	*Patroulhar.*
Patelinage.	*Patelinegearia.*	Patouillis.	*Pautruelh.*
Pateliner.	*Patelinegear.*	Patte.	*Pata.*
Patelineur, euse.	*Patelinur, usa.*	*Patte, jeu de la.*	*Pantouquet.*
Patellaire parelle.	*Peirela.*	*Patte d'une poche.*	*Pateleta.*
Patelle.	*Arapeda.*	Patlu, ue.	*Patut, uda, ua.*
Patène.	*Patena.*	Pâturage.	*Pasquier.*
Patenôtre, dire beaucoup de.	*Paternostriar.*	Pâture.	*Pastura.*
Patenôtre blanche.	*Pater blanc.*	*Pâture, donner la.*	*Apasturar.*
Patent, ente.	*Patent, enta.*	Pâturer.	*Pasturgar.*
Patente.	*Patenta.*	*Paturin raide.*	*Sauna-garris.*
Patenté, ée.	*Patentat, ada.*	*Paturin annuel.*	*Margau.*
Patenter.	*Patentar.*	Paturon.	*Pasturoun.*
Pater.	*Pater.*		
Pater de lait.	*Pater de lach.*	**PAU**	
Paterin.	*Patari,* vl.		
Paternel, elle.	*Paternel, ela.*	Paul, n. pr.	*Paul.*
Paternellement.	*Paternelament.*	*Paul jeune, petit.*	*Pauloun.*
Paternité.	*Paternitat.*	*Paule,* n. pr.	*Paula.*
Pâteux, euse.	*Pastous, ousa.*	Paulette.	*Pauleta.*
Pathétique.	*Pathetique, ica.*	Paulin, n. pr.	*Paulin.*
Pathétiquement.	*Patheticament.*	*Pauline,* n. pr.	*Paulina.*
Pathos.	*Pathos.*	*Paulinier,* n. pr.	*Paulian.*
Patibulaire.	*Patibulero, era.*	Paumard.	*Pooumard.*
Patiemment.	*Patiemment.*	Paume.	*Pauma.*
Patience.	*Patiença.*	*Paume de la main, coup de la.*	*Palmada.*
Patience, plante.	*Patiença.*	*Paumelière.*	*Paumouliera.*
Patience aiguë.	*Renebre.*	*Paumelle de cordier.*	*Paumet, Curet.*
Patience sauvage.	*Lapas.*	Paumer.	*Tounegear se.*
Patience des alpes.	*Chapoli.*	Paupière.	*Parpela.*
Patience aquatique.	*Herba de la pas.*	*Paupières, se frotter les.*	*Esparpellar s'.*
Patient, ente.	*Patient, enta.*	Pause.	*Pausa.*
Patienter.	*Patientar.*	*Pause petite.*	*Pauseta.*
Patin.	*Patin.*	Pauvre.	*Paure, ra.*
Patiner.	*Patinar.*	*Pauvre petit.*	*Paouroun.*
Patineur.	*Patinur.*	*Pauvre dégoûtant.*	*Pauras.*
Pâtir.	*Patir.*	Pauvredrille.	*Paure diable.*
Pâtis.	*Pelenc.*	*Pauvres les, en général.*	*Paurilha.*
Pâtisser.	*Pastissar.*	Pauvrement.	*Paurament.*
Pâtisserie.	*Pastissaria.*	Pauvresse.	*Paura.*
Pâtissier.	*Pastissier.*	*Pauvret, ette.*	*Pauret, eta.*
Patois.	*Patois.*	Pauvreté.	*Pauretat.*
Pâlon.	*Pastoun.*		
Patraque.	*Potraca.*	**PAV**	
Pâtre.	*Pastre.*		
Pâtre gros ou sale.	*Pastras.*	Pavage.	*Pavagi.*
Pâtre errant, des Landes.	*Bagant.*	Pavaner se.	*Pavanar se.*
Patrial.	*Patrial,* vl.	Pavé.	*Calada.*
Patriarcal, ale.	*Patriarcal, ala.*	Pavé, ée.	*Caladat, ada.*
Patriarcat.	*Patriarcat.*	Paver.	*Caladar.*
Patriarche.	*Patriarche.*	Paveur.	*Caladaire.*
Patrice.	*Patrici.*	Pavillon.	*Pavilhoun.*
Patriciat.	*Patriciat.*	*Pavillon de jardin.*	*Glorieta.*
Patricien, enne.	*Patricien, ena.*	Pavois.	*Paves.*
Patrie.	*Patria.*	Pavoisé, ée.	*Abandeirat, ada.*
Patrimoine.	*Patrimoni.*		*Pavoisat, ada.*
Patrimonial, ale.	*Patrimonial, ala.*	Pavoiser.	*Pavoisar.*
Patriote.	*Patrioto.*	Pavot.	*Pavot.*
Patriotique.	*Patriotique, ica.*		
		PAY	
		Payable.	*Pagable, abla.*
		Payant, ante.	*Pagant, anta.*

Paye.	*Paga.*		
Payement.	*Pagament.*		
Payen, enne. Voy. *Païen.*	*Payen, ena.*		
Payer.	*Pagar.*		
Payer se.	*Pagar se.*		
Payeur, euse.	*Pagadour, Payur.*		
Pays.	*Pais.*		
Paysage.	*Paisagi.*		
Paysan, anne.	*Paisan, ana.*		
Paysan grossier.	*Paisanas, assa.*		
Paysan, qui se repose souvent.	*Paup'aissada.*		
Payson, prendre les mœurs des.	*Apaisanir s'.*		
Paysan, devenu.	*Apaisanit.*		
Paysan qui joue le bourgeois.	*Passa-paisan.*		
Paysans, en général, les.	*Paisanalha.*		
Paysannerie.	*Paisanilha.*		

PEA

Péage.	*Peagi.*
Péager.	*Peagier.*
Peau.	*Pel, Peou.*
Peau minée.	*Peleta.*
Peau flasque.	*Peleganta.*
Peau blanche tannée.	*Souat.*
Peau d'âne préparée.	*Anina.*
Peau avec son poil.	*Melota.*
Peau de blaireau.	*Id. 2.*
Peau d'agneau.	*Peloun.*
Peaussier.	*Tanur.*

PEC

Peccable.	*Peccable, abla.*
Peccadille.	*Peccadilha.*
Peccant, ante.	*Peccant, anta.*
Peccavi.	*Peccavi.*
Pêche.	*Pessegue.*
Id.	*Pesca.*
Pêche bonne.	*Bau.*
Pêche au flambeau.	*Fasquier.*
Péché.	*Peccat.*
Péché gros.	*Peccatas.*
Péché petit.	*Peccatoun.*
Pêcher.	*Peccar.*
Pêcher.	*Pesseguier.*
Id.	*Pescar.*
Pêcheresse.	*Peccairis.*
Pêcheur.	*Peccadour.*
Pêcheur.	*Pescaire.*
Pécore.	*Pecora.*
Pectoral, ale.	*Pectoral, ala.*
Péculat.	*Peculat.*
Pécule.	*Pecule.*
Pécune.	*Pecuni.*
Pécunieux, euse.	*Amounedat, ada.*

PED

Pédagne.	*Pedagna.*
Pédagogue.	*Pedagogo.*
Pédale.	*Pedala.*
Pédant.	*Pedant.*
Pédanterie.	*Pedantaria.*
Pédantesque.	*Pedantesque, esca.*
Pédantisme.	*Pedantisme.*
Pédéraste.	*Soudoumisto.*

Pédérastie.	Soudoumia.
Pédestre.	Pedestre, estra.
Pédiculaire des marais.	Ardena.
Pédicule.	Pecoul.
Pédicule petit.	Pecoulhet.
Pédon.	Pedoun.
Pédoncule.	Coua, Pecoul.

PEG

Pégase.	Pegaso.
Pégot.	Rouchassier.
Pegouze.	Pegouse.

PEI

Peigne.	Penchi, Pigna.
Peigne petit.	Penchoun.
Peigne, coup de.	Penchinada.
Peigne gigantesque ou de St.-Jacques.	Pelerina.
Peigne de Vénus.	Agulhas.
Peigné, ée.	Penchinat, ada.
Peigner.	Penchinar, Pignar.
Peigner se.	Penchinar se.
Peignier.	Penchinier.
Peignoir.	Pignoir.
Peignon.	Pignoun.
Peignon de fileuse à la quenouille.	Escamachou.
Peignures.	Pignuras.
Peindre.	Pintar.
Peindre légèrement.	Pintoulegear.
Peine.	Pena.
Peine d'esprit.	Pensament.
Peiné, ée.	Penat, ada.
Peiner.	Penar.
Peiner se.	Penar se.
Peint, einte.	Pintat, ada.
Peintre.	Pintre.
Peinture.	Pintura.
Peinturer.	Pinteurlegear.

PEL

Pelade.	Pelada.
Pelage.	Pelagi.
Pelamide.	Palamida.
Pelard.	Ploumas.
Pêle-mêle.	A barregea.
Pelé, ée.	Pelat, ada.
Peler.	Pelar.
Pèlerin, ine.	Pelerin, ina.
Pèlerin, portant une palme.	Palmier.
Pèlerinage.	Pelerinagi.
Pèlerine.	Pelerina.
Pélican.	Pelican.
Pelidne ordinaire.	Pivoutoun.
Pelisse.	Pelissa.
Pelle.	Pala.
Pelle, enlever avec la.	Palar.
Pelle, remuer avec la.	Palavirar.
Pelle, celui qui se sert de la.	Palegeaire.
Pelle petite.	Paleta.
Pelle pour arroser.	Asaïgadouire.
Pellée.	Paragna, Palada.
Pelleterie.	Peletaria.
Pelletier, ière.	Pelatier, icra.
Pellicule.	Peleta.

Pelote.	Pelota.
Pelote de chameau.	Pelada.
Pelote à épingles.	Espilhier.
Pelote de Neige.	Peloutoun.
Peloter.	Baloutar.
Peloter, battre.	Pelaudar.
Peloton.	Cabudeou, Gramiceou.
Peloton petit.	Gramicelet.
Peloton gros.	Gramicelas.
Peloton, se mettre en.	Agrumelar s'.
Pelotonner.	Argrumelar.
Pelouse.	Pelousa.
Pelu, ue.	Pelous, ousa.
Peluche.	Pelucha.
Peluché, ée.	Peluchat, ada.
Pelucher.	Peluchar.
Pelure.	Pelura.
Pelures des viandes.	Pelouiras.
Pelures d'ail, d'oignon.	Peridilhas.
Pelures en général.	Plumadilhas.

PEN

Pénaillon.	Pedrilha.
Pénal, ale.	Penal, ala.
Pénalité.	Penalitat.
Pénard.	Penard.
Pénates.	Penatos.
Penaud, aude.	Nec, eca, Mouquet.
Penchant, ante.	Penchant, ante.
Penchant d'une montagne.	Ribas.
Penché, ée.	Cleinat, ada, Pendis.
Pencher.	Penchar, Cleinar.
Pendable.	Pendable, abla.
Pendaison.	Pendesoun.
Pendant, ante.	Pendent, enta.
Pendant d'oreille.	Pendelota.
Pendant.	Pendent, Durant.
Pendard, arde.	Pendard, arda.
Pandectes.	Pandectas.
Pendeloque.	Pendelota.
Pendeur.	Pendeire.
Pendiller.	Pendilhar.
Pendre.	Pendre.
Pendre.	Pendre.
Pendre se.	Pendre se.
Pendu, ue.	Pendut, uda.
Pendule.	Pendula.
Pendules, marchant ou fabricant de.	Pendulier.
Penduline.	Debassiaire.
Pêne.	Pasteou.
Pêne, restes de fil.	Pelhas.
Pêne de ruban.	Pena de riban.
Pénétrable.	Penetrable, abla.
Pénétratif, ive.	Penetratiu, iva, vl.
Pénétration.	Penetration.
Pénétré, ée.	Penetrat, ada.
Pénétrer.	Penetrar.
Pénétrer se.	Penetrar se.
Pénible.	Penible, ibla.
Péniblement.	Peniblament.
Pénil.	Peniou.
Péninsule.	Peninsula.
Pénitence.	Penitença.
Pénitencier.	Penitencier.
Pénitent, ente.	Penitent, enta.
Pénitents.	Penitents.
Pénitenticl.	Penitential, vl.
Pennes.	Pesen.

Pennon.	Peneou.
Pensée.	Pensada.
Pensée, fleur.	Pansea.
Penser.	Pensar.
Penseur.	Pensur.
Pensif, ive.	Pensatiou, iouva.
Pension.	Pension.
Pensionnaire.	Pensiounari, aria.
Pensionnat.	Pensionat.
Pensionner.	Pensionar.
Pensum.	Pensoun.
Pentagone.	Pentagono.
Pentateuque.	Pentateuco.
Pentatome orné.	Bouvet.
Pente.	Penta.
Pente, bande.	Panta.
Pentecôte.	Pandecoustas.
Penture.	Palamela, Parna.
Pénurie.	Penuria, Carestia.

PEP

Pepie.	Pepide, Glouta.
Pepie, avoir la.	Pepidegear.
Pepier.	Pioutar.
Pepin.	Pepin.
Pépinière.	Pepiniera.
Pépiniériste.	Pepinieristo.

PER

Percale.	Percala.
Percant, ante.	Percant, anta.
Perce-feuille.	Herba coupiera.
Perce-muraille.	Esparga.
Perce-oreille.	Cura-aurelha.
Perce pierre à mouches.	Trauca-peiroou.
Id.	Lebre de mar.
Percé, ée.	Traucat, ada.
Percepteur.	Perceptour.
Perception.	Perception.
Percer.	Traucar.
Percevoir.	Percebre.
Perche.	Perca.
Perche de mer.	Loup-marin.
Perche de bois.	Pertia.
Percher se.	Ajoucar se.
Perchoir.	Ajouc.
Perclus, use.	Perclus, usa.
Percussion.	Percussion.
Percussif, ive.	Percussiu, iva, vl.
Perdable.	Perdable, abla.
Perdant, ante.	Perdant, anta.
Perdition.	Perdition.
Perdre.	Perdre.
Perdre se.	Perdre se.
Perdreau.	Perdigau.
Perdrigon.	Perdigoun.
Perdrix.	Perdris.
Perdrix blanche.	Gealabra.
Perdrix bartavelle.	Perdris bartavela.
Perdrix grise.	Perdris grisa.
Perdrix grecque.	Perdriscouloumbada.
Perdrix grise petite.	Perdris grisa pichota.
Perdrix rouge.	Perdris rougea.
Perdrix de mer à collier.	Picca-en-terra.
Perdrix de la crau.	Grandoula.
Perdrix de mer, poisson.	Sola.

Perdu, ue.	Perdut, uda.	Perroquet.	Perrouquet.	Pesse.	Serenta.
Perdurable.	Perdurable, abla.	Perruche.	Perrucha,	Peste.	Pesta.
Père.	Paire, Pero, Papa.	Perruque.	Perruca.	Peste, interj.	Perga.
Père, aimer, secourir son.	Pairegear.	Perruque grosse.	Perrucassa.	Pester.	Pestar, Biscar.
		Perruque petite.	Perruqueta.	Pestiféré, ée.	Pestiferat, ada.
Père nourricier.	Paire nourricier.	Perruquier.	Perruquier.	Pestiférer.	Pestiferar.
Père grand.	Paire grand.	Persécuté, ée.	Persecutat, ada.	Pestilence.	Pestilenci.
Pérégrination.	Peregrination.	Persécuter.	Persecutar.	Pestilent, ente.	Pestilent, enta.
Péremptoire.	Peremptoiro.	Persécuteur, trice.	Persecutour, triça.	Pestilentiel, elle.	Pestilentiel, ela.
Pérfectibilité,	Perfectibilitat.	Persécution.	Persecution.		
Perfection.	Perfection.	Persévérance.	Perseverança,		
Perfectionné, ée.	Perfectionat, ada.	Persévérant, ante.	Perseverant, anta.	**PET**	
Perfectionnement.	Perfectionament.	Persévérer.	Perseverar.		
Perfectionner.	Perfectionar.	Persicaire.	Herba de St.-Christoou.	Pet.	Pet.
Perfide.	Perfide, ida,			Pétanèle roux.	Blad-barbut-gros.
Perfidement.	Perfidament.	Persienne.	Persiena.	Pétarade.	Petarrada.
Perfidie.	Perfidia.	Persiflage.	Persiflagi.	Pétard.	Petard.
Perforation.	Perforacio, vl.	Persifler.	Persiflar.	Pétarder.	Petardar.
Perforé, ée.	Perforat, ada.	Persil.	Juvert, Persil,	Pétardier.	Petardier.
Perforer.	Perforar.	Persil odorant.	Api-fer.	Pet-en-l'air.	Pet-en-l'er.
Pericliter.	Periclitar.	Persistance.	Persistança.	Péter.	Petar.
Périgée.	Perigeo.	Persister.	Persistar.	Péteur, euse.	Petaire, arela.
Péribélie,	Perihelio.	Personnage.	Persounagi.	Pétiller.	Petegar.
Péril,	Perilh.	Personnaliser.	Persounalisar,	Petit, te.	Pichot,ta,Pichoun,na.
Péril, mis en.	Perilhat.	Personnalité.	Persounalitat.	Petit, bien.	Petitoun.
Péril, s'exposer au.	Perilhar se.	Personnat.	Persounat.	Petit-canon.	Pichot-canoun.
Périlleusement.	Perilhousament.	Personne.	Persouna.	Petit feu vit toujours.	Seriga, Miriga.
Périlleux, euse.	Perilhous, ousa.	Personne petite.	Persouneta.	Petit chêne.	Calamendrier.
Perimélie denticule.	Tourleou.	Personne, nul.	Persouna, Degun.	Petit-houx.	Prebouisset.
Périmètre.	Perimetro.	Personnel, elle.	Persounel, ela.	Petit lait.	Gaspa, Lachau.
Période.	Perioda.	Personnellement.	Persounelament.	Petite bardane.	Grappouns.
Périodique.	Periodique, ica.	Personnifié, ée.	Persounifiat, ada.	Petite chélidoine.	Aurelhelas.
Périodiquement.	Periodicament.	Personnifier.	Persounifiar.	Petite éclaire.	Id.
Périoste.	Periosto.	Perspectif, ive.	Perspectiu, iva, vl.	Petite oseille.	Acetouas.
Péripatéticien.	Peripateticien.	Perspective.	Perspectiva.	Petite centaurée.	Centauri.
Périphrase.	Periphrasa.	Perspicuité.	Perspicuitat.	Petitement.	Pichotament.
Périphraser.	Periphrasar.	Persuadé, ée.	Persuadat, ada.	Petitesse.	Pichounetat.
Péripneumonie.	Peripmounia.	Persuader.	Persuadar.	Pétition.	Petition.
Périr.	Perir.	Persuader se.	Persuadar se.	Pétitionnaire.	Petitiounari.
Périssable.	Perissable, abla.	Persuasif, ive.	Persuatif, iva.	Peton.	Petoun, Penown.
Péristyle.	Peristylo.	Persuasion.	Persuasion.	Pétrel cendré.	Gabian-gros.
Péritoine,	Peritoino.	Perte.	Perta.	Pétrification.	Petrification.
Perle.	Perla.	Pertinemment.	Pertinamment.	Pétrifié, ée.	Petrifiat, ada.
Perlé, ée.	Perlat, ada.	Pertinent, ente.	Pertinent, enta.	Pétrifier.	Petrifiar.
Perlon.	Beluga.	Pertuis.	Pertuis.	Pétrin.	Mastra.
Permanence.	Permanença.	Pertuisane.	Pertuisana.	Pétrir.	Pastar.
Permanent, ente.	Permanent, enta.	Pertuiser.	Pertuisar.	Pétrole.	Oli de gabian, oli petroli.
Permesse.	Permesso.	Perturbateur, trice.	Perturbatour, triça.		
Permettre.	Permettre.	Perturbation.	Perturbation.	Pétulance.	Petulença.
Permis.	Permes.	Pervenche.	Pervancha.	Pétulant, ante.	Petulant, anta.
Permis, ise.	Permes, essa.	Pervenche petite.	Provençala.	Petun.	Petun.
Permission.	Permission.	Pervers, erse.	Pervers, ersa.		
Permutation.	Permutation.	Perversion.	Perversion.		
Permuté, ée.	Permutat, ada.	Perversité.	Perversitat.	**PEU**	
Permuter.	Permutar.	Perverti, ie.	Pervertit, ida, ia.		
Pernicieux, euse.	Pernicious, ousa.			Peu.	Pauc
Péroraison.	Perourasoun.			Peu, bien, très-peu.	Pauquet.
Perorer.	Perourar.	**PES**		Peu de chose.	Pauquinada.
Pérou.	Perou.			Peuplade.	Puplada.
Peroxyde de fer.	Rouge d'Anglaterra,	Pesamment.	Pesamment.	Peuple.	Pople, Puple.
Perpendiculaire.	Perpendiculari, aria.	Pesant, ante.	Pesant, anta.	Peuplé, ée.	Puplat, ada.
Perpendiculairement.	Perpendiculariament.	Pesanteur.	Pesantour.	Peupler.	Puplar.
Perpétrer.	Perpetrar.	Pesée.	Pesada.	Peuplier.	Piboula.
Perpétue, n. pr.	Perpetua.	Pèse-liqueur.	Pesa-licour.	Peuplier blanc.	Aubera.
Perpetuel, elle.	Perpetuel, cla.	Pèse, femme qui.	Pesairis.	Peuplier noir.	Piboula.
Perpetuellement.	Perpetuelament.	Pesé, ée.	Pesat, ada.	Peuplier tremble.	Aubria.
Perpétuer.	Perpetuar.	Peser.	Pesar.	Peupliers, lieu planté de.	Aubiera.
Perpétuité.	Perpetuitat.	Peser et salaire du peseur, action de.	Pesagi.	Peur.	Paour, Petega.
Perplexe.	Perplexe, exa.	Peseur.	Pesadour.	Peureux, euse.	Paourous, ousa.
Perplexité.	Perplexitat.	Peson.	Vertel.	Peureux, rendre.	Espaourir.
Perquisition.	Perquisition.			Peut-être.	Bessai, Belcou.
Perron.	Perroun, pountin.				

PHA

Phaéton.	Phaeton.
Phalange.	Ounça.
Phalaris des canaries.	Grana de canari.
Phantasmagorie.	Phantasmagoria.
Pharaon, n. pr.	Pharaoun.
Phare.	Pharo.
Pharillon.	Phasquier.
Pharisien.	Pharisien.
Pharmacie.	Pharmacia.
Pharmacien.	Pharmacien.
Pharynx.	Empassaire.
Phase.	Phasa.

PHE

Phébade, n. pr.	Fiari.
Phébus.	Phebus.
Phénix.	Phenix.
Phénomène.	Phenomeno.

PHI

Philanthrope.	Philanthropo.
Philanthropie.	Philanthropia.
Philaria à larges feuilles.	Daradel.
Philaria moyen.	Id.
Philippe, n. pr.	Philip.
Philippine, n. pr.	Filipina.
Philosophale.	Philosophala.
Philosophe.	Philosopho.
Philosopher.	Philosophar.
Philosophie.	Philosophia.
Philosophique.	Philosophique, iça.
Philosophiquement.	Philosophicament.
Philtre.	Philtro.

PHL

Phlébotomie.	Fleubotomia, vl.
Phlébotome.	Fleubotomi, vl.
Phlébotomiser.	Fleubotomar, vl.
Phlébotomiste.	Fleubotomador, vl.
Phléole de Gérard.	Blanqueta.
Phlogistique.	Phlogistico..
Phlyctène.	Bouffiga.

PHO

Phoque à ventre blanc.	Buou-marin.
Phoque commun.	Id.
Phosphore.	Phosphoro.
Phosphorique.	Phosphorique, ica.
Photin.	Foutin.

PHR

Phrase.	Phrasa.
Phrénésie.	Phrenesia.

PHT

Phthisie.	Phthisia.
Phthisique.	Phthisique, ica.

PHY

Physicien.	Physicien.
Physiologie.	Physiologia.
Physionomie.	Physionomia.
Physionomiste.	Physionomisto, ta.
Physionotype.	Physionotypo.
Physique.	Physica.
Physiquement.	Physicament.

PIA

Piaffe.	Bragadissa.
Piaffer.	Bragar.
Piailleur, euse.	Bramaire, arela.
Pian.	Pian.
Pianiste.	Pianisto.
Piano.	Piano.
Piastre.	Piastra.
Piat.	Agassoun
Piauler.	Pioutar.

PIC

Pic.	Pic, Aissoun.
Pic, oiseau.	Pic.
Pic épeichette.	Longa lengua.
Pic petite épeiche.	Pic pichot.
Pic de muraille.	Escala-barris.
Pic noir.	Pic-negre.
Pic varié.	Pic pigrat.
Pic vert.	Pic vert, Picatas.
Picar, arde.	Picard, arda.
Picaillon.	Picalhoun.
Picarel.	Gerre, Gora.
Picholine.	Pichoulina.
Picolet.	Picoulet.
Picorée.	Picoureya.
Picoreur.	Picoureyur.
Picot.	Picot.
Picote.	Picota.
Picoté, ée.	Picoutat, ada.
Picotement.	Picoutament.
Picoter.	Picoutar.
Picoter le gosier.	Recouire.
Picotin.	Picoutin.
Picotins deux.	Civadier.
Picride commune.	Couesta counilhiera.

PIE

Pie.	Agassa.
Pièce.	Pessa.
Pièce petite.	Pesseta.
Pièce grosse.	Pessassa.
Pièce, mettre une.	Pessigar, Pedassar.
Pied.	Ped.
Pied d'alouette.	Flour de l'amour.
Pied d'alouette élevé.	Touera blua
Pied d'âne.	Ped d'ai.
Pied de biche.	Ped de bicha.
Pied de bœuf.	Pateta-un.
Pied de canne.	Ped d'augueta.
Pied de chat.	Ped de cat.
Pied de chèvre.	Ped de cabra.
Pied droit.	Ped drech.
Pied d'oie.	Ped d'auca.
Piedestal.	Pedestal.
Pied de lion.	Pata de lion.
Pied fond.	Apeu.
Pied de griffon.	Pissa-chans.
Pied de mouche.	Ped de mousca.
Pied gros.	Petas, Penas.
Pied petit.	Petet, penoun.
Pied plat.	Pedrillia.
Pied poudreux.	Ped terrous.
Pied de roi.	Pied.
Pied de veau.	Fugueiroun.
Pied verd.	Becassoun.
Pied, à un meuble, mettre un.	Pecoular.
Pied, trace du.	Peada.
Pieds, remuer, agiter les.	Penoutegear.
Pied, qui n'a pas de.	Despécoulat.
Pieds, odeur des.	Escafignoun.
Pied, prendre.	Apesar.
Pied à terre, mettre.	Camba terra.
Piége.	Piegi, Leca.
Piéges, qui tend des.	Lequier.
Pierraille.	Pierralha.
Pierre.	Peira.
Pierre grosse.	Peirassa.
Pierre petite.	Peireta.
Pierre de l'angle.	Peira de cantounau.
Pierre de calissane.	Peira de calissana.
Pierre à chaux.	Peira de caus.
Pierre à cautère.	Peira à cautero.
Pierre à faux.	Peira de dalh.
Pierre froide, dure.	Peira fregeau.
Pierre à l'huile.	Peira à l'oli.
Pierre à four, liais.	Peira de fuec.
Pierre à fusil.	Peira à fusiou.
Pierre infernale.	Peira infernala.
Pierre de foudre.	Peira de tounerro.
Pierre du Levant.	Id.
Pierre de la vessie.	Peira de la boufiga.
Pierre meulière.	Peira de moulin.
Pierre ponce.	Peira pounça.
Pierre noire.	Peira negra.
Pierre des remouleurs.	Mouela.
Pierre à rasoir.	Peira de rasour.
Pierre de tonnerre.	Peira de tounerro.
Pierre de touche.	Peira de toucha.
Pierre de variole.	Peira de veirola.
Pierres, tas de.	Clapier.
Pierres, champ couvert de.	Claparéda.
Pierres, marcher dans les.	Clapassiar.
Pierres, lieu couvert de petites.	Clapilha.
Pierres, combat à coups de.	Esqueiregeada.
Pierres, chasser à coups de.	Esqueiregear.
Pierres, se battre à coups de.	Esqueiregear se.
Pierres, combler de.	Aclapassar.
Pierre, n. pr.	Pierre, Pierre, Piarre.
Pierre jeune.	Pierroun.
Pierre vieux.	Peiroun.
Pierre gros.	Pierras.
Pierre, la femme de.	Pierrota.
Pierrée.	Valat-ratier, Rascas.
Pierre-garin.	Roundouleta.
Pierrette.	Peireta.
Pierreux, euse.	Peirous, ousa.
Pierrier.	Peirier.
Pierrot.	Pisserart.
Piété.	Pietat.
Piéter.	Tenir ped.
Piétiner.	Trepignar.
Piéton.	Pedoun, Pietoun.
Piètre.	Pietre, tra.
Piètrement.	Pietrament.
Pieu.	Pal, Paufic.
Picu-petit.	Poissel.

Pieusement. — Piousament.
Pieux, euse. — Pious, ousa.

PIF

Pif, Paf. — Pin, Pan.
Piffre, esse. — Pouilas, assa.

PIG

Pigeon. — Pigeoun.
Pigeon petit. — Pigeounet.
Pigeon biset. — Pigeoun biset.
Pigeon commun. — Pigeoun coumun.
Pigeon pattu. — Pigeoun pattut.
Pigeon ramier. — Pigeoun favart.
Pigeon vole, jeu. — Pigeoun vola.
Pigeonneau. — Pigeouneou.
Pigeonnier. — Pigeounier.
Pigeonnier, peupler un. — Apigeounar.
Pignocher. — Mastegougniar.
Pignon. — Pignoun.
Pignon de pin. — Pignouns.
Piegrièche. — Darnagas.
Piegrièche grise. — Id.
Piegrièche d'Italie. — Id.
Piegrièche rose. — Id.
Piegrièche rousse. — Id. rous.
Piegrièche écorcheur. Escourchura.
Piegrièche méridionale. — Sagataire.

PIL

Pilastre. — Pilastre.
Pilau. — Pilau.
Pile. — Pila.
Piler. — Pilar, trissar.
Pileur. — Pilur.
Pilier. — Pilier, Piloun.
Pilingre. — Herba de St.-Christoou.
Pillage. — Pilhagi.
Pillard, arde. — Pillard, arda.
Pillard gros, osse. — Pilhardas, assa.
Piller. — Pilhar.
Pilulaire. — Foulha-merda.
Pilon. — Piloun, Trissoun.
Pilori. — Pilouris.
Pilorier. — Mettre au Pilouris.
Pilotage. — Pilotagi.
Pilote. — Piloto.
Pilote apprenti. — Pilotin.
Pilotin. — Pilotin.
Pilotis. — Piloutis.
Pilule. — Pilule, Balota.

PIM

Piment. — Pebroun.
Piment des mouches à miel. — Melissa.
Pimentier. — Pimentier.
Pimpant, ante. — Pimpant, anta.
Pimpignon, — Pimpignoun.
Pimprenelle. — Armentela.

PIN

Pin. — Pin.
Pin de Genève. — Pin sauvagi.

Pin de Russie. — Id.
Pin vulgaire. — Pin doou liberoun.
Pin d'Alep. — Id.
Pin de Jérusalem. — Id.
Pin sauvage. — Pinastre.
Pin jeune. — Pinateou.
Pins, forêt de. — Pineda.
Pins, forêt de jeunes. — Pinatela.
Pinacle. — Pinacle.
Pinastre. — Pinastre.
Pince de fer. — Pauferre.
Pince du pied. — Pinça.
Pince, tenaille. — Id.
Pince poli. — Repinça.
Pincé, ée. — Pinçat, ada.
Pincée. — Pinçada.
Pincelier. — Pincelier.
Pince-mailles. — Caga-malhas.
Pincer. — Pinçar.
Pincer, prendre a droitement. — Agantar.
Pincettes. — Pincetas.
Pinchina. — Pinchinat.
Pinçon. — Pessuc.
Pinde. — Pinde.
Pinne marine. — Pinna marina.
Pinocher. — Gringoutar.
Pinque. — Pincou.
Pinson. — Quinsoun.
Pinson de neige. — Niveiroou.
Pinson d'Ardennes. Pinson de montagne. — Quinsoun gavouet.
Pintade. — Pintada.
Pintadeau. — Pintadeou.
Pinte. — Pinta.
Pinter. — Pintar.

PIO

Pioche. — Picola.
Pioché, ée. — Foues, essa.
Piochée. — Pouncha.
Piocher. — Fouire.
Piolement. — Piou-piou.
Pion. — Pion.
Pionner. — Piounar.
Pionnier. — Piounier.

PIP

Pipe. — Pipa.
Pipe petite. — Pipeta.
Pipe grosse ou laide. — Pipassa.
Pipe, de tabac, plein, une. — Pipada.
Pipe, tonneau. — Pipa.
Pipeau. — Chilet.
Pipée. — Chila, Pipada.
Piper. — Chilar.
Pipi des poussins. — Piou-piou.
Pipi de buissons. — Cici.
Pipot. — Pipot.

PIQ

Piquant, ante. — Picant, anta.
Piquant des liqueurs Espounch.
Pique. — Pica.
Piqué. — Picat.
Piqué, ée. — Picat, ada, Pounch, cha.
Piquebrot. — Copa-boutoun.

Pique-nique. — Pic-nic.
Pique-Poule. — Pica-poula.
Piquer. — Picar, Pougner.
Piquer se. — Picar se.
Piquet. — Piquet.
Piquets, marquer avec des. — Piquetar.
Piquette. — Piqueta.
Piqûre. — Picadura, Picura.

PIR

Pirapède. — Roundola.
Pirate. — Pirato.
Piraterie. — Pirataria.
Pire. — Piri, Piegi.
Pirimèle denticulé. — Tourteou, 2.
Pirouette. — Piroueta.
Pirouetter. — Pirouetar.

PIS

Pis. — Pis.
Pis, mamelle de vache. — Tetina, Poussa.
Piscine. — Piscina.
Pissat. — Pis, Pissat.
Pissat, gros. — Pissarada.
Pissement. — Pissament.
Pissenlit. — Pissauliech.
Pissenlit, plante. — Pourcin.
Pisser. — Pissar.
Pisser, invie de. — Pissuegna.
Pisseur, euse. — Pissaire, arela.
Pissoir. — Pissadour.
Pissoter. — Pissouniar.
Pistache. — Pistacha.
Pistachier. — Pistachier.
Piste. — Pista.
Pistil. — Pistil.
Pistole. — Pistola.
Pistolet. — Pistoulet.
Pistolet, coup de. — Pistouletada.
Pistolet, tirailler des coups de. — Pistouletegear.
Piston. — Pistoun.

PIT

Pitance. — Pitança.
Pita. — Picta.
Pitchou. — Pitchou.
Pitchou de Provence. Boscaridela.
Piteusement. — Pietousament.
Pitié. — Pietat.
Piton. — Pitoun.
Pitoyable. — Pitoyable, abla.
Pitoyablement. — Pitoyablament.
Pit-pit spipotelte. — Pivoutoun gavouet.
Pit-pit des buissons. — Cici.
Pittoresque. — Pitoresque, esca.
Pituite. — Pituita.
Pituiteux, euse. — Pituitous, ousa.

PIV

Pivert. — Picatas.
Pivette. — Becassoun.
Pivoine, plante. — Peouna.
Pivoine, oiseau. — Piva.
Pivot. — Piveou.
Pivotte ortolane. — Pivota hortoulana.

PLA

Placage.	Placagi.
Placard.	Placard.
Placardé, ée.	Placardat, ada.
Placarder.	Placardar.
Place.	Plaça.
Place petite.	Placeta.
Place carrée.	Quarial.
Place, faites.	Arassa.
Place, faire.	Arassar.
Placé, ée.	Plaçat, ada.
placement.	Plaçament, suppl.
Placenta.	Nourriment.
placer.	Plaçar.
Placet.	Placet.
Plafond.	Plafoun.
Plafonnage.	Plafounagi.
Plafonné, ée.	Plafounat, ada.
Plafonner.	Plafounar.
Plage.	Plagea.
Plagiaire.	Plagiari.
Plagiat.	Plagiat.
Plaid.	Plaidegea.
Plaidant, ante.	Plaidegeant, anta.
Plaider.	Plaidegear.
Plaideur, euse.	Plaidegeaire, arela.
Pledoirie.	Plaidegea.
Pledoyer.	Plaidegea.
Plaie.	Plaga.
Plaignant, ante.	Plagnent, enta.
Plain, aine.	Plan, ana.
Plain-pied.	Plan-ped.
Plaindre.	Plagner.
Plaindre se.	Plagner se.
Plaindre se, continuellement.	Rancurar se.
Plaint, te.	Planch, cha.
Plainte.	Pleinta.
Plaintif, ive.	Pleintif, iva.
Plaire.	Plaire.
Plaire se.	Plaire se.
Plaisamment.	Plesemment.
Ploisance.	Plesença.
Plaisant, ante.	Plesent, enta.
Plaisanter.	Plesentar.
Plaisanterie.	Plesentaria.
Plaisir.	Plesir.
Plan, ane.	Plan, ana, Clot.
Planche.	Plancha, Taula.
Planche servant de pont.	Passarela.
Planches, en général les.	Postun.
Planchéier.	Boisar.
Plancher.	Planchier.
Plancher d'un vaisseau, d'un bateau.	Palhoou.
Planchette.	Plancheta.
Plançon.	Plansoun.
Plane.	Plana.
Plane, polir avec la.	Planar.
Planer.	Planar.
Planétaire.	Planetero.
Planète.	Planeta.
Planeur.	Aplanur.
Planoir.	Planoir.
Plant.	Plant.
Plant jeune.	Plantun.
Plantain.	Plantagi.
Plantain d'eau.	Plantin d'aigua.

Plantain des Alpes.	Herba de muret.
Plantain des chiens.	Badassa.
Plantain corne de cerf.	Corna de cerf.
Plantain moyen.	Aurelhetas.
Plantain pucier.	Badassa.
Plantain des sables.	Id.
Plantain, lieu couvert de, et des sables.	Badassiera.
Plantard.	Plansoun.
Plantat.	Plantier.
Plantation.	Plantation.
Plante.	Planta.
Plante petite.	Plantouna.
Planté, ée.	Plantat, ada.
Planter.	Plantar.
Planter pour faire prendre racine seulement.	Abarbar.
Planter, lieu où l'on plante pour faire prendre racine.	Abarbadour.
Planter se.	Plantar se.
Planter comme un pieu, se.	Poulificar se.
Planteur.	Plantaire.
Plantoir.	Plantoir.
Planure.	Ribans.
Plaque.	Placa.
Plaqué, ée.	Placat, ada.
Plaquer.	Placar.
Plastron.	Plastroun.
Plastron de serrurier.	Paleta.
Plastronné, ée.	Plastrounat, ada.
Plastronner.	Plastrounar.
Plastronner se.	Plastrounar se.
Plat.	Plat.
Plat petit.	Platet, Platoun.
Plat gros.	Platas.
Plat à barbe.	Plat-à-barba.
Plat un, pour les yeux.	Plat de regardelas.
Plat, ate.	Plat, ada.
Platane.	Platano.
Plat-bord.	Plat-bord.
Plateau.	Plateou.
Plateau d'une grande romaine.	Balandran.
Plate-bande.	Plota-banda.
Plate bande de jardin.	Banquet.
Platée.	Platada.
Plate-forme.	Plata-forma.
Platine.	Plotina.
Platine, métal.	Platino.
Platitude.	Platituda.
Plâtrage.	Gyparia.
Plâtras.	Gypas.
Platras petit.	Gypassoun.
Plâtre.	Gyp.
Plâtré, ée.	Gypat, ada.
Plâtrer.	Gypar.
Plâtreux, euse.	Gypous, ousa.
Plâtrier.	Gypier.
Plâtrière.	Gypiera.
Plausible.	Plausible, ibla.

PLE

Pléiades.	Pouiniera.
Plein, eine.	Plen, ena.
Plein, fosse de tanneur.	Pelenc.
Plein, en son.	Sur sa plenour.

Pleinement.	Plenament.
Plénière.	Pleniera.
Plénipotentiaire.	Plenipoutentiari.
Plénitude.	Plenituda.
Pléonasme.	Pleonasme.
Pléthore.	Plethora.
Pleuré, ée.	Plourat, ada.
Pleurer.	Plourar.
Pleurer à chaudes larmes.	Boudenflar.
Pleurésie.	Pleuresia.
Pleureur, euse.	Plouraire, arela.
Pleureux, euse.	Plourous, ousa.
Pleurnicher.	Plourouniar.
Pleuronecte bosquien.	Pampaligousta.
Pleurodynie.	Plevesin.
Pleurs.	Plours.
Pleuvoir.	Plooure.
Pleut à brose, il.	Ploou à brassaus.

PLI

Pli.	Plec, plis.
Pliable.	Plegadis, issa.
Pliage.	Plegagi.
Pliant, ante.	Pliant, anta.
Pliant, s.	Pliant.
Plie.	Larba.
Plié, ée.	Plegat, ada.
Plier.	Plegar.
Plieur, euse.	Plegaire, arela.
Plinger.	Bagnar.
Plinthe.	Plintha.
Plioir.	Plioir, Plegadour.
Plissé, ée.	Plissat, ada.
Plisser.	Plissar.
Plisser se.	Plissar se.
Plissure.	Plissadura.

PLO

Ploc.	Gouret.
Plomb.	Ploumb.
Plomb sulfuré.	Alquifous.
Plombagine.	Ploumbagina.
Plombé, ée.	Ploumbat, ada.
Plomber.	Ploumbar.
Plombeur.	Ploumbur.
Plongé, ée.	Cabussat, ada.
Plongée.	Cabus.
Plongeon.	Ploungeoun.
Plongeon petit.	Id.
Plongeon de la mer du Nord.	Cabussaire.
Plongeon à gorge rouge.	Id.
Plonger.	Ploungear, Cabussar.
Plongeur.	Ploungeur.
Ployer.	Plegar.
Ploutre.	Bilhoun.
Ploutrer.	Esbilhounar.

PLU

Pluie.	Pluia.
Pluie petite.	Ploouvina.
Pluie grosse.	Pluiassa.
Pluie, se mettre à la.	Emplougir, Aplugir s'
Plumage.	Plumagi.
Plumail.	Plumalh.
Plumart.	Plumard.

Plumasseau.	Plumasseou.
Plumasserie.	Plumassaria,
Plumassier.	Plumassier.
Plume.	Pluma.
Plume petite.	Plumeta.
Plumes, grande quantité de.	Plumadis, issa.
Plumeau.	Plumard.
Plumé, ée.	Plumat, ada.
Plumée.	Plumada, Teinchada.
Plumer.	Plumar.
Plumer en grande partie.	Esplumassar.
Plumet.	Plumet.
Plumetis.	Plumetis.
Plumitif.	Patoulhard.
Plupart, la.	Plupart, la.
Pluralité.	Pluralitat.
Pluriel.	Pluriel.
Plus.	Plus, Mai, Pus.
Plus, au.	Au mai.
Plustôt.	Puleou.
Plusque parfait.	Plusque parfet.
Plusieurs.	Plusieurs.
Pluton.	Plutoun.
Plutus.	Plutus.
Pluvial.	Pluvial.
Pluviale.	Pluviala.
Pluvier.	Pluvier.
Pluvier commun.	Pluvier coumun.
Pluvier à collier.	Courrentin.
Pluvier doré.	Pluvier daurat.
Pluvier guignard.	Guignard.
Pluvier gris.	Pluvier gris,
Pluvier grand.	Courelis.
Pluvier interrompu.	Couriola, 3.
Pluvier petit à collier.	Couriola, 2.
Pluvieux, euse.	Pluvious, ousa.
Pluvlose.	Pluvioso.

POC

Poche.	Pocha.
Poche petite.	Pocheta.
Poche, plein une.	Pochada.
Poche, mettre la main dans la, pour entirer de l'argent.	Pochegear.
Poche de manœuvre, de porte faix.	Cabessal.
Pocher.	Pochar.
Pocheter.	Empochar.
Pochette.	Pocheta.

POD

Podagre.	Padogric, ica, yl.
Podagre.	Podagra.
Podestat.	Podestat.

POE

Poêle.	Pali.
Poêle, ustensile.	Sartan.
Poêle petite.	Padeleta.
Poêlon.	Poualoun.
Poêlon à queue.	Padenoun, Cassa.
Poêlonnée.	Casselada.
Poëme.	Poeme.
Poésie.	Poesia.
Poëte.	Poeta.
Poétique.	Poetica.
Poétiquement.	Poeticament.

POI

Poids.	Pes.
Pois et mesures.	Pes et mesuras.
Pois de marc.	Pes de marc.
Poids, diminuer de.	Demespesar.
Poignard.	Pougnard.
Poignardé, ée.	Pougnardat, ada,
Poignarder.	Pougnardar.
Poignarder se.	Pougnardar se.
Poignée.	Pougnada.
Poignet.	Pougnet.
Poil.	Pel, Peou.
Poil follet.	Peou foulatin.
Poil, maladie du sein.	Peou de lach.
Poilu, ue.	Pelous, ousa.
Poinçon.	Pounçoun.
Poinçon, marquer avec le.	Pounçounar.
Poinçon, marqué avec le.	Pounçounat.
Poinçon de comble.	Mouine.
Poindre.	Pounchegear.
Poing.	Poung-pugn,
Point.	Pounch.
Id.	Gis, 'Res, Ren.
Id.	Point, Titoul.
Point, douleur au côté.	Apieration.
Pointal.	Pounchier.
Pointe.	Pouncha.
Pointe, celui qui établit la.	Apounchaire.
Pointe, se terminer en.	Apounchar s'.
Pointer.	Pountar.
Pointeur.	Pountaire.
Pointiller.	Pountilhar, Cabilheyeur.
Pointillerie.	Cabilharia.
Pointilleux, euse.	Cabilhous, ousa.
Pointu, ue.	Pounchut, uda.
Pointu, rendre.	Apounchar.
Pointu, rendu.	Apounchat.
Pointure.	Pountura.
Poire.	Pera.
Poire grosse.	Perassa.
Poire petite.	Pereta.
Poire muscate.	Perus muscat.
Poire sauvage.	Perus.
Poire d'étranguillon.	Id.
Poires tapées.	Garnas.
Poiré.	Perat.
Poireau.	Porre, Pouerre.
Poireau sauvage.	Pouere-fer.
Poirée.	Bleda, Blea.
Poirée d'été.	Blanqueta.
Poirée sauvage.	Herbeta fera.
Poirier.	Perier, Periera.
Poirier sauvage.	Perussier.
Pois.	Pese.
Pois breton.	Garouelas.
Pois chiche.	Ceze.
Pois des brebis.	Jaissa.
Pois des champs.	Menuvilhoun.
Pois petit.	Garouelas.
Pois goulu.	
Pois gris.	
Pois gourmand.	} Pese gourmand.
Pois sans parchemin.	
Pois nain.	Pese deis champs.
Paille des pois, la.	Pesegna.

POI (suite)

Pois, champ de.	Pesiera.
Pois chiches, champ de.	Cesiera.
Poison.	Pouisoun.
Poissarde.	Peissouniera.
Poissé, ée.	Pegous, Empegoui.
Poisser.	Pegar.
Poisson.	Peissoun, Pei.
Poisson d'avril.	Peissoun d'abriou.
Poisson emperour.	Emperour.
Poisson St.-Pierre.	Pei sant Peire,
Poisson volant.	Roundola.
Poissonnaille.	Peissounalha.
Poissonnerie.	Pescaria.
Poissonneux, euse.	Peissounous, ousa.
Poissonnier, ière.	Peissounier, iera.
Poissonnière.	Peissouniera.
Poitrail.	Peitrau, Poitralh.
Poitrinaire.	Peitrinari, aria.
Poitrine.	Peitrina.
Poitrinière.	Davantiera.
Poivrade.	Pebrada,
Poivre.	Pebre.
Poivre de cubèbe.	Cubeba.
Poivré, ée.	Pebrat, ada.
Poivré, manger un atiment trop.	Empebrar s'.
Poivrer.	Pebrar.
Poivrer se.	Pebrar se.
Poivrier, ière.	Pebriera.
Poivron.	Pebroun.
Poix.	Pega.
Poix blanche.	Pega de Bourgougna.
Poix noire.	Pega negra.
Poix, emplâtre de.	Pegoumas.
Poix, manger ou fabricant de.	Pegairos.
Poix, ouvrier qui travaille à l'extraction de la.	Pegourier.
Poix, fabrique de.	Peguiera.
Poix, se salir avec de la.	Empegouire s'.
Poix-résine.	Parasina.

POL

Polacre.	Poulacra.
Polaire.	Poulari, aria.
Pôle.	Polo.
Polémoscope.	Polemoscopo.
Poli, ie.	Poulit, ia.
Police.	Pouliça.
Policé, ée.	Pouliçat, ada.
Policer.	Pouliçar.
Polichinelle.	Poulichinela.
Poliment.	Poulidament.
Poliment.	Poulissure.
Polir.	Poulir.
Polisseur, euse.	Poulissur, usa.
Polissoir.	Poulissoir.
Polissoire de fileuse.	Estiblaire.
Polisson.	Poulissoun.
Polissonner.	Poulissounar.
Polissonnerie.	Poulissounaria.
Politesse.	Poulitessa.
Politique.	Poulitica.
Politique.	Poulique, ca.
Politiquement.	Poulicaticament.
Politiquer.	Pouliticar.
Politric.	Politric.
Polixène, n. pr.	Polixena.

Polluer.	Polluar.
Polluer se.	Polluar se.
Pollution.	Pollution.
Poltron, onne.	Poultroun, ouna.
Poltronnerie.	Poultrounaria.
Policarpe, n. pr.	Polycarpo.
Polygamie.	Poligamia.
Polygone.	Polygono.
Polymnie.	Polymnia.
Polype de mer.	Pourpre.
Polype bigarré.	Massa parent.
Polypode.	Polypodo.
Polypode de chêne.	Herba de Sant Brancassi
Polytric.	Polytric.

POM

Pommade.	Poumada.
Pommader.	Empoumadar.
Pommader se.	Empoumadar s'.
Pomme.	Pouma.
Pomme petite.	Poumeta.
Pomme d'amour.	Pouma d'amour.
Pomme de neige.	Panblanc.
Pomme de pin.	Pigna.
Pomme de terre.	Trufa.
Pomme épineuse.	Darboussiera.
Pommes, marc de.	Poumarada.
Pommé, ée.	Poumat, ada.
Pommeau.	Poumeou.
Pommelé, ée.	Poumelat, ada.
Pommeler se.	Poumelar se.
Pommelle.	Poumeta.
Pommer.	Poumar.
Pommeraie.	Poumareda.
Pommelle.	Poumeta.
Pommier.	Poumier.
Pommier d'étranguillon.	Poumier fer.
Pommier de paradis	Poumier nanet.
Pommier sauvage.	Poumier fer.
Pommier, jeune plant de.	Poumatas.
Pommier jeune.	Poumatel.
Pompe.	Poumpa.
Pompée, n. pr.	Pompeo.
Pomper.	Poumpar.
Pompeusement.	Poumpousament.
Pompeux, euse.	Poumpous, ousa.
Pompier.	Poumpier.
Pompile.	Fanfre d'America.
Pompon.	Poumpoun.

PON

Ponant.	Pounent.
Ponçage.	Pounçagi.
Ponce.	Pouncis.
Ponce pierre.	Prira pounça.
Ponceau.	Pontet.
Poncé, ée.	Pounçat, ada.
Poncer.	Pounçar.
Poncire.	Ponciro.
Poncis.	Poncis.
Ponction.	Pounction.
Ponctualité.	Pounctualitat.
Ponctuation.	Pounctuation.
Ponctuel, elle.	Pounctuel, ela.
Ponctuellement.	Pounctuelament.
Ponctuer.	Pounctuar.
Pondre.	Poundre.

Pondre, commencer à.	Apoustar s'.
Pondre, cesser de.	Despouner.
Pondu, ue.	Poundut, uda.
Pons, n. pr.	Pons, Pouens.
Pont.	Pont, Pouent.
Pont levis.	Pont levadis.
Ponts, commis aux.	Pontanier.
Pont petit, Ponceau.	Pontet.
Pontage.	Pontage.
Ponte.	Pounctou.
Pontife.	Pontife, ifo.
Pontifical, ale.	Pontifical, ala.
Pontificalement.	Pontificalament.
Pontificat.	Pontificat.
Pontifier, célébrer.	Pontifiar.
Ponton.	Pontet.
Pontonnier.	Pontounier.

POP

Populace.	Populaça.
Populage.	Buscasel.
Populaire.	Populari, aria.
Population.	Population.
Populeux, euse.	Populous, ousa.

POR

Porc.	Porc, Pouerc.
Porc, jeune ou petit.	Porquet.
Porcs, troupeau de.	Porcella.
Porcs, marchand de.	Porcatier.
Porc-frais.	Porquet.
Porc-salé.	Bacoun.
Porc épic.	Porc espin.
Porcelle à longues racines.	Poutairia.
Porc marin.	Porc-marin.
Porcher jeune.	Porqueiroun.
Porcelaine.	Porcelena.
Porcelaine, coquille.	Bocelana.
Porche.	Cebori.
Porcher, ère.	Porquier, iera.
Pore.	Poros.
Poreux, euse.	Poros, osa, vl.
Porosité.	Porozitat, vl.
Porphyre.	Porphyro.
Porreau. V. Poireau.	
Port.	Port, Pouert, le.
Port de mer.	Port.
Portable.	Portable, abla.
Portage.	Portagi.
Portail.	Portal, Portau.
Portant, ante.	Portant, anta.
Portatif, ive.	Portatif, iva.
Porte.	Porta.
Porte petite.	Porteta.
Porte vitrée.	Porta-vitra.
Porte couchée.	Porta toumbadissa.
Porte assiette.	Porta assicta.
Porte baguette.	Porta bagueta.
Porte collet.	Porta coulet.
Porte crayon.	Porta crayoun.
Porte drapeau.	Porta drapou.
Porte enseigne.	Porta enseigna.
Porte épée.	Porta espaça.
Porte éperon.	Porta esperoun.
Porte faix.	Porta fais.
Porte feuille.	Porta fuelha.
Porte feuille, grand.	Cartable.
Porte fond.	Porta founds.
Porte huilier.	Porta huilier.
Porte liqueur.	Porta licour.

Porte maleur.	Porta malhur.
Porte manteau.	Porta manteou.
Porte montre.	Porta mostra.
Porte mouchettes.	Porta mouchetas.
Porte missel.	Porta missau.
Porte mousqueton.	Porta mousquetoun.
Porte or.	Portor.
Porte page.	Porta pagea.
Porte pièce.	Porta peça.
Porte plein.	Porta plen.
Porte voix.	Porta voix.
Porte vue.	Porta vista.
Porteur, euse.	Portur, usa.
Porteur de contraintes.	Portur de countrentas.
Portier, ière.	Portier, iera.
Portière.	Portiera.
Portion.	Pourtion.
Portique.	Cebori, Portique.
Portor.	Portor.
Portraire.	Retraire.
Portrait.	Pourtrat, Retrach.

POS

Posage.	Poousagi.
Pose.	Pausa.
Posé, ée.	Pousat, ada.
Posément.	Pausament.
Poser se.	Pousar se.
Positif, ive.	Pousitif, iva.
Position.	Pousition.
Positivement.	Pousitivament.
Possédé, ée.	Poussedat, ada.
Posséder.	Poussedar.
Posséder se.	Poussedar se.
Possesseur.	Poussessour.
Possessif.	Poussessif.
Possession.	Poussession.
Possessoire.	Poussessoiro.
Possibilité.	Poussibilitat.
Possible.	Poussible, ibla.
Post communion.	Post coumunion.
Postdate.	Postdata.
Postdater.	Postdatar.
Poste.	Posta.
Poste, situation.	Poste.
Poste à chasser.	Agachoun.
Posté, ée.	Postat, ada.
Poster.	Postar.
Poster se.	Postar se.
Postérieur, eure.	Pousteriour, oura.
Postérieurement.	Pousteriourament.
Postérité.	Pousteritat.
Posthume.	Pousthume, ma.
Postiche.	Poustiche, icha.
Postillon.	Poustilhoun.
Post-scriptum.	Post-scriptum.
Postulant, ante.	Postulant, anta.
Postuler.	Postular.
Posture.	Postura.

POT

Pot, vase.	Pot.
Pot petit.	Potet.
Pot à queue.	Toupin.
Pot à deux anses.	Toupina.
Pot de chambre gros.	Berenguiera.
Potable.	Potable, abla.
Potage.	Potagi.

Français	Occitan
Potage à l'ail ou à l'eau et à l'huile.	Aigua boulida.
Potage, dresser le.	Escudelar.
Potager.	Potagier.
Potasse.	Potassa.
Potassium.	Potassium.
Poteau.	Pouteou.
Poteau de chemin.	Peira-plantada.
Poteau de remplissage.	Rusta.
Potée.	Oulada.
Potence.	Poutenci.
Potentille rampante.	Fraga.
Poterie.	Terralha.
Poterne.	Posterlla, vl.
Potier.	Potier.
Potier d'étain.	Estagnier.
Potin.	Poutin.
Potion.	Poution.

POU

Français	Occitan
Pou.	Peoulh.
Pou des poules et des oiseaux.	Pepidoun.
Pou du corps.	Peoulh doou corps.
Pou du pubis.	Peoulh court.
Pous, l'engeance des.	Peoulhina.
Pouacre.	Pouacre.
Pouce.	Pouce.
Poudingue.	Malaussa.
Poudre.	Poudra.
Poudre blanche.	Poudra blanca.
Poudré, ée.	Poudrat, ada.
Poudrer.	Poudrar.
Poudrer se.	Poudrar se.
Poudrette.	Poudreta.
Poudreux, euse.	Poussous, ousa.
Poudrier.	Poudrier.
Poudrière.	Poudriera.
Pouffer.	Brouffar, Esbrouffar.
Pouiller se.	Poulhar se.
Pouilles.	Poulhas.
Pouilleux, euse.	Peoulhous, ousa.
Poulaille.	Poulalha.
Poulailler.	Poulalhier.
Poulain.	Poulin.
Poulain gros.	Poulinas.
Poulaine.	Pouleno.
Poularde.	Poularda.
Poule.	Poula.
Poule grosse.	Poulassa.
Poule petite.	Pouleta.
Poule d'eau commune.	Poula d'aigua.
Poule d'eau Baillon.	Pouleta, 2.
Poule grinette.	Pouloun.
Poule couveuse.	Clussa.
Poule mouillée.	Cata bagnada.
Poule de guinée.	Pintada.
Poule-noire.	Poula negra.
Poule de numidie.	Dameisella.
Poule sultana.	Poula negra à testa rougea.
Poules, marchand de.	Poulassier.
Poulet.	Poulet.
Poulet gros.	Poulas.
Poulette.	Pouleta.
Pouliche.	Poulicha.
Poulie.	Carrela.
Poulieur.	Carreliaire.
Pouliner.	Poulinar.
Poulinière.	Pouliniera.

Français	Occitan
Pouliot.	Fifi.
Poulpe.	Pourpre.
Pouls.	Pouls.
Poumon.	Poooumoun.
Poumon de mouton.	Perdris.
Poumon de veau.	Leou.
Poupe.	Poupa.
Poupée.	Tite, Pitota.
Poupée de laine.	Trachel.
Poupée grosse ou laide.	Trachelas.
Poupée petite.	Trachelet.
Poupin, ine.	Pouput, uda.
Poupou.	Poupoun.
Pouponne.	Toustouna.
Pour.	Per.
Pourceau.	Porc.
Pourceau d'un an.	Tessoun.
Pourchasser.	Couchairar.
Pourparler.	Parlament.
Pourpier.	Bourtoulaigua.
Poupier sauvage.	Bourtoulaigua fera.
Pourpoint.	Gipoun.
Pourpre.	Pourpra.
Pourpre, maladie.	Pourpre, Roussari.
Pourpré, ée.	Pourprat, ada.
Pourquoi.	Perque.
Pourri, ie.	Pourrit, ida, ia.
Pourrir.	Pourrir.
Pourrir se.	Pourrir se.
Pourrissage.	Pourrissagi.
Pourrissoir.	Pourridour.
Pourriture.	Pourritura.
Poursuite.	Poursuita.
Poursuivant.	Capejayre.
Poursuivre.	Coussegre, Poursuivre.
Pourtant.	Pourtant.
Pourvoir.	Pourvesir.
Pourvoir se.	Pourvesir se.
Pourvoyeur.	Pourvoyur.
Pourvoyeur des ouvriers.	Canatoun.
Pourvu, ue.	Pourvesit, ida ia.
Pousse.	Poussa.
Pousse, maladie.	Poussidura.
Poussé, ée.	Poussat, ada.
Pousse-cul.	Poussa-cuou.
Poussée.	Poussada.
Pousse pieds.	Poussa peds.
Poussé, ée.	Poussat, ada.
Pousser.	Poussar.
Pousser se.	Poussar se.
Poussette.	Pousseta, Buchet.
Poussier.	Carbounilha.
Poussière.	Poussiera.
Poussiere de la cendre.	Cenilha.
Poussière, faire lever de la.	Poussegear.
Poussière du charbon.	Poussier.
Poussif, ive.	Poussif, iva.
Poussin.	Poussin.
Poussin petit.	Pouinoun.
Poussins, couvée de.	Poussinada.
Poussinière.	Pouiniera.
Poutre.	Fusta, Mouela.
Poutre petite.	Fusteta.
Poutres, placer les.	Enfustar.
Poutrelle.	Fusteta.
Pouvoir.	Pouder.

Français	Occitan
Pouvoir.	Pousquer.
Pouzzolane.	Poursolana.

PRA

Français	Occitan
Prairial.	Pairial.
Prairie.	Pradaria.
Praline.	Pralina.
Praticable.	Praticable, abla.
Praticien.	Praticien.
Pratique.	Pratica.
Pratiquer.	Praticar.

PRE

Français	Occitan
Pré.	Prat et Prad.
Pré petit.	Pradel, Pradoun.
Pré grand et mauvais.	Pradas.
Pré mauvais.	Pradel.
Pré petit et joli.	Pradeta.
Prés, suite de.	Prada.
Pré, mettre en.	Appradir.
Pré, mis en.	Appradit, ida.
Pré de foire.	Prad de fiera.
Préalable.	Prealable, abla.
Préalablement.	Prealablament.
Préambule.	Preambulo.
Préau.	Pradel.
Prébende.	Prebenda.
Prébendé, ée.	Prebendat, ada.
Prébendier.	Prebendier.
Précaire.	Precari, aria.
Précaution.	Precaution.
Précautionner se.	Precautiounar se.
Précédemment.	Precedemment.
Précédent, ente.	Precedent, enta.
Précéder.	Precedar.
Précepte.	Precepte.
Précepteur.	Preceptour.
Prêche.	Preche.
Prêcher.	Prechar.
Prêcheur.	Prechaire, Prechier.
Précieuse.	Preciousa.
Précieusement.	Preciousament.
Précieux, euse.	Precious, ousa.
Précipice.	Precipici.
Précipitamment.	Precipitada, à la.
Précipitation.	Precipitation.
Précipité, ée.	Precipitat, ada.
Précipité rouge.	Precipite.
Précipiter.	Precipitar.
Précipiter se.	Precipitar se.
Précis, ise.	Precis, isa.
Précisément.	Precisament.
Préssion.	Pression.
Précoce.	Premeirenc, enca.
Précocité.	Precocitat.
Précompter.	Rebattre.
Préconisation.	Preconisatio, vl.
Préconisé, ée.	Preconisat, ada.
Précurseur.	Precursour.
Prédécesseur.	Predecessour.
Prédestination.	Predestination.
Prédestiné, ée.	Predestinat, ada.
Prédestiné, ée.	Predestinat, ada.
Prédestiner.	Predestinar.
Prédicateur.	Predicatour.
Prédication.	Predication.
Prédiction.	Prediction.

Prédit, ite.	Predich, icha.	Prescrire.	Prescrioure.	Prêtrise.	Pretrisa.
Prédilection.	Predilection.	Préséance.	Preseança.	Preuve.	Prova.
Prédire.	Predire.	Présence.	Presenci.	Prévaloir.	Prevalher.
Prédominer.	Predouminar.	Présent, ente.	Present, enta.	Prévaricateur.	Prevaricatour.
Prééminence.	Preeminença.	Present, s.	Present.	Prévarication.	Prevarication.
Préface.	Prefaça.	Présent, à.	Ara.	Prévariquer.	Prevaricar.
Prélecture.	Prefectura.	Présentable.	Presentable, abla.	Prévenance.	Prevenença.
Préférable.	Preferable, abla.	Présentation.	Presentation.	Prévenant, ante.	Prevenent, enta.
Préférablement.	Preferablament.	Présentation de la	Presentation de la	Prévenir.	Prevenir.
Préféré, ée.	Preferat, ada.	Vierge.	Viergi.	Prévention.	Prevention.
Préférence.	Preferença.	Présenté, ée.	Presentat, ada.	Prévision.	Prevision.
Préférer.	Preferar.	Présentement.	Presentament.	Prévoir.	Preveire.
Préfet.	Prefet.	Présenter.	Presentar.	Prévôt.	Prevost.
Préjudice.	Prejudici.	Préservatif, ive.	Preservatif, iva.	Prévôté.	Prevostat.
Préjudiciable.	Prejudiciable, abla.	Préserver.	Preservar.	Prévoyance.	Prevoyança.
Préjudicier.	Prejudiciar.	Présidence.	Presidença.	Prevoyant, ante.	Prevoyant, anta.
Préjugé.	Prejugeat.	Président.	President.		
Préjugé, ée.	Prejugeat, ada.	Présidente.	Presidenta.		
Préjuger.	Prejugear.	Présider.	Presidar.	**PRI**	
Prelart.	Encirada.	Présidial.	Presidial.		
Prélat.	Prelat.	Présomptif, ive.	Presoumptif, iva.	Priape.	Priapo.
Prélature.	Prelatura.	Présomption.	Presoumption.	Pricka très-rameuse. Lampre, 2.	
Prèle.	Coussauda.	Présomptueusement.	Presoumptuousament.	Prie-Dieu.	Prega-Diou.
Prélèvement.	Prelevament.	Présomptueux, euse.	Presoumptuous, ousa.	Prie dieu, insecte.	Prega-Diou.
Prélevé, ée.	Prelevat, ada.	Presque.	Presque, Quasi.	Prier.	Pregar.
Prélever.	Prelevar.	Presqu'île.	Presqu'ila.	Prière.	Priera, Preguiera.
Préliminaire.	Preliminari, aria.	Pressant, ante.	Pressant, anta.	Longues prières.	Pregalhas.
Préliminaires.	Preliminaris.	Presse, foule.	Pressa.	Prieur.	Priour.
Prélude.	Prelude.	Presse à presser.	Pressa.	Prieure.	Priouressa.
Préluder.	Preludar.	Presse.	Pressiera.	Prieuré.	Priourat.
Prématuré, ée.	Prematurat, ada.	Pressé, ée.	Pressat, ada.	Primaire.	Primari, aria.
Prématurément.	Avant houra.	Pressentiment.	Pressentiment.	Primat.	Primat.
Préméditation.	Premeditation.	Pressentir.	Pressentir.	Primatial, ale.	Primatial, ala.
Prémédité, ée.	Premeditat, ada.	Presser.	Pressar, Quichar.	Primatie.	Primatia.
Préméditer.	Premeditar.	Presser vivement.	Apreissar, vl.	Primauté.	Primautat.
Prémices.	Premiças.	Presser se.	Pressar se.	Prime.	Prima.
Premier, ière.	Premier, iera.	Pressier.	Pressier.	Prime-vère officinale. Couguou.	
Premièrement.	Premierament.	Pression.	Pression.	Prime-vère farineuse. Museta.	
Prémunir se.	Premunir se.	Pressoir.	Truelh, Destrech.	Primeur.	Primeiragi.
Prenable.	Prenable, abla.	Pressurage.	Pressuragi.	Primeurs.	Primours.
Prenant, ante.	Prenant, anta.	Pressuré, ée.	Destrech, echa.	Primicier.	Primicier.
Prénanthe à feuilles.	Sautoulama, suppl.	Pressurer.	Destregnier.	Primitif, ive.	Primitif, iva.
Prendre.	Prendre.	Pressureur.	Destregneire.	Primitivement.	Primitivament.
Prendre racine.	Arrapar.	Prestance.	Prestança.	Primo.	Primo.
Prendre se.	Arrapar se.	Prestation.	Prestation, Prestagi.	Prince.	Prince.
Preneur, euse.	Prenur.	Preste.	Prest, esta.	Prince de la jeunesse. Abbat.	
Prénom.	Prenoum.	Prestement.	Prestament.	Princesse.	Princessa.
Préoccupation.	Preoccupation.	Prestige.	Prestigi.	Principal, ale.	Principal, ala.
Préoccupé, ée.	Preoccupat, ada.	Présumable.	Presumable, abla.	Principal.	Principau.
Préoccuper.	Preoccupar.	Présumé, ée.	Presumat, ada.	Principalement.	Principalament.
Préopinant.	Preoupinant.	Présumer.	Presumar.	Principauté.	Principautat.
Préparatif.	Preparatif.	Présure.	Presura.	Principe.	Principi.
Préparation.	Preparation.	Prêt, ête.	Prest, esta.	Printanier, ière.	Printanier, iera.
Préparatoire.	Preparatoiro.	Prêt.	Prest.	Printemps.	Prima, Printemps.
Préparé, ée.	Preparat, ada.	Prêtées, les choses.	Prestas.	Pris, ise.	Pres, essa.
Préparer.	Preparar.	Prétendant, ante.	Pretendent, enta.	Pris racine, qui a.	Arrapat, ada.
Préparer se.	Preparar se.	Prétendre.	Pretendre.	Prise.	Prisa.
Préposé, ée.	Trepousat.	Prête-nom.	Presta-noum.	Prise d'eau d'un canal.Presa, Prea.	
Préposé, s.	Prepousat.	Prétentaine.	Patanleina.	Priser.	Prisar.
Préposer.	Prepousar.	Prétendu, ue.	Pretendut, uda.	Priseur.	Prisur.
Prépositif, ive.	Prepousitif, iva.	Prétention.	Pretention.	Prisonnier, ière.	Prisounier, iera.
Préposition.	Prepousition.	Prêter.	Prestar.	Privatif, ive.	Privatif, iva.
Prépuce.	Prepuci.	Prêter se.	Prestar se.	Privation.	Privation.
Prérogative.	Prerogativa.	Prétérit.	Preterit.	Privé, ée.	Privat, ada.
Près.	Près, Prochi.	Prêteur, euse.	Prestaire, usa.	Privé, lieux.	Privat.
Présage.	Presagi.	Prétexte.	Pretexte.	Priver.	Privar.
Présager.	Presagiar.	Prétexter.	Pretextar.	Priver se.	Privar se.
Presbytère.	Presbytero, Clastra.	Prétintaille.	Pretentalha.	Privilège.	Privilegi.
Prescience.	Presciença.	Prétoire.	Pretori.	Privilégié, ée.	Privilegiat, ada.
Prescriptible.	Prescriptible, ibla.	Prétraille.	Capelanilha.	Prix.	Pris, Pres.
Prescription.	Prescription.	Prêtre.	Preire, Capelan.	Prix fait.	Pres-fach.
Prescrit, ite.	Prescrich, icha.	Prêtre qui biscante.	Viscou.	Prix, n. pr.	Precari.

PRO

Probabilité.	*Proubabilitat.*
Probable.	*Proubable, abla.*
Probablement.	*Proubablament.*
Procinde.	*Proubanda.*
Probation.	*Proubation.*
Probatique.	*Proubatique.*
Probe.	*Probe, oba.*
Probité.	*Proubitat.*
Problématique.	*Proublematique, ica.*
Problème.	*Proubleme.*
Procédé.	*Proucedat.*
Procéder.	*Proucedar.*
Procédure.	*Proucedura.*
Procès.	*Prouces.*
Processif, ive.	*Proucessif, iva.*
Procession.	*Proucession.*
Processionnellement.	*Proussessiounelament.*
Procès-verbal.	*Prouces-verbal.*
Prochain, aine.	*Prouchan, ana.*
Proche.	*Prochi.*
Proclamation.	*Prouclamation.*
Proclamer.	*Prouclamar.*
Proconsul.	*Proconsul.*
Procréation.	*Procreation.*
Procréé, ée.	*Procreat, ata.*
Procréer.	*Procrear.*
Procuration.	*Proucuration.*
Procuré, ée.	*Proucurat, ada.*
Procurer.	*Proucurar.*
Proucurer se.	*Procurar se.*
Procureur.	*Proucurour.*
Procureuse.	*Proucurousa.*
Prodigalité.	*Proudigalitat.*
Prodige.	*Proudigi.*
Prodigieusement.	*Proudigiousament.*
Prodigieux, euse.	*Proudigious, ousa.*
Prodigue.	*Proudigue, iga.*
Prodiguer.	*Proudigar.*
Productif, ive.	*Prouductif, iva.*
Production.	*Prouduction.*
Produit.	*Prouduch, Produit.*
Produit, uite.	*Prouduit, uita.*
Produite.	*Prouduite.*
Proéminence.	*Proeminença.*
Proéminent, ente.	*Proeminent, enta.*
Proéminer.	*Proeminar.*
Profanateur.	*Proufanatour.*
Profanation.	*Proufanation.*
Profane.	*Proufane, ana.*
Profané, ée.	*Proufanat, ada.*
Profaner.	*Proufanar.*
Proférer.	*Prouferar.*
Profes, esse.	*Proufes, essa.*
Professer.	*Proufessar.*
Professeur.	*Proufessour.*
Profession.	*Proufession.*
Professorat.	*Proufessourat.*
Profil.	*Profil.*
Profit.	*Proufit, Proufiech.*
Profitable.	*Proufitable, abla.*
Profitablement.	*Proufitablament.*
Profiter.	*Proufitar.*
Profond, onde.	*Proufound, ounda.*
Profondément.	*Proufoundament.*
Profondeur.	*Proufoundour.*
Profusion.	*Proufusion.*
Progéniture.	*Progenitura.*
Prognostic.	*Prounoustic.*
Prognostiquer.	*Prounousticar.*

Programme.	*Programmo.*
Progrès.	*Prougres.*
Progressif, ive.	*Prougressif, iva.*
Progression.	*Prougression.*
Progressivement.	*Prougressivament.*
Prohibé, ée.	*Prouhibat, ada.*
Prohiber.	*Prouhibar.*
Prohibitif, ive.	*Prouhibitif, iva.*
Prohibition.	*Prouhibition.*
Proie.	*Preda.*
Projectile.	*Projectile.*
Projet.	*Proujet.*
Projets.	*Vistas.*
Projeter.	*Proujetar.*
Prolétaire.	*Proletari.*
Prolixe.	*Prolixe, ixa.*
Prolixité.	*Prolixitat.*
Prologue.	*Prologo.*
Prolongation.	*Prolongation.*
Prolongement.	*Prolongament.*
Prolongé, ée.	*Prolongat, ada.*
Prolonger.	*Prolongar.*
Prolonger se.	*Prolongar se.*
Promenade.	*Proumenada.*
Promener.	*Proumenar.*
Proumener se.	*Proumenar se.*
Promeneur, euse.	*Proumenur, usa.*
Promesse.	*Proumessa.*
Prometteur.	*Proumetteire.*
Promettre.	*Proumettre.*
Promis, ise.	*Proumes, essa.*
Promission.	*Proumission.*
Promontoire.	*Promontoiro.*
Promoteur.	*Proumoutour.*
Promotion.	*Proumoution.*
Promouvoir.	*Promover.*
Prompt, ompte.	*Prompt, la.*
Promptement.	*Promptament.*
Promptitude.	*Promptituda.*
Promulgation.	*Promulgation.*
Promulgué, ée.	*Promulgat, ada.*
Promulguer.	*Promulgar.*
Prône.	*Prone.*
Prôner.	*Pronar.*
Prôneur.	*Pronur.*
Pronom.	*Pronoum.*
Pronominal, ale.	*Pronominal, ala.*
Prenoncé, ée.	*Pronounçat, ada.*
Prononcer.	*Pronounçar.*
Prononciation.	*Pronounciation.*
Pronostic.	*Prounoustic.*
Pronostication.	*Prounoustication, vl.*
Pronostiquer.	*Prounousticar.*
Propagande.	*Propaganda.*
Propagandiste.	*Propagandisto.*
Propagé, ée.	*Proupageat, ada.*
Propager.	*Proupagear.*
Prophète.	*Propheto.*
Prophétesse.	*Prophetessa.*
Prophétie.	*Prophetia.*
Prophétique.	*Prophetique, ica.*
Prophétiser.	*Prophetisar.*
Propice.	*Propici, iça.*
Propitiation.	*Propiciation.*
Propitiatoire.	*Propiciatoiro.*
Propolis.	*Pinaut, Propolis.*
Proportion.	*Proupourtion.*
Proportionné, ée.	*Proupourtiounat, ada.*
Proportionnel, elle.	*Proupourtiounel, ela.*
Proportionnellement.	*Proupourtiounelament.*

Proportionner.	*Proupourtiounar.*
Propos.	*Prepaus.*
Proposable.	*Proupousable, abla.*
Proposer.	*Proupousar.*
Proposition.	*Proupousition.*
Propre.	*Propre, pra, Courous.*
Propre bien.	*Propret, eta.*
Proprement.	*Proprament.*
Propret, ette.	*Propret, eta.*
Propreté.	*Propretat.*
Propriétaire.	*Proprietari.*
Propriété.	*Proprietat.*
Prorata.	*Prorata.*
Prorogation.	*Prorogation.*
Proroger.	*Prorogear.*
Prosaïque.	*Prosaique, ica.*
Prosaïquement.	*Prosaicament.*
Proscription.	*Prouscription.*
Proscrire.	*Prouscrire.*
Proscrit, ite.	*Prouscrich, icha.*
Prose.	*Prosa.*
Prosélyte.	*Proselyto.*
Proserpine.	*Proserpina.*
Prosodie.	*Prosodia.*
Prosopopée.	*Prosopopea.*
Prospectus.	*Prospectus.*
Prospère.	*Prospere, era.*
Prosper, n. pr.	*Prosper.*
Prospérer.	*Prosperar.*
Prospérité.	*Prosperitat.*
Prosternement.	*Abaix) ament.*
Prosterné, ée.	*Prousternat, ada.*
Prosterner se.	*Prousternar se.*
Prostitué, ée.	*Proustituat, ada.*
Prostituée, état de.	*Putaria.*
Prostituée.	*Proustituada.*
Prostituée, jeune.	*Putanela, vl.*
Prostituer.	*Proustituar.*
Prostitution.	*Proustitution.*
Prote.	*Proto.*
Protecteur.	*Proutectour.*
Protection.	*Proutection.*
Protégé, ée.	*Proto.*
Protégé, ée.	*Proutegeat, ada.*
Protéger.	*Proutegear.*
Protestant, ante.	*Proutestant, anta.*
Protestantisme.	*Proutestantisme.*
Protestation.	*Proutestation.*
Protesté, ée.	*Proutestat, ada.*
Protester.	*Proutestar.*
Protêt.	*Proutest.*
Prothèse.	*Prothezis, vl.*
Protocole.	*Protocolo.*
Proto martyr.	*Proto martre, vl.*
Proto sulfure de fer.	*Couparosa.*
Proto chlorure de mercure.	*Mercuro dous.*
Protoxyde de calcium.	*Caús.*
Protoxyde de plomb fondu.	*Lithargea.*
Protoxyde de potassium.	*Potassa.*
Protoxyde de mercure.	*Precipite.*
Protoxyde de strontium.	*Sronstiana.*
Prou.	*Proun.*
Proue.	*Proua.*
Prouesse.	*Prouessa.*
Prouvé, ée.	*Prouvat, ada.*
Prouver.	*Prouvar.*

Provenant, ante. — Prouvenent, enta.
Provence. — Prouvença.
Provenir. — Prouvenir.
Proverbe. — Prouverbi.
Proverbial, ale. — Prouverbial, ala.
Proverbialement. — Prouverbialament.
Providence. — Prouvidença.
Proviguement. — Amourradura.
Provigner. — Amourrar, Cabussar.
Provin. — Cabus.
Province. — Prouvinça.
Provincial, ale. — Provincial, ala.
Provincialat. — Prouvincialat.
Proviseur. — Prouvisour.
Provision. — Prouvision.
Provisionnel, elle. — Prouvisiounela.
Provisoire. — Prouvisoiro, ara.
Provisoirement. — Prouvisoirament.
Provocation. — Provocation.
Provoqué, ée. — Provocat, ada.
Provoquer. — Provocar.
Proyer de France. — Chic perdris.

PRU

Prude. — Pruda.
Prudemment. — Prudentament.
Prudence. — Prudenci.
Prudent, ente. — Prudent, enta.
Pruderie. — Prudaria.
Prud'homme. — Prud'home.
Prud'homme, plante. — Bouens homes blancs.
Prune. — Pruna, Apruna.
Prune de Briançon. — Affatoua.
Prune de monsieur. — Berau.
Prune qui a séché sur
    l'arbre. — Agibin.
Prune bosselée. — Boussiclau.
Prune sauvage. — Affatoua.
Pruneau. — Prunot.
Prunelaie. — Prunareda.
Prunelle. — Agrena.
Prunelle de l'œil. — Petita.
Prunellier. — Agrenier.
Prunier. — Prunier, Apruniera.
Prunier mahaleb. — Amarel.
Prunier épineux. — Agrenier.
Prunier sauvage. — Affatouyer.
Prunier de Briançon. — id.
Prurit. — Prus.

PRY

Prytanée. — Prytaneo.

PSA

Psalmiste. — Psalmista.
Psalmodie. — Psalmodia.
Psalmodier. — Psalmoudiar.
Psaltérion. — Psalterion.
Psaume. — Psaume.
Psautier. — Psautier.

PSI

Psiché febrette. — Febreta.

PSY

Psyché. — Psyche.

PTE

Ptéride aquiline. — Feouve.

PUA

Puant, ante. — Pudent, enta.
Puanteur. — Puantour, Pudour.

PUB

Puberté. — Pubertat.
Public. — Public.
Public, ique. — Public, ca.
Publicain. — Publican.
Publication. — Publication.
Publicisto. — Publicisto.
Publicité. — Publicitat.
Publié, ée. — Publicat, ada.
Publier. — Publicar.
Publiquement. — Publicament.

PUC

Puce. — Niera.
Puceau. — Piouceou.
Pucelage. — Pioucelagi.
Pucelle. — Pioucela.
Puceron. — Mouissoun.

PUD

Pudeur. — Pudour.
Pudique. — Pudique, ica.
Pudiquement. — Pudicament.
Pudis. — Petelin.

PUE

Puer. — Pudir, Puar.
Puéril, ile. — Pueril, ila.
Puérilité. — Puerilitat.

PUF

Puffin. — Gabian gros.

PUI

Puiné, Puinée. — Puinat, ada.
Pois. — Pei, Piei.
Puisard. — Gazilhau.
Puiser. — Pouar, Puisar.
Puisque. — Peique.
Puissamment. — Puissamment.
Puissance. — Puissança.
Puissant, ante. — Puissant, anta.
Puits. — Pous.
Puits à roue. — Pousaraca.

PUL

Pulluler. — Pullular.
Pulmonaire. — Pulmounari, aria.
Pulmonaire s. — Poulmounera.
Polmonie. — Pooumounia.
Pulmonique. — Pooumounique, ica.
Pulpe. — Pulpa.
Pulsatif, ive. — Pulsatif, iva.
Pulsation. — Pulsation.

PUN

Pulvérin. — Pulverin.
Pulvérisé, ée. — Pulverisat, ada.
Pulvériser. — Pulverisar.

Punais, aise. — Pudnais, aisa.
Punaise. — Sumi, Punaisa.
Punaise rouge des
    choux. — Bouvet.
Punch. — Pounch.
Puni, ie. — Punit, ida, ia.
Punir. — Punir.
Punissable. — Punissable, abla.
Punition. — Punition.

PUP

Pupillaire. — Pupillari.
Pupillarité. — Pupilaritat.
Pupille. — Pupile, ila.
    id. — Petita.
Pupitre. — Pupitre.

PUR

Pur, ure. — Pur, ura.
Purée. — Purea.
Purement. — Purament.
Pureté. — Puretat.
Purgatif, ive. — Purgatif, iva.
Purgation. — Purga, Purgea.
Purgatoire. — Purgatori.
Purgé, ée. — Purgeat, ada.
Purger. — Purgear.
Purger se. — Purgear se.
Purification. — Purification.
Purificatoire. — Purificatoiro.
Purifié, ée. — Purifiat, ada.
Purifier. — Purifiar.
Purifier se. — Purifiar se.
Purisme. — Purisme.
Puriste. — Puristo.
Purpurin, ine. — Purpurenc, enca.
Purulent, ente. — Purulent, enta.

PUS

Pus. — Pus, Poustema.
Pusillanime. — Pusillanime, ima.
Pusillanimité. — Pusillanimitat.
Pustule. — Pustula.
Pustule maligne. — Marrit-gran.

PUT

Put put. — Petuga.
Putain. — Puta, Putan.
Putanisme. — Putanisme.
Putassier. — Putassier.
Putiet. — Amaruvier.
Putois. — Marta.
Putréfaction. — Putrefaction.
Putréfié, ée. — Putrefact, acta.
Putride. — Putride, ida.

PUY

Puy. — Puech.

Pygargue grand.	Aigla-marina.
Pygmée.	Pygmeo.

Pylore.	Pyloro.

Pyramidal, ale.	Piramidal, ala.
Pyramidale.	Pyramidala.
Pyramide.	Pyramida.
Pyrénées basses, dép.	Pyreneas bassas.
Pyrénées hautes, dép.	Pyreneas autas.
Pyrénées Orientales.	Pyreneas Orientalas.
Pyréotophore.	Pyreotophoro.
Pyrèthre.	Pyrethra.
Pyrite.	Pyrita.
Pyrole	Pyrola.
Pyromètre.	Pyrometro.

Q

Q.	Q.

QUA

Quadragésime.	Quadragesima.
Quadrangle.	Quadrangle.
Quadrangulaire.	Quadrangulari, aria.
Quadrat.	Quadrat, Cadrat.
Quadratin.	Quadratin.
Quadrature.	Quadratura.
Quadrille.	Quadrilha.
Quadrupède.	Quadrupedo.
Quadruple.	Quadruple, upla.
Quadrupler.	Quadruplar.
Qualification.	Qualification.
Qualifié, ée.	Qualifiat, ada.
Qualifier.	Qualifiar,
Qualifier se.	Qualifiar se.
Qualité.	Qualitat, Mersa.
Quand.	Quand.
Quanquam.	Cancan.
Quant.	Quant.
Quantes.	Quanteis.
Quantième.	Quantieme.
Quantité.	Quantitat.
Quarantaine.	Quarantena.
Quarante.	Quaranta.
Quarantième.	Quarantieme.
Quaréographe.	Quareographo.
Quarré, ée, Carré.	Quarrat, ada.
Quart.	Quart.
Quart du cercle.	Quart de ceoucle.
Quart du rond.	Quart de round.
Quartaine.	Quartena.
Quartal.	Quartal.
Quartaud.	Quartaud.
Quarte.	Quarta.
Quarteron.	Quarteiroun.
Quartier.	Quartier.
Quartier petit, d'agneau, etc.	Quarteiret.
Quartier de noix.	Darna.
Quartier d'une ville.	Cantoun.
Quartier vieux, mal habité.	Cagatoni.
Quartier maître.	Quartier mestre.
Quartinier.	Quartinier.
Quasi.	Quasi.
Quasi-modo.	Quasi-modo.
Quaternaire.	Quaternari, aria.
Quaterno.	Quaterno.
Quatorzaine.	Quatorzena.
Quatorze.	Quatorze.
Quatorzième.	Quatorzieme, ema.
Quatrain.	Quatrin.
Quatre.	Quatre.
Quatre coins.	Quatre cantouns.
Quatre, chiffre.	Quatre de chiffra.
Quatre temps.	Quatre temps.
Quatre-vingts.	Quatre-vingts.
Quatrième.	Quatriema.
Quatrième.	Quatrieme, ema.
Quatrièmement.	Quatriemament.
Quatuor.	Quatuor.

QUE

Que.	Que.
Quel, quelle.	Quau, ala.
Quelque.	Quauque, gauqua.
Quelque chose.	Quauquaren, quicon.
Quelquefois.	Quauqua fes.
Quelqu'un.	Quauqu'un.
Quémander.	Brigandegear.
Quenotte.	Ratouna.
Quenouille.	Coulougna.
Quenouilles, les.	Fielouas.
Quenouille petite.	Coulougneta.
Quenouille, charger, coiffer la.	Encoulougnar.
Quenouille de fil.	Bourdoun
Quenouillette.	Coulougneta.
Quercy, qui est du.	Carcines.
Querelle.	Querela, Bouira.
Querelle mauvaise.	Pachaca.
Querelles, faiseur de mauvaises.	Pachacaire.
Quereller.	Querelar.
Quereller se.	Querelar se.
Querelleur, euse.	Querelaire.
Querir.	Querrer,
Questeur.	Questur.
Question.	Question.
Question, torture.	Question.
Questionné, ée.	Questionat, ada.
Questionner.	Questionar.
Questionneur, euse.	Questionur, usa.
Questure.	Questura.
Quête.	Queta.
Quêter.	Quetar, Quistar.
Quêteur, euse.	Quistaire, arela.
Quêteur, frère.	Quistoun.
Queue.	Coua.
Queue du cheval.	Coussauda.
Queue leu leu.	Tourre virginela.
Queue de renard.	Coua de reinard.
Queue rousse.	Coua roussa.
Queue de scorpion.	Amarun.

QUI

Qui.	Qu, Qui, Que.
Quia.	Quia.
Quibus.	Quibus.
Quidam.	Quidam.
Quiet, iète.	Quiet, eta.
Quiétisme.	Quietisme.
Quignon.	Broundel.
Quille.	Quilha.
Quilles, dresser les.	Quilhar.
Quilles, abattre les.	Desquilhar.
Quiller.	Ameirar.
Quina.	Quinquina.
Quincaille.	Quincalha.
Quincaillerie.	Quincalharia.
Quincaillier.	Quincalhier.
Quine.	Quino.
Quinine.	Quinina.
Quinola.	Quinola.
Quinquagésime.	Quinquagesima.
Quinquinnal, ale.	Quinquinnal, ala.
Quinquet.	Quinquet.
Quinquina.	Quinquina.
Quint.	Quint.
Quintal.	Quintau, vl.
Quintal, d'un.	Quintalenc, enca.
Quintaine.	Quintana.
Quinte.	Quinta.
Quinte-feuille.	Fraga.
Quintessence.	Quintessença,
Quinteux, euse.	Despichous, ousa.
Quintupler.	Quintuplar.
Quinzaine.	Quinzena.
Quinze.	Quinze.
Quinze-vingts.	Quinze-vingts.
Quinzième.	Quinzieme, ema.
Quiosse.	Peira d'affilar.
Quiosser.	Cuersar.
Quiproquo.	Quiproquo.
Quirat.	Quirat.

Quittance.	Quittança.
Quittancé , ée.	Quittançat, ada.
Quitte.	Quite, Quitis.
Quittement.	Quitament.
Quitté , ée.	Quitat, ada.
Quitter.	Quitar.

Quitter se.	Quitar se.

QUO

Quoi.	Que.
Quoi, de.	De que.

Quoique.	Quoique.
Quolibet.	Quolibet.
Quote.	Quota.
Quotidien , enne.	Quotidian , ana.
Quotient.	Quotient.
Quotité.	Quotitat.

R

R.	R.

RAB

Rabâchage.	Repepiagi.
Rabâcher.	Repepiar.
Rabâcheur, euse.	Rababeou, ela.
Rabais.	Rabais.
Rabaisser.	Rabaissar.
Rabat.	Rabat.
Rabat-joie.	Cassa-joya.
Rabattre.	Rabatre.
Rabattre au jeu de boules.	Perboular.
Rabaniste.	Rabanis.
Rabbin.	Rabbin.
Rabilleur.	Adoubaire.
Râble.	Rable.
Râblure.	Rablura.
Râblu , ue.	Rablat, ada.
Rabonnir.	Rabonir.
Rabonnir se.	Rabonir se.
Rabot.	Rabot.
Rabot de maçon.	Pasta-mourtier.
Raboter.	Rabotar.
Raboteux, euse.	Rude , Raspagnous , ousa.
Rabougri, ie.	Rabougril, ida.
Rabougrir.	Rabougrir.
Rabougrir se.	Rabougrir se.
Rabouilière.	Counilhiera.
Rabroué, ée.	Rabrouat, ada.
Rabrouer.	Rambourrer.

RAC

Racage.	Racagi.
Racaille.	Racalha.
Raccommodage	Racoumoudagi.
Raccommodement.	Racoumoudament.
Raccommodé , ée.	Racoumoudat, ada.
Raccommoder.	Racoumoudar.
Raccommoder se.	Racoumoudar se.
Raccommodeur.	Racoumoudaire.
Raccourci , ie.	Escourchat, ada.
Raccourcir.	Escourchar.
Raccroc.	Racroc.
Raccrocher.	Racrouchar.
Race.	Raça.
Race, tenir de sa.	Racegear.
Rachat.	Rachat.
Rachetable.	Rachetable, abla.
Racheté, ée.	Rachetat, ada.

Racheter.	Rachetar.
Rachitique.	Nousat, ada.
Rachitis.	Nousadura.
Racinage.	Racinagi.
Racine.	Racina.
Racine grosse.	Racinassa.
Racine petite.	Racineta.
Racine , prendre.	Abarbar.
Racine , lieu où l'on plante pour faire prendre.	Abarbadour.
Raclé , ée.	Rasclat, ada.
Racler.	Rasclar.
Racle , celui qui.	Rasclaire.
Racleur.	Rasclaire.
Racloir.	Rasclet.
Racloire.	Randa , Revouira.
Raclure.	Rascladura.
Racoler.	Racolar.
Racoleur.	Racolur.
Raconté, ée.	Racontat , ada.
Raconter.	Racontar.
Raconteur, euse.	Racontur, usa.
Racornir.	Racornir.
Racornir se.	Racornir se.
Racquitté, ée.	Racquistat, ada.
Racquitter se.	Resquetiar se.

RAD

Rade.	Rada.
Radé , ée.	Arrandat, ada.
Radeau.	Radeou.
Radeau, conducteur de.	Radelier.
Radegonde, n. pr.	Radegonda.
Rader.	Arrandar.
Radeur.	Randaire.
Radiation.	Radiation.
Radical , ale.	Radical, ala.
Radicalement.	Radicalament.
Radicaux.	Radicaus.
Radicule.	Rudel , Tudel.
Radier.	Passa-lis.
Radieux , euse.	Radious, ousa.
Radis.	Raifouert.
Radis des parisiens.	Raifouert à racine rounda.
Radoire.	Randa , Ravouira.
Radotage.	Radoutagi.
Radoter.	Radoutar.
Radoteur, euse.	Radoutur , usa.
Radoub.	Radoub.
Radouber.	Radoubar.

Radouci , ie.	Radoucit, ida , ia.
Radoucir.	Radoucir.
Radoucir se.	Radoucir se.

RAF

Rafale.	Rafala.
Raffermi, ie.	Raffermit, ida , ia.
Raffermir.	Raffermir.
Raffermir se.	Raffermir se.
Raffinage.	Raffinagi.
Raffinement.	Rofinament.
Raffiné , ée.	Rafinat, ada.
Raffiner.	Rofinar.
Raffinerie.	Rafinaria.
Raffineur.	Rafinur.
Raffoler.	Rafolir.
Rafle.	Rafla.
Id.	Raca.
Rafles, qui nettoie les.	Raquegeaire.
Rafles, nettoyer les.	Raquegear.
Rafler.	Raflar.
Rafraichi , ie.	Refrescat, ada.
Rafraichir.	Refrescar.
Rafraichir se.	Refrescar se.
Rafraichissant, ante.	Refrechissent , enta.
Rafraichissement.	Refrescament.

RAG

Ragaillardir.	Ragalhardir.
Rage.	Rabi , Ragea.
Ragot, ote.	Ragot , ota.
Ragoût.	Ragoust.
Ragoût mauvais.	Poutringa.
Ragoûtant , ante.	Ragoustant , anta.
Ragoûté , ée.	Ragoustat, ada.
Ragoûter.	Ragoustar.
Ragrandir.	Regrandir.
Ragréer.	Aigregear.

RAI

Raie.	Rega , Raia.
Raie aigle.	Lanceta.
Raie Raboteuse.	Rasat.
Raie batys.	Flassada.
Raie bouclée.	Clavelada.
Raie divineresse.	Booumiana.
Raie flossade.	Flossuda.
Raie chardon.	Cardaire.
Raie giorna.	Vacheta.
Raie marginée.	Miralhet , 1 , 3.

Raie miraillet.	Miralhet, 2.
Raie pastenague.	Pastenarga.
Raie pectinée.	Serra.
Raie ponctuée.	Fumat negre.
Raie museau pointu.	Flansada.
Raie quadrimaculée.	Flansada, 3.
Raie rape.	Flansada, 4.
Raie museau pointu.	Flansada, 3.
Raie à bec.	Fumat.
Raie ronce.	Razza.
Raie torpille.	Dourmilhousa.
Raifort.	Raifouert.
Raifort sauvage.	Rafanela.
Railler.	Ralhar.
Raillerie.	Ralharia.
Railleur, euse.	Trufareou, ela.
Rainette.	Raineta.
Rainure.	Renura.
Raiponce.	Rampouchoun.
Rais.	Rai.
Raisin.	Rasin.
Raisin sec.	Pansa.
Raisin que l'on sus- pend par grappes.	Pendilhada.
Raisin, grappe de, desséchée sur la plante.	Arasta.
Raisin d'ours.	Apounetier.
Raisiné.	Rasinet.
Raison.	Rasoun, Resoun.
Raisonnable.	Rasounable, abla.
Raisonnablement.	Rasounablament.
Raisonnement.	Rasounament.
Raisonner.	Rasounar, Resounar.
Raisonneur, euse.	Rebecaire, arela.

RAJ

Rajeunir.	Rejouinir.
Rajeunissement.	Rejouinissament.
Rajusté, ée.	Rojustat, ada.
Rajuster.	Rajustar.

RAL

Râle.	Granoulhas.
Râle d'eau.	Rale d'aigua.
Râle de Genêt.	Rale de ginesta.
Râle marouette.	Rale maroueta.
Râle de terre.	Rala de ginesta.
Râle petit.	Pouloungris, Rasclet.
Ralentir.	Relentir.
Ralentissement.	Relentissament.
Râler.	Rounchouriar.
Ralingue.	Ralinga.
Ralliement.	Raliament.
Rallier.	Raliar.
Rallonger.	Alongar.
Rallumer.	Ralumar.

RAM

Ramadan.	Ramadan.
Ramage.	Ramagi.
Ramager.	Faire lou ramagi.
Ramas.	Amas.
Ramassé, ée.	Rabalhat, ada.
Ramasser.	Rabolhar.
Ramasseur.	Rabolhaire.
Ramassis.	Ramassis.
Ramazan. V. Ramadan.	

Rame.	Rame.
Rame aviron.	Rema.
Rameau.	Rameou.
Rameau petit.	Ramelet.
Rameaux, dimanche des.	Rameous, dimanche deis.
Ramée.	Rama, Ramasses.
Ramender.	Amermar.
Ramené, ée.	Ramenat, ada.
Ramener.	Ramenar.
Ramer.	Ramar.
Ramer des vers à soie.	Embrugar.
Ramer des pois.	Embrancar.
Ramette.	Rameta.
Rameur.	Vougaire.
Ramier.	Favart.
Ramification.	Ramification.
Ramifié, ée.	Ramifiat, ada.
Ramifier se.	Ramifiar se.
Ramilles.	Ramilha.
Ramolli, ie.	Remoulit, ida ia.
Remollir.	Remoulir.
Ramon.	Raspalh.
Ramon, balayer avec un.	Raspalhar.
Ramonage.	Ramounagi.
Ramoné, ée.	Ramounat, ada.
Ramoner.	Ramounar.
Ramoneur.	Ramounur.
Rampant, ante.	Rampant, anta.
Rampe.	Rampa.
Ramper.	Rampar.

RAN

Rance.	Ranci, ia.
Rancher.	Escalassoun.
Rancidité.	Rancidura..
Rancio.	Rancio.
Rancir.	Rancir.
Rancissure.	Rancidura.
Rançon.	Rançoun.
Rançonner.	Rançounar.
Rancune.	Rancuna.
Rancunier, ière.	Rancunier, iera.
Randonnée.	Randonada.
Randonner.	Randonar.
Rang.	Rang.
Rangée.	Tiera, Rangiera.
Rangé, ée.	Rangeat, ada.
Ranger.	Rangear.
Rangette.	Castelet.
Ranimé, ée.	Ranimat, ada.
Ranimer.	Ranimar.
Ranimer se.	Ranimar se.
Ranule.	Ranula, vl.

RAP

Rapace.	Rapace, aça.
Rapacité.	Ropacitat.
Rapatrié, ée.	Repatriat, ada.
Rapatrier.	Repatriar.
Rapatrier se.	Repatriar se.
Râpe.	Raspa.
Râpé, ée.	Rospat, ada.
Râper.	Raspar.
Râpe, celui qui.	Raspaire.
Rapetassé, ée.	Repedassat, ada.
Rapetasser.	Repedassar.
Rapetissé, ée.	Apetissat, ada.
Rapetisser.	Apetissar.

Raphaël, n. pr.	Rapheou.
Rapide.	Rapide, ida.
Rapidement.	Rapidament.
Rapidité.	Rapidilat.
Rapiécé.	Repedassat.
Rapiécer.	Repedassar.
Rapiécetage.	Repedassagi.
Rapiéceter.	Platelar.
Rapière.	Rapiera.
Rapine.	Rapina.
Rapiner.	Rapinar.
Rappel.	Rappel.
Rappeler.	Rappelar.
Rappeler.	Bappelar se.
Rapport.	Rapport.
Rapport, revenu.	Rapport, revengut.
Rapports.	Renvois.
Rapporté, ée.	Rapportat, ada.
Rapporter.	Rapportar.
Rapporter se.	Rapportar se.
Rapporteur, euse.	Rapportur, usa.
Rapprochement.	Rapprochament.
Rapprocher.	Rapprochar.
Rapsodie.	Rapsodia.
Rapt.	Rapt.
Râpure.	Raspadura.

RAQ

Raquette.	Raqueta.
Raquette.	Figuier de Barbaria.
Raquette pour les pieds.	Chastrouas.

RAR

Rare.	Rare, ara.
Raréfactif, ive.	Rarefactif, iva
Raréfaction.	Rarefaction
Raréfié.	Rarefiat, ada.
Raréfier.	Rarefiar.
Rarement.	Rarament.
Rareté.	Rarelat.

RAS

Ras, ase.	Ras, asa.
Rasade.	Rasada.
Rascasse.	Rascassa.
Rasé, ée.	Rasat, ada.
Raser.	Rasar.
Raser se.	Rasar se.
Rasibus.	Rasibus.
Rasoir.	Rasour.
Raspeçon.	Rascassa-blanca.
Rassasiant, ante.	Aboundivou, iva.
Rassasié, ée.	Rassassiat, ada.
Rassasiement.	Sadoulada.
Rassasier.	Rassassiar.
Rassasier se.	Rassasiar se.
Rassemblé, ée.	Rassemblat, ada.
Rassemblement.	Rassemblament.
Rassembler.	Rassemblar.
Rasseréné, ée.	Eisserenat, ada.
Rasserener.	Eisserenar.
Rassis.	Remudut.
Rassuré, ée.	Rassurat, ada.
Rassurer.	Rassurar.

RAT

Rat.	Garri.
Rat d'eau.	Garri d'aigua.

Rat petit.	Ratouna.	Ravine.	Vabre.	REC
Rats, les, en général.	Ratun.	Ravir.	Ravir.	
Ratafia.	Ratifia.	Raviser se.	Ravisar se.	Recacheter.	Recachetar.
Ratiné, ée.	Ralatinat, ada.	Ravissant, ante.	Ravissant, anta.	Recalcitrant, ante.	Recalcitrant, anta.
Ratalinar se.	Ralatinar se.	Ravissement.	Ravissament.	Récalcitrer.	Reguignar.
Rate.	Ratela.	Ravisseur.	Ravissur.	Récapitulation.	Recapitulotion.
Rate des animaux.	Bescla.	Ravitaillement.	Ravitalhament.	Récapituler.	Recapitular.
Râteau.	Rasteou.	Ravitailler.	Ravitalhar.	Recèlement.	Receloment.
Râtelée.	Rastelada.	Raviver.	Ravivar.	Recéler.	Recelar.
Râtelé, ée.	Rastelat, ada.	Ravoir.	Reaver.	Receleur, euse.	Recelur, usa.
Râteler.	Rastelar.			Récemment.	Recemmment.
Râteleur.	Rastelaire.	**RAY**		Recensement.	Recensoment.
Râtelier.	Rastelier.			Récent, ente.	Recent, enta.
Râtelier pour les cuillers.	Coca.	Rayé, ée.	Rayat, Regat, ada.	Recepage.	Recepagi.
Râtelier pour les lances.	Astier, vl.	Rayer.	Regar, Rayar.	Recepé, ée.	Recepat, ada.
Rater.	Ratar.	Raymond, n. pr.	Raymound.	Receper.	Recepar.
Ratier, ière.	Ratier.	Rayon.	Rai, Rayoun.	Récépissé.	Recepisse.
Ratière.	Rutiera.	Rayonnant, ante.	Rayounant, anta.	Réceptacle.	Receptacle.
Ratification.	Ratification.	Rayonnement.	Rayounament.	Réception.	Reception.
Ratifié, ée.	Ratifiat, ada.	Rayonner.	Rayounar.	Recette.	Receta.
Ratifier.	Ratifiar.	Rayure.	Rayura.	Recevable.	Recevable, abla.
Ratine.	Ratina.			Receveur, euse.	Recevur, usa.
Ratiner.	Ratinar.	**RE**		Recevoir.	Recebre.
Ration.	Ration.			Recevoir avec la main.	Recassar.
Rational.	Rotional.	Re.	Re.	Recevoir, celui qui empaume.	Recattaire.
Ratisser.	Rasclar.	Ré.	Re.	Rechange.	Rechangi.
Ratissoire.	Rascla.			Rechapper.	Escapar mai.
Ratissure.	Rascladura.	**REA**		Rechargé, ée.	Recargat, ada.
Rattraper.	Rattrappar.			Recharger.	Recargar.
Rature.	Ratura.	Réactif.	Reactif.	Réchaud.	Escaufeta.
Raturer.	Escafar.	Réaction.	Reaction.	Réchaud, donner un.	Caudegeada.
		Réalgar.	Realgar.	Réchauffé, ée.	Reschaufat, ada.
RAU		Réalisation.	Realisation.	Réchauffer.	Rescaufar.
		Réalisé, ée.	Realisat, ada.	Réchauffer se.	Rescaufar se.
Raucité.	Raucugi.	Réaliser.	Realisar.	Rechausser.	Recaussar.
Rauque.	Rauc, auca.	Réalité.	Realitat.	Recherche.	Recerca.
Rauque, parler.	Rauquegear.			Recherché, ée.	Recercat, ada.
		REB		Rechercher.	Recercar.
RAV				Rechercheur.	Recercaire.
		Rebaiser.	Rebayzar, vl.	Rechigner.	Regaugnar.
Ravage.	Ravagi.	Rebaptisé, ée.	Rebategeat, ada.	Rechoir.	Rechutar.
Ravagé, ée.	Ravageat, ada.	Rebaptiser.	Rebategear.	Récidive.	Recidiva.
Ravager.	Ravagear.	Rebâti, ie.	Rebastit, ida.	Récidiver.	Recidivar.
Ravageur.	Ravageur.	Rebâtir.	Rebastir.	Récif.	Recif.
Ravaler.	Ravalar.	Rebattre.	Rebattre.	Récipé.	Recipe.
Ravaler ses paroles.	Rangourgear.	Rebattre la faux.	Encapar.	Récipiendaire.	Recipiendari.
Ravaudage.	Ravaudagi.	Rebattu, ue.	Rebattu, uda, ua.	Récipiant.	Recipiant.
Ravauder.	Ravaudar.	Rebelle.	Rebele, ela.	Recipiant des essences.	Cencier.
Ravauderie.	Fatrassaria.	Rebeller se.	Rebellar se.	Réciprocité.	Reciprocitat.
Ravaudeur, euse.	Ravaudur, usa.	Rebellion.	Rebellion.	Réciproque.	Reciproque, oca.
Ravaudeuse.	Repassusa.	Rebénir.	Rebenesir.	Réciproquement.	Reciprocament.
Rave.	Raba.	Rebéquer se.	Rebecar.	Récit.	Recit.
Rave petite.	Raifouert.	Rebéque, qui se.	Rebercaire, arela.	Récitatif.	Recitatif.
Rave (petite).	Rabouna.	Reblanchi, ie.	Reblanchit, ida, ia.	Récité, ée.	Recitat, ada.
Raves, champ semé de.	Rabiera.	Reblanchir.	Reblanchir.	Réciter.	Recitar.
Rave, fane de.	Rabissana.	Rebondir.	Repoumpelar.	Réclamation.	Reclamation.
Raves, graines de.	Rabat.	Rebondissement.	Repoumpel.	Réclame.	Reclama.
Raves, crottre comme les.	Rubounar.	Rebord.	Rebord.	Réclamé, ée.	Reclamat, ada.
Raves, odeur des.	Rabun.	Reborder.	Rebordar.	Réclamer.	Reclamar.
Ravelin.	Roissalhada.	Rebouché, ée.	Reboucat, ada	Réclusion.	Reclusion.
Ravière.	Rabiera.	Reboucher.	Reboucar.	Recoiffer.	Recouiffar.
Ravi, ie.	Ravit, ida, ia.	**Id.**	Talh-virar.	Recoin.	Recouin, Cantoun.
Ravigoté, ée.	Reviscoulat, ada.	Rebouilli, ie.	Rebulhit, ida.	Récolement.	Recolament.
Ravigoter.	Reviscoutar.	Rebouillir.	Rebulhir.	Recoler.	Recolar.
Ravin.	Ravin	Rebrider.	Rebridar.	Recollets.	Recoullets.
Ravins, creuser des.	Raissalhar.	Rebrousser.	Rebufelar.	Récolte.	Recolta.
Ravins, creusé par des.	Raissalhat.	Rebuffade.	Rebrouada.	Récolté, ée.	Recoltat, ada.
		Rébus.	Rebus.	Récolter.	Recoltar.
		Rebut.	Rebut.	Récolter avant la maturité.	Desverdegear.
		Rebuter.	Rebutar.		

Français	Traduction
Recommandable.	Recoumandable, abla.
Recommandation.	Recoumandation.
Recommandé, ée.	Recoumandat, ada.
Recommander.	Recoumandar.
Recommencé, ée.	Recommencat, ada.
Recommencer.	Recoumençar,
Récompense.	Recoumpensa.
Récompenser.	Recoumpensar.
Récomposé, ée.	Recompousat, ada.
Récomposer.	Recoumpousar,
Recompter.	Recomptar.
Réconciliable.	Recounciliable, abla.
Réconciliation.	Recounciliation.
Réconcilié, ée.	Recounciliat, ada.
Réconcilier.	Recounciliar.
Réconcilier se.	Recounciliar se.
Réconforter.	Recounfourtar.
Reconnaissable.	Recouneissable, abla.
Reconnaissance.	Recouneissença.
Reconnaissant, ante.	Recouneissent, enta.
Reconnaître.	Recounouisser.
Reconnu, ue.	Recouneissut, uda.
Recopier.	Recoupiar.
Recoquillé, ée.	Recouquilhat, ada.
Recoquiller.	Recouquilhar.
Recors.	Recors.
Recoudre.	Recourdurar.
Recoupe.	Recoupa, Reprin.
Recoupes, les.	Recoupadura.
Recourbé, ée.	Recourbat, ada.
Recourber.	Recourbar.
Recourir.	Recourir.
Recours.	Recours.
Recousu, ue.	Recourdurat, ada.
Recouvert, erte.	Recurbit, ida, ia.
Recouvrable.	Recouvrable, abla.
Recouvré, ée.	Recoubrat, ada.
Recouvrement.	Recoubrament.
Recouvrier.	Recoubrur.
Recouvrir.	Recurbir.
Récréatif, ive.	Recreatif, iva.
Récréation.	Recreation.
Récréé.	Recreat, ada.
Récréer.	Recrear.
Recrépi, ie.	Recrespit, ida.
Recrépir.	Recrespir.
Récrier se.	Recridar se.
Récrimination.	Recrimination.
Récriminer.	Recriminar.
Récrire.	Escrioure mai.
Recroître.	Recreisser.
Recroquevillé, ée.	Recouquilhat, ada.
Recroqueviller.	Recouquilhar.
Recrue.	Recrua.
Recrusement.	Recrusament.
Recruté, ée.	Recrutat, ada.
Recruter.	Recrutar.
Recruteur.	Recroutur.
Recta.	Recta.
Rectangle.	Rectangle.
Recteur.	Rectour.
Rectification.	Rectification.
Rectifié, ée.	Rectifiat, ada.
Rectifier.	Rectifiar.
Rectitude.	Rectituda.
Recto.	Recto.
Rectorerie.	Rectoria, vl.
Rectum.	Budeou.
Reçu.	Reçut.
Reçu, ue.	Reçut, uda.
Recueillement	Reculhament.
Recueil.	Recuelh.
Recueilli, ie.	Reculhit, ida.
Recueillir.	Reculhir.
Recuire.	Recouire.
Recuit, ite.	Becuech, uecha.
Recuite.	Broussa.
Recuite salée.	Ceras.
Reculade.	Reculada.
Reculé, ée.	Reculat, ada.
Reculement.	Reculament.
Reculer.	Recular.
Reculons, à.	Reculcuns à.
Récupéré, ée.	Recuperat, ada.
Récupérer.	Recuperar, Recoubrar.
Récusation.	Recusation.
Récusé, ée.	Recusat, ada.
Récuser.	Recusar.

RED

Français	Traduction
Rédacteur.	Redactour.
Rédaction.	Redaction.
Reddition.	Reddition.
Redemander.	Redemandar.
Rédempteur.	Redemptour.
Rédemption.	Redemption.
Redescendre.	Descendre mai.
Redevable.	Redevable, abla.
Redevance.	Redevança.
Redevenir.	Redevenir.
Rédhibitoire.	Redhibitoiro, oira.
Rédigé, ée.	Redigeat, ada.
Rédiger.	Redigear.
Rédimer se.	Redimar se.
Redingote.	Reguingota.
Redire.	Redire.
Redondance.	Redoundança.
Rédonder.	Redoundar.
Redonner.	Redounar.
Redoublé, ée.	Redoublat, ada.
Redoublement.	Redoublament.
Redoubler.	Redoublar.
Redoutable.	Redoutable, abla.
Redoute.	Redouta.
Redouté, ée.	Redoutat, ada.
Redouter.	Redoutar.
Redréssé, ée.	Redressat, ada.
Redressement.	Redressament.
Redresser.	Redressar.
Réduction.	Reduction.
Réduire.	Reduire.
Réduit, uite.	Reduch, ucha.
Réduit.	Reduit.

REE

Français	Traduction
Réédification.	Reedification.
Réédifier.	Reedifiar.
Réel, elle.	Reel, ela.
Réélection.	Reelection.
Réélire.	Reelire.
Réellement.	Reelament.

REF

Français	Traduction
Refaire.	Refaire.
Refaire se.	Refaire se.
Refait, aite.	Refach, acha.
Réfection.	Refection.
Réfectoire.	Refectoiro.
Refendre.	Refendre.
Refendu, ue.	Refendut, uda.

Français	Traduction
Référendaire.	Referendari.
Référer.	Referar.
Referrer.	Referrar.
Réfléchi, ie.	Reflechit, ida, ia.
Réfléchir.	Reflechir.
Reflet.	Reflet.
Refléter.	Refletar.
Refleurir.	Reflourir.
Réflexion.	Reflexion.
Réflexion du soleil.	Repous.
Refluer.	Refluar.
Reflux.	Reflux.
Refondre.	Refoundre.
Refondu, ue.	Refoundut, uda.
Réformateur, trice.	Refourmatour, triça.
Réformation.	Reformation.
Réforme.	Reforma.
Réformé, ée.	Reformat, ada.
Réformés, Augustins.	Reformats.
Réformer.	Reformar.
Refoulement.	Ensacadura.
Refouler.	Caucar mai.
Refouloir.	Refouloir.
Réfractaire.	Refractari, aria.
Réfraction.	Refraction.
Refrain.	Refran.
Refréner.	Refrenar.
Réfrigératif, ive.	Refrigeratiu, iva, vl.
Réfrigération.	Refrescadura.
Refriser.	Refrisar.
Refrogner se.	Refrougnar, se.
Refroidi, ie.	Refregeat, ada.
Refroidir.	Refregear.
Refroidir se.	Refregear se.
Refroidissement.	Refregeament.
Refuge.	Refugi.
Réfugié, ée.	Refugiat, ada.
Réfugier se.	Refugiar se.
Refus.	Refus.
Refusé, ée.	Refusat, ada.
Refuser.	Refusar.
Refuser se.	Refusar se.
Refuser, celui qui à l'habitude de.	Refusaire.
Réfutation.	Refutation.
Réfuter.	Refutar.

REG

Français	Traduction
Regagné, ée.	Regagnat, ada.
Regagner.	Regagnar.
Regain.	Revioure, Tarceiroou.
Régal.	Regal.
Régalade.	Regalada.
Régalé, ée.	Regalat, ada.
Régaler.	Regalar.
Régaler se.	Regalar se.
Regard.	Regard.
Regard effrayant.	Regaussada.
Regarder.	Regardar.
Regarder attentivement.	Alucar.
Regarder d'un air menaçant.	Regassar.
Regarder autour de soi.	Viragardar.
Regarder avec concupiscence.	Alupar.
Regarder en arrière.	Regachar.
Régence.	Regença.
Régénérateur.	Regeneratour.

Régénération.	Regeneration.
Régénéré, ée.	Regenerat, ada.
Régénérer.	Regenerar.
Régent, ente.	Regent, enta.
Regenter.	Regentar.
Régicide.	Regicide.
Régi, ie.	Regit, ida, ia.
Régie.	Regia.
Régimber.	Regimbar, Reguignar.
Régime.	Regime.
Régiment.	Regiment.
Région.	Region.
Régir.	Regir.
Régisseur.	Regissur.
Registre.	Registre.
Registre à souches.	Cepoun. 2.
Registrer.	Enregistrar.
Règle.	Regla.
Règle de trois.	Regla de tres.
Réglé, ée.	Reglat, ada.
Règlement.	Reglament.
Régler.	Reglar.
Régler se.	Reglar se.
Règles.	Reglas.
Réglet.	Reglet.
Réglette.	Regleta.
Réglisse.	Regalissi.
Régnant, ante.	Regnant, anta.
Règne.	Regne.
Régner.	Regnar.
Regonflement.	Regounfle.
Regonfler.	Regounflar.
Regorger.	Regorgear.
Regouler.	Rebutar.
Regrat.	Regrat.
Regratter.	Grater mai.
Regrattier, ière.	Regratier, iera.
Regret.	Regret.
Regret, qui a des.	Regretous, ousa.
Regrettable.	Regretable, abla.
Regretté, ée.	Regretat, ada.
Regretter.	Regretar.
Régularisé, ée.	Regularisat, ada.
Régulariser.	Regularisar.
Régularité.	Regularitat.
Régulateur.	Regulatour.
Régulateur, trice.	Regulatour, triça.
Régulier, ière.	Regulier, iera.
Régulièrement.	Regulierament.

REH

Réhabilitation.	Rehabilitation.
Réhabilité, ée.	Rehabilitat, ada.
Rehabiliter.	Rehabilitar.
Rehausser.	Reaussar, Aussar mai.

REI

Réimprimé, ée.	Reimprimat, ada.
Réimprimer.	Reimprimar.
Rein.	Rens.
Reins d'une voûte.	Brayas, 5.
Reinaud, n. pr.	Reinaud.
Reine.	Reina.
Reine marguerite.	Reina margarida.
Reine, n. pr.	Rena.
Réinette.	Reineta.
Réintégration.	Reintegration.
Réintégré, ée.	Reintegrat, ada.

Réintégrer.	Reintegrar.
Réitéré, ée.	Reiterat, ada.
Réitérer.	Reiterar.
Reitre.	Reitre.

REJ.

Rejaillir.	Rejisclar.
Rejaillissement.	Rejisclada.
Rejet.	Rejiet.
Rejet.	Rejitoun.
Rejeté, ée.	Rejitat. ada.
Rejeter.	Rejitar.
Rejeton.	Rejiton, Sagata.
Rejeton petit ou jeune.	Sagatoun.
Rejoindre.	Rejougner.
Réjoui, ie.	Rejouit, ida, ia.
Réjouir.	Rejouir.
Réjouir se.	Rejouir se.
Réjouissance.	Rejouissença.
Réjouissant, ante.	Rejouissant, anta.

REL.

Relâchant, ante.	Relachant, anta.
Relâche.	Relache.
Relâché, ée.	Relachat, ada.
Relâchement.	Relachament.
Relâcher.	Relachar.
Rélâcher se.	Relachar se.
Relais.	Relais.
Relancé, ée.	Relançat, ada.
Relancer.	Relançar.
Relaps, apse.	Relaps. apsa.
Relargir.	Eslargir.
Relatif, ive.	Relatif, iva.
Relation.	Relation.
Relativement.	Relativament.
Relaxation.	Relaxaçio, vI.
Relaxer.	Relachar.
Relayer.	Relevar se, Relayar.
Relégué, ée.	Relegat, ada.
Réléguer.	Relegar.
Relent.	Estuch, Clus.
Relevailles.	Sourtida de coucha.
Relevé, ée.	Relevat, ada.
Relevée.	Relevada.
Relever.	Relevar.
Relever se.	Relevar se.
Reliage.	Rabatege.
Relief.	Relaistet, Relief.
Relié, ée.	Reliat, ada.
Relier.	Reliar.
Relieur.	Reliaire.
Religieusement.	Religiousament.
Religieux, euse.	Religious, ousa.
Religion.	Religion.
Religionnaire.	Religionari.
Reliquaire.	Reliquari.
Reliquat.	Reliquat.
Reliquataire.	Reliquatari.
Relique.	Reliqua.
Relire.	Relegir.
Reliure.	Reliura.
Relouer.	Relougar.
Reluire.	Relusir.
Reluquer.	Relucar.

REM.

Remâcher.	Remastegar.
Remanier.	Remanegear.

Remarié, ée.	Remaridat, ada.
Remarier.	Remaridar.
Remarier se.	Remaridar se.
Remarquable.	Remarquable, abla.
Remarque.	Remarca.
Remarqué, ée.	Remarcat, ada.
Remarquer.	Remarcar.
Rembarquer.	Embarcar mai.
Remblai.	Reblo.
Rembourrer.	Rambourrar.
Remboursé, ée.	Remboursat, ada.
Remboursement.	Remboursament.
Rembourser.	Remboursar.
Remède.	Remedi.
Remédiable.	Remediable. abla.
Remédié, ée.	Remediat, ada.
Remédier.	Remediar.
Remêler.	Remesclar.
Remercié, ée.	Remarciat, ada.
Remercier.	Remarciar.
Remerciment.	Remarciament.
Remettre.	Remettre.
Remi, n. pr.	Remesi.
Remis, ise.	Remes, essa.
Remise.	Remisa.
Remiser.	Remisar.
Remiser se.	Remisar se.
Rémissible.	Remissible, ibla.
Rémission.	Remission.
Remolade.	Remoulada.
Remonter.	Remountar.
Remonter une ferme.	Remountar, Recabalar.
Remontrance.	Remoustrança.
Remontrer.	Remoustrar.
Remords.	Remors.
Remorque.	Remouc.
Remorqué, ée.	Remourcat, ada.
Remorquer.	Remourcar.
Remorquer, action de.	Remourcagi.
Remouleur.	Amoulet.
Remous.	Remous.
Rempart.	Barri, Rampart.
Remplaçant.	Ramplaçant.
Remplacé, ée.	Ramplaçat, ada.
Remplacement.	Ramplaçament.
Remplacer.	Ramplaçar.
Remplage.	Ramplissagi.
Rempli.	Ramplit.
Rempli, ie.	Ramplit, ida.
Remplir.	Ramplir
Remplir se.	Se remplir.
Remplissage.	Remplissagi.
Remplissage des meules.	Emplun.
Remplisseuse.	Radoubusa.
Remplumer.	Remplumar.
Remporter.	Remportar.
Remuant, ante.	Boulegaire, arela.
Remue-ménage.	Revira-mainagi.
Remuement.	Boulegament.
Remué, ée.	Boulegat, ada.
Remuer.	Boulegar, Mudar.
Remuer se.	Se boulegar.
Remuecuse.	Mudaira.
Remugle.	Estuch.
Rémunération.	Remuneration.

REN

Renaissance.	Renaissença.
Renaissant, ante.	Renaissent, enta.

Renaître.	Renaisser.
Renard.	Reinard.
Renard charbonnier.	Reinard carbounier.
Renardeau.	Reinardoun.
Renardière.	Reinardiera.
Renchéri, ie.	Charivend, énda.
Renchérir.	Rencherir.
Rencogné, ée.	Rancougnat, ada.
Rencogner.	Rancougnar.
Rencogner se.	Se rancougnar.
Rencontre.	Rescontre, Passa.
Rencontre heureuse.	Bon rescontre.
Rencontrer.	Rescontrar.
Rendez-vous.	Rendes-vous.
Rendormir.	Dormir-mai.
Rendoubler.	Remplegar.
Rendre.	Rendre.
Rendre se.	Se rendre.
Rendu, ue.	Rendut, uda.
Rendurcir.	Endurcir.
Rêne.	Renas.
Réné, n. pr.	Renet.
Renégal, ate.	Renegat, ata.
Renette.	Rougneta.
Renfermé, ée.	Estremat, ada.
Renfermer.	Estremar, Rebarir.
Renfermer se.	S'estremar.
Renfler.	Enflar mai.
Renforcé, ée.	Renforçat, ada.
Renforcer.	Renforçar.
Renforcer se.	Se renforçar.
Renfort.	Renfort.
Renfort d'une chemise.	Pecilhoun.
Rengager.	Engagear mai.
Rengaîner.	Rangainar.
Rengorger se.	Se rangourgear.
Reniement.	Renegament.
Renier.	Renegar.
Renieur.	Renegaire.
Reniflement.	Reniflament.
Renifler.	Reniflar.
Renom.	Renoum.
Renommé, ée.	Renoumat, ada.
Renommée.	Renoumada.
Renommer.	Renoumar.
Renonce.	Renounça.
Renoncé, ée.	Renounçat, ada.
Renoncement.	Renounçament.
Renoncer.	Renounçar.
Renonciation.	Renounciation.
Renoncule.	Renouncula.
Renoncule bulbeuse.	Peta-sauma.
Renoncule des champs.	Jaunoun.
Renoncule en faux.	Tas.
Renoncule ficaire.	Aurelhetas.
Renoncule des prés.	Loupauta.
Renoncule rampante.	Auruflam.
Renouée.	Tirassa, 5.
Renouer.	Renouar.
Renoueur, euse.	Adoubaire, arela.
Renouvelé, ée.	Renouvelat, ada.
Renouveler.	Renouvelar.
Renouvellement.	Renouvelament.
Renseignement.	Rensegnament.
Rente.	Renda, Renta.
Renté, ée.	Rentat, ada.
Renter.	Rentar.
Rentier, ière.	Rentier, iera.
Rentraire.	Sarcir.
Rentraiture.	Sarcidura.
Rentrayeur, euse.	Sarcieire, eira.
Rentrant.	Rentrant.

Rentrée.	Rentrada.
Rentrer.	Rentrar.
Rentrer une étoffe.	Remplegar.
Renverser.	Revessar.
Renverser se.	Revessar se.
Renvoi.	Renvoi.
Renvoyé, ée.	Remandat, ada.
Renvoyer.	Remandar.

REP

Repaître.	Arrepastar.
Répandre.	Escampar.
Répandre se.	Escampar s'.
Répandu, ue.	Escampat, ada.
Réparable.	Reparable, abla.
Réparaître.	Repareisser.
Réparaître, croître de nouveau.	Reglelhar.
Réparateur.	Reparatour.
Réparation.	Reparation.
Réparé, ée.	Reparat, ada.
Réparer.	Reparar.
Répartie.	Repartida.
Repartir.	Repartir.
Repartiteur.	Repartitour.
Repartition.	Repartition.
Repas.	Repast.
Repas petit.	Repassoun.
Repas d'un convoi funèbre.	Rebousteri.
Repas, restes d'un.	Auralhas.
Repassage.	Repassagi.
Repassé, ée.	Repassat, ada.
Repasser.	Repassar.
Repasseuse.	Estirusa.
Repaver.	Recaladar.
Repêcher.	Pescar mai.
Repeindre.	Repintar.
Repentance.	Repentenci.
Repentant, ante.	Repentent, enta.
Repentir se.	Repentir se.
Répercussif, ive.	Repercussif, iva.
Répercussion.	Repercussion.
Répercuté, ée.	Repercutat, ada.
Répercuter.	Repercutar.
Répertoire.	Repertori.
Répété, ée.	Repetat, ada.
Répéter.	Repetar.
Répétiteur.	Repetitour.
Répétition.	Repetition.
Répétition d'une horloge.	Replica.
Répétition, sonner la.	Sounar la replica.
Repeupler.	Repuplar.
Repic.	Repic.
Répit.	Relache.
Replacer.	Replaçar.
Replanter.	Replantar.
Replâtrage.	Replatrage.
Replâtrer.	Replatrar.
Replet, eta.	Replet, eta.
Replétion.	Repletion.
Repli.	Plec.
Replier.	Replegar.
Replier se.	Replegar se.
Réplique.	Replica.
Répliquer.	Replicar.
Répondant.	Repondant, Respondent.
Répondant.	Respoundent.

Répondre.	Respondre.
Répondu, ue.	Respondut, uda.
Réponse.	Responsa.
Reporter.	Raportar.
Repos.	Repaus.
Reposé, ée.	Repausat, ada.
Reposée.	Pausada.
Reposer se.	Repausar se.
Reposoir.	Repausoir.
Repoussé, ée.	Repoussat, ada.
Repousser.	Repoussar.
Répréhensible.	Reprensible, ibla.
Reprendre.	Reprendre.
Reprendre se.	Reprendre se.
Reprendre, qui a l'habitude de.	Reprenent.
Représaille.	Represalhas.
Représentant.	Representant.
Répressif, ive.	Repressif, iva.
Répression.	Repression.
Réprimande.	Reprimanda.
Réprimander.	Reprimandar.
Réprimé, ée.	Reprimat, ada.
Réprimer.	Reprimar.
Repris, ise.	Repres, essa.
Reprise.	Reprisa.
Reprise plante.	Bonedit.
Réprobation.	Reproubation.
Réprochable.	Reprochable, abla.
Reproche.	Reprochi.
Reprocher.	Reprochar.
Reproduction.	Reproduction.
Reproduire.	Reprouduire.
Reproduit, uite.	Reprouduit, uite.
Réprouvé, ée.	Reprouvat, ada.
Réprouver.	Reprobar.
Reptile.	Reptile.
Républicain, aine.	Republican, ana.
Républicanisme.	Republicanisme.
République.	Republica.
Répuce.	Esparencha.
Répudiation.	Repudiation.
Répudié, ée.	Repudiat, ada.
Répudier.	Repudiar.
Répugnance.	Repugnança.
Répugner.	Repugnar.
Répulsion.	Repulsa.
Réputation.	Reputation.
Réputé, ée.	Reputat, ada.
Réputer.	Reputar.

REQ

Requérir.	Requerir.
Requête.	Requesta.
Requiem.	Requiem.
Requin.	Requin, Lami.
Requin féroce.	Verdoun.
Requinqué, ée.	Requinquillat, ada.
Requiniquer se.	Requinquilhar.
Requis, ise.	Roquist, ista.
Réquisition.	Requisition.
Réquisitionnaire.	Requisitiounari.
Réquisitoire.	Requisitoiro.

RES

Rescrit.	Rescrich.
Réseau.	Tela.
Réséda.	Reseda.
Réséda sauvage.	Amoureta fera.
Réserve.	Reserva.

Réservé, ée.	Reservat, ada.
Réserver.	Reservar.
Réservoir.	Reservoir.
Résidant, ante.	Resident, enta.
Résidence.	Residença.
Résident.	Resident.
Résider.	Residar.
Résidu.	Residu.
Résignation.	Resignation.
Résigné, ée.	Resignat, ada.
Résigner.	Resignar.
Résigner se.	Resignar se.
Résiliation.	Resiliation.
Résilier.	Resiliar.
Résine.	Resina.
Résinette.	Caudelou.
Résineux, euse.	Resinous, ousa.
Résistance.	Resistança.
Résister.	Resistar.
Résolu, ue.	Resolut, uda.
Résolutif, ive.	Resolutif, iva.
Résolution.	Resoulution.
Respect.	Respect.
Respectable.	Respectable, abla.
Respecté, ée.	Respectat, ada.
Respecter.	Respectar.
Respecter se.	Respectar se.
Respectif, ive.	Respectif, iva.
Respectivement.	Respectivament.
Respectueusement.	Respectuousament.
Respectueux, euse.	Respectuous, ousa.
Respiration.	Respiration.
Respirer.	Respirar.
Resplendir.	Resplandir.
Resplendissement.	Resplandissament.
Resplendissant, ante.	Resplendissent, enta.
Responsabilité.	Responsabilitat.
Responsable.	Responsable, abla.
Ressasser.	Retamiar.
Ressaut.	Ressaut.
Ressauter.	Ressautar.
Ressemblance.	Ressemblança.
Ressemblant, ante.	Ressemblant, anta.
Ressembler.	Ressemblar.
Ressembler se.	Ressemblar se.
Ressemelage.	Ressemelagi.
Ressemelé, ée.	Ressemelat, ada.
Ressemeler.	Ressemelar.
Ressentiment.	Ressentiment.
Ressentir.	Ressentir.
Resserrer.	Resserrar, Serrarmai
Ressif.	Ressif.
Ressort.	Ressort.
Ressortir.	Ressortir.
Ressource.	Ressourça.
Ressouvenir, se.	Ressouvenir se.
Ressuer.	Ressuar.
Ressuscité, ée.	Ressuscitat, ada.
Ressusciter.	Ressuscitar.
Ressuyer.	Adracur.
Restant.	Restant.
Restaurant, ante.	Restaurant, anta.
Restaurateur.	Restauratour.
Restauration.	Restauration.
Restauré, ée.	Restaurat, ada.
Restaurer.	Restaurar.
Reste.	Resto.
Restes.	Soubras.
Restes d'un repas.	Auralhas.
Reste, être de.	Soubrar.
Rester.	Restar, estar.
Restitué, ée.	Restituat, ada.

Restituer.	Restituar.
Restitution.	Restitution.
Restreindre.	Restregnar.
Restreint, einte.	Restrench, cha.
Restrictif, ive.	Restrictif, iva.
Restriction.	Restriction.
Résultat.	Resultat.
Résulter.	Resultar.
Résumé, ée.	Resumat, ada.
Résumer.	Resumar.
Résumer se.	Resumar se.
Résurrection.	Resurrection.

RET

Rétable.	Retable.
Rétabli, ie.	Restablit, ida.
Rétablir.	Restablir.
Rétablir se.	Restablir se.
Rétablir ses affaires.	Recouguilhar se.
Rétablissement.	Restablissament.
Retaille.	Retalhoun.
Retailler.	Retalhar.
Retapé, ée.	Retapat, ada.
Retaper.	Retapar.
Retard.	Retard.
Retardataire.	Retordatari.
Retardation.	Retardament.
Retardement.	Retardament.
Retarder.	Retardar.
Reteindre.	Retegnar.
Reteint, einte.	Retench, encha.
Retenir.	Retenir.
Retenir se.	Retenir se.
Retention.	Retention.
Retentir.	Esclantir, Retournir.
Retentissement.	Retentissament.
Retenu, ue.	Retengut, uda.
Retenue.	Retenguda.
Réticence.	Reticensa.
Rétif, ive.	Retif, iva.
Rétine.	Retina.
Retirade.	Retirada.
Retiré, ée.	Retirat, ada.
Retirer.	Retirar.
Retirer se.	Retirar se.
Retomber.	Retoumbar.
Retondre.	Retondre, vl.
Retordre.	Retorser.
Retordu, ue.	Retorsut, uda.
Retors, orse.	Retort, orta.
Retouché, ée.	Retoucat, ada.
Retoucher.	Retoucar.
Retour.	Retour.
Retourne.	Tourna, Vira.
Retourné, ée.	Revirat, ada.
Retourner.	Revirar.
Retourner un vase la bouche en bas.	Abauvar.
Retracé, ée.	Retraçat, ada.
Retracer.	Retraçar.
Rétractation.	Retractation.
Rétracté, ée.	Retractat, ada.
Rétracter.	Retractar.
Rétracter se.	Retractar se.
Retrait.	Anouit.
Retraite.	Retreta, Retirada.
Retraite d'un mur.	Remorsa.
Retraité, ée.	Retratat, ada.
Retranchement.	Retranchament.
Retranché, ée.	Retranchat, ada.
Retrancher.	Retranchar.

Rétréci, ie.	Restrech, echa.
Rétrécir.	Retrecir.
Rétrécir se.	Retrecir se.
Rétrécissement.	Restrengement.
Retremper.	Retrempar.
Rétribué, ée.	Retribuat, ada.
Rétribuer.	Retribuar.
Rétribution.	Retribution.
Rétroactif, ive.	Retrouactif, iva.
Rétrocéder.	Retrocedar.
Rétrocession.	Retrocession.
Rétrogradation.	Retrogradatio, vl.
Rétrograder.	Retrogadar.
Retroussé, ée.	Retroussat, ada.
Retrousser.	Retroussar.
Retrousser se.	Retroussar se.
Retroussis d'un chapeau.	Catalana.
Retrouvé, ée.	Retrobat, ada.
Retrouver.	Retrobar.

REU

Réunion.	Reunion.
Réuni, ie.	Reunit, ida.
Réunir.	Reunir.
Réussi, ie.	Reussit, ida, ia.
Réussite.	Reussita.

REV

Revanche.	Revenge.
Revancher.	Revengear.
Revancher se.	Revengear se.
Revancheur.	Revengeaire.
Rêvasser.	Ravassiar.
Rêve.	Reve, Pantai.
Revêche.	Foucharoun, ouna.
Réveil.	Revelh.
Réveille-matin.	Revelha-matin.
Réveillé, ée.	Revelhat, ada.
Réveiller.	Revelhar.
Réveiller se.	Revelhar se.
Réveilleurs.	Revelhaires.
Réveillon.	Revelhoun.
Révélation.	Revelation.
Révélé, ée.	Revelat, ada.
Révéler.	Revelar.
Revenant, ante.	Revenant, anta.
Revenant, esprit.	Revenant.
Revenant-bon.	Revenant-bon.
Revendeur, euse.	Revendeire, usa.
Revendication.	Revendication.
Revendiquer.	Revendicar.
Revendre.	Revendre.
Revendu, ue.	Revendut, uda.
Revenir.	Revenir.
Revenir à soi.	Revenir se.
Revente.	Reventa.
Revenu.	Revengut.
Revenu, ue.	Revengut, uda.
Rêver.	Revar.
Réverbération.	Rebat.
Réverbère.	Reverbero.
Réverbérer.	Reverberar.
Reverdi, ie.	Reverdit, ida.
Reverdir.	Reverdir.
Révérence.	Reverença.
Révérence profonde.	Sabarquinada.
Révérencieux, euse.	Reverenciau.
Révérend, ende.	Reverend, enda.
Révérer.	Reverar.

138

Rêverie.	Revaria.
Rêveries.	Arbasias.
Revers.	Reves, Revers.
Revers de fortune.	Revira-mainagi.
Revers de santé.	Revirada.
Reversi.	Reversi.
Réversible.	Reversible, ibla.
Réversion.	Reversion.
Revêtement.	Revestiment, vl.
Revêtir.	Revestir.
Revêtu, ue.	Revestit, ida, ia.
Rêveur, euse.	Revur, usa.
Revirement.	Revirament.
Revirer.	Revirar.
Revirer de bord.	Revirar de bord.
Revisé, ée.	Revisat, ada.
Reviser.	Revisar.
Revision.	Revision.
Revivifier.	Revivifiar.
Revivre.	Revioure, Revioudar.
Révocable.	Revocable. abla.
Révocation.	Revocation.
Revoir.	Reveire.
Revolin.	Revouloun.
Révoltant, ante.	Revoltant, anta.
Révolte.	Revolta.
Révolté, ée.	Revoltat, ada.
Révolter.	Revoltar.
Révolter se.	Revoltar se.
Révolu, ue.	Revolut, uda.
Révolution.	Revolution.
Révolutionnaire.	Revolutionnari.
Révolutionner.	Revolutionar.
Revomir.	Booumir mai.
Révoqué, ée.	Revocat, ada.
Révoquer.	Revocar.
Revue.	Revua.

REZ

Rez.	Ras.
Rez de chaussée.	Planped.

RHA

Rhabillage.	Rabilhagi.
Rhabillé, ée.	Rabilhat, ada.
Rhabiller.	Rabilhar.
Rhabiller se.	Rabilhar se.
Rhapontic.	Chapoli.
Rhétoricien.	Rhetoricien.
Rhétorique.	Rhetorica.

RHI

Rhinocéros.	Rhinoceros.

RHO

Rhodium.	Rhodium.
Rhododendron.	Bourgenc.
Rhodomel.	Meou-sosat.
Rhomboïde.	Rhomboide, ida.
Rhomboïde, poisson.	Roumb.

RHU

Rhubarbe.	Rhubarba.
Rhum.	Roum.
Rhumatisme.	Rhoumatisme.

Rhumatisme chroni-que.	Maou d'oues.
Rhume.	Rhooumas.

RIA

Riant, ante.	Risent, enta.

RIB

Ribambelle.	Ribambela.
Ribaud, de.	Ribaut, auda.
Riblette.	Reguineou.
Ribot.	Rutouiroun.
Ribote.	Ribota.
Riboter.	Ribotar.
Riboteur, euse.	Ribotur, usa.

RIC

Ricaner.	Ricanar.
Ricaneur.	Ricanur.
Ric-à-ric.	Ric-à-ric.
Richard, n. pr.	Richard.
Richard, riche.	Richard.
Riche.	Riche, Richa.
Richement.	Richament.
Richesse.	Richessa.
Richissime.	Richissime.
Ricin.	Palma christi.
Ricochet.	Respalheta.
Ricochets.	Soupetas.

RID

Ride.	Frouncidura.
Rideau	Rideou
Ridelle.	Ridela.
Ridelles.	Parabandoun.
Rider.	Frouncir.
Ridicule.	Ridicule, ula.
Ridiculement.	Ridiculament.
Ridiculiser.	Ridiculisar.
Ridiculité.	Ridiculitat.

RIE

Rien.	Ren, Res.
Rière.	Rie, Reire.
Rieur, euse.	Riseira, eiris.

RIF

Riflard.	Riflard.

RIG

Rigaudon.	Rigaudoun.
Rigide.	Rigide, ida.
Rigidement.	Rigidament.
Rigidité.	Rigiditat.
Rigodon.	Rigaudoun, Bouli-gueta.
Rigole.	Rigola.
Rigole d'un pré.	Besau, Beou.
Faire des rigoles.	Besalar.
Rigole principale.	Besaliera.
Rigorisme.	Rigorisme.
Rigoriste.	Rigoristo, ista.
Rigoureusement.	Rigourousament.

Rigoureux, euse.	Rigourous, ousa.
Rigueur.	Rigour.

RIM

Rimailleur.	Rimalhur.
Rimailler.	Rimalhar.
Rime.	Rima.
Rimé, ée.	Rimat, ada.
Rimer.	Rimar.

RIN

Rincé, ée.	Rinçat, ada.
Rincer.	Rinçar.
Rinçure.	Lavadura.
Ringrave.	Rengrava.

RIP

Ripaille.	Ripalha.
Riper.	Riflar.
Ripopée.	Repoupet.
Riposte.	Riposta.
Riposter.	Ripostar.

RIR

Rire.	Rir e
Eclat de rire.	Cacalas.
Rire faux.	Richounegear.
Rire de, se rire.	Rire se.
Ris, t. de boucher.	Rilha.
Ris de veau.	Fresa de vedeou.
Ris, mar.	Ris.
Risée.	Riada, Rhialha.
Risible.	Risible, ibla.
Risquable.	Riscable, abla.
Risque.	Risque.
Risque, courir.	Perilhar.
Risquer.	Riscar.
Rissole.	Raviola.
Rissolé, ée.	Roussit, ida, ia.
Rissoler.	Roussir.

RIT

Rit ou rite.	Rite.
Ritournelle.	Ritournela.
Rituel.	Rituel.

RIV

Rivage.	Rivagi.
Rival, ale.	Rival, ala.
Rivaliser.	Rivalisar.
Rivalité.	Rivalitat.
River.	Riblar.
Rive.	Riba.
Riverain.	Ribetrenc.
Rivet.	Rivet.
Rivière.	Ribiera.
Rivure.	Riblura.

RIX

Rixe.	Rixa.

RIZ

Riz.	Riz.
Rizière.	Riziera.

ROB

Rob.	Rob.
Robe.	Rauba.
Robe petite.	Raubeta.
Robert, n. pr.	Robert.
Robin, n. pr.	Roubin.
Robinet.	Roubinet.
Robinier.	Acacia.
Robuste.	Robuste, usta.

ROC

Roc.	Roc, Roca.
Rocaille.	Rocalha.
Rocailleux, euse.	Rocairol, ola.
Rocambole.	Rocambola.
Roch, n. pr.	Roch.
Roche.	Roca.
Rocher.	Rocas.
Rochet.	Rouquet.
Rochier.	Cata-rouquiera.
Rocou.	Roucou.

ROD

Rôder.	Rodar.
Rôdeur.	Rodaire, arela.
Rodolphe, n. pr.	Rodolpho.
Rodomont.	Rodomont.
Rodomontade.	Rodomontada.

ROG

Rogations.	Rougasouns.
Rogaton.	Ratatoulha.
Rogne.	Rougna.
Rogné, ée.	Rougnat, ada.
Rogner.	Rougnar.
Rogneur, euse.	Rougnaire, arela.
Rogneux, euse.	Rougnous, ousa.
Rognolet.	Rougnolet.
Rognon.	Rougnoun.
Rognure.	Rougnadura.
Rognures des peaux.	Carnassa.

ROI

Roi.	Rei, Rey.
Roi petit, chéri.	Reyot.
Roi des cailles.	Rale de ginesta.
Roi de la fève.	Rei de la fava.
Rots les.	Leis Reis.
Roide.	Rede, eda.
Roideur.	Redour.
Roidillon.	Grimpet.
Roidir.	Enredir.
Roitelet.	Lagagnoua.
Roitelet triple bandeau.	Benerit, 2.

ROL

Rôle.	Role.
Rôle des contribuables.	Casarnet, vl.
Rolland, n. pr.	Rouland.
Rollier d'Europe.	Gassa marina.

ROM

Romain, aine.	Rouman, ana.
Romain, n. pr.	Rouman.
Romaine.	Escandau.
Roman, ane.	Rouman, ana.
Roman traduire en.	Aromansar, vl.
Romance.	Roumança.
Romancier.	Roumancier.
Romanesque.	Roumanesque, esca.
Romantique.	Roumantique, ica.
Romarin.	Roumaniou.
Rompement.	Roumpament.
Rompre.	Roumpre.
Rompu, ue.	Roumput, uda.

RON

Ronce.	Roumi.
Ronce bleue.	Peta vin.
Couvrir de ronces.	Enrouissar.
Ronces enlever les.	Desroumiar.
Ronces s'embarrasser dans les.	S'enrounsar.
Ronces pris dans les.	Enrounssat.
Rond, de.	Redoun, ouna.
Rond.	Rond, Rouend.
Ronde.	Rounda.
Rondeau.	Roundeou.
Rondelet.	Roundelet.
Rondelle.	Roundela.
Rondement.	Rondament.
Rondeur.	Roundour.
Rondin.	Tricot, barroun.
Ronflant, ante.	Rounflant, anta.
Ronflement.	Rounflugi.
Ronfler.	Rounflar.
Ronfleur, euse.	Rounflaire, arela.
Rongé, ée.	Rouigat, ada.
Rongé par les rats.	Ratat.
Ronger.	Rouigar, Ratar.
Ronger parlant des rats.	Ratar.
Ronger des teignes.	Arnar.

ROQ

Roquefort.	Rocafort.
Roquette.	Rouqueta.
Roquette sauvage.	Rouqueta sauvagea.

ROS

Ros.	Penchi.
Rosage.	Bourgenc.
Rosaire.	Rosari.
Rosat.	Rosal.
Rosalie, n. pr.	Rasalia.
Rosamonde, n. pr.	Rosamonda.
Rose.	Rosa.
Rose de chien.	Grata-cuou.
Rose de gueldre.	Boula de negea.
Rose de Jéricho.	Rosa de Jericho.
Rose de Noël.	Marsioure.
Rose de provins.	Mala-rosa.
Rosa trémière.	Passa-rosa.
Raré de roses.	Enroselat.
Rose, n. pr.	Rosa.
Rosé, ée.	Rosat, ada.
Roseau cultivé.	Cana.
Roseau des étangs.	Sagna.

Roseaux, lambrisser avec des.	Canissar.
Rose-croix.	Rosa-crois.
Rosée.	Aiguagna, Rousada.
Rosée blanche.	Blancada.
Rosée abondante.	Aiguagnas.
Rosée du matin.	Aiguagnada.
Rosée, couvert de.	Aiguagnous, ousa.
Roseraie.	Rosolh.
Rosette, n. pr.	Roseta.
Rosette.	Roseta.
Rosier.	Rosier.
Rosier de chien.	Agourencier.
Rosier gratte-cul.	Agourencier.
Rosier blanc.	Agourencier.
Rosier jaune.	Rosier jaune.
Rosier de bengale.	Rosier de bengalo.
Rosier de tous les mois.	Rosier de tous leis mes.
Rosière.	Rosiera.
Rosine, n. pr.	Rosina.
Rosse.	Rossa.
Rossé, ée.	Rossat, ada.
Rosser.	Rossar.
Rosses, les, en général.	Rossalha.
Rossignol.	Roussignoou.
Rossignol de muraille.	Roussignoou de muralha.
Rossignol petit, gentil.	Roussignoulet.
Rossolan.	Hortoulan sarralhier.
Rossoline, n. pr.	Rossolina.
Rossolis.	Rossolis.

ROT

Rot,	Rot.
Rôt.	Rouslit.
Rote.	Rota.
Rotar.	Rolar.
Rôti.	Rouslit.
Rôtie.	Rouslida.
Rôtir.	Rouslir.
Rôtisseur.	Rouslissur.
Rôtisserie.	Rouslissoir.
Rotonde.	Routounda.
Rotondité.	Routounditat.
Rotule.	Nouseta.
Roture.	Routura.
Roturier, ière.	Routurier, iere.

ROU

Rouages.	Rodaria.
Rouan.	Rouan.
Rouanne.	Rouana, Cureta.
Roucou.	Rocou.
Roucoulement.	Roucoulament.
Roucouler.	Roucoular.
Roudou.	Sumac et fauvi.
Roue.	Roda.
Rouelle.	Roundela.
Rouennerie.	Rouanaria.
Rouergue.	Rosergue, vl.
Rouet.	Tournet.
Rouet de moulin.	Rodet.
Rouet à cannettes.	Espouraire.
Rouette.	Vedil.
Rouge.	Rouge, gea.

Rouge d'Angleterre à polir ou indien.	Rouge d'Angleterra.
Rouge, maladie des vers à soie.	Rougea.
Rouge, tirer sur le.	Rougegear.
Rouge, un peu.	Rouginel, ela.
Rougeâtre.	Rougeastre, astra.
Rougeaud, aude.	Rougeoun, ouna.
Rouge gorge.	Rigaud.
Rouge queue.	Cuou-rousset.
Rougeole.	Senepion.
Rougeole, plante.	Rougeola.
Rouget.	Rouget.
Rouget de mer.	Granau.
Rougeur.	Rougeour.
Rougi, ie.	Rougit, ida.
Rougir.	Rougir.
Rouille.	Roulha, Reoulh.
Rouillé, ée.	Roulhous, ousa.
Rouiller.	Roulhar, Enroulhir.
Rouir.	Naiar.
Roulade.	Roulada.
Roulade.	Regoulada.
Roulage.	Roulagi.
Roulant, ante.	Roulant, anta.
Rouleau.	Rouleou.
Rouleau de parchemin.	Rodel.
Rouleau de pâtissier.	Bistourtier, Lauvanier.
Roulé, ée.	Rolat, ada.
Roulement.	Roulament.
Rouler.	Roular, Regoular.
Rouler se.	Regoular se.
Rouler, lieu où l'on est exposé à.	Regoulier, iera.
Roulette,	Roleta, Tira-vira,
Roulette d'enfant.	Courrioou.
Rouler à.	Regoulier, iera.
Roulier.	Carretier.
Roulis.	Roulis.
Roupie.	Roupilha.
Roupiller.	Roupilhar.
Roure. V. Rouvre.	
Rousseau.	Peou rouge.
Rousserole.	Merle d'aigua.
Roussette grande.	Gat auguier.
Roussette petite.	Cata-rouquiera.
Roussette petite.	Gat, Gat auguier.
Roussette, femelle de la.	Lombarda.
Rousseline.	Fist.
Rousseur.	Pigeira, Roussura.
Rousseurs, couvert de.	Panous, ousa.
Roussi, ie, odeur de.	Roussit, ida.
Roussi, odeur de.	Roustun.
Roussir.	Roussir, Rabinar.
Route.	Routa.

Route, se mettre en.	Arotar, vl.
Route, mis en.	Arotat, ada, vl.
Routier.	Routier.
Routine,	Routina.
Routinier, ière.	Routinier, iera.
Routoir.	Nai.
Rouvre.	Roure.
Rouvrir.	Redurbir.
Roux, ousse.	Rous, oussa.
Roux, tirer sur le.	Roussegear.

ROY

Royal, ale.	Rouyau, ala.
Royale.	Rouyala.
Royalement.	Rouyalament.
Royalisme.	Rouyalisme.
Royaliste.	Rouyalisto, ista.
Royaume.	Rouyaume.

RUA

Ruade.	Caucada, Reguignada.

RUB

Ruban.	Riban.
Rubans, orné ou garni de.	Ribantat.
Ruban petit.	Ribandoun.
Ruban de mer.	Rougeola.
Rubanier.	Ribanier.
Rubicond, onde.	Rubicound, ounda.
Rubis.	Rubis.
Rubrique.	Rubrica.

RUC

Ruche.	Brusc.
Ruches, pourvoir de.	Abelhar,
Rucher.	Apier, Abelier.

RUD

Rude.	Rude, uda,
Rudement.	Rudament.
Rudesse.	Rudessa.
Rudiment.	Rudiment.
Rudoyer.	Rudegear.

RUE

Rue.	Carriera.
Rue, plante.	Ruda.
Ruelle.	Ruela.
Ruer.	Reguignar.
Ruer, sujet à.	Reguignaire.
Ruer en sautant.	Espetourniar.

RUF

Rufien.	Ruffian.

RUG

Rugir.	Rugir.
Rugissement.	Rugit, vl.
Rugosité.	Rugozitas, vl.

RUI

Ruilée.	Sarrada.
Ruine.	Rouina.
Ruiné, ée.	Rouinat, ada.
Ruiner.	Rouinar.
Ruiner se.	Rouinar se.
Ruineux, euse.	Rouinous, ousa.
Ruisseau	Riou.
Ruisseau du milieu des rues.	Rec.
Ruisseau petit.	Rivachoun.
Ruisseau qui charrie des boues.	Fanguilhoun.
Ruisseler.	Rayar, Raiar.

RUM

Rumb.	Rumb.
Rumeur.	Rumour.
Rumination.	Roumiar, lou.
Ruminer.	Roumiar.

RUP

Rupture.	Ruptura.

RUR

Rural, ale.	Rural, a la

RUS

Ruse.	Rusa.
Rusé, ée.	Rusat, ada.
Rustaud, aude.	Pantou, oua.
Rusticité.	Rusticitat.
Rustique.	Rustique, ica.
Rustiquer.	Rusticar.
Rustre.	Rustre, P acan.

RUT

Rut.	Gest, Humour, Calour, Chassiera.

RYT

Rythm.	Rythme.

S

S. — *S.*

SA

Sa. — *Sa.*

SAB

Sabatèle. — *Sabatela.*
Sabbat. — *Sabbat.*
Sabbatine. — *Sabbatina.*
Sabine, n. pr. — *Sabina.*
Sabine, arbuste. — *Sabina.*
Sable. — *Sabla.*
Sabler. — *Sablar.*
Sableux, euse. — *Sablous, ousa.*
Sablier. — *Sablier.*
Sablière. — *Sablas, Sabliera.*
Sablière d'un toit. — *Sola, Durment.*
Sabline à feuilles tenues. — *Lineta.*
Sablon. — *Saveou.*
Sabloneux, euse. — *Sablounous, ousa.*
Sablonnière — *Areniera.*
Sabord. — *Sabord.*
Sabot. — *Sabot, Esclot.*
Sabot, toupie. — *Mouine.*
Sabot petit. — *Esclopet.*
Sabot de cordier. — *Cabra, 6.*
Sabot de Notre-Dame. — *Sabot de la Viergi.*
Saboter. — *Esclopegear.*
Sabotier. — *Esclopier.*
Sabre. — *Sabre.*
Sabre petit. — *Sabrot.*
Sabre de Roland. — *Sabre de Roland.*
Sabre, pourvu d'un. — *Ensabrat.*
Sabré, ée. — *Sabrat, ada.*
Sabrer. — *Sabrar.*
Sabretache. — *Sabretacha.*
Sabreur. — *Sabrur.*

SAC

Sac. — *Sac.*
Sac grand. — *Sacha.*
Sac petit. — *Saquet.*
Sac grand et laid. — *Sacas.*
Sac de peau pour la farine. — *Mantia.*
Sacs, les, en général. — *Sacaria.*
Sac à vin. — *Sacoun de vin.*
Saccade. — *Saccada.*
Saccage. — *Saccagi.*
Saccagement. — *Saccageament.*
Saccagé, ée. — *Saccageat, ada.*
Saccager. — *Saccagear.*
Sacerdoce. — *Sacerdoço.*
Sacerdotal, ale. — *Sacerdotal, ala.*
Sachée. — *Succada.*
Sachet. — *Saquet.*
Sacoche. — *Sacocha.*
Sacramentalement. — *Sacramentalament.*
Sacramentel, elle. — *Sacramentel, ela.*
Sacre. — *Sacre.*
Sacre, oiseau. — *Tardaras.*
Sacre d'Égypte. — *Capoun fer.*
Sacré, ée. — *Sacrat, ada.*
Sacrement. — *Sacrament.*
Sacrificateur. — *Sacrificatour.*
Sacrifice. — *Sacrifici.*
Sacrifié, ée. — *Sacrifiat, ada.*
Sacrifier. — *Sacrifiar.*
Sacrifier se. — *Se sacrifiar.*
Sacrilége. — *Sacrilegi.*
Sacripant. — *Sacripant.*
Sacristain. — *Sacristan.*
Sacristie. — *Sacristia.*
Sacristine. — *Sacristana.*
Sacrum. — *Os-bertrand.*

SAF

Safran. — *Safran.*
Safran bâtard. — *Safran bastard, Brama vacca.*
Safran printanier. — *Nilha de prima.*
Safran de mars apéritif. — *Safran de mars aperitif.*
Sofran astringeant. — *Sofran astringent.*
Safran marchand de. — *Safranier.*
Safran, se barbouiller de. — *S'ensafranar.*
Safrané, ée. — *Ensafranat, ada.*
Safraner. — *Ensafranar.*
Sofrier. — *Sofranier.*

SAG

Sagacité. — *Sagacitat.*
Sagapenum. — *Sagapenum.*
Sage. — *Sagi.*
Sage-femme. — *Sagea-frema.*
Sagement. — *Sageament.*
Sagesse. — *Sogessa.*
Sagittaire. — *Sagitari.*
Sagou. — *Sagou.*

SAI

Saie. — *Sayou.*
Saignant, ante. — *Saunous, ousa.*
Saigné, ée. — *Saunat, ada.*
Saignée. — *Saunada.*
Saignement. — *Saunament.*
Saigner. — *Saunar.*
Saigner, piquer plusieurs fois pour. — *Sangouliar.*
Saigneur. — *Saunaire.*
Saigneux, euse. — *Saunous, ousa.*
Saillant, ante. — *Salhant, ante.*
Saillie. — *Salhida.*
Sain, aine. — *San, ana.*
Sainbois. — *Saint-bois.*
Saindoux. — *Sain.*
Sainement. — *Sanament.*
Sainfoin. — *Esparceou.*
Sainfoin, semer en. — *Esparcelhar.*

Saint, ainte. — *Sant, anta.*
Saint petit. — *Santoun.*
Sainte, très-. — *Santisme.*
Saint Augustin. — *Sant Augustin.*
Sainte Barba. — *Santa Barba.*
Saints Greleurs, les. — *Vacheirouns.*
Sainement. — *Santament.*
Sainte nitouche. — *Santa-mitoucha.*
Saint Jean. — *Sant Jean.*
Saint Michel. — *Sant Miqueou.*
Saint Vincent. — *Sant Vincens.*
Sainteté. — *Santetat.*
Saïque. — *Saica.*
Saisi, ie. — *Sesit, ida.*
Saisie. — *Sesida.*
Saisine. — *Sazina, vl.*
Saisir. — *Sesir.*
Saisir se. — *Se sesir.*
Saisir fortement. — *Agantar.*
Saisissable. — *Sesissable, abla.*
Saisissement. — *Sesissament.*
Saison. — *Sesoun.*

SAL

Salabre. — *Salabre.*
Salade. — *Salada.*
Salade grosse. — *Saladassa.*
Salade petite. — *Saladeta.*
Salade de haricots, de lentilles. — *Bajana.*
Salade de fines herbes. — *Merindola.*
Salade verte. — *Douceta.*
Saladier. — *Saladier.*
Salage. — *Solagi.*
Salaire. — *Gagis.*
Salaison. — *Salesoun.*
Salamalec. — *Salamalec.*
Salamandre. — *Alabrena.*
Salarié, ée. — *Salariat, ada.*
Salarier. — *Salariar.*
Sale. — *Sale, ala.*
Salé, ée. — *Salat, ada.*
Salé, cochon. — *Bacounat.*
Salep. — *Salep.*
Saler. — *Salar.*
Saler du cochon. — *Bacounar.*
Saleté. — *Brutissi.*
Saleur. — *Salaire.*
Sali, ie. — *Counchat, ada.*
Salicaire. — *Herba de cierge.*
Salicor, orne. — *Soussouira.*
Salicorne ligneuse. — *Engana.*
Saliens. — *Saliens.*
Salière. — *Saliera.*
Salières. — *Salieras.*
Salin, ine. — *Salinas.*
Salir. — *Salir, Counchar.*
Salir se. — *Se salir.*
Salissant, ante. — *Salissent, enta.*
Salisson. — *Soulharda.*
Salissure. — *Brutissi.*
Salivation. — *Salivation.*

Salive.	Saliva.
Saliver.	Salivar.
Salle.	Sala.
Salmigondis.	Salmigondis.
Saloir.	Saladour.
Salomon, n. pr.	Salomon.
Salon.	Saloun.
Salope.	Salopa.
Salope grosse.	Salopassa.
Salope petite.	Salopeta.
Saloperie.	Saloparia.
Salpêtre.	Saupetro.
Salpêtrier.	Saupetrier.
Salpétrière.	Saupetriera.
Salse-pareille.	Salsaparelha.
Salsepareille d'Europe.	Gráme-Gros.
Salsifis des prés.	Barba-bouc.
Saltimbanque.	Saltimbanco.
Salubre.	Salubre, bra.
Salubrité.	Salubritat.
Salué, ée.	Saludat, ada.
Saluer.	Saluar, Saludar.
Salueur.	Saludaire.
Salure.	Saladura.
Salut.	Salut.
Salutaire.	Salutari, aria.
Salutairement.	Salutariament.
Salutation.	Salutation.
Salve.	Salva.
Salvé.	Salve Regina.

SAM

Samedi.	Dissato.
Saméquin.	Sambequin.
Samuel, n. pr.	Samuel.

SAN

Sanctifiant, ante.	Sanctifiant, anta.
Sanctification.	Sanctification.
Sanctifié, ée.	Sanctificat, ada.
Sanctifier.	Sanctifiar.
Sanctifier se.	Se sanctifiar.
Sanction.	Sanction.
Sanctuaire.	Sanctuari.
Sanctus.	Sanctus.
Sandale.	Sandala.
Sandaraque.	Sandaraca.
Sang.	Sang.
Sang de dragon.	Sang-dragoun.
Sang-froid.	Sang-fred.
Sang d'agneau, de chevreau.	Sanguet.
Sang de rate.	Mal rouge.
Sang de bœuf coagulé sous forme de fromage.	Ceretoun.
Sang, longue trace de.	Sanguiniera.
Sanglant, ante.	Ensanglantat, ada.
Sangle.	Cengla.
Sangle petite.	Cengloun.
Sanglé, ée.	Cenglat, ada.
Sangler.	Cenglar.
Sanglier.	Senglier.
Sangloter.	Trasanar.
Sangsue.	Sangsua.
Sanguin, ine.	Sanguin, ina.
Sanguin, arbrisseau.	Sanguin.
Sanguinaire.	Sanguinari, aria.
Sanguine.	Sanguina.

Sanicle.	Sanicla.
Sanie.	Sanguinada.
Sanieux, euse.	Sanious, ousa.
Sanitaire.	Sanitari, aria.
Sans.	Sensa.
Sansonnet.	Estourneou.
Santal.	Santal.
Santé.	Santat.
Santi-belli.	Santi belli.
Santoline.	Santolina.
Saône-Haute, départ.	Saona-Auta.
Saône-et-Loire, dép.	Saona-et-Loira.

SAO

Saoul.	Sadoul.
Saouler.	Sadoular.

SAP

Sapeur.	Sapur.
Saphir.	Saphir.
Saphiré, ée.	Saphirenc, enca.
Sapience.	Sapientia, vl.
Sapin blanc.	Sapin.
Sapin faux.	Serenta.
Sapinière.	Sapiniera.
Saponaire.	Sapounera.

SAR

Sarbacane.	Sarbacana.
Sarcasme.	Sarcasme.
Sarcelle.	Sarcela.
Sarclage.	Seouclun.
Sarcler.	Seouclar.
Sarcleur.	Seouclaire.
Sarcloir.	Sauclet.
Sarclure.	Seouclun.
Sarcocolle.	Sarcocolla.
Sardanapale.	Sardanapalo.
Sardine.	Sardina.
Sardine petite.	Poutin.
Sardines marchand ou pêcheur de.	Sardinaire.
Sardoine.	Sardoyne, vl.
Sargue. Sarguet.	Sarg.
Sargou.	Sargoun.
Sarment.	Avis, Sarment.
Sarment coucher un.	Aginoulhar.
Sarment barbelé.	Barboulat.
Sarment flexible.	Bissana.
Sarment vert.	Parangoun.
Sarrasin.	Blad negre.
Sarrasins.	Sarrasins.
Sarrasine.	Sarrasina.
Sarrau.	Sarrot.
Sarrau de toile grossière.	Brisau.
Sarriette.	Pebre d'ai.

SAS

Sas.	Pissa-palha.
Sassafras.	Sussafras.
Sassenage.	Sassenagi.
Sasser.	Tamisar.
Sassoire.	Sansoira.

SAT

Satan.	Satan.

Satan mauvais.	Satanas.
Satanique.	Satanique, ica.
Satellite.	Satellito.
Satiété.	Sacietat, vl.
Satin.	Satin.
Satin blanc.	Herba de la routa.
Satinade.	Satinada.
Satinage.	Satinagi.
Satiné, ée.	Satinat, ada.
Satiner.	Satinar.
Satire.	Satyra.
Satirique.	Satyrique, ica.
Satisfaction.	Satisfaction.
Satisfaire.	Satisfaire.
Satisfaisant, ante.	Satisfasent, enta.
Satisfait, aite.	Satisfach, acha.
Saturation.	Saturation.
Saturé, ée.	Saturat, ada.
Saturer.	Saturar.
Saturnales.	Saturnalas.
Saturne.	Saturno.
Satyre.	Satyro.
Satyre noir.	Manela, Satyra.
Satyrique.	Satyrique, ica.

SAU

Sauce.	Saussa.
Sauce au gros sel et à l'ail.	Revesset.
Sauce abondante.	Saussola.
Sauce, tremper dans la.	Saussar.
Sauce, trempé dans la.	Saussat.
Saucé, ée.	Saussat, ada.
Saucière.	Saussiera.
Saucisse.	Saucissa.
Saucisson.	Saucissoun.
Sauf, auve.	Sauve, auva.
Sauf-correction.	Saucourcieou.
Sauge officinale.	Sauvi.
Sauge des prés.	Bouens-homes.
Sauge verveine.	Prud-home.
Saugrenée.	Bajana.
Saule.	Sause.
Saule petit.	Sauset.
Saule marceau.	Amarinas.
Saule pleureur.	Sause plourour.
Saule épineux.	Agrenas.
Saumâtre.	Saumastre, astra.
Saumée.	Saumada.
Saumon.	Saumoun.
Saumon jeune.	Tecou.
Saumoné, ée.	Saumounat, ada.
Saumoneau.	Tecou.
Saumure.	Saumura.
Saumure de sardines.	Aigua de sardas.
Saunerie.	Salins.
Saunier.	Saunier.
Saunière.	Saliera.
Saupe.	Saupa.
Saupiquet.	Saupiquet.
Saupoudrer.	Saupoudrar.
Saur.	Saur.
Saure commun.	Lambert.
Saurel.	Suvereou.
Saurer.	Saurar.
Saussaie.	Sauseda.
Saut.	Saut.
Saut petit.	Sautet.
Sautade.	Sautada.

Sautelle.	Malhoou.
Sauter.	Sautar.
Sautereau.	Sautareou.
Sauterelle.	Sautarela.
Sauterelle verte.	Barbanchuan.
Sauterelle armée.	Capelan-fer.
Sauteur, euse.	Sautaire, arela.
Sautillement.	Sautilhament.
Sautiller.	Sautilhar.
Sauvage.	Sauvagi, agea.
Sauvageon.	Sauvageon.
Sauvagin, ine.	Sauvagina.
Sauvaire, n. pr.	Sauvaire.
Sauve-garde.	Sauva-garda.
Sauvé, ée.	Sauvat, ada.
Sauver.	Sauvar.
Sauver se.	Sauvar se.
Sauveur.	Sauvur.

SAV

Savamment.	Savamment.
Savant, ante.	Savent, enta.
Savantasse.	Sabaut, Savantas.
Savate.	Groula, Sabata.
Savaterie.	Sabataria.
Saveter.	Grouleyear.
Savetier.	Groulier, Sabatier.
Saveur.	Sabour, Savour.
Savoir.	Saber, Saupre.
Savon.	Saboun.
Savonnage.	Sabounagi.
Savonné, ée.	Sabounat, ada.
Savonner.	Sabounar.
Savonnerie.	Sabouniera.
Savonnette.	Sabouneta.
Savonneux, euse.	Sabounous, ousa.
Savonnier.	Sabounier.
Savourer.	Sabourar.
Savouret.	Assabouraire.
Savoureux, euse.	Goustous, ousa.
Savournin, n. pr.	Savournin.
Savoyard, arde.	Savoyard, arda.

SAX

Saxifrage.	Saxifragea.

SCA

Scabieuse.	Escabiousa.
Scabieuse à fleur blanche.	Poumerela.
Scabreux, euse.	Escabrous, ousa.
Scalpel.	Escapel.
Scammonée.	Escammounea.
Scandale.	Escandale.
Scandaleusement.	Escandalousament.
Scandaleux, euse.	Escandalous, ousa.
Scandalisé, ée.	Escandalisat, ada.
Scandaliser.	Escandalisar.
Scaphandre.	Escaphandro.
Scapulaire.	Escapulari.
Scarabée stercoraire.	Foulha-merda.
Scare.	Escarra.
Scarification.	Escarification.
Scarifié, ée.	Escarifiat, ada.
Scarifier.	Escarifiar.
Scarlatine.	Escarlatina.

SCE

Sceau.	Cachet, Boul.
Scéllé, ée.	Sagelat, ada.

Scélérat, ate.	Scelerat, ata.
Scélératesse.	Sceleratessa.
Scelle.	Scelle.
Sceller.	Boular, Sagelar.
Scène.	Scena.
Sceptre.	Sceptre.

SCH

Schabraque.	Schabraca.
Schako. V. Shako.	Schako.
Schall. V. Châle.	Schall.
Schelling.	Schelling.
Schismatique.	Chismatique, ica.
Schisme.	Chisme.
Schiste argilo-sili-ceux.	Peira de rasour.
Schiste alumineux.	Peira negra.
Schiste feuilleté gri-sâtre.	Ardoisa.
Schlague.	Schlaga.
Scolastique, n. pr.	Escolastica.

SCI

Sciage.	Serragi.
Sciatique.	Sciatica.
Scie.	Serra.
Scie petite.	Serretouna.
Scie à chevilles.	Copa cavilhas.
Scié, ée.	Serrat, ada.
Sciemment.	Scientament.
Science.	Sciença.
Scientifique.	Scientifique, ica.
Scier.	Serrar.
Scieur.	Serraire.
Scille.	Scilla.
Scintillation.	Scintilacio, vl.
Scion.	Amarina.
Scion, pliant comme un.	Amarinous, ousa.
Scirpe des lacs.	Bola.
Scission.	Scission.
Sciure.	Serrilha.

SCO

Scolastique.	Escolastica.
Scolopendre.	Scolopendra.
Scolyme d'Espagne.	Cardousses.
Scombre à pointe.	Lampuga.
Scombre alalongue.	Alalonga.
Scombre amie.	Licha.
Scombre colias.	Cavaluca.
Scombre de Tommer-son.	Thouna.
Scombre conducteur.	Fanfre.
Scombre pelamide.	Pelamida.
Scombre de roch.	Bounitoun.
Scombre sarde.	Bounitoun.
Scombresoce campé-rien.	Gassadela.
Scops.	Dugou-pichot.
Scorbut.	Escourbut.
Scorbutique.	Escourbutique, ica.
Scorpène rascasse.	Rascassa, 2.
Scorpène dactylop-tère.	Cardouniera.
Scorpène truye.	Escourpena.
Scorpène jaune.	Capoun jaune.
Scorpine.	Rascassa.
Scorpion roussâtre.	Escourpion rouge.

Scorpion commun.	Escourpion.
Scorzonère.	Escorsonera.

SCR

Scribe.	Escril.
Scrupule.	Escrupule.
Scrupuleusement.	Escrupoulusament.
Scrupuleux, euse.	Escrupulous, ousa.
Scrutateur.	Escrutatour.
Scruter.	Escrutar.
Scrutin.	Escrutin.

SCU

Sculpter.	Esculptar.
Sculpteur.	Esculptour.
Sculpture.	Esculptura.

SCY

Scyphius annelé.	
Scyphius littoral.	} Bissa, 1.

SE

Se.	Se, Si.

SEA

Séance.	Seança.
Séant, ante.	Seant, anta.
Seau.	Selha.
Seau grand à puiser.	Boulhoou.
Seau pour faire boire les moutons.	Boutin.

SEB

Sebastien, n. pr.	Bastian.
Sebastien, jeune ou petit.	Bastianoun.
Sebastien, gros.	Bastianas.

SEC

Sec, èche.	Sec, ecca.
Sèche officinale.	Supi.
Sèche moyenne.	Glaujau.
Sèche calmar.	Tautena.
Sèchement.	Seccament.
Séché, ée.	Seccat, ada.
Sécher.	Seccar.
Secher du raisin, faire.	Rassarilhar.
Sépher à demi.	Adracar.
Sécheresse.	Seccaressa.
Sécherté.	Soulelhaire.
Séchoir.	Seccadour.
Second, onde.	Segound, ounda.
Secondaire.	Segoundari.
Secondairement.	Segoundariament.
Seconde.	Segounda.
Secondement.	Segoundament.
Seconder.	Segoundar.
Secondines.	Segoundina.
Secouer.	Espoussar.
Secouer, qui sert à.	Espoussaire.
Secourable.	Secourable, abla.
Secourir.	Secourir.
Secourir se.	Secourir se.
Secousse.	Secoussa.
Secousse répétée.	Saquetada.

Secret.	Secret.
Secret, lieu caché.	Secreta.
Secret, ète.	Secret, eta.
Secrétaire.	Secretari.
Secrétariat.	Secretariat.
Secrete.	Secreta.
Secrètement.	Secretament.
Sécréter.	Secretar.
Sécrétion.	Secretion.
Sectaire.	Sectari.
Sectateur.	Sectatour.
Secte.	Secta.
Section.	Section.
Séculaire.	Seculari, aria.
Sécularisation.	Secularisation.
Sécularisé, ée.	Secularisat, ada.
Seculariser.	Secularisar.
Secula-seculorum.	Secula-seculorum.
Sécularité.	Secularitat.
Séculier, ière.	Seculier.
Sécurité.	Securitat.

SED

Sedan.	Sedan.
Sédentaire.	Sedentari, aria.
Sédiment.	Sediment.
Sédiment d'une li-
queur.	Boudroi.
Séditieux, euse.	Seditious, ousa.
Sédition.	Sedition.
Séducteur, trice.	Seductour, triça.
Séduction.	Seduction.
Séduire.	Seduire.
Séduisant, ante.	Seduisant, anta.
Séduit, uite.	Seduit, uita.
Sedum blanc.	Rasinet.
Sedum telephe.	Benedit.
Sedum rouge.	Rougeta.

SEI

Seigle.	Segue.
Seigneur.	Seignour.
Seigneurial, ale.	Seignouriau, ale.
Seigneurie.	Seignouria.
Sein.	Sein.
Sein, bouts de.	Mamelieras.
Seine, départ. de la.	Seina.
Seine et Oise, départ.	Seina et Oisa.
Seine et Marne, dép.	Seina et Marna.
Seine inférieure, dép.	Seina inferioura.
Seing.	Sign, Signatura.
Seize.	Seze, Sege.
Seizième.	Segieme, Sezieme.

SEJ

Séjour.	Sejourn.
Séjour de peu de du-
rée.	Brivada.
Séjourner.	Sejournar.

SEL

Sel.	Sou, Sal.
Sel ammoniac.	Sal amouniac.
Sel de cuisine.	Sau.
Sel d'Angleterre.	
Sel d'Epson.	
Sel d'egra.	Sau d'Epsoun.
Sel de sellits.	
Sel de Glaubert.	Sau de Gloubert.

Sel de nitre.	Sau nitro.
Sel, donner du, aux
bestiaux.	Assalegear, Assariar.
Sel, où l'on donne le,
aux bestiaux.	Assariare.
Sel d'oseille.	Sau d'ouselha.
Sélénite.	Selenites, vl.
Selle.	Sella.
Selle petite.	Seleta.
Selle, besoin pressant
d'aller à la.	Cagagna.
Selle, donner la.	Bataquioular.
Sellette.	Seleta.
Sellier.	Sellier.
Sellerie.	Sellaria.
Selon.	Selon.

SEM

Semaille.	Semenalhas.
Semaine.	Semana.
Semaine sainte.	Semana santa.
Semaine entière.	Semanada.
Semainier.	Semanier.
Sémaphore.	Semaphoro.
Semblable.	Semblable, abla.
Semblablement.	Semblablament.
Semblant.	Semblant.
Sembler.	Semblar.
Semé, ée.	Semenat, ada.
Semé en blé.	Bladat.
Semelle.	Semela.
Semelle vielle.	Reissouras.
Semelles, mettre des,
à des bas.	Soletar.
Semence.	Semença.
Semence de courges.	Estivalhas.
Sementine.	Bourbounlina
Semen-contra.	Semen-contra.
Semer.	Semenar.
Semer à terre perdue.	Ramballada.
Semestre.	Semestre.
Semestrier.	Semestrier.
Semeur.	Semenaire.
Sémillant, ante.	Semilhant, anta.
Séminaire.	Seminari.
Séminariste.	Seminaristo.
Semi-preuve.	Semi-prova.
Semis.	Plantoulier.
Semoir.	Semencier.
Semonce.	Lavabo.
Semondre.	Semondre.
Semonneur.	Mandatier.
Semoule.	Soumoula.
Sempiternel, elle.	Sempiternel, ela.

SEN

Sénat.	Senat.
Sénateur.	Senatour.
Sensu.	Senot.
Séné.	Sene.
Sénéchal.	Senechau.
Sénéchaussée.	Senechaussea.
Seneçon.	Senepoun.
Sénévé.	Rabanella.
Sénieur.	Encian.
Sens.	Sens.
Sens des petits en-
fants.	Senet.
Sensation.	Sensation.
Sensé, ée.	Sensat, ada.

Sensément.	Sensament.
Sensibilité.	Sensibilitat.
Sensible.	Sensible, ibla.
Sensiblement.	Sensiblament.
Sensitif, ive.	Sensitif, iva.
Sensitive.	Sensitiva.
Sensualité.	Sensualitat.
Sensuel, elle.	Sensuel, ela.
Sensuellement.	Sensuellament.
Sent bon, qui.	Benolent.
Sentence.	Sentença.
Sentencier.	Sentenciar.
Sentencieux, euse.	Sentencious, ousa.
Sentène. V. Centaine.	
Senteur.	Sentour.
Senti, ie.	Sentit, ida.
Sentier.	Drayoou.
Sentiment.	Sentiment.
Sentimental, ale.	Sentimental, ala.
Sentine.	Sentina.
Sentinelle.	Sentinela.
Sentinelle placée au
haut d'une tour.	Badet, vl.
Sentir.	Sentir.

SEP

Sep de charrue.	Souchau.
Séparation.	Separation.
Séparément.	Separament.
Séparer.	Separar.
Sepiole.	Supioun.
Sépiole.	Sepioun.
Seps chalcide.	Agulhoun de prad.
Seps champignon.	Arcielous.
Sept.	Sept.
Septante.	Septanta.
Septembre.	Septembre
Septentrion.	Septentrion.
Septième.	Septieme, ema.
Septièmement.	Septiemament.
Sépulcral, ale.	Sepulcral, ala.
Sépulcre.	Sepulcre.
Sépulture.	Sepultura.

SEQ

Séquelle.	Sequela.
Séquence.	Sequença.
Séquestration.	Sequestration.
Séquestre.	Sequestre.
Séquestré, ée.	Sequestrat, ada.
Séquestrer.	Sequestrar.
Sequin.	Sequin.

SER

Sérail.	Seralh.
Séran.	Penchi, Brusti.
Sérancer.	Brustiar.
Séraphin.	Seraphin.
Séraphique.	Seraphique, ica.
Sère.	Sera.
Serein, eine.	Seren, ena.
Serein.	Scren.
Serein de la nuit.	Aiguagnada.
Serenade.	Serenada.
Sérénissime.	Serenissime, ima.
Sérénité.	Serenitat.
Serf, erve.	Serv, va.
Serfouette.	Aissadeta.
Serfoui, ie.	Entrefoues, essa.

Serfouir.	Entrefouire.
Serge.	Sergea.
Sergette.	Sargeta.
Sergent.	Sergeant.
Série.	Suita.
Sérieusement.	Seriousament.
Sérieux, euse.	Serious, ousa.
Serin, ine.	Canari.
Serin des canaries.	Serin.
Serin vert de Pro-	
vence.	Cini.
Serinette.	Scrineta.
Seringat.	Seringat.
Seringue.	Seringa.
Seringue, plein une.	Seringada.
Serment.	Sarment.
Sermenté, ée.	Assermentat, ada.
Serment de fidélité,	
prêter.	Afidar.
Sermon.	Sermoun.
Sermonnaire.	Sermounari.
Sermonner.	Sermounar.
Sérosité.	Serousitat.
Serpe de vigneron.	Poudadouira.
Serpe de bucheron.	Debrouaire.
Serpe à deux tran-	
chants.	Pouvoyoun.
Serpe grande pour les	
haies.	Poudard.
Serpe petite bouche.	Maire amplova.
Serpent.	Serp, Serpent.
Serpent de mer.	Serpent de mar.
Serpenteau.	Serpenteou.
Serpentine.	Serpentina.
Serpette.	Tranchet.
Serpette à greffer.	Poudet.
Serpette grosse pour	
couper les buis-	
sons.	Estouichaire.
Serpillière.	Serpilhiera.
Serpolet.	Serpoulet.
Serran.	Serran.
Serre.	Serra.
Serre.	Quichada.
Serré, ée.	Serrat, ada.
Serrer.	Serrar.
Serrer se.	Se serrer.
Serrure.	Sarralha.
Serrure, mêler une.	Engavaissar.
Serrure tourmenter	
une.	Sarralhar.
Serrure encloisonnée.	Ausseta.
Serrure petite.	Sarralheta.
Serrurier.	Serrurier.
Sertir.	Sartir.
Sertissure.	Sartissura.
Serum.	Gaspa.
Servant.	Servant.
Servante.	Servanta.
Serviable.	Serviable, abla.
Service.	Servici.
Service funèbre.	Bendire.
Serviette.	Servieta.
Serviette petite.	Servietoun.
Serviette damassée.	Venisa.
Servile.	Servile, ila.
Servilement.	Servilament.
Servilité.	Servilitat.
Servir.	Servir.
Servir se.	Se servir.
Serviteur.	Servitour.
Servitude.	Servituda.

SES

Ses.	Sous, Sas, Seis.
Seseli carvi.	Charui.
Seseli tortueux.	Fenoulh de Marselha.
Sessile.	Despecoulat.
Session.	Session.

SET

Séterée.	Sesteirada.
Setier.	Sestier.
Séton.	Sedoun.

SEU

Seuil.	Lintau.
Seul, eule.	Soulet, eta.
Seulement.	Soulament.
Seulet, ette.	Tout-soulet.

SEV

Sève.	Saba, Sabla.
Sévère.	Severe, ra.
Sévère, n. pr.	Severe.
Sévèrement.	Severament.
Séverin, n. pr.	Severin.
Sévérité.	Severitat.
Sevrage.	Desmamar lou.
Sevré, ée.	Desmamat, ada.
Sevré, en âge d'être.	Destetadour.
Sèvres deux, départ.	Sevras doues.

SEX

Sexagénaire.	Sexagenari, aria.
Sexagésime.	Sexagesima.
Sexe.	Sexe.
Sextant.	Sextant.
Sexte.	Sexta.
Sextil, ile.	Sextil, ila.
Sextupler.	Sextuplar.
Sexuel, elle.	Sexuel, ela.

SHA

Shako.	Shako.
Shal.	Schale.

SHE

Sheling.	Scheling.

SI

Si.	Si.
Si, note.	Si.

SIA

Siamoise.	Siamoisa.

SIB

Sibylle,	Sibylla.

SIC

Siccité.	Siccitat.

SIE

Siècle.	Siecle.
Siége.	Siegi.
Siéger.	Siegear.
Sien, enne.	Siou, ouna.
Sieste.	Sieste, Miejour.
Sieur.	Siur.

SIF

Sifflant, ante.	Sifflant, anta.
Sifflement.	Siblament.
Sifflement de la res-	
piration.	Poussis.
Sifflasson.	Becassoun.
Siffler.	Siblar.
Sifflet.	Siblet.
Siffleur.	Siblaire.

SIG

Sigismond, n. pr.	Sigismound.
Sigles.	Siglas.
Signal.	Signau.
Signalement.	Signalament.
Signaler.	Signalar.
Signataire.	Signatari.
Signature.	Signatura.
Signe.	Signe.
Signe de la croix.	Signe de la crous.
Signe de la croix,	
faire le.	Se signar.
Signé, ée.	Signat, ada.
Signer.	Signar.
Signet.	Signalier.
Significatif, ive.	Significatif, iva.
Signification.	Signification.
Signifié, ée.	Signifiat, ada.
Signifier.	Signifiar.

SIL

Silence.	Silenci.
Silencieux, euse.	Silencious, ousa.
Silex pyromaque.	Peira à fusiou.
Sillon.	Silhoun, Selhoun.
Sillonner.	Silhounar.
Silo.	Silo.

SIM

Simagrée.	Simagrea.
Siméon, n. pr.	Simeon.
Simarouba.	Simarouba.
Simarre.	Simarra.
Similitude.	Similituda.
Similor.	Similor.
Simoniaque.	Simouniaque.
Simple.	Simple, impla.
Simple très-.	Simplas.
Simplement.	Simplament.
Simplesse.	Simplessa.
Simplicité.	Simplicitat.
Simplifié, ée.	Simplifiat, ada.
Simplifier.	Simplifiar.
Simulacre.	Simulacre.
Simulation.	Simulation.
Simulé, ée.	Simulat, ada.
Simuler.	Simular.

SIN

Sinapisé, ée.	Sinapisat, ada.
Sinapiser.	Sinapisar.
Sinapisme.	Sinapisme.
Sincère.	Sincere, era.
Sincèrement.	Sincerament.
Sincérité.	Sinceritat.
Sinciput.	Suc.
Singe.	Singe.
Singe petit.	Singeoun.
Singer.	Mesfaire.
Singerie.	Mouninaria.
Singulariser se.	Se singularisar.
Singularité.	Singularitat.
Singulier, ière.	Singulier, iera.
Singulier.	Singulier.
Sinistre.	Sinistre, istra.
Sinon.	Sinoun.
Sinueux, euse.	Sinuous, ousa.
Sinuosité.	Sinuousitat.

SIP

Sipharge luth.	Tartuga mouela.
Siphon.	Siphoun.

SIR

Sire.	Siro.
Sirene.	Sirena.
Siroc, Siroco.	Siroco.
Sirop.	Sirop.
Siroter.	Siroutar, Chimar.
Sirvente.	Sirventes.

SIS

Sis, lse.	Situat, ada.

SIT

Site.	Site.
Sitelle.	Sieta.
Situation.	Situation.
Situé, ée.	Situat, ada.
Situer.	Situar.

SIX

Six.	Sici.
Sixain.	Sizena.
Sixième.	Sizieme, ema.
Sixièmement.	Siziemament.
Sixte, n. pr.	Sixte.

SIZ

Sizerain.	Enjouvin gavouet.
Sizette, Cabaret.	Sizeta.

SMI

Smille.	Escouada.

SOB

Sobre.	Sobre, obra.
Sobrement.	Sobrament.
Sobriété.	Sobrietat.
Sobriquet.	Soubriquet, Escai-noum.
Sobriquet donner un.	Escaissar.

SOC

Soc.	Relha.
Soc gros.	Relhassa.
Soc, mettre le, à la charrue.	Enrelhar.
Soc, piquer les bœufs avec le.	Enrelhar.
Sociable.	Souciable, abla.
Social, ale.	Soucial, ala.
Sociétaire.	Soucietari.
Société.	Soucietat.
Socle.	Socle.
Socletière.	Saucletiera.
Socque.	Soccas.

SOD

Sodium.	Sodium.
Sodomie.	Sodomia.
Sodomiste.	Sodomisto.

SŒU

Sœur.	Sore, Souere.
Sœur écoute.	Escoutoun.
Sœur de père ou de mère seulement.	Sorastra.
Sœurette.	Soreta.

SOF

Sofa ou Sopha.	Sofa.

SOI

Soi.	Si, Eou.
Soie.	Seda
Soierie.	Sedaria.
Soif.	Set.
Soigné, ée.	Soignat, ada.
Soigner.	Soignar.
Soigneusement.	Soignousament.
Soigneux, euse.	Soignous, ousa.
Soin.	Soin.
Soir.	Sera.
Soirée.	Serada.
Soit.	Sie, Soya, Vagueli.
Soixantaine.	Seissantena.
Soixante.	Seissanta.
Soixantième.	Seissantieme, ema.

SOL

Sol.	V. Sou.
Sol, terrain.	Soou, vl.
Solaire.	Soulero, era.
Solbature.	Soibatura.
Soldat.	Soldat.
Soldat jeune enfant de	Soldatoun.
Femme de soldat	Soldata.
Soldatesque.	Soldatalha.
Solde.	Solda.
Soldé, ée.	Soldat, ada.
Solder.	Soldar.
Sole.	Sola.
Sole petite.	Palaiga.
Sole Lascaris.	Pegousa.
Sole ocellée.	Sola de founs.
Solécisme.	Soulecisme.
Soleil.	Souleou.
Soleil, coup de.	Sourelhada.

SOM

Solen.	Manche de couteou.
Solennel.	Soulannel.
Solennellement.	Soulannellament.
Solennisation.	Soulennisation.
Solennisé, ée.	Soulennisat, ada.
Solenniser.	Soulennisar.
Solfége.	Solfege.
Solfier.	Solfiar.
Solidaire.	Soulidari, aria.
Solidairement.	Soulidariament.
Solidarité.	Soulidaritat.
Solide.	Soulide, ida.
Solidement.	Soulidament.
Solidité.	Souliditat.
Solitaire.	Soulitari, aria.
Solitairement.	Soulitariament.
Solitude.	Soulituda.
Solive.	Traveta.
Soliveau.	Travetoun.
Sollicitation	Soullicitation.
Sollicité, ée.	Soullicitat, ada.
Solliciter.	Soullicitar.
Solliciteur.	Soullicitur.
Sollicitude.	Soullicituda.
Solstice.	Soulstici.
Solsticial, ale.	Soulsticial, ala.
Solution.	Soulution.
Solvabilité.	Soulvabilitat.
Solvable.	Soulvable, abla.

SOM

Sombre.	Soumbre, bra, Souloumbrous.
Sombrer.	Soumbrar.
Sommaire.	Sommari, aria.
Sommairement.	Sommariament.
Sommation.	Soumation.
Somme.	Souma.
Sommes, joindre plusieurs.	Abloutar.
Somme, dép. de la.	Somma.
Somme, Sommeil.	Som, Souen.
Sommeil léger.	Penec.
Sommeil accablant.	Penecum.
Sommeil petit.	Penequet.
Sommeiller.	Soumelhar.
Sommeille qui, souvent.	Soubechaire.
Sommer.	Soummar.
Sommet.	Pounchoun, Testa.
Sommier.	Saumier.
Sommité.	Soumitat, Cima.
Somnambule.	Soumnambulo.
Somnifère.	Dormitori.
Somnolent, ante.	Somnolent, enta.
Somptuaire.	Soumpluari, aria.
Somptueusement.	Soumptuousament.
Somptueux, euse.	Soumptuous, ousa.

SON

Son, Sa, Ses.	Soun, Sa, Seis.
Son.	Bren. Racet.
Son, cataplasme de.	Brenada.
Son, gros.	Buscha.
Sonate.	Sonata.
Sonde.	Sounda.
Sondé, ée	Soundat, ada.
Sonder.	Soundar.
Songe.	Songi, Pantai.

Songe-creux.	Songi-crus.
Songé, ée.	Soinat, ada, vl.
Songeur.	Songeaire.
Sonica.	Sonica.
Sonnaille.	Sounalha.
Sonnaille petite.	Sounalheta.
Sonnailler.	Esparradoun.
Sonnailler. V. Sounalhar.	
Sonant, ante.	Sounant, anta.
Sonné, ée.	Sounat, ada.
Sonner.	Sounar.
Sonner creux.	Boumbir.
Sonnerie.	Sounaria.
Sonnet.	Souinet.
Sonnette.	Souneta.
Sonneur.	Sounaire.
Sonnez.	Sounat.
Sonore.	Sonoro, ora.
Sonorité.	Sonorilat.

SOP

Sope.	Bourdeliera.
Sophie, n. pr.	Sophia.
Sophie, poisson.	Sofi.
Sophisme.	Sophisme.
Sophiste.	Sophisto.
Sophistiquer.	Sophisticar.

SOR

Sorbe.	Sorba, Souerba.
Sorbet.	Sorbet.
Sorbier.	Sorbier, Sourbiera.
Sorbier des oiseaux.	Tuissier.
sorbonne.	Sourbouna.
Sorcier, ière.	Sourcier, iera,
Sordide.	Sordide, ida,
Sordidement.	Sordidament.
Sornettes.	Gandoisas, Sournetas.
Sort.	Sort
Sort, tirer au.	Debitar, Faire virar.
Sorte.	Sorta.
Sorti, ie.	Sourtit, ida, ia.
Sortie.	Sourtida.
Sortilége.	Sourtilegi.
Sortir.	Sourtir.
Bétail, faire sortir le	Largar, Abiar.

SOT

Sol, otte.	Sot, ota.
Sot gros, osse.	Sotas, assa.
Sottement.	Sotament.
Sottise.	Sotisa, Sapa.
Sottises, dire des.	Sotisar.
Sottisier.	Sotisier.

SOU

Sou.	Soou.
Soubassement.	Soubassament.
Soubressaut.	Soubressaut.
Soubrette.	Soubreta.
Soubuse.	Soubusa.
Souche.	Souca, Soucha.
Souche petite.	Souchoun.
Souche grosse.	Soucassa.
Souches, arracher les	Dessoucar.
Souci.	Soucit.
Souci, plante.	Gauchet.
Souci sauvage.	Gauchet fer.

Soucier, se.	Souciar, se.
Soucieux, euse.	Soucious, ousa.
Soucoupe.	Soucoupa.
Soudain, aine.	Subit, ita.
Soudan.	Soudan.
Soude.	Souda.
Soude, cendre de.	Barilha.
Soudé, ée.	Sooudat, ada.
Souder.	Sooudar.
Soudoyer.	Pagar.
Soudure.	Sooudagi.
Soufflage.	Soufflage.
souffle.	Souffle.
Souffle des serpents.	Eissouffle.
Souffle boudin.	Souffla-trule.
Soufflet.	Soufflet.
Soufflet grand.	Bouffet.
Soufflet petit.	Bouget, Bouffetoun.
Soufflet de forgeron.	Baugeas.
Soufflets, marchand de.	Bouffelier.
Soufflets, fabricant de.	Bouffetiaire.
Soufflet, coup sur la joue.	Soufflet.
Soufflet à revers de main.	Viragaut.
Soufflet petit.	Souffletoun.
Souffleter.	Souffletar.
Souffleur, euse.	Soufflaire, arela.
Souffleur de verrerie.	Soufflan.
Souffleur cétacé.	Soufflur.
Souffrance.	Souffrança.
Souffrant, ante.	Souffrant, anta.
Souffre douleur.	Souffre doulours.
Souffreteux, euse.	Souffrachous, ousa.
Souffrir.	Souffrir.
Soufre.	Soupre.
Soufré, ée.	Souprat, ada.
Soufrer.	Souprar.
Soufrière.	Soupriera.
Sougarde.	Pountel.
Sougorge.	Souta-gorgea.
Souhait.	Souhet.
Souhaiter.	Souhetar.
Souillarde.	Soulharda.
Souiller.	Soulhar.
Souillon.	Soulhoun.
Souillure.	Soulhura.
Soul, oule.	Sadoul, oula.
Soulagé, ée.	Soulageat, ada.
Soulagement.	Soulageament.
Soulager.	Soulagear.
Soulas.	Soulas.
Soulcie.	Passa, 4.
Soûlé, ée.	Sadoulat, ada.
Soûler.	Sadoular.
Soûler se.	Enubriar se.
Soulèvement.	Soulevament.
Soulevé, ée.	Soulevat, ada.
Soulever.	Soulevar.
Soulever se.	Soulevar se.
Soulier.	Soulier, Sabata.
Soulier gros ou laid.	Sabatassa.
Soulier petit.	Sabatoun.
Soulier gros, garni de clous.	Passant.
Soulier, plante.	Sabot de la viergi.
Souligné, ée.	Soulignat, ada.
Souligner.	Soulignar.
Souloir.	Souler.
Soumettre.	Soumettre

Soumis, ise.	Soumes, essa.
Soumission.	Soumission.
Soumissionnaire.	Soumissiounari.
Soumissionner.	Soumissiounar.
Soupape.	Soupapa.
Soupçon.	Soupçoun.
Soupçonné, ée.	Soupçounat, ada.
Soupçonner.	Soupçounar.
Soupçonneux, euse.	Souspichous, ousa.
Soupe.	Soupa.
Soupe légère.	Soupeta.
Soupe de farine de pois.	Paoutilhas.
Soupe liquide et très-maigre.	Aiguola.
Soupe mauvaise.	Bouriaca.
Soupe de farine d'ers.	Pastet.
Soupente.	Trastet, Poustel.
Soupente petite.	Poustadet.
Soupé et Souper.	Soupar.
Super petit.	Souparoun.
Soupesé, ée.	Souspesat, ada.
Soupeser.	Souspesar.
Soupière.	Soupiera.
Soupir.	Souspir.
Soupirail.	Souspiralh.
Soupirant.	Souspirant.
Soupirer.	Souspirar.
Souple.	Souple, pla.
Souplesse.	Souplessa.
Source.	Sourça.
Souce d'eau douce.	Adous.
Sourcier.	Sourcier.
Sourcil.	Seilhas.
Sourciller.	Ussar.
Sourd, ourde.	Sourd, ourda.
Sourdaud. aude.	Sourdagna.
Sourdement.	Sourdament.
Sourdine.	Sourdina.
Sourdre.	Sorger, vl.
Sourel.	Suvereou.
Souricière.	Ratiera.
Sourire.	Sourrire.
Sourire.	Sourrire.
Souris.	Rata.
Sournois, oise.	Sournois, oisa.
Sous.	Sous, ousa.
Sous affermer.	Sous arrentar.
Sous borate de soude.	Bourras.
Sous carbonate de plomb.	Cerusa.
Souscripteur.	Souscriptour.
Souscription.	Souscription.
Souscrire.	Souscrioure.
Souscrit, ite.	Souscrich, icha.
Sous-diaconat.	Sous-diaconat.
Sous deuto acétate de cuivre.	Verdet.
Sous-diacre.	Sous-diacre.
Sous-entendre.	Sous-entendre.
Sous-entendu, ue.	Sous-entendut, uda.
Sous-gorge.	Souta-gorgea.
Sous-main.	Souta-man.
Sous-préfet.	Sous-prefet.
Sous proto-acétate de plomb.	Extrait de saturno.
Soussigné, ée.	Soussignat, ada.
Soustraction.	Soustraction.
Soustraire.	Soustraire.
Soustrait, aite.	Soustrach, acha.
Soutane.	Soutana.
Soutanelle.	Soutanela.
Soule.	Souta.

Saute au pain.	Coumpagna.
Soutenable.	Soustenable, abla.
Soutenement.	Soustenament.
Souteneur.	Sousteneire.
Soutenir.	Soustenir.
Soutenir se.	Soutenir se.
Soutenu, ue.	Soustengut, uda.
Souterrain.	Sousterren.
Soutien.	Soustien.
Soutirer.	Estraire.
Souvenance.	Souvenenci.
Souvenir.	Souvenir.
Souvenir se.	Souvenir se.
Souvent.	Souvent.
Souverain, aine.	Souveren, ena.
Souverainement.	Souverenament.
Souveraineté.	Souverenelat.

SPA

Spacieux, euse.	Espacious, ousa.
Spadassin.	Espadassin.
Spadille.	Espadilha.
Spadon.	Espadoun.
Sparadrap.	Esparadrap.
Sparaillon.	Esparlin.
Sparaillon osbeck.	Gora, 2.
Spare berde.	Cieuda.
Spare doré.	Aurada.
Spare bilobe.	Gerlessa.
Spare boops.	Boga.
Spare caisseti.	Padreta.
Spare cetti.	Denti, Beluga.
Spare marseillais.	Beluga.
Spare grosœil.	Bouca rougea.
Spare. V. Sparus, table latine.	
Spargus. ⎱ Sparlus. ⎰	Cante.
Sparte.	Auffa.
Sparton.	Marroun.
Spasme.	Spasme.
Spatule.	Espatula.
Spatule blanche, oiseau.	Espatula.

SPE

Spécial, ale.	Especial, ala.
Spécialement.	Especialament.
Spécifié, ée.	Especifiat, ada.
Specifier.	Especifiar.
Spécifique.	Especifique, ica.
Spectacle.	Espectacle.
Spectateur, trice.	Espectatour, triça.
Spectre.	Espectre, Glari.
Speculateur.	Especulatour.
Spéculatif, ive.	Especulatiu, ive, vl.
Spéculer.	Especular.
Sperme.	Rat, Semenca.
Spet.	Pei escode.

SEP

Sphage-branche imberbe.	Mourua.
Sphère.	Sphera.
Sphérique.	Espherique, ica.
Sphéromètre.	Spherometro.
Spheroine de hooker, etc.	Babouet.

SPI

Spic.	Espic, Lavanda.
Spipolette.	Cici-deis-paluns.
Spirale.	Espirala.
Spirituel, elle.	Espirituel, ela.
Spirituellement.	Espirituelament.
Spiritueux, euse.	Espirituous, ousa.

SPL

Splendeur.	Esplendour.

SPO

Spondyle.	Espondil, vl.
Spongieux, euse.	Espoungous, ousa.
Spontané, ée.	Espountanal, ada.
Spontanément.	Espountanament.

SQU

Squale glauque.	Verdoun, Cagnoou.
Squale milandre.	Mounge clavelat.
Squale long nez.	Melantoun.
Squale rouchier.	Gata d'aigua.
Squelette.	Esqueleta.
Squirre.	Esquirre.
Squirreux, euse.	Esquirrous, ousa.

ST

St.	St.

STA

Stabat.	Stabat.
Stabilité.	Estabilitat.
Stable.	Estable, abla.
Stalle.	Estalla.
Stance.	Estança.
Staparin.	Reynaubi.
Staphisaigre.	Estaphisagria, vl.
Station.	Estation.
Stationnaire.	Estatiounari.
Statistique.	Estatistica.
Statue.	Estatua.
Statué, ée.	Estatuat, ada.
Statuer.	Estatuar.
Stature.	Estatura.
Statut.	Estatut.

STE

Stellaire passerine.	Linga passerina.
Stellionat.	Ctellionat,
Sténographe.	Estenographo.
Sténographie.	Estenographia.
Stéréotype.	Estereotypo.
Stéréotyper.	Estereotypar.
Stérile.	Esterile, ila.
Sterilité.	Esterilitat.
Sterling.	Esterling.
Sternutatoire.	Esternutatori.

STI

Stil de grain.	Estil de gran.
Stille.	Stilla, vl.
Stimulant, ante.	Estimulus.
Stimulé, ée.	Estimulat, ada.

Stimuler.	Estimular.
Stimulus.	Estimulus.
Stipulation.	Estipulation.
Stipulé, ée.	Estipulat, ada.
Stipuler.	Estipular.

STO

Stock-fisch.	Estocofich.
Stœchas.	Queirelets.
Stomachique.	Estoumachique, ica.
Storax.	Estorax.
Store.	Estora.

STR

Strapontin.	Estrapountin.
Strasse.	Estras.
Stramonium.	Darboussiera.
Stratagème.	Stratagemo.
Stribord.	Tribord.
Strict, icte.	Estrict, icta.
Strictement.	Strictament.
Strobile.	Pigna.
Strobile petit.	Pignol.
Stromatée paru.	Pei d'America.
Strontiane.	Strontiana.
Strongyle.	Verme gros deis enfants.
Strophe.	Estropha.
Structure.	Estructura.
Strychnine.	Estrychnina.

STU

Stuc.	Estuc.
Studieux, euse.	Estudious, ousa.
Stupéfait, aite.	Estupefach, acha.
Stupéfier.	Estupefiar.
Stupeur.	Estupour.
Stupide.	Estupide, ida.
Stupidité.	Estupiditat.

STY

Style.	Estyle.
Stylé, ée.	Estylat, ada.
Styler.	Estylar.
Stylet.	Estylet.

SUA

Suage.	Suagi.
Suaire.	Suari.
Suant, ante.	Suant, anta.
Suave.	Suave, ava.
Suavité.	Suavitat.

SUB

Subalterne.	Subalterne.
Subdélégation.	Subdelegation.
Subdélégué, ée.	Subdelegat, ada.
Subdéléguer.	Subdelegar.
Subdiviser.	Subdivisar.
Subdivision.	Subdivision.
Subhaster.	Subastar, vl.
Subir.	Subir.
Subit, ite.	Subit, ite.
Subitement.	Subitament.
Subjonctif.	Subjonctif.
Subjugué, ée.	Subjugat, ada.

Subjuguer.	Subjugar.
Sublimation.	Sublimation.
Sublime.	Sublime, ima.
Sublimé corrosif.	Sublimat corrosif.
Sublimer.	Sublimar.
Sublimité.	Sublimitat.
Sublunaire.	Sublunari.
Submergé, ée.	Submergeat, ada.
Submerger.	Submergear.
Subordination.	Subordination.
Subordonné, ée.	Subordounat, ada.
Subordonner.	Subordounar.
Suborné, ée.	Subornat, ada.
Suborner.	Subornar.
Suborneur, euse.	Subornaire, arela.
Subrecargue.	Subrecarga.
Subrécot.	Subrescot.
Subrogation.	Subrogation.
Subrogé, ée.	Subrogeat, ada.
Subroger.	Subrogear.
Subséquent, ente.	Subsequent, ente.
Subside.	Subsidi.
Subsidiaire.	Subsidiari, aria.
Subsidiairement.	Subsidierament.
Subsistance.	Subsistança.
Subsister.	Subsistar.
Substance.	Substança.
Substantiel, elle.	Substantiel, ela.
Substantif.	Substantif.
Substitué, ée.	Substituat, ada.
Substituer.	Substituar.
Substitut.	Substitut.
Substitution.	Substitution.
Subterfuge.	Escapatori.
Subtil, ile.	Subtil, ila.
Subtilement.	Subtilament.
Subtilisé, ée.	Subtilisat, ada.
Subtiliser.	Subtilisar.
Subtilité.	Subtilitat.
Subvenir.	Subvenir.
Subvention.	Subvention.

SUC

Suc.	Suc.
Succéder.	Succedar.
Succès.	Succes.
Successeur.	Successour.
Successif, ive.	Successif, iva.
Succession.	Succession.
Successivement.	Successivament.
Succint, inte.	Succinct, incta.
Succinctement.	Succinctament.
Succomber.	Surcoumbar.
Succulent, ente.	Succulent, enta.
Succursale.	Succursala.
Succursaliste.	Succursalisto.
Sucé, ée.	Supat, ada.
Sucer.	Supar.
Suceur.	Supaire.
Suçon.	Supet.
Sucre.	Sucre.
Sucre candi.	Sucre candi.
Sucré, ée.	Sucrat, ada.
Sucrer.	Sucrar.
Sucrerie.	Sucraria.
Sucrier.	Sucrier.

SUD

Sud.	Sud.
Sud-est.	Sud-est, Eisserot.

Sudorifique.	Sudorifique, ica.
Sud-ouest.	Sud-ouest, Labech.

SUE

Suer.	Susar.
Suette.	Suseta.
Sueur.	Susour.
Sueur grande.	Camisada.

SUF

Suffire.	Suffir.
Suffisamment.	Proun.
Suffisance.	Suffisença.
Suffisant, ante.	Suffisent, enta.
Suffocation.	Suffoucation.
Suffoqué, ée.	Suffoucat, ada.
Suffoqué par la douleur.	Estench, cha.
Suffragant.	Suffragant.
Suffragi.	Suffragi.
Suffrein, n. pr.	Suffren.
Suffumigation.	Suffumigacio, vl.

SUG

Suggérer.	Suggerar.
Suggestion.	Suggestio, vl.

SUI

Suicide.	Suicide.
Suicider se.	Suicidar se.
Suie.	Suyea, Sua.
Suif.	Seou, Sen.
Suint.	Surge.
Suintement.	Suintament.
Suinter.	Espirar, Suintar.
Suisse.	Suisse, uissa.
Suite.	Suita.
Suivant, ante.	Suivant, anta.
Suivant, prép.	Selon.
Suiver, suifer.	Esparmar.
Suivi, ie.	Suivit, ia.
Suivre.	Segre.

SUJ

Sujet, elle.	Sujet, eta.
Sujétion.	Sujetion.

SUL

Sulfate d'alumine.	Alun.
Sulfate de chaux.	Gyp.
Sulfate de cuivre.	Vitriol blu.
Sulfate de fer.	Couparosa.
Sulfate vert.	Couparosa.
Sulfate de magnésie.	Sau d'Epsoun.
Sulfate de soude.	Sau de Gloubert.
Sulfate de zinc.	Couparosa blanca.
Sulfure d'arsenic jaune.	Ourpin.
Sulfure de mercure rouge.	Vermilhoun.
Sulfure rouge d'arsenic.	Realgar.
Sulfureux, euse.	Sulfurous, ousa.
Sulpice.	Sulpici.
Sultan.	Sultan.
Sultane.	Sultana.

SUM

Sumac.	Sumac.
Sumac des corroyeurs.	Fauvi.

SUP

Superbe.	Superbe, erba.
Superbement.	Superbament.
Superficie.	Superficia.
Superficiel, elle.	Superficiel, ela.
Superficiellement.	Superficielament.
Superfin, ine.	Superfin, ina.
Superflu, ue.	Superflu, ua.
Superfluité.	Superfluitat.
Supérieur, eure.	Superiour, oura.
Supérieurement.	Superiourament.
Superlatif, ive.	Superlatif, iva.
Superlatif.	Superlatif.
Superstitieux, euse.	Supertitious, ousa.
Superstition.	Superstition.
Supin.	Supin.
Supplanté, ée.	Susplantat, ada.
Supplanter.	Susplantar.
Suppléant.	Suppleant
Suppléé, ée.	Suppleat, ada.
Suppléer.	Supplear.
Supplément.	Supplement.
Supplémentaire.	Supplementari, aria.
Suppliant, ante.	Suppliant, anta.
Supplication.	Supplication.
Supplice.	Supplici.
Supplicier.	Justiciar.
Supplique.	Supplica.
Support.	Support.
Supporté, ée.	Supportat, ada.
Supporter.	Supportar.
Supposé, ée.	Supposat, ada.
Supposer.	Supposar.
Supposition.	Supposition.
Suppositoire.	Candelata.
Suppression.	Suppression.
Supprimé, ée.	Supprimat, ada.
Supprimer.	Supprimar.
Suppuratif, ive.	Sappuratif, iva.
Suppuration.	Suppuration.
Suppurer.	Suppurar.
Supputat.	Supputat.
Suprême.	Supreme, ema.

SUR

Sur.	Sur, Sus, Sobre.
Sur, ûre.	Segur, ura.
Sur, âpre.	Aspre.
Surabondance.	Suraboundança.
Surabondant, ante.	Suraboundant, anta.
Surabonder.	Suraboundar.
Surbaissé, ée.	Surbaissat, ada.
Surbaisser.	Surbaissar.
Surbaissement.	Surbaissament.
Sureau commun.	Sambuguier.
Surcharger.	Surcargar.
Surdent.	Subredent.
Surdité.	Surditat.
Surdos.	Suffra.
Surelle.	Aigrella, Alleluia.
Sûrement.	Segurament.
Surenchère.	Surenchiera.
Surenchérir.	Surenchirir.

Sûreé.	Suretat.
Surface	Surfaça.
Surfaire.	Surfaire.
Surfaix.	Surfais.
Surgeon d	Filet d'aigua, Sagata.
Surin ten ant.	Surintendant.
Surintendante.	Surintindanta.
Surjet.	Surjet.
Sujeter.	Surjetar.
Surlendemain.	Surlendeman.
Surmonté, ée.	Surmontat, ada.
Surmonter.	Surmontar.
Surmonter s'.	Surmontar se.
Surmoût.	Soumoustat.
Surmulet.	Rouget.
Surmulot.	Garri, 2.
Surnager.	Surnagear.
Surnaturel; elle.	Surnaturel, ela.
Surnaturellement.	Surnaturelament.
Surnom.	Surnoum.
Surnommé, ée.	Surnoumat, ada.
Surnommer.	Surnoumar.
Surnuméraire.	Surnumerari, aria.
Surnumérariat.	Surnumerariat.
Suron.	Bisoc.
Surpassé, ée.	Surpassat, ada.
Surpasser.	Surpassar.
Surpayé, ée.	Surpagat, uda.
Surpayer.	Surpagar.
Surplis.	Surpelis.
Surplomb.	Subau, Madura.
Surplombé, ée.	Susbaumat, ada.
Surplomber.	Susploumbar.
Surplus.	Surplus.
Surprénant, ante.	Surprenent, enta.
Surprendre.	Surprendre, Suspendre.
Surpris, ise.	Surpres, essa.
Surprise.	Surprisa.
Sursaut.	Soubresaut.
Surtout.	Surtout.
Surtout, adv.	Idem.
Surveillance.	Survelhança.
Surveillant, ante.	Survelhant, anta.
Surveiller.	Survelhar.
Survenir.	Survenir.
Survenu, ue.	Survengut, uda.
Survivance.	Survivença.

Survivancier.	Survivancier.
Survivant, ante.	Survivent, enta.
Survivre.	Survioure.

SUS

Sus.	Sus.
Suceptibilité.	Susceptibilitat.
Susceptible.	Susceptible, ibla.
Susciter.	Suscitar.
Susdit, ite.	Susdich, icha.
Susette, n. pr.	Suseta.
Suson, n. pr.	Susoun.
Suspect, ecte.	Suspect, ecta.
Suspecté, ée.	Suspectat, ada.
Suspecter.	Suspectar.
Suspendre.	Suspendre.
Suspendu, ue.	Suspendut, uda.
Suspens, en.	En suspens.
Suspente.	Suspenta.
Suspensif, ive.	Suspensif, iva.
Suspension.	Suspension.
Suspensoir.	Brayer.
Suspicion.	Suspicion.
Sustenter.	Sustentar.

SUT

Suture.	Sutura.

SYC

Sycomore.	Sycomore.

SYL

Syllabaire.	Syllabari.
Syllabe.	Syllaba.
Sylvain.	Sieou-Sieou.
Syllogisme.	Syllogisme.
Sylvère, n. pr.	Sylvero.
Sylvestre, n. pr.	Sylvestre.
Sylvie, n. pr.	Sylvia.

SYM

Symbole.	Symbolo.
Symbolique.	Symbolique, ica.

Symétrie.	Symetria.
Symétrique.	Symétrique, ica.
Symétriquement.	Symetricament.
Symétrisé, ée.	Symetrisat, ada.
Symétriser.	Symetrisar.
Sympathie.	Sympathia.
Sympathiser.	Sympatysar, Sympathisar.
Symphonie.	Founfonia.
Symphorien, n. pr.	Symphorian.
Symphorose, n. pr.	Symphourosa.
Symptôme.	Symptome.

SYN

Synagogue.	Synagoga.
Synalèphe.	Synalimpha, vl.
Synchyse.	Syncresis, vl.
Syncope.	Syncopa.
Syncope.	Avaniment.
Syncopé, ée.	Syncopat, ada.
Syndic.	Syndic.
Syndical, ale.	Syndical, ala.
Syndicat.	Syndicat.
Synedoche.	Synedoche, vl.
Syngnate à bandes. Syngnate ophidion.	Bissa.
Syngnate Papacin.	Espingola.
Synodal.	Synodal.
Synode.	Synodo.
Synonyme.	Synounyme.
Syntaxe.	Syntaxa.
Synthèse.	Synhesa.

SYP

Syphilis.	Syphilis.
Syphon. V. Siphon.	

SYR

Syringat. V. Seringat.	
Syrop. V. Sirop.	

SYS

Systématique.	Systematique, ica.
Système.	Systeme.
Systole.	Systola.

T

T.	T.

TA

Ta.	Ta.

TAB

Tabac.	Tabac.
Tabac des Vosges.	Estourniga.
Tabagie.	Tubet, Tabagia.
Tabatière.	Tabaquiera.

Tabellion.	Tabellion.
Tabellionner.	Tabellionar, vl.
Tabernacle.	Tabernacle.
Tablade.	Tablada.
Tablature..	Tablatura.
Table.	Taula.
Table grosse.	Taulassa.
Table petite.	Tauleta.
Table qui porte le berceau.	Bressaire.
Table, tenir.	Tablar.

Table de Pythagore.	Tabla de Pythagoro.
Tableau.	Tableou.
Tabler.	Tablar.
Tablette.	Tableta.
Tablette d'appui.	Peiral.
Tablettes.	Tabletas.
Tablier.	Faudau.
Tablier petit.	Faudilhoun.
Tablier, plein un.	Faudada.
Tabouret.	Tabouret.
Tabouretenflé, plante.	Boursa à pastre.

TAC

Tac.	Tac.
Tacet.	Chut.
Tache.	Taca, Tacha.
Tâche, ouvrage à	
faire.	Tacha.
Taché, ée.	Tacat, ada.
Tacher, Salir.	Tacar.
Tacher se.	Tachar se.
Tacheté, ée.	Picoutat, ada.
Tacheter.	Tachetar, Picoutar.
Tachygraphie.	Tachygraphia.
Tacite.	Tacite.
Tacitement.	Tacitament.
Taciturne.	Taciturne, urna.
Taciturnité.	Taciturnitat.
Tact.	Tact.
Tac-tac.	Tic-tac.
Tactique.	Tactica.

TAF

Taffetas.	Taffetas.
Taffetas, fabricant de	Taffetaire.
Tafia.	Tafia.

TAI

Tai d'oreiller.	Couissiniera.
Taie de fuseau.	Mouscla.
Taillable.	Talhable, abla.
Taillade.	Estafilada.
Taillanderie.	Talhandaria.
Taillandier.	Talhandier.
Taille.	Talha.
Taille-douce.	Talha-douça.
Taille de la vigne.	Pouda.
Taillé, éc.	Talhat, Poudat, ada.
Tailler.	Talhar, Poudar.
Tailler la vigne plus	
haut qu'à l'ordi-	
naire.	Espoudassar.
Tailler la vigne.	Poudar.
Tailleur.	Talhur, Sartre.
Tailleur de pierre.	Coupur de peira.
Taillis.	Talhada.
Taillis à cerceaux.	Ceoucliera.
Tailloir.	Gratulaire.
Taillon.	Talhoun.
Taire.	Taisar.
Taire se.	Taisar se.
Taisson.	Teissoun.
Talc.	Escaiola.
Taled.	Fimbre.
Talent.	Talent.
Talion.	Talion.
Talisman.	Talisman.
Talle.	Panoulha.
Talmud.	Talmud.
Taloche.	Talocha.
Talon.	Taloun.
Talon des cartes.	Souspienchi.
Talon, gros.	Talounas.
Talon, petit.	Talounet.
Talonnier.	Talounier.
Talus.	Talus.
Talus de verdage.	Rasa, 2.
Taluter.	Talussar.

TAM

Tamario.	Tamarin.
Tamarinier.	Tamarin.

TAM (col 2)

Tamaris, Tamarisc	
ou Tamarix.	Tamarisc.
Tambour.	Tambour.
Tambour de Basque.	Tambour de Basca.
Tambour, petit.	Tambourinet.
Tambourin.	Tambourin.
Tambouriner.	Tambourinar.
Tambourineur.	Tambourinaire.
Tamis.	Tamis.
Tamis de devin.	Sedassoun.
Tamis de soie.	Sedas.
Tamis à large voie.	Pissa palha.
Tamis, plein un.	Embourdada.
Tamiser.	Tamisar.
Tamisier.	Tamisier.
Tampon.	Tampoun.
Tampon pour les	
plaies.	Chaugea.
Tamponné, ée.	Tampounat, ada.

TAN

Tan.	Tan, Rusca.
Tanaisie.	Tanarida.
Tancer.	Bravegear.
Tanche.	Tenca, Tancha.
Tandis.	Tandis, Mentre.
Tandis que.	Demontre que.
Tangage.	Tangagi.
Tangible.	Tangible, ibla.
Tanguer.	Tangar.
Tanière.	Taniera.
Tanne.	Tana, Broulha.
Tannée.	Rocha.
Taner.	Tanar.
Tanner une écorce.	Sabar.
Tannerie.	Cauquiera.
Tannerie de peau	
blanche.	Blancaria.
Tanneur.	Tanur.
Tant.	Tant.
Tant soit peu.	Tansipauc.
Tantale.	Tantalo.
Tante.	Tanta.
Tantinet.	Tantinet.
Tantôt.	Tantot, Ades, Pura.

TAO

Taon.	Tavan.
Taon marin.	Lamprua.

TAP

Tapabon.	Bouguincan.
Tapage.	Tapagi, Boucan.
Tapage, faire.	Boucanar.
Tapageur.	Tapageur.
Tape.	Tapa, Calota.
Tapeçon.	Rascassa Blanca.
Taper.	Tapinar, Picar.
Tapinois en.	Garapachoun, de.
Tapir se.	Agroumoutir s'
Tapis.	Tapis.
Tapissé, ée.	Tapissat, ada.
Tapisser.	Tapissar.
Tapisserie.	Tapissaria.
Tapissier, ière.	Tapissier, iera.
Tapoter.	Tapoutar.

TAQ

Taquer.	Tacar.
Taquet.	Taquet.

TAQ (col 3)

Taquin, ine.	Taquin, ina.
Taquiner.	Taquinar.
Taquiner se.	Taquinar se.
Taquinerie.	Taquinaria.
Taquoir.	Taquoir.
Taquon.	Tacoun.
Taquonner.	Tacounar.

TAR

Tarabat.	Tarabast.
Tarabuster.	Tarabustegear.
Tarare.	Ventaire.
Tarasque.	Tarasca.
Taraud.	Taraud.
Tarauder.	Taraudar.
Tard.	Tard.
Tard, se faire.	Avesprar.
Tarder.	Tardar, Istar.
Tardif, ive.	Tardif, iva.
Tare.	Tara, Embaissa.
Taré, ée.	Tarat, ada.
Tarentule.	Tarentula.
Tarer.	Tarar.
Targe.	Targa.
Targette.	Targeta, Guichet.
Targuer se.	Targar se.
Tari, ie.	Tarit, ida, ia.
Tarier.	Cuou-rousset-barnat.
Tarière.	Taravela.
Tarière grosse.	Cuelhetras.
Tarièrede cultivateur	Calher, 3.
Tarif.	Tarif.
Tarifer.	Tarifar.
Torin.	Lucre.
Tarir.	Tarir, Agoutar.
Tarissable.	Tarissable, abla.
Tarissement.	Tariment, vl.
Tarn, dép. du.	Tarn.
Tarn-et-Garonne,	
dép. du.	Tarn-et-Garona.
Taroté, ée.	Tarotat, ada.
Tarots.	Tarots.
Taroupe.	Mejan.
Tartane.	Tartana.
Tartare.	Tartare.
Tartarin.	Bluret.
Tarte.	Floou, Tarta.
Tartelette.	Tarteleta.
Tarton-raire.	Trintanela.
Tartre.	Gresa, Tartre.
Tartufe.	Tartufo.
Tartuferie.	Tartufaria.

TAS

Tas.	Cucha, Mouloun.
Tas, petit.	Cuchounet.
Tasse.	Tassa.
Tasse, grande.	Tassassa.
Tasse, petite.	Tasseta.
Tasseau.	Tasseou, Taquet.
Tassement.	Tassament.
Tasser.	Gaissar.

TAT

Tâter.	Tastar.
Tâte-vin.	Tasta-vin.
Tatillon.	Pachouquet.
Tatillonner.	Pachouquegear.
Tato.	Tato.

Tâtonner.	Tastouniar.
Tâtons, à.	Tastouns, à.

TAU

Taudion. V. Taudis.	
Taudis.	Todis.
Taupe.	Darboun.
Taupe-grillon.	Courtilhiera.
Taupière.	Taupiera.
Taupinière.	Darbouniera.
Taupin strié.	Bola.
Taure.	Jungea.
Taureau.	Buou.

TAV

Tavelé, ée.	Tasselat, ada,
Taverne.	Taverna.
Tavernier.	Tavernier.

TAX

Taxateur.	Taxaire.
Taxation.	Taxation.
Taxe.	Taxa.
Taxé, ée.	Taxat, ada.
Taxer.	Taxar.

TE

Te.	Te, Ti.

TEC

Technique.	Technique, ica.

TED

Te Deum.	Te Deum.

TEI

Teignasse. V. Tignassa.	
Teigne, maladie.	Rasca.
Teigne humide.	Rasqueta.
Teigne, insecte.	Arna.
Teigne du blé.	Verme doou blad.
Teigne des grains.	Idem.
Teigne pelletière et tapissière.	Arna.
Teignes, mangeure des.	Arnadura.
Teignes, ronger, piquer, parlant des.	Arnar.
Teignes, se laisser ronger par les.	Arnar s'.
Teignes, piqué par les.	Arnat.
Teigneux, euse.	Rascas, assa.
Teiller ou Tisser.	Telhar.
Teindre.	Teigner.
Teint, einte.	Teinch, cha.
Teint.	Teint.
Teinte.	Teincha.
Teinture.	Teinchura.
Teinturier, ière.	Teinchurier, iera.

TEL

Tel, telle.	Tau, Tala.
Télégraphe.	Telegrapho.
Télégraphique.	Telegraphique, ica.

Télescope.	Telescopo.
Tellement.	Talament.
Tellure.	Telluro.

TEM

Téméraire.	Temerari, aria.
Témérairement.	Temerariament.
Témérité.	Temeritat.
Témoignage.	Temougnagi.
Témoigner.	Temougnar.
Témoin.	Temouin.
Témoin de borne.	Agachoun.
Témoins de bornes, poser des.	Agachounar.
Témoins de bornes, pourvu de.	Agachounat, ada.
Tempe.	Tempe.
Tempérament.	Temperament.
Tempérance.	Temperança.
Température.	Temperatura.
Tempéré, ée.	Temperat, ada.
Tempérer.	Temperar.
Tempête.	Tempesta.
Tempéter.	Tempestar.
Tempétueux, euse.	Tempestuous, ousa.
Temple.	Temple.
Temple, t. de tissér.	Templous.
Templier.	Templier.
Temporalité.	Temporalitat, vl.
Temporel, elle.	Tempourel, ela.
Temporellement.	Tempourelament.
Temporiser.	Tempourisar.
Temporiseur.	Tempourisaire.
Temps.	Temps.
Temps à la neige.	Temps anevassit.
Temps humide et chaud.	Esmouria.
Temps passé.	Anese, vl.
Temps où la reine Berthe filait.	Auganassa.

TEN

Tenable.	Tenable, abla.
Tenace.	Tenace, aça.
Tenacité.	Tenacitat.
Tenaille.	Estenalhas.
Tenailler.	Estenalhar.
Tenancier, ière.	Tenancier, iera.
Tenant, ante.	Tenent, enta.
Tenants et aboutissants.	Tenents et aboutissents.
Tendoir.	Tendeire.
Tendon.	Tendoun.
Tendre.	Tendre, dra.
Tendre.	Tendre.
Tendrement.	Tendrament.
Tendresse.	Tendressa.
Tendret, ette.	Tendret, eta.
Tendreté.	Tendrour.
Tendron.	Tendroun.
Ténèbres.	Tenebras.
Ténébreux.	Tenebrous, ousa.
Ténement.	Tenament.
Ténesme.	Esquichaments.
Teneur.	Tenour.
Teneur de livres.	Tenur de libres.
Tenir.	Tenir.
Tenon.	Tenoun.
Tension.	Tension.
Tenson.	Tenson.
Tentant, ante.	Tentant, anta.

Tentateur, trice.	Tentatour, triça
Tentatif, ive.	Tentatif, iva.
Tentation.	Tentation.
Tentative.	Tentativa.
Tente.	Tenda.
Tente en chaume.	Cluau.
Tenté, ée.	Tentat, ada.
Tenier.	Tentar.
Tenture.	Tapissaria.
Tenu, ue.	Tengut, uda.
Tenue.	Tenguda.
Ténuité.	Mincetat.

TEP

Téphrite de l'olivier.	Keiroun.

TER

Teraspic.	Thlaspi.
Tercier.	Tersier.
Térébenthine de mélèze.	Escourrau.
Térébenthine de pin.	Bijoun.
Térébinthe.	Petelin.
Tergiverser.	Tergiversar.
Terme.	Terme.
Terminaison.	Terminesoun.
Terminé, ée.	Terminat, ada.
Terminer.	Terminar.
Terminer se.	Terminar se.
Terne.	Terno.
Terni, ie.	Ternit, ida, ia.
Terrage.	Tasca.
Terrain.	Terren.
Terrasse.	Terrassa.
Terrasser.	Terrassar.
Terrasser son adversaire.	Apouderar.
Terrassier.	Terralhaire.
Terre ou champ.	Terra.
Terre brûlée ou champ	Canfregous.
Terre cimolée.	Moulada.
Terre crue.	Terra neba.
Terre défrichée.	Artigna.
Terre ensemencée.	Verrada.
Terre à foulon.	Terra de paraire.
Terre forte.	Blacairas.
Terre labourée.	Arada.
Terre marneuse.	Blanquiera.
Terre siliceuse.	Boulbena.
Terres adjacentes.	Terras adjacentalas.
Terres baussenques.	Baussencas.
Terres légères.	Terrigolas.
Terres vaines ou vagues.	Terra gasta.
Terre fraîchement remuée.	Estarpadis.
Terre découverte de la neige.	Terrena.
Terre, jeter de la, sur la neige.	Terrar.
Terre, se découvrir en parlant de la.	Terrenar se.
Terre sujette à être foulée.	Fouladissa.
Terreau.	Terralhada.
Terre-neuvier.	Marlussiaire.
Terre-noix.	Bisoc.
Terre-plein.	Terra-plein.
Terré, ée.	Embaumat, ada.
Terrer se.	Embaumar s'.

Terrestre.	Terrestre, estra.
Terreur.	Terrour.
Terreux, euse.	Terrous, ousa.
Terrible.	Terrible, ibla.
Terriblement.	Terriblament.
Terrier.	Terrier.
Terrifier.	Terrifiar.
Terrine.	Terrina.
Terrir.	Aterrar.
Territoire.	Terradour, Terri-toiro.
Terroir.	Terradour, Terren.
Terroriste.	Terroristo.
Tertre.	Tap, Trucal.
Tertre petit.	Tapurlet.

TES

Tes.	Tous, Tas, teis.
Tesson.	Clap.
Testament.	Testament.
Testamentaire.	Testamentari.
Testateur, trice.	Testatour, triça.
Tester.	Testar.
Testicule.	Boutoun.
Testimonial, ale.	Testimounial, ala.
Teston.	Testoun.

TET

Tet, débris.	Clap.
Tétanos.	Tetanos.
Têtard.	Testa d'ase, Testard.
Tétasses.	Poussassas.
Tête.	Testa.
Tête grosse.	Testassa.
Tête petite ou légère.	Testeta.
Tête rousse.	Testa-roussa.
Tête verte.	Testa-verda.
Tête petite d'enfant.	Testouna.
Tête, par la, non.	Pelcap de noun.
Tête, qui a grosse.	Cabassut, uda.
Tenir tête.	Testardiar.
Tête, tourner la, de côté et d'autre.	Cabegear.
Tête, violant coup sur la.	Amassagna.
Teter.	Tetar.
Tette, qui, souvent.	Atetounit, ida, ia.
Tétière.	Testiera.
Tetin.	Mameloun.
Teton.	Poussa.
Tétraèdre.	Tetraedro.
Tétragone.	Tetragono.
Tétrarchie.	Tetrarchia.
Tétragonure cuvier.	Corpatas, 2.
Tétrarque.	Tetrarcha.
Tétras petit.	Faisan, 2.
Tétrodon hérissé.	Tardarassa.
Tette chèvre.	Testard, arda.
Têtu, ue.	Pei couloumba.

TEU

Teutons.	Teutons.

TEX

Texte,	Texte.
Textuel, elle.	Textuel, ela.
Textuellement.	Textuclament.
Texture.	Textura.

Thais, n. pr.	Thais.
Thalie, n. pr.	Thalia.
Thaumaturge.	Thaumaturgeo.

THE

Thé.	The.
Théatins.	Theatins.
Théâtral, ale.	Theatral, ala.
Théâtre.	Theatre.
Tècle, n. pr.	Tecla.
Théière.	Theiera.
Théisme.	Theisme.
Thème.	Thema.
Themèse.	Themesis, vl.
Thémis.	Themis.
Théodore, n. pr.	Theodoro.
Théodoric, n. pr.	Theodoric.
Théodose, n. pr.	Theodoso.
Théologal.	Theologal.
Théologale.	Theologala.
Théologie.	Theologia.
Théologien.	Theologien.
Théologique.	Theologique, ica.
Théophile.	Theophilo.
Théorème.	Theorema.
Théorie.	Theoria.
Théorique.	Theorique, ica.
Théoriquement.	Theoricament.
Théotiste, n. pr.	Theotista.
Thérèse, n. pr.	Theresa.
Thériaque.	Theriaca, Triacla.
Thermal, ale.	Thermal, ala.
Thermidor.	Thermidor.
Thermomètre.	Thermometro.
Thésauriser.	Acampar.
Thesauriseur.	Acampaire.
Thèse.	Thesa.
Thetis.	Thetis.

THI

Thibaut, n. pr.	Thibaut.
Thie.	Mouscla.
Thie, ôter la.	Desmousclar.
Thie, qui a perdu la.	Desmousclat, adu.

THL

Thlaspi.	Thlaspi.

THO

Thomas, n. pr.	Thoumas.
Thon.	Thoun
Thon blanc.	Alalonga.
Thonnaire.	Thounaire.
Thonnine.	Thounina.
Thore.	Estrangla-loup.

THU

Thuriféraire.	Porte encensoir.

THY

Thym.	Faligoula.
Thyrse,	Thyrso.

TIA

Tiare,	Tiara.

Tibère, n. pr.	Tiberi.
Tibi.	Tibi.

TIC

Tic.	Tic.
Tic-tac.	Tic-tac.

TIE

Tiède.	Tebi, ia.
Tièdement.	Tiedament.
Tiédeur.	Tiedour.
Tiédir.	Estebiar.
Tien, ienne.	Tiou, iouna.
Tierce.	Tierça.
Tiercelet.	Esprevier.
Tiercement.	Tierçament.
Tiercer.	Tierçar.
Tiers, erce.	Tiers, erça.
Tiers état.	Tiers etat.
Tiers-point.	Tiers-point.

TIG

Tige.	Tigea.
Tignasse.	Tignassa.
Tignon.	Tignoun, Chinoun.
Tigre, esse.	Tigre, essa.
Tigré, ée.	Tigrat, ada.

TIL

Tilde.	Tilda.
Tillac.	Tilhac.
Tilleul.	Tilhoou.

TIM

Timbale.	Timbalas.
Timbale, gobelet.	Timbala.
Timbalier.	Timbalier.
Timbre.	Timbre.
Timbré, ée.	Timbrat, ada.
Timbrer.	Timbrar.
Timbreur.	Timbraire.
Timide.	Timide, ida.
Timidement.	Timidament.
Timidité.	Timidilat.
Timon.	Timoun.
Timon de charrue.	Pertia.
Timonier.	Timounier.
Timoré, ée.	Timourat, ada.
Timothée, n. pr.	Timotheo.

TIN

Tintamarre.	Tintamarra.
Tintement.	Tindament.
Tinter.	Dindar.
Tintouin.	Lagna, Soucit.

TIQ

Tique de chien.	Langasta, Boba.
Tiqueté, ée.	Picoutat, ada.

TIR

Tir.	Tir.
Tirade.	Tirada.

Tirage.	Tiragi.
Tiraillé, ée.	Tiralhat, ada.
Tiraillement.	Tiralhament.
Tirailler.	Tiralhar.
Tirailleur.	Tiralhur.
Tirant.	Tirant.
Tirasse.	Tirassa, Arret.
Tire.	Tira.
Tire balle.	Tira bala.
Tire bouchon.	Tira bouchoun.
Tire bourre.	Tira bourra.
Tire bouton.	Tira boutoun.
Tire fond.	Tira found.
Tire laisse.	Tira laissa.
Tire larigot.	Tira larigot.
Tire ligne.	Tira ligna.
Tire lire.	Tira lira.
Tire pied.	Tira ped.
Tire plomb.	Tira ploumb.
Tiré, ée.	Tirat, ada.
Tirer.	Tirar.
Tiretaine.	Lani-Lini.
Tireur.	Tiraire.
Tirez-tirez.	Passax-Passaz.
Tiroir.	Tiradour.
Tirtois.	Gofa.

TIS

Tisage.	Tisage.
Tisane.	Tisana.
Tison.	Tuen, Mouchoun.
Tison allumé servant de torche.	Chamas.
Tisonner.	Tisouniar.
Tisonneur.	Tisouniaire.
Tisonnier.	Bouffa-floc.
Tisser.	Teisser.
Tisserand.	Tisserand.
Tisseranderie.	Teissaria.
Tissu.	Tissut.
Tissure.	Teissura.
Tissutier.	Ribantier.

TIT

Titane.	Titano.
Tithymalo.	Chouscla, Lachouscla
Titillation.	Mangeoun.
Titi.	Titi.
Titre.	Titre.
Titré, ée.	Titrat, ada.
Titulaire.	Titulari, aria.
Tocsin.	Tocca-sin.

TOG

Toi.	Tu.
Toile.	Tela.
Toile d'araignée.	Taranina.
Toile de chanvre.	Canabas.
Toile croisée.	Tralis.
Toile grosse, à tissu serré.	Encordat.
Toile grossière.	Telassa.
Toilerie.	Telaria.
Toilette.	Teleta.
Toilette pour envelopper les draps.	Bandinela.
Toilure.	Teladura.
Toinette, n. pr.	Toineta.
Toise.	Toisa.
Toisé, ée.	Toisat, ada.

Toiser.	Toisar.
Toiseur.	Toisur, Canegeaire.
Toison.	Aus.
Toit.	Teoulissa, Cubert.
Toit, petit.	Cubertoun.
Toit en tuiles.	Cournada.
Toit petit, en tuiles.	Cournadoun.
Toit à cochons.	Porcairola.
Tôle.	Tola.
Tolérable.	Toulerable, abla.
Tolérance.	Toulerança.
Tolérant.	Toulerant, anta.
Toléré, ée.	Toulerat, ada.
Tolérer.	Toulerar.
Tolle.	Tolle.

TOM

Tombac.	Coumposition.
Tombe.	Toumba.
Tombé, ée.	Toumbat, ada.
Tombeau.	Toumbeou.
Tomber.	Toumbar.
Tomber rudement.	Pataficar se.
Tomber, parlant d'une maille.	Escourrer.
Tomber sur les mains.	Apautar.
Tome.	Tome.
Tome petite, fromage.	Toumeta.
Tomes, vase où l'on fait les.	Toumier.

TON

Ton, tuus.	Toun.
Ton, tonus.	Ton.
Tondaison.	Tounta.
Tondeur	Toundeire.
Tondre.	Toundre.
Tondre la base de la queue des brebis.	Especourar.
Tondu, ue.	Toundut, uda.
Tonique.	Tounique, ica.
Tonlieu.	Tolieu, vl.
Tonnage.	Tounagi.
Tonnant, ante.	Tounant, anta.
Tonne.	Vaisseou.
Tonneau.	Touneou.
Tonneau, petit.	Pipot, Touneloun.
Tonneau en gerbe.	Cavaliera.
Tonnelier.	Tounelier.
Tonnelle.	Autin, Autinada.
Tonnelle en charmille.	Souloumbrier.
Tonner.	Tronar.
Tonner souvent.	Tronegear.
Tonnerre.	Tron.
Tonnerres fréquents.	Tronadissa.
Tonsure.	Tounsura.
Tonsuré, ée.	Tounsurat, ada.
Tonsurer.	Tounsurar.
Tonte.	Toudesoun.
Tontine.	Tountina.

TOP

Topaze.	Topaza.
Tope.	Topa.
Toper.	Topar.
Topin.	Sauta roubin.
Topinambour.	Toupinambour.
Topique.	Toupique.
Topographie.	Topographia.

TOQ

Toque.	Tocca.
Toquet.	Touquet.

TOR

Torche.	Pegoun.
Torche pot.	Sieta.
Torché, ée.	Tourcat, ada.
Torcher.	Tourcar.
Torchis.	Tourtis, Tapi.
Torchis, bâti avec du.	Tourtissat, ada.
Torchis, garnir de.	Tourchadar.
Torchis, bâtir avec du.	Tourtissar.
Torchon.	Tourchoun.
Torchon, petit.	Patarassoun.
Tordre.	Torser.
Tordre se.	Torser se.
Tordre du linge mouillé.	Estorser.
Tordu, ue.	Torsut, ada.
Tormentille.	Tourmentilha.
Torpille électrique.	Dourmilhousa ou Tremoulina.
Torpille Galvani.	
Torpille à une tache.	
Torréfaction.	Torragi.
Torréfier.	Torrar.
Torrent.	Riou.
Torride.	Torrida.
Tors, orse.	Torsut, uda.
Tort.	Tort.
Torticolis.	Torticolis.
Tortillement.	Entortilhament.
Tortiller.	Entortilhar.
Tortillon.	Tortilhoun, Touerca.
Tortoir.	Bilha.
Tortouse.	Tiroun.
Tortu, ue.	Torsut, uda.
Tortue.	Tartuga.
Tortue capuanne.	Tartuga de mar.
Tortué, ée.	Estourtit, ida.
Tortuer.	Entourtir.
Tortueusement.	Tortuosament, vl.
Tortueux, euse.	Tourtilhous, ousa.
Tortuosité.	Tortuositat, vl.
Torture.	Tortura, Estira.
Tory.	Tory, suppl.

TOS

Toscan, ane.	Toscan, ana.

TOT

Tôt.	Leou.
Total, ale.	Toutal, ala, Toutau.
Totalement.	Toutalament.
Totalité.	Toutalitat.
Toton.	Viret, Viravouita.

TOU

Touage.	Tounelagi.
Touchant, ante.	Touchant, anta.
Touche.	Tocca.
Touche pour montrer les lettres.	Busqueta.
Toucher.	Toccar.
Toucher se.	Toccar se.

Toucher légèrement.	Ruspagnar.
Toucher le.	Toccar lou.
Touchin.	Touchin.
Touer.	Tounegear.
Touffe.	Touffa, Mourras.
Touffe d'arbustes.	Abrouas.
Touffe d'herbe.	Nata.
Touffeur.	Touffour.
Touffu, ue.	Touffut, uda, ua.
Toujours.	Toujours.
Toupet.	Toupet.
Toupie.	Boudufa.
Toupillon.	Floteta.
Tour.	Tourra.
Tour de babel.	Tourre de Babel.
Tour petite.	Tourreta.
Tour mouvement en rond.	Tour.
Tour de reins.	Tour de rens.
Tour, poisson.	Roucau.
Tourbe.	Tourba.
Tourdille.	Sera de mountagna.
Tourdre.	Tourdre.
Tourment.	Tourment.
Tourmentant, ante.	Tourmentant, anta.
Tourmente.	Tourmenta.
Tourmenté, ée.	Tourmentat, ada.
Tourmenter.	Tourmentar.
Tourmenter se.	Tourmentar se.
Tourmentin.	Pesseguier, 2.
Tournant.	Revoouta, Virada.
Tournant de l'eau.	Remoulis.
Tourne à gauche.	Tourna à gaucha.
Tourne-broche.	Tourna-brocha.
Tourne gants.	Vira gants.
Tourné, ée.	Virat, ada.
Tournée.	Tournada.
Tournelle.	Tournela.
Tourne, pierre à collier.	Pescheirola.
Tourner.	Virar, Tournar.
Tourner se.	Virar se.
Tourner en sens contraire.	Desvirar.
Tourne, la rue qui.	Viraire.
Tourne, aisément qu'on.	Viradis.
Tournesol.	Tournasol.
Taurnesol des teinturiers.	Maurela, 2.
Tourneur.	Tournur, niaire.
Tourneuse.	Virairis.
Tournevis.	Tournavis.
Tournezin.	Tournasin.
Tourniquet.	Tourniquet.
Tournis.	Calugi.
Tournis, atteints du.	Caluc, uca.
Tournoi.	Tournoi.
Tournoiement.	Virament.
Tournoir.	Tournaire.
Tournois.	Tonrnes, vl.
Tournoger.	Remoulinar.
Tournure.	Tournura.
Tourte.	Tourta.
Tourte grosse.	Tourtassa.
Tourte petite, aux herbes.	Chaigeoun.
Tourte aux herbes.	Arbada.
Tourteau.	Tourteou.
Tourtereau.	Tourdourcou.
Tourterelle.	Tourdoureta.
Tourterelle à collier.	Tourdourela coulassada.
Tourterelle, poisson.	Vastranga.
Tourtière.	Tourtiera.
Touselle.	Touzela.
Touselle, champ de.	Touzeliere.
Toussaint, n. pr.	Toussan.
Touissant la.	Toussants.
Tousser.	Tussir.
Tousser souvent.	Toussegear.
Tousseur, euse.	Tousseire, arela.
Tout, oute.	Tout, outa.
Tout à l'heure.	Toutara.
Tout, s.	Tout.
Toute bonne.	Bouens bomes.
Id.	Sangari.
Toute épice.	Barbua.
Toutefois.	Toutas-fes.
Toux.	Tous, Tus.

TRA

Trac.	Pista, Peada.
Tracas.	Tracas.
Tracassé, ée.	Tracassat, ada.
Tracasser.	Tracassar.
Tracasserie.	Tracassaria.
Tracassier, ière.	Tracassier, iera.
Trace.	Traça.
Trace du pied.	Peada.
Trace dans la neige.	Chalau.
Trace profonde dans la neige.	Drouina.
Tracer.	Traçar.
Trachée artère.	Corneissouer.
Tradition.	Tradition.
Traducteur.	Traductour.
Traduction.	Traduction.
Traduire.	Traduire.
Traduisible.	Traduisible, ibla.
Traduit, uite.	Traduch, ucha.
Trafic.	Trofic.
Trafiquant.	Trafigaire.
Trafiquer.	Traficar.
Trafuser.	Cavilhar.
Tragédie.	Tragedia.
Tragi-comédie.	Tragi-coumedia.
Tragique.	Tragique, ica.
Tragiquement.	Tragicament.
Trahi, ie.	Trahit, ida, ia.
Trahir.	Trahir.
Trahir se.	Trair se.
Trahison.	Trahison.
Traille.	Tralha.
Train.	Trin, Tren.
Train, mettre en.	Entreinar.
Train, se mettre en.	Entreinar s'.
Train, gros de ménage.	Trenas.
Traînant, ante.	Trainier, iera.
Traînasse.	Tirassa.
Traîne.	Mouisseou.
Traîneau.	Lieya.
Traineau petit.	Bese.
Traînée.	Tirassa, Tirassiera.
Traîné, ée.	Tirassat, ada.
Traîner.	Tirassar.
Traîner en longueur.	Rabeliar.
Traîner se.	Tirassar se.
Traîner se, avec peine.	Rebalar se.
Traîneur.	Trainegeaire.
Traire.	Mouser.
Trait.	Tret.
Id.	Toumbada.

Traitable.	Tratable, abla.
Traitant.	Tretant.
Traite.	Treta.
Id.	Estira.
Id.	Mousta.
Traité.	Tratat.
Traitement.	Tratament.
Traiter.	Tratar.
Traiteur.	Tratur.
Traître, esse.	Traite, aita.
Traitreusement.	Traitament.
Trajet.	Trajet.
Tramail.	Entramalh.
Tramasse.	Tirassa, 1.
Trame.	Trama.
Tramer.	Tramar.
Tramontane.	Tramountana.
Tranchant, ante.	Tranchant, anta.
Tranchant.	Talh, Tranchant.
Tranche.	Trancha.
Tranché, ée.	Tranchat, ada.
Tranchée.	Tranchada.
Tranchefile.	Tranchafila.
Tranchelard.	Trancha-lard.
Trancher.	Tranchar.
Tranchet.	Tranchet.
Tranchoir.	Talhadour.
Tranquille.	Tranquile, ila.
Tranquillement.	Tranquilament.
Tranquillisant, ante.	Tranquilisant, anta.
Tranquillisé, ée.	Tranquilisat, ada.
Tranquilliser.	Tranquilisar.
Tranquilliser se.	Tranquilisar se.
Tranquillité.	Tranquilitat.
Transaction.	Transaction.
Transcendant, ante.	Trascendent, enta.
Transcription.	Transcription.
Transcrire.	Transcrioure, Coupiar.
Transcrit, ite.	Transcrit, ita, Coupiat.
Transe.	Estransi, Transa.
Transféré, ée.	Transferat, ada.
Transférer.	Transferar.
Transfiguration.	Transfiguration.
Transfigurer se.	Transfigurar se.
Transformation.	Transformation.
Transformé, ée.	Transformat, ada.
Transformer.	Transformar.
Transfuge.	Transfugi.
Transfusion.	Transfusion.
Transgresser.	Transgressar.
Transgresseur.	Transgressour.
Transgression.	Transgression.
Transiger.	Transigear.
Transir.	Transir.
Transit.	Transit.
Transition.	Transition.
Transitoire.	Transitori, oria.
Transitoirement.	Transitoirament.
Translaté, ée.	Translatat, ada.
Translater.	Translatar.
Translation.	Translation.
Transmettre.	Transmettre.
Transmissible.	Transmissible, ibla.
Transmission.	Transmission.
Transmué, ée.	Transmudat, ada.
Transmuer.	Transmudar.
Transmutation.	Transmudament.
Transparence.	Transparença.
Transparent, ente.	Trasparent, enta.
Transpiration.	Transpiration.

Transpirer.	Transpirar.	Treille en berceau.	Autin.	Tribord au vent.	Tribord au vent.
Transplantation.	Transplantation.	Treille en arbre.	Trelhas.	Triboulet,	Triboulet.
Transplanté, ée.	Trasplantat, ada.	Treillis.	Trelhis, Cledat.	Tribu.	Tribu.
Transplanter.	Transplantar.	Treillissé, ée.	Trelhissat, ada.	Tribulation.	Tribulation.
Transport.	Transport.	Treillisser.	Trelhissar.	Tribun.	Tribun.
Transporté, ée.	Transportat, ada.	Trelingage.	Trelingagi.	Tribunal.	Tribunal, unau.
Transporter.	Transportar.	Treize.	Trege.	Tribunaux, création des.	Tribunaus.
Transposé, ée.	Transposat, ada.	Treizième.	Tregieme, ema.	Tribunat.	Tribunat.
Transposer.	Transposar.	Tremblant, ante.	Tramblant, anta.	Tribune.	Tribuna.
Transposition.	Transposition.	Tremble.	Aubria.	Tribut.	Tribut.
Transsubstantiation.	Transsubstantiation.	Tremblement.	Tramblament,	Tributaire.	Tributari, aria.
Transsubstantier.	Transsubstanciar.	Tremblement de terre.	Terra-trema.	Tricher.	Trichar.
Transsuder.	Espirar.	Trembler.	Tramblar ou Tremou-	Tricherie.	Tricharia.
Transvaser.	Transvegear.		lar.	Tricheur, euse.	Trichaire, arela.
Transversalement.	Travers, en.	Trembleur, euse.	Tramblaire, arela.	Tricolore.	Tricolor, ora.
Trantran.	Tran-tran, Trin-tran	Trembloter.	Trambloutar.	Tricot.	Tricot.
Trapèze.	Trapeze.	Trémie.	Entre miegea.	Tricotage.	Tricotagi.
Trappe.	Trapa, Leca.	Trémie des mesureurs de blé.	Cavalet.	Tricoté, ée.	Tricotat, ada.
Trappe, tomber dans une.	Entrappar s'.	Trémois.	Bargelada.	Tricotter.	Tricotar.
Trappe, tombé dans une.	Entrappat, ada.	Trémousser se.	Tremoussar se.	Tricoteur, euse.	Tricotur, usa.
Trappiste.	Trappisto.	Trempe.	Trempa.	Tric-trac.	Tric-trac.
Trapu, ue.	Traput, Rabasset.	Trempé, ée.	Trempat, ada.	Tricousas.	Tricousas.
Traquenard.	Qu...a-ped.	Tremper.	Trempar.	Trident.	Trent.
Traquet.	Battareou.	Tremper de nouveau.	Remoulhar.	Trié, ée.	Triat, ada.
Traquet, oiseau.	Blavet.	Tremperie.	Tremparia.	Triar.	Trier.
Traquet, grand.	Cuou rousset-barnat.	Trempis.	Aigua de marlussa.	Tridactyle tachydrome.	Perdris ventre blanc.
Traquet, rieur.	Rocassier.	Trempure de moulin.	Leouze.	Trieur, euse.	Triaire, arela.
Traquet oreillard.	Cuou-blanc, 3.	Trentaine.	Trentena.	Trigle ligne.	Embriaga.
Traquet montagnard.	Idem.	Trente.	Trenta.	Trigle hirondelle.	Gallineta, 3.
Travade.	Bourrasca.	Trente et un.	Trentun.	Trigle pin.	Garamauda.
Travail.	Trabalh.	Trentenaire.	Trentenari.	Trigonométrie.	Trigonometria.
Travail, s'échauffer au.	Affugar s'.	Trentième.	Trentieme.	Trigonelle corniculée.	Jauneta.
Travail de maréchal-ferrant.	Gabi, Destrals.	Trépan.	Trepan.	Trimer.	Trimar.
Travailler.	Trabalhar.	Trépaner.	Trepanar.	Trimestre.	Trimestre.
Travailleur.	Trabahaire, Trabalhadour.	Trépas.	Trepas.	Trimestriel, elle.	Trimestriel, ela.
Travée.	Trabada.	Trépassé, ée.	Trepassat, ada.	Tringle.	Tringla.
Travers.	Traves.	Trépassement.	Trepassament.	Tringler.	Tringlar.
Traverse.	Travessa.	Trépasser.	Trepassar.	Tringlette.	Tringleta.
Traverse petite.	Travessola.	Trépassés les.	Trepassats.	Trinitaire.	Trinitari.
Traversée.	Travessada.	Trépied.	Trespeds, Indes.	Trinité.	Trinitat.
Traverser.	Travessar.	Trépignement.	Trepignament.	Trinquer.	Trincar.
Traversière.	Travessiera.	Trépigner.	Trepignar.	Trinquet.	Trinquet.
Traversin.	Travessier, Couissin.	Trépointe.	Rivet.	Trinquette.	Trinqueta.
Traversin de chaloupe.	Travessier.	Très.	Tres.	Trio.	Trio.
Travesti, ie.	Travestit, ada, Desquilat.	Trésaille.	Treselha.	Triomphal, ale.	Triomphal, ala.
Travestir.	Travestir.	Très-haut, le.	Autisme, vl.	Triomphalement.	Triomphalament.
Travestir.	Traverstir.	Tré-sept.	Tressepts.	Triomphant, ante.	Triomphant, anta.
Travestir se.	Travestir se.	Trésor.	Tresor.	Triomphateur.	Triomphatour.
Travestissement.	Travestissament.	Trésorerie.	Tresoraria.	Triomphe.	Triomphe.
		Trésorier.	Tresorier.	Triompher.	Triomphar.
TRE		Trésorière.	Tresoriera.	Tripaille.	Tripalha.
Trébuchement.	Trebucada.	Tressaillement.	Tressaut.	Triparti, ie.	Tripartit, ida, ia.
Trébucher.	Trabucar.	Tressaillir.	Tressalhir.	Tripe.	Tripa.
Trébuchet.	Trabuquet.	Tresse.	Trena.	Triperie.	Triparia.
Trèfle.	Treoule.	Tresser.	Entrenar.	Tripette.	Tripeta.
Trèfle à fleur purpurine.	Farouch.	Tresser des aulx, des oignons.	Enrestar.	Tripier, ère.	Tripier, iera.
Trèfle champêtre.	Caloun, 5.	Tressoir.	Tressoir.	Triple.	Triple, ipla.
Trèfle puant.	Balicot fer.	Treteau.	Estaudet.	Triplé, ée.	Triplat, ada.
Trèfle des Alpes.	Ped de poula.	Treteau ou chèvre.	Cavalet.	Tripler.	Triplar.
Trèfle, champ semé de.	Treouliera.	Treuil.	Truelh.	Tripoli.	Tripouli.
Treillage.	Trelhagi.	Trève.	Treva.	Tripot.	Tripot.
Treille.	Trelha.			Tripotage.	Tripoutagi.
		TRI		Tripoter.	Tripoutar.
		Triage.	Triagi.	Tripotier, ière.	Tripoutur, usa.
		Triangle.	Triangle.	Trique.	Trica, Tricot.
		Triangulaire.	Triangulari, aria.	Trique madame.	Riz sauvage.
		Triapharmacon.	Pharmacot.	Triste.	Triste, ista.
		Tribord.	Tribord.	Triste ordinairement.	Tristas.
		Tribord, tout.	Tribord tout.	Tristement.	Tristament.
				Tristesse.	Tristessa, Pegin.

Triton.	Tritoun.
Triton nodifère.	Biou.
Triton crêté.	Lagrauusa d'aigua.
Trituration.	Trissagi.
Trivial, ale.	Trivial, ala.
Trivialité.	Trivialitat.

TRO

Troc.	Troc.
Trochée.	Brouas.
Trochet.	Pignoun.
Troëne.	Olivier sauvagi.
Trogne.	Petoua.
Trognon.	Trougna.
Trogosite caraboïde.	Cagatroues, Calous. Cadela.
Trois.	Tres.
Trois fois autant.	Trestant.
Troisième.	Troisième, iema.
Troisièmement.	Troisiemament.
Trôler.	Trooular.
Trolle d'Europe.	Coucoumbre.
Trombe.	Troumba.
Tromblon.	Troumbloun.
Trompe.	Troumpa.
Tromper.	Troumpar.
Tromper se.	Troumpar se.
Tromperie.	Troumparia.
Trompeter.	Troumpelar.
Trompette.	Troumpeta.
Trompette, poisson.	Gagnola, Troumpetiaire.
Trompette du Cap.	Gazanet.
Trompeur, euse.	Troumpaire, arela.
Tronc.	Trounc.
Tronc principal d'un arbre.	Peroun.
Tronche.	Trounca.
Tronçon.	Trounçoun.
Trône.	Trone.
Tronqué, ée.	Troncat, ada.
Trop.	Trop.
Tropes, n. pr.	Troupes.
Trophée.	Tropheo.
Trophime.	Trophime.
Tropique.	Troupigue.
Troqué, ée.	Trocat, Baratad, ada.
Troquer.	Trocar, Baratar.
Trot.	Trot.
Trotte.	Trota.
Trotter.	Trotar.
Trotteur.	Trotaire.
Trottier.	Trotier.
Trottoir.	Trotoir.
Trou.	Trauc.
Trou, petit.	Trauquet.
Trous, percé d'un grand nombre de petits.	Trauquilhat.
Trou, caché dans un.	Entraucat; ada.
Trou à moineaux.	Passeriera.
Trou d'une serrure.	Claviera.
Troubadour.	Troubadours.
Trouble.	Trouble, bla.
Trouble, s.	Trouble.
Troublé, ée.	Treboulat, ada.
Trouble-fête.	Troubla repaus.
Troubler.	Troublar.
Id.	Treboular.
Trouée.	Clariera.
Trouée de moisson-neur.	Fenduda.

Trouer.	Traucar.
Troupe.	Troupa.
Troupeau.	Troupeou.
Troupeau sous la conduite d'un baile.	Railea.
Troupeau de bœufs ou de vaches.	Bravaira.
Troupeau petit.	Escaboutoun. Troupelet.
Troupeau gros.	Troupelas.
Trousse.	Troussa.
Trousse galant.	Troussa galant.
Troussequin.	Troussaquin.
Trousser.	Troussar.
Troussis.	Ausset.
Trouvaille.	Trouvalha.
Trouvé, ée.	Troubat, ada.
Trouver.	Troubar.
Trouver se.	Troubar se.
Trouvère.	Troubaire.

TRU

Truand, ande.	Truand, anda.
Truander.	Truandar.
Truanderie.	Truandaria.
Truble.	Mancha, 4.
Truchement.	Truchament.
Truelle.	Tibla.
Truelliée.	Tiblada.
Truffe.	Rabassa.
Truffes, marchand de.	Rabassiaire.
Truffière.	Rabassiera.
Truie.	Truia.
Truie féconde.	Porceliera.
Truie jeune.	Prima.
Truie grosse.	Truiassa.
Truie petite.	Truieta.
Truie, poisson.	Escourpena.
Triute.	Troucha, Truita.
Truitelle.	Trouchouna.
Trumeau.	Trumeou.
Trumeau, boucherie.	Grumeou, Brout.
Trusquin.	Trusquin.

TU

Tu, Toi, Te.	Tu, Te, Ti.

TUA

Tuable.	Tuable, abla.
Tu-autem.	Tu autem.

TUB

Tube.	Tube.
Tubercule.	Tuberculo.
Tubéreuse.	Tuberousa.

TUE

Tué, ée.	Tuat, ada.
Tue-chien.	Brama-vacca.
Tuer.	Tuar.
Tuer se.	Tuar se.
Tuerie.	Mortalagi.
Tuerie, abattoir.	Adoubadour.
Tueur.	Tuaire.

TUF

Tuf.	Tuf, Tuve.
Tufier.	Marraucena.
Tuf, devenir comme du.	Tuvelar, Atuvelir.
Tuf, se couvrir de.	Atuvelir s'.

TUI

Tuile.	Teoula.
Tuile faîtière.	Sautarella.
Tuile, couvrir en.	Cournadar.
Tuile, couvreur en.	Cournadaire.
Tuile, couvert en.	Cournadat, ada.
Tuile, remanier les.	Recubrir.
Tuiles sarasines.	Teoules sarrasins.
Tuile, enlever la.	Desteoulissar.
Tuileau.	Tros de teoule.
Tuilerie.	Teouliera.
Tuilier.	Teoulier.

TUL

Tulipe.	Tulipa.
Tulipe jaune, sauvage.	Tulipan.
Tulle.	Tulle.
Tullie, n. pr.	Tullia.

TUM

Tumeur.	Tumour.
Tumulte.	Tumulte.
Tumultueux, euse.	Tumultuous, ousa.

TUN

Tungstène.	Tungsteno.
Tunique.	Tunica.

TUR

Turban.	Turban.
Turbot.	Turbot, Passard.
Turbulent, ente.	Turbulent, enta.
Turc.	Turc.
Turelure.	Turoulurou.
Turenne, n. pr.	Tureno, vl.
Turlupin.	Turlupinaire.
Turlupinade.	Turlupinada.
Turlupiner.	Turlupinar.
Turpitude.	Turpituda.
Turquette.	Blanqueta, 2.
Turqnin.	Turques, esa.

TUS

Tussilage.	Tussilagi.

TUT

Tutélaire.	Tutelari, aria.
Tutelle.	Tutela.
Tuteur, trice.	Tutour, triça.
Tutie.	Tutia.
Tutoyement.	Tutegear lou.
Tutoyer.	Tutegear.
Tutrice.	Tutriça.

TUY

Tuyau.	Tuyeou.
Tuyau de mer.	Gazanet.

Tuyau en bois pour la conduite des eaux	Bourneou.
Tuyau d'un pressoir à huile.	Brouquet.
Tuyau en bois.	Bournel.
Tuyaux, ensemble des.	Bournelagi.
Tuyaux, placer des.	Bournelar.
Tuyère.	Tuviera.

TYM

Tympan.	Tympan.
Tympaniser.	Tympanisar.
Tympanite.	Tympanito.
Tympanon.	Tympanoun.

TYP

| Type. | Type. |

TYR

| Typhus. | Typhus. |
| Typographie. | Typographia. |

Tyran.	Tyran.
Tyrannie.	Tyrannia.
Tyrannique.	Tyrannique, ica.
Tyranniser.	Tyrannisar.

U

| U. | U. |

ULC

Ulcération.	Ulceration.
Ulcère.	Ulcero.
Ulcéré, ée.	Ulcerat, ada.
Ulcérer.	Ulcerar.
Ulcéreux, euse.	Ulceros, osa, vl.

ULT

Ultimatum.	Ultimatum.
Ultra.	Ultra.
Ultramontain.	Ultramontan.

UN

| Un. | Un. |

UNA

Unanime.	Unanime, ima.
Unanimement.	Unanimamant.
Unanimité.	Unanimitat.

UNE

| Une. | Una. |

UNI

Uni, ie.	Unit, ida, ia.
Unième.	Unieme, ema.
Uniforme.	Uniforme, ma.
Uniformité.	Uniformitat.
Uniment.	Uniment.
Union.	Union.
Unique.	Unique, ica.
Uniquement.	Unicament.
Unir.	Unir.
Unir s'.	Unir s'
Unisson.	Unisson.
Unité.	Unitat.
Univers.	Univers.
Universel, elle.	Universel, ela.
Universellement.	Universelament.
Université.	Universitat.

URA

| Urane. | Urano. |
| Uranus. | Uranus. |

URB

| Urbain, n. pr. | Urban. |
| Urbanité. | Urbanitat. |

URE

Urebec.	Copa boutoun.
Uredo carie.	} Carbouncle.
Uredo carie, charbon	
Urètre.	Pissareou.

URG

| Urgence. | Urgença. |
| Urgent, ente. | Urgent, enta. |

URI

Urinaire.	Urinal, vl.
Urine.	Ourina, Urina.
Urine, potée d'.	Pissadounuda.
Urine grande quantité d'.	Pissarada.
Urine, salir avec de l'.	Escoumpissar.
Urine, sali d'.	Escoumpissat.
Uriner.	Pissar, Ourinar.
Uriner, besoin d'.	Pissuegna.

URN

| Urne. | Urna. |

URS

| Ursule, n. pr. | Ursula. |
| Ursulines. | Ursulinas. |

US

| Us. | Us. |

USA

| Usage. | Usagi. |

| Usager. | Usagier: |

USE

Usé, ée.	Usat, ada.
Usé par l'âge.	Acabassit, ida.
User.	Usar, Gausir.
User ses vêtements.	Abenar.

USI

| Usine. | Usina. |
| Usité, ée. | Usitat, ada. |

UST

| Ustensile. | Ustensile. |
| Ustion. | Rabinagi. |

USU

Usuel, elle.	Usuel, ela.
Usufruit.	Usufruit.
Usufructier, ière.	Usufruitier, iera.
Usuraire.	Usurari, aria.
Usure.	Usura.
Usurier, ière.	Usurier, iera.
Usurpateur, trice.	Usurpatour, triça.
Usurpation.	Usurpation.
Usurpé, ée.	Usurpat, ada.
Usurper.	Usurpar.

UT

| Ut. | Ut. |

UTI

Utile.	Utile, ila.
Utilement.	Utilament.
Utiliser.	Utilisar.
Utilité.	Utilitat.

UVA

| Uva ursi. | Uva ursi. |

V

V.	V.

VA

Va.	Vai.

VAV

Vacance.	Vacança.
Vacant, ante.	Vacant, anta.
Vacarme.	Vacarme.
Vacation.	Vacation.
Vaccin.	Vaccina.
Vaccinateur.	Vaccinatour.
Vaccine.	Vaccina.
Vacciner.	Vaccinar.
Vache à Dieu.	Besti doou bondiou.
Vache.	Vacca.
Vache petite.	Vaqueta.
Vache grosse et laide.	Vachassa.
Vaches, les, en général.	Vachaira.
Vaches, tuer les, pour la viande.	Amarguir.
Vacher, ère.	Vacheiroou, oua.
Vacherie.	Vachiera.
Vaciet.	Aiges.
Vaciet uligineux.	Petroussier.
Vacillant, ante.	Vacillant, anta.
Vaciller.	Varassiar, Vacillar.
Vacuité.	Vacuitat.

VAD

Vade-mecum.	Vade mecum.
Vadrouille.	Radassa.
Vadrouiller.	Radassar.
Vadrouilleur.	Radassaire.

VAG

Vagabond, onde.	Vagabound, ounda.
Vagabondage.	Vagaboundagi.
Vagabonder.	Vagaboundar.
Vague.	Vaga.
Id.	Vague, aga.
Vaguement.	Vagament.
Vaguemestre.	Vaguemestre.
Vaguer.	Rodar, Rodassiar.

VAI

Vaillamment.	Valhamment.
Vaillance.	Valhença.
Vaillant, ante.	Valhent, enta.
Vaillantise.	Valhentisa.
Vain, aine.	Van, ana.
Vaincre.	Vencre.
Vaincu, ue.	Vencut, uda.
Vaine-gloire.	Vanagloria.
Vainement.	Inutilament.
Vainqueur.	Vencur.
Vair.	Vair.

Vaisseau.	Vaisseou.
Vaisselle.	Vaissela.

VAL

Val.	Val.
Valable.	Valable, abla.
Valablement.	Valablament.
Valentin, n. pr.	Valentin.
Valentine, n. pr.	Valentina.
Valentinien.	Valentinien.
Valeriane.	Valeriana.
Valeriane rouge.	Pan couguou.
Valeriane couronnée.	Passerouns.
Valeriane corne d'abondance.	Moucelet.
Valérie, n. pr.	Valeria.
Valerien, n. pr.	Valerien.
Valet.	Varlet.
Valet, corde.	Idem.
Valet de menuisier.	Idem.
Valet de ville.	Varlet de villa.
Valet, gros.	Varletas.
Valet, petit.	Varletoun.
Valet de meunier.	Ragas.
Valetaille.	Varletalha.
Valeter.	Valetar.
Valétudinaire.	Valetudinari, aria.
Valeur.	Valour.
Valeureusement.	Courageousament.
Valeureux, euse.	Valhent, enta.
Valide.	Valide, ida.
Validé, ée.	Validat, ada.
Validement.	Validament.
Valider.	Validar.
Validité.	Validitat.
Valise.	Valisa.
Valisnerie.	Embuscun.
Vallée.	Valeya.
Vallée venteuse.	Valauria.
Vallée, qui est de la.	Valeyenc, enca.
Vallée, petite.	Valeta.
Vallée profonde.	Vaucrosa.
Vallée sauvage.	Vaufera.
Vallée glacée.	Vaugelada.
Vallée élevée.	Vausubiera.
Vallon.	Valoun.
Vallon abondant en eau.	Valiguiera.
Vallon, mauvais.	Vaumale.
Vallon, petit.	Arrec.
Valoir.	Valer.
Valse.	Valsa.
Valser.	Valsar.
Valvule.	Valvule.

VAN

Van.	Van.
Van, ce qu'un, contient.	Vanada.
Van, petit.	Vanet.
Vandale.	Vandalo.
Vandalisme.	Vandalisme.

Vendée, dép.	Vandea.
Vandoise.	Sophia, 2.
Vandome.	Vandoma.
Vanille.	Vanilha.
Vanité.	Vanitat.
Vaniteux, euse.	Vanitous, ousa.
Vanne.	Marteliera.
Vanneau.	Vancou.
Vanneau varié.	Espagnoulet.
Vanner.	Moundar. Vanetar.
Vannerie.	Banastounaria.
Vannette.	Cruveou.
Vanneur.	Vanaire.
Vannier.	Banastounier.
Vantard, arde.	Vantaire.
Vanter.	Vantar.
Vanter se.	Vantar se.
Vanterie.	Vantaria.
Va-nu-pieds.	Ped-descaus.

VAP

Vapeur.	Vapour.
Vapeur, machines à.	Machinas à vapour.
Vapeur chaude, étouffante.	Boubourada.
Vapeurs.	Vapours.
Vapeurs chez les hommes.	Maou doou masclun.
Vaporeux, euse.	Vapourous, ousa.

VAQ

Vaquer.	Vacar.

VAR

Var, départ. du.	Var.
Varangue.	Varangla.
Varage.	Varago.
Variable.	Variable, abla.
Variant, ante.	Variant, anta.
Variation.	Variation.
Varices.	Variças.
Varié, ée.	Variat, ada.
Varier.	Variar.
Variété.	Varietat.
Variole.	Veirola pichota.
Variolithe.	Peira de veirola.
Variqueux, euse.	Varicous, ousa.
Varlope.	Varlopa.
Varlopé, ée.	Varlopat, ada.
Varloper.	Varlopar.

VAS

Vase.	Vase.
Vase, petit.	Vasoun.
Vase de nuit.	Ourinau.
Vases, en général.	Aisinas.
Vase, bourbe.	Vasa, Nita.
Vaseux, euse.	Vasous, Nitous, ousa.
Vassal, ale.	Vassal, ala.

Vasselage.	Vasselagi.
Vasle.	Vaste, asta.

VAU

Vauclause.	Vauclauva.
Vaudeville.	Vaudevilla.
Vaucluse, dép. dc.	Vauclusa.
Vaurien.	Baudes, vl.
	– Vaurien, ena.
Vautour, grand.	Vooutour.
Vautour fauve.	Tamisier.
Vautour, petit.	Capoun fer.
Vautrer se.	Ventoular, Vioutar se.

VEA

Veau.	Vedeou, Vedel.
Veau, petit.	Vedelet.

VED

Vedette.	Vedeta.

VEG

Végétal.	Vegetal.
Vegetal, ale.	Vegetal, ala.
Végétatif, ive.	Vegetatiu, iva, vl.
Végétation.	Vegetation.
Végétaux.	Veyetaus.
Végéter.	Vegetar.

VEH

véhémence.	Vehemensia.
Véhément, ente.	Vehement, enta.

VEI

Veille.	Velha.
Veille de Noël.	Ve'ha de Nouve.
Veillée.	Velhada.
Veiller.	Velhar.
Veilleur.	Velhaire.
Veilleuse.	Velhusa.
Veilleuse, plante.	Brama vacca.
Veine.	Vena.
Veine, grosse.	Venassa.
Veine, petite.	Veneta.
Veiné, ée.	Venat, ada.
Veiner.	Venar.
Veineux, euse.	Venous, ousa.

VEL

Velar.	Herba de Santa Barba
Vêler.	Vedelar.
Vélin.	Velin.
Vélites.	Velilos.
Velléité.	Velleitat.
Veloce.	Velox, vl.
Vélocité.	Velocitat.
Velours.	Velours.
Velours vert, Insecte.	Cantharida de la vigna.
Velours, faire patte de.	Cachourliar.
Velouté, ée.	Veloutat, ada.
Velouter.	Veloutar.
Velu, ue.	Velut, uda, ua.

Velvote.	Herba de Santa Verounica.

VE

Venaison.	Venesoun.
Vénal, ale.	Venal, ala.
Vénalité.	Venalitat.
Venant.	Venent.
Vendable.	Vendable, abla.
Vendange.	Vendumi.
Vendange, panier à.	Vendumiadour.
Vendangé, ée.	Vendumiat, ada.
Vendanger.	Vendumiar.
Vendangeur, euse.	Vendumiaire, arela.
Vendémiaire.	Vendemiari.
Vendeur, euse.	Vendeire, usa,
Vendre.	Vendre.
Vendre à vil prix.	Debarassar.
Vendredi.	Divendres.
Vendu, ue.	Vendut, uda.
Venelle.	Venela.
Vénéneux, euse.	Venenos, osa, vl.
Vénérable.	Venerable, abla.
Vénérable.	Venerable.
Vénération.	Veneration.
Vénéré, ée.	Venerat, ada.
Vénérer.	Venerar.
Vénérien, ienne.	Venerien, ena,
Vengé, ée.	Vengeat, ada.
Vengeance.	Vengeança.
Venger.	Vengear.
Venger se.	Vengear se.
Vengeur, eresse.	Vengeaire, arela.
Veniat.	Veniat.
Véniel, elle.	Veniel, iela.
Vernimeux, euse.	Vernimous, ousa.
Venin.	Verin.
Venir.	Venir.
Vent.	Vent.
Vent gros.	Ventas.
Vent petit.	Ventoulet.
Vent du Sud.	Marin.
Vent d'Est.	Aura roussa.
Vent du Nord.	Aura drecha.
Vent chaud.	Aura cauda.
Vent roux.	Aura bruna.
Vent petit, froid du Nord.	Anguieloun.
Vent, coup de.	Ventada.
Vent, fort coup de.	Aura-fola.
Vent petit.	Ventoulet.
Vent frais, petit.	Respilhoun.
Vent très-froid.	Sisampa.
Vent du Nord-Est.	Anguielas.
Vente.	Venta.
Venter.	Ventar.
Venteux, euse.	Ventous, ousa.
Ventilateur.	Ventilatour.
Ventôse.	Ventoso.
Ventosité.	Ventousitat.
Ventouse.	Ventousa.
Ventouser.	Mettre des Ventousas.
Ventre.	Ventre.
Ventre affamé.	Ventre prin.
Ventre gros.	Ventras.
Ventre petit.	Ventroun.
Ventrée.	Ventrada.
Ventrée d'une chienne.	Cadelada.
Ventrière.	Ventriera.
Ventriloque.	Ventriloco.
Ventru, ue.	Ventrarut, uda, ua.

Venue.	Venguda.
Vénus.	Venus.
Vénus écrite.	Arceli.
Vénus treillissée.	Clauvissa.
Vénus verruqueuse.	Preire double.

VEP

Vêpre.	Vespre.
Vêpres.	Vespras.
Vêpre siciliennes.	Vespras sicilienas.

VER

Ver.	Verme.
Ver gros.	Verpatas.
Ver petit.	Vermenoun.
Vers, avoir des.	Avermar.
Ver du fromage.	Cuquet.
Vers à soie, mortalité des.	Recurada.
Ver à soie.	Magnan.
Ver flétri.	Passit.
Ver blanc des cerises.	Berou.
Ver à soie femelle.	Cabra, ъ.
Ver cucurbitain.	Verme cucurbitain.
Ver solitaire.	Verme soulitari.
Véraire.	Varaire.
Veran, n. pr.	Veran.
Verbal, ale.	Verbal, ala.
Verbalement.	Verbalament.
Verbaliser.	Verbalisar.
Verbe.	Verbo.
Verbiage.	Verbiagi.
Verbosité.	Verbositat, vl.
Verd. V. Vert.	
Verdâtre.	Verdastre, astra.
Verdelot, ote.	Verdelet, eta.
Verderolle.	Sauzerina.
Verdet.	Verdet.
Verdeur.	Verdour.
Verdier de haie.	Chic jaune.
Id.	Verdier.
Verdoyant, ante.	Verdoyant, anta.
Verdoyer.	Verdegear.
Verdure.	Verdura.
Véreux, euse.	Vermenoux, ousa.
Verge.	Verga.
Verge petite.	Vergeta.
Verge d'or.	Bensipounetas.
Verger.	Vergier.
Vergeter.	Vergetar.
Vergettes.	Vergeta.
Verglacer.	Gealibrar.
Verglas.	Verglas, Gealibre.
Vergne. V. Aune.	
Vergogne.	Vergougna.
Vergue.	Verga.
Véridique.	Veridique, ica.
Vérificateur.	Verificatour.
Vérification.	Verification.
Vérifié, ée.	Verifiat, ada.
Vérifier.	Verifiar.
Vérine.	Verina.
Véritable.	Veritable abla.
Véritablement.	Veritablament.
Vérité.	Veritat.
Verjus.	Aigras.
Verjuté, ée.	Aigrassous, ousa.
Vermeil, eille.	Vermelh, elha.
Vermeil.	Vermelh.
Vermicelle.	Vermichelis.

Vermicelle plat.	Veta.	
Vermicellier.	Vermicheliaire.	
Vermifuge.	Contra-vers.	
Vermillets.	Boudroya.	
Vermillon.	Vermilhoun.	
Vermine.	Mangeansa et Vermina.	
Vermisseau.	Vermisseou.	
Vermouler se.	Arnar s'.	
Vermoulure.	Vermenadura.	
Verne.	Verna.	
Verni, ie.	Barnissat, ada.	
Vernir.	Barnissar.	
Vernis.	Barnis, Vernis.	
Vernisser.	Id.	
Vernissure.	Barnissagi.	
Vérole.	Veirola.	
Vérole petite.	Veirola pichota.	
Vérole, gravé de la.	Veiroulat, ada.	
Vérole volante.	Veirola fola.	
Véron.	Veiroun.	
Id.	Maucha.	
Véronique.	Verounica.	
Véronique plante.	Id.	
Véronique, petit chêne.	Pichot chaine.	
Véronique à feuille de lierre.	Paparuga.	
Verrat.	Verre.	
Verre.	Veire.	
Verre, marchand de, ambulant.	Rafier.	
Verrée.	Veire.	
Verrerie.	Veiriera.	
Verrier.	Veirier.	
Verrou.	Ferroulh.	
Verrouiller.	Ferroulhar.	
Verrue.	Berruga.	
Verrue grosse.	Berrugassa.	
Verrue petite.	Berrugueta.	
Vers.	Vers.	
Versant.	Versant.	
Verse à.	Versa à.	
Verseau.	Aquari, vl.	
Versement des blés.	Ablaiada.	
Verser.	Vessar.	
Verset.	Verset.	
Versificateur.	Versificatour.	
Versification.	Versification,	
Versifié, ée.	Versifiat.	
Versifier.	Versifiar.	
Version.	Version.	
Verso.	Verso.	
Vert, erte.	Verd, erda.	
Vert.	Vert.	
Vert, mettre au.	Affiragear.	
Vert de gris.	Verdet.	
Vertical, ale.	Vertical, ala.	
Vertige.	Vertigi.	
Vertigo.	Vertigot.	
Vertu.	Vertut.	
Vertus théologales.	Vertus theologalas.	
Vertueusement.	Vertuousament.	
Vertueux, euse.	Vertuous, ousa.	
Verve.	Verva.	
Verveine.	Vervena.	
Verveux.	Vertoulenc.	

VES

Vesce de Narbonne.	Garrouta,
Vesce jaune.	Cornabiou.

Vesce Hybride.	Id.
Vesce cultivée.	Pesota.
Vesce des haies.	Vessara.
Vesce cultivée à graines noires.	Bessas-negras.
Vesse fausse esparcette.	Jarjarieyes.
Vésicatoire.	Vesicatoiro.
Véscicule du fiel, inflammation de cette partie.	Faluge.
Veson.	Vesoua.
Vespasien, n. pr.	Vespasias, vl.
Vesper.	Venus.
Vesse.	Loffi, Vessena.
Vesse de loup gigantesque.	Loffi de loup.
Vesser.	Loffiar.
Vesseur.	Vessinaire.
Vessie.	Boufiga.
Vessigon.	Vessilhoun.
Vesta.	Vesta.
Vestale.	Vestala.
Veste.	Vesta.
Veste grosse, laide.	Vestassa.
Veste petite.	Vesteta, Vestouna.
Veste grande.	Poulagra.
Vestiaire.	Vestiari.
Vestibule.	Vestibulo,
Vestige.	Vestigi.

VET

Vêtement.	Vestiment.
Vétéran.	Veteran.
Vétérance.	Veterança.
Vétérinaire.	Veterinari.
Vétille.	Fichesa.
Vétiller.	Besuguegear,
Vétilleur minutieux.	Besuquet,
Vétilleux, euse.	Besoucous, ousa,
Vêtir.	Vestir.
Vêtir se.	Vestir se.
Vêtu, ue.	Vestit, ida, ia.
Vêture.	Vetura.

VEU

Veuf, euve.	Veous, ousa.
Veuf qui a épouse une veuve.	Renaubi.
Veuf, devenir.	Aveousar s'.
Veuf devenu.	Aveousat, ada.
Veuvage.	Veousagi.

VEX

Vexation.	Vexation.
Vexé, ée.	Vexat, ada.
Vexer.	Vexer.

VIA

Viable.	Viable, abla.
Viager, ère.	Viager, iera.
Viande.	Vianda.
Viande petite.	Carneta.
Viande grosse ou mauvaise.	Viandassa.
Viande très-maigre.	Carnfulha.
Viande sans os.	Poupa falhit.
Viande d'un animal mort par accident.	Carn d'auvalia.

Viandes les, en général.	Viandalha.
Viatique.	Viatique.

VIB

Vibord.	Vibord.
Vibration.	Vibration.
Vibrer.	Vibrar.

VIC

Vicaire.	Vicari.
Vicairie.	Vicaria.
Vicariat.	Vicariat.
Vice.	Vice, Vici.
Vice caché.	Magagna.
Vice-amiral.	Vice-amirau.
Vice-chancelier.	Vice-chancelier.
Vice-consul.	Vice-consou.
Vice-légat.	Vice-legat.
Vice-président.	Vice-president.
Vice-roi.	Vice-rei.
Vicier.	Viciar.
Vicieux, euse.	Vicious, ousa.
Vicinal, ale.	Vicinau, ala.
Vicissitude.	Vicissitudá.
Vicomte.	Vicomte.
Vicomté.	Vicomtat.
Vicomtesse.	Vicomtessa.
Victime.	Victima.
Victimer.	Victimar.
Victoire, n. pr.	Venturi, Victoira.
Victoire.	Victoira.
Victor, n. pr.	Victor.
Victor jeune.	Victoret.
Victorieusement.	Victouriousament.
Victorieux, euse.	Victourious, ousa.
Victorin, n. pr.	Victourin.
Victuaille.	Victualha.

VID

Vidal, n. pr.	Vidau.
Vidange.	Vuidança.
Vidangeur.	Cura-privats.
Vide.	Vuide, uida.
Vidé, ée.	Vuidat, ada.
Vider.	Vuidar.
Vider se.	Vuidar se.
Vidimer.	Vidimar.
Viduité.	Viduitat.

VIE

Vie.	Vida, Vita.
Vie misérable.	Vidassa.
Viedase.	Viedai.
Viel, vieux, vieille.	Vielh, elha,
Vieillard.	Vielhard.
Vieillerie.	Vielharia.
Vieillesse.	Vielhessa.
Vieillesse, courbé de.	Courcoussounit, ida.
Vielleur.	Rougaynoun.
Vieillot, otte.	Vielhoun, ouna.
Vielle.	Viella, viola.
Vieller.	Jugar de la viella.
Vierge.	Viergi.
Vieux, eille.	Vielh, ielha.

VIF

Vif, ive.	Viou, iva.
Vif-argent.	Argent viou.

VIG

Vigilance.	Vigilenci.
Vigilant, ante.	Vigilent, enta.
Vigile.	Velha.
Vignage.	Vinagi.
Vigne.	Vigna.
Vigne, saison de la taille.	Poudasouns.
Vigne, lier la.	Vedilhar.
Vigne, garde.	Vignau.
Vigne dont les ceps sont en perches.	Cavaliera.
Vigne plantée en plein.	Platissada.
Vigne, jeune pousse de la.	Aparoun.
Vigne, branche de, avec ses grosses feuilles et son fruit.	Visada.
Vigneron, onne.	Vigneroun, Poudaire.
Vignette.	Vigneta.
Vignoble.	Vignoble.
Vigogne.	Vigougna.
Vigoureusement.	Vigourousament.
Vigoureux, euse.	Vigourous, ousa.
Viguerie.	Vigaria.
Vigueur.	Vigour.
Viguier.	Viguier.

VIL

Vil, ile.	Vil, ila.
Vilain.	Vilen.
Vilain, aine.	Vilen, cna.
Vilainement.	Vilenament.
Vilebrequin.	Virabrequin.
Vilenie.	Vilania.
Village.	Vilagi.
Village petit.	Vilageoun.
Village gros.	Vilageas.
Villages courir les.	Vilandriar.
Villageois, oise.	Fourestier, iera.
Villageoise portant le Bavolet.	Perneta.
Ville.	Vila.
Ville grande et laide.	Vilassa.
Villette.	Vilota.

VIN

Vin.	Vin.
Vin mauvais, qui répugne.	Vinas.
Vin, le cher.	Vinet.
Vin douceâtre.	Bourret.
Vin de pressurage.	Vin de destrech.
Vin précoce.	Choucourel.
Vin, marchand de.	Vinachier.
Vin, tirer le, de la cuve.	Destinelar.
Vin, petit coup de.	Chiquet.
Vin, terer le, du fausset.	Adousilhar.
Vin, taché avec du.	Envinassat, ada.
Vinaigre.	Vinaigre.
Vinaigrette.	Vinaigreta.
Vinaigrier.	Vinaigrier.
Vincent, n. pr.	Vincens.
Vindicatif, ive.	Vindicatif, iva.
Vinette.	Aigreta.
Vineux, euse.	Vinous, ousa.

Vingt.	Vingt.
Vingtaine.	Vingtena.
Vingtième.	Vingtieme, ema.

VIO

Viol.	Viol.
Violat.	Vieulat, ada, vl.
Violateur, trice.	Violaire, isïa.
Violation.	Violation.
Viole.	Viola.
Violemment.	Violamment.
Violence.	Vioulenci.
Violent, ente.	Vioulent, enta.
Violenté, ée.	Vioulentat, ada.
Violenter.	Vioulentar.
Violer.	Violar.
Violet.	Vichas.
Violet, ette.	Vioulet, eta.
Violette.	Viouleta.
Violette à éperon.	Viouleta de Vacharessa.
Violette des chiens.	Palenga.
Violette de montagne.	Panlega.
Violette odorante.	Viouleta.
Violette à trois couleurs.	Pansea.
Violette, plan de.	Viouletier.
Violier.	Vioulier.
Violon.	Viouloun.
Violon mauvais.	Rebec.
Violon, jouer du.	Vioulounar.
Violoncelle.	Vioulouncela.
Violoniste.	Vioulounaire.
Viorne.	Attatier.

VIP

Vipère.	Vipera.
Vipère de mer.	Bissa.
Vipérine.	Bourragi-fer.

VIR

Virago.	Homenas.
Virer.	Virer.
Virevault.	Viravoout.
Virevolte.	Vira voouta.
Virgile, n. pr.	Virgilo.
Virginal, ale.	Virginal, ala.
Virginité.	Virginitat.
Virgouleuse.	Virgoulusa.
Virgule.	Virgula.
Viril, ile.	Viril, ila.
Virilité.	Virilitat.
Virole.	Virola, Vira.
Virole, mettre une.	Virolar.
Virtuel.	Virtual, vl.
Virtuellement.	Virtualment, vl.
Virtuose.	Virtuoso, osa.
Virulence.	Virulença.
Virulent, ente.	Virulent, enta.

VIS

Vis.	Vis, Avis.
Visa.	Visat.
Visage.	Visagi.
Visage, rougeurs du.	Bristuladura.
Vis-à-vis de.	Vis-à-vis de.
Viscosité.	Viscousitat.
Visée.	Mira.

Viser.	Visar, amirar.
Visible.	Visible, ibla.
Visiblement.	Visiblament.
Visière.	Visiera.
Visigoth.	Visigoth.
Vision.	Vision.
Visionnaire.	Vistounari.
Visir.	Visir.
Visitandine.	Visitandina.
Visitation.	Visitation.
Visite.	Visita.
Visite, qu'on n'attend pas.	Avenidour.
Visité, ée.	Visitat, ada.
Visiter.	Visitar.
Visiteur, euse.	Visitur, usa.
Vison-visu.	Visoun-visu.
Visorium.	Visorium.
Visqueux, euse.	Viscous, ousa.
Visser.	Mourenar.

VIT

Vital, ale.	Vital, ala.
Vitalité.	Vitalitat.
Vite.	Leou.
Vitesse.	Vitessa.
Vitrage.	Vitragi.
Vitre.	Vitra.
Vitré, ée.	Vitrat, ada.
Vitrer.	Vitrar.
Vitrec.	Cuou-blanc.
Vitrier.	Vitrier.
Vitrification.	Vitrification.
Vitrifié, ée.	Vitrifiat, ada.
Vitrifier.	Vitrifiar.
Vitriol blanc.	Coupa rosa blanca.
Vitriol bleu. Vitriol de Chypre.	Vitriol blu.
Vitriole.	Esparga.
Vitupère.	Vituperi.
Vitupérer.	Vituperar.

VIV

Vivace.	Vivace, aça.
Vivacité.	Vivacitat.
Vivandier, ière.	Vivandier, iera.
Vivant, ante.	Vivent, enta.
Vivat.	Vivat.
Vive.	Viva.
Vive.	Aragna.
Vive jeune.	Aragnola.
Vivette.	Sarcidura.
Vivement.	Vivament.
Vivier.	Vivier.
Vivifiant, ante.	Vivifiant, anta.
Vivification.	Vivificacio, vl.
Vivifier.	Vivificar, fiar.
Vivoter.	Vivoutar.
Vivre.	Vioure.
Vivre.	Vioure lau.
Vivres les.	Vioures lous.

VIZ

Vizir.	Visir.

VOC

Vocable.	Vocable, abla.
Vocabulaire.	Vocabulari.

Vocal, ale.	Vocal, ala.
Vocatif.	Vocatif.
Vocation.	Voucation.

VŒU

Vœu.	Vot, Vu.

VOG

Vogmare d'Aristote.	Argentin.
Vogue.	Voga, Toumbada.
Voguer.	Vogar.

VOI

Voici.	Ve, Vec, Veicit.
Voie lactée.	Camin de St.-Jaques.
Voilà.	Vela, Velaquit.
Voile.	Vela.
Voile de perroquet.	Papafiga.
Voile.	Voile.
Voiler.	Voilar.
Voilier.	Velier.
Voir.	Veire.
Voir un chose autrement qu'elle n'est.	Besveire.
Voirie.	Prad batalhier.
Voisin, ine.	Vesin, ina.
Voisinage.	Vesinagi.
Voisiner.	Vesinegear.
Voiture.	Voitura.
Voituré, ée.	Voiturat, ada.
Voiturer.	Voiturar.
Voiturier.	Voiturier.
Voix.	Vois.
Voix, mauvais son de.	Marrit souras.
Voix plaintive.	Planchoun.

VOL

Vol.	Vol.
Vol du chapon.	Masada.
Volage.	Volagi, agea.
Volaille.	Volalha.
Volant, ante.	Volant.
Volant d'un moulin.	Entena.
Volatil, ile.	Volatil, ila.
Volatille.	Volatilha.
Volcan.	Volcan.
Volcanique.	Volcanique, ica.
Volcaniser.	Volcanisar.
Vole.	Vola.

Volée.	Volada.
Volée de coups.	Rossada.
Volé, ée.	Volat, ada.
Voler.	Volar.
Voler.	Raubar.
Voler, facile à.	Raubadis, issa.
Volereau.	Volurot.
Volerie.	Volaria.
Volet.	Tournavent.
Voleter.	Volastregear.
Voleur, euse.	Volur, usa.
Volière.	Voliera.
Volige.	Douela.
Volontaire.	Voulountari, aria.
Volontairement.	Voulountariament.
Volonté.	Voulountat.
Volontiers.	Voulountiers.
Volte.	Volta.
Volte face.	Volta faça.
Voltiger.	Volastregear.
Voltigeur.	Voltigeur.
Volubilité.	Voulubilitat.
Volume.	Voulume.
Volumineux, euse.	Vouluminous, ousa.
Volupté.	Vouluptat.
Voluptueusement.	Vouluptuousament.
Voluptueux, euse.	Vouluptuous, ousa.
Volute.	Vouluta.
Volute, coquille.	Bousselana viranta.

VOM

Vomique.	Vooumica.
Vomir.	Vooumir, Racar.
Vomit, souvent qui.	Racaire, arela.
Vomissement.	Vooumissament.
Vomitif, ive.	Vooumitif, iva.

VOR

Vorace.	Vourace, aça.
Voracité.	Vouracitat

VOS

Vosges, dépt. des.	Vosgeas.

VOT

Vot.	Vot.
Votant.	Votant.
Voter.	Votar.
Votre et Vôtre.	Vostre, tra.

VOU

Vouloir.	Vouler.
Vous.	Vous.
Vous autres.	Vautres.
Voussoir.	Clau, 6.
Voûte.	Vouta.
Voûté, ée.	Voutat, ada. Croutat.
Voûter.	Voutar, Croutar.
Voûter se.	Vouter se.

VOY

Voyage.	Viagi, Voyagi.
Voyager.	Voyagear.
Voyager souvent.	Viagegear.
Voyageur, euse.	Voyageur, eusa.
Voyant, ante.	Voyant, anta.
Voyelle.	Voyela.
Voyer.	Vouyer.

VRA

Vrai, aie.	Verai.
Vraisemblable.	Vresemblable, abla.
Vraisemblablement.	Vresemblablament.
Vraisemblance.	Vresemblança.

VRI

Vrille.	Filheiroun.
Vrille.	Courregeola.
Vrillette de l'olivier.	Chiroun, 4.

VUE

Vu, ue.	Vist, ista.
Vue.	Vista.

VUL

Vulcain.	Vulcan.
Vulgaire.	Vulgari, aria.
Vulgairement.	Vulgariament.
Vulgate.	Vulgata.
Vulnéraire.	Vulnerari.
Vulnéraire, plante.	Gealassouns.
Vulvaire.	Pombroya.

WHI

Whig.	Whig.
Whist.	Whisk.

X Y Z

X.	X.
Xavier, n. pr.	Xavier.
Xi, Xi, Xi.	Xi, Xi. Xi.

Y

Y.	Y.

YEU

Yeuse.	Eouse.
Ypréau.	Aubera.

Z

z.	Z.

ZAC

Zacharie.	Zacario, Jacario.

ZEB

zèbre.	Zebre.

ZÉE

Zée-forgeron.	Pei Sant Peire.

ZEL

Zélande.	Zelanda.
Zélateur.	Zelatour.
Zèle.	Zele.
Zélé, ée.	Zelat, ada.

	ZEN			**ZIB**		**ZOD**
					Zodiaque.	Zodiaque.
zénith.	Zenith.		Zibeline.	Zibelina.		**ZOE**
zénobie.	Zenobia.				Zoé, n. pr.	Zoe.
	ZEP			**ZIG**		**ZON**
			Zigzag.	Zig-zag.	Zone.	Zona.
Zéphyr.	Zephyr.					**ZOO**
Zéphyrin.	Zephyrin.			**ZIN**		
	ZER		Zinc.	Zinc.	Zoologie.	Zoologia.
			Zinzolin.	Zinzoulin,	Zoophyte.	Zoophyto.
zéro.	Zero.					**ZOS**
	ZES			**ZIZ**	Zostère marine.	
			Zizanie.	Zizania.	Zostère de la Médi-	Auga.
Zeal.	Zest.		Zizi.	Chic.	terranée.	
Zeste.	Zest, zesta.					

TABLE

Des Noms Latins, donnés par les Naturalistes, aux différents Êtres mentionnés dans le Dictionnaire Provençal-Français.

A

Abies excelsa, Dec.	Serenta.
Abies pectinata, id.	Sap.
Acanthia lectularis,Fab.	Sumi.
Acanthias-Blainville, Risso.	Mangin.
Acanthus mollis, Lin.	Acanta.
Acanthus spinosus, id.	Id.
Acarus.	Ciroun.
Acarus ricinus, Lin.	Lingasta.
Acarus siro. id.	Frion.
Acer campestre, Lin.	Agas, Ajas.
Acer monspessulanum, id.	Id.
Acer opulifolium, Wild.	Blai.
Acer platanoides, Lin.	Plai.
Achillea millefolium, Lin.	Herba de milla fuelha.
Achillea ptarnica, id.	Herba deis ester- nuts.
Achillea ead. Flore ple- no.	Boutoun d'argent.
Acipenser huso.	Capso, Colla-pei.
Acipenser sturio, Lin.	Esturgeoun.
Aconytum lycoctonum, Lin.	Thouera jouna.
Aconytum napellus, id Aconytum panicula- um, id.	Estrangla loup.

Acrydium migrato- rium, vl.	Baudrora.
Adianthum capillus ve- neris, Lin. Adianthum nigrum, id. Adianthum pedatum. id.	Capillari.
Adonis annua, Mill.	Roubissa.
Ægerita crustacea, Dec.	Mousidura.
Ægilops ovata, Lin. Ægilops triuncialis, id.	Blad de Couguou.
Æsculus hippocasta- num, Lin.	Marrounier.
Æthusa cynapium, Lin.	Persil salbatge.
Agaricus albellus, Bull.	Moussairoun.
Agaricus attenuatus, Dec.	Pelousa de sause.
Agaricus aurantiacus, Bull.	Roumanel.
Agaricus bovinus, Dec.	Camparol de biou.
Agaricus cantharellus, id.	Escarabilha.
Agaricus clavus, Bull.	Verdeta.
Agaricus cortinellus, Dec	Pelousa de sause.
Agaricus cylindraceus, id.	Id.
Agaricus deliciosus, id.	Camparol jaune.

Agaricus elicinus, Bull.	Piboulada d'euuse.
Agaricus eryngii, Dec.	Bouligoula.
Agaricus fimetarius, id.	Envinassat.
Agaricus ovoideus, id.	Cougoumeou.
Agaricus procerus, Schæff.	Escumel.
Agaricus quercinus, Bull.	Cassenada.
Agaricus socialis, Dec.	Piboulada d'couse.
Agaricus squammosus, Bull.	Cabarlas
Agaricus translucens, Dec.	Pamparol de biou.
Agaricus umbilicalus.	Scop.
Agave americana, Lin.	Aloes.
Agrimonia eupatoria, Lin.	Sourbeireta.
Agrostema githago, Lin.	Niela.
Agrostia calamagros- tis, Lin	Bauca.
Agrostis miliacea, id.	Melh.
Aira.	Froumentaü pichot
Ajuga chamœpitys, Lin.	Calapita.
Ajuga genevensis, id. Ajuga pyramidalis, id. Ajuga reptans, id.	Bugla.
Alauda arborea, Lin.	Bedouvida.
Alauda arenaria, id.	Courrentilha.
Alauda arvensis, id.	Calandra.
Alauda avicula, id.	Criou.

Artemisia rupestris, Lin. — Genipi.
Artemisia vulgaris, id. — Artemisa.
Arum italicum, Miss. — Fuguieiroon.
Arum maculatum, Lin. — Fugueiroun.
Arundo bambos, Lin. — Bambou.
Arundo calamagrostis, id — Bauca.
Arundo donax, id. — Cana.
Arundo phragmites, id. — Canabiera salvagea
Asarum europæum, id. — Cabaret.
Ascaris lumbricoides, id. — Verme gros deis enfants.
Ascaris vermicularis. — Verme pichot.
Asclepias vincetoxicum, Lin. — Revira-menut.
Asparagus acutifolius, Lin. — Aspergea sauvagea
Asparagus officinalis, id. — Aspergea.
Asperugo procumbens, id. — Raspela.
Asperula arvensis, id. — Reboula salvagea.
Asperula cynanchica, id. — Herba de l'esqui-nancia.
Asphodelus albus, Wild. — Tuberousa fera.
Asphodelus ramosus, id. — Pourraca.
Aspidiforus armatus, Dict. Sc. nat. — Calbot.
Asplenium adianthum nigrum, Lin. — Capillari.
Asplenium ceterach, id. — Herba daurada.
Asplenium scolopen-drium, Lin. — Escolopendra.
Asplenium trichomanes, id. — Politric.
Astacus fluviatilis, id. — Escrivici.
Astacus marinus, id. — Lingoumbaud.
Aster amellus, Lin. — Huel de Diou.
Aster chinensis, id. — Reina margarida.
Aster tripolium, id. — Cabridela.
Astragalus aristatus, l'Hér. — Ajounc.
Astragalus glyciphylos, Lin. — Regalissi fer.
Astragalus massiliensis, Lam. — Herba de reinard.
Astragalus monspessu-lanus, Lin. — Esparceou bastard
Athamantha meum, id. — Cistra.
Atherina Boyeri, Risso. — Cabassuc.
Atherina hepsetus, id. — Sauclet.
Atherina marmorata, Risso. — Poutina.
Atherina minuta, id. — Nounnat.
Atheucus sacer, Fab. — Escarabat.
Atriplex glauca, Lin. — Herba doou mas-clun.
Atriplex hortensis, id. — Armoou.
Atriplex halimus, id. — Bouesc blanc.
Atriplex hastata, id. — Senisclet.
Atropa belladona, id. — Belladona.
Atropa mandragora, id. — Mandrigoula.
Attelabus betuleti, Fab. — Cantharida de la vigna.
Aurata lilunulata, Ris. — Cieucla.
Ausonia cuviera, id. — Pei barbaresc.
Avena elatior, Lin. — Froumentala.
Avena fatua, id. — Civada cougnoula.
Avena flavescens, id. — Civadoun.
Avena sativa, id. — Civada.
Avena sempervirens, id. — Bauca.

Avocetta europæa, Dict. Sc. nat. — Alesna.

B

Balanus. — Rougna de mar.
Balæna mysticetus, Lin. — Balena.
Balistes buniva, Lac. — Fanfre d'America.
Balistes capriscus, Lin. — Porc, Pouerc.
Balistes vetula, id. — Fanfre.
Ballota fœtida, id. — Marible.
Barkhousia taraxacifo-lia, Dec. — Mourre.
Batrachoides Gmelini, Lac. — Moustela blanca.
Batrachus piscatorius, Dum. — Baudruelh.
Bellis perennis, Lin. — Margaridela.
Berberis vulgaris, id. — Agrivoutier.
Beta maritima, id. — Herbeta fera.
Beta vulgaris, id. — Blea, Bleda.
Betonica hirsuta, id. — Betoina.
Betonica vulgaris, id. — Betoina.
Betula alba, id. — Bes.
Betula alnus, id. — Verna.
Bidens bipartida, id. — Carbe salvage.
Bignonia catalpa, id. — Catalpa.
Biscutella hispida, Dec. — Herba de sieis-houras.
Bissus candida huds. — }
Cryptarum, Lam. — } Mousidura.
Parietinum, Dec. — }
Bixa orellana, Lin. — Rocou.
Blatta orientalis, id. — Fourneiroou.
Blennius argentatus, Risso. — }
Blennius Audifreri, id. — } Bavecca.
Blennius Broa, id. — }
Blennius cornutus, Bloc. — Badoua.
Blennius gadoïdes, Lin. — Moustela blanca.
Blennius galerita, id. — Bavecca.
Blennius gattorugine, id. — Bavarella.
Blennius mediterraneus, id. — Moustela, 2.
Blennius ocellaris, id. — Lebre de mar.
Blennius pavo, Risso. — Bavecca.
Blennius pholis, Lin. — Badoua.
Blennius phycis. Id. — Moustela negra. Trauca peira.
Blennius stellaris, Risso. — }
Blennius sujefianus, Lac. — } Bavecca.
Blennius tentaculatus, Lin. — Bouscla.
Blennius testudinarius, Risso. — Bavecca.
Blennius tripteronotus, id. — Argentin.
Boa constrictor, Lin. — Boa.
Boginarus Aristotelis. — Argentin.
Boletus fimetarius, Bull. — Camparol de l'our-me.
Boletus laricis, Lin. — Agaric.
Boletus obtusus, Dec. — Esca.
Boletus perennis, Bull. — Camparol de sause
Boletus suaveolens, id. — Camparol negre.
Boletus villosus. — Camparol pelut.
Boletus viscidus. — Camparol pegous.
Bombis mori, Fab. — Magnan.

Bombycivora garrula, Risso. — Daurin.
Boops boops, Dict. Sc. nat. — Boga.
Boops melanurus, id. — Blada.
Boops salpa, id. — Saupa.
Borrago officinalis, Lin. — Bourragi.
Bos bubalus, id. — Buffre.
Bos taurus, id. — Buou.
Bos americanus, Gm. — Bison.
Botrys glomerulosa, Dec. — Mousidura.
Botrys umbellata, id. — Idem.
Brassica arvensis, Lin. — Pan blanc.
Brassica asperifolia, id. — Raba.
Brassica eruca, id. — Rouqueta.
Blassica orelacea, id. — Caulet.
Brassica oleracea botry-tis. — Caulet flori.
Brassica rapa. — Raba.
Brassica orelacea viri-dis, Lin. — Caulet verd.
Brassica erucastrum, id. — Rouqueta sauva-gea.
Briza media, id. — Pan de passeroun.
Bromelia ananas, id. — Ananas.
Bromus arvensis, id. — Estrangla chivaus.
Bromus secalinus, id. — Espigau.
Bromus sterilis, id. — Espangassat.
Bromus tectorum, id. — Herba molle.
Bruchus pisi, Fab. — Courcoussoun.
Brunella grandiflora, Lin. — Brunela.
Brunella vulgaris, id. — Bruneleta.
Bryonia dioica, Jacq. — Bryouina.
Bulimus radiatus. — Penitent.
Buccinum bucelanum. — Boucelana.
Buffo, omnes. — Babi.
Bonium bulbo-castanum, Lin. — Bisoc.
Buphthalmum salicifo-lium, Lin. — Huel de buou.
Buphthalmum spino-sum, id. — Boulech pounchut
Bupleurum rotundifo-lium, id. — Herba coupiera.
Buteo apivorus, Lac. — Boundrea.
Buteo lagopus, Risso. — Tartau.
Butomus umbellatus, Lin. — Esparganeou.
Buxus empervirens, id. — Bouis.
Byssus incanus. — Mouffa de valat.
Byssus doliorum. — Mouffa de barriou.

C

Cacalia. — Cougourlier.
Cacacao. — Cacao.
Cactus opuntia, Lin. — Figuier de Bar-baria.
Cactus peruvianus, id. — Ciergi.
Cakile perennis, L'Hér. — Lascena.
Cakile rugosa, Dec. — Ravanela.
Calamagrostis argentea. — Bauca.
Calandra granaria, Fab. — Cavaroun doou-blad.
Calappa granulata. — Gau, migrana, 2.
Calcitrapa stellata, L'am. — Cauca trapa.
Calendula arvensis, id. — Gauchet-fer.
Calendula officinalis, id. — Gauchet.

Calluna erica, Dec.	Brugas.
Collyoinnus admirabilis, Risso.	Lambert, s.
Collyonimus selenus, id.	Idem 2.
Collyonimus dracunculus, Lin.	Moule.
Callyonimus lyra, id.	Idem.
Callyonimus Morissonii, Risso.	Lambert, 5.
Callyonimus pusillus, Lin.	Idem, 4.
Callyonimus sagitta, id.	Pei pouerc.
Caltha palustris, id.	Buscasel.
Cameleo vulgaris, Dict. Sc. nat.	Cameleon.
Camelus bactrianus, Lin.	Cameou.
Camelus dromadarius.	Droumadero.
Campanula hederacea, id.	Companeta.
Campanula petræa.	Blanqueta, 7.
Campanula percicifolia.	Campaneta.
Campanula pyramidalis, Lin.	Piramidala.
Campanula rapunculus, id.	Rapounchoun.
Campanula rhomboidalis, id.	Campaneta.
Campanula speculum, id.	Bluret, 2.
Campanula trachelium, id.	Campaneta.
Camphorosma monspeliaca, id.	Camphourata.
Cancer astacus, Lin.	Escrivici.
Cancer denticulatus, Montag.	Tourteou.
Cancer Gammarus, Lin.	Lingoumbaud.
Cancer fluviatilis, id.	Chambri.
Cancer mænas, id.	Cancre.
Cancer squilla, id.	Carambot.
Canis familiaris, Lin.	Chin.
Canis alopex, id.	Carbounier.
Canis lupus, id.	Loup.
Canis vulpes, id.	Reinard.
Canna indica, id.	Cana d'inda.
Cannabis sativa, id.	Cânebe.
Cantharis vesicatoria, id.	Cantharida.
Capparis spinosa, id.	Tapenier.
Capra hircus, id.	Bouc, cabra.
Capra ibex, id.	Bouquetin.
Capra rupicapra, id.	Chamous.
Capra ægagrus, id.	Capricorno.
Caprimulgus europæus, Lin.	Tardarassa.
Caprimulgus rufitorquatus, Ency.	Idem.
Capros aper, Lac.	Verrat.
Capsicum annuum, Lin.	Pebroun.
Caranx, amia, id.	Suc-blau.
Curana Dumerillii, Lac.	Seriala.
Caranx trachurus, id.	Suvereou.
Carcharias cinereus, Dict. Sc. nat.	Moungea.
Carcharias ferox, Risso.	Verdoun.
Carcharias glaucus, id.	Idem.
Curdamine hirsuta, Dec.	Creissoun.
Cardamine parviflora, id.	Creissoun bastard.
Cardium glaucum, Bosc.	Capelan, 5.
Carduelis rufescens, Risso.	Tarin, 5.
Carduus, Lin.	Cardoun.

Carduus crispus, Lin.	Artichaud d'Ase.
Carduus marianus, id.	Canipau blanc.
Carduus tuberosus,	Brulota.
Caretta cephala, Risso.	Tartuga de mar.
Carex, Lin.	Herba de sagna.
Ccrex muricata.	Herba talheoca.
Cariophyllus aromaticus, id.	Girofle.
Carlina acanthifolia, All.	Chardouça.
Carlina corymbosa, Lin.	Fouila dieou.
Carpinus betulus, id.	Charme.
Carthamus tinctorius, id.	Grana de perrouquet.
Carum carvi, id.	Charui.
Cassia fistula, Lin.	Cassa.
Cassia lanceolata, Forsck.	Sene, 2.
Cassuvium pomiferum, Lam.	Acajou.
Castanea vulgaris, Dec.	Castagnier.
Castor fiber, Lin.	Castor.
Castor Galliæ, id.	Vibre.
Cathartes percnopterus, Cresp.	Pelacan.
Catalpa cordifolia, Duh.	Catalpa.
Caucalis anthriscus, Lin.	Giroulha.
Caucalis daucoides, id.	Carrota salvagea.
Caucalis latifolia, id.	Grappouns gros.
Caucalis leptophylla, id.	Pastenarga sauvagea.
Caucalis maritima, Dec.	Grappouns.
Caucalis parviflora, Lam.	Giroulha.
Caulinia oceanica, Dec.	Auga.
Cavia cobaya, Lin.	Lapin de Barbaria.
Celosia cristata.	Cresta de poul.
Celtis australis, Lin.	Falabreguier.
Cenchrus capitatus, id.	Esperoun, 2.
Centaurea benedicta, id.	Cardoun beinit.
Centaurea calcitrapa, id.	Caucatrapa.
Centaurea collina, id.	Cabassuda.
Centaurea conifera, id.	Linga de cat.
Centaurea cyanus, id.	Blavet, 2.
Centaurea jacea, id.	Macca muou.
Centaurea galactites, id.	Panicaut d'ase.
Centaurea lanata, id.	Trounc de nostresegne.
Centaurea melitensis, id.	Trepa-chival.
Centaurea nigra, id.	Macca-muou.
Centaurea nigrescens, Wild.	Cap d'ase.
Centaurea scabiosa, Lin.	Marsourau.
Centaurea solsticialis, id.	Auricela.
Centaurea suaveolens, Wild.	Ambreta.
Centranthus ruber, Dec.	Pan couguou.
Centrina vulgaris, Dict. Sc. nat.	Porc marin.
Centriscus scolopax, Lin.	Becassa de mar.
Centriscus velitaris, Pal.	Troumpeta.
Centronotus ductor, Lac.	Piloto.
Centronotus glaycos, id.	Leca, 6.
Centronotus lizan, id.	Lica.
Centronotus vadigo, id.	Licha.
Centropomus linealus, Lac.	Gugarea.

Centropomus nigrescens, Risso.	Loubas-negre.
Cephalopterus Giorna, Drom.	Vacheta.
Cephalopterus Fabroni, Risso.	Vacca.
Cephalopterus Massena, id.	Idem, 2.
Cephalus mola, Shaw.	Mola, 2.
Cepola rubescens.	Rougeola.
Cerambix heros, Lin.	Escorpion, 2.
Cerambix miles. Fab.	Idem.
Cerambix moschatus, Lin.	Banarut.
Cerambix velutinus, Fab.	Mangea-peras.
Cerasus avium, Lois.	Agruffion.
Cerasus capronianus, Dec.	Agrutier.
Cerasus laurocerasus, Lin.	Laurier fer.
Cerasus mahaleb, Mill.	Amarel.
Cerasus padus, Dict.	Amaruvier.
Cerasus vulgaris, Lois.	Cerisier.
Ceratonia siliqua, Lin.	Carroubier.
Cercis siliquastrum, id.	Avelatier.
Cercopis.	Cigaloun.
Cerinthe, Minor, Aspera.	Chaour de chabra.
Certhia familiaris, Lin.	Escalaperoun.
Ceterach officinarum, Dec.	Herba daurada.
Cervus elephas, Lin.	Cerf.
Cervus capreolus, id.	Cabroou.
Cervus dama, id.	Din.
Chara.	Herba de l'estam
Charadrias œdicnemus.	Coureli.
Charadrias cantianus, Lath.	Couriola, 3.
Charadrias hiaticula.	Pluvier coulassat.
Charadrias himantopus, Lath.	Couriola, 3.
Charadrias minor, Risso.	Courrentin, 2.
Charadrias morinellus, Lin.	Guignard.
Charadrias pluvialis, Lin.	Pluvier daurat.
Chærophyllum sativum, Lin.	Charfuelh.
Chærophyllum temulum, id.	Cerful salbage.
Cheiranthus annuus, id.	Vioulier quaranlin
Cheiranthus cheiri, id.	Garranierjaune.
Cheiranthus incanus, id.	Vioulier.
Cheiranthus maritimus.	Gazoun d'Holanda
Chelidonium corniculatum, Lin.	Herba de peiriera.
Chelidonium majus, id.	Dindoulhera.
Chenopodium bonushenricus, Lin.	Sangari.
Chenopodium botris, id.	Herba doou cor.
Chenopodium fructicosum, id.	Engana.
Chenopodium glaucum, id.	Blet.
Chenopodium leiospermum, Dec.	Armoun.
Chenopodium maritimum, Lin.	Blanqueta, 6.
Chenopodium viride, id.	Armoun.

Crenilabrus melops, Dict. Sc. nat. — Fournachou.
Crenilabrus merula, id. — Tourda d'aigua.
Crenilabrus nigrescens, Risso. — Rouquier.
Crenilabrus ocellaris, Dict. Sc. nat. — Rocairoun.
Crenilabrus ocellatus, id. — Vacheta.
Crenilabrus olivaceus, id. — *Idem.*
Crenilabrus-Palloni, id. — Tenca.
Crenilabrus reticulatus, id. — Rouquier.
Crenilabrus quinque maculatus, Brun. — Langanea.
Crenilabrus-Roissalii, Dict. Sc. nat. — *Idem.*
Crenilabrus rubescens, id. — Siblaire.
Crenilabrus scriptura, id. — Perca, 2.
Crenilabrus tigrinus, Risso. — Rouquier.
Crenilabrus varius, Dict. Sc. nat. — Langanea.
Crenilabrus venosus, Brun. — Rouquier.
Crenilabrus virescens, id. — Siblaire.
Crenilabrus viridis, id. — Rouquier.
Crepis fœtida, Dec. — Poulairia pudenta.
Crithmum maritimum, Lin. — Bacillo.
Crocodilus vulgaris, id. — Crocodilo.
Crocus sativus, id. — Safran.
Crocus vernus, id. — Nilba de prima.
Croton cascarilla, id. — Cascarilha.
Croton tinctorium, id. — Maurela, 2.
Crotonus ricinus, Dict. Sc. nat. — Lingasta.
Cucubalus behen, Lin. — Carnilhet.
Cuculus canorus, id. — Couguou.
Cucumis colocynthis, id. — Coloquinta.
Cucumis melo, id. — Meloun.
Cucumis sativus, id. — Councoumbre
Cucurbita anguria, Dec. — Pasteca.
Cucurbita citrullus, Lin. — *Idem.*
Cucurbita lagenaria, id. — Envinadouira.
Cucurbita maxima, id. — Cougourda.
Cucurbita melopepo, id. — Pastissoun.
Culex pipiens, id. — Cousin.
Cuminum cyminum, id. — Cumin.
Cupressus sempervirens, id. — Cypres.
Curculio granarius, id. — Cavaroun doou blad.
Curcuma longa, Lin. — Curcuma.
Curcuma rotunda, id. — *Id.*
Curcuma iris. — Bastau.
Curruca cysticola, Tem. — Cigaloun, 2.
Curruca garrula, Bris. — Boscarida deis jardins.
Curruca melanocephala, Cetti. — Pacacau.
Curruca nœvia, Briss. — Bruna, 2.
Curruca orphea, Risso. — Boscarla passeriera.
Cuscuta europœa, Lin. — Cuscuta.
Cyclostoma elegans, Drap. — Sibleta.
Cydonia communis, Lin. — Coudounier.
Cynara cardunculus, id. — Carda.
Cynara cardunculus

sylvestris, Lin. — Cardouneta.
Cynara scolymus, id. — Artichau.
Cynips oleæ. — Cairoun.
Cynoglossum pictum, Lin. — Herba de Nostra-Dama.
Cynosurus paniceus. — Rats.
Cyperus fuscus, Lin. — Herba de parpalhoun.
Cyperus longus, id. — Triangle.
Cyprinus alburnus, id. — Sophi.
Cyprinus auratus, id. — Daurat.
Cyprinus ballerus, id. — Bourdeliera.
Cyprinus barbus, id. — Barbeou.
Cyprinus blicca, Bloch. — *Idem.*
Cyprinus brama, Lin. — Brama.
Cyprinus carpio, id. — Carpa.
Cyprinus chub, id. — Moffi, Striglione.
Cyprinus gobio, id. — Gobi.
Cyprinus leuciscus, id. — Sophia.
Cyprinus phoxinus, id. — Maucha.
Cyprinus tinca, id. — Tenca.
Cypripedium calcœolus, id. — Sabot de la Viergi.
Cypræa, id. — Boucelana.
Cypselus murarius, Temn. — Balestrier.
Cytinus hypocistis, Lin. — Graissa de muga.
Cytisus alpinus, Wild. — Aubour.
Cytisus complicatus, Dec. — Ginest reboul.
Cytisus laburnum, Lin. — Aubour.
Cytisus sessilifolius, id. — Citiso.

D

Dactylis glomerata, Lin. — Ped de lebre.
Dactylopterus pirapeda, Lac. — Roundola.
Daphne gnidium, Lim. — Garou.
Daphne laureola, id. — Lauriola.
Daphne tarton-raira, id. — Trintanela.
Datura stramonium, id. — Darboussiera.
Daucus carota, id. — Carrota.
Daucus carotta sylvestris, id. — Giroulha.
Daucus visnaga, id. — Bisnaga.
Delphinium ajacis, id. — Flour de l'amour.
Delphinium consolida, id. — Flour de l'amour fera.
Delphinium elatum, id. — Touera blua.
Delphinium staphisagria, id. — Staphisagria.
Delphinus Bayeri, Riss. — Soufflur.
Delphinus delphus, Lin. — Doouphin.
Delphinus-Demarestii, Soufflur.
Delphinus globiceps, id. — *Idem.*
Delphinus phocœna, Lin. — Marsouin.
Delphinus tursio, Risso. — Soufflur.
Dentex vulgaris, Dict. Sc. nat. — Dente.
Dianthus barbatus, Lin. — Bouquet fach.
Dianthus carthusianorum, id. — Ginouflada à cinq fuelhas.
Dianthus caryophyllus, id. — Ginouflada.
Dianthus fimbriatus, id. — Mignarda.
Dianthus plumarius, id. — Mignouneta.
Dictamus albus, id. — Dictame blanc.
Digitalis purpurea, id. — Digitala.
Diospiros ebenum, id. — Ebena.
Diplolepis gallœ tinctoriæ, Oliv. — Galla.
Dipsacus fullonum, Lin. — Carda, 3.

Dipsacus dissectus, Lin. — Cardol.
Dolichos chinensis, id. — Faviou quicou negre.
Dolichos unguiculatus, id. — Faviou negre.
Dracena draco, id. — Sang dragoun.
Dorychnium suffruticosum, Will. — Pinauzel.
Drosera rotundifolia, Lin. — Rissol.

E

Echeneis remora, Art. — Sucet.
Echinops ritro, Lin. — Espina blanca.
Echinops sphœrocephalus, id. — Trepa-chival.
Echinus esculentus, id. — Oursin.
Echinus hebraicus, id. — Oursin judiou.
Echinus melo, id. — Oursin rascas.
Echium vulgare, id. — Bourragi-fer.
Echium italicum, Dec. — *Idem.*
Eloter, id. — Sauta roubin.
Elater striatus, Fab. — Boba.
Eleagnus angustifolius, Lin. — Olivier de Bouhema.
Elephas maximus, id. — Elephant.
Elychrysum stœchas, Dec. — Saureta.
Emberiza calcarata, Risso. — Siga mountagniera.
Emberiza cia, Lin. — Chic cendrous.
Emberiza cirlus, id. — Chic.
Emberiza citrinella, id. — Verdoun ou chic-jaune.
Emberiza hortulana, id. — Hortoulan.
Emberiza lesbia, id. — Chic ourdinari.
Emberiza melanocephala, Scop. — Hortoulan, 2.
Emberiza miliaria, Lin. — Chic-perdris.
Emberiza nivalis, Lin. — Siga de mountagna.
Emberiza provincialis, id. — Chic-gavouet.
Emberiza schœniclus, id. — Chic deis paduns.
Encrasicolus amara, Risso. — Amaroun, 2.
Epidendron vanilla, Lin. — Vanilha.
Epilobium hirsutum, Wild. — Herba de Sant Antoni.
Equisetum, omnia. — Coussauda.
Equisetum fluviatile, Lin. — Coussauda bastarda.
Equus asinus, id. — Ay, Ase.
Equus cabalus, id. — Cavau.
Equus zebra, id. — Zebre.
Erica arborea, id. — Brugas mascle.
Erica scoparia, id. — Brusc.
Erica tetralix, id. — Bruga.
Erica vulgaris, id. — Brusc.
Erigeron viscosum, Dec. — Herba deis mascas.
Erinaceus europœus, Lin. — Erissoun.
Eriophorum polystachium, id. — Plumachou, 2.
Erodium ciconium, Wild. — Ped de perdris.
Eriosoma oleæ, Risso. — Taronina.
Ervum ervilia, Lin. — Erre.
Ervum hirsutum, id. — Essa.
Ervum lens, id. — Lentilha.
Ervum letraspermum, id. — Liseta.
Eryngium campestre, id. — Panicaut.
Eryngium alpinum, id. — Reina deis prats.

Erysimum barbarea, Lin	Herba de Santa Barba.
Erysimum alliaria, id.	Herba d'alh.
Erysimum cheiranthoides, id.	Jaunela.
Esox belone, id.	Agulha.
Esox boa, Risso.	Masca deis amplovas.
Esox lucius, Lin.	Brouchet.
Esox sphyræna, id.	Pei escode.
Eumolpus vitis, Dict. Sc. nat.	Copa boutoun.
Eupatorium cannabinum, Lin.	Eupatori.
Euphorbia characias,	Chouscla.
Euphorbia cyparissias, id.	Retumbet.
Euphorbia gerardiana, Jacq.	Purgeta.
Euphorbia helioscopia, Lin.	Siure.
Euphorbia lathyris, id.	Catapuça.
Euphorbia serrata, id.	Lachouscla.
Euphorbia verrucosa, id.	Id.
Euphrasia linifolia, id.	Rais-passit.
Euphrasia lutea, id.	Pinaut.
Euphrasia officinalis, id.	Herba de St.-Clar.
Evonymus europæus, id.	Bounet de capelau.
Exocetus exiliens, id.	Lendola.
Exocetus volitans, Lac.	Arendoula.

F

Faba vulgaris, Lin.	Fava.
Fagus castanea, id.	Castagnier.
Fagus sylvatica, id.	Fau.
Fulco albisilla, id.	Aigla-marina.
Falco apivorus, id.	Boundrea.
Falco æruginosus, id.	Tartau.
Falco æsalon, Briss.	Escriveo.
Falco barbatus, Gm.	Aigla harpia.
Falco buteo, Lim.	Busa.
Falco candicans. id.	Faucoun, gros.
Falco chrysaetos, id.	Aigla rouyala.
Falco communis, id.	Faucoun coumun.
Falco cyaneus, Gm.	Tartau.
Falco fulvus, Lin.	Aigla coumuna.
Falco haliætos, id.	Aigla bouscatiera.
Falco lagopus, id.	Ru s^a deis paluns.
Falco lanarius, id.	Lanier.
Falco milvus, id.	Milan.
Falco niger, id.	Id. 1.
Falco nisus, id.	Esprevier.
Falco nævius, id.	Aigloun.
Falco ossifragus, id.	Aigla de mar.
Falco palumbarius, id.	Autour.
Falco pennatus, id.	Aigla, 2.
Falco peregrinus, Briss	Foucouneou.
Falco pygargus, id.	Soubusa.
Falco rufipes. Becht.	Mouisset. 2.
Falco rufus, id.	Busa deis paluns.
Falco sacer, Lin.	Tardaras.
Falco subbuteo, id.	Hoberot.
Falco tinnunculoides, Mill.	Mouisset-rous.
Falco tinnunculus, Lin.	Ratler.
Fasciola hepatica.	Arapeda, Douva.
Fasianus colchicus, Lin.	Faisan, 1.
Felis catus, id.	Cat.
Felis leo, id.	Lion.
Felis leopardus, id.	Leopard.
Felis linx, id.	Loup cervier.
Felis pardus, id.	Panthera.

Felis tigris, Lin.	Tigre.
Ferula assa-fœtida, id.	Assafetida.
Ferula communis, id.	Fenoulh gros.
Festuca spadicea, id.	Rasina.
Ficaria ranunculoïdes, Roth.	Aurelhetas.
Ficus carica, Lin.	Figuiera.
Forficula auricularia, id.	Fourcha et cura aurelha.
Formica.	Fourmiga.
Formicaleo.	Mangea fourmigas.
Fragaria vesca, Lin.	Fresier.
Fratercula arctica, Ris.	Martinot.
Fraxinus excelsior, Lin.	Fraisse.
Fringilla canaria, id.	Canari.
Fringilla cannabina, id.	Anjouvin.
Fringilla carduelis, id.	Cardalina.
Fringilla citrinella, Gm.	Venturoun.
Fringilla cœlebs, Lin.	Quinsoun.
Fringilla domestica, id.	Passerart.
Fringilla flavirostris, id.	Enjouvin gavouet.
Fringilla laponica, id.	Siga mountagniera.
Fringilla leucura, id.	Passera blanca.
Fringilla linaria, id.	Tarin, 1.
Fringilla linotta, id.	Linota.
Fringilla montana.	Passeroun fer.
Fringilla montium, Gm.	Tarin, 3.
Fringilla montifringilla, Lin.	Quinsoun gavouet.
Fringilla nivalis, id.	Niveiroou.
Fringilla petronia, id.	Passa, 4.
Fringilla rufescens, id.	Tarin, 2.
Fringilla serinus, id.	Cini.
Fringilla spinus, id.	Lucre.
Fritilaria imperialis, Lin.	Courouna imperiala.
Fritillaria melagris, id.	Campaneta de mountagna.
Fucus helminthocorton, Lin.	Mouffa de mar.
Fulgora.	Cigaloun.
Fulica atra, id.	Diable demar.
Fulica chloropus, id.	Poula d'aigua.
Fulica fusca, id.	Gallinastra.
Fulica porphyrio, id.	Poula negra à testa roussa.
Fumaria officinalis, id.	Fuma-terra.
Fumaria parviflora, Dec.	Id.

G

Gadus blennoides, Lin.	Capelan. 4.
Gadus carbonarius, id.	Estocofich. 2.
Gadus fuscus, Risso.	Moustela, 2.
Gadus lepidion, id.	Moustela de founs
Gadus lota, Lin.	Lota.
Gadus Maraldi, Risso.	Moustela negra.
Gadus merlangus, Lin.	Merlan.
Gadus merlucius. id.	Id.
Gadus minutus, id.	Capelan.
Gadus molua, id.	Estocofich.
Gadus moro, Risso.	Moron.
Gadus morrua, Lin.	Marlussa.
Gadus mustella. id.	Moustela, 2.
Gadus pollachius, id.	Poutassou.
Gadus virens, id.	Marlus.
Galanthus nivalis, id.	Bergougnousa.
Galoppa granulata, Fab.	Gau.
Galium aparine, Lin.	Arrapaman.
Galium mollugo, id.	Maisseta blanca.
Galium verum, id.	Herba de la cira.

Galleria cereana. *Galleria tribunella.* }	Arnas deis brusces.
Gallinula Baillonii, Vieill.	Pouleta.
Gallinula chloropus, Lath.	Poula d'aigua.
Gallinula nœvia, Lin.	Poulooun.
Gammarus pulex, id.	Trenquiera.
Ganga cata, Dict. Sc. nat.	Grandoula.
Gasteropelecus crocodilus, Risso.	Maire amplova.
Gasteropelecus Humboltii, id.	Id.
Gasteropelecus microstoma, id.	Id.
Gasterosteus aculeatus, Lin.	Sabatier et Espinabec.
Gasterosteus ductor, id.	Piloto.
Gecko fascicularis, Daud.	Taranta.
Gecko mauritanicus, Risso.	Lagramua.
Gecko meridionalis, id.	Id.
Genista anglica, Dec.	Toujaga petita.
Genista cinerea, id.	Ginesta.
Genista hispanica, Lin.	Tira-buou.
Genista juncea, id.	Ginesta d'Espagna.
Genista purgans, id.	Pudis.
Genista sagittalis, id.	Bouge.
Genista scoparia, Lam.	Ginest gruas.
Ginesta scorpius, Dec.	Argielas, 2.
Ginesta tinctoria, Lin.	Ginestoun.
Gentiana biloba, Dec.	Gentiana.
Gentiana centaurium, Lin.	Centaurea.
Gentiana lutea, id.	Gensana.
Gentiana maritima, id.	Herba de la crau.
Gentiana punctata. id.	Gensana.
Geotrupes stercorarius, Fab.	Foulha-merda.
Geranium cicutarium, Lin.	Agulhetas.
Geranium cigonium, id.	Ped de perdris.
Geranium robertianum, id.	Bec de grua.
Gerris lacustris, Fab.	Courdounier.
Gerris paludum, id.	Id.
Gerris stagnorum. id.	Id.
Geum urbanum, Lin.	Benida.
Gladiolus communis, id.	Coutelet.
Glareola torquata, Briss.	Picca en terra.
Glechoma hederacea, Lin.	Roundola.
Gledissia triacanthos, id.	Aubre de la scaragaulas.
Globularia alypum, id.	Sene bastard.
Globularia vulgaris, id.	Dragoun. 3.
Glycyrhiza glabra. id.	Regalissi.
Gnaphalium dioïcum, id.	Ped de cat.
Gnaphalium orientale, id.	Immourtela.
Gnaphalium stœchas, id.	Saureta.
Gobio vulgaris, Dict. Sc. nat.	Gobi.
Gobius aphia, Lin.	Gobou.
Gobius auratus, Risso.	Gobou jaune.
Gobius bicolor, Lin.	Gobou.
Gobius cruentatus, id.	Id.
Gobius jozo, id.	Gobou blanc.
Gobius minutus, id.	Id.
Gobius nebulosus, id.	Id.

Gobius niger, Lin.	Id. negre.	Hibiscus syriacus.	Althea.	Hypericum perforatum, Lin.	Herba de l'oli rouge.
Gobius paganellus, id.	Id.	Hieracium auricula, id.	Herba del gabart.	Hypnum murale, id.	Mousfa de paret.
Gobius suerii, Risso.	Id. blanc.	Hieracium murorum, id.	Herba de la guerra.	Hypnum serpens, id.	Mousfa de souqueta.
Gobius zebrus, id.	Gobioun rayat.	Hieracium pilosella, id.	Peludela.	Hypochæris radicata, id.	Poutairia.
Gomphrena globosa.	Immourtela rougea.	Himanthopus melanopterus, Meyer.	Cambet grand.	Hyssopus officinalis, id.	Mariarma.
Gossypium herbaceum, Lin.	Coutoun.	Hippobosca equina, Lin.	Mousca d'ase.	Hystrix cristata, id.	Porc espin.
Gropsus varius, Roux.	Courrentilha.	Hippobosca ovina, id.	Barbin.		
Gratiola officinalis, Lin.	Herba au paurehome.	Hippocampus vulgaris, Dict. Sc. nat.	Cavau marin.	**I**	
Gryllotalpa vulgaris, Dict. Sc. nat.	Courtilhiera.	Hippocrepis comosa, Lin.	Sept harpas.	Iberis amara, Lin.	Amaroun.
Grillus sylvestris, id.	Grilhet.	Hippocrepis unisiliquosa, id.	Ferre de chivau.	Iberis pinnata, id.	Brama-fam.
Gujacum officinale, Lin.	Gayac.	Hippophae rhamnoïdes, id.	Agranas.	Iberis semperflorens, id.	Thlaspi.
Gymnetrus cepedianus, Risso.	Argentin gros.	Hirundo apus, id.	Martinet, 3.	Ibis falcinellus, Cresp.	Charlot d'Espagna.
Gymnetrus longiradiatus, id.	Argentin.	Hirundo melba, id.	Barbeiroou pies blanc.	Ilex aquifolium, Lin.	Agarrus.
Gymnothorax murœna, Lin.	Mourena.	Hirundo montana, id.	Dindoouleta de Roca.	Illicium anisatum, id.	Badiana.
Gymnotus acus, id.	Fielaife.	Hirundo riparia, id.	Ribairoou.	Impatiens balsamina, id.	Balsamina.
		Hirundo rupestris, id.	Arendoula de roca.	Imperatoria sylvestris, Lam.	Cournacha.
H		Hirundo rustica, id.	Dindoouleta de chamineya.	Imperatoria ostruthium, id.	Imperatoira.
Haliotis tuberculata, Lin.	Aurelha de Sant Pierre.	Hirundo urbica, id.	Cuou-blanc, 2.	Inacheus.	Aragna de mar.
Hæmatopus ostralegus, id.	Agassa de mar.	Hirundo officinalis, id.	Sangsua.	Indigofera anil, Lin.	Indigo.
Hedera helix, id.	Eoure.	Hirundo sanguisuga, id.	id.	Inula chrithmoïdes, id.	Limbarda.
Hedera quinque folia.	Vigna salvagea.	Hister.	Cara'vas.	Inula dysenterica, id.	Herba de Sant Roch.
Hedysarum onobrychis, Lin.	Esparcelh.	Hæmatopus ostralegus, id.	Agassa de mar.	Inula helenium, id.	Inola campana.
Helianthemum vulgare, Desf.	Hisopo de garriga.	Holcus halepensis, id.	Meih gros.	Inula pulicaria, id.	Herba de Sant Roch.
Helianthus annuus, Lin.	Tournosol.	Holcus sorghum, id.	Melhassa.	Inula viscosa, Desf.	Herba deis mascas.
Helianthus tuberosus, id.	Toupinambour.	Holocentrus argus, Ris.	Serran, 2.	Iris florentina, Lin.	Flamba.
Heliotropium europœum, id.	Herba deis toueras.	Holocentrus fasciatus, Risso.	Perca de mar.	Iris fœtidissima, id.	Lirga pudenta.
Heliotropium peruvianum, id.	Heliotropo.	Holocentrus flavus, id.	Serran, 2.	Iris germanica, id.	Coutelas.
Helix algira, Lam.	Jusiouva.	Holocentus hepatus, id.	Id.	Iris pumila, id.	Palimpa.
Helix aspersa, id.	Id.	Holocentus marinus, Lac.	Id.		
Helix candidissima, Drap.	Limaça de mort.	Holocentus merou, Risso.	Merou.	**J**	
Helix cæspitum, id.	Meissounenca.	Holocentus serran, Lac.	Serran, 2.	Jasminum fruticans, Lin.	Escavilhas.
Helix melanostoma, id.	Terrassan.	Homo sapiens, Lin.	Home.	Jasminum grandiflorum, id.	Jaussemin.
Helix naticoides, id.	Tapada.	Hordeum hexasticum, id.	Hordi-carrat.	Jasminum officinale, id.	Id.
Helix nemoralis, Lin.	Limaça d'asserp.	Hordeum maritimum, Volh.	Estrangla bestis.	Juglans regia, id.	Nouguier.
Helix pomatia, id.	Limaça.	Hordeum murinum, Lin.	Sauta roubin.	Julis vulgaris, Dict. Sc. nat.	Girella.
Helix sylvatica, Drap.	Limaça d'asserp.	Hordeum nudum, Wild.	Hordi pelat.	Julus.	Galera.
Helix variabilis, Lin.	Cagarauleta.	Hordeum vulgare, Lin.	Hordi.	Juncus.	Jounc.
Helix vermiculata, id.	Mourgueta.	Hortensia opuloïdes, Lam.	Hortensia.	Juncus acutus, id.	Jounc pounchut.
Helleborus fœtidus, id.	Pissa-chans.	Humulus lupulus, Lin.	Houbloun.	Juncus articulatus, id.	Herba de papilhoun.
Helleborus viridis, id.	Marsioure.	Hyacinthus botryoïdes, id.	Barrelets pichots.	Juniperus communis, id.	Genebre.
Helminthia viperina, Dec.	Rougna, 3.	Hyacinthus comosus, id.	Barrelets gros.	Juniperus lycia, id.	Gerbin.
Hemerocallis flava, Lin.	Lys jaune.	Hyacinthus orientalis, id.	Jacintha.	Juniperus oxycedrus, id.	Cade.
Hemerocallis fulva, id.	Id.	Hyala viridis, Dic. Sc. nat.	Raineta.	Juniperus phœnicea, id.	Mourvenc.
Hemypodius tachydromus, Risso.	Perdris-ventreblanc.	Hydatis cerebralis.	V Caiugi.	Juniperus sabina, id.	Chaine.
Hepatica triloba, Chaix.	Herba doou fege.	Hydatis globosa, Bosc.	Granas.		
Herniaria glabra, Lin.	Blanqueta, 2.	Hydnum erinaceus, Bull.	Penchenilhat.	**K**	
Herniaria hirsuta, id.	Herba de la gravela.	Hydnum imbricatum, id.	Gratinous.	Kermes ilicis, Dic. Sc. nat.	Graneta, 4.
Hesione festiva, Sauv.	Esca.	Hydnum repandum, Lin.	Penchenilha.		
Hesione pantera, id.		Hydrometra stagnorum, id.	Courdounier.	**L**	
Hesperis inodora.	Cassolela blanca.	Hylesinus oleæ.	Chiroun, 4.	Labrus ballan, Penn.	Lucressa.
Hesperis maritima, Lin.	Gazoun de Paris.	Hyociamus albus, Lin.	Carelhada.	Labrus bimaculatus, Lin.	Rouquier.
Hesperis matronalis, id.	Juliena.	Hyociamus niger, id.	Jusquiama.	Labrus chromis, id.	Castagnola.
Hesperis verna, id.	Gazoun de Paris.	Hypericum androsæmum, id.	Glori.	Labrus cœruleus, id.	Tourdou blu, ou Varlet de villa.
Hibiscus abelmoschus, id	Ambreta.	Hypericum humifusum, id.	Trescalan pichoun.	Labrus cornubicus, id.	Rouquier.
				Labrus cynœdus, id.	Id.

Labrus exoletus, Lin.	Tenca, 6.	*Larus canus*, Lin.	*Idem*, 2.
Labrus fuscus, id.	Siblaire.	*Larus cinerarius*, Lin.	Gabian.
Labrus Geoffroius, Dic.		*Larus eburneus*, id.	Fumet, 1.
Sc. nat.	Rouquier.	*Larus fuscus*, id.	Gabian, 5, 2.
Labrus Geoffredi, Risso.	Girella , 2.	*Larus glaucus*, Gm.	*Idem*, 5.
Labrus griseus, Lin.	Fournier , 2.	*Larus hybernus*, Lin.	Gabian mugiliera.
Labrus guttatus, id.	Rouquier.	*Larus marinus*, id.	*Idem*, 5, 4.
Labrus hebraïcus, Lac.	Girella turca.	*Larus ridibundus*, id.	Fumet, 4.
Labrus hepatus, Lin.	Serran.	*Laserpitium gallicum*,	
Labrus julis, id.	Girella.	Lin.	Batouira.
Labrus lapina, id.	Blavier , 2.	*Lathyrus angulatus*,	
Labrus lineatus, id.	Tenca, Rocau.	Dec.	Geyssa de prat.
Labrus livens, id.	Serrat.	*Lathyrus aphaca*, Lin.	Amarun frisat.
Labrus luscus, id.	Sera.	*Lathirus cicera*, id.	Garoueta.
Labrus melops, id.	Fournier.	*Lathyrus latifolius*, id.	Geyssa salvagea.
Labrus merula, id.	Tourdou d'aigua.	*Lathyrus odorus*, id.	Pese de sentour.
Labrus mixtus, id.	Verdoun , 5.	*Lathyrus pratensis*, id.	Geyssa salvagea.
Labrus nereus, Risso.	Rouquier	*Lathyrus sativus*, id.	Jsissa, Garoueta.
Labrus ocellaris, Lin.	Rocairoun.	*Lathyrus sylvestris*, id.	Geyssa salvagea.
Labrus ocellatus, Lin.	Vacheta.	*Latræa clandestina*, id.	Cluquet.
Labrus olivaceus, id.	*Idem*.	*Laurus ammomum*, id.	Canelier
Labrus ossiphagus, id.	Tourdou.	*Laurus camphora*, id.	Camphre.
Labrus pavo, id.	Rocau.	*Laurus cinnamomum*,	
Labrus psittacus, Risso.	Rochier.	id.	Canela.
Labrus rupestris, id.	*Idem*.	*Laurus nobilis*, id.	Laurier.
Labrus tessellatus, Lin.	Tourdou.	*Larus sassafras*, id.	Sassafras.
Labrus trimaculatus, id.	Tenca.	*Lavandula latifolia*,	
Labrus turdus, id.	Tourdoureou.	Chaix.	Espic.
Labrus variegatus, Lac.	Tenca.	*Lavandula stæchas*, Lin.	Queirelets.
Labrus venosus, id.	Rouquier.	*Lavandula vera*, Dec.	Frigouas.
Labrus viridis, Lin.	*Idem*.	*Lechia vadigo*, Risso.	Leccia.
Lacerta agilis, Lin.	Lagramusa.	*Lemnus norwegicus*.	Garri d'aigua.
Lacerta bilineata, Daud.	Lambert rayat.	*Lemna minor*, Lin.	Lentilha d'aigua.
Lacerta cameleo, Lin.	Cameleon.	*Lemna trisulca*, id.	*Idem*.
Lacerta crocodilus, id.	Crocodilo.	*Laodice provincialis*,	
Lacerta fasciata, id.	Estrapioun , 4.	Negrel.	Mourre dur.
Lacerta maculata, Daud.	Estrapioun , 2.	*Leontodon autumnale*,	
Lacerta mauritanica,		Lin.	Fuelharaca.
Gm.	Taranta.	*Leontodon taraxacum*,	
Lacerta merremia,		id.	Pourcin.
Risso	Estrapioun , 3.	*Leontodon vernum*,	
Lacerta ocellata, Daud.	Limbert.	Tournon.	Moulin de prat.
Lacerta salamandra,		*Lepadogaster Balbis*,	
Lin.	Alabrena.	Risso.	Pei St. Peire.
Lactuca perennis, Lin.	Breou.	*Lepadogaster bicilia-*	
Lactuca saligna, id.	Lachuga salvagea.	*tus*, id.	Pei-pouerc.
Lactuca sativa, id.	Lachuga.	*Lepadogaster Brownii*,	
Lactuca sylvestris, Lam.	Lachuga fera.	id.	*Idem*.
Lactuca virosa, Em.	Lenga d'auca.	*Lepadogaster Decando-*	
Lagurus ovatus, id.	Coueta de lapin.	*lii*, id.	*Idem*.
Lamium amplexicaule,		*Lepadogaster Desfonta-*	
id	Mauvige.	*nii*, id.	*Idem*.
Lamium maculatum, id.	Suçareou.	*Lepadogaster Govanii*,	
Lampsana communis,	Herba de las te-	id.	*Idem*.
id.	tinas.	*Lepadogaster Jussiei*,	
Lampyris nocticula,		id.	Pei St. Peire.
Fab.	Luzerna.	*Lepadogaster Mirbelli*,	
Lampyris splendidula,	*Id.*	id.	*Idem*.
Lanius costaneus, Lin.	Darnagas.	*Lepadogaster ocellatus*,	
Lanius collurio, id.	*Id.*	id.	*Idem*.
Lanius excubitor, id.	*Id.*	*Lepadogaster olivaceus*,	
Lanius infaustus, id.	Coua-roussa-	id.	*Idem*.
	mountagnarda.	*Lepadogaster reticula-*	
Lanius meridionalis,		*tus*, id.	Pei pouerc.
Cresp.	Sagataire.	*Lepadogaster Wilde-*	
Lanius minor, Lin.	Tarnagas.	*nowii*, id.	*Idem*.
Lanius rufus, id.	Darnagas rous.	*Lepas anatyfera*.	Cravan.
Lappa tomentosa, Lam.	Lampourdier.	*Lepas tintinnabulum*.	Agland de mar.
Larix cedrus, Dec.	Cedre.	*Lepas pollicipes*, id.	Poussa-ped.
Larix europæa.	Mele.	*Lepidium didymum*,	
Larus argentatus, Brun.	Gabian, 5.	Tournon.	Nasitort salvage.
Larus atricilla, Lin.	Fumet, 3.	*Lepidium sativum*, Lin.	Nastoun.
		Lepidoleprus cælorhin-	

cus, Risso.	Granadier , 3.		
Lepidoleprus tachyrhin-			
cus , id.	*Idem*.		
Lepidopus gouanianus,			
Lac.	Argentin.		
Lepidopus pellucidus,			
Risso.	Carmarina.		
Lepidopus Peronii, id.	Argentin dentat.		
Leptocephalus Spalan-			
zani, id.	Murua.		
Lepterus fetula, Risso.	Pei fouran.		
Lepus cuniculus, Lin.	Lapin.		
Lepus cuniculus ango-			
rensis.	Lapin d'angora.		
Lepus timidus, Lin.	Lebre.		
Lepus variabilis,			
Schr b.	Blanchoun.		
Leuciscus alburnus,			
Dict. Sc. nat.	Sophi.		
Leuciscus vulgaris, id.	Sophia.		
Leucosia nucleus, Fab.	Breloca.		
Leuzea conifera, Dec.	Lenga de cat.		
Libellula.	Doumeisella.		
Lichia lyzan, salv.	Liccia, 2.		
Lichia vadigo, Wild.	Liccia , 1.		
Lichia vulgaris, Dict.			
Sc. nat.	Licha.		
Ligusticum lævisticum.	Api-bastard.		
Ligusticum meum,			
Crantz.	Cistra.		
Ligusticum ferulaceum,			
Lin.	Batouira.		
Lingustrum vulgare, id.	Olivier sauvagi.		
Lilac persica, Duham.	Lilac de Persa.		
Lilac vulgaris, Lam.	Lilac.		
Lilium candidum, Lin.	Yeri.		
Lilium martagon, id.	Martagoun.		
Limor agrestis, Lin.	Limacoun.		
Limosa melanura,			
Leisler.	Bula.		
Limosa rofa, Briss.	Becassa d'Irlanda.		
Linaria borealis,			
Viellot.	Enjouvin gavouet.		
Linaria rufescens, id.	*Idem*.		
Linaria spuria, Dec.	Herba de Santa		
	Verounica.		
Linaria vulgaris, id.	Maisseta.		
Linum catharticum,			
Lin.	Lin salvage.		
Linum usitatissimum,			
id.	Lin.		
Liquidambar styraci-			
flua, id.	Styrax.		
Lithospermum offici-			
nale, Lin.	Herba deis perlas.		
Lithospermum purpu-			
reo cæruleum, Lin.	Pistola.		
Lobelia urens, Lin.	Rapounchou sal-		
	vage.		
Locusta viridissima.	Barbanchuan.		
Lodoicea sechellarum,			
Lebill.	Coco.		
Lolium perenne, Lin.	Juelh.		
Lolium temulentum, id.	*Idem*.		
Lonicera bulearica, Dec.	Pandecoustas.		
Lonicera caprifolium,			
Lin.	Sabatoun.		
Lonicera etrusca, Dec.	Pandecoustas.		
Lonicera periclymenum,			
Lin.	Maire siouva.		
Lonicera xylosteum, id.	Escoubier.		
Lophius budegassa,			
Spin.	Gianeli.		

Motacilla rubetra, Lin. Cuouroussel barnat.
Motacilla rubicola, id. Blavet, 1.
Motacilla rufa, Lin. Laureta.
Motacilla salicaria, id. Bouscarla de canier.
Motacilla stapazina, Gm. Reynaubi.
Motacilla suecica, Lin. Cuou rousset blu.
Motacilla sylvia, id. Bichot.
Motacilla trochilus, id. Fifi.
Motacilla troglodytes, id. Petoua.
Mugil auratus, Risso. Mugeoudourin.
Mugil cephalus, Lin. Mugeou.
Mugil labrosus, Risso. Labrut, 2.
Mugil provincialis, id. Sabounier, 2.
Mugil saliens, id. Mugeou flavetoun.
Mullus barbatus, Lin. Rouget.
Mullus fuscus, Risso. Estreglia de fanga.
Mullus imberbis, Lin. Sarpanonza.
Mullus ruber, Lar. Rouget.
Mullus surmuletus, Lin. Rouget de rocca.
Murea tritonis, id. Biou.
Muraena anguilla, id. Anguilla.
Muraena Cassini, Risso. Hulhassoun.
Muraena conger, Lin. Filas, 2.
Muraena Christini, Risso Mourena seusa espinas.
Mouraena guttata, id. Mourena, 1.
Muraena fulva, id. Id. 3.
Muraena helena, id. Idem.
Muraena myurus, id. Filas, 3.
Muraena nigra, Risso. Grounc-negre.
Muraena ophis, Lin. Serp de mar.
Muraena serpens, id. Idem.
Muraenophis Cristini, Risso. Mourena, 7.
Muraenophis fulva, Lin. Mourena, 2.
Muraenophis helena, Lac. Idem.
Muraenophis saga, Risso. Masca, 2.
Muraenophis unicolor, id. Idem.
Mus amphibius, Lin. Garri d'aigua.
Mus campestris, id. Garri de campagna.
Mus decumanus, id. Garri, 2.
Mus musculus, id. Rata.
Mus rattus, id. Garri.
Mus sylvaticus, id. Rata-courta, Darboun?
Musa paradisiaca. Bananier.
Musa sapientum. Idem.
Musca caesar, Lin. Mousca de la vianda.
Musca domestica, id. Mousca coumuna.
Musca vomitoria, id. Mousca de la merda.
Muscari botryoides, Mill Barralets pichots.
Muscari comosum, id. Barralets gros.
Muscari racemosum, id Barralets pichots.
Muscicapa albicollis, id. Brandala.
Muscicapa atricapilla, Vieillot. Bec-figa.
Muscicapa grisola, Lin. Aragna, Bouscarla
Muscicapa luctuosa, id. Bouscarla chinsouniera.
Mustela erminea, Lin. Ermina.
Mustela foina, id. Fouina.
Mustela furo, id. Furet.
Mustela lutra, id. Luri.
Mustela martes, id. Marta.
Mustela putorius, id. Idem, 2.
Mustela vulgaris, id. Moustela.

Mustelus laevis, Risso. Pallouna.
Mustelus vulgaris, Cuv. Moustela.
Myagrum paniculatum, Lin. Rabeta.
Myagrum perenne, id. Lascena.
Myagrum rugosum, id. Ravanela.
Myagrum sativum, id. Rabeta.
Myoxus avellanarius, Gm. Garri deis bouecs.
Myoxus glis, Lin. Greoule.
Myoxus nitela, Gm. Garri de jardin.
Myriophyllum verticillatum, Lin. Fenoulheta d'aigua.
Myriophyllum spicatum, id. Idem.
Myosotis lapula, Lam. Lapaçoun, 2.
Myristica aromatica, id. Muscada.
Myrmeleon formicarium, Lin. Mangea fourmigas.
Myrtus communis, id. Nerta.
Mytilus gallo-provincialis, Lam. Muscle.
Mytilus lithophagus, Lin. Datti de mar.
Mytilus margaritiferus, id. Nacra.

N

Narcissus albus, Clus. Pissauliech.
Narcissus aureus. Jaune d'or.
Narcissus Gouani. Testa d'ase.
Narcissus jonquilla, Clus. Jounquilha.
Narcissus poeticus, Lin. Dona.
Narcissus pseudo-poeticus, id. Troumpoun.
Narcissus tazetta, id. Pissauliech.
Nepeta angustifolia, Dec. Herba deis cats.
Nepeta cataria, Lin. Idem.
Nephtys funiculo, Negr. Cordela.
Nerium oleander, Lin. Laurier rosa.
Nicotiana tabacum, id. Tabac.
Nigella arvensis, Lin. Barbua.
Nigella damascena, id. Id.
Notopterus Fontanesii, Risso. Aurin.
Numenius arcuatus, Lath. Courliou.
Numenius phaeopus, Lin. Id. 2.
Numida meleagris, id. Pintada.
Nyctago jalapa, id. Bella de nuech.
Nymphaea alba, id. Nympha, 2.
Nymphaea lutea, id. Ped de mula.

O

Octopus granulatus, Lam. Pourpre.
Octopus vulgaris, id. Pourpre.
Ocymum basilicum, id. Balicot grand.
OEgilops ovata, Lin. Blad de couguou.
OEgilops triuncialis, id. Id.
OEstrus aequi, id. Varoun.
OEstrus bovis, id. Id.
OEstrus ovis, id. Id.
Olea europaea, Lin. Olivier.
Oligopus ater, Lac. Fanfre negre.
Oloturia phantopus. Viemarin.
Oniscus. Pourquet de crota.
Onobrychis sativa, Lin. Esparcelh.

Ononis arvensis, Lin. Agavoun.
Ononis fruticosa, id. Lebretins.
Ononis natrix, id. Agalousses.
Ononis spinosa, id. Id.
Ononis viscosa, id. Agavoun.
Onopordum acanthium, Day. Caffa l'ase
Ophidium barbatum, Lin. Corrugian.
Ophidium imberbe, Calignairis.
Ophidium Vassali, Ris. Id.
Ophidium fierasfer, id. Aurin, 2.
Ophioglossum vulgatum, Lin. Herba sans costas.
Ophisurus ophis, Lac. Serp de mar.
Ophisurus serpens, id. Id.
Ophrys anthropophora, id. Moussuret.
Ophrys arachnites, id. Aragna.
Orchis, ... Evesques.
Orchis bifolia, id. Doubla felha.
Orchis laxiflora, Lam. Embriaga.
Orchis nigra, All. Manetas.
Orchis papilionacea. Moussurets.
Orchis pyramidalis. Id.
Orcynus alalunga, Dic. Sc. nat. Alalunga.
Origanum majoranoides, Wild. Majurana.
Origanum vulgare, Lin. Majurana fera.
Oriolus galbula, id. Oouruou.
Ornithogalum minimum, id. Ceboulboun.
Ornithogalum umbellatum, id. Penitent blanc.
Ornithopus perpusillus, id. Ped d'auzel.
Ornithopus scorpioides, id. Amarun.
Orobanche arvensis, id. Aspergea sauvagea.
Orobanche major, id. Herba de taurel.
Orobanche vulgaris, id. Aspergea sauvagea.
Orobus vernus, id. Garoueta.
Oryza sativa, id. Riz.
Osmerus fasciatus, Art. Lambert, 2.
Osmerus saurus, id. Id.
Osmunda regalis, Lin. Faugera.
Ostracion cubicus, id. Coffre.
Ostracion trigonus, id. Coffre à perlas.
Ostrea edulis, id. Huitre.
Ostrea hypopus, id. Id.
Ostrea malleus, id. Marteou.
Osyris alba, id. Brusc fer.
Otis larda, id. Outarda.
Otis tetrax, id. Canapetiera.
Ovis aries, id. Aret, Moutoun et Seda.
Oxalis acetosella, id. Alleluia.

P

Paeonia officinalis, Lin. Peouna.
Pagrus acarne, Risso. Pageo de plana.
Pagrus vulgaris, Dic. Sc. nat. Pagre.
Pagurus bernardus, Fab. Bernard l'ermita.
Palemon narval, l'Hér. Ceouclet.
Palemon squila, Leach. Carambot.
Palinurus locusta, id. Langousta.

Polygonum orientale, Lin.	Couia de rat.
Polygonum persicaria, id.	Herba de Sant-Christoou.
Polypodium aculeatum.	Falhera.
Polypodium vulgare, Lin.	Polypodo.
Polyporus versicolor, id.	Massa-parent.
Pomatus telescopus, Risso.	Huliassoun.
Populus alba, Lin.	Aubera.
Populus alba nigra, id.	Piboula.
Populus alba tremula, id.	Aubria.
Porphyrio vulgaris, Risso.	Poula negra à testa roussa.
Portulaca oleracea, Lin.	Bourtoulaigna.
Potentilla recta, id.	Mazuflier.
Potentilla reptans, id.	Fraga.
Poterium sanguisorba, Lin.	Armentela.
Prenanthes tenuifolia, id.	Saùtoulama.
Primula elatior, id.	Couguou.
Primula farinosa, id.	Museta.
Primula grandiflora, id.	Couguou.
Primula officinalis, id.	Idem.
Prismatocarpus speculum, l'Hér.	Bluret.
Pristis pectinata, Lath.	Serra.
Procellaria obscura, Lin.	Marteo.
Procellaria pelagica, id.	Martinet.
Procellaria Puffinus, Brunn.	Gabian-gros.
Prunus armeniaca, Lin.	Abricoutier.
Prunus brigranliaca, Will.	Affatouyer.
Prunus domestica, Lin.	Apruniera.
Prunus lauro-cenasus, id.	Laurier fer.
Prunus mahaleb, id.	Amarel.
Prunus padus, id.	Amaruvier.
Prunus spinosa, id.	Agrenier.
Psiche febretta, B. de fons col.	Febreta.
Psittacus.	Perrouquet.
Psoralea bituminosa, Lin.	Balicot fer.
Pteris aquilina, id.	Feouve.
Pterocarpus santalinus, Lin.	Santal.
Pulex irritans, id.	Niera.
Pulmonaria angustifolia, id.	Pulmounero.
Pulmonaria officinalis, id.	Idem.
Puffinus cinereus, Risso.	Marteo
Puffinus obscurus, id.	Idem.
Punica granatum, Lin.	Migranier.
Pyrola secunda, id.	Pyrola.
Pyrgita leucura, Risso.	Passera blanca.
Pyrus communis, Lin.	Periera.
Pyrus cydonia, id.	Coudounier.
Pyrus amygdalifolia.	Perrussier.

Q

Quassia simarouba, Lin.	Simarouba.
Quercus coccifera, id.	Avaux.
Quercus ilex, id.	Eouse.

Quercus pedunculata, Dec.	Roure.
Quercus raccmosa, id.	Idem.
Quercus sessiliflora, id.	Idem.
Quercus suber, Lin.	Subrier.

R

Raia aquila, Lin.	Lanceta.
Raia aspera, Risso.	Rasat.
Raia batys, Lin.	Flassada.
Raia clavata, id.	Clavelada.
Raia fatidica, id.	Booumiana.
Raia flossada, Risso.	Flassada.
Raia fullonica, Lin.	Cardaire.
Raia Giorna, Lac.	Vacheta.
Raia marginata, Risso.	Miralhet, 3
Raia miraletus, Lin.	Idem, 2.
Raia oculata.	Miralhet.
Raia oxyrinchus, Lin.	Flansada.
Raia pastinaca, id.	Pastenarga.
Raia pectinata, Lath.	Serra.
Raia punctata, Risso.	Fumat-negre.
Raia quadrimaculata.	Flansada, 3.
Raia radula.	Idem, 4.
Raia rostellata, Risso.	Fumat-negre.
Raia rostrata, Lac.	Fumat.
Raia rubus, Lin.	Razza.
Raia torpedo, id.	Dourmilhousa el Tremouliua.
Rallus aquaticus, Lin.	Rale d'aigua.
Rallus crex, id.	Rei deis calbas.
Rallus porzana, id.	Maroueta.
Rallus pusillus, Gm.	Rasclet pichot.
Rana alpina, Risso.	Granoulha.
Rana esculenta, Lin.	Idem.
Rana arborea, id.	Raineta.
Rana maritima.	Granoulha.
Rana temporaria, Lin.	Idem, 4.
Ranunculus acris, id.	Mes de mai.
Ranunculus acris flore-pleno.	Boutoun d'or.
Ranunculus aquatilis, id.	Negafol.
Ranunculus arvensis, id.	Jaunoun.
Ranunculus asiaticus, id.	Renouncula.
Ranunculus auricomus.	Lagagna.
Ranunculus bulbosus, id.	Peta-sauma.
Ranunculus falcatus, id.	Tas.
Ranunculus ficaria, id.	Aurelhetas.
Ranunculus flammula, id.	Douva.
Ranunculus repens, id.	Aurullan.
Raphanus raphanistrum, id.	Rabanela, 2.
Raphanus sativus, id.	Raifouert.
Recurvirostra avoceta, id.	Alesna.
Reseda luteola, id.	Herba deis judious
Reseda odorata, id.	Reseda.
Reseda phyteuma, id.	Amoureta.
Rhamnus alaternus, id.	Pbylaria.
Rhamnus catharticus, id.	Aigu espouncha.
Rhamnus frangula, id.	Trantanel.
Rhamnus infectorius, id.	Graneta, 3.
Rhamnus paliurus, id.	Arnavcou.
Rhamnus zizyphus, id.	Chichourlier.
Rheum palmatum, id.	Rhubarba.
Rheum undatum, id.	Idem.
Rhinanthus glaber, Dec.	Tartarieya.
Rhinanthus hirsuta, id.	Idem.

Rhinoceros unicornis, Dec.	Rhinoceros.
Rhododendron ferrugineum, id.	Bourgenc.
Rhombus argus, D. Sc. nat.	Roumbou.
Rhus coriaria, Lin.	Fauvi.
Rhus cotinus, id.	Fustet.
Ribes grossularia, id.	Grouselhier blanc.
Ribes nigrum, id.	Cassis.
Ribes rubrum.	Grouselbier roulan
Ribes uvacrispa, id.	Grouselbier blanc.
Ricinus communis, id.	Palma christi.
Robinia pseudo acacia, id.	Acacia.
Rosa alba, id.	Rousier blanc.
Rosa canina, id.	Agourencier.
Rosa eglanteria, id.	Rousier jaune.
Rosa gallica, id.	Rousier de prouvins.
Rosa pimpinellifolia, id.	Agoureenças de pouerc.
Rosa semperflorens, id.	Rousier de tous leis mes.
Rosmarinus officinalis, id.	Roumaniou.
Rubia peregrina, id.	Arraparela.
Rubia tinctorium, id.	Rubi.
Rubus cœsius, id.	Petavin.
Rubus fruticosus, id.	Roumi.
Rubus idœus, id.	Franboisier.
Rumex acetosa, id.	Oouselha.
Rumex acetosella, id.	Aigreta sauvag
Rumex acutus, id.	Renebre.
Rumex alpinus, id.	Chapoli.
Rumex aquaticus, id.	Herba de lapas.
Rumex crispus, id.	Lapas.
Rumex diginus, id	Aigreta rouenda.
Rumex patientia, id.	Fuelbas aigras.
Rumex sculatus, id.	Acetouas.
Rumex pulcher, id.	Rouzoumet.
Ruta angustifolia, Déc.	Ruda.
Ruta graveolens, Lin.	Idem.
Ruscus aculeatus, id.	Verbouisset, Pre bouisset.

S

Saccharum officinarum, Lin.	Cana à sucre.
Sagus raphia, id.	Sagou.
Salamandra atra.	Salamandra.
Salamandra cristata, Lac.	Lagramusa d'aigua.
Salamandra maculata.	Salamandra.
Salamandra palmata.	Idem.
Salamandra vulgaris, D. Sc. nat.	Alabrena.
Salicornia herbacea, Lin.	Soussouira.
Salicornia frutivosa, id.	Engana.
Salix alba, id.	Sauze.
Salix caprœa, id.	Amarinas.
Salix triandra, id.	Veze.
Salix viminalis, id.	Idem.
Salix vitellina, id.	Amarinier.
Salmo alpinus, id.	Troucha.
Salmo fario, id.	Idem.
Salmo lavaretus, id.	Lavareta.
Salmo marœnula, Lac.	Luciou de mar.
Salmo salar, Lin.	Saumoun.
Salmo saurus, id.	Lambert.

Salsola sativa, id.	Barilha.	
Salsola soda, id.	Souda.	
Salvia horminum, id.	Bouens homes blancs.	
Salvia officinalis, id.	Sauvi.	
Salvia pratensis, id.	Bouens homes.	
Salvia sclarea, id.	Bouens homes blancs.	
Salvia verbenecea, id.	Prud-homes.	
Sambucus ebulus, id.	Saupuden.	
Sambucus nigra, id.	Sambuquier.	
Samolus valerandi, id.	Pan froument.	
Sanicula europœa, id.	Sanicla.	
Santalum album, id.	Santal.	
Santolina incana, Lam.	Encens gros.	
Saponaria officinalis, Lin.	Sapounera.	
Satureia hortensis, id.	Pebre d'ai.	
Satureia montana, id.	Idem.	
Satyrium nigrum, id.	Manela.	
Saxicola aurita, Cresp.	Reynaubi.	
Saxicola cachinnans, id.	Rocassier.	
Saxicola stapazina.	Cuou blanc, 3.	
Scabiosa arvensis, Lin.	Escabiousa.	
Scabiosa columbaria, id.	Idem.	
Scabiosa leucantha, id.	Poumerela.	
Scabiosa purpurea, id.	Escabiousa de jardin.	
Scandix cerefolium, id.	Charfuelh.	
Scandix pecten-veneris,	Agulhas.	
Scarabœus stercorarius, id.	Foulha-merda.	
Sciœna aquila, Lac.	Figou.	
Sciœna cirrhosa, Lin.	Oumbrina.	
Sciœna diacantha, Bloch.	Loup.	
Sciœna labrax, Lin.	Idem.	
Sciœna umbra, id.	Oumbrina.	
Scilla maritima, id.	Scilla.	
Scirpus holnschœnus, id.	Sesca douça.	
Scirpus lacustris, id.	Bola.	
Sciurus vulgaris, id.	Esquiroou.	
Scolopax africana, id.	Pescheirola.	
Scolopax armata, id.	Courliou.	
Scolopax calidris, id.	Cambet.	
Scolopax gallinacea, id.	Becassoun.	
Scolopax gallinago, id.	Becassina.	
Scolopax gallinula, id.	Becassoun.	
Scolopax limosa, id.	Charlotina.	
Scolopax phœopus, id.	Courliou.	
Scolopax subarcuata, Risso.	Pescheirola.	
Scolopendrium officinale, Lin.	Escolopandra.	
Scolymus hispanicus, id.	Cardousses.	
Scomber aculeatus, id.	Lampuga.	
Scomber alalunga, id.	Alalouga.	
Scomber amia, Bloch.	Licha.	
Scomber colias, Lin.	Cavaluca.	
Scomber colias, D. Sc. nat.	Couguou.	
Scomber Commersonii, Lac.	Thouna.	
Scomber ductor, Bloch.	Fanfre.	
Scomber pelamis, Lin.	Pelamida.	
Scomber Rochai, Risso.	Bounitoun.	
Scomber sarda, Lin.	Idem.	
Scomber scomber, id.	Aurnou.	
Scomber trachiurus, id.	Suvereou.	
Scomber thymnus, id.	Thoun.	
Scombresox Camperii, cLac.	Gastadela.	

Scorpœna dactyloptera, de la Roche.	Cardouniera.	
Scorpœna lutea, Risso.	Capoun jaune.	
Scorpœna massiliensis, Lac.	•	
Scorpœna porcus, Lin.	Rascassa, 2.	
Scorpœna scrofa, id.	Escourpena.	
Scorpio europœus, Lin.	Escourpion.	
Scorpio occitaneus, D. Sc. nat.	Scourpion rouge.	
Scorzonera hispanica, Lin.	Escorsonera.	
Scorzonera laciniota, id.	Gallineta.	
Scorzonera picrioides, id.	Couesta couni-lhiera.	
Scrophularia aquatica, id.	Herba doou siegi.	
Scyllium Artedi, Risso.	Lambarda.	
Scyllium canicula, D. Sc. nat.	Gat-auguier.	
Scyllium cotulus, id.	Cata rouquiera.	
Scyllium stellaris, id.	Gata.	
Scymnus rostratus, Risso.	Bardoulin de founs.	
Scyphius annulatus, id.	Bissa, 1.	
Scyphius littoralis, id	Idem.	
Secale cereale, Dec.	Segue.	
Sedum anacampseros, id.	Herba de Nostra-Dama.	
Sedum album, id.	Rasinets.	
Sedum cœpea, id.	Graissa poula.	
Sedum reflexum, id.	Rasinets gros.	
Sedum telephium, id.	Benedit.	
Sedum rupestre, id.	Riz sauvagi.	
Sedum rubens, id.	Rougela.	
Sempervivum lectorum, id.	Joubarba.	
Senecio abrotanifolius, id.	Meum jaune.	
Senecio jacobea, id.	Herba de Sant-Jacque.	
Senecio sarracenicus, id.	Bensipounelas.	
Senecio vulgaris, id.	Sanissoun.	
Sepia loligo, id.	Tautena.	
Sepia officinalis, id.	Supi.	
Sepia sepiola, id.	Supion.	
Seps chalcidica, id.	Agulhoun de prad.	
Seps tridactylus, Daudin.	Lagramusa.	
Serranus gigas, D. Sc. nat.	Merou.	
Serratula arvensis, Lin.	Caussida.	
Seseli tortuosum, id.	Fenoulh de Mar-selba.	
Sideritis hirsuta, id.	Bouena brouissa.	
Sideritis scordioides, id.	Idem.	
Silene inflata, Smith.	Carnilhets.	
Simia.	Singe.	
Simia cynomulgus, Lin.	Macaca.	
Simia Jnnus, id.	Magot.	
Simia satyrus, id.	Orang-outang.	
Sinapis alba, id.	Moustarda blanca.	
Sinapis incana.	Sene.	
Sinapis nigra, Lin.	Moustarda negra.	
Sinapis arvensis, id.	Rabanela.	
Siphargis amphibium.	Grisilhoun salvage	
Siphargis sylvestre.	Idem.	
Siphargis mercurialis, Risso.	Tartuga moue a.	
Sisymbrium angustifo-lium, id.	Rouqueta d'ase.	
Sisymbrium irio, id.	Rouqueta salvagea	
Sisymbrium nasturtium, id.	Creissoun.	

Sisymbrium tenuifolium, id.	Rouqueta jauna fera.	
Sitta europœa, id.	Sieta, 2.	
Sium angustifolium, id.	Berla.	
Sium latifolium, id.	Idem.	
Sium nodiflorum, id.	Berria.	
Sium sisarum, id.	Cherbi.	
Smaris alcedo, Risso.	Saura.	
Smaris gora, id.	Gora.	
Smaris mendola, D. Sc. nat.	Mendola.	
Smaris vulgaris, id.	Gerre.	
Smilax aspera, Lin.	Grame gros.	
Smilax salsaparilla, id.	Salsaparelha.	
Solanum dulcamara, id.	Douça amara.	
Solanum lycopersicum, id.	Pouma d'amour.	
Salanum melongena, id.	Maringeana.	
Salanum nigrum, id.	Moureleta.	
Salanum ovigerum.	Aubergina blanca.	
Salanum tuberosum.	Truffa.	
Solea lascaris, D. Sc. nat.	Pegousa.	
Solea occellata, id.	Sola de founs.	
Solea peguza, id.	Pegousa.	
Solea theophila, id.	Sola.	
Solea vulgaris, id.	Idem.	
Solen.	Manche de couteou	
Solen strigilatus.	Culhier.	
Solenostomus scolopax, Risso.	Becassa de mar.	
Solidago virgaurea, Lin.	Bensipouneta.	
Sonchus arvensis, id.	Lacheiroun.	
Sonchus nigrum, id.	Id.	
Sonchus lœvis, id.	Id.	
Sonchus lœvis, id.	Laitiroun.	
Sorbus aucuparia, id.	Tuissier.	
Sorbus domestica, id.	Sourbiera.	
Sorex araneus, id.	Musaragna.	
Sorex tetragonoderus, Risso.	Garri de campagna.	
Sparganium erelum, Lin.	Sesca douça.	
Sparganium ramosum, id.	Sagna, 3.	
Spartium junceum, id.	Ginesta d'Espagna	
Spartium scoparium, id.	Ginest gruas.	
Spartium scorpius, id.	Argielas, 2.	
Sparus alcedo, Risso.	Blavier.	
Sparus annularis, Lin.	Cante.	
Sparus auratus, id.	Aurada.	
Sparus berda, id.	Cieuda.	
Sparus bilobatus, Lac.	Gerlessa.	
Sparus Bogaraveo, id.	Bogaraveou.	
Sparus boops, Lin.	Boga.	
Sparus Caissoti, Risso.	Padreta.	
Sparus cantharus, Lin.	Tanuda.	
Sparus castaneola, id.	Castagnola.	
Sparus Cetti, id.	Denti.	
Sparus chromis, id.	Castagnola.	
Sparus dentex, id.	Dente.	
Sparus erythrinus, id.	Pageou.	
Sparus haffara, id.	Esperlin.	
Sparus hurta, id.	Ravela.	
Sparus macrophthalmus, Lac.	Bouca rougea.	
Sparus massiliensis, id.	Besuga.	
Sparus melanurus, Lin.	Blada.	
Sparus mœna, id.	Mendola.	
Sparus mormyrus, id.	Morme.	
Sparus osbeck, Lac.	Gora, 2.	
Sparus pagrus, Lin.	Pagre.	

23

Sparus Passeroni, Risso.	Moissin.
Sparus puntazzo, Lin.	Sargou rascas.
Sparus salpa, id.	Saupa.
Sparus sargus, id.	Sarg.
Sparus smaris, id.	Gerre.
Sphagebranchus bimaculatus, Risso.	Bissa, 2.
Sphagebranchus cæcus, id.	Id.
Sphagebranchus oculatus, id.	Mourua.
Sphagebranchus serpa, id.	Bissa, 2.
Sphagnum arborum.	Mouffa d'albre.
Sphæroma Hookerii, Leach.	Babouel.
Sphyræna spet, Lac.	Pei escode.
Spinacia inermis, Mœnch.	Espinarc gros.
Spinacia spinosa, id.	Espinarc.
Spinax acanthias, Cuv.	Agulhat.
Spirea filipendula, Lin.	Herba deis alouetas.
Squalus acanthias, id.	Agulhat.
Squalus americanus, Gm.	Gata caussiniera.
Squalus canicula, Lin.	Gat auguier.
Squalus carcharias, id.	Lami.
Squalus catulus, id.	Cata rouquiera.
Squalus centrina, id.	Porc marin.
Squalus cinereus, Dic. Sc. nat.	Moungea.
Squalus cornubicus, Lin.	Melentoun.
Squalus ferox, id.	Lamia.
Squalus galeus, id.	Pal.
Squalus glaucus, id.	Verdoun, 4.
Squalus griseus, id.	Mounge.
Squalus mustellus, id.	Missola
Squalus nicæensis, Risso.	Gata de founs.
Squalus Rondeletii, id.	Pei can.
Squalus spinax, Lin.	Mora.
Squalus spinosus, Lac.	Mounge clavelat.
Squalus squatina, Lin.	Pei angi.
Squalus stellaris, id.	Gata d'aigua.
Squalus tiburo, id.	Pantouflier.
Squalus vulpes, id.	Pei-rata.
Squalus zygæna, id.	Pei-judiou.
Squatina lævis, Cuv.	Pei-angi.
Squatina vulgaris, Risso.	Id.
Squilla mantis, Lin.	Galera.
Squilla Desmaretii, Ris.	Id.
Statice limonium, Lin.	Saladela.
Statice armeria, id.	Gazoun d'Holanda
Stellera passerina, id.	Lengua passerina, suppl.
Stenorynchus.	Aragna de mar.
Sterna anglica, Mont.	Gafeta, 3.
Sterna Caspia, Pall.	Id. 1.
Sterna fissipes.	Testa negra, 4.
Sterna hirundo, Lin.	Roundouleta.
Sterna minuta, Gm.	Tregede.
Sterna nigra, Lin.	Fumat.
Sterna leucopareia, Natter.	Gafeta. 4.
Sterna leucoptera, Cresp.	Id. 5.
Sterna nævia.	Gafetoun.
Stipa pennata, Lin.	Bauca à plumet.
Stipa tenacissima, id.	Auffa.
Stolephorus Risso, Risso.	Nounnat negre.
Stomias boa, id.	Vipera de mar.
Strepsilas collaris, id.	Pescheirola.

Strix aluco, Lin.	Cabrareou.
Strix brachyotos, id.	Machota.
Strix bubo, id.	Dugo-gros.
Strix flammea, id.	Beou l'oli.
Strix otus, id.	Dugou mejan.
Strix passerina, id,	Machota pichota.
Strix scops, id.	Dugou pichot.
Strix stridula, id.	Cabrareou.
Strix tengmalini, id.	Macota.
Strix ulula, id.	Machota grossa.
Strobilifaga enucleator.	Pessa oliva gavota.
Stromateus fiatola, Lin.	Fiatola.
Stromateus paru, id.	Pei d'America.
Struthio camelus, id.	Autrucha.
Sturnus cinclus, id.	Merle d'aigua.
Sturnus vulgaris, id.	Estourneou.
Strychnos nux-vomica, id.	Noui vooumica.
Styrax officinale, id.	Aligoufier, Estorax.
Sus scrofa, id.	Sanglier.
Sus, var domestica.	Porc, Pouerc.
Sylvia aquatica, Lath.	Boscarida deis paluns.
Sylvia arundinacea, id.	Boscarida.
Sylvia curruca, id.	Boscarida deis jardins.
Sylvia ignicapilla, Ris.	Beneta, 3.
Sylvia locustella, id.	Esquilheta.
Sylvia maculata, id.	Pivota hortoulana.
Sylvia melanocephala, id.	Boscarida.
Sylvia orphea, Temn.	Boscatieida.
Sylvia palustris, Becht.	Sauzerina.
Sylvia philomela, Temn.	Sereta.
Sylvia rufa, Lath.	Ameloun.
Sylvia sibilatrix, Besch.	Verdeta.
Sylvia tordoides, Meyer.	Merle d'aigua.
Symphytum consolida, Lin.	Herba deis sumis.
Syngnatus abaster, Ris.	Cavau, 2.
Syngnatus acus, Lin.	Id.
Syngnatus æquoreus, id.	Id.
Syngnatus fasciatus, Risso.	Bissa, 1.
Syngnatus hippocampus, Lin.	Cavau marin.
Singnatus ophidion, id.	Bissa, 1.
Singnatus papacinus, Risso.	Espingola.
Singnatus pelagicus, Lin.	Gazanet.
Singnatus rubescens, Risso.	Cavau, 2.
Singnatus typhle, Lin.	Id.
Singnatus viridis, Risso.	Id.

T

Tabanus.	Tavan.
Tabanus italicus.	Mousca d'ase.
Tagetes patula, Lin.	Passa volours.
Talpa europea, id.	Darboun.
Tamarindus indica, id.	Tamarin.
Tamarix gallica, id.	Tamaris.
Tamus communis, id.	Sege mari.
Tanacetum annuum.	Roumaniou de plan.
Tanacetum balsamita, id.	Baume.
Tanacetum vulgare, id.	Tanarida.
Tantalus falcinellus, Gm.	Gourbelha.
Taraxacum dens leonis, Desf.	Pourcin.

Taraxacum lævigatum, id.	Id.
Taxus bacata, id.	If.
Tenebrio mauritanicus, id.	Panieirola.
Tephritis oleæ.	Keiroun.
Terebella conchilega, Lin.	Esca à caban.
Testudo lutaria, id.	Tartuga.
Tetragonorus Cuvieri, Dict. Sc. nat.	Corpatas, 2.
Tetrao achata, Lin.	Grandoula.
Tetrao andalasianus, Gm.	Perdris ventre blanc.
Tetrao bonasia, Lin.	Gallineta.
Tetrao coturnix, id.	Calha.
Tetrao francolinus, id.	Francoula.
Tetrao lagopus, id.	Gealabra.
Tetrao perdix, id.	Perdris grisa.
Tetrao rufus, id.	Perdris rougea.
Tetrao tetrix, id.	Faisan, 2.
Tetrao urogallus, id.	Id, 3.
Tetrodon hispidus, id.	Pei couloumba.
Tetrodon mola, id.	Mola.
Tettigonia orni, Fab.	Cigau.
Teucrium chamedrys, Lin.	Calamendier.
Teucrium chamæpitis, id.	Calapita.
Thea bohea.	The.
Thea chinensis.	Id.
Thea viridis.	Id.
Theobroma cacao, id.	Cacao.
Thlaspi arvense, id.	Herba doou trounc
Thlaspi bursa pastoris, Dict.	Boursa à pastre.
Thlaspi perfoliatum, id.	Moucelets.
Thlaspi sativum, id.	Creissoun alanois.
Thymnus vulgaris, Dict. Sc. nat.	Thoun.
Thymus acinos, Lin.	Herba fina salvagea.
Thymus calamintha, Dec.	Calamant.
Thymus nepeta, Smith.	Manugueta.
Thymus serpillum, Lin.	Serpoulet.
Thymus vulgaris, id.	Faligoula.
Tilia europæa, id.	Tilboou.
Tinea granella, Dic. Sc. nat.	Arna doou blad,
Tinea pellionella.	Arna.
Tinea tapizella.	Id.
Tœnia solium, Lin.	Ver cucurbitan.
Tœnia vulgaris, id.	Ver soulitari.
Tordylium anthriscus, id.	Gironlha.
Torpedo Galvani, Risso.	Dourmilhousa.
Torpedo marmorata, id.	Tremoulina.
Torpedo narke, id.	Id.
Torpeda unimaculata, id.	Dourmilhousa.
Tonatus fuscus, Leisler.	Cambet, Sourda.
Tonatus glareola, Temn.	Sieou sieou.
Tonatus glottis, Becht.	Pescheirola grossa et Cambet, 2.
Trachinus draco, Lin.	Aragua, 3.
Trachinus lineatus, Bloch.	Id.
Tragopogon picrioides. id.	Escarpouleta.
Tragopogon pratense, id.	Barba-bouc.

Tragopogon porrifolium, id.	Salsifi.
Tribulus terrestris, id.	Trauca peiroou.
Trifolium agrarium, id.	Treouloun.
Trifolium alpinum, id.	Ped de poula.
Trifolium arvense, id.	Pata de lapin.
Trifolium campestre, id.	Catoun.
Trifolium melilotus, id.	Melilot.
Trifolium pratente, id.	Treoule.
Trifolium repens, id.	Trioulet.
Trifolium resupinatum, id.	Catoun.
Trifolium rubens, id.	Faroulh.
Trigla adriatica, Risso.	Belugan.
Trigla cataphracta, Lin	Malarmat.
Trigla cavillone, Risso.	Cavilhoun.
Trigla corvus, id.	Gallineta, 3.
Trigla cuculus, Lin.	Granau.
Trigla gurnardus, id.	Gournau.
Trigla hirundo, id.	Beluga.
Trigla lineata, id.	Imbriaga.
Trigla lucerna, id.	Gallina, 2.
Trigla lyra, id.	Gallineta, 2.
Trigla pini, Bloch.	Garamauda.
Trigla volitans, Lin.	Roundola.
Trigonella corniculata, id.	Jauneta.
Trigonella fœnugrœcum, id.	Senigrce.
Tringa alpina, id.	Gabioula.
Tringa cinclus, id.	Pivoutoun.
Tringa cinerea, id.	Espagnolet.
Tringa gambetta, id.	Cambet.
Tringa grisea, Dict. Sc. nat.	Cabidoula.
Tringa hypoleucos, id.	Bichot, 3.
Tringa interpres, Lin.	Pescbeirola.
Tringa ochropus, id.	Cuou blanc d'ai-gua.
Tringa pugnax, id.	Sourda, 3.
Tringa varia, id.	Espagnolet.
Tringa variabilis, Meyer.	Gabioula.
Triticum æstivum, Lin.	Froument.
Triticum cœspitosum, Dec.	Bauca.
Triticum hybernum, Lin.	Bladeta.
Triticum monococcum, id.	Espeouta pichota.
Triticum phenicoides, id.	Grame, 2.
Triticum repens, id.	Id, 2.
Triticum sativum, Lam.	Froumont.
Triticum spelta, Lin.	Espeouta.
Triticum turgidum, id.	Froument blanc.
Triton cristatus, Dict. Sc. nat.	Lagramusa d'aigua
Tritonium nodiferum, Lin.	Biou.
Tritonium variegatum, Dict. Sc. nat.	Id.
Trogosita caraboides.	Cadela.
Trolius europœus, Lin.	Coucoumbre.
Tropœolon majus, id.	Capouchina.
Tropœolon minus, id.	Id.
Tuber albidum, Bull.	Trufa blanca.
Tuber cibarium, id.	Rabassa.
Tulipa yesneriana, Lin.	Tulipa.
Tulipa oculus solis, id.	Id.
Tulipa sylvestris, id.	Tulipan.
Turdus.	Griva.
Turdus arundinaceus, Lin.	Merle d'aigua.
Turdus barbaricus, Gm.	Tourdou.

Turdus cyaneus, Lin.	Passa soulitaria.
Turdus iliacus.	Tourdre siblaire.
Turdus merula, id.	Merle.
Turdus musicus, id.	Tourdre chicaire.
Turdus Naumanni.	Merlou rous.
Turdus pallidus, Lath.	Merlou rouge.
Turdus pilaris.	Sera mountagnar-da.
Turdus roseus, Lin.	Merlou coulour de rosa.
Turdus saxatilis, Gm.	Couaroussa moun-tagnarda.
Turdus solitarius, Lin.	Passa soulitaria.
Turdus torquatus, id.	Coularet.
Turdus viscivorus, id.	Sera.
Tussilago farfara, id.	Tussilagi.
Tussilago petasites, id.	Herba das lignou-ses.
Typha augustifolia.	Filoua.
Typha latifolia, Lin.	Sagna.
Thypha minima, Hop.	Sagneta.

U

Ulex europœus, Lin.	Toujaga.
Ulex provincialis, id.	Argielas.
Ulmus campestris, id.	Ourme.
Umbilicus pendulinus, Dec.	Escudet.
Umbrina barbata, Dict. Sc. nat.	Oumbrina.
Upupa epops, Lin.	Peluga.
Uranoscopus scaber, id.	Rascassa blanca.
Uredo, Dec.	Roulha.
Uredo carbo, id.	Carbouncle.
Uredo caries, id.	Id.
Uria alle, Brunn.	Canardoun, 2.
Uria troile, Lath.	Mau maridat.
Urospermum picrivides, Desf.	Escarpouleta.
Ursus artos, Lin.	Ours.
Ursus meles, id.	Taissoun.
Urtica dioica, id.	Ourtiga.
Urtica urens, id.	Id.

V

Vaccinium myrtillus, Lin.	Aiges.
Vaccinium uliginosum, id.	Petrousier.
Vaccinium uva ursi, id.	Apounetier.
Vaccinium vitis idea, id.	Abajera.
Valeriana cornucopiœ, id.	Moucelets.
Valeriana locusta, id.	Doucela.
Valeriana officinalis, id.	Valeriana.
Valeriana rubra, id.	Pan couguou.
Valerianella coronata, Dec.	Passerouns.
Valerianella dentata, id.	Ampouleta.
Valerianella olitoria, Mœnch.	Douceta.
Valisneria spiralis, Lin.	Embuscun.
Venus decussata, Lam.	Clauvissa.
Venus aper, id.	Arceli.
Venus verrucosa.	Preire double.
Venus virginea.	Arceli.
Veratrum album, Lin.	Varaire.
Veratrum sabadilla, id.	Civadilha.
Verbascum lychnitis, id.	Boulhoun blanc.

Verbena officinalis, id.	Vervena.
Verbena trifolia.	Vermaina oudou-rousa.
Veronica anagallis, id.	Verounica d'aigua.
Veronica becabunga, id.	Creissoun.
Veronica chamœdrys, id.	Pichot chaine.
Veronica hederœfolia, id.	Tirasseta, papa-ruda.
Veronica officinalis, id.	Verounica.
Vespa crabro, id.	Chabriant.
Vespa vulgaris, id.	Guespa.
Vespertilio murinus, id.	Rata penada.
Viburnum lantana, id.	Attatier.
Viburnum opulus, id.	Boula de negea.
Viburnum tinus, id.	Favcloun.
Vicia craca, id.	Vessarada.
Vicia dumetorum, id.	Bessa de cega.
Vicia ervilia, id.	Erre.
Vicia faba, id.	Fava.
Vicia hybrida, id.	Cornabiou.
Vicia lutea, id.	Cornabiou.
Vicia narbonensis, id.	Garoueta.
Vicia onobrychioides, id.	Jarjarieyes.
Vicia sativa, id.	Pesola.
Vicia sepium, id.	Vessora.
Vinca major, id.	Pervancha.
Vinca minor, id.	Prouvençala.
Viola calcarata, id.	Viouleta de vacha-ressa.
Viola canina, id.	Panlega.
Viola montana, id.	Id.
Viola odorata, id.	Viouleta.
Viola tricolor, id.	Pansea.
Vipera communis, Dict. Sc. nat.	Vipera.
Viscum album, Lin.	Visc.
Viscum oxycedri, id.	Id.
Vitex agnus castus, id.	Pebrier.
Vitis vinifera, id.	Vigna.
Viverra civetta, id.	Civeta.
Voluta.	Bousselana viranta
Vultur cinereus, id.	Vooutour.
Vultur fulvus, id.	Tamisier.
Vultur Leucocephalus.	Capoun fer.
Vultur percnopterus, Gm.	Id.

X

Xiphias gladius, Lin.	Emperour.
Xanthium macrocar-pum.	Aubergina sauva-gea.
Xanthium spinosum, id.	Gadoy.
Xanthium strumarium, id.	Grappoun.
Xeranthemum annunm, id.	Immourtela sauva-gea.

Y

Yunx torquilla, Lin.	Fourmiguier.

Z

Zea moys, Lin.	Blad de turquia.
Zea Africana, id.	Mil d'Africa.
Zeus aper, id.	Verrat.
Zeus faber, id.	Pei Sant-Peire.
Zizyphus vulgaris, id.	Chichourlier.
Zostera marina, id.	Auga.
Zygœna vulgaris, Dict. Sc. nat.	Pei judiou.

ERRATA.

Le *Vocabulaire Français-Provençal* servant de table au Dictionnaire Provençal-Français et au besoin de Dictionnaire pour l'ortographe des mots, a besoin d'être soigneusement corrigé; nous prions, en conséquence, les personnes qui se le procurent de faire, au moins au crayon, les corrections indiquées ci-après, que nous avons faites sur l'édition in 18.

PRÉFACE.

Page V, ligne 20, *Renvoit*, lisez *Renvoie*.
— VI, — 3, *Déjeúner*, — *Déjeuner*.

VOCABULAIRE.

Absterger. — *Absterger*, lisez *Abstergear*.
Accoutré. — *Accoutrat*, lisez *Acoutrat*.
Affad, lisez Affadir.
Aigle royal. — *Aigloun*, lisez *Aigla*.
Aigle de mer, *ajoutez* poisson.
Ailes d'un moulin a vent, *lisez* à.
Après Alais:
Aambic, *lis.* Alambic.
Amphithéâtre. — *Amphiteatre*, lis. *Amphithéâtre*.
Ancettes. — *Embralh*, lisez *Embrolh*.
Angulaire. — *Angalari*, lisez *Angulari*.
Antidotaire. — *Antidotare*, lisez *Antidotari*.
Apétisser, *lis.* Apéter.
Appétissant. — *Appetissant*, lisez *Appetissent*.
Archétypo. — *Archetypo*, lisez *Archilipo*.
Argannote, *lisez* Argonaute.
Aromatisé. — *Aramatisat*, lisez *Aromatisat*.
Après Arpenter:
rpenteur, *lisez* Arpenteur.
Associer s'. — *Associer s'*, lisez *Associar s'*.
Attenuatif, lisez Atténuatif.
Attenuation, lisez Atténuation.
Attirar, lisez Attirer.
Attirars', lis. Attirer s'.
Attiré, lisez Attisé.

Auban, n. pr. — *Aubau*, lisez *Auban*.
Augmentar, *lis.* Augmenter.
Avoine élevée. — *Froumentaro*, lisez *Froumentala*.
Avoisiné. — *Avésinat*, lis. *Avesinat*
Balai en chanvre *elfilé*, lisez *elfilé*.
Balaustre, *lis.* Balauste
Après Bambou:
Ban, *lisez* Ban.
Barde, Bât. — *Barde*, lisez *Barda*.
Bâton, tour du. — *Bestoun*, lis. *Bastoun*.
Bave des vers à soie, *lisez* à. — *Bestialene*, lisez *Bestialenc*.
Bijoutaria, *lisez* Bijou-*Bijouturia*, lisez *Bijoutaria*.
terie.
Bille, *lisez* ôter la.
Biscutelle hispide, *lis.* Biscutelle.
Bœufs et vaches. — *Bonalha*, lis. *Boualha*
Bois de lardoire. — *Bounet de capelan*, lisez *capelan*.
Bois du Brésil. — *Bosc d'oou Brésil*, lis. *Bresil*.
Bois échauffé. — *Bosch escuech*, lisez *Bosc*.
Boiteux. — *Bouiloux*, lisez *Bouitous*.
Bombarder. — *Boumbarder*, lisez *Boumbardar*.
Bonbonnière. — *Bonbonniera*, lisez *Bonboniera*.
Bolanybey, *lisez* Bo-*Bolany-bey*, lis. *Botany-bey*.
tanybey.
Bouche-petite. — *Bouguta*, lisez *Bouqueta*.
Bouée. — *Gavitou*, lisez *Gaviteou*.
Boniloire, *lisez* Bouilloire.
Boulimie. — *Fan canina*, lis. *Fam canina*.
Bourgeonné. — *Bourgeonnat*, lisez *Bourgeounat*.
Brigne, *lisez* Brigue.

Brillanté, ée. — *Brilhantat, eda*, lisez *ada*.
Brimbaler. — *Brimbatar*, lis. *Brinbalar*.
Brou. — *Gruelha de nosa*, lisez *de nose*.
Brouilles, *lisez* Brou-tilles.
Bruant des prés, *lisez* Bruant.
Bruches, *lisez* Bruche.
Cafétier, *lis.* Cafetier
Calecon, *lis.* Caleçon.*Calcouns*, lisez *Calçouns*.
Calfeutré avec de la boue, *lisez* bouse.
Calomnie. — *Calomnia*, lisez *Caloumnia*.
Canard souchet C, en-levez le C.
Capricorne. — *Capricorne*, lisez *Capricorno*.
Cartayer. — *Coupar les ourniergs*, lisez *leis*.
Cep, qui ne produit *Algrassiera*, lisez *Aigrassiera*.
que du verjus.
Chenn. — *Chanu*, lisez *Chanut*.
Cheval petit. — *Cavalou*, lisez *Cavaloun*.
Chiron le ensaure, lis. Centaure.
Cierge, plante. — Ajoutez *Ciergi*.
Clémentine. — *Clementine*, lisez *Clementina*.
Clystère. — *Clyteri*, lis. *Clysteri*.
Combattu. — *Coumbatu*, lis. *Coumbatut*.
Compacté, *lis.* Compacte.
Comptabilité. — *Coumtabilitat*, lisez *Coumptabilitat*.
Conciergerie. — *Counciergeria*, lisez *Counciergearia*.
Confrérie, *lisez* Confrérie.
Connétablie. — *Connetablia*, lis. *Counetablia*.

Consistoial, après Consistoire, lis. Consistorial.

Contrescarpe. *Contra scarpa*, lisez *Contr-escarpa*.

Contre-vent. *Contra paravant*, lis. *Contravent*.

Convenablement. *Counvenablement*, lis. *Couvenablament*.

Convoitise. *Cobeltat*, lis. *Cobeitat*.

Corbeills petite, *lisez* Corbeille.

Corbeille en paille. *Polhoua*, lis. *Palhoua*.

Corde de genet, *lisez* genêt.

Corde, ée, racine, *lisez* Cordé.

Corroyère. *Rondon*, lisez *Roudou*.

Cortes, *lisez* Cortès.

Coryphée. *Corypheou*, lisez *Corypheo*.

Coteau. *Coutcau*, lis. *Coutau*.

Cotignae, *lisez* Cotignac.

Cotoyer. *Rebegear*, *Cottegear*, lisez *Ribegear, Costegear*.

Couffe de palange. *Couffa de palangra*, lisez *palangre*.

Couverture de berseau, *lisez* berceau.

Couvreuse des chaises, *lisez* de.

Après Crenilabre veiné :

Crédilabre, *lisez* Crénilabre.

Après Crispation :

Crispar, *lisez* Crisper.

Chrysoprase. *Crisopassi*, lisez *Grizopassi*.

Cylindriqus, *lisez* Cylindrique.

Cynoglosse. *Herba de nostra Dame*, lisez *Dama*.

Damoiseou, *lisez* Damoiseau.

Darse. *Darse*, lisez *Darsa*.

Daurade bilunullée, *lisez* bilunulée.

Après Débanquer :

Désbaptiser, *lisez* Débaptiser.

Déchoir. *Dechazar*, lisez *Dechazar*.

Décidé. *Déeidat*, lisez *Decidat*.

Décider. *Deeidar*, lis. *Decidar*.

Décomposée, *lisez* Décomposé.

Déconforter. *Descounfourtar*, lisez *Descounfortar*.

Decouverte. *Deseouverta*, lis. *Descouverta*.

Décrépit. *Abasanit, ida, ie*, lis. *ia*.

Défiler les chandelles. *Devargar*, lisez *Devergar*.

Défriché. *Descompissal*, lisez *Descampassal*.

Déganté. *Desgantia*, lisez *Desgantat*.

Dégluer se. *Desen......., Desenviscar*.

Déliberer, *lisez* Délibérer.

Déménagement. *Desmeinageament*, lis. *Desmainageament*.

Déménager. *Desmeinagear*, lisez *Desmainagear*.

Demoiselle, se donner les airs, *ajout.* de.

Dénombrement. *Denombrament*, lisez *Denoumbrament*.

Dentiste. *Denisto*, lisez *Dentisto*.

Dépendu, ue. *Despendut, ua*, lisez *uda*.

Deverrouillé, ée, *lisez* Déverrouillé.

Discontinuer. *Discontinuar*, lis. *Discountinuar*.

Devoré, ée. *Devoral, ala*, lisez *ada*.

Doucet. *Monsteta*, lisez *Moustela*.

Douter. *Dontar*, lisez *Doutar*.

Dyssenterie. *Dyssenteri*, lisez *Dyssenteria*.

Ecailler. *Escoillar*, lisez *Escalhar*.

Ecouomique, lis. Economique.

Ecorniffeur. *Escorniffeur*, lisez *Escorniflur*.

Eleonore, *lisez* Eléonore.

Emancuper s', *lisez* Emanciper.

Emplâtre, appliquer un. *Emplatres*, supprimez ce mot.

Emprisonnement, lis. Emprisonnement.

Enchaîner. *Encadenar*, lisez *Encadenar*.

Encherir, *lisez* Enchérir.

Enchifrènement. *Rhooumas doou cerveou*, lisez *cerveou*.

Encloucure, *lisez* Enclouure.

Encroue, *lisez* Encroué. *Encrout*, lisez *Encrouat*.

Enfant nourri à la charite, *lisez* charité.

Engelure. *Tegna*, lisez *Tigna*.

Enjambee, *lisez* Enjambée.

Enlevèment, *lisez* Enlèvement.

Ennobli. *Ennoublit*, lisez *Ennoblit*.

Enquerir, *lisez* Enquérir.

Enraciné. *Enrasinat*, lisez *Enracinat*.

Envahissement. *Envahissoment*, lisez *Envahissament*.

Enviné. *Envinessal*, lisez *Envinassal*.

Epater. *Escogassar*, lisez *Escagassar*.

Erabre de montpellier, *lisez* Érable.

Eraller, *lisez* Érailler.

Eresipèle, *lisez* Erésipèle.

Ers à quatre graines. *Eiseta*, lisez *Esseta*.

Erysipèle, *lisez*, Erésipèle.

Escargot petit. *Cagarouloun*, lisez *Cagarouloun*.

Escargots, regoût de, *lisez* ragoût.

Esclandre. *Esclandra*, lisez *Esclandre*.

Escousse. *Van*, lisez *Van*.

Escrimer s'. *Escrimer*, lisez *Escrimar s'*.

Etable a chèvres, *lisez* à.

Etanconner, *lisez* Etançonner.

Après éventré :

Evenirer, *lisez* Eventrer.

Exiger. *Eyigear*, lisez *Exigear*.

Exorciser. *Esorcisar*, lisez *exorcisar*. G

Expedié, ie, *lisez* ée.

Facher se, *lisez* se Fâcher.

Fardeau, accablé sous *Affardanit*, lisez *Affardoulit*.

Faucon amerillon, lis. emérillon.

Faulée *lisez* faux.

Feutrière. *Feautrière*, lisez *Feoutriera*.

Fil qui e scroise, *lisez* qui se.

Flacon. *Flacoun*, lisez *Flascoun*.

Flamme vive. *Elamoda*, lisez *Flamada*.

Fourmilier. *Fourmigaier*, lisez *Fourmiguier*.

Après fromeut uniloculaire :

Fourment renflé, *lisez* Froment.

Frugalament, *lisez* Frugalement.

Garde robe, *lisez* placard.

Geant, *lisez* Géant.

Gelatine, *lisez* Gélatine.

Gelivures, *lisez* Gélivures.

Generalement, *lisez* Généralement.

Genévrier de phenicie, *lisez* phœnicie.

Genois, *lisez* Génois.

Gerçure. *Grebassa*, lisez *Crebassa*.

Gesse à large feuille, *lisez* à larges feuilles.

GIQ, *lisez* GIG.

Girella, *lisez* Girelle.

Glapir. *Quielor*, lisez *Quiounar*.

Siréne, lisez Sirène..
Smille. — Escouada, 'lisez Escouda.
Solennellement. — Soulannellament, lis. Soulannelament.
Sonner creux. — Boumbir, aj. sounar lou rout.
Après source :
Souce, lisez Source.
Spare eaisseti, lisez Caisseti.
Stipulé. — Estepulat, lisez Estipulat.
Strictement. — Estrictament.
Surelle. — Aigretta, lisez Aigreta.
Sûrée, lisez Sûreté.
Surpiénant, lisez Surprenant.
Suceptibilité, lis. Susceptibilité.
Tailloir. — Gratulaire, lisez Gratusaire.
Tarière de cultivateur. — Calher, lisez Culher.
Terres adjacentes. — Lisez Terras-adjacentas.
Tétrodon hérissé. — Lisez Pei coutoumba.
Tête chèvre. — Lisez Tardarassa.
Théatral, lisez Théatral.
Tombac. — Coumposition lisez Coumpousition.
Tourmenter se. — Tourmenter se, lisez Tourmentar se.
Tournoger, lisez Tournoyer.
Touissan la, lisez Toussaint la.
Travesti, ie. — Travestit, ada, lisez ida.
Trébuchement. — Trebucada, lisez Trabucada.
Treteau, lis. Tréteau.
Tricolore. — Tricolor, lisez Tricoloro.
Après Truie :
Triute, lisez Truite.
Tuile faitière. — Sautarella, lisez Sautarela.
Uredo carie charbon, ôtez carie.
Vadrouiller. — Radussar, lis. Radassar.
Veille de Noël. — Velha de Nouve, lisez Velha de Nouvel.
Après Véniel :
Vernimeux, lisez Vermineux. — Vernimous, lisez Verminous.
Ventouser. — Mettre des ventousas, lisez de.
Ver cucurbitain. — Verme cucurbitain, lisez cucurbitan.
Verderolle. — Sauzerina, lisez Sauserina.

Véreux.
Vernissar.
Vin térer le, lisez tirer.
Vulnéraire plante. V. Vulnéraire.

TABLE LATINE.

Anas crecca. — Siarcela, lis. Sarcela.
Anthoxemtum, lisez Anthoxanthum.
Apogon ruber. — Sarpanança, lis. Sarpananza.
Arum italicum, Miss. lisez Mill.
Avena fatua. — Civada cougnoula, lis. Couguoula.
Bidens bipardita, lis. Bipartita.
Blennius audifreri, lisez Audifredi.
Callyoinmus, lis. callyonimus.
Chrys...festuosa, lis. fastuosa.
Cistus ladaniferus, — Massuga eerviera, lis. Massuga-cerviera.
Coluber rupertris, lis. rupestris.
Columba turtura, lis. Columba turtur.
Convolvulus sepium. — Courregeola de bastas, lisez bastas.
Delphinus desphus, lisez delphis.
Emberiza schœniclus. — Chic deis paduns, lis. paluns.
Eryngiem campestre, lis. Eryngium.
Gledissia triacanthos. — Aubre de la scaragaulas, lisez las caragaulas.
Après hélice variable :
Hirundo, lis. Hirudo.
Hirnndo, lis. Hirudo.
Hœmalopus, lis. Hœmatopus.
Holocentus, lisez Holocentrus.
Hyociamus, lis. Hyoscianus.
Inaceus, lis. Inachus.
Lathirus, lisez Lathyrus.
Après Laurus :
Larus, lisez Laurus.
Limosa rofa, lis. rufa.
Lithospermum purpureum cœruleum. — Pistola, lisez Pissota.
Lucanus ervus, lisez cervus.
Lutfanus miteera-

Vermineux, lisez Vermenous.
Idem lisez Vernissar.

neus, lisez mediterraneus.
Melilotus laurantha, lissz leucantha.
Mergus serrator, lis. serrator.
Après motacilla atricapilla :
Moteilla, lisez Motacilla.
Mugil auratus. — Mugeoudourin, lisez Mugeou daurin.
Mullus imberbis. — Sarpananza, lisez Sarpananza.
Murœna Christini, lis. Mourena seusa espinas, lisez sensa.
Narcisus aureus, lis. Narcissus.
Onopordum acanthium. — Caffa l'ase, lis. Gaffa.
Ornithogalum minimum. — Ceboulloun, lisez Ceboulhoun.
Olis larda, lis. tarda.
Ovis aries. — Seda, lisez Feda.
Pleuronectes Bossi, lis. Boscii.
Populus alba nigra, suppr. alba.
Quercus racemosa, lisez racemosa.
Rubus idœus. — Franboisier, lis. Pramboisier.
Salicornia frutivosa, lisez Fruticosa.
Salmo marœnula. — Luciou de mar, lisez Lucion.
Salvia verbenecea, lis. verbenacea.
Siphargis mercuria-lis. — Tartuga mouea, lisez mouela.
Solea occellata, lisez ocellata.
Après syngnatus hiypocampus :
Signatus, lisez Syngnatus.
Tagetes patula. — Passa volours, lisez velours.
Talpa europea, lisez europœa.
Tetrao andalasianus, lis. andalusianus.
Teucrium chamedrys, lis. chamœdrys.
Après Torpedo narke :
Torpeda, lis. Torpedo.
Après torpedo :
Tonatus fuscus, lisez Totanus.
Tonatus, lisez Totanus.
Triticum phenicoids, lisez phenicoides.

FIN.

www.ingramcontent.com/pod-product-compliance
Lightning Source LLC
Chambersburg PA
CBHW071948110426
42744CB00030B/641